金景芳全集

第四册

上海古籍出版社

中國奴隸社會的幾個問題

（據中華書局 1962 年版）

目 録

一、關於中國奴隸社會的特點問題……………………………（1727）

二、關於中國奴隸社會的下限問題……………………………（1816）

三、關於中國奴隸社會的上限問題……………………………（1838）

中國奴隸社會的幾個問題

中國社會在其長期發展中,也經歷過奴隸制時代,這一點,目前史學家的看法基本上一致。但是,中國奴隸社會具有什麼特點,其上下限應斷在哪裏,則大家的見解還有分歧。不容否認,中國奴隸社會問題是當前史學上一個大問題,是迫切需要解決的一個問題。這個問題不解決,不僅講起中國奴隸社會歷史來有許多困難,牽連到中國原始社會和封建社會的歷史也不好講。更進一步説,不僅中國通史不好講,牽連到中國的政治、經濟、哲學、文學等專門史也不好講。在某種程度上,甚至可以説由於這個問題得不到正確解決,整個中國史都會帶有一部分混亂現象。這的確不是一個小問題。爲了求得問題能早日解決,我願意把我的看法提出來,參加討論。

在討論問題的過程當中,爲了申述自己的意見,有時不免對於一些史學家,特別是影響較大的史學家的看法有所評論或駁難,這衹是爲了追求真理,絲毫沒有對人不尊重之意。另一方面,我所談的,固然也力求完滿、正確,但是並不認爲這就是最後的結論;恰恰相反,正希望能够得到批評,使我的認識因此獲得改進與提高。這是需要在這裏説明的。

一、關於中國奴隸社會的特點問題

對於本問題的研究,準備采取如下步驟,即,以從西周初至春秋末這段歷史時期作爲典型來全面地進行分析;在分析的基礎上,以馬克思主義關於奴隸制的理論爲指導,並結合當前史學界若干不同的見解,加以縝密研究,最後作出結論。

所以選擇西周初至春秋末這段歷史作爲典型:1. 由於這一時期的社會性質,當前史學家一般都承認没有發生過變化,應納入同一社會形態,儘管有的主張是奴隸制,有的主張是封建制等等;2. 由於這一時期史料比較豐富、完整,有脈絡可尋,即可從這些史料自身當中尋找出發展規律。

所謂全面地進行分析,準備從兩方面入手。1. 横的分析:從分析史料當中,詳細地闡明這一時期社會的基礎和上層建築,經濟結構和階級結構,各方面的一般情況;2. 縱的分析:根據對於史料的分析,闡明這一時期的整個發展過程和在發展過程中每一階段的具體矛盾與具體情況。

(一)

根據上述步驟,準備以階級結構爲中心,在談階級結構的同時,連帶也談談經濟結構和上層建築各方面的情況。

在談階級結構以前,把室、邑、都、國、京師、鄙、野、城保等一系列的名詞先談一談,好對當時有一個比較明晰的空間觀念,作爲考慮問題的背景。當然,在國與野、都與鄙等互相對立的名詞中,也反映着對立的階級關係。

在西周和春秋時期,"室"是社會結構的基本單位。不但庶人的户數用室計算,即大夫、諸侯以至王,也都可稱室。這一點,反映着當時家族組織在社會生活中起着重要作用。

《周禮·地官·大司徒》:

> 凡造都鄙,制其地域而封溝之,以其室數制之。

《論語·公冶長》:

十室之邑，必有忠信如丘者焉。

又：

求也，千室之邑，百乘之家，可使爲之宰也。

《穀梁傳》莊公九年：

十室之邑，可以逃難；百室之邑，可以隱死。

《詩經·周頌·良耜》：

百室盈止，婦子寧止。

又，《豳風·七月》：

嗟我婦子！ 曰爲改歲，入此室處。

以上這些材料中所說的“室”、“十室”、“百室”、“千室”，（到戰國又有“萬家之邑”，見《趙策》）主要指庶人、工、商的户數。

當時卿大夫的家私也可稱室。例如：

《左傳》成公十六年：

宣伯通於穆姜，欲去季孟而取其室。

又，襄公十九年：

子展、子西率國人伐之，殺子孔而分其室。

又，成公二年：

巫臣盡室以行。

《國語·晉語》：

諸臣之委室而徒退者。

又，《楚語》：

吾倍其室。

當時諸侯稱"公室"。例如：

《左傳》昭公五年：

　　舍中軍，卑公室也。

又，昭公三年：

　　雖吾公室，今亦季世也。

王稱"王室"。例如：

《詩經·周南·汝墳》：

　　王室如燬。

《春秋》昭公二十二年：

　　王室亂。

《左傳》襄公十四年：

　　右我先王，股肱周室。……王室之不壞，繫伯舅是
賴。

邑是室的集合體。邑之大者稱"都"。諸侯的國都稱"國"。王
的國都稱"京師"。

《左傳》隱公元年：

　　都城過百雉，國之害也。先王之制：大都，不過參國
之一；中，五之一；小，九之一。

又，閔公二年：

　　大都耦國。

由以上這兩條材料，可以證明邑之大者稱"都"。同時由"大都
不過參國之一"、"大都耦國"等詞句的意義，也可以證明諸侯的國
都可稱"國"。但是諸侯之國，如對他國而言，則自稱"敝邑"，以示

謙敬。例如：

《左傳》成公二年：

> 敝邑之幸。

又，文公十七年：

> 敝邑以侯宣多之難。

又，襄公四年：

> 敝邑褊小。

王的國都稱"京師"。例如：

《春秋》桓公九年：

> 紀季姜歸於京師。

《公羊傳》：

> 京師者何？天子之居也。京者何？大也。師者何？
> 衆也。天子之居，必以衆大之辭言之。

《左傳》昭公二十九年：

> 京師殺召伯盈、尹氏固及原伯魯之子。

在邑、都、國和京師的周圍，除有特別情況，如"左傳"昭公四年"咸尹宜咎城鍾離，薳啓疆城巢，然丹城州來，東國水不可以城"以外，一般都修築城郭或郊保以爲防守之用。例如：

《春秋》隱公七年：

> 城中丘。

又九年：

> 城郎。

又，桓公十六年：

城向。

又,莊公二十三年:

城小谷。

光是《春秋》一書中,這類例子就很多。姑舉幾條,以概其餘。
又如:

《左傳》襄公九年:

納郊保。

又,八年:

焚我郊保,馮陵我城郭。

又,十八年:

二子知子孔之謀,完守入保。

《禮記·月令》:

"季夏之月,⋯⋯四鄙入保。"鄭注:"鄙,界上邑;小城
曰保。"

上述這些"保"或"郊保",是次於城郭的一種比較簡陋的防禦
建築物。"保",今通作堡。

由於邑所處的位置和所居住的人們的政治上、經濟上的地位
不同,又有國與野和都與鄙的分別。例如:

《公羊傳》桓公十一年:

古者鄭國處於留。先鄭伯有善於鄶公者,通乎夫人
以取其國,而遷鄭焉,而野留。

《周禮·地官·鄉大夫》之職:

以歲時登其夫家之衆寡,辨其可任者,國中自七尺以

及六十,野自六尺以及六十有五,皆徵之。其舍者:國中貴者、賢者、能者、服公事者、老者、疾者皆舍。以歲時入其書。

《孟子·滕文公上》:

夫滕,壤地褊小,將爲君子焉,將爲野人焉。無君子莫治野人,無野人莫養君子。請野九一而助,國中什一使自賦。

《儀禮·士相見禮》:

宅在邦,則曰"市井之臣";在野,則曰"草茅之臣"。(《孟子·萬章下》:"在國,曰'市井之臣';在野,曰'草莽之臣'。")

以上是邑分國、野之證。大體説:國在中心,野在外圍。居住於國的,是所謂"貴者"、"賢者"、"能者","服公事者"和工人、商人;居住於野的,是所謂"野人",也叫做"庶人"。國與野的對立,實質上是階級對立的表現。

《國語·楚語》:

制城邑,若體性焉,有首領、股肱,至於手拇、毛脉。大能掉小,故變而不勤。地有高下,天有晦明,民有君臣,國有都鄙,古之制也。

又,《齊語》:

昔者聖王之治天下也,參其國而伍其鄙,定民之居,成民之事。

《左傳》莊公二十八年:

"使太子居曲沃,重耳居蒲城,夷吾居屈,群公子皆鄙。"杜注:"鄙,邊邑。"

《春秋》僖公二十六年：

　　齊人侵我西鄙。

又，同年：

　　齊人伐我北鄙。

又，文公十四年：

　　邾人伐我南鄙。

又，襄公八年：

　　莒人伐我東鄙。

　　由上述這些例子，證明邑有都、鄙的分別。鄙是邊邑的特有名稱。都與鄙的關係，同高與下、明與晦、君與臣的關係一致，是對立的關係。這種對立的關係，從表面上看，是由於所處的位置的不同。實質上也是根據所居住的人們的政治身份來確定的，即也反映對立的階級關係。

　　在此需要附帶說明一點，即，《周禮·遂人》："造縣鄙形體之法，……五鄹爲鄙，五鄙爲縣。"《太宰》"以八則治都鄙"注："都之所居曰鄙，……都鄙：公卿大夫之采邑，王子弟所食邑。"又，《左傳》莊公二十八年："凡邑有宗廟先君之主曰都，無曰邑。"這等等的解釋今都不取。原因是《周禮》一書爲晚周人所著，其中雖然保存不少極爲珍貴的古史料，但也夾雜着很多臆造成分，因此，應用時不能不加以抉擇。依我淺見，凡《周禮》所言與其他先秦諸書舊說相符，可以作參證之資的，或雖不見於先秦諸書，但適足以爲空白環節的補充說明的：可以斟酌采擇。至於顯然與先秦諸書舊說相背，如五等諸侯封地之類，則斷不可用。《左傳》保存的古史料最爲豐富、完整，自應重視，但其書確實經過劉歆竄改，所有釋經部分都是劉歆所增，不應視爲《左傳》原文來引用。這就是我的基本觀點。以下仿此，不再説明。

現在可以談談當時社會的階級結構。

當時社會基本上分爲兩個對立的階級。這兩個對立的階級的劃分，如用當時現成的詞彙來概括，就是一個階級是所謂“君子”，另一個階級是所謂“小人”。君子是享有完全權利的、剥削的、壓迫的階級，小人是毫無權利的、被剥削的、被壓迫的階級。兹舉例説明如下。

《左傳》襄公九年：

> 君子勞心，小人勞力，先王之制也。

又，成公十三年：

> 是故君子勤禮，小人盡力。勤禮莫如致敬，盡力莫如敦篤；敬在養神，篤在守業。

《國語·魯語》：

> 君子勞心，小人勞力，先王之訓也。

《孟子·滕文公上》：

> 有大人之事，有小人之事。……故曰：“或勞心，或勞力。勞心者治人，勞力者治於人。治於人者食人，治人者食於人。天下之通義也。”

就上述幾條史料加以分析，可以明顯地看出，君子（或大人）、小人（或野人）代表當時社會上互相對立的兩大階級。即一方面是“勞心”的，認爲“勞動是恥辱”；另一方面是“勞力”的，即“從事於單純體力勞動”的。一方面是“治人”的，即壓迫者；另一方面是“治於人”的，即受壓迫者。一方面是“食於人”的，即剥削者；另一方面是“食人”的，即受剥削者。而且這並不是個別的、暫時的現象，而是所謂“先王之制”、“先王之訓”、“天下之通義”，即它是一種制度。

自當時人的，至少自當時所謂"君子"的眼中看來，當然它是一種最合理的、最美好的、不容懷疑的制度。那末，這是什麼制度呢？下面將仔細地加以研究。大略説：當時社會所謂"君子"，包括有王、公、卿、大夫和士等等；所謂"小人"，包括有庶人、工、商、皁、隸、牧、圉等等。兹再舉例證明如下。

《國語·周語》：

> 古者先王既有天下，又崇立於上帝明神而敬事之，於是乎有朝日夕月以教民事君。諸侯春秋受職於王，以臨其民；大夫、士日恪位著以儆其官；庶人、工、商各守其業，以共其上。

《左傳》襄公九年：

> 其卿讓於善，其大夫不失守，其士競於教，其庶人力於農穡，商、工、皁、隸不知遷業。

又，桓公二年：

> 吾聞國家之立也，本大而末小，是以能固。故天子建國，諸侯立家，卿置側室，大夫有貳宗，士有隸子弟，庶人、工、商各有分親，皆有等衰。是以民服事其上而下無覬覦。

又，襄公十四年：

> 是故天子有公，諸侯有卿，卿置側室，大夫有貳宗，士有朋友，庶人、工、商、皁、隸、牧、圉皆有親暱，以相輔佐也。

由上述這些材料，可以清楚地看出，庶人、工、商、皁、隸、牧、圉等等統統是一個階級。這個階級的特點是"各守其業，以共其上"；"力於農穡，……不知遷業"；"服事其上"。總之是被壓迫者，被剝削者,即所謂"小人"。另一方面,是王(也稱"天子")、公(包括諸侯)、卿、大夫和士等等所構成的階級。這個階級的特點是"教民事君","以臨其民","以儆其官";在他們周圍還培植一幫勢力,如"建國"、"立家"、"置側室"、"有貳宗"、"有隸子弟"等等。這正是壓迫人的、剝削人的階級,亦即所謂"君子。"

請首先談談庶人。

庶人是當時社會上所謂"小人"的基本隊伍,在整個社會中也是數量最大的一個組成部分。"庶人力於農穡",證明他們是農業生產工作者。他們是當時為社會創造財富的主力軍,沒有他們就沒有中國古代的文明。但是他們所處的社會地位是卑賤的,所過的生活是痛苦的。西周金文《大盂鼎》有:

> 錫汝邦司四伯,人鬲自馭至於庶人六百又五十又九夫。錫汝夷司王臣十又三伯,人鬲千又五十夫。

又,《宜侯夨殷》有:

> 錫奠七伯,厥□□又五十夫,錫宜庶人六百又□六夫。

《左傳》定公四年,衛人祝佗追述周初分封情況,説:

> 分魯公以……殷民六族——條氏、徐氏、蕭氏、索氏、長勺氏、尾勺氏,使帥其宗氏,輯其分族,將其類醜,以法則周公,用即命于周,是使之職事于魯,……。分康叔以……殷民七族——陶氏、施氏、繁氏、錡氏、樊氏、饑氏、終葵氏,……。分唐叔以……懷姓九宗。

以上三條材料所記述的內容基本上相同,其時代也相近,都在西周初期。從授民的等級名稱可以看出"人鬲"、"庶人"、"類醜"三者名異實同,都是處在最卑賤的地位。

關於"人鬲",郭沫若同志以為"鬲是後來的鼎鍋,推想用鬲字來稱呼這種'自馭至於庶人'的原因,大概就是取其黑色。在日下勞作的被太陽曬黑了,也就如鼎鍋被火煙燻黑了一樣。"這種推想不知是否得實,不過,鬲的名稱和身份確實可從晚周文獻裏窺見殘迹。例如:

《呂氏春秋·安死》篇:

> 君之不令民,父之不孝子,兄之不悌弟,皆鄉里之所釜鬲者而逐之。

《戰國策·秦策》:

> 蔡澤見逐於趙,而入韓魏,遇[奪]釜鬲於途。(亦見《史記·蔡澤傳》)

《說文》:"鬲或從瓦",證明瓹、鬲一字。"釜鬲"在上述二書裏的應用,正有輕賤之義。"釜鬲"之所以可用以表述輕賤,無疑在當日口語裏還殘存有"人鬲"的稱呼。舊日校勘家多不得其解,有的以爲錯簡,有的以爲脫字,即"秦策"中"奪"字,當亦後人妄加,今得西周金文互相證明,可無疑滯。又,《周書·世俘》篇有:

> 武王遂征四方,凡憝國九十有九國,馘歷億有七萬七千七百七十有九,俘人三億萬有二百三十。

《小盂鼎》:

> 告曰:"王□盂以□□伐战方,……獲馘四千八百□二馘,俘人萬三千八十一人,俘[馬]□□匹,俘車十輛,俘牛三百五十五牛,羊廿八羊。"

從以上兩條材料看來,我懷疑《大盂鼎》中的"人鬲"似應讀爲"人、鬲",即馭和庶人的身份並不完全相同,如果分得更細緻些,則馭(包括銘文所未明言的各等類在內)是人,而庶人是鬲。《世俘》的人與歷分言,《小盂鼎》的人與馘分言,可爲佐證。不過,馘字《說文》釋爲"軍戰斷耳"（耳部聝字下，馘爲聝重文），《詩經》毛傳釋爲"獲也。不服者殺而獻其左耳"（《皇矣》傳），似馘又是死者之稱。但是，盡依毛、許之義，有時也説不通。例如：

《敔毁》：

　　告禽：馘百，訊卌。

《詩經・皇矣》：

　　執訊連連，攸馘安安。

又，《出車》：

　　執訊獲醜。

又，《泮水》：

　　矯矯虎臣，在泮獻馘；淑問如皋陶，在泮獻囚。

《左傳》僖公二十二年：

　　楚子使師縉示之俘馘。

又，成公三年：

　　王（楚共王）送知罃曰："子其怨我乎？"對曰："二國治戎，臣不才，不勝其任，以爲俘馘。……"

《禮記・王制》："出征執有罪，反釋奠於學，以訊馘告。"

由上述這些材料，可以看出：1.《敔毁》的"告禽"實兼指"馘"、"訊"而言。祇有生獲，方得稱擒。若是"殺而獻其左耳"，這個"禽"字，將不可通。2.不論古籍或金文，馘、訊二字，例多連用，有時馘可用醜來代替，顯然醜字没有"殺而獻其左耳"之義。3.知罃自言"以爲俘馘"，這個馘字，絕對不容用"殺而獻其左耳"來解釋。綜上三點，證明毛、許之義也有缺點。

《爾雅》説："馘，獲也。"（《釋詁》）郭注："今以獲賊耳爲馘。"果如郭説，則毛、許所釋或是後起之義。疑不能明，願在此作爲問題提出。假如臧是表明一種人的身份，則凡稱臧、醜、隸、庶人，其身份都應相同。

又《詩經·常武》："仍執醜虜。"

《禮記·曲禮》："獻民虜者，操右袂。"

《説文·毋部》；"虏（虜），獲也。"

似臧、醜又可稱虜。《説文》言"虜，獲也"，與《爾雅》言"臧，獲也"。義實一貫。古籍中喜稱奴婢爲"臧獲"，獲之得名，也與俘虜有關。我們似乎有理由這樣説：臧、醜、虜、獲，義都相同，他們有時也可以稱隸或隸。人與隸分開敍述，證明在當日統治階級的眼裏，從廣義説，隸也可以稱人，如《令彝》"王姜賞令貝十朋、臣十家、隸百人"是其例證；從狹義説，則隸是奴隸，不配稱人，《周書·世俘》把人、隸分開敍述是其例證。

爲了更進一步瞭解當日庶人的情況，下面準備就庶人的家庭、居住問題、勞動對象、耕作方法、勞動興趣以及日常生活各方面分別加以闡述。

（一）庶人的家庭

當時庶人無氏，不行宗法，這也是區別於貴族的重要標誌之一。當時的貴族（包括天子、公卿、大夫、士）都有姓，有氏，有名。如舉孔丘爲例，子是其姓，孔是其氏，丘是其名。這種制度，與羅馬王政時期的貴族命名法——三名制度很相似[1]。不過，中國在習慣上男子都不稱姓，稱姓的祇有女子。這是由於當時同姓不婚，實行族外婚制，女子有辨姓的必要；至於男子則例不出本族，故不須更稱姓以示區別。這個姓氏之制又與宗法制有聯繫。即以上述"殷民六族"爲例來説明。首先我們知道六族皆殷商後裔，皆爲子

---

[1]　詳見科瓦略夫：《古代羅馬史》，王以鑄譯，三聯書店，1957 年，第 68 頁。

姓。因爲假如不是子姓，第一，不應稱"殷民"；第二，必如"懷姓九宗"之例，明著其姓。所言"宗氏"，應爲大宗之氏；所言"分族"，應是小宗之族。總之，他們都是殷的貴族，雖已淪爲降虜，還繼續保有他們原來貴族的地位。至於所言"類醜"，則爲無姓氏的庶人。

顧炎武著《原姓》說，"庶人無氏，不稱氏稱名"（《亭林詩文集》卷一），這話是對的。《左傳》襄公十一年，同盟於亳的載書中有"明神殛之，俾失其民，墜命亡氏，蹈其國家"之語，證明"亡氏"爲當時貴族的一種最嚴屬的懲罰，因爲亡氏即表明退出貴族而降爲庶人了。庶人祇有名而無姓氏，略同於羅馬王政時期的所謂"平民"①。

當時庶人之數，例用若干夫、若干人來計算，不用若干家來計算。例如：

《令𣪘》：

> 王姜賞令貝十朋，臣十家，鬲百人。

《大盂鼎》：

> 錫汝邦司四伯，人鬲自馭至於庶人六百又五十又九夫；錫汝夷司王臣十又三伯，人鬲千又五十夫。

《宜侯夨𣪘》：

> 錫奠七伯，厥□□又五十夫，錫宜庶人六百又□六夫。

等等，都是證據。直至晚周文獻中，還用夫來計算田畝，如說："九夫爲井。"（《周禮・大司徒》）餘如說，"大國之卿一旅之田，上大夫一卒之田"（《國語・晉語》）和"有五乘之地者事三世，有三乘之地者事二世，持手而食者不得立宗廟"（《荀子・禮論》）等等。爲什麼計算土地多少不用頃畝而用卒乘？這說明什麼問題呢？這說明

---

① 詳見科瓦略夫：《古代羅馬史》，第71頁。

了當日統治階級計算財富不單看占有生產資料——土地的多寡，更重要的是看占有生產工作者——庶人的多寡。古籍中凡遇庶人，都説"持手而食"或"食力"，表明庶人並没有占有生產資料。所謂"一夫百畝"，衹是庶人的主人所交給他的一定的必須完成的工作量。如用封建社會的份地來理解，就大錯特錯了。

正因爲庶人以夫爲單位來計算，所以庶人的家庭，其口數也衹能是以一夫所能贍養者爲限。孟子爲戰國時人，其時農民的地位已經發生很大變化，但是孟子還屢次説："百畝之田，匹夫耕之，八口之家，足以無飢矣。"可見當時的庶人基本上還是一夫一妻的小家庭。商鞅爲秦立法，有"民有二男以上不分異者倍其賦"及"令民父子兄弟同室内息者爲禁"兩條。商鞅在秦地所推行的庶人小家庭制度，很可能就是東方諸國所舊有的。

(二)庶人的居住問題

庶人居住的地方是在野，在鄙，距離政治中心、工商業中心的地區均較遠，因此又有野人或鄙人的名稱。庶人的房舍有兩處：1. 在邑裏，是永久性的住所，叫做"室"；2. 在田間，是臨時性的住所，叫做"廬。"

《詩經·豳風·七月》：

> 嗟我婦子，曰爲改歲，入此室處。

《周禮·地官·遂人》：

> 凡治野……以田里安甿。

又：

> 辨其野之土，上地、中地、下地，以頒田里。上地：夫一廛，田百畝，萊五十畝；餘夫亦如之。中地：夫一廛，田百畝，萊百畝；餘夫亦如之。下地：夫一廛，田百畝，萊二百畝，餘夫亦如之。

《孟子·滕文公上》：

> 願受一廛而爲氓。

以上各條所説的"室"、"里"、"廛"等，都是庶人在邑裏的住宅或住區。所謂"邑"，祇是人民聚居的地方，僅僅周圍有防禦建築物——堡障而已，不要設想它是像後世的城市。所謂"十室之邑"。實在算不了什麽城市。

《詩經·豳風·七月》：

> 四之日舉趾，同我婦子，饁彼南畝。

又，《小雅·信南山》：

> 中田有廬，疆場有瓜。

由以上兩條所述，證明庶人在田間有臨時性的房舍——廬。《漢書·食貨志》撮述井田制度説："在野曰廬，在邑曰里。"又説："春令民畢出在野，冬則畢入於邑。"這樣説法是有根據的，正確的。

至於爲什麽庶人得有兩處住宅呢？這決不是什麽優待，而是當時的歷史條件決定的。第一，當時勞動的現場距離居住區一般都較遠。這是由於生産力水平很低，祇能選擇"原隰衍沃"的土地去耕種，而這些土地要受自然條件的限制，不能到處都有。所謂"廬"，不過是在勞動現場搭起茅草棚一類的東西，供臨時居息而已。第二，當時侵略、掠奪之風甚熾，需要把勞動成果如收穫的各種農產品等，存放在安全的地方。第三，當時是"三時務農，而一時講武"（《國語·周語》），同時並有"營室之中，土功其始，火之初見，期於司里"（同上），即在冬季還有軍事訓練和土木建築等工作，必須回到邑里去居住。

當時社會各階級、階層人們的住宅，統由國家按等級分配，有專任的官吏管理，人們祇有使用權，没有所有權，不能自由買賣。

《國語·魯語》：

文公欲弛孟文子之宅，使謂之曰："吾欲利子於外之寬者。"對曰："夫位，政之建也；署，位之表也；車服，表之章也；宅，章之次也；禄，次之食也。君議五者以建政，爲不易之故也。今有司來，命易臣之署與其車服，而曰'將易而次爲寬利'。夫署所以朝夕虔君命也。臣立先臣之署，服其車服。爲利故而易其次，是辱命也，不敢聞命。若罪也，則請納禄與車服而違署，唯里人所命次。"公弗取。

又：

公欲弛邱敬子之宅，亦如之。對曰："先臣惠伯以命於司里，嘗禘烝享之所致君胙者有數矣，出入受事之幣以致君命者亦有數矣。今命臣更次於外，爲有司之以班命事也，無乃違乎？請從司徒，以班徙次。"公亦不取。

《左傳》昭公三年：

初景公欲更晏子之宅，曰："子之宅近市，湫隘囂塵，不可以居，請更諸爽塏者。"辭曰："君之先臣容焉，臣不足以嗣之，於臣侈矣。且小人近市，朝夕得所求，小人之利也，敢煩里旅！"……及晏子如晉，公更其宅。反則成矣。既拜，乃毀之，而爲里室皆如其舊，則使宅人反之；"且諺曰，非宅是卜，唯鄰是卜。二三子先卜鄰矣，違卜不祥。君子不犯非禮，小人不犯不祥，古之制也"。卒復其舊宅。公弗許。因陳桓子以請，乃許之。

由上述這些材料，可以看到，當時不僅是庶人，即卿大夫，住宅也是由國家按等級授與。管理住宅的官職是"司里"，也稱"里人"。司里的屬官爲"里旅"。司里則是司徒的屬官。

（三）庶人的勞動對象——土地

關於一夫受田之數，據

《周禮・地官・大司徒》：

> 凡造都鄙，制其地域而封溝之。以其室數制之。不易之地，家百畝；一易之地，家二百畝；再易之地，家三百畝。

《孟子・梁惠王》：

> 百畝之田，勿奪其時，數口之家可以無飢矣。

又，《滕文公上》：

> 夫以百畝之不易爲己憂者，農夫也。

又，《萬章下》：

> 耕者之所穫，一夫百畝。

又，《盡心上》：

> 百畝之田，匹夫耕之，八口之家足以無飢矣。

《荀子・王霸》：

> 百畝一守，事業窮，無所移之也。

又，《大略》：

> 故家五畝宅，百畝田，務其業，而勿奪其時，所以富之也。

《呂氏春秋・樂成》：

> 魏氏之行田也以百畝，鄴獨二百畝，是田惡也。

《漢書・食貨志》：

　　　　是時李悝爲魏文侯作盡地力之教,……。今一夫挾
　　五口,治田百畝。

　　又,《食貨志》:

　　　　鼌錯復説上曰:"……今農夫五口之家,其服役者不
　　下二人,其能耕者不過百畝。"

　　《孟子·滕文公上》:

　　　　夏后氏五十而貢,殷人七十而助,周人百畝而徹。

　　上述這些材料中,漢代是以二百四十步爲畝,與周制"步百爲
畝"不同,因而漢人所説的"百畝"與周人所説的"百畝",實際土地
面積大小不同,不能混爲一談。又,夏、殷一夫所受之田是"五十"、
"七十",也與周代的"百畝"不同。除此以外,其餘的材料,一致都
説"一夫百畝"或"家百畝",足以證明"百畝"這個數字是不會錯的。
那末,這個百畝的數字是根據什麼制定的呢?

　　在這個問題上,人們容易有錯覺,即往往會用後世的眼光看問
題,認爲受田越多越好,受田多少,跟總的人口數量與總的土地數
量的比例有密切聯繫。實際,古代的情況,特別是古代早期的情
況,卻不是這樣。古代的基本情況是地曠人稀,不患土地不足,祇
患生産力水平不高,限制了人們受田的數量。爲什麼夏后氏五十,
因爲那時一個人的勞動,充其量祇能耕種此數,並不是那時的土地
特別不足。殷人七十,同樣是這個道理。周人受田有"一易"、"再
易"之説,表明所受的田縱令有時多於百畝,也祇能采取休耕的辦
法,不能同時並種。如果同時並種,必然有如《詩經·齊風·甫田》
所説"維莠驕驕"、"維莠桀桀"的結果。所以,五十、七十、百畝的不
同,恰是三代生産力水平不同的反映,絕不是由於土地的有餘或不
足,更不像顧炎武、錢塘諸人所説"特丈尺之不同,而田未嘗易"(顧
炎武《日知録》卷七),或"度法之不同"(錢塘《溉亭述古録·三代田

制解》)。

在這裏附帶談談井田制的問題。

井田制的問題,在學術界曾引起過長期的、激烈的爭論。爭論結果,看來還不能不承認它確實是在中國歷史上存在過。經過這次爭論,人們似乎應該獲得以下兩點教訓:1. 古今的歷史條件不同,不能用今天的眼光去理解古代事物。2. 客觀上存在過的東西,不是主觀上所能改變的。

井田制的存在,是歷史條件決定的。實行井田制,基本上須具備如下三個條件:1. 土地國有,即,當時作爲主要的物質生產資料——土地全部爲代表統治階級的國家所有,每個成員所取得土地份額的多少以及份額的變更或轉移等等,完全決定於政治權力或地位,不能當作商品自由買賣。2. 土地廣闊,人口稀少,可以充分保證能滿足人口增殖時所需要的土地。3. 生產力水平相當低,一個成年男勞動力所能耕種的土地面積,一般須保持在一定的幅度以內,例如夏五十,殷七十,周百畝。過多或過少,都將影響井田制的存在。

《儀禮·喪服傳》:

> 君,謂有地者也。

又,鄭玄於《喪服傳》"君至尊也"下注:

> 天子諸侯及卿大夫有地者,皆曰君。

《詩經·小雅·北山》:

> 溥天之下,莫非王土,率土之濱,莫非王臣。

《通典·田制下》:

> 春秋之義,諸侯不得專封,大夫不得專地。(按"諸侯不得專封"見《穀梁傳》僖公二年,亦略見《公羊傳》。"大夫不得專地"無明文可考,當是《通典》作者自己從《春秋》

體會出來的）

由上述這些材料，可以看出：當時的土地，全部掌握在天子、諸侯及卿大夫手中。自制度而言：最高的首腦——天子對土地的處理享有絕對的權力，所謂"溥天之下，莫非王土"。其次諸侯一級，他們"不得專封"，即沒有封諸侯的權力，但有權把所掌握的土地的一定數量賞給卿大夫，或從卿大夫手裏奪回來。再其次卿大夫一級，他們"不得專地"，即沒有處分土地的權力，土地的轉移或變更的權力依舊操在天子和諸侯手裏。當然，自實際情況而言：春秋時代，諸侯、卿大夫侵奪土地之事史不絕書。不過這些祇能證明這個制度遭到破壞或沒有嚴格貫徹執行，不能否定這個制度的存在。

《國語·晉語》：

公食貢，大夫食邑，士食田，庶人食力。

這條材料證明"士"沒有土地份額，他們祇能分得一定數量的剝削物資而已。至於庶人，更談不到有土地份額。在當時，所有一切可耕種的土地，對天子、諸侯、卿、大夫和士等奴隸主階級而言，是剝削的手段或工具；對庶人即奴隸而言，它是被剝削的手段或工具。所謂"一夫百畝"，是根據勞動力的工作量來確定的，不是根據生活的需要量來確定的。有人把"百畝"看作是庶人的份地，看作同後世的"均田"沒有本質上的區別，這是不正確的。誠然，庶人也可以從百畝田的總產量中取得一定數量作爲生活資料。但是，應該知道："奴隸是特定的主人的財產，由於他們與主人的利害攸關，他們的生活不管怎樣壞，總還是有保障的。"①

以上就是當時土地國有的基本情況。

實行井田制依賴於一定的土地條件，這一點也是討論這一問

_____

① 恩格斯：《共產主義原理》，《馬克思恩格斯全集》第 4 卷，人民出版社，1958 年，第 360 頁。

題的人們所最容易忽略的。

《國語·周語》：

> 猶其有原隰衍沃也，衣食於是乎生。（依汪遠孫校，從宋庠本）

《詩經·小雅·信南山》：

> 信彼南山，維禹甸之，畇畇原隰，曾孫田之。

《左傳》襄公二十五年：

> 蔿掩書土田：度山林，鳩藪澤，辨京陵，表淳鹵，數疆潦，規偃豬，町原防，牧隰皋，井衍沃。

由上述這些材料可以看到：土田九等，可耕之地祇有原隰衍沃。這是當時的生產力水平所決定的，同時也與當時人口所需要的耕地數量相適應。假如一旦生產力大大提高，人口的增殖數量與所需的土地數量失掉了平衡，井田制必然遭到破壞。例如戰國李悝“作盡地力之教”，他一方面要求“治田勤謹”，即提高單位面積產量，一方面把“山澤邑居”除外，其餘的均作爲可耕的土地計算，即要求擴大耕地面積。所以這樣做，當然是那時的歷史條件造成的。即生產力提高了，人口增加得很多、很快，原來可耕的土地不敷應用了。但是，這樣做的結果，必然影響到井田制度的存在。因爲，第一，一個勞動力所能耕種的土地已不限定是百畝，原先所規定的“豆腐乾塊”已不適用；第二，可耕的土地已不限於“原隰衍沃”的若干平坦肥沃的區域，要利用溝洫經界劃成整齊的“豆腐乾塊”已不可能。

井田的特點，就在於它的“豆腐乾塊”。因此，“正經界”是井田的首要工作。到了“開阡陌封疆”，井田就破壞了。

關於當時人口與土地的比例，在春秋初年的大致情況，可由下邊兩段材料窺見一斑。

《左傳》昭公十六年：

> 子產對曰："昔我先君桓公與商人皆出自周，庸次比
> 耦以艾殺此地，斬之蓬蒿藜藋而共處之。"

又，襄公十四年：

> 對曰："昔秦人負恃其眾，貪於土地，逐我諸戎。惠公
> 蠲其大德，謂我諸戎是四嶽之裔冑也，毋是翦棄。賜我南
> 鄙之田，狐狸所居，豺狼所嗥。我諸戎除翦其荊棘，驅其
> 狐狸豺狼，以為先君不侵不叛之臣，至於今不貳。"

以上兩條：前一條是追述東周初年之事，後一條是追述初進入
春秋約七十餘年之事。可以想見，當時未開墾的土地是相當多的。

"經界"包括兩方面：1.是封疆；2.是阡陌。封疆的經界正，可
以消除大小奴隸主互相爭奪土地的糾紛；阡陌的經界正，可以減少
分配產品和分配耕作任務等技術性的麻煩。

《左傳》昭公元年：

> 疆埸之邑，一彼一此，何常之有？王伯之令也，引其
> 封疆而樹之官，舉之表旗而著之制令，過則有刑，猶不可
> 壹。於是乎虞有三苗，夏有觀扈，商有姺邳，周有徐奄。
> 自無令王，諸侯逐進，狎主齊盟，其又可壹乎？恤大舍小，
> 足以為盟主，又焉用之？封疆之削，何國蔑有？主齊盟
> 者，誰能辯焉？

又，昭公二十三年：

> 夫正其疆埸，脩其土田。

以上兩條是春秋時期諸侯互相侵奪土地的例證。

《左傳》閔公二年：

> 初，公傅奪卜齮田。

又，文公八年：

先克奪蒯得田於董陰。

又，文公十八年：

齊懿公之爲公子也，與邴歜之父爭田，弗勝。

《國語·晉語》：

范宣子與和大夫爭田，久而無成。

又，《晉語》：

邢侯與雍子爭田。

以上五條是春秋時期卿大夫互相爭奪土地而發生糾紛的例證。

《詩經·小雅·信南山》：

我疆我理，南東其畝。

又，《大雅·崧高》：

王命召伯，徹申伯土田。

又，《大雅·韓奕》：

奄受北國，因以其伯，實墉實壑，實畝實借。

又，《大雅·江漢》：

江漢之滸，王命召虎，式辟四方，徹我疆土。……於疆於理，至於南海。

《國語·周語》：

脩其疆畔，日服其鎛，不解於時。

《禮記·月令》孟春之月：

王命布農事,命田舍東郊,皆脩封疆,審端徑術。

《左傳》襄公十年:

初,子駟爲田洫,司氏、堵氏、侯氏、子師氏皆喪田焉。

又,襄公三十年:

子產使都鄙有章,上下有服,田有封洫,廬井有伍。"

以上所引這些材料,大致可分爲兩類:1.《崧高》、《韓奕》、《江漢》三篇所述爲一類,主要是關於邦國相互間和邦國內部正封疆經界的事例;2.其餘各條總爲一類,主要是關於采邑相互間和采邑內部正阡陌經界的事例。前一類中包括有正阡陌經界,後一類中也包括有正封疆經界,二者很難截然分開。但是,井田要求整齊劃一,則無可懷疑。不然,"審端徑術"、"廬井有伍"等等,將無法解釋。不過,如果把孟子所說的井田方案絕對化,也會發生錯誤。因爲孟子在提出這個方案的同時,就說"圭田五十畝,餘夫二十五畝";又說"此其大略也,若夫潤澤之,則在君與子矣"。是孟子本人並不認爲實行井田制必須把所有耕地一律劃成"豆腐乾塊。"顯然,"町"、"畦"即是井田外的畸零土地。但是"豆腐乾塊"式是井田的基本形式則是可以肯定的。

(四)庶人的耕作方法

當時庶人的耕作方法,主要是實行"耦耕"。

《詩經·周頌·噫嘻》:

亦服爾耕,十千維耦。

又,《周頌·載芟》:

千耦其耘。

《左傳》昭公十六年:

庸次比耦以艾殺此地，斬之蓬蒿藜藋而共處之。

《國語·吳語》：

譬如農夫作耦以刈殺四方之蓬蒿。

《論語·微子》：

長沮、桀溺耦而耕。

《周禮·地官·里宰》：

"以歲時合耦於鋤，以治稼穡，趨其耕耨。"（《注》："鋤者，里宰治處也，若今街彈之室。於此合耦，使相佐助，因仿而爲名。季冬之月令：'命農師計耦耕事，修耒耜，具田器。'是其歲時與？"）

由上述這些材料可以看出"耦耕"在當時農業生產技術中的重要地位。"耦耕"之制究竟如何，前人雖有説明，終覺難曉，所可知者，"兩人並耕"而已。但是根據上引里宰職"歲時合耦於鋤"和《左傳》莊公二十八年"二五（梁五、東關五）卒與驪姬譖群公子而立奚齊，晉人謂之'二五耦'"的記載，仔細思考，似耦耕之制一般還不是隨便有兩個人在一起就可以共同進行工作，而是要經過選擇搭配的。

程瑶田《耦耕義述》：

耜之長自本至末尺有一寸。其本廣五寸。本有銎，以受耒者也。用以耕，一人之力能任一耜，而不能勝一耜之耕。何也？無佐助之者，力不得出也。故必二人並二耜而耦耕之，合力同奮，刺土得勢，土乃迸發，以終長畝不難也。……地官里宰之職以歲時合耦於鋤，言農事最重，必於先年季冬之月，合耦於里宰治處。合耦者，察其體材，齊其年力，比而選之，使能彼此佐助以耦耕也。周頌曰:"亦服爾耕,十千維耦。"又曰:"其耕澤澤,千耦其耘。"言耕者必言耦,以非耦不能善其耕也。耦之爲言並也。共事並行,不可相無之謂耦。《鄉射禮》、《大射儀》:"其射也,司射比其三耦。"注以"比"爲選次其才之相近者,疏更推言力之相近。瑤田謂桃氏爲劍有上、中、下三制,弓人爲弓亦有三制,以應服之者之形貌大小。射之比耦也,齊其才,齊其力,齊其形貌,乃可校其勝負。否則强弱相懸,勝負前定,何校之有? 三耦既此,然後作射。其進射也:上下射並行,當階、升堂、堂上亦並行,卒射、降階又並行,故謂之耦。里宰合耦,義亦如是。不然,農夫之耕何與於里宰,而必規規然爲之合耦者? 以必耦耕,故先合耦以齊其才力形貌。以一人獨耕,不能出力,故必不可不耦耕。然則耦耕者,在昔先民莫不皆然,夫固有所受之也。(《清經解》卷五四一:《溝洫疆理小記》)

程氏解釋耦耕之制,比較是最詳明的了。爲什麼引述了這麼多原文呢? 因爲耦耕如果必須"合耦",合耦又必須"察其體材,齊其年力",那末當時就必然是實行共同勞動、共同分配(當然要把剥削去的產品除掉);也就是説,還保存着農村公社的遺迹,這是一個不小的問題啊!

(五)庶人的勞動興趣

關於庶人對農業生產勞動的興趣如何,可以從監督勞動方面引一些材料看看。

《國語·周語》記虢文公諫宣王不籍千畝,先述籍田之制,然後於末段説:

> 稷則徧誡百姓,紀農協功,曰:"陰陽分布,震雷出滯,土不備墾,辟在司寇。"乃命其旅曰:"狥!"農師一之,農正再之,后稷三之,司空四之,司徒五之,太保六之,太師七

之，太史八之，宗伯九之，王則大徇。耨穫亦如之。……
民用莫不震動恪恭於農，脩其疆畔，日服其鎛，不解於時。

《詩經·豳風·七月》和《小雅》的《甫田》、《大田》諸詩篇描述農業生產情況，都有"同我婦子（《甫田》、《大田》"同我"作"以其"），饁彼南畝，田畯至喜"之句。

《周禮·地官》酇長和里宰二職都有：

趨其耕耨。

《禮記·月令》孟春之月：

王命布農事，命田舍東郊，皆脩封疆，審端徑術。

又，孟夏之月：

命野虞出行田原，爲天子勞農勸民毋或失時。命司徒巡行縣鄙，命農勉作，毋休於都。

又，仲秋之月：

乃命有司趣民收斂，務畜菜，多積聚。乃勸種麥，毋或失時。其有失時，行罪無疑。

又，季冬之月：

命農計耦耕事，脩耒耜，具田器。

請看，當時統治階級在監督農業生產勞動方面作了多少事情！據《周語》所述，於每次耕、耨、穫的開始，都要經過下自農師、上至於王，一遍又一遍地宣佈命令。而且還説"辟在司寇"，即用刑法來威脅，要求農民最後達到"莫不震動"。在《詩經》幾篇農詩中，都提到"田畯至喜"，那末田畯如果是不喜而是怒的時候，情況如何，就可想而知了。特別是《月令》仲秋之月説："其或失時，行罪無疑。"試想，行罪的情況怎樣？不用説，自然是"刀鋸"、"鑽笮"或"鞭扑"

一類的事了。馬克思説："一切建立在勞動者（直接勞動者）和生産資料所有者間的對立地位上的生産方式，都必然有這種監督勞動會發生。其中的對立性愈是大，這種監督勞動所起的作用也愈大。所以，在奴隸制度下，它的作用達到最高點。"①當然，中國的奴隸社會在監督勞動方面的情況也不會是例外。那末，當時庶人對農業生産勞動的興趣如何，不必講就可以知道了。

（六）庶人的勞役任務

當時庶人不僅是農業生産工作者，同時也是武裝部隊的戰士。《國語·晉語》記叔向陳述當時禄田制度説：

> 大國之卿，一旅之田，上大夫一卒之田。

當時的禄田不用頃畝計算而用卒旅計算，足以證明庶人不單是農業生産工作者，同時也是武裝部隊的戰士。所以有這種情況，也是當時的歷史條件決定的。因爲當時總的情況是地曠人稀，交通梗阻，加以奴隸社會的本性是好掠奪的，所以不但在人民居住區的周圍須修建城堡，而且還須經常作防禦準備。

《左傳》昭公十八年：

> 鄅人籍稻，邾人襲鄅。鄅人將閉門，邾人羊羅攝其首焉，遂入之，盡俘以歸。

又，同年鄭有火災，傳曰：

> 子産授兵登陴。子大叔曰："晉無乃討乎？"子産曰："吾聞之，小國忘守則危，況有災乎？國之不可小，有備故也。"

以上兩條説明當時重視武備的必要。在這裏有一點須説明，就是庶人雖是武裝部隊的戰士，但是武器卻不保存在他們手裏，而

---

① 《資本論》第3卷，人民出版社，1956年，第482頁。

是在應用的時候臨時發給。這可由上邊所引的"子産授兵登陴"和同書隱公十一年"鄭伯將伐許,五月甲辰授兵於大宫,公孫閼與潁考叔争車"來證明。"授兵"是發給武器的意思。又,同書閔公二年:"將戰,國人受甲者皆曰'使鶴'。""受甲"就是領武器。

《周禮·地官·小司徒》:

> 上地家七人,可任也者家三人。中地家六人,可任也者二家五人。下地家五人,可任也者家二人。

> 凡起徒役,毋過家一人,以其餘爲羡,唯田與追胥竭作。

在這個材料裏,説明當時庶人除了擔負農業生産工作,還要擔負:1. "徒役",包括出征和築城郭宫室;2. "田",即佃獵;3. "追胥",即追捕盜賊。追捕盜賊列爲重大任務之一,要求正卒和羡卒一齊出動,不難看出當時掠奪之風是何等嚴重。

(七)庶人的生活

當時庶人的生活是困苦的,悲慘的。

《左傳》昭公三年:

> 民參其力,二入於公,而衣食其一。公聚朽蠹而三老凍餒。國之諸市,屨賤踊貴。

又,同年:

> 庶民罷敝而宫室滋侈,道殣相望而女富溢尤。民聞公命,如逃寇讎。

以上兩條材料,真實地反映了春秋中葉齊晉兩個大國人民生活的悲慘景象。前者是由晏嬰口中説出來的齊景公時的概況。其剥削之重,竟至於三分取二,祇留下一分作爲衣食之用。結果造成一方面公室儲藏之多,至於朽爛生蛀;另一方面農、工、商的老年人卻都受凍挨餓。不但此也,還實行殘酷的壓迫。單舉刖足之刑爲例，竟至於使市場上賣假脚的供不應求，大漲其價；賣鞋子的反因無人過問，不得不減價出售。後者是由叔向口中説出來的晉平公時的概況。也是一方面公室大興土木（"銅鞮之宮數里"見《左傳》襄公三十一年），奢淫無度；一方面庶民疲敝不堪，死於道路的前後相繼。這種鮮明對比，深刻地説明了奴隸社會殘酷的階級壓迫與剝削的本質。

此外如：

《左傳》襄公九年：

> 晉侯（悼公）歸，謀所以息民。魏絳請施舍，輸積聚以貸。自公以下，苟有積者盡出之。國無滯積，亦無困人。

又，襄公二十九年：

> 鄭饑而未及麥。民病。子皮以子展之命，餼國人粟，户一鍾。

又，同年：

> 宋亦饑，請於平公，出公粟以貸，使大夫皆貸。司城氏貸而不書，爲大夫之無者貸。

又，昭公三年：

> 齊舊四量。豆、區、釜、鍾。四升爲豆，各自其四，以登於釜。釜十則鍾。陳氏三量皆登一焉，鍾乃大矣。以家量貸而以公量收之。

從上述這些文字的表面上看，好象這是當時若干奴隸主的德政的一種表現。但從本質上看，卻大大不然。試問：這些奴隸主有這樣多的糧穀，是從哪裏來的呢？顯然都是庶人即奴隸的勞動果實。爲什麼奴隸窮的要死，奴隸主們反而有這樣多的餘糧呢？這不就充分説明奴隸制度的剝削是如何兇暴和野蠻嗎？

《荀子·大略》：

> 古之賢人，賤爲布衣，貧爲匹夫，食則饘粥不足，衣則
> 豎褐不完。

《莊子·讓王》：

> 原憲居魯，環堵之室，茨以生草，蓬户不完，桑以爲
> 樞，而甕牖二室，褐以爲塞，上漏下濕。

又：

> 曾子居衛，縕袍無表，顏色腫噲，手足胼胝，三日不舉
> 火，十年不製衣，正冠而纓絕，捉衿而肘見，納屨而踵決。

上述三條；前一條已明白指出所記的是"布衣"、"匹夫"生活的典型情況。後兩條雖未明説，尋繹大意，也可以知道原、曾二氏是在過着勞動人民的生活。總之，由上述三條所説居住、飲食、衣服各方面的情況，不難想像當時庶人的生活是如何窮困了。

庶人不僅生活窮困，而且時時有遭受刑罰的可能。《曲禮》説"刑不上大夫，禮不下庶人"，這是當時社會在上層建築方面所確定的基本原則。換言之，就是禮爲大夫以上即奴隸主階級而設，刑爲庶人即奴隸階級而設。

《國語·魯語》：

> 大刑用甲兵，其次用斧鉞；中刑用刀鋸，其次用鑽笮；
> 薄刑用鞭扑，以威民也。

又，《晉語》：

> 今吾司寇之刀鋸日弊而斧鉞不行。……今吾外刑乎
> 大人而忍於小民。

由上述材料，可以看出當時刑有三等五種。施於庶人的以中刑爲多，故《晉語》上文言"刀鋸日弊"，下文言"忍於小民"。齊景公

時的"屢賤踴貴",也是對小民濫用刀鋸的反映。在這裏還應着重指出一點,即當時衹有刑罰而沒有刑法,應否行刑和刑的輕重沒有客觀的標準,奴隸主可以任意而爲。這正反映了當時社會上存在着兩個對立的階級:一個是"享有完全權利的人",另一個則是"毫無權利的人"。

庶人之妻,則除了須做些日常的家務勞動如造飯、送飯和照護小孩等以外,最重要的是要擔負起一家人的衣着之責。

《國語·魯語》:"自庶士以下,皆衣其夫。"

此外,農副業生産除了"環廬樹桑,菜茹有畦,瓜瓠果蓏殖於疆場"以外,還可以養豬養雞。

《孟子·梁惠王》:

> 五畝之宅,樹之以桑,五十者可以衣帛矣。鷄豚狗彘之畜,無失其時,七十者可以食肉矣。……然而不王者,未之有也。

又,《盡心上》:

> 五母鷄,二母彘,無失其時,老者足以無失肉矣。

《禮記·曲禮下》:

> 問庶人之富,數畜以對。

《孟子》所述的"王道",實際就是春秋以前的舊制。至於《曲禮》所説的"數畜以對"的富,當是極罕見的現象。

庶人一年中有三個盛大的節日:1. 春社;2. 秋社;3. 蜡。在節日裏,大概可以吃到一點酒肉。至於平日,當然沒有了,因爲定制是"庶人無故不食珍"(《禮記·王制》)。

關於社事:

《禮記·月令》仲春之月:

> 擇元日,命民社。

又,仲秋之月:

> 擇元日,命民社。(今本此文缺,此據《太平御覽》引
> 文補)

社是土神。春祭社的意思是爲了"祈穀",秋祭社的意思是爲了"報功"。《禮記·郊特牲》:"唯爲社事,單出里。"就是説當時袛是逢到祭社的時候要求人們盡數出來參加。後世如《史記·陳丞相世家》稱:"里中社,平爲宰,分肉食甚均。"《荆楚歲時記》:"社日,四鄰並結綜會社牲醪爲屋於樹下,先祭神,然後饗其胙。"又唐人張蠙詩有"桑柘影斜春社散,家家扶得醉人歸"之句等等。這些都應看作是古代的遺風流傳到後世的。

關於蜡:

《禮記·郊持牲》:

> 伊耆氏始爲蜡。蜡也者,索也,歲十二月合聚萬物而
> 索饗之也。

又,《雜記》:

> 子貢觀於蜡。孔子曰:"賜也,樂乎?"對曰:"一國之
> 人皆若狂,賜未知其樂也。"子曰:"百日之蜡,一日之澤,
> 非爾所知也。張而不弛,文武弗能也;弛而不張,文武弗
> 爲也;一張一弛,文武之道也。"

蜡祭流傳的年代也很久。後世歷代相沿,直到明朝滅亡才廢除此祭。它是一年中關於農事的一個最大的祭典和節日。子貢光看到"一國之人皆若狂",袛有孔子才瞭解其中的秘密。即,終年勞苦,讓他們休息這一天來盡情歡樂,這是符合於當年文王、武王"一張一弛"的政策的。

以上就是關於庶人的家庭、居住、勞動對象、耕作方法、勞動興趣、勞役任務以及日常生活各方面的基本材料和初步分析。我們

根據上述的材料和分析，這種庶人當然與希臘、羅馬類型的奴隸不同。但是也很難説它是中國封建社會的農奴。最穩妥的説法，應該説它是“古代東方”類型奴隸制的奴隸在中國的歷史條件下所表現的具體形式。它正是決定社會性質的、被奴隸主階級所占有的生産工作者——奴隸，而當時的社會則是奴隸制社會。

其次來談談工和商。

當時社會工商的地位，基本上同庶人一樣。

《左傳》桓公二年，晉人師服論述當時社會的等級制度，於結尾處説：“庶人工商各有分親。”

又，宣公十二年，晉諸卿會議，共同研究楚國情況，決定和戰大計，在隨武子的話裏有：“荆尸而舉，商、農、工、賈不敗其業。”

又，襄公九年，楚人子囊論晉國政治，在話裏有：“庶人力於農穡，商、工、皁、隸不知遷業。”

又，襄公十四年，晉人師曠與晉平公談及當時政治上的等級制度，於結尾處也説：“庶人、工、商、皁、隸、牧、圉皆有親暱。”

又，昭公二十六年，齊人晏嬰述舊制説：“在禮：……民不遷，農不移，工、賈不變。”

又，哀公二年，晉人趙簡子臨戰誓師，宣佈賞格説：“克敵者，上大夫受縣，下大夫受郡，士田十萬，庶人工商遂，人臣隸圉免。”

又，《國語·晉語》撮述晉文公歸國之初在政治上的措施，其中談到：“公食貢，大夫食邑，士食田，庶人食力，工、商食官，皁、隸食職。”

我們仔細考察上述材料，可以看到：庶人、工、商、皁、隸、牧、圉這幾種人，在當時上層階級人們的言論中，有時是完全合并在一起講，如上引第四條師曠所説的就是；有時祇把庶人、工、商合并在一起講，如上引第一條、第二條、第六條都是；有時是把商、工、皁、隸合并在一起講，而把庶人分開，如上引第三條就是；有時庶人（農）、工、商（賈）和皁、隸分爲三種來講，如上引第五條、第七條都是。不論是哪一種講法，總之可以證明庶人、工、商、皂、隸、牧、圉這幾種人在當時的社會地位基本上是相等的，都是毫無權利的、受壓迫的、受剝削的階級，即都是奴隸階級的成員。

工在當時是可以作爲禮物來送人的。例如：

《左傳》成公二年：

> 楚侵及陽橋，孟孫請往賂之以執斲、執鍼、織紝皆百人。

不過工師、工正、匠人等，則不在此列。他們是管理工人的，應屬於奴隸主階級。例如《左傳》襄公四年的"匠慶"，《禮記·檀弓下》的"公輸般"，就絕不應誤認爲是"奴隸"。

商人在當時有致富的可能，并且在春秋的時候也確實有幾個著名的大商人。但是，儘管這樣，可還不能改變他們的階級地位。

《國語·晉語》：

> 夫絳之富商，韋藩木楗以過於朝，唯其功庸少也。

上述這條材料，就足以證明商人雖富，並不能改變階級地位。

《左傳》上有幾處關於商人的記載，茲撮錄於下：

> 僖公三十三年，秦師襲鄭：
>
> 及滑，鄭商人弦高將市於周，遇之。以乘韋先，牛十二犒師。曰："寡君聞吾子將步師出於敝邑，敢犒從者。不腆敝邑，爲從者之淹，居則具一日之積，行則備一夕之衛。"且使遽告于鄭。
>
> 成公三年：荀罃之在楚也，鄭賈人有將置諸褚（囊）中以出。既謀之，未行，而楚人歸之。賈人如晉。荀罃善視之，如實出己。賈人曰："吾無其功，敢有其實乎？吾小人，不可厚誣君子。"遂適齊。
>
> 昭公十六年：（晉韓）宣子有環，其一在鄭商，……韓

子買諸賈人，既成賈矣。商人曰："必告君、大夫。"韓子請諸子產。曰："起請夫環，執政弗義，弗敢復也。今買諸商人。商人曰必以聞，敢以爲請！"子產對曰："昔我先君桓公與商人皆出自周，庸次比耦以艾殺此地，斬之蓬蒿藜藋而共處之，世有盟誓，以相信也。曰：'爾無我叛，我無强賈，毋或匄奪。爾有利市寶賄，我勿與知。'恃此質誓，故能相保，以至于今。今吾子以好來辱，而謂敝邑强奪商人，是教敝邑背盟誓也，毋乃不可乎？"

以上三段記載，事都出於鄭國，證明當時鄭國的商人在社會上顯然有一種特殊的情況。其原因應該是：1. 鄭桓公與商人一同東遷，曾共過患難，立有盟誓，商人享有一定的權利；2. 鄭國地處中原，交通便利，壤土褊小，難以自存，不得不向商人讓步，以圖繁榮經濟，增强國力。但是，商人還自稱爲"小人"而目荀罃爲"君子"，足證還没有擺脱掉他的原有階級地位。

皂、隸、牧、圉都是奴隸，那是顯而易見，不需要作更多的説明。不過這類奴隸不從事農業生産。他們既不是古代世界的一個決定性的生産部門——農業的生産工作擔當者，那麽僅僅根據他們這一類奴隸的有無，還不能決定一個社會的性質。我們知道中國封建社會長期有這類奴隸存在，有時數量還相當大。假如根據這類奴隸的有無來決定社會性質，就是把次要的、非本質的東西當作主要的、本質的東西看待，其結果將使中國奴隸社會與封建社會無法區分，混淆了兩個不同社會形態的界限，這是非常錯誤的。

現在請進一步談談所謂"君子"的這個階級。

當時社會中所謂"君子"的階級，是以"勞心"爲特徵的，即享有受教育，繼承、發展文化的特權。這個階級包括天子、諸侯、卿、大夫和士。

關於君子享有受教育的特權之事，舉例證明如下。

《周禮·地官·師氏》：

以三德教國子：一曰至德，以爲道本；二曰敏德，以爲行本；三曰孝德，以知逆惡。教三行：一曰孝行，以親父母；二曰友行，以尊賢良；三曰順行，以事師長。居虎門之左，司王朝。掌國中失之事，以教國子弟，凡國之貴遊子弟學焉。

又，《保氏》：

養國子以道，乃教之六藝：一曰五禮；二曰六樂；三曰五射；四曰五馭；五曰六書；六曰九數。乃教之六儀：一曰祭祀之容；二曰賓客之容；三曰朝廷之容；四曰喪紀之容；五曰軍旅之容；六曰車馬之容。

又，《春官·大司樂》：

掌成均之灋，以治建國之學政而合國之子弟焉。凡有道者、有德者，使教焉，死則以爲樂祖，祭於瞽宗。以樂德教國子：中、和、祇、庸、孝、友。以樂語教國子：興、道、諷、誦、言、語。以樂舞教國子：舞雲門、大卷、大咸、大磬、大夏、大濩、大武。

又，《樂師》：

掌國學之政以教國子小舞。

又，《大胥》：

掌學士之版以待致諸子。春入學舍采合舞，秋頌學合聲。

又，《小胥》：

掌學士之徵令而比之，觵其不敬者，巡舞列而撻其怠慢者。

又,《籥師》:

掌教國子舞羽龡籥。

《禮記·文王世子》:

凡學,世子及學士必時。春夏學干戈,秋冬學羽籥,皆於東序。小樂正學干,大胥贊之;籥師學戈,籥師丞贊之。胥鼓南。春誦夏弦,大師詔之。……

又,《王制》:

樂正崇四術,立四教。順先王詩書禮樂以造士。春秋教以禮樂,冬夏教以詩書。王太子、王子、群后之太子、卿大夫元士之適子、國之俊選皆造焉。凡入學以齒。將出學:小胥、大胥、小樂正簡不帥教者,以告於大樂正。大樂正以告於王。王命三公、九卿、大夫、元士皆入學。不變,王親視學。不變,王三日不舉,屏之遠方。西方曰棘,東方曰寄,終身不齒。大樂正論造士之秀者,以告於王而升諸司馬,曰進士。司馬辨論官材,論進士之賢者,以告於王,而定其論。論定然後官之。任官然後爵之。位定然後禄之。大夫廢其事,終身不仕,死以士禮葬之。

《周禮·夏官·諸子》:

掌國子之倅,掌其戒令與其教治。……凡國之政事,國子存游倅,使之脩德學道;春合諸學,秋合諸射,以考其藝而進退之。

又,都司馬:

掌都之士庶子,以國法掌其政學。

《左傳》襄公三十一年:

鄭人游於鄉校以論執政。然明謂子產曰："毀鄉校何如?"子產曰："何爲? 夫人朝夕退而游焉，以議執政之善否，……"

綜上所述，可以粗窺當時教育的情況。大體説：學校都設在"國"，在"都"，在"鄉"（鄉在"國中"，與後世的鄉村不同），没有設在野和鄙的。當時享有受教育的特權的是"國子"，"國之貴遊子弟"，"王太子，王子，群后之太子，卿、大夫、元士之適子，國之俊選"，"國子之倅"，"都之士庶子"，等等，總之都是貴族子弟，没有庶人、工、商、皁、隸、牧、圉的子弟。學成以後，則"官之"、"爵之"、"禄之"，成爲壓迫者、剥削者的後繼人，以鞏固奴隸主階級的政權。

可能有人懷疑《周禮》、《王制》、《文王世子》等作品出世較晚，不能證明西周、春秋時期的制度。殊不知春秋末期奴隸制已發生動摇，在文化教育上最明顯的標誌是孔子所實行的"有教無類"。以後風氣大變。諸書所説的制度斷不是戰國時代所有，而與春秋以前的社會情況相符，其爲春秋以前的舊制當無可疑。

關於奴隸主階級中天子、諸侯、卿、大夫和士各個等級的特點及其相互間的關係，説明如下。

周代的政權組織，大體上分中央、地方兩級。中央政權的首腦是天子，地方政權的首腦是諸侯。

天子有自己直轄的區域，即所謂"邦畿千里"。諸侯轄區大小不等。周初諸侯初封的時候，大約最大的封國没有超過百里的。

《國語·周語》記周襄王有下面這一段話：

昔我先王之有天下也，規方千里以爲甸服，以供上帝山川百神之祀，以備百姓兆民之用，以待不庭不虞之患。其餘以均分公侯伯子男，使各有寧宇，以順及天地，無逢其災害。

《左傳》襄公二十五年記鄭子產語有：

昔天子之地一圻（千里），列國一同（百里），自是以衰。

以上兩條，應是講周代封國大小的最可靠的根據。（《周禮》書晚出，大司徒所説里數沒有現實意義。《孟子·萬章》篇所説比較近是，但覺得有點公式化了）

周初諸侯之國，大約有三種來源：1.由前代沿襲下來的古老國家；2.周代新封的同姓國家；3.周代新封的異姓國家。

中央對地方有上下級統屬關係。但是，中央所管的並不多，並且也不够嚴格、徹底，一般祇要求能如期朝聘、貢獻，在名義上尊中央爲共主而已。經今文公羊家説有"諸侯不純臣"之義（見《詩經·周頌·臣工》正義引《五經異義》），這話是有根據的。春秋各國中祇有魯國以"秉周禮"（《左傳》閔公元年）著稱；其餘各國，其曆法、官制和禮俗等等多不相同。

《史記·魯周公世家》：

> 魯公伯禽之初受封，之魯，三年而後報政周公。周公曰："何遲也？"伯禽曰："變其俗，革其禮，喪三年然後除之，故遲。"太公亦封於齊，五月而報政周公。周公曰："何疾也？"曰："吾簡其君臣禮，從其俗爲也。"

由上述這段材料，可見當時諸侯在其轄區以内，權限很大；對中央政權來説，有很大的獨立性。

天子在畿内，諸侯在國内，爲實行其階級統治，都設有一套完整的政治機構。當然，畿内的政治機構比較特殊，例如設三公，並有畿内諸侯等。諸侯之國，依領土的大小，爵位的高低，所設機構和員額也各不相同。但有一點卻基本上一致，即分成許多同一類型的等級。這個等級，就是我們在上邊所説的公、卿、大夫、士和所謂"卿置側室，大夫有貳宗，士有隸子弟"等等。不過，王公之間的關係和王公與卿大夫士之間的關係以及王公與卿大夫士之間和卿大夫與士之間的關係,都不是相同的,還須具體地加以分析。

爲了容易看到問題的本質,我們有必要注意下邊這個事實:

《左傳》襄公三十六年記衛獻公使子鮮與甯喜言曰:

> 苟反,政由甯氏,祭則寡人。(時獻公失國)

上述這個事實中,透露出當時諸侯實現他們的統治,主要是利用兩種東西:1. 政;2. 祭。自今日的眼光看來,好像奴隸主的統治,政是必要的,祭則算不了什麼,而在當時的歷史條件下,祭和政二者,同樣具有重要意義和内容。

我們要知道:祭的對象是神,政的對象是民。祭同禮聯繫着,政同刑聯繫着。祭是利用宗教實行間接的統治,政是利用暴力實行直接的統治。"禮不下庶人",證明祭這一統治工具的行使範圍,主要以卿大夫士爲限,即以所謂"君子"爲限。"刑不上大夫",證明政這一統治工具的鋒芒,主要指向庶人、工、商、皁、隸、牧、圉等,亦即所謂"小人"。

《國語・周語》記祭公謀父諫周穆王,稱武王:

> 事神保民,莫弗欣喜。

又,虢文公諫周宣王説:

> 若是乃能媚於神而和於民矣。

《左傳》桓公六年:

> 所謂道:忠於民而信於神也。(隨人季梁語)

又,襄公九年:

> 真使其鬼神不獲歆其禋祀,其民人不獲享其土利。

(鄭公子騑語)

所有上述這些材料,都是神、民並舉,列爲國君工作的兩個重要對象。這絶不是偶然的。如果同上述祭、政二者聯結起來看,更容易看到其間的關係。我們有必要抓住這條綫索，進一步深入地加以研究。

　　爲了深入地瞭解古人所以重視祭的精神實質，請先引一些材料，然後再加以分析。

　　《禮記·曲禮》：

> 天子祭天地，祭四方，祭山川，祭五祀，歲徧。諸侯方祀，祭山川，祭五祀，歲徧。大夫祭五祀，歲徧。士祭其先。

　　又，《禮運》：

> 魯之郊禘非禮也，周公其衰矣！杞之郊也，禹也。宋之郊也，契也。是天子之事守也。故天子祭天地，諸侯祭社稷。

　　《公羊傳》僖公三十一年：

> 魯郊何以非禮？天子祭天，諸侯祭土（社）。天子有方望之事，無所不通；諸侯，山川有不在其封內者，則不祭也。

　　《禮記·王制》：

> 天子七廟：三昭三穆與太祖之廟而七。諸侯五廟：二昭二穆與太祖之廟而五。大夫三廟：一昭一穆與太祖之廟而三。士一廟。庶人祭於寢。

　　《荀子·禮論》：

> 郊止乎天子，而社止於諸侯，道及士大夫，所以別尊者事尊、卑者事卑、宜大者巨、宜小者小也。有天下者事七世，有一國者事五世，有五乘之地者事三世，有三乘之地者事二世。持手而食者不得立宗廟。所以別〔積厚〕，

積厚者流澤廣，積薄者流澤狹也。

《穀梁傳》僖公十五年：

> 天子至於士皆有廟：天子七廟，諸侯五，大夫三，士二。故德厚者流光，德薄者流卑。

《儀禮•喪服傳》：

> 禽獸知母不知父。野人曰："父母何算焉?"都邑之士則知尊禰矣。大夫及學士則知尊祖矣。諸侯及其太祖，天子及其始祖之所自出。尊者尊統上，卑者尊統下。

《中庸》：

> 郊社之禮，所以事上帝也。宗廟之禮，所以事乎其先也。明乎郊社之禮，禘嘗之義，治國其如示諸掌乎。

《論語•八佾》：

> 或問禘之說。子曰："不知也。知其說者之於天下也，其如示諸斯乎?"指其掌。

關於祭祀之事，上邊所引的這些材料雖然不能包括無遺，並且其所談的內容也往往是偏重於某一方面或某一問題，但是基本的東西可以說已盡於此。

大體說，當時的各種祭祀是有不同的政治意義的。茲依其發生的遲早，等級的高低，分爲三類：1. 宗廟之祭；2. 社稷之祭；3. 天地之祭。

庶人沒有廟。宗廟之祭，最低由士起。士以上隨着政治地位的增高，所祭的廟也相應的增多。由"官師一廟"（《禮記•祭法》），以次遞增爲適士二廟，大夫三廟，諸侯五廟，最高天子七廟。

社稷之祭則由諸侯起始。政治地位低於諸侯的，如卿、大夫、士，都不得祭社稷（成群立社的不在此列）。

天子不但祭宗廟，祭社稷，并且祭天地。

人們看到這裏，不禁要問：祭神爲什麽也分成這些等級？分成這些等級的意義何在？當然，在古書上找不到現成的答案。縱有一些如"尊者事尊，卑者事卑"，"積厚者流澤廣，積薄者流澤狹"，"尊者尊統上，卑者尊統下"之類的答案，但是不能令人滿意的。因爲，他們都是站在當時的統治階級立場，替統治階級說話；没有，也不能把真實的底蘊告訴我們。

我們首先要看：有宗廟之祭的是什麽人？没有宗廟之祭的是什麽人？然後再看：宗廟多的是什麽人？宗廟少的是什麽人？很明顯地會看到：有宗廟之祭的是剥削者，是享有完全權利的人；没有宗廟之祭的是被剥削者，是毫無權利的人。宗廟多的，在剥削者、享有完全權利的人當中是剥削較多的、權利較大的人；宗廟少的，在剥削者、享有完全權利的人當中是剥削較少、權利較小的人。總之，宗廟之祭同政治上、經濟上的地位和權利有密切聯繫。那末，非常清楚，宗廟之祭雖然衹是一種宗教的形式，實具有政治的內容。事實上，它在起着統治工具的作用，它是一種特殊的統治工具。

宗廟之祭，不是階級社會新産生的，應起源於氏族社會的祖先崇拜。宗廟就是祖先崇拜的物質對象。祖先崇拜，起初原爲紀念祖先的勞動經驗的獲得與傳授。後來由於進入階級社會，它遂變成了單純的迷信，借此來鞏固以共同血緣爲基礎的家族關係。正因爲宗廟之祭是鞏固家族關係的工具，也就是說，它是用以團結一種組織力量的工具，所以，一方面，奴隸主爲了消滅奴隸的反抗，就不能讓奴隸利用這種工具；另一方面，奴隸主爲了鎮壓奴隸的反抗，就不能不利用這種工具來爲自己服務。至於廟有多少之分，則是由於奴隸主階級內部又有矛盾，目的在使政治力量與政治地位相適應，以保持奴隸社會的秩序。總之，宗廟的有無或多寡，絶不如前人所理解的，是文化修養、道德觀念的有無或高低的標誌，而是有政治的内容,即在饋享裸將的背後,實隱藏着階級鬥爭的實質。

諸侯祭社稷,從表面上看,是宗教迷信;從本質上看,也是政治上的問題。

我們爲了進一步認識這個問題,首先,要對"社稷"這個概念加以説明。

在一般的意義上講,社是土神,稷是穀神。但在古書上使用這個概念的時候,並不局限於這個含義,而是常常把它看成是國家的同義語。例如諸侯是一國之君,就常常用"主社稷"一詞來表述。

《左傳》莊公十四年:

> 苟主社稷,國内之民,其誰不爲臣?

又,襄公十三年:

> 不穀不德,少主社稷。

上述二條引文内所説的"主社稷",意思就是作了一國之君。

同類的例子,如國家滅亡叫做"社稷不血食。"在《左傳》書中有:

莊公六年:

> 若不從三臣,抑社稷實不血食,而君焉取餘?

又叫做"泯其社稷"。在《左傳》書中有:

宣公十二年:

> 若惠顧前好,徼福於厲、宣、桓、武,不泯其社稷、使改事君,夷於九縣,君之惠也。

成公二年:

> 吾子惠徼齊國之福,不泯其社稷,使繼舊好。

又叫做"隕社稷"。在《左傳》書中有:

桓公五年：

> 社稷無隕多矣。

成公十三年：

> 我襄公未忘君之舊勳，而懼社稷之隕，是以有殽之師。

保衛國家叫做“衛社稷”。在《左傳》書中有：

文公元年：

> 凡君即位，卿出並聘，踐脩舊好，要結外援，好事鄰國，以衛社稷，忠信卑讓之道也。

以一身繫國家之重的大臣叫做“社稷之臣”。在《左傳》書中有：

成公十六年：

> 夫二人者，魯國社稷之臣也。若朝亡之，魯必夕亡。

戰敗國投降的禮節，由國君穿着喪服，懷抱着社主，叫做“擁社”。在《左傳》書中有：

襄公二十五年：

> 陳侯免擁社，使其衆男女別而纍以待於朝。

根據上述這些例證加以分析，似可得出這樣結論：即，社是地方神。這個神有區域性，在當時是以一國爲限。在一個國家的內部，它是舉國共同尊祀的唯一的、最高的神。就其重要性來説，它居然達到這樣程度，即在當時它是一個國家的象徵。當然，實際代表國家的是國君，而不是這個不可捉摸的社稷。但是，爲什麼不直接地就用國君代表國家，而偏要拐一個大彎子，用社稷來代表呢？我想這個道理可以從兩個方面來説明：1. 歷史方面；2. 現實方面。

從歷史方面看，社稷是社會發展到一定階段上的產物。先前在氏族、部落的時代,如果説已經有了社稷的祀典,那衹能屬於自然崇拜或靈物崇拜的範疇,是萬物有靈論的一種表現,而絕不能成爲一定區域的統一的、最高的神。因爲氏族、部落都是以同一血統爲基礎的共同體,在那時衹能有統一的氏族神、部落神(如前文所説的"宗廟")而不可能有部族神。衹有發展到了以血統關係爲基礎的共同體開始解體,而將爲新的、以一定地域的共同性爲特徵的共同體所代替的時候,即將轉變爲部族的時候,才可能有像社稷這樣的部族神出現。因爲宗教信仰的發展是社會經濟發展的反映。當一個社會由氏族、部落發展成爲部族的時候,住在同一地域的人們,彼此間的經濟聯繫比較血統聯繫更具有共同的性質,因此祖先崇拜,即宗廟之祭雖然還保留着,但已失去了共同體的統一的、最高的神的地位,而爲新的共同體的統一的、最高的神,社稷,即地方神所代替。當然,最初主祭社稷的人不一定是世襲的、實行階級統治的國君,很可能是由人民選舉出來的公僕。但是由於社會不斷向前發展,這個公僕很快變成了國君,於是國君與主祭社稷這兩種職能就在一個人的身上統一起來。即一方面他是神權的承擔者,一方面他又是政權的承擔者。

　　從現實方面看,國君集神權、政權於一身。他一方面可以利用國家機器的暴力作用來鎮壓人民;一方面又可以利用宗教迷信的欺騙作用來麻醉人民。這樣,對於鞏固奴隸主階級的統治來説,是更爲有利的。

　　天子祭宗廟,祭社稷,又祭天地,這與他是同姓的首腦,是邦畿的首腦,同時又是天下的首腦的特殊身份相適應。關於祭宗廟、祭社稷的意義,已如上述。天子祭天地,也是社會發展到一定階段的合理的產物。這是由於這個時候,在政治上已有衆多部族基於某種原因尊奉一個部族的首腦爲共同的首腦,在宗教上就也須創立一個新的共同的、統一的、至高無上的神來同它相適應,於是祭天地便被發明出來。當然,這並不是説在此以前事實上不存在祭天地這回事。不過，意義上實大不相同。即先前如果有祭天地之事，那祇是從自然崇拜的意義上舉行的，天地祇是許多神中的一種神；而這時的祭天地則兼具有政治意義，天地已突出地被尊爲統一的、至高無上的神，祇有天子一人有權行祭，其他任何人都不能祭。天子名稱的由來，以及取得天子地位的叫做"受天命"，都是這一意義產生的。

在這裏順便談一談宗法制度。宗法制度與宗廟之制有緊密聯繫，或者可以説宗法制度是宗廟之制在新的條件下的發展。周代宗法制度具有完整體系，它是周代奴隸主政權的重要支柱。但是，如果把周代的政治制度與宗法制度混爲一談，例如從宗法的意義出發，認爲天子是天下的大宗，國君是一國的大宗等等，則是錯誤的。顯然，宗法祇以有同一血統關係的宗族爲限，不能包括異姓，而列國的諸侯有異姓，一國的大夫也不必盡是同姓。一有異姓，宗法即不適用，這是一個極平凡的、不容爭辯的道理。也正因爲這樣；所以才有天子祭天地、諸侯祭社稷之事，用另外一種辦法來維繫没有血統關係的一些人，以彌補宗法的不足。同時，即使是同一血統，如天子與同姓諸侯，諸侯與同姓卿大夫，也不適用宗法。爲什麼呢？這是因爲政權與宗法二者之間的關係，有統一的一面，也有矛盾的一面。從天子、諸侯倚靠宗法勢力來作政權的支柱，宗法倚靠天子、諸侯的政權來取得一部分政治利益和經濟利益以建立它的組織這一點來看，無疑是統一的。但是，宗法組織建立起來以後，由於胤嗣蕃衍，勢力不斷擴大，定將使政權受到威脅，甚至會取而代之；天子、諸侯早就見到這一點，所以絕對不容許有血統關係的族人利用族權來侵犯政權；這就是它們之間的矛盾的一面。事實上，當時的制度是這樣，即一方面"天子建國"，大封同姓爲諸侯；"諸侯立家"，以公族爲卿大夫，作爲"公室之枝葉"。於是"天子有田以處其子孫，諸侯有國以處其子孫，大夫有采以處其子孫"（《禮運》），爲宗法制度樹立穩固的物質基礎，以促其發展，藉以收到"藩屏”、“庇陰”的效果。另一方面，宗法制度規定“別子爲祖”(《禮記・喪服小記》和《大傳》)。別子的含義是“自卑別於尊”(詳見《儀禮・喪服傳》)，即首先把政權與族權的界綫劃清，使不相混淆。古人所説“君是絶宗之人”(賈公彥《儀禮・喪服傳》疏)，“諸侯之尊，弟兄不得以屬通”(《穀梁傳》隱公七年)，“諸侯奪宗”(《漢書・梅福傳》)，等等，都是闡明這個意義的。又如《穀梁傳》文公二年：“君子不以親親害尊尊”，《公羊傳》哀公三年：“不以家事辭王事、以王事辭家事”，《左傳》隱公四年：“大義滅親。”等等，也是説明當宗法與政權兩種關係發生矛盾時，應當讓宗法的關係服從政權的關係，不能讓政權的關係服從宗法的關係。

關於祭宗廟、祭社稷、祭天地的意義和作用，已如上述。不過，光知道這些還不夠，還應進一步知道那時的統治者怎樣具體地利用神權這一種工具來爲政治服務。

當時統治者利用神權爲政治服務的具體方法，就是各種繁縟的禮。當然，禮不是某一個人單憑自己的主觀空想制造出來的，其中絶大部分是從老早以前就產生了，隨着時代推移，又不斷地經過補充和改造了的風俗習慣。但是，在新的歷史條件下，又把原有的某些部分加以調整或改造，使它符合於新的要求，則是不容懷疑的事。所謂“周公制禮”，就應當從這個意義上來理解。

《禮記・祭統》説：

> 凡治人之道，莫急於禮。禮有五經，莫重於祭。

又説：

> 夫祭有十倫焉：見事鬼神之道焉；見君臣之義焉；見父子之倫焉；見貴賤之等焉；見親疏之殺焉；見爵賞之施焉；見夫婦之別焉；見政事之均焉；見長幼之序焉；見上下之際焉。此之謂十倫。

由上述這些話裏，可見當時把祭的意義看得何等重要！把祭的內容看得何等豐富！那末，孔子説“明乎郊社之禮、褅嘗之義，治國其如示諸掌”，這話並不過分夸大，而是有道理的，并且是有根據的。

　　不過，在這裏還要提醒一下，就是不要忘記“禮不下庶人，刑不上大夫”這條根本原則。上邊所説的那些，主要是統治階級内部的事情。如果從當時的整個社會看來，事實上存在兩種矛盾：1. 奴隸主階級與奴隸階級之間，即“君子”與“小人”之間的矛盾。這是對抗性的矛盾。當時的統治者處理這種矛盾，采取直接的、簡單粗暴的辦法，即是用“刑”。《國語·魯語》説：“大刑用甲兵，其次用斧鉞；中刑用刀鋸，其次用鑽笮；薄刑用鞭扑。”這就是當時所用的五種殘酷的刑罰。2. 奴隸主階級内部的矛盾。這是非對抗性的矛盾（當然，在一定的條件下，也可以轉化爲對抗性的矛盾）。當時的統治者處理這種矛盾，采取間接的（通過神權）、比較複雜細緻的辦法，即是用“禮”。上邊所説的祭禮，不過是一端，實則“經禮三百，曲禮三千”（《禮記·禮器》）是極爲繁瑣的。

　　總之，當時的天子、諸侯實現他們的統治，主要是把握兩種權柄：一種是神權，一種是政權；執行兩種任務：一種是祭，一種是政；針對兩種對象：一種是所謂“君子”，即奴隸主，一種是所謂“小人”，即奴隸；應用兩種辦法：一種是禮，一種是刑；處理兩種矛盾：一種是非對抗性的矛盾——奴隸主階級内部的矛盾，一種是對抗性的矛盾——奴隸主階級與奴隸階級之間的矛盾。

（二）

　　現在從另一個角度來看，着重談談自周初至春秋末這一期間歷史發展的過程。即看看它的縱剖面。

　　首先要説明：這一期間歷史有哪些重大變化？根據這個變化可以分作幾個階段？每個階段具有什麼特點？總的趨向如何？

其次要説明：一些重大變化是怎麼產生的？基本的、居於主導地位的矛盾是什麼？解決了歷史上什麼任務？從而判斷春秋戰國之交是否是中國奴隸社會的下限。

關於自周初至春秋末這一期間歷史發展過程中有哪些重大變化、可以分作幾個階段、每個階段具有什麼特點等問題的説明，我看在《論語》裏載有孔子一段話很值得重視。

《論語・季氏》：

> 孔子曰：“天下有道，則禮樂征伐自天子出。天下無道，則禮樂征伐自諸侯出。自諸侯出，蓋十世希不失矣。自大夫出，五世希不失矣。陪臣執國命，三世希不失矣。”

當然，孔子這段話裏是有缺點的。第一，他是站在當時統治階級的立場上來看問題的；第二，他所説的“十世”、“五世”、“三世”這等數字，也嫌過於機械，有命定主義的味道。不過，剔除這些，祇取他所指出的幾個階段，以及每個階段的特點和總的趨向，則他這種説法無疑是正確的，可以作爲我們研討這一期間歷史的基本綫索。

可能有人不同意根據政治鬥爭來劃分歷史階段，認爲祇有根據經濟發展來劃分階段才符合於馬克思主義原則。我認爲這種看法未免太拘泥了。第一，我們應當承認“政治是經濟的集中表現”，政治不能脱離經濟而單獨發展；第二，在經濟方面史料特別缺乏的時候，如果能在政治方面找到明白確切的説明作爲綫索，對於考慮問題實有很大好處。總不能説根據政治鬥爭來劃分歷史階段還不如盲目摸索或主觀武斷較好吧。

根據孔子所説的那段話作爲基本綫索來考察由周初到春秋末這一期間歷史發展的過程，大體上可以分作四個階段。

甲、第一階段　從武王克殷到幽王被殺於驪山，共二百五十七年（據《竹書紀年》），基本上是所謂“天下有道，禮樂征伐自天子出”的時期。

誠然,這一時期所遺留下來的史料不多,不過即憑這不多的史料,也足夠説明當時的基本情況和特點。

《左傳》昭公二十六年,記王子朝告諸侯書有:

> 昔武王克殷。成王靖四方,康王息民。

上引這樣簡單的幾句話,實扼要地把周初政治的基本情況告訴給我們了。"武王克殷",説明姬周王朝政權於這時建立。"成王靖四方",説明政權建立後,又得到鞏固和發展。具體地説,周公東征,平息武庚、管、蔡的叛亂是鞏固,伐淮夷、踐奄、伐東夷是發展。"康王息民",説明周室政權在此時得到更進一步的鞏固和發展。

《史記·周本紀》:

> 成康之際,天下安寧,刑錯四十餘年不用。(亦見《竹書紀年》)

《史記》所説,雖不免有些誇張,但也可能反映了一部分真實情況。成康以後,周室政權開始走下坡路。最顯著的證據如:

《左傳》僖公四年,從管仲口中説出:

> 昭王南征而不復。

又,昭公十二年,從楚右尹子革口中説出:

> 昔穆王欲肆其心,周行天下,將皆必有車轍馬迹焉。

《國語·周語》記穆王征犬戎:

> 得四白狼、四白鹿以歸。自是荒服者不至。

又,《周語》:

> 恭王游於涇上,密康公從。有三女奔之。……康公不獻。一年,王滅密。

《史記·周本紀》:

懿王之時，王室遂衰，詩人作刺。

《左傳》昭公二十六年：

> 至於夷王，王愆於厥身，諸侯莫不並走其望以祈王
> 身。

《禮記·郊特牲》：

> 覲禮，天子不下堂而見諸侯。下堂而見諸侯，天子之
> 失禮也，由夷王以下。

總之，周室政權自昭王至夷王這一時期，顯然已啓衰微之漸，但是，還能維持"禮樂征伐自天子出"的局面。至厲王流於彘，始發生根本性的變化，然而宣王繼位，號稱中興，還能勉強支撐一時。至幽王被殺於驪山，王室從此遂一蹶不振。

《禮記·禮運》：

> 孔子曰："於呼哀哉！我觀周道，幽、厲傷之。"

《史記·太史公自序》：

> 幽、厲之後，王道缺，禮樂衰。

上述孔子和司馬遷這兩位史學家的看法，實完全一致，可以證明幽王被殺、平王東遷，是歷史發展中的一個轉折點。在這個有重大關係的年代，有兩個問題必要提出來著重地談一談。1. 厲王流於彘，是否由於國人"起義"或"暴動"？所謂"國人"的社會地位應該怎樣確定？2. 宣王不籍千畝，是否就是"廢棄公田制"？如果把上述這兩個問題搞清楚，對於進一步瞭解春秋、戰國時期的歷史有著重要的意義。

先談第一個問題，即關於厲王流於彘的問題。

爲了便於把問題談清楚，應把原始材料攤出來。據我所知，關於厲王流於彘的原始記載保存到現在的祇有《周語》中的兩段，茲

節引如下：

> 厲王虐，國人謗王。邵公告曰："民不堪命矣。"王怒。
> 得衛巫，使監謗者，以告，則殺之。國人莫敢言，道路以
> 目。王喜。告邵公曰："吾能弭謗矣，乃不敢言。"邵公曰：
> "是障之也，……"王不聽。於是國莫敢出言。三年乃流
> 王於彘。

> 厲王説榮夷公。芮良夫曰："王室其將卑乎？ 夫榮夷
> 公好專利而不知大難。……今王學專利，其可乎？ 匹夫
> 專利猶謂之盜，王而行之，其歸鮮矣。榮公若用，周必
> 敗。"既榮公爲卿士，諸侯不享，王流於彘。

據《史記·周本紀》，厲王好利，近榮夷公，卒以榮公爲卿士，是
厲王三十年事；國人莫敢言，道路以目云云，是三十四年事。可以
設想，厲王流於彘的主要原因是任用榮夷公爲卿士，實行專利政
策，遭到國人的反對。後來這個矛盾擴大了，達到不可調和的地
步，厲王在與國人鬥爭中失敗了，結果遂流於彘。

在這次事變中，國人的身份是我們所要知道的，然而偏偏在原
文裏没有説明。但是，是不是這個問題不能解決呢？ 依我看來，這
是可以解決的。

第一，從邏輯上來看，國人無疑是這次鬥争的一方。這次鬥争
是由兩方組成的：一方是專利的厲王，一方是反專利的國人。我們
抓住了反專利這一特點作爲綫索，就不難斷定國人的身份。試想：
什麼人反專利？ 庶人、工、商能反專利嗎？ 我認爲，庶人、工、商不
能反專利，反專利的祇能是奴隸主。因爲，庶人、工、商是受壓迫
者，受剥削者，毫無權利的人，連他們自己的身體都爲奴隸主所占
有，那末在他們那裏，厲王還有什麼利可專？ 而且細繹"專利"的意
思，似屬分配上的問題。即在客觀上存在若干利權，先前原爲大家
分享，而今天改由一人獨占，所以叫做"專利"。試問：先前享有利

權的人和今天喪失利權的人，能够是奴隸而不是奴隸主嗎？

第二，從詞例來看，例如：

《左傳》僖公二十八年：

> 衛侯欲與楚，國人不欲，故出其君以說於晉。衛侯出居於襄牛。

又，同年：

> 晉人復衛侯。甯武子與衛人盟於宛濮。曰："天禍衛國，君臣不協，以及此憂也。今天誘其衷，使皆降心以相從也。不有居者，誰守社稷？不有行者，誰扞牧圉？不協之故，用昭乞盟於爾大神，以誘天衷。自今日以往，既盟之後，行者無保其力，居者無懼其罪。有渝此盟以相及也，明神先君，是糾是殛。"國人聞此盟也而後不貳。

上面所舉的這個例子，是衛侯與國人在選擇與國的問題上發生矛盾。最初，衛侯被國人趕跑了。後來由於外力的影響，衛侯回國。爲了消除國人的疑懼心理，因先與國人爲盟。請看盟書的內容："居者"與"行者"平列，"居者"的職責是"守社稷"。那末，國人的身份不是已經很清楚了嗎？如果再看下文的"元咺出奔晉"，就可以確切地指出爲首的國人正是元咺。那麼又哪有什麼奴隸起義或暴動呢？《左傳》中這樣的例很多，因爲限於篇幅，不一一列舉。總之，古時國與野爲對文，野人與庶人可以互用，則國人主要應爲奴隸主，即公、卿、大夫，實無可懷疑。

第三，從史實來看：

《史記·十二諸侯年表》：

> 及至厲王，以惡聞其過，公卿懼誅而禍作，厲王遂奔於彘。

《史記》說"公卿懼誅而禍作"，則"國人"與"公卿"實是一種人，至少是以公卿爲首,已無疑義,我們實没有理由否定它而另立新説。

綜上所述三點,我們有充分理由可以斷定"國人"的身份是以公卿大夫爲主體的奴隸主集團,而不是以庶人、工、商爲主體的奴隸集團。從而也可以斷言:這次變亂,是統治階級内部矛盾發展的表現,是"禮樂征伐自諸侯出"的信號,而不是什麽"起義"或"暴動"。現在有一些史學家在敍述這段史實的時候,往往喜用"起義"或"暴動"等字樣,這是把統治階級内部的矛盾,當作統治階級與被統治階級的矛盾來處理,顯然是不正確的。

現在談第二個問題,即宣王不籍千畝的問題("籍"亦作"借")。

關於周宣王不籍千畝的理解,有的史學家認爲這是"廢棄公田制,改行徹法,專收私田、附庸土田的賦税,變力役地租爲物品地租";有的史學家認爲"透示了土地國有制崩潰的徵兆"。其實上述這兩種看法都没有根據,周宣王不籍千畝,祇與春秋時期魯文公"四不視朔"一樣,乃是當時統治者政治廢弛的一種表現,並不涉及改變生産關係——由土地國有制改變爲土地私有制——的問題。兹舉兩點理由説明如下:

第一,周宣王不籍千畝,出於《國語·周語》。依照邏輯,我們既然承認了這句話是真實可靠,同樣,也就應當承認全段一些話都真實可靠。假如還有什麽疑義,應當加以説明。可是我們試一翻閲《周語》頭幾頁,就可以看到這一段原文共寫了五百多字,統統談的是"籍田"問題。大略是先從事前籌備工作談起,以次談到當日所舉行的各種煩瑣的儀式以及事後的宴會等等,敍述得非常詳備。那麽"不籍千畝"應怎樣理解,在《周語》本文裏已經有明確的回答,並没有任何疑義,讀者怎能不顧本文前段的原意,竟然另立新説?土地由國有制變爲私有制,這是一個大問題。象這樣大問題,祇用改變一下"不籍千畝"的講法來説明,實在不够穩妥。

第二,籍田之禮並不是什麽陌生的東西,在古籍中可以找到大量證據。這些證據與《周語》所述，都若合符節。例如《禮記·月令》：

> 孟春之月，……乃擇元辰，天子親載耒耜，措之於參保介之御間，帥三公、九卿、諸侯、大夫，躬耕帝籍。天子三推，三公五推，卿、諸侯九推。

又，季秋之月：

> 藏帝籍之收於神倉。

又，《祭義》：

> 是故昔者天子爲籍千畝，冕而朱紘，躬秉耒；諸侯爲借百畝，冕而青紘，躬秉耒；以事天地、山川、社稷、先古，以爲醴酪齊盛，於是乎取之，敬之至也。

又，《祭統》：

> 是故天子親耕於南郊，以共齊盛，王后蠶於北郊，以共純服；諸侯耕於東郊，亦以共齊盛，夫人蠶於北郊，以共冕服。

又，《樂記》：

> 耕籍然後諸侯知所以敬。

《周禮·天官·甸師》：

> 掌帥其屬而耕耨王籍，以時入之，以共齍盛。

《詩經·周頌·載芟序》：

> 春籍田而祈社稷也。

《呂氏春秋·上農》：

> 天子親率諸侯耕帝籍田，大夫、士皆有功業。

除了上述這些記載以外，還有自漢文帝二年至清末，歷代王朝都遵行此禮，史文具在，班班可考。我們有什麼理由能説這些記載一概靠不住，獨有我的腦子所想出來的東西靠得住呢？

根據以上兩點理由：我認爲宣王不籍千畝仍應從舊説定爲"籍田禮廢"（韋昭解），而不應用此作爲説明"廢棄公田制"或"土地國有制崩潰的徵兆"的證據。

在這裏還要補充説明一件事，即幽王的失敗與厲王的失敗有某些相似之點。根據《史記·周本紀》記載：

> 幽王以虢石父爲卿，用事，國人皆怨。石父爲人佞巧、善諛、好利，王用之。又廢申后去太子也，申侯怒，與繒、西夷、犬戎攻幽王。幽王舉燧火徵兵，兵莫至。遂殺幽王驪山下，虜襃姒，盡取周賂而去。

證明周幽王的失敗主要是由於用好利的虢石父爲卿用事，"國人皆怨"，與周厲王的失敗主要由於用專利的榮夷公爲卿士，"國人謗王"，前後如出一轍。這説明什麼問題呢？這説明在西周二百五十餘年的發展中，諸侯一級的勢力不斷膨脹，最後終至於與王室的利益發生衝突。衝突的結果，是打破了舊秩序，開闢了"禮樂征伐自諸侯出"的新局面，從而進入了春秋時代。

乙、第二階段　大略説來，從平王東遷（前770）至魯襄公十六年（前558），約二百年左右，是孔子所説的"禮樂征伐自諸侯出"的時期。

在這個時期裏，姬周王室實際已降到與列國平等的地位；所不同的，祇是形式上還保留着天子的名號，在一些禮節上和偶爾在一些無關緊要的事件上還能起一定的作用而已。

《左傳》隱公六年：

> 周桓公言於王曰："我周之東遷，晉鄭焉依。"（亦見《周語》，惟"焉"作"是"）

這條記載,説明周東遷時實力大大削弱,假如没有晉、鄭兩國的幫助,幾乎不能自保。

又,《左傳》隱公三年:

> 鄭武公、莊公爲平王卿士。王貳於虢,鄭伯怨王。王曰:"無之。"故周鄭交質。王子狐爲質於鄭,鄭公子忽爲質於周。

這條記載,證明王室與列國在事實上已居於平等的地位。

又,《春秋》桓公十五年:

> 天王使家父來求車。

又,文公九年:

> 毛伯來求金。

以上這兩條記載,證明當時王室不但喪失了政治力量,經濟情況也已達到非常困窘的地步。

綜觀這一時期的特點是王權陵替,霸權代興。當時稱霸的人物,應以齊桓公、晉文公爲代表。論者多謂桓、文二霸有"尊王攘夷"的功勞。當然,從表面上看來,他們在這方面的確也做了一些工作,例如齊桓有召陵之師、葵丘之會,晉文有城濮之役、踐土之盟,等等。所以,

《論語·憲問》:

> 子曰:"管仲相桓公,霸諸侯,一匡天下,民到於今受其賜。微管仲,吾其被髮左衽矣。"

《公羊傳》僖公四年:

> 南夷與北狄交,中國不絶若綫。桓公救中國而攘夷狄。

不過,這不是本質的東西,基本上是在當時的情況下用以遮蔽

人們耳目的幌子。實際他們並沒有做過有利於周室統治的工作；相反，他們卻帶頭拆周室統治的臺。這首先表現在擴張領土上。例如：

《國語·楚語》：

> 齊桓、晉文皆非嗣也。……是以其入也，四封不過一同，而至於有畿田。以屬諸侯。

《左傳》襄公二十五年：

> 昔天子之地一圻，列國一同，自是以衰。今大國多數圻矣。若非侵小，何以至此？

又，襄公二十九年：

> 虞、虢、焦、滑、霍、揚、韓、魏，昔姬姓也，晉是以大。若非侵小，將何所取？武、獻以下，兼國多矣，誰得治之？

又，昭公二十三年：

> 無亦監乎若敖、蚡冒，至於武、文，土不過同。……今土數圻。

《孟子·告子下》：

> 周公之封於魯，爲方百里也。……今魯方百里者五。

（按孟子雖係戰國人，所說魯的兼并，實在春秋之世）

到了春秋中葉以後，人們把列國互相兼并之事，簡直視爲當然。

《左傳》昭公元年：

> 疆埸之邑，一彼一此，何常之有？……封疆之削，何國蔑有？

這些都是例證。這種風氣，雖然還不能說是桓、文始作之俑，但是他們實在起了帶頭作用，鼓勵作用，而沒有努力加以制止。

正因爲列國都想擴大領土，至少都希望能保住領土，免被別人侵吞，於是就不能不擴充軍隊。例如晉國，最初是"王使虢公命曲沃莊伯以一軍爲晉侯"（《左傳》莊公十六年）。至獻公時，已擴充爲二軍。

《左傳》閔公元年：

> 晉侯作二軍：公將上軍，太子申生將下軍。……以滅耿，滅霍，滅魏。

至文公時，擴充爲三軍。

《左傳》僖公二十七年：

> 於是乎蒐於被廬，作三軍。

不久，又作三行。

《左傳》僖公二十八年：

> 晉侯作三行以禦狄。荀林父將中行，屠擊將右行，先蔑將左行。

自此以後，罷置不常，終春秋之世，晉爲三軍。其他各國，即如積弱的魯也曾作過三軍。

《春秋》襄公十一年：

> 春王正月，作三軍。

軍隊擴充了，就不能不同時增設官職；對於若干得力的官員，就不能不授之以重任，酬之以高爵，餌之以厚禄，以深結其心；因而就不能不加重對奴隸的剥削和壓迫。這都是必然的趨勢，并且有很多實際資料足爲證明。

《公羊傳》隱公三年：

> 其稱尹氏何？貶。曷爲貶？譏世卿。世卿非禮也。

又，宣公十年：

> 其稱崔氏何？貶。曷爲貶？譏世卿。世卿非禮也。

《春秋》譏世卿，證明卿、大夫世襲之制非周室所固有。但自進入春秋以後，魯有三桓，鄭有七穆，宋有華、向，衛有孫、甯，齊有崔、陳，晉有六卿，卿大夫世襲的制度已風行一時。這個道理很簡單，各國實行向外擴張，主要依靠卿大夫爲腹心、爲干城，因此對他們的酬庸不能不特別優厚。這樣，就很自然地衝破了舊日限制卿大夫世官的制度。

列國之君優待卿大夫，本意是爲培植自己的勢力，以便繼續向外擴展。詎知客觀規律卻那般無情，竟使他們事實上不是培植自己的勢力，而是培植了摧毀自己的勢力。

由於世卿制度的實行，宗法制度隨之得到很大的發展。各國的卿大夫掌握了一國的政治、經濟實權，由於有宗法制度的關係，宗族不斷擴大，實力日益滋長，久之，遂造成"尾大不掉"之勢。另一方面，諸侯的子孫由於長期過着養尊處優的生活，也逐漸腐化墮落，不能保持原有的地位。當然，各國發展是不平衡的，但是最後，終不能不一致進入"禮樂征伐自大夫出"的時期。

《春秋·公羊傳》：

> 襄公十有六年，……三月，公會晉侯、宋公、衛侯、鄭伯、曹伯、莒子、邾婁子、薛伯、杞伯、小邾婁子於湨梁。戊寅，大夫盟。諸侯皆在是，其言大夫盟何？信在大夫也。何言乎信在大夫？徧刺天下之大夫也。曷爲徧刺天下之大夫？君若贅旒然。

《春秋》大書特書"大夫盟"，正深刻地指出這時已進入"禮樂征伐自大夫出"的時期。

講到這裏，有必要着重地談一談兩個問題，即：魯宣公時"初稅畝"和晉惠公時"作爰田"的性質和意義的問題。

在談這兩個問題之前,讓我把常悟同志 1959 年在《歷史研究》第 3 期發表的《關於中國奴隸制向封建制過渡的問題》的論點扼要地介紹在下面。因爲他的看法在目前史學界有一定的代表性,而我同他的看法有很大的距離,所以我願意在這裏根據"百家争鳴"的精神,争論一番。

常悟同志那篇論文,在土地問題上基本上持有如下幾點看法:

1. 認爲周宣王不籍千畝,透示了土地國有制崩潰的徵兆。

2. 認爲"生産力進一步發展,荒地大量墾殖起來,'私田'也跟着急劇增加了。於是在西周末年作爲變例的事情,到春秋時代便成爲常例了。最突出的是魯國。魯宣公十五年'初稅畝'意在徵收私家的'私田'的田租"。下面並作了分析,説這事件能説明兩個問題:(1)私家化公爲私,把土地私有制推進了一步;(2)庶人開始取得了對土地的占有權,初步從種族奴隸的地位中解放了出來。

3. 認爲"除魯國外,各國先後都發生了類似的變革"。下面復列舉晉的"作爰田",楚的"量入脩賦",鄭的"都鄙有章,……田有封洫,廬井有伍"和"作丘賦",作爲例證。

4. 認爲秦國變革得最遲,直到公元前 350 年,秦孝公才任用商鞅"廢井田,開阡陌","制轅田"。

末尾總結了一筆,説:"這些變革,都意味着井田制的趨向崩潰和庶人開始占有土地。"

上面我所歸納的常悟同志的幾點看法,如果理解得不錯的話,那末,令人看過以後,首先就會感到這種看法和歷史上傳統的看法是不同的。因爲,歷史上傳統的看法都認爲廢井田、開阡陌是從秦孝公任用商鞅變法開始,是商鞅的創舉。而常悟同志則認爲井田制的破壞是從周宣王開始的,到商鞅變法已是尾聲,商鞅不過是作了一次抄襲文章而已。即,同是商鞅變法的一種措施,一則認爲是井田制破壞的開始,一則認爲是井田制破壞的完成;同是講井田制的破壞，一則認爲自公元前 350 年開始，一則認爲自公元前 827 年開始：這個分歧不能説不大。當然，常悟同志提出他的見解，是有若干理由的。不過，我認爲他的那些理由是有問題的。因此，願意在這里談談我的看法。

關於周宣王不籍千畝的問題，上文已經談過，兹不重述。現在準備着重地談談"初税畝"的問題。爲了把問題談清楚，還應從分析史料開始。

"初税畝"三字，是《春秋》的原文，見於宣公十五年秋。《春秋》的文字太簡古了，簡直令人看起來頭痛，不知道它到底説的是什麼。依照三傳的解釋是這樣：

《公羊傳》：

> 初者何？ 始也。税畝者何？ 履畝而税也。初税畝何以書？ 譏。何譏爾？ 譏始履畝而税。古者什一而藉。古者何爲什一而藉？ 什一者，天下之中正也。多乎什一，大桀小桀；寡乎什一，大貉小貉。什一者，天下之中正也。什一行而頌聲作矣。

《穀梁傳》：

> 初者，始也。古者什一，藉而不税。初税畝，非正也。古者三百步爲里，名曰井田。井田者，九百畝。公田居一。私田稼不善則非吏，公田稼不善則非民。初税畝者，非公之去公田而履畝，十取一也。以公之與民爲已悉矣。古者公田爲居，井灶葱韭盡取焉。

《左傳》：

> 初税畝，非禮也。穀出不過藉，以豐財也。

綜觀三傳所釋，可以歸納出兩個共同點：第一，是舊制"藉而不税"，新制"藉"而且"税"；第二，是舊制"什一"，新制"多乎什一"。

"藉"也叫做"助"，《孟子·滕文公下》說："助者，藉也。"《穀梁傳》說
"古者……藉而不稅"，《孟子》說"耕者助而不稅"（見《公孫丑上》，
《孟子》此處所說的也是古制）。奴隸耕種的田，有一部分是由奴隸
主收取全部產品，供奴隸主享用，這就是"藉"。藉，借也，助也，借
民力助耕，這是完全的剝削勞動。奴隸還耕種着另一部分田，那是
由奴隸收取產品維持奴隸本身的生活的。這部分田原來是不要繳
獻什麼給奴隸主的。但是到了魯宣公十五年的時候，開始對這種
田也按畝收取一定數量的產品作稅，這就叫做"初稅畝"，因此，依
我看，顧棟高直截了當地說"初稅畝，加賦也"（《春秋大事表》卷十
四，《邱甲田賦論》），是不錯的。"初稅畝"，祇是記述剝削的方式和
數量有了變更。這個變更，一方面是由於在當日的歷史條件下，用
於戰爭、賞賜或貢納等費用不斷增加，不能不相應地增加對奴隸的
剝削，另一方面由於鐵制工具使用的推廣，生產力有一定的提高，
使增加剝削有了可能。總之，從"初稅畝"三字中，實在看不出有所
有制變更的迹象。

　　誠然，在《穀梁傳》中曾提到"公田"、"私田"字樣。不過，大家
知道這一類名詞早在《詩經·小雅·大田》篇裏就使用過，並不是
什麼新東西。依我的淺見，"公田"、"私田"這兩個互相對立的概
念，祇在於區別產品歸誰所有，並不涉及土地歸誰所有的問題。當
時無論公田、私田，都爲國家所有，即爲奴隸主階級所有。公田產
品是庶人提供剩餘勞動的部分，私田產品是保障庶人生活的部分。
由於當時生產力的水平還相當低，就決定了奴隸主祇能采取這種
剝削方式。"初稅畝"表明剝削方式和剝削量的進步。這種進步是
生產力有了進步的反映。但是，庶人並沒有取得土地所有權或占
有權，庶人的經濟生活和政治地位並沒有改善；也就是說，剝削的
性質、生產關係的類型沒有發生變化。因此，常悟同志所說的"私
家化公爲私，把土地私有制推進了一步"以及"庶人開始取得了對
土地的占有權"等等，是不正確的，是沒有根據的。

　　還有，常悟同志在那篇文章裏有這樣一段話：“魯宣公十五年‘初税畝’意在徵收私家的‘私田’的田租。隔了三十二年，季孫、孟孫、叔孫氏三家來了個總反攻。”這話對不對呢？依我的看法，這話也是不對的。

　　我認爲常悟同志所以這樣説，由於他心目中有兩個假定的前提：1，認爲“初税畝”反映魯宣公的意志；魯宣公實行這個辦法，目的在向“私家”進攻，首先是向“三桓”進攻。2，認爲“私田”是包括“三桓”的私田和庶人的私田而説的（常悟同志説：“庶人開始取得了對土地的占有權。”）；即在經濟利益上，魯宣公自己站在一邊，三桓和庶人共同站在一邊。這兩個前提，無論從事實上來看，或從理論上來看，都是説不通的。

　　首先，從事實上來看：

　　《左傳》昭公三十二年，晉人史墨説：

　　　　魯文公薨，而東門遂殺嫡立庶，魯君於是乎失國。

　　《史記·魯周公世家》：

　　　　十八年二月，文公卒。文公有二妃：長妃齊女，爲哀姜，生子惡及視；次妃敬嬴，嬖愛，生子俀。俀私事襄仲，襄仲欲立之。叔仲曰：“不可。”襄仲請齊惠公。惠公新立，欲親魯，許之。冬十月，襄仲殺子惡及視而立俀，是爲宣公。哀姜歸齊，哭而過市，曰：“天乎！襄仲爲不道，殺嫡立庶。”市人皆哭。魯人謂之哀姜。魯由此公室卑，三桓强。

　　《漢書·地理志》：

　　　　魯自文公以後，禄去公室，政在大夫。

　　上述三書記載完全一致，證明魯宣公時“政在大夫”，已是鐵的事實。魯宣公無力向大夫進攻，大夫不能向自己進攻。那末，常悟同志的假定怎麽能説得通呢？

其次，從理論上來看：

魯君與三桓同屬統治階級。他們之間縱有矛盾，也是内部的、非對抗性的矛盾。三桓與庶人的關係就不同了。三桓站在統治階級方面，庶人站在被統治階級方面，他們相互間的矛盾是對抗性的。因此，三桓與庶人在經濟利益上沒有一致性。即，三桓不可能代表庶人的利益，不可能是革命者。恰恰相反，他們乃是革命的主要對象。事實證明，商鞅在秦，吳起在楚，實行一些進步措施，起來反對的正是象"三桓"這樣的一群人。常悟同志的第二個假定，從理論上看也是説不通的。

至於談到什麼"總反攻"，更是説不通。"反攻"應對進攻而説。根本沒有進攻，哪兒來的反攻？

至於常悟同志引了鄭的"田有封洫，廬井有伍"和楚的"量入脩賦"即"井衍沃"等等，作爲"井田制的趨向崩潰"的證據，更不能令人滿意。因爲依照通常的解釋，這"田有封洫，廬井有伍"和"井衍沃"，正是在做井田制的整頓和加强的工作，絕不能反而看成是井田制破壞的證據。

現在要談談"作爰田"的問題：

《左傳》僖公十五年：

> 晉於是乎作爰田。

《國語・晉語》述此事，"爰田"作"轅田"。

《漢書・地理志》述秦地説：

> 孝公用商君，制轅田，開仟伯（阡陌），東雄諸侯。

《晉語》所説的"作轅田"，是晉惠公六年（前 646）事；《漢書》所説的"制轅田"，是秦孝公十二年（前 350）事。"作"、"制"義同，"轅田"字同。是否後來商鞅所作的事情，早在將近三百年以前的晉國已經作過了呢？這個問題應弄明白。不然，你説井田制破壞是由公元前 350 年開始，他説井田制破壞由公元前 646 年開始。到底誰説的對，無法辨别。

我認爲要解決這個問題，應從辨清"轅田"二字的含義入手。

《左傳》"作爰田"下，杜注：

> "分公田之税應入公者，爰之於所賞之衆。疏：服虔、孔晁皆云：'爰，易也。賞衆以田，易其疆畔。'"

《晉語》"作轅田"下，韋注：

> 賈侍中云："轅，易也。爲易田之法，賞衆以田。易者，易疆界也。"

《漢書·食貨志》：

> 民受田：上田，夫百畝；中田，夫二百畝；下田，夫三百畝。歲耕種者爲不易上田，休一歲者爲一易中田，休二歲者爲再易下田。三歲更耕之，自爰其處。

《公羊傳》宣公十五年"初税畝"下，何注：

> 司空謹别田之高下善惡，分爲三品：上田一歲一墾，中田二歲一墾，下田三歲一墾。肥饒不得獨樂，境埆不得獨苦，故三年一换土易居。

綜觀上述各家的解釋，可以歸納爲三種：1. 認爲"作爰田"是産品分配的問題。即把公家應徵收的農産物，改賞給衆（依《左傳》原文，"衆"、"國人"、"群臣"三詞具有同一的含義，所以這裏的"衆"是指"群臣"而言，不要誤會）。2. 認爲"作轅田"是因爲行賞而引起土地重分配，在疆界上有了若干變動。3. 認爲"爰田"即"换土"，是耕作制度或耕作方法的問題，是相度土壤肥磽的不同而制定不同年限的休耕制度。三種解釋，雖然分歧很大，但是有一點卻相同，即都是從"轅，换也"這一個最基本的含義出發來考慮問題。無論如何,不能同井田制破壞的問題聯結在一起。

《晉語》述晉文公歸國後在政治上的措施,説:"公食貢,大夫食邑,士食田,庶人食力,工商食官,皁隸食職,官宰食加。"顯然,這是實行井田制的反映。如果是惠公時井田制已經破壞,土地已容許爲私人所有,後來到了文公的時候卻反而開倒車,恢復井田制度,又把政治建築在落後的經濟基礎上面,結果反能"政平民阜"、"取威定霸",那是不可想象的。

因此,把"作爰田"解釋爲井田制破壞是不對的。

至於商鞅變法之所以是破壞了井田制,其關鍵不在於"制轅田",而在於"開阡陌"。"制轅田"的含義雖然還不十分明瞭,但是,我們知道,它頂多是"易其疆畔",即分配上的問題。而"開阡陌"則不然,它乃是徹底削平了"封洫",使土地面貌根本改觀。因此,古人相傳的舊説如:

《史記・蔡澤列傳》:

> 夫商君爲秦孝公……決裂阡陌。

《漢書・食貨志》:

> 董仲舒説上曰:"……至秦則不然。用商鞅之法,改帝王之制,除井田,民得賣買,富者田連仟伯,貧者無立錐之地。"

這等等歷史上傳統的看法,是有根據的,應當重視的。而常悟同志的説法,看來是不能成立的。

總之,春秋時期雖然在土地分配上、產品分配上曾有過若干改革,但是都没有越出井田制這個大框子,絶没有做過如商鞅"開阡陌"之事。而且當時列國卿大夫勢力正在膨脹,宗法制正在發展,他們也不可能主動地自己革自己的命。我們都親眼見過民主革命時期進行土地改革和社會主義革命時期進行資本主義改造,深刻地瞭解到所有制的變革是你死我活的大問題。中國奴隸社會的奴隸主們絶不會那樣高明，當他們還在鼎盛時期，竟主動地放棄自己享有的對土地（包括奴隸）的特權。祇有到了春秋末葉“陪臣執國命”的時期，即從最高的天子以下，而諸侯，而卿大夫，一批接着一批地倒下去，整個兒周朝初年所建立起來的龐大統治機構都垮了臺，那才有可能，而且果然出現了以商鞅爲代表的“開阡陌”運動。（因牽涉到戰國時期，留到後面詳談）所以，常悟同志對於這個問題的看法，肯定説，是不對的。

還有，常悟同志在那篇文章裏有一段文字，從“奴隸反對奴隸主的鬥争、平民反對貴族的鬥争在出現了新的生産力的基礎上，推動着社會繼續向前發展，由奴隸制轉變爲封建制”這一理論出發，在《左傳》裏找出了若干材料作爲“民衆暴動的史實”的例證。這段文字也有問題。

先把常悟同志所舉的例證對照原文逐一查對一番。

第一例説：

> 《左傳》僖公十六年齊國“城鄫役人”的暴動。

其實，《左傳》原文是這樣：

> 城鄫，役人病。有夜登丘而呼曰：“齊有亂！”不果城而還。

在這裏，我們所看到的，祇是“有夜登丘而呼”，即在黑夜裏有人偷偷地跑到高崗上，大喊一聲或數聲，哄人説：“齊國發生叛亂了！”祇此而已。試想：這一事實，論行動是“呼”，論人數是“有”。“有”是多少？我們不知道。但是可以斷言，人數不會多，至多不能超過兩三人，或者祇是一二人。因爲人多了，就容易露出馬脚，被人發現。這個事實，恐怕不能作爲“暴動”的證明。

第二例説：

> 襄公二十三年，陳國築城庶人的暴動。

　　爲了弄清這個問題，也需要把《左傳》原文鈔來看看。原文如
下：

　　　　陳侯如楚。公子黃愬二慶於楚。楚人召之，使慶樂
　　往，殺之。慶氏以陳叛。夏，屈建從陳侯圍陳。陳人城，
　　板墜而殺人。役人相命，各殺其長。遂殺慶虎、慶寅。楚
　　人納公子黃。

這段文字的大意是説：陳國的國都在包圍之中。一方是圍城的，有
陳侯和援助陳侯的强大的楚國軍隊；一方是守城的，爲首的是陳國
的叛徒慶虎、慶寅。從實力上看，强弱懸殊；從名義上看，順逆不
同。正在這個時候，“板墜而殺人”，遂成爲導火綫。役人群起，相
約各自殺了帶隊的頭目，以接應在城外圍攻的陳侯。看來，説“役
人相命，各殺其長”是“暴動”，並没有錯，不過把它强調到不適當的
程度，認爲是推動社會發展的動力，就有問題了。因爲這件事僅僅
起了加速叛徒滅亡和國君復位的作用，也就是説在統治階級内部
發生鬥争時，役人們參加了鬥争，支持了一方，打擊了另一方。實
際這樣的事例很多。任何時候，統治階級如果没有被統治階級作
支柱，單單憑自己的力量，是什麼事情也辦不到的。

　　第三例説：

　　　　昭公二十二年周“王子朝因舊官百工之喪秩職者以
　　作亂”，一度趕跑了周王。

作者大概認爲“百工”是奴隸的一種。其實這是不對的。在引文裏
明明有“喪秩職”三字，就是説他們同“舊官”一樣，原來都是有職
位、有俸禄的。這“秩職”二字，就足以證明他們不是奴隸。

　　第四例説：

　　　　哀公十七年衛國石圃依靠工匠驅逐了衛莊公，莊公
　　被其種族奴隸“戎州人”所殺。

"左傳"的這段原文較長，不便全引。大意是這樣：1. 衛莊公本意要把大夫石圃趕跑，不料石圃反而先動手了；2. 衛莊公長期地役使匠人，惹起匠人不滿，石圃利用這個矛盾，誘使匠人站在他一邊，共同向莊公進攻；3. 莊公失敗了，逃跑到戎州，由於過去他曾仗勢欺壓過戎州人，戎州人乘機復仇，殺掉了莊公。

在這個事件裏，反映着兩類矛盾：1. 衛莊公同大夫石圃之間的矛盾，是統治階級內部的矛盾。本來非對抗性的，現在已經轉化爲對抗性的了。2. 衛莊公同匠人、戎州人之間的矛盾，是統治階級與被統治階級之間的矛盾，是對抗性的。這個矛盾的尖銳程度，具體表現在匠人的洩憤和戎州人的復仇上。

不過，在這個事件裏，占主導地位的，依然是統治階級內部的矛盾。匠人、戎州人都是參加統治階級的一方，向另一方作鬥爭，而不是自己起來"暴動"，向統治階級進行反抗。因此，用它來證明是推動社會發展的"奴隸反對奴隸主的鬥爭，平民反對貴族的鬥爭"，也是有問題的。

第五例，大體上同第四例一樣。也是匠人因不滿於衛侯輒的長期役使而加入了統治階級另一集團，向衛侯輒進攻。

作者告訴我們，説他所舉的是"比較典型"的例子。經過查對以後，看來並不是什麼"典型"而是費了很大的力氣才湊足的。儘管這樣，還是不能説明問題。原因何在呢？是不是尋找得不全面，不徹底？或是古人偏偏把一些極端重要的東西給漏掉了呢？不是的。這是因爲春秋時期占主導地位的矛盾，始終是統治階級內部的矛盾。至於統治階級與被統治階級之間的矛盾，儘管是對抗性的，也絕不會停止，但是還沒有上升到主導地位。至於在理論上如何説明呢？馬克思有如下一段話：

> ……即在古代的羅馬，階級鬥爭衹是在享有特權的少數人內部進行過，衹是在自由富人與自由窮人之間進行過，而從事生産的廣大民衆，即奴隸，則不過是戰鬥者

的消極臺柱，人們忘記了西思蒙第所説的一句中肯的評語：羅馬的無產階級依靠社會過活，而現代社會則依靠無產階級過活。①

馬克思的這段話，應該可以解決我們在上述問題中的迷惑了吧！綜觀從西周幽、厲起到春秋末世止，政治重心一步步向下轉移，由禮樂征伐自天子出，降而自諸侯出，又降而自大夫出，又降而陪臣執國命，整個歷史都是統治階級内部鬥爭不斷發展、深入的過程。所以，這一時期，統治階級的統治力量之所以逐步削弱以至於喪失，主要是他們自己搞的。至於被統治階級的反抗所起的作用，比較起來還是次要的、不大的。

關於春秋初期禮樂征伐自諸侯出這一時期的歷史，反映於政治經濟上的特點，還可由列國各次會盟的盟書上窺見一斑。這裏撮録一些如下：

《孟子・告子下》：

> 五霸，桓公爲盛。葵丘之會，諸侯束牲載書而不歃血。初命曰："誅不孝；無易樹子；無以妾爲妻。"再命曰："尊賢育才，以彰有德。"三命曰："敬老慈幼；無忘賓旅。"四命曰："士無世官；官事無攝；取士必得；無專殺大夫。"五命曰："無曲防；無遏糴；無有封而不告。"曰："凡我同盟之人，既盟之後，言歸於好。"

《公羊傳》僖公三年：

> 桓公曰："無障谷；無貯粟，無易樹子；無以妾爲妻。"

（傳在陽谷會下）

---

① 《馬克思恩格斯文選》兩卷集，第一卷，莫斯科外國文書籍出版局，1954 年，第220 頁。

《穀梁傳》僖公九年：

> 葵丘之會，陳牲而不殺，讀書加於牲上，壹明天子之
> 禁。曰："毋雍泉；毋訖糴；毋易樹子，毋以妾爲妻；毋使婦
> 人與國事。"

《左傳》成公十二年：

> 晉士燮會楚公子罷、許偃。癸亥，盟於宋西門之外。
> 曰："凡晉楚無相加戎，好惡同之，同恤菑危，備救凶患。
> 若有害楚，則晉伐之。在晉，楚亦如之。交贄往來，道路
> 無雍，謀其不協，而討不庭。有渝此盟，明神殛之，俾墜其
> 師，無克胙國。"

又，襄公十一年：

> 秋七月，同盟於亳。……載書曰："凡我同盟，毋蘊
> 年；毋雍利；毋保姦；毋留慝；救災患；恤禍亂；同好惡；獎
> 王室。或間兹命，司慎、司盟、名山、名川、羣神、羣祀、先
> 王、先公、七姓十二國之祖，明神殛之，俾失其民，隊命亡
> 氏，踣其國家。"

歸納上述載書内容，看出有如下兩個特點：1. 誅不孝，無易樹
子，無以妾爲妻，士無世官，無專殺大夫、無有封而不告，獎王室，等
等，這是一類。這一類主要屬於政治方面，目的在維護舊的政治制
度和社會制度。分開來講，如誅不孝、無易樹子、無以妾爲妻是維
護嫡長繼承制的。嫡長繼承制是奴隸社會統治階級比較長遠地、
穩固地占有政治地位和經濟地位的最重要、最根本的方法。嫡長
繼承制如果發生動搖，整個奴隸社會的秩序將難以維持。士無世
官、無專殺大夫、無有封而不告、獎王室都是維護舊的政治制度的。
其中祇有士無世官似乎是基本上照辦了，其餘則都是形式主義地
提一提，作爲號令諸侯的招牌而已。但是，正是在這些地方反映當

時的政治制度和社會制度已經不斷地遭到破壞了。2.無曲防，無
遏糴，毋薀年，毋壅利，交贄往來，道路無壅，等等，這是又一類。這
一類主要屬於經濟方面，目的在調整各國之間的關係，以便於興辦
水利事業，糧食有無相劑，維持安全交通，消除國際間的糾紛等等。
這些反映了當時各國間經濟聯繫日益緊密，從而在政治上有統一
的要求。

　　丙、第三階段　　大體上從魯襄公十六年（前 558）至魯定公五
年（前 506）約五十餘年，是孔子所謂“禮樂征伐自大夫出”的時期。

　　這個階段的上限是根據《春秋》“大夫盟”一語來確定的。實際
各國的發展是不平衡的。例如魯國即應自魯宣公元年（前 609）開
始，證據如下：

　　《左傳》昭公三十二年，晉人史墨說：

　　　　魯文公薨，而東門遂殺嫡立庶，魯君於是失國。（前
　　已引過。此處因有必要，故重出）

宋國則應由宋共公末年（前 577）開始，證據如下：

　　《左傳》成公十五年：

　　　　秋八月，葬宋共公。於是華元爲右師，魚石爲左師，
　　蕩澤爲司馬，華喜爲司徒，公孫師爲司城，向爲人爲大司
　　寇，鱗朱爲少司寇，向帶爲大宰，魚府爲少宰。蕩澤弱公
　　室，殺公子肥。華元曰：“我爲右師，君臣之訓，師所司也。
　　今公室卑而不能正，吾罪大矣。不能治官，敢賴寵乎?”乃
　　出奔晉。

齊國則應由齊莊公元年（前 555）開始，證據如下：

　　《左傳》襄公十九年：

　　　　秋八月，齊崔杼殺高厚於灑藍而兼其室。

　　案：《左傳》宣公十年：“崔杼有寵於惠公，高、國畏其偪也，公

卒,而逐之,奔衛。"這時崔杼殺了高厚,并且奪取他的全部家私,雖然在表面上是順從齊莊公的意旨行事,實際是乘機報復,要獨攬大權。後來不到五六年,崔杼就殺掉了齊莊公,與國人盟於大宮,説"所不與崔、慶者!"(《左傳》襄公二十五年)這決不是偶然的。因此,齊國進入第三階段,應從崔杼殺高厚開始。

晉國則應由晉平公元年(前558)開始,證據如下:

《左傳》昭公三年:

> 叔向曰:"然。雖吾公室,今亦季世也。戎馬不駕,卿無軍行,公乘無人,卒列無長。庶民罷敝而宮室滋侈,道殣相望而女富溢尤。民聞公命,如逃寇讎。欒、郤、胥、原、狐、續、慶、伯降在皁隸。政在家門,民無所依。君日不悛,以樂慆憂。公室之卑,其何日之有。"

叔向所説的,正是晉平公時的實際情況,不祇反映在溴梁"大夫盟"一件事上。

第三階段的下限所以斷於魯定公五年,是由於《左傳》中這一年的六月記:"季平子⋯⋯卒於房。陽虎將以璵璠斂。"於七月又記:"陽虎囚季桓子及公父文伯而逐仲梁懷。"這證明魯國陪臣執國命於這時開始。當然,各國的發展,越到後來差別就越大。但是,大體上是可以在這裏劃分的。

第三階段的基本特點是"政在大夫"。這一時期的世卿和宗法發展達到頂點。列國之君雖然絶大多數事實上已不掌握政治實權,但是一般還能保持名義,繼續度其腐朽的生活。例如晉築虒祁之宮(《左傳》昭公八年),楚為章華之臺(《左傳》昭公七年),都窮極侈麗。至於列國的卿大夫,則大權在握。雖小國如魯,"季氏富於周公"(《論語·先進》);齊慶封奔魯,"獻車於季武子,美澤可以鑑"(《左傳》襄公二十八年);其他自不必説了;所謂"車甚澤,人必瘁"(同上)。這時奴隸受剝削和受壓迫的嚴重也達於頂點。例如齊國

"民參其力,二入於公而衣食其一。……國之諸市,屨賤踊貴"(《左傳》昭公三年)。晉國"庶民罷敝而宮室滋侈,道殣相望而女富溢尤。民聞公命,如逃寇讎"(同上)。楚國"宮室無量,民人日駭,勞罷死轉,忘寢與食"(《左傳》昭公十九年)。

所以,從客觀規律來看,大夫在這一歷史時期中完成了以下三項任務:1.摧毀了公室的政權;2.培養了打擊自己的後繼者;3.加劇了統治階級與被統治階級之間的矛盾,使得被統治階級無路可走,不得不起來作激烈的鬥爭。所以,這一時期的鬥爭,占主導地位的雖然還是統治階級內部的矛盾,但是統治階級與被統治階級之間的矛盾比前一時期有了很大的發展。

上述第1、2兩條,意義比較明顯,不需要解釋。茲着重地談談第3條。

在這一時期,統治階級與被統治階級之間,鬥爭的尖銳性具體地反映如下兩方面:

1."多盜"

《左傳》襄公二十一年:

> 於是魯多盜。

又,襄公三十一年:

> 士文伯讓之曰:"敝邑以政刑之不脩,寇盜充斥……"對曰:"……盜賊公行而天屬不戒……"(這是晉國的多盜)

又,昭公二十一年:

> 鄭國多盜,取人於萑苻之澤。

2."鑄刑書"

《左傳》昭公六年:

> 鄭人鑄刑書。

又，昭公二十九年：

> 冬，晉趙鞅、荀寅帥師城汝濱。遂賦晉國一鼓鐵，以
> 鑄刑鼎，著范宣子所謂刑書焉。

"多盜"表明被統治階級已不能忍受痛苦，故鋌而走險，進行反抗。"鑄刑書"表明統治階級鑒於被統治階級的反抗日益加劇，也不能不采取相應的措施。

"鑄刑書"這件事並不簡單，在當時曾引起很大的爭論。

《左傳》昭公六年：

> 鄭人鑄刑書。叔向使詒子產書曰："始吾有虞於子，
> 今則已矣。昔先王議事以制，不爲刑辟，懼民之有爭心
> 也。猶不可禁禦。是故閑之以義，糾之以政，行之以禮，
> 守之以信，奉之以仁。制爲祿位，以勸其從，嚴斷刑罰，以
> 威其淫。懼其未也，故誨之以忠，聳之以行，教之以務，使
> 之以和，臨之以敬，涖之以強，斷之以剛。猶求聖哲之上，
> 明察之官，忠信之長，慈惠之師。民於是乎可任使也，而
> 不生禍亂。民知有辟，則不忌於上，并有爭心，以徵於書，
> 而徼幸以成之，弗可爲矣。夏有亂政，而作禹刑；商有亂
> 政，而作湯刑；周有亂政，而作九刑。三辟之興，皆叔世
> 也。今吾子相鄭國，作封洫，立謗政，制參辟，鑄刑書，將
> 以靖民，不亦難乎？詩曰：'儀式刑文王之德，日靖四方。'
> 又曰：'儀刑文王，萬邦作孚。'如是，何辟之有？民知爭端
> 矣，將棄禮而徵於書，錐刀之末，將盡爭之。亂獄滋豐，賄
> 略並行，終子之世，鄭其敗乎？肸聞之，國將亡，必多制，
> 其此之謂乎？"復書曰："若吾子之言，僑不才，不能及子
> 孫。吾以救世也。既不承命，敢忘大惠！"

又，昭公二十九年：

　　遂賦晉國一鼓鐵，以鑄刑鼎，著范宣子所謂刑書焉。仲尼曰："晉其亡乎？失其度矣。夫晉國將守唐叔之所受法度，以經緯其民。卿大夫以序守之，民是以能尊其貴，貴是以能守其業。貴賤不愆，所謂度也。文公是以作執秩之官，爲被廬之法，以爲盟主。今棄是度也，而爲刑鼎。民在鼎矣，何以尊貴？貴何業之守？貴賤無序，何以爲國？且夫宣子之刑，夷之蒐也，晉國之亂制也，若之何以爲法？"蔡史墨曰："范氏、中行氏其亡乎？中行寅爲下卿，而干上令，擅作刑器，以爲國法，是法姦也。又加范氏焉，易之亡也。其及趙氏，趙孟與焉。然不得已，若德可以免。"

　　綜觀上述爭論，反映了"刑書"是當時的一種新事物。統治階級中對這種新事物非常重視，有互相對立的兩種看法：1, 鑄刑書這件事的實行者，有子產、趙鞅、荀寅等，他們都是當時執政的卿大夫。2. 鑄刑書這件事的反對者，有叔向、孔子、蔡墨等，他們都是當時著名的學者。在這兩次爭論中，實際反映了新與舊兩種思想的鬥爭。實行鑄刑書的，代表新的、進步的思想；反對鑄刑書的，代表舊的、保守的思想。刑書的重要特點，正如叔向所說："棄禮而徵於書"，仲尼所説："民在鼎矣，何以尊貴。"這就是説從前的刑罰標準不確定，或者説没有標準，完全聽憑"禮"和"貴"即統治階級的主觀意志來決定，而今天的刑罰卻需要根據"書"和"鼎"來判斷。儘管"書"和"鼎"也反映統治階級的意志，并且統治階級利用自己的特權地位還可能任意破壞，但是畢竟有一個客觀標準了。這標誌着從這時起，奴隸主已經不再是享有完全權利的人，他們的權利也受到一定的限制；相對的，奴隸已經不再是毫無權利的人，他們的權利也有了一定的保障。不能否認，這是奴隸社會行將崩潰的徵兆。正因爲這樣，所以叔向等一批統治階級保守分子都感到十分恐慌，認爲不得了，簡直像天快要塌下來一般，一個個驚呼："國將亡！"

"晉其亡乎!""范氏、中行氏其亡乎!"另外一批統治階級進步分子,如子產等,則看到階級鬥爭一天比一天尖銳化,感到不能照老樣子過下去了,必須把舊日使用的階級壓迫工具,作若干的改進或補充,以適應新的情況。這樣做法,將起兩種作用:即一方面加強了政治的暴力作用;一方面對奴隸作了一定的讓步,使階級矛盾可能暫時得到緩和。子產答書説:"吾以救世也。"實質上就是這個意思。

總起來看:這場關於"刑書"的爭論,不是一件小事。從這一事件中,可以得到一個關於認識中國奴隸社會是什麼性質和這個社會是怎樣崩潰的重要綫索。

丁、第四階段　大體上從魯定公五年(前506)起,至春秋末(春秋下限應定在哪一年,學術界也有爭論。暫依《史記》定爲周敬王四十三年,即公元前477年),約三十年左右,是孔子所謂"陪臣執國命"的時期。

所謂"執國命",表明衹專一國之政,與上述三個時期的"禮樂征伐自某某出",那是能够號令別國的,其中有很大的區別。陪臣執國命的典型人物爲魯國季氏的陽虎。其他如宋大夫樂祁之有陳寅,鄭大夫罕達之有許瑕,齊大夫陳恒之有陳豹,衛大夫孔悝之有渾良夫,晉大夫趙鞅之有董安于等等,雖然發展的程度大小不相同,可是都反映了時代的特徵。這標誌着歷史發展已達到了一個新的轉折點。即統治階級内部的鬥爭已接近結束,他們已經完成了自己摧毀自己的組織和力量的歷史任務,并且已經準備好了一切條件,包括精神條件和物質條件,正等候新的階級——地主階級出現於政治舞臺。在此以後,所要展開的歷史,即整個戰國時代的歷史,占主導地位的將不是統治階級内部的矛盾和鬥爭,而是新、舊統治階級之間的矛盾和鬥爭,即腐朽的奴隸主階級與新生的地主階級之間的矛盾和鬥爭。

這一時期的特點:從天子來説,正如《穀梁傳》昭公三十二年所説:"天子微,諸侯不享覲。天子之在者,惟祭與號。"從諸侯來説,齊、晉、魯、鄭諸國之君都已到了"日薄西山、氣息奄奄"的時代。另一方面,舊日的被壓迫階級到這時卻似冬蟄初啓,開始顯示出新的生命力,呈現出一種"欣欣向榮"的姿態。最顯著的例子如:

《左傳》哀公二年,晉大夫趙鞅在戰前誓師,當衆宣佈賞格説:

> 克敵者:上大夫受縣;下大夫受郡;士田十萬,庶人、工、商遂;人臣、隸、圉免。

這個賞格,特別值得注意。

從大夫、士一方面來看,舊制是大夫有采邑(《晉語》所謂"大夫食邑"),采邑世襲(《禮運》所謂"大夫有采以處其子孫"),大夫對自己的采邑權力相當大,差不多等於小國之君(《喪服傳》:"君,謂有地者也。"注:"君總包天子、諸侯及卿大夫在內")。今天的"受縣"、"受郡"則不然,祇是受任治民而已,與舊日的封君有本質上的區別,實開後世官僚制度之漸。

《左傳》昭公二十八年:

> 魏獻子爲政,分祁氏之田以爲七縣,分羊舌氏之田以爲三縣。司馬彌牟爲鄔大夫,賈辛爲祁大夫,司馬烏爲平陵大夫,魏戊爲梗陽大夫,知徐吾爲涂水大夫,韓固爲馬首大夫,孟丙爲盂大夫,樂霄爲銅鞮大夫,趙朝爲平陽大夫,僚安爲楊氏大夫。

這條記載,應看作是晉國官制改革的開始。這個新制度的特點,可由下邊兩段文字中看出來:

《左傳》昭公二十八年:

> 賈辛將適其縣,見於魏子。魏子曰:"辛來! 昔叔向適鄭。鬷蔑惡,欲觀叔向。從使之收器者而往,立於堂下,一言而善。叔向將飲酒,聞之,曰:'必鬷明也。'下執

其手以上，曰：'昔賈大夫惡，娶妻而美，三年不言不笑。御以如皋。射雉，獲之。其妻始笑而言。賈大夫曰："才之不可以已！我不能射，女遂不言不笑夫。"今子少不颺。子若無言，吾幾失子矣。'言不可以已也如是。遂如故知。今女有力於王室，吾是以舉汝。行乎，敬之哉！毋墮乃力。"

又，昭公二十八年：

> 冬，梗陽人有獄，魏戊不能斷。以獄上。其大宗賂以女樂，魏子將受之。魏戊謂閻没、女寬曰："主以不賄聞於諸侯。若受梗陽人，賄莫甚焉。吾子必諫。"皆許諾。退朝，待於庭。饋入，召之。比置，三歎。既食，使坐。魏子曰："吾聞諸伯叔，諺曰唯食忘憂。吾子置食之間三歎，何也？"同辭而對曰："或賜二小人酒，不夕食。饋之始至，恐其不足，是以歎。中置，自咎曰，豈將軍食之而有不足，是以再歎。及饋之畢，願以小人之腹爲君子之心，屬厭而已。"魏子辭梗陽人。

從上述這兩段文字可以看出：1. 新制度下的大夫親自管理縣政，不是委任家宰代管；2. 新制度下的大夫行使政治的權力有很大的限制。縱令在所轄縣境以內，如果獄不能斷；也須報請上級處理。總之：在新制度下的大夫，名稱雖然依舊，地位和職權的性質和範圍實與先前大不相同了。

舊制下的士，是"食田"的等級。食田的最大限度爲兩倍於"庶人在官者"之禄（詳見《孟子・萬章》下），即相當於四百畝的穀物收穫量。今天的士則不然，居然也可以有田"十萬"，這不能説不是一個很大的變革。（范文瀾同志説："十萬當是十田之誤，十萬畝合千田，賞似乎過重。"其實《國語・晉語》載：晉惠公曾以"汾陽之田百萬"許與里克，以"負蔡之田七十萬"許與平鄭，看來"十萬"不見得過重,字當不誤。)

　　從庶人、工、商這一方面來看:舊制是"庶人、工、商各守其業,以供其上",即庶人、工、商是世世代代不許轉業,永遠没有參加政權、改變身份的可能。今天則居然也可以"遂"了,即也可以參加政權,走進士大夫的行列了。這該是多麽重大的一件事,至於"人臣、隸、圉免"的"免"字,很明顯是可以獲得解放,改變奴隸的身份。

　　總之,這個賞格,如果從歷史意義來看,頗不簡單,實暗示奴隸制社會的全部經濟結構和階級結構將發生根本變化。當然,統治階級是不會自動的退出歷史舞臺的,如果把它理解爲奴隸社會馬上就會爲封建社會所代替,這也是不符合實際的。應該指出:第一,這祇是新的生產關係的萌芽或前奏;第二,這還是個别的現象。趙鞅所以采取這樣非常的措施,是由於他與范氏、中行氏作鬥争,面臨着生死存亡的緊要關頭,逼迫他不得不這樣做。這是歷史條件決定的,並不是趙鞅這個人如何高明或進步。

　　還有,在大思想家孔子的思想裏也反映着時代的特點。

　　1. 孔子提出"仁",即人道主義,作爲人的最高道德標準。他强調"忠恕",實行"有教無類"主義。在他的弟子裏,如"子張,魯之鄙家也;顏涿聚,梁父之大盗也"(《吕氏春秋·尊師》);"仲弓,父賤人"(《史記·仲尼弟子列傳》);等等,實質上是把奴隸也包括在人的範圍以内,也當作仁的對象看待,無疑是一個很大的進步。這反映了時代的特徵,在春秋前期是不會有這種思想的。

　　2. "君子"、"小人"這兩個概念,我們知道,原來是代表兩個對立的階級,即奴隸主階級和奴隸階級。而在孔子的言論中,君子、小人這兩個概念,則多用以代表對立的兩種道德品質。這説明什麽問題呢? 説明這時已經敢於公開宣布政治地位的高下同道德品質的好壞並不是統一的東西。也就是説,敢於公開地指出奴隸主的罪惡和奴隸的優點。不能否認,這一點,僅僅這一點,也是一個很大的進步,也反映着時代的特點。

　　孔子的政治主張和思想體系基本上没有越出奴隸社會的範圍。但是裏邊實包含着不少積極的、進步的因素,顯然這是受了時代影響的結果。孔子的"有教無類"思想,對傳播文化、促進社會向前發展,有很大的貢獻。戰國初期,最先實行政治、經濟各方面的改革的是魏文侯。在魏文侯周圍,如卜子夏、田子方、段干木、李克和吳起等,以及魏文侯本人,都直接或間接與孔子有受業的關係。儘管他們所走的政治道路是不相同的,但溯本窮源,不能不肯定孔子在教育方面所起的作用。

　　在這裏還要談談一個極爲重要的問題。即在春秋時期,特別是春秋末期,奴隸起義,肯定説是不會少的,衹是這方面的史實没有保存下來罷了。不過,有一個典型人物盗跖,很值得注意。因爲在他的身上可以得到奴隸起義的反映。盗跖的名字始見於戰國人的作品中,例如《莊子》、《孟子》、《荀子》、《韓非子》、《吕氏春秋》都提到他。説他是柳下季之弟或黄帝時人,當然不可靠。但是從説他"死於東陵之上"或"壽終"看來,則似確有其人。大約這個人是生在春秋末世,故戰國時人能道其詳。他的事迹,可由《莊子·盗跖》篇所述窺見大略。《盗跖》篇説:"盗跖從卒九千人,橫行天下,侵暴諸侯,穴室樞户,驅人牛馬,取人婦女,貪得忘親,不顧父母兄弟,不祭先祖,所過之邑,大國守城,小國入保,萬民苦之。"莊子所説"萬民苦之",當然不是事實。其他一些文字也有醜化他的地方。但是,其中絶大部分反映了一些客觀真實的情況,其爲奴隸起義的偉大領袖,當無可疑。研究古史者應該加以重視。

（三）

　　馬克思主義者認爲奴隸制有一般的特徵。斯大林説:"在奴隸制度下,生産關係底基礎是奴隸主占有生産資料和占有生産工作者,這生産工作者便是奴隸主所能當作牲畜來買賣屠殺的奴隸。"①這是一般的特徵。離開這個一般的特徵來瞭解奴隸制度,必然要犯錯誤。另一方面,奴隸制又有其具體的表現形式。依據馬克思的指示,奴隸制的具體表現形式有兩個類型:1.典型的、古典的奴隸制;2.東方的奴隸制。兩者的差別,馬克思有最恰當的比喻,即:前者如"正常的兒童",後者如"教養不良的兒童"或"懂事太早的兒童"②。因此近年來前蘇聯學者稱前者爲"發達的奴隸制",稱後者爲"早期的奴隸制"。我們瞭解奴隸社會,如果祇注意一般的特徵而忽略了具體的表現形式,也會迷失方向,造成錯誤。

　　根據馬克思主義關於奴隸制的理論,結合中國歷史上所存在的具體情況來進行考察,可以斷言:中國的奴隸社會雖也有它自己的特點,基本上應屬於東方的奴隸制類型。

　　東方奴隸制的特點,根據前蘇聯斯特魯威院士的研究,認爲"主要表現在原始公社制度殘迹與家長制關係成分的保留,表現在農村公社之長期存在及其發展緩慢而停滯的形態"③。這些特點,實際也正是中國奴隸社會的特點。

　　要瞭解中國的奴隸社會,首先應注意研究井田制,因爲井田制是中國奴隸社會的真實基礎。如果井田制一旦遭到破壞,中國奴隸社會即開始發生動搖。井田制的特點在於它的人工灌溉系統——溝洫,而這種灌溉實同其他古代東方各國一樣,即:"這或是公社的事情,或是地方的事情,或是中央政府的事情。"④例如,孔子說:"禹……卑宮室而盡力乎溝洫。"(《論語・泰伯》)又,周代的

---

　　①　斯大林:《辯證唯物主義與歷史唯物主義》,莫斯科外國文書籍出版局,1950年,第30頁。

　　②　馬克思:《政治經濟學批判》,人民出版社,1955年,第173頁。

　　③　斯特魯威:《論古代東方與古典世界》,日知譯。

　　④　恩格斯1853年6月6日致馬克思的信,這裏轉引自《馬克思、恩格斯論宗教》,人民出版社,1954年,第55頁。

中央和地方都設有司空（西周金文作"司工"，見《免卣》）之官。《尚書大傳》說"溝瀆壅遏，水爲民害，田廣不墾，則責之司空"；和《禮記·月令》季春之月："命司空曰：時雨將降，下水上騰，循行國邑，周視原野，修利隄防，道達溝瀆，開通道路，毋有障塞。"等等，即是明證。還有當時生產力水平相當低下，基本上尚處在青銅器時代，農業生產工作者還普遍地實行集體勞動——耦耕。上述這兩種情況，就決定了中國的奴隸社會不能不具有"農村公社之長期存在及其發展緩慢而停滯的形態"的特點。

　　由於井田制的存在，由於農村公社殘迹的存在，所以表現於生產工作者——庶人的身份上，也具有矛盾的性質。從表面上看，他依然是公社的成員；但從實際經濟地位上看，他已是奴隸。馬克思在他的《資本主義以前各形態》手稿裏，分析土地所有制，概括爲兩種形態：第一種形態是以"大多數基本的亞細亞的形態"爲例來說明的；第二種形態是以"羅馬、希臘的形態"爲例來說明的。當說明第一種形態的時候，他指出："因爲在這種財產的形態下，單獨個人從來不能成爲財產的所有者，而祇不過是一個占有者，所以事實上他本身即是財產，即是公社的統一體人格化的那個人的奴隸。"①於同書的另一個地方，他在括號內注明："這不是對那例如存在普遍奴隸的東方而說的；這僅僅從歐洲方面看來才是這樣的。"②馬克思在這裏明確地指出東方奴隸制的奴隸的特點，而這個特點正表現在中國奴隸社會的庶人身上。所以，有的史學家把庶人瞭解爲典型的、古典的奴隸制類型的奴隸，這是不對的；有的史學家把庶人混同於封建社會的農奴，也是不對的。

　　此外，斯特魯威院士所說的"家長制關係成分的保留"（見上

---

① 馬克思：《資本主義以前各形態》，人民出版社，1956年，第30頁。
② 同上，第33頁。

文），或如阿甫基耶夫所説的“長期地保存了氏族制度的殘餘”①的特點，也符合於中國奴隸社會的情況。中國奴隸社會的姓氏制和宗法制就是具有上述特點的具體表現。

還有，馬克思所説的“東方專制主義”②和“工業和農業的結合，城市（鄉村）和土地的結合”③的特點，也適用於中國的奴隸社會。中國古代没有奴隸主的民主政治；大城市，正如馬克思所説，“祇能看作王公的營壘，看作在經濟制度上一種真正的贅疣。”④中國的奴隸制是以直接生活資料的生產爲目的而不是以商品生產爲目的的奴隸制度，商品貨幣關係僅有微弱的發展。

總之，中國奴隸社會，從其許多特點來看，應屬於東方的奴隸制類型，而不屬於典型的、古典的奴隸制類型。當前史學界有人主張殷代是奴隸社會，從西周起即進入封建社會。理由很多，其中有一條被突出地提出來的，即殷代有大批人殉葬的事實。其實，這個論據有它的弱點，因爲大批地把人殺了，也可以解釋爲當時勞動力還未獲得一定的價值，還不能作爲被剥削的對象而加以利用。又有人主張殷代、西周至春秋戰國之交是奴隸社會。他們也很重視殷代有大批人殉的材料；另外還提出一些新的論據，最主要的是認爲殷代的衆和衆人與周代的衆和庶人都是奴隸主可以當作牲畜一樣來買賣屠殺的奴隸。不過，有人針對這個意見，引用大量的甲骨卜辭證明殷代的衆和衆人是農業生產的主要擔當者，是狩獵的參加者，並從事於對外戰争和戍衛，而没有看到有衆和衆人可以當作牲畜一樣來買賣屠殺的例子。看來這種主張也有它的缺點。上述兩種主張所以都不能没有缺點和弱點，主要由於他們用典型的、古典的奴隸制的觀點來瞭解中國奴隸社會。實際上，中國奴隸社會，

①　阿甫基耶夫：《古代東方史》，王以鑄譯，三聯書店版，1957年，第4頁。
②　馬克思：《資本主義以前各形態》，人民出版社，1956年，第6頁。
③　同上，第32頁。
④　同上，第15頁。

如上文所説，是東方類型的奴隸制，並不是典型的、古典的類型的
奴隸制。

二、關於中國奴隸社會的下限問題

為了與上面所討論的時代相銜接，準備先在這裏談中國奴隸
社會的下限問題。至於上限問題，留待下一篇裏來談。

依我淺見，中國奴隸社會的下限，應斷在嬴秦并吞六國完成統
一的時候（前 221）。戰國時期雖然已經產生了某些封建的因素，
但是從整個經濟結構和階級結構來看，還祇是奴隸社會的末世，而
不是封建社會的初期。因為封建社會是在奴隸社會的母胎裏產生
和成長起來的。

戰國時期占主導地位的矛盾是新、舊統治階級之間的矛盾，即
新生的地主階級與腐朽的奴隸主階級之間的矛盾。奴隸主階級經
過春秋時期本階級內部的鬥爭和奴隸階級的反抗與鬥爭，勢力已
經大大削弱了。但是，統治階級是不會自動地退出歷史舞臺的，因
此還要經過一段相當長時期的殘酷、曲折的鬥爭過程，最後才能達
到歡慶封建社會的誕生。現在有一些史學家把封建社會的出現看
得太容易了，以為祇需要自上而下的改革，就可以順利地到達。這
種觀點，無論從史實上看，或從馬克思主義理論上看，都不能證明
它的正確性。持有這種觀點的史學家，不僅對於周宣王不籍千畝
和魯宣公初稅畝這兩個問題作了不正確的解釋，而且對於歷史唯
物主義怎樣看待經濟、政治和思想相互間的關係也缺乏正確的瞭
解。若是認為經濟制度的變革，在一般的條件下，可以不通過革命
的途徑，不通過劇烈的階級鬥爭，不通過劇烈的政治鬥爭和思想鬥
爭而實現，那顯然與"革命是歷史的火車頭"的理論不相容，而同
"和平長入社會主義"的説法沒有本質上的差別。假如説戰國一開
始，封建社會就已經確立，那末將無法解釋在戰國時期社會上為什

麼會發生那樣多、那樣大的動亂；爲什麼那時候在政治上和經濟上會變革得那樣劇烈。特別是反映在思想上的百家爭鳴，如墨家爲什麼提出"尚賢"的口號；法家爲什麼主張"不別親疏，不殊貴賤，一斷於法"；以及儒、墨之爭，儒、法之爭等等，顯然都有政治的内容，絕對不會是偶然的現象。祇有解釋爲新與舊，進步與落後，歸根結柢是新生的地主階級與腐朽的奴隸主階級鬥爭的反映，才能説得通。還有，過去唯心的歷史學者過於重視朝代的興亡和帝王將相的作用，不懂得經濟是基礎，不懂得根據不同的經濟形態來劃分歷史時期，當然是錯誤的，應當給以批判。但是，如果因此而祇注意經濟問題，對於政治鬥爭的意義估計不足，完全不考慮朝代更迭的作用，在没有外在條件的影響下，也試圖把歷史斷限劃在某些朝代中間，這也是一種偏向。劉少奇同志曾不祇一次地提醒我們，説："革命的根本問題是政權問題。"①又説："中華人民共和國的成立，在革命的最主要問題即政權問題上，標誌着中國民主革命的終結和社會主義革命的開始。"②根據這個指示，我覺得中國歷史上像秦始皇統一六國後那樣在政治、經濟以及思想各方面都作了重大的、根本性的改革，簡直是前無古人，橫絶一世，怎能等閑視之？以上就是我認爲中國奴隸社會的下限應斷在嬴秦并吞六國完成統一的時候的主要理由。下面還要根據史實作具體的分析。

　　大體上説，戰國時期活躍於歷史舞臺的，主要有如下三類人物：

　　1.士　戰國時期的士，就其主流來説，是代表新生的地主階級的利益的，與春秋時期的士不同。春秋時期的士是統治階級一分子，士與庶人中間隔着一道不可踰越的鴻溝。而戰國時期的士則

---

　　①　《中國共產黨中央委員會向第八次全國代表大會的政治報告》，人民出版社，1956年，第40頁。

　　②　《紅旗》雜誌1959年第19期，第4頁。

不然，在士之中雖然也包括一部分沒落的貴族在內，但是這等的士
與庶人已沒有多大差異；庶人受了一定的文化教養，就可以稱士，
不一定要擔任公職。

《孟子·梁惠王上》：

> 士、庶人曰："何以利吾身?"

又，《離婁上》：

> 士、庶人不仁，不保四體。

《呂氏春秋·博志》：

> 甯越，中牟之鄙人也。苦耕稼之勞。謂其友曰："何
> 爲而可以免此苦也?"其友曰："莫如學。學三十歲則可以
> 達矣。"甯越曰："請以十五歲。人將休，吾不敢休；人將
> 臥，吾不敢臥。"十五歲而周威公師之。

《韓非子·外儲說左上》：

> 王登爲中牟令。上言於襄主曰："中牟有士曰中章、
> 胥己者，其身甚修，其學甚博，君何不舉之?"主曰："子見
> 之，我將爲中大夫。"……王登一日而見二中大夫，予之田
> 宅。中牟之人棄其田耘、賣宅圃而隨文學者，邑之半。

從上述這些材料可以看出：1. 士與庶人的地位基本上相同，舉
例時可以連類而及；2. 庶人學了一定的文化知識，即可變成士。像
上述這類情況，在春秋時期是看不到的。

戰國時期的士所處的社會地位還是既貧且賤，但是在新的歷
史條件下，他們的地位卻不是固定不變的，而是可以很快就擺脫掉
貧賤而上升到富貴的地位。即可以取得土地，參加政權。因此，這
一時期的士一般都對於政治具有強烈的要求。他們的特點，也就
是他們的優點，是能夠刻苦學文化知識，熟悉當時情勢，英銳果斷，

有冒險性,敢於也能够負起革新政治、經濟、軍事和決定適時的外交政策的重任。因此,在這個新時代裏,士最爲活躍,到處受人歡迎,簡直成了時代的寵兒。

兹就士的社會地位及其重要特點引幾條例證,並加以説明如下:

《史記·魏世家》:

> 子擊逢魏文侯之師田子方於朝歌,引車避,下謁。田子方不爲禮。子擊因問曰:"富貴者驕人乎? 且貧賤者驕人乎?"子方曰:"亦貧賤者驕人耳! 夫諸侯而驕人,則失其國;大夫而驕人,則失其家。貧賤者行不合、言不用,則去之楚、越,若脱躧然。奈何其同之哉?"

《戰國策·秦策》:

> 蘇秦喟然欺曰:"妻不以我爲夫,嫂不以我爲叔,父母不以我爲子,是皆秦之罪也。"乃夜發書;陳篋數十,得太公陰符之謀。伏而誦之,簡練以爲揣摩。讀書欲睡,引錐自刺其股,血流至足。曰:"安有説人主,不能出其金玉錦繡取卿相之尊者乎?"

《史記·李斯列傳》:

> ……故詬莫大於卑賤,而悲莫甚於窮困。久處卑賤之位、困苦之地,非世而惡利,自託於無爲,此非士之情也。

上述三條材料:其一,田子方已經作了魏文侯師,可是不管子擊也好,田子方自己也好,還都認爲是"貧賤者",證明當時士的地位本來是貧賤的。其二,蘇秦"引錐自刺其股",同甯越的"不敢休"、"不敢臥"一樣,都是爲急於脱離貧賤的處境而刻苦求知。其三,李斯所説的話最爲深刻、坦率,説明當時的士都渴望早日逃出卑賤、窮困而能享受安富、尊榮。至於有人宣揚"無爲"，反對"好利"，那都是矯情，是不真實的。

從許多事實上可以看出，當時的士，其主流是代表新生的地主階級的利益的；所有種種新的改革，都是爲封建社會的到來開闢道路。對當時的士——特別是法家堅持反對、成爲死敵的是誰呢？那是所謂"宗室大臣"，他們代表着腐朽的奴隸主階級的利益。

2. 宗室大臣　"宗室大臣"這個名詞見於《史記》吳起、李斯兩傳。

《吳起傳》：

> 及悼王死，宗室大臣作亂而攻吳起。

《李斯傳》：

> 秦宗室大臣皆言秦王曰："諸侯人來事秦者，大抵爲其主游間於秦耳！請一切逐客。"

實際，所謂"宗室大臣"各國普遍都有，他們代表當時一個階級，即奴隸主階級。這個階級在當時是最反動的階級。墨子書所謂"王公大人骨肉之親，無故富貴，面目美好者"（《尚賢下》），即指這個階級的成員而言。這個階級的特點是貪戀祿位，懷念過去，庸懦無能，反對一切改革。當時的社會是"上無天子，下無方伯，力功爭強，勝者爲右"的時代。這個反動的階級，既不能强制社會倒退或停滯不前，又不能應付這個新局面，他們的命運注定是悲哀的，必須退出歷史舞臺。但是由於這個階級有深厚的基礎，所以不能不有一段殘酷的、反復的鬥爭過程。

3. 國君　各國國君，在當時殘酷的階級鬥爭中起着特殊的作用，這是由他們所處的特殊地位決定的。一方面，他們出身於奴隸主階級，與奴隸主有千絲萬縷的聯繫，另一方面，又由於當時國內外的壓力，面臨着生死存亡的抉擇，逼得他們不得不考慮自己切身的利益，因而不得不禮賢下士以從事各種改革。所以，在當時，國君這一類特殊的人物，實具有兩面性。而代表新生的地主階級的利益的"士"與代表腐朽的奴隸主階級的利益的"宗室大臣"進行鬥爭時，在很多情況下都不是直接的，而是通過國君，靠國君發生杠杆作用而進行的。有時國君開明，傾向於革新，於是代表新生的地主階級的利益的"士"占優勢，國內即出現了進步的局面；有時國君昏庸，傾向於守舊，於是代表腐朽的奴隸主階級的利益的"宗室大臣"取得優勢，國內情況即逆轉而表現爲倒退的局面。當然，這不是説國君在這時能起決定性作用。起決定性作用的還是國內外的壓力。但是，國君這種特殊的作用是客觀存在的，是應該給以恰當的估計的。所有這些，對於我們瞭解戰國時期的歷史，非常重要。不瞭解這一點，將看不清這段歷史變化發展中的主要矛盾是什麼，看不清是怎樣進行鬥爭的，因而這一時期的社會性質問題也得不到正確解決。

戰國時期應從什麼時候開始？

《史記·六國年表》從周元王元年（前 476）開始，《資治通鑑》從三晉之君魏斯、韓虔、趙籍初受命爲諸侯之年（前 403）開始。

細心尋繹司馬遷作《六國年表》所以由周元王元年開始，主旨是在求與《十二諸侯年表》相銜接。《十二諸侯年表》爲什麼終於周敬王四十三年（前 477）？這是一則由於年表用周王爲正統紀年，周敬王恰是在這一年死的；二則由於"十二諸侯年表"終年要求與"春秋"一書絕筆之年大體上相符。至於司馬光作《資治通鑑》所以由三晉之君列爲諸侯之年開始，則是模仿《春秋》書法，目的在正名分，藉以表示他的鮮明的封建正統觀點。

但是他們卻有一個共同點。《史記·六國年表序》説："三國終之卒分晉，田和亦滅齊而有之，六國之盛自此始。"《資治通鑑》實際也是從三家分晉寫起。看來三家分晉這一年（前 453）是歷史上一個新的轉折點，是一個有重大歷史意義的一年。因此，我們談戰國問題，應以這一年爲起點。

戰國時代最顯著的特點，就是長時期地、廣泛地進行着無休止的戰爭。這個戰爭的最根本的原因，是生產關係與生產力之間有矛盾，而這種矛盾是必須通過階級鬥爭來解決的。戰爭實質就是階級鬥爭的一種表現形式。戰爭不可否認是最殘酷的事情，所謂"爭地以戰，殺人盈野，爭城以戰，殺人盈城"，在生命、財產各方面要付出很大的代價。但是，也要看到另外一方面，即戰爭能促使人們加速地擺脱落後狀態，走向前進的道路。戰國時期確是社會發生巨大的變革的時代。在這一時期，經濟的發展，政治的改革，思想的活躍，都達到空前的迅速而劇烈，最後終於徹底地推翻了奴隸制，使生產關係與生產力之間的矛盾得到解決，而爲生產力的發展開闢了廣闊的道路。

整個戰國時期的歷史，好像一軸令人震眩心目的大競賽圖畫。這軸畫是從三家分晉和田氏取齊展開的。三晉和田齊是新興的國家。在這些國裏可以看到很多新的東西。最主要的，第一是姬、姜公族在興替的過程中被消滅了；第二是舊日比肩共事的諸大夫，這時候有的被消滅，有的單獨成立了一國。因此，在這四個國家裏，基本上是舊的勢力已經消滅，新的勢力尚未鞏固，於是就給各種新的改革創造了有利條件，減少了不少阻力。所以，在戰國初期，從總的形勢來看，是三晉和田齊四國跑在最前頭。這四國之中的魏國又跑在最前頭。

魏的開國之君是魏文侯。魏文侯作了幾件革新的、具有歷史意義的大事，值得注意。

1. 招賢養士

春秋時期的政治爲奴隸主階級所壟斷。參加政權的，首先爲同姓奴隸主，其次爲具有同一地位的異姓奴隸主。至於不尚親而尚賢，不求之於貴而求之於賤的事情，可以説"没有"。有人舉管仲爲例，説齊桓公早已尚賢。其實，管仲也是貴族，以前曾事過公子糾，就是證據。又有人據《左傳·文公十四年》"公子商人驟施於國而多聚士"，和同書襄公二十一年"懷子好施，士多歸之"，證明春秋時期已有養士之風。這是衹看現象，不察本質。不知道這些衹限於勇力之士，同戰國時期一般所說的養士，從對象、目的和作用各方面來說，都有很大的差別。春秋時期的養士，還是奴隸社會統治階級内部鬥爭的事情；至於戰國時期的養士，那是一種新事物，是新生的地主階級的代理人出現於歷史舞臺的證明。

《吕氏春秋·察賢》：

> 魏文侯師卜子夏，友田子方，禮段干木。

《史記·魏世家》記魏文侯擇相一段故事，在翟璜與李克對話中有：

> 西河之守，臣之所進也（案，謂吴起）；君内以鄴爲憂，臣進西門豹；君謀欲伐中山，臣進樂羊；中山已拔，無使守之，臣進先生（案，謂李克）；君之子無傅，臣進屈侯鮒。

又在此次對話中，李克説：

> 魏成子以食禄千鍾，什九在外，什一在内。是以東得卜子夏、田子方、段干木。此三人者，君皆師之。子之所進五人者，君皆臣之。

由上述這些材料，可以看出魏文侯招賢養士的概略。

《吕氏春秋·尊師》："段干木，晉國之大駔也，學於子夏。"

段干木原先是"晉國的大駔。"田子方也自稱是"貧賤者。"可見魏文侯招收的這些人物，絕大部分都不是出於貴族；或者早先縱是貴族，這時已降入士庶人的隊伍。魏文侯尊事他們，并且把國家大事交給他們辦，實在不是一件小事情。這表明奴隸主政權已到了垂死階段，將由地主政權取而代之。

2. 作盡地力之教

《漢書·食貨志》：

　　　　李悝爲魏文侯作盡地力之教。以爲地方百里，提封
九萬頃，除山澤邑居參分去一，爲田六百萬畝。治田勤謹
則畝益三升，不勤則損亦如之。地方百里之增減，輒爲粟
百八十萬石矣。

　　關於李悝（也作李克）盡地力之教，散見於《史記·平準書》、
《貨殖列傳》《孟荀列傳》諸篇，而以《漢書·食貨志》所録爲最詳。
但是，"盡地力"應如何理解，就今天來説，還是問題。依我的看法，
李悝盡地力之教，實包括下列兩個方面：（1）擴大耕地面積；（2）提
高單位面積産量。前者是因爲先前行井田之制，可耕者祇限於"原
隰衍沃"（説已詳前）。這樣就有很多棄地。現在作了通盤核算，統
一安排，把山澤邑居所占的土地定爲三分之一除掉，其餘三分之二
統列爲可耕地。這樣，耕地面積無疑是擴大得很多。當然，不能否
認這是由於生産力的提高，特別是鐵質工具的廣泛應用才造成了
這個結果。後者是用"治田勤謹"的辦法來解決的。"治田勤謹"，
無疑是要講求農業技術，這就能够提高單位面積産量。因此，李悝
盡地力之教，對於當時發展農業生産來説，實是一件了不起的大
事，無怪各書都要記載。後來商鞅入秦，爲秦孝公變法，"爲田開阡
陌封疆"，肯定是受了李悝的影響。他是在李悝的土地政策基礎上
又作了進一步的發展。

　　3.《法經》

　　桓譚《新書》説：

　　　　魏文侯師李悝著《法經》。以爲王者之政，莫急於盜
賊，故其律始於盜賊。盜賊須劾捕，故著《囚》、《捕》二篇。
其輕狡、越城、博戲、假借、不廉、淫侈、踰制爲《雜律》一
篇。又以《具律》具其加減。所著六篇而已。（詳見董説：
《七國考·魏刑法》"法經"條）

　　前在春秋後期，鄭、晉二國已有"鑄刑鼎"、"用竹刑"之事，但是

那衹能说是刑法的萌芽。至李悝的《法經》出，中國歷史上才開始
有了成文法典。以後從秦漢到明、清各代封建王朝的法律，都是在
李悝《法經》的基礎上逐漸發展而完備起來的。當然，法律是體現
統治階級的意志的。在《法經》裏規定有"族"、"夷鄉"、"誅及妻
氏"、"誅及母氏"（均見董説：《七國考》）等刑罰，是非常殘酷的。不
過，這衹是問題的一方面。如果再看看另一方面，即不明白規定條
例，僅憑統治階級一時的喜怒，隨意用刑，與此比較起來，其殘酷的
程度實不知道還要大多少倍。《法經》，實際是總結各國的經驗並
結合當時的具體情況來制定的。應該説，它是有一定的進步意義
并且對後世有着深遠影響的一件大事。

　　以上就是魏文侯在當時所作的三件大事。這三件事包括着經
濟、政治和法權各方面一系列的新措施，在當時所起的作用是相當
大的。不但魏國本身由全晉時的一家一躍而爲一個强國，而且居
然成了當時政治、經濟改革的故鄉。以後商鞅入秦，吳起奔楚，先
後都進行過有名的大改革。考察他們改革的内容和做法，基本上
與魏國所實行的相同。可見魏文侯在戰國初年實有導先路、開風
氣的功勞。我們研究這一時期的歷史，應予以足夠的重視。

　　不過，歷史的發展並不是循着筆直的道路前進，而是往往會遇
着逆流或發生曲折的。當魏文侯還生存的時候，子擊看見田子方
的恃貧賤而驕人，已深致不滿。及魏文侯死，子擊代立（武侯），吳
起也不能久於其位，終因被讒而出奔。後來惠王、襄王、昭王等一
代一代都過着倒霉的日子。當然原因很多，但是主要是由於在階
級鬥爭中，舊的勢力又占了上風，不能繼續貫徹執行或發展魏文侯
的革新政策。這並不是説，後來魏國的政治完全回到老路子去了，
不過在一定程度上是倒退了。因此，在魏國始終沒有建立起封建
制度，那是可以肯定的。

　　比魏文侯稍晚，齊威王在政治上也有過顯著的改革。

　　《史記·田敬仲完世家》：

　　威王初即位以來不治，委政卿大夫。九年之間，諸侯並伐，國人不治。於是威王召即墨大夫而語之曰："自子之居即墨也，毀言日至。然吾使人視即墨，田野辟，民人給，官無留事，東方以寧。是子不事吾左右以求譽也。"封之萬家。召阿大夫語曰："自子之守阿，譽言日聞，然使使視阿，田野不辟，民貧苦。昔日趙攻甄，子弗能救，衛取薛陵，子弗知。是子以幣厚吾左右以求譽也。"是日烹阿大夫，及左右嘗譽者皆並烹之。

　　威王采取這一個非常措施，在當時實有重大意義。從這一件簡單的事實裏，也反映當時兩種勢力的鬥爭。一種勢力是同人民對立的、代表腐朽勢力的執政卿大夫（包括所謂"左右"）和阿大夫，一種勢力是同人民有密切聯繫的、代表新生勢力的即墨大夫。先前，威王不親政，把政權交給卿大夫，舊勢力占上風，新勢力吃苦頭。這回威王親握政柄，看清了哪種勢力與他有利，哪種勢力與他有害，采取了斷然處置，於是形勢立即發生了根本變化，新勢力取得上風，舊勢力吃了苦頭。正由於威王在政治上實行了這一個重大改革，所以齊國的局面煥然一新，已經不再是先前那樣"九年之間，諸侯並伐，國人不治"，而是"齊國大治，諸侯聞之，莫敢致兵於齊二十餘年"和"於是齊最強於諸侯，自稱為王，以令天下"（均見《史記·田敬仲完世家》）。

　　還有，從上邊所引的那段史實，也可以看出兩個問題：1. 即墨、阿兩地的大夫不是封君，而是郡縣的長官，其任免、獎懲大權直操於威王，與舊日的家宰治邑不同。2. 視"田野辟，民人給"為行賞的根據，證明齊威王也同魏文侯一樣，非常關心農業生產。這個"田野辟"裏邊，也應有"盡地力"一類的措施，不過已不可考了。

　　威王死，子宣王繼立。

　　《史記·田敬仲完世家》：

　　宣王喜文學遊說之士，自如騶衍、淳于髠、田駢、慎到、環淵之徒七十六人，皆賜列第，爲上大夫，不治而議論。是以齊稷下學士復盛，且數百千人。

　　覽此，知宣王能守父業，不同於魏武侯。對養士一事，在這時還有很大的發展。不過，這個養士，如與齊威王、魏文侯的養士相比，未免"貌同心異"。因爲他的養士，目的祇在於收虛譽，至多祇有緩和階級矛盾的作用，而不能解決階級矛盾。從"不治而議論"，就可以看出他所養的都是清談客；他祇强調"養"字，把士看成裝飾品，多多益善，藉以爭勝，並不想親近他們，重用他們。因此，這樣的養士，儘管在推動文化發展方面也有一定的貢獻，但是對於社會發展不起積極促進作用；相反，卻起了麻痹革命意志的作用，延緩了社會的發展。

　　到後來孟嘗君的養士，以及魏的信陵君、趙的平原君、楚的春申君、秦的文信侯等等的養士，則直是用收買的辦法，羅致一部分進步分子，誘使轉變而爲他們的反動勢力服務，更不能與魏文侯、齊威王的養士相提並論。所以，戰國時期的階級鬥爭是複雜的、曲折的，并且是矛盾的。祇有應用具體分析的方法，才能找到其中真實的發展脈絡。

　　三家分晉後，趙烈侯在政治上也同樣有革新的措施，儘管在程度上和範圍上不是很大的。

　　《史記・趙世家》：

　　　　烈侯好音，謂相國公仲連曰："寡人有愛，可以貴之乎？"公仲曰："富之可，貴之則否。"烈侯曰："然。夫鄭歌者槍、石二人，吾賜之田，人萬畝。"公仲曰："諾。"不與。居一月，烈侯從代來問歌者田。公仲曰："求未有可者。"有頃，烈侯復問，公仲終不與，乃稱疾不朝。番吾君自代來，謂公仲曰："君實好善，而未知所持。今公仲相趙，於今四年,亦有進士乎?"公仲曰:"未也。"番吾君曰:"牛畜、荀欣、徐越皆可。"公仲乃進三人。及朝,烈侯復問歌者田何如。公仲曰:"方使擇其善者。"牛畜侍烈侯以仁義,約以王道。烈侯逌然。明日,荀欣侍,以選練舉賢,任官使能。明日,徐越侍,以節財儉用,察度功德,所與無不充。君説。烈侯使使謂相國曰:"歌者之田,且止。"官牛畜爲師,荀欣爲中尉,徐越爲内史。賜相國衣二襲。

烈侯拔用牛畜等三士,這是時代的特徵在趙國得到了反映的明證。

韓國的政治改革是在韓昭侯時,不過遺留下來的史料很少。

《史記·申不害傳》:

> 申不害者,京人也。故鄭之賤臣,學術以干韓昭侯。昭侯用爲相。内脩政教,外應諸侯,十五年。終申子之身,國治兵强,無侵韓者。

《韓世家》所記更簡略。但是申不害在當時是一個有重大影響的新型政治家,則無問題。

《韓非子·定法》:

> 申不害言術。……術者,因任而授官,循名而責實,操殺生之柄,課群臣之能者也。此人主之所執也。

這一段材料證明申不害是主張專制主義的政治家。申不害思想的特點:第一,是人君操殺生之柄,獨攬大權,反對分散主義,是對舊日封君制的否定;第二,是用人唯能,不是用人唯親,是對舊日世官、世祿的否定。總的看來,這是代表新的政治制度的思想。無怪他的思想在當代和後世都有很大的影響。

以下談談戰國七雄中秦、楚、燕三國的情況。因爲秦國留下來的史料較詳,就以秦爲典型,多談一些。從總的看來,秦、楚、燕三國與三晉、田齊比較,有它們的共同點:它們都是從西周受封的古老國家,在從事改革時阻力較大,階級鬥争表現得最爲劇烈而殘酷。秦國是在孝公時進行改革的。《史記·秦本紀》和《商君列傳》詳細地記述了這次改革的全部過程和基本内容。

《秦本紀》首先是從當時的國際形勢和秦國所處的地位談起。原文説:

> 孝公元年,河山以東强國六,與齊威、楚宣、魏惠、燕悼、韓哀、趙成侯並。淮泗之間小國十餘。楚、魏與秦接界。魏築長城,自鄭濱洛以北有上郡。楚自漢中南有巴、黔中。周室微,諸侯力政争相并。秦僻在雍州,不與中國諸侯之會盟,夷翟遇之。

這説明秦孝公從事政治改革,是由於客觀形勢的要求。

接着《秦本紀》又記述了孝公在政治上實行一些進步措施和下令求賢(原文從略)。

在《商君傳》中詳細地記述了商鞅變法的整個過程。大體上可分五部分:

首先記述商鞅至秦如何説孝公。在這時候,商鞅巧妙地堵死了通向帝、王、霸的三條道路,使孝公堅信衹有强國一條道路可走。這是變法成功的第一着。

隨後記述如何同以甘龍、杜摯爲代表的一群頑固派展開變法大辯論,在理論方面取得勝利。這是變法成功的第二着。

其次記述制定第一次變法令的基本内容:(1)整頓户籍,行連坐法,肅清隱藏在内部的敵人;(2)獎勵軍功,增加戰鬥力,以打擊外來的敵人,並伺機向外擴張;(3)獎勵農工,發展生產;(4)限制宗室特權,廢止以血統親疏爲標準定政治上尊卑等級的制度,改行以軍功大小爲標準定政治上尊卑等級的制度。這四個方面,包括公安、軍事、經濟、政治等等,總之都是爲"强國"這一個總的目標服務。

又次記述在頒佈變法之令以前的技術性措施,以及變法令頒布以後爲保證法令的貫徹而采取的政治措施。(1)徙木立信;(2)刑太子師傅,(3)遷"亂化之民於邊城"。

又次記述第二次變法令的基本内容:(1)普遍建立基層政權組織——縣;(2)進行比較徹底的土地改革,"爲田開阡陌封疆";(3)統一度量衡,這意味着租税統一由中央政權機構直接徵收。第二次變法令是第一次變法令的繼續和深入,所著眼解決的,完全是根本問題,秦的統一六國已於此時奠定了基礎。

總的看來:商鞅的變法,無論在内容上和方法、策略上,都是成熟的、成功的。中國歷史上有多次變法都以失敗告終,而商鞅獨獲得成功,這不是偶然的。第一,變法的内容符合於歷史的要求;第二,能吸取李悝、吴起諸人的經驗;第三,注意方法、步驟和策略。這三條是商鞅變法成功的主要因素。

不過,商鞅變法並不是順利地進行,而是遭到頑强的反抗和經過激烈的鬥争的。首先表現在與甘龍、杜摯諸人在理論上的鬥争;其次是在實踐時又與以太子爲首的一批頑固落後分子作鬥争;最後表現在孝公死後,以太子爲首的反動勢力執掌政權,發動反攻,形勢突然逆轉,商鞅力不能敵,結果竟受了車裂的酷刑。

在《商君傳》裏,一則説"宗室貴戚多怨望者";再則説"公子虔杜門不出已八年矣,君又殺祝懽而黥公孫賈"。趙良於商鞅得勢時,已經看出"秦王一旦捐賓客而不立朝,秦國之收君者,豈其微哉?亡可翹足而待"。十分明顯,這絶不能理解爲商鞅個人的問題,而是反映新與舊兩個階級、兩種勢力的劇烈的鬥争。這正説明生産資料所有制的改變是你死我活的問題,不可能没有鬥争。而且這種鬥争,在很多情況下,又都是長時期的、曲折的,不可能初交鋒祇打上一個回合即完全解決。

我們再從秦國的具體歷史發展來考察。

秦武王時任用樗里疾，甘茂爲右、左丞相。樗里疾是秦惠王的異母弟；甘茂是“羈旅之臣”。甘茂將兵伐韓宜陽，成功關鍵在於事先與武王有息壤之盟（詳見《史記·樗里子甘茂列傳》）。但是，在昭王之世，甘茂終因懼讒而逃走了。這證明秦在這個時期，宗室貴戚比較占優勢，即舊勢力抬頭。

秦昭王初年，穰侯、華陽君、高陵君、涇陽君等，因爲有宗室貴戚之親，擅權，號稱“四貴”。這時舊勢力占上風。後來范睢入秦，見昭王，講明“木實繁者披其枝，披其枝者傷其心；大其都者危其國，尊其臣者卑其主”的道理，昭王“於是廢太后，逐穰侯、高陵、華陽、涇陽於關外”。（《史記·范睢蔡澤列傳》）這時新勢力又壓倒舊勢力而占了上風。

《李斯列傳》説：“秦宗室大臣皆言秦王曰：‘諸侯人來事秦者，大抵爲其主游間於秦耳！請一切逐客。’”這是舊勢力想借機反攻。及李斯上書，秦王取消了逐客令，新勢力又占主導地位，終於削平六國，“使秦無尺土之封，不立子孫爲王、功臣爲諸侯者”。（《史記·李斯列傳》）這表明代表新生的地主階級利益的“士”，在與代表腐朽的奴隸主階級利益的“宗室大臣”的鬥爭中，已取得完全勝利而居於統治地位，自此中國奴隸社會結束了，封建社會開始了。

> 《史記·六國年表序》：“秦既得意，燒天下詩書，諸侯史記尤甚，爲其有所刺譏也。詩書所以復見者，多藏人家，而史記獨藏周室，以故滅。惜哉！惜哉！獨有《秦記》，又不載年月，其文略不具，然戰國之權變，亦有可頗采者。”

> 又：“太史公讀《秦記》，……”

這證明戰國時期的史料留傳到後世的，獨秦最詳。我們從上述事實可以十分清楚地看到，新與舊兩個階級、兩種勢力的鬥爭像一條紅綫一樣自始至終貫串在整個歷史發展過程中。我們要瞭解戰國時期的社會性質問題,這一節應該是重要關鍵,不可不注意。

楚國的政治改革在悼王時,這些事詳記在《韓非子·和氏》篇和《史記·孫子吳起列傳》。

《韓非子·和氏》:

> 吳起教楚悼王以楚國之俗曰:"大臣太重,封君太衆,若此則上偪主而下虐民,此貧國弱兵之道也,不如封君之子孫三世而收爵祿,絶減百吏之祿秩,損不急之枝官,以奉選練之士。"(《史記·孫子吳起列傳》作"至則相楚,明法審令,捐不急之官,廢公族疏遠者,以撫養戰鬥之士"。)悼王行之期年而薨矣,吳起枝解於楚。(《孫子吳起列傳》作"故楚之貴戚盡欲害吳起。及悼王死,宗室大臣作亂而攻吳起。吳起走之王屍而伏之。擊起之徒因射刺吳起,並中悼王。悼王既葬,乃使令尹盡誅射吳起而並中王屍者。坐射起而夷宗死者七十餘家"。)

吳起在楚進行政治改革,也是首先對準大臣、封君即奴隸主開刀。後來悼王死,宗室大臣作亂攻吳起,也同商鞅在秦被殺一樣,不是吳起本人的問題,而是反映着當時新與舊兩個階級、兩種勢力的殘酷的鬥爭。

燕國的改革,史無記載。然而在燕昭王時,有招賢致士與百姓同甘苦之事,可見也是受了新時代的影響。

《史記·燕召公世家》:

> 燕昭王於破燕之後即位,卑身厚幣以招賢者。謂郭隗曰:"齊因燕之國亂而襲破燕,孤極知燕小力少,不足以報。然誠得賢士以共國,以雪先王之恥,孤之願也。先生視可者,得身事之。"郭隗曰:"王必欲致士,先從隗始。況賢於隗,豈遠千里哉!"於是昭王爲隗改築宮而師事之。樂毅自魏往,鄒衍自齊往,劇辛自趙往,士爭趨燕。燕王

弔死問孤，與百姓同甘苦。

　　總之，戰國時期儘管各國各自具有不同的條件和特點，使改革時間的遲早、範圍的廣狹、程度的大小有種種不同，而引起改革的原因、改革之後產生的影響和階級鬥爭所表現的具體形式等也有種種差異，但是它們的主要矛盾則完全一致，都反映着新生的地主階級與腐朽的奴隸主階級之間的矛盾。總的方向也完全一致，都是由奴隸社會向封建社會的轉化，這個轉化過程是艱難的、曲折的，直到秦統一了六國，才最後完成。

　　新生的地主階級爲什麼能戰勝奴隸主階級而取得統治地位呢？從一般的原理講，當然是新的封建制的生產關係比較舊的奴隸制的生產關係爲進步，適合於提高了的生產力的向前發展。不過，如從具體情況分析，也可以看到戰國時期與舊的奴隸主階級鬥爭時起先鋒作用的“士”，其中有很多是由原來的庶人轉化而來的，因此在“士”與“宗室大臣”的鬥爭中也隱含有奴隸階級向奴隸主階級鬥爭的因素。正因爲如此，所以“士”的鬥爭性特別強，并且能够代表人民的利益。另一方面，當時的地主階級正在形成的過程中，它與農民之間的矛盾還未充分暴露，所以新生的地主階級向腐朽的奴隸主階級進行鬥爭時，并不是以代表本階級利益的面貌出現，而是以代表國家利益、全民利益的面貌出現的。正因爲這樣，它能得到廣大人民的擁護和支持而取得最後的勝利。

　　戰國時期的階級鬥爭反映在思想上就成爲百家爭鳴。

　　關於百家思想的派別，在先秦諸子書中已有幾種分法。例如，《莊子・天下》篇分爲七派（1. 鄒魯之士，2. 墨翟、禽滑釐及相里勤、苦獲、己齒、鄧陵子之屬，3. 宋鈃、尹文，4. 彭蒙、田駢、慎到，5. 關尹、老聃，6. 莊周，7. 惠施、桓團、公孫龍）；《荀子・非十二子》篇分爲六派（1. 它囂、魏牟，2. 陳仲、史鰌，3. 墨翟、宋鈃，4. 慎到、田駢，5. 惠施、鄧析，6. 子思、孟軻）；其他如《尸子・廣澤》篇、《呂氏春秋・不二》篇也都有所論列，但是都不如漢初司馬談的分法比較有系統性,給各家的評價也比較恰當。

司馬談著《論六家要指》(《史記·太史公自序》),把先秦諸子思想依討論問題的性質和政治觀點的異同,綜括爲陰陽、儒、墨、名、法和道德六家。其實,這六家中衹有儒、墨、法和道四家具有獨立的學術觀點和政治主張。至於陰陽家,其中有一部分講天文曆法的,應屬於自然科學範圍;另一部分講鬼神術數的,則具有宗教迷信性質;在政治上沒有獨立的觀點和主張,不能與上述四家相提並論。名家則主要研究邏輯,屬於方法的範疇;如墨、孟、莊、荀諸子的作品裏都談到邏輯,而名家如惠施、公孫龍諸子的思想也往往與道、墨諸家相混;所以名家在思想上也不能成爲獨立的學派。剩下的四家,按照他們代表的社會思想體系來排一排隊,應如下列:

1. 道家　道家以老子、莊子爲代表。他們反對當時社會的不合理現象,也要求改革。但是他們的政治理想和改革方案卻不是前進的,而是倒退的,要倒退到"小國寡民"時代,即原始社會時代。他們的方法也不是積極地向不合理的現象作鬥爭,而是主張"無爲","自然",即消極的逃避現實,作自了漢。所以,在道家的言論裏,儘管也有一些精闢獨到的見解,但是從政治意義來看,則是反動的,無生氣的。道家代表着當時沒落的階級的思想。

《左傳》昭公十八年:

> 秋,葬曹平公。往者見周原伯魯焉。與之語,不說學。歸以語閔子馬。閔子馬曰:"周其亂乎?夫必多有是說,而後及其大人。大人患失而惑。又曰'可以無學,無學不害'。不害而不學,則苟而可。於是乎下陵上替,能無亂乎?夫學,殖也。不學將落,原氏其亡乎?"

閔子馬論述原伯魯"不悅學"的原因,斷爲是受了一種廣泛流行的新說的影響。隨後,他還具體地談到新說的內容,這應該是從轉述原伯魯的原話裏得到的。內容有兩點:(1)"大人患失而惑";

(2)"無學不害"。"大人患失而惑",很象《老子》的"少則得,多則惑"的論點;"無學不害",也很象《老子》的"絕學無憂"的論點。原伯魯與老子的年代相上下,是否原伯魯即受了老子學説的影響而不悦學呢? 我們不敢確指。但是,這類學説是反映没落階級的思想這一點,得此證明,似乎没有什麽疑義了。

2.儒家　儒家以孔子爲代表。孔子的政治思想有若干積極的、進步的因素。如强調人道主義;主張"有教無類";把"君子"、"小人"作爲道德的範疇來使用:這等等都是。但是他的最基本的政治觀點則是保守的。他的政治理想和改革方案也是要求倒退的,不過祇要求退到西周時期那樣的社會爲止,並不象道家那樣要求倒退到原始社會。他那改革方案中的中心思想是"親親"、"尊尊",特别對"親親"一點最爲重視。即特别强調倫理道德、血緣關係。這一點正是他與墨、法兩家根本不相容的地方。當時儒墨、儒法之間的鬥爭即以此爲焦點。儒家思想體系並未超出奴隸社會的範圍,基本上是代表奴隸主階級的思想。

3.墨家　墨家同儒家如水火不相容,其實這也不是兩個人或兩個學派之間的簡單問題,而是反映兩個階級之間的鬥爭。墨家在政治上比儒家進步的地方,在於强調"尚賢",即反對奴隸主階級的世官、世禄,要求在政治上對士庶人開門。但是墨家的思想還不夠系統化,還不夠徹底,而且連儒家的無神論也要反,這就未免過火了。墨子生在春秋戰國之交,在當時的歷史條件下,決定他祇能是一個改良派,而不是一個革命派。基本上,他是代表奴隸主階級中下層的進步的那一部分人的思想。

4.法家　法家應以韓非爲代表。李悝、商鞅、申不害等,同是法家中的杰出人物,但是能夠最後總結成爲完整的、系統的理論的,則應推韓非。法家在當時是革命派,他們代表新生的地主階級的利益。他們的改革方案的特點是"尊主卑臣","不别親疏,不殊貴賤,一斷以法"(司馬談《論六家要指》)。"不别親疏",與儒家"親親"的思想根本對立,"尊主卑臣"也與儒家的"尊尊"有本質上的差別。"尊尊"祇是等級制度中一般的所謂"辨上下",而"尊主卑臣"則具有專制主義的意義。人們批評法家是"嚴而少恩"(同上),"殘害至親,傷恩薄厚"(《漢書·藝文志》),實際這是自覺或不自覺地替奴隸主階級說話,是承認了奴隸主階級的親屬應享受一定的特權,當然這是不公正的。所以,法家與儒家思想的鬥爭,恰是新生的地主階級同腐朽的奴隸主階級的鬥爭的反映。秦始皇焚書阬儒的做法,當然是野蠻的、殘暴的,但是也應看到這正反映着兩個階級、兩種勢力鬥爭的本質。

爲了易於認清焚書阬儒的階級鬥爭的本質,兹就《史記·秦始皇本紀》中攝引一些材料來加以說明。

秦始皇二十六年,初定天下,丞相綰等言:請立諸子爲王。"始皇下其議於群臣,群臣皆以爲便"。獨李斯議以爲"置諸侯不便"。始皇采取了李斯的意見,"分天下以爲三十六郡,郡置守、尉、監"。

三十四年,博士淳于越重理前議,又主張"封子弟功臣",同時明白宣佈他的全部觀點說:"事不師古而能長久者,非所聞也。"始皇又"下其議",李斯時已爲丞相,觸動他的積憤,因議略謂:"今皇帝并有天下,別黑白而定一尊。私學而相與非法教,人聞令下,則各以其學議之,入則心非,出則巷議,夸主以爲名,異取以爲高,率群下以謗。如此弗禁,則主勢降乎上,黨與成乎下。"遂建議焚詩書,並制定"有敢偶語詩書者棄市,以古非今者族"的殘酷法令。

三十五年,侯生、盧生等又持舊的觀點議論始皇長短,激怒了始皇,結果遂演成博士諸生"四百六十餘人皆阬之咸陽"的慘禍。

但是,鬥爭還未結局,始皇長子扶蘇又出來講話,說:"天下初定,遠方黔首未集。諸生皆誦法孔子,今上皆重法繩之,臣恐天下不安。"始皇又氣憤地處罰了扶蘇,"使扶蘇北監蒙恬於上郡"。

總起來看,非常明顯,這是最後的一場兩個階級、兩條道路的最尖銳、最殘酷的鬥爭。丞相綰、群臣、淳于越、侯生、盧生以及被

阬的博士、諸生四百六十餘人和始皇長子扶蘇等站在一邊，都主張
"封子弟功臣"，"師古"，"法孔子"，一句話，是堅決地想走奴隸社會
的道路。而另一邊則有李斯、秦始皇，他們堅決地走封建社會的道
路。從表面看，李斯、秦始皇是少數，但是政權掌握在他們手裏，他
們的要求符合於歷史發展規律，因此他們在鬥爭中取得了勝利。
在這次鬥爭中，也反映了儒、法兩家思想的尖銳的對立，由早時的
舌戰、筆戰，竟發展爲"焚"、"阬"。這個鬥爭難道還不劇烈嗎？兩
家所代表的階級立場還不够鮮明嗎？有人說，戰國初期封建社會
已經確立，那末爲什麼直到這時候還演成如許慘劇？爲什麼直到
這時候想走奴隸社會道路的人還如此之多，勢力還如此之大呢？

　　所以戰國時期的百家爭鳴，從表象上看儘管是五光十色，令人
眩惑莫辨，而其本質則都是階級鬥爭的反映。他們都是根據自己的
階級立場、階級利益來考慮問題，進行鬥爭。一句話，都有政治的内
容而不是單純的學術鬥爭。正因爲法家是代表新的生產關係、先進
階級的思想，就決定了它最後必然獲得勝利而居於統治地位。

　　總起看來：自春秋末世，井田制和氏族制的殘餘——宗法制已
開始遭到破壞，士庶人的地位已開始逐漸上升，掌握知識，參加政
治，有形成爲社會上一種重要政治勢力的趨勢。嗣後在戰國初期，
魏、秦、楚、齊各國由於國內外形勢相迫，都先後在政治上、經濟上
作了不同程度的改革。自此新、舊統治階級的鬥爭遂愈趨劇烈。
經過了長期的、反復的鬥爭，至秦統一六國，才結束了這個局面而
使封建社會制度得以確立。從土地所有制變化的過程來看，最初，
趙簡子破格行賞（前 494），已呈現井田制破壞連同奴隸身份改變
的端倪；以後趙襄子時（前 457—前 425）有"中牟之人棄其田耘，賣
宅圃"（《韓非子·外儲説左下》）的事，趙孝成王七年（前 259）長平
之役，趙括有"日視便利田宅可買者買之"（《史記·廉頗藺相如列
傳》）的事，是土地私有，最初由破壞井田制度開始，逐漸發展爲住
宅和園圃可以作爲商品自由買賣，最後發展爲耕地也可以作爲商

品自由買賣,而封建化的過程才達到完成階段。不根據客觀史實而人爲地把這個變化過程提前,是不對的。

秦統一六國後,最突出的措施是 1. 在經濟上承認土地私有,可以自由買賣。秦始皇三十一年(前 216)"使黔首自實田",把土地可以爲個人私有的制度,即把地主占有土地的制度,用法律的形式正式加以肯定。2. 在政治上設郡縣,廢封君,建立了由中央到地方一整套的官僚制度。其他,不煩在這裏詳述。總之:從基礎到上層建築都已進行徹底的改革。從前的庶人,自此已可以占有土地,接受文化,參加政治,即奴隸的身份已獲得解放。此後所患的已經不是"民參其力,二入於公,而衣食其一,……國之諸市,屨賤踊貴"的情況,而是"富者田連阡陌,貧者無立錐之地,……或耕豪民之田,見稅什五",即封建制的壓迫和剝削了。雖然秦末六國還紛紛立後,漢初還有七國之事,那正如清史學家趙翼所說:"人情猶狃於故見,而天意已另換新局。"(《廿二史劄記》卷二"漢初布衣將相之局")即那些都是舊社會的殘餘,當它們初建時已與舊日奴隸制的封君有本質上的區別,而且不久就被掃除。這證明中國歷史上秦漢兩代確已進入封建社會。

總之,中國奴隸社會的下限,無論從哪一方面看——從政治、經濟、思想各方面看,都應確定在秦始皇統一中國時(前 221)。

三、關於中國奴隸社會的上限問題

我同意現在一些史學家把中國奴隸社會的上限斷在夏初的論點。有關夏代的史料固然很少,并且多屬傳說,,但是如果方法對頭,也未嘗不可以從這裏邊找出綫索,更進行深入研究,作出比較正確的論斷。

值得注意的是夏代有幾件事,給後人留下了極爲深刻的印象。這就是:

1.禹平水土　這件事古籍中記載最多,都是作爲歷史上頭等大事來提出的。我們縱然説《尚書》裏《皋陶謨》、《禹貢》兩篇不可信,但是同書裏的《立政》、《吕刑》,《詩經》裏的《長發》、《殷武》、《信南山》以及東周金文的《叔夷鐘》、《秦公設》等等,都有關於禹的事迹的記載,不能指爲都屬虛構。可見孔子説:"禹盡力乎溝洫"並不是没有根據的。也就是説,井田制由夏初開始是可以相信的。

2.夏鑄九鼎　這件事古籍中也津津樂道。特别是《左傳》宣公三年的王孫滿和《墨子·耕柱》篇都詳述這鼎的傳授經過。《吕氏春秋》並有五篇(《先識》、《慎勢》、《離謂》、《適威》、《達鬱》)談及鼎上所鑄的物象。看來很難説是訛傳。

3.夏時　孔子説"行夏之時"(《論語·衛靈公》)。《禮運》也記孔子説"吾得夏時焉"。《左傳》昭公十七年記梓慎説:"火出:於夏爲三月,於商爲四月,於周爲五月。夏數得天。"又今傳世有《夏小正》。可見夏代曆法已經相當發達是可以相信的。

4.夏傳子　這也是歷史上一件大事,當不致有人懷疑。

從上述這幾件事看來,足以説明夏代已開始進入銅器時代,生産力有某些提高,農業生産相當發展,已具備了進入早期奴隸制的條件。而改行傳子制度,則正是在政治上由原始社會轉變爲奴隸社會的明顯標誌。

還有《禮運》篇開頭的一段文字,實際是以夏初爲界,對於前後兩種截然不同性質的社會,從家族制度、經濟生活以至於社會生活等,都作了全面的闡述,這絶不是偶然的,應當引起我們的重視。兹迻録原文如下,並加以説明。

　　　　孔子曰:"大道之行也,天下爲公,選賢與能,講信修睦。故人不獨親其親,不獨子其子,使老有所終,壯有所用,幼有所長,矜寡孤獨廢疾者皆有所養,男有分,女有歸。貨惡其棄於地也,不必藏於己;力惡其不出於身也,不必爲己。是故謀閉而不興,盜竊亂賊而不作,故外户而

不閉。是謂大同。今大道既隱，天下爲家，各親其親，各
子其子，貨力爲己。大人世及以爲禮，城郭溝池以爲固，
禮義以爲紀。以正君臣，以篤父子，以睦兄弟，以和夫婦，
以設制度，以立田里，以賢勇知，以功爲己。故謀用是作，
而兵由此起。禹、湯、文、武、成王、周公由此其選也。此
六君子者，未有不謹於禮者也。以著其義，以考其信，著
有過，刑仁講讓，示民有常。如有不由此者，在勢者去，衆
以爲殃。是謂小康。”

對於這段文字的理解，學術界還有不同的意見。有的以爲“大
同之治，實孔門最高理想”①，有的以爲“不獨親其親，子其子，……
是老聃、墨氏之論”（吕祖謙語，見王應麟《困學紀聞》卷五引）。其
實這兩種看法都不正確，都是把客觀的史實解釋爲主觀的空想。

我們用歷史唯物主義的觀點，在這段文字裏可以明顯地看出
“大道之行”與“三代之英”，“天下爲公”與“天下爲家”，“大同”與
“小康”，是代表性質根本不同的兩個歷史時代。其特點：表現於婚
制上，爲前者還未脱離對偶婚的範疇，所過的是氏族生活，而後者
則已進入個體婚制，所過的是家庭生活；表現於財産上，爲前者是
公有制，而後者是私有制；表現於公共領袖産生的方法上，爲前者
是選舉，後者是世襲。其他如：城池、禮義、君臣、父子、制度、田里、
兵謀等，種種階級社會所有的東西都是後面這一時代所有，而爲前
面這一時代所無。十分明顯，前者是没有階級的社會，後者是階級
社會，而夏初正處於兩個社會的分界綫上。孔子不懂歷史唯物主
義，這是不消説的，而所述的内容卻與歷史唯物主義的觀點相符，
難道這是偶然巧合嗎？由此可見，孔子所述是有事實根據的，中國
奴隸社會的上限應斷在夏初。

***

① 吕思勉：《經子解題》，商務印書館萬有文庫本，第53頁。

　　不過，夏初雖已進入奴隸社會，如與殷、周二代比較，則具有若干過渡性質。最明顯的表現在先秦學者凡遇到須把夏、殷、周三代同時列舉的時候，不約而同都稱爲"夏后氏、殷人、周人"。例如《論語・八佾》：

　　　　夏后氏以松，殷人以柏，周人以栗。

《墨子・耕柱》：

　　　　夏后氏失之，殷人受之；殷人失之，周人受之。

《孟子・滕文公上》：

　　　　夏后氏五十而貢，殷人七十而助，周人百畝而徹。

《儀禮・士冠禮》：

　　　　委貌，周道也；章甫，殷道也；毋追，夏后氏之道也。

《周禮・考工記》：

　　　　有虞氏上陶，夏后氏上匠，殷人上梓，周人上輿。

又：

　　　　夏后氏世室，……殷人重屋，……周人明堂。（《匠人》）

《禮記・檀弓》：

　　　　有虞氏瓦棺，夏后氏堲周，殷人棺椁，周人墻置翣。……夏后氏尚黑，……殷人尚白，……周人尚赤。

又：

　　　　夏后氏殯於東階之上，……殷人殯於兩楹之間，……周人殯於西階之上。

又：

　　　　夏后氏用明器，……殷人用祭器，……周人兼用之。

　　其他如：《禮記·王制》、《曾子問》、《郊特牲》、《内則》、《明堂位》、《祭法》、《祭義》等篇，都有這類例子。又《左傳》定公四年稱：

　　　　夏后氏之璜。

　　在上述這些引文裏，我們看到"夏后氏、殷人、周人"這一類詞句大量地、重複地出現。相反，卻絶不見有稱夏人或殷后氏、周后氏的例子。這一定不是偶然的現象，其中必有緣故，值得注意。

　　依我的粗淺看法，認爲夏之所以獨有夏后氏的名稱，表明夏代雖然氏族組織正在解體，加速向地域組織轉化，但是轉化的過程還未完成，在這個時期中氏族組織還大量存在。例如，這個時期有有扈氏、斟鄩氏、斟灌氏、有鬲氏、御龍氏等等，跟原始社會時代稱有虞氏、陶唐氏、高辛氏、高陽氏、黄帝氏、神農氏……的例子相同，而與殷代以後大量出現稱方、邦、國的例子絶異，即是明證。又，夏所建立的政權，同其他氏族、部落之間的關係還不緊密，領袖的地位也不甚突出。例如，古人稱"夏后開"（見《墨子·耕柱》，"開"應作啓，此是漢人避諱所改），同稱"有窮后羿"（《左傳》襄公四年）、"伯明后寒"（同上）無别。又，《尚書·吕刑》篇把伯夷、禹、稷等三人總稱爲"三后"，證明夏代諸王的地位與同時其他部落領袖相比，不甚懸殊，絶不如後世周天子權力之大，恐怕也没有商湯"十一征而無敵於天下"（《孟子·滕文公下》）那樣威風。這就是夏代所以稱夏后氏的緣故。説明這時雖然已進入奴隸社會，但還具有很大程度的過渡性質。

　　至殷、周二代之所以稱爲"殷人"、"周人"，表明這一時期氏族組織雖未必完全解體，但是其中絶大部分已經轉化爲地域組織。正如恩格斯所説的："舊的氏族聯盟是由於血統的聯繫而發生和保持的，……現在所以大部分成爲不適用，是因爲它們的前提——氏族成員與一定地域底聯繫，早已停止了。地域雖然依舊，但人們已可移動了。因此,地域的區劃就作爲出發點,並允許公民在他們住的地方實現他們的社會權利與義務,而不管他們是屬於哪一氏族或哪一部落。"①

　　夏、殷、周三代相承,不但爲晚周學者所公認,即如大家認爲可信的周初文獻《召誥》、《多士》、《多方》諸篇,也都有明確的記載,其爲客觀存在的事實自無問題。夏與周既然爲奴隸社會,則按照邏輯引伸,殷代也必爲奴隸社會。因此,關於殷代社會性質的問題,在這裏不準備多談,祇選擇比較重要的幾點説説。

　　1. 井田　　現在一些史學家根據殷卜辭田字的形狀,判斷殷代實行過井田,這是可以相信的。但是井田與溝洫有直接聯繫。有人見殷卜辭常卜問天雨,記水禍,因而懷疑當時不見得有溝洫灌溉的設施。懷疑當時不見得有溝洫灌溉的設施,實際等於懷疑井田的存在。那末這個問題應該怎麼解決呢? 我認爲:常卜問天雨、有水患,與有溝洫灌溉的設施,這兩方面並沒有矛盾。恰恰相反,由於常卜問天雨,有水患,正證實了溝洫灌溉的必要。我們如果設想在那樣低下的生産力條件下,有了一些溝洫灌溉就可以完全解決乾旱、水患問題,這是非常幼稚可笑的。《春秋》記"大雩"近二十次,記"雨"、"不雨"也有很多次,《穀梁傳》因此又有"勤雨"、"閔雨"、"喜雨"之説。《春秋》記"大水"也有很多次。我們能够根據這個材料得出春秋時期沒有溝洫灌溉的結論嗎? 顯然是不能的。可見,殷代實行過井田,這一論斷是正確的。

　　2. 衆、衆人　　在殷卜辭中,有時衆和衆人可以互用,足見二者的身份沒有分別②。衆人所擔當的工作和所處的地位與西周和春秋時期的庶人相同,他們都是農業生産工作的擔當者,同時又是武

---

　　①　恩格斯:《家庭私有制和國家的起源》,人民出版社,1954 年。第 163～164 頁。
　　②　詳見趙錫元:《試論殷代的主要生産者"衆"和"衆人"的社會身份》,《東北人民大學學報》1956 年第 4 期,第 68 頁。

裝部隊的戰士;既是還保留着公社成員的外形,同時又實際處於奴隸的地位。甲骨卜辭有:

癸巳卜,㝉貞,令衆人入羊方裒田。(《殷墟文字甲編》3510)

王大令衆人曰:劦田,其受年,十一月。(《殷墟書契前編》7.30.2)

叀小臣令衆黍,一月。(《殷墟書契前編》4.30.2)

王往氐衆□黍於囧。(《殷墟書契前編》5.20.2)

從上述這些例子看出;(1)衆人的耕作方法是“劦田”。“劦田”當與耦耕一樣,同是集體勞動,這與當時的農具多爲木制、石制、蚌制的條件相適應,因而那時的社會還保留農村公社的殘迹,是完全可以理解的。(2)衆人工作,需要“令”、“王大令”、“小臣令”、“王往氐”,説明這種工作具有强制性質,這是奴隸勞動的特徵。

3. 余一人、上帝和王帝　胡厚宣先生先後寫了《釋“余一人”》和《殷卜辭中的上帝和王帝》兩篇文章,分别發表於《歷史研究》1957 年第 1 期和 1959 年第 9、10 兩期。從這兩篇文章所論述的事實,證實了殷王正是馬克思所説的“在大多數基本的亞細亞的形態裏面,那高居在所有這一切小集體之上的結合的統一體以最高的所有者或唯一的所有者的資格而出現”①的人物。

4. 類醜,鹹歷　從《左傳》定公四年所看到的“類醜”在“殷民六族”中的地位,和從《周書·世俘》篇所看到的“俘人”與“鹹歷”分述的事實,可以證明殷代的衆人與西周和春秋時期的庶人身份相同,都是處在受非人待遇的被壓迫、被剥削的地位。

殷代的衆人也可能同西周和春秋時期的庶人一樣,没有姓氏。有人説:“衆是族衆,是家長制家庭公社中的成員。”這種説法,我看

① 馬克思:《資本主義生産以前各形態》,人民出版社,1956 年,第 5 頁。

還可以商量。我的初步看法，以爲卜辭中的"王族"、"多子族"、"三族"、"五族"等等的"族"字不當用"宗族"的"族"字含義來理解，卻應當看做同於"三師"、"八師"，作爲軍隊的組織單位來理解。理由是(1)卜辭中凡言"王族"、"多子族"、"三族"、"五族"時，都與"追"、"璞"、"伐"、"戍"之事聯繫着；(2)西周金文《班毁》有：

> 王命吳伯曰："以乃師左比毛父。"王命吕伯曰："以乃師右比毛父。"遣命曰："以乃族從父征。"

《明公毁》有：

> 唯王命明公遣三族伐東國。

以上二器所言"族"和"三族"的"族"字，都是可以和"師旅"相比，爲軍隊組織單位的一種名稱，而與"宗族"的"族"字含義不同；(3)族字於文從㫃從矢，甲文、金文、小篆都如此。《説文》："族，矢鏠也，束之族族也。"與旅連文，義當相貫。(4)《周禮·大司徒》："四閭爲族，……五族爲黨。"又《國語·齊語》："臣立三宰，工立三族，市立三鄉。"這裏所言"五族"、"三族"，都不能用"宗族"的"族"字含義來解釋。根據上述四點理由，我認爲把卜辭中的"王族"、"多子族"、"三族"、"五族"等等族字，解釋爲宗族的族，雖然不敢說一定不對，至少還可以商量。因而我對於衆人是什麽身份的問題，還準備堅持我的看法。

關於衆人的來源問題，由西周和春秋時期的庶人没有姓氏這一點看來，應當不以本族人淪降爲限。推測當有一部分戰爭俘虜在内。卜辭有：

> 五日丁酉允㞢來嫭自西，沚盛告曰：土方㞛於我東鄙，戋二邑，邛方亦侵我西鄙田。(《殷墟書契菁華》2)
> 九日辛卯允㞢來嫭自北，㕛妻妍告曰：土方侵我田十人。(同上6)

　　壬辰亦虫來媾白西，争乎告曰：［邛方］鼎我莫，戈四邑。（《甲骨綴合編》117）

　　己亥卜，貞，鬥不喪衆。其喪衆？（《甲骨續存》上1013）

　　壬戌卜，不喪衆。其喪衆？（《殷墟文字甲編》381）

　　從殷卜辭中可以清楚地看到殷人同相鄰其他方國之間的戰爭是極其頻繁的。其原因雖然還不能説已經十分明瞭，但是從上面所引的這幾條例子看來，可以知道多半是爲了侵占田、邑或擄掠人與財物。殷俘獲羌人，多用以充犧牲，此當另有原因，我們不能説當時所有的戰爭，目的都是爲了取得人犧，因爲殷人是很少用非羌人作犧牲的。既然多獲戰俘不是專供殺戮之用，那末就很可能戰俘是獲得勞動力的來源之一，亦即獲得奴隸或衆人的來源之一。假如説殷的衆人有姓氏，而西周的庶人没有姓氏，那末西周的庶人爲什麼没有姓氏就不能解釋了。

　　總結上面所談的一些問題，我們有理由説殷代是奴隸社會，而這個社會與夏、周相互間有繼承關係。

　　問題談到這裏，已告結束。總而言之，中國奴隸社會是由夏初開始，中間經歷夏、殷、周三代，到秦統一全中國而告終。這一段歷史時期的年數，根據《竹書紀年》的記載，夏后氏“自禹至桀十七世，有王與無王，用歲四百七十一年”；商“湯滅夏以至於受，二十九王，用歲四百九十六年”；周“自武王滅殷，以至幽王，凡二百五十七年”；幽王以後，由平王元年（前770）東遷洛邑，到秦始皇二十六年（前221）統一全中國爲五百五十年。總計中國奴隸社會前後經歷的歷史爲一千七百七十四年。

論井田制度

（據齊魯書社 1982 年版）

目　録

前言 ……………………………………………………………（1851）

一、井田的名稱……………………………………………………（1852）

二、井田制的基本內容………………………………………………（1853）

　　1. 實行井田制是歷史的必然，不是某一個大人物從頭腦裏
　　　想出來的 ……………………………………………………（1854）

　　2. 井田制的本質特點正在於把土地分給單個家庭並定期實
　　　行重新分配 …………………………………………………（1856）

　　3. 國與野　國人與野人　民與氓 …………………………（1858）

　　4. 公田與私田 ………………………………………………（1865）

　　5. 畎畝，南畝東畝，井田法溝洫法 ………………………（1868）

　　6. 貢、助、徹　五十、七十、百畝　九一、什一 …………（1876）

　　7. 圭田　餘夫之田　閑田餘地 ……………………………（1883）

　　8. 中田有廬　耡 ……………………………………………（1885）

　　9. 耦耕 ………………………………………………………（1889）

　　10. 受田年齡 ………………………………………………（1892）

　　11. 籍田 ……………………………………………………（1893）

三、井田制發生發展和滅亡的過程…………………………………（1900）

　　1. 井田制產生前的歷史 ……………………………………（1900）

　　2. 夏后氏時的井田制 ………………………………………（1902）

　　3. 殷人的井田制 ……………………………………………（1903）

　　4. 周人的井田制 ……………………………………………（1904）

四、井田制的所有制問題……………………………………………（1918）

前　言

　　井田制實際上是馬克思恩格斯所論述的農村公社（也稱農業公社）或馬爾克在中國的具體表現形式。

　　農村公社，按照馬克思的説法，應當是和國家同時産生的。因此，作爲一種土地制度來説，它不是原始時代的土地制度，而是文明時代的土地制度，在中國，它是奴隷制時代的土地制度。

　　馬克思在談到"農業公社"不同於較古的公社的最主要的特徵的時候説："所有其他公社都是建立在自己社員的血統親屬關係上的。在這些公社中，祇容許有血統親屬或收養來的親屬。他們的結構是系譜樹的結構，'農業公社'是最早的没有血統關係的自由人社會聯合。"①這個"最早的没有血統關係的自由人社會聯合"，正説明這時的社會是以地區團體爲基礎，而不是以血族團體爲基礎。因而可以肯定，這時國家已經産生，即已進入文明社會而不是原始社會了。

　　在民國初期，疑古派的領袖人物胡適，不相信我國古代有過井田制度，他説："不但'豆腐乾塊'的封建制度是不可能的，'豆腐乾塊'的井田制度也是不可能的。井田的均産制乃是戰國時代的烏托邦。"②解放後，郭沫若同志寫《奴隷制時代》專著，他承認我國古代有井田制，與胡適不同。但是，他認爲孟子所説的井田"完全是

---

　　① 《馬克思恩格斯全集》第 19 卷，第 449 頁。
　　② 《井田制有無之研究》，華通書局，1930 年，第 2～3 頁。

孟子的烏托邦式的理想化"①。實質上與胡適的看法並無二致。范文瀾同志著《中國通史簡編》,同郭沫若同志一樣,也承認我國古代有井田制。但是他說:"孟子井田說是一種空想。"②仍然沒有擺脫出胡適的窠臼。郭、范二同志都承認我國古代有井田制,都說孟子的井田說是烏托邦或空想,但二人對所謂井田和公田、私田的理解也並不一致。

看來,井田制問題,在當前還是一個迫切需要解決而沒有解決的問題。去年我寫的《中國奴隸社會史》因篇幅限制,對於井田制未能詳談,現在準備作爲一個專題,系統地談談,有缺點和錯誤的地方,敬請同志們批評指正。

一、井田的名稱

關於井田名稱的解釋,據我所知,有如下三說。一是鄭玄《周禮・地官・小司徒》注,說"立其五溝、五途之界,其制似井之字,因取名焉";二是程瑤田《溝洫疆理小記・井田溝洫名義記》,說"屋三爲井,井之名命於疆別九夫,二縱二橫,如井字也";三是近人新說,大意說井田之名,起於"鑿井漑田"。以上三說,顯分兩類。一類以爲井田命名,取義於形似井字。另一類則認爲井田之井是"掘井而不及泉"的井,而不是書寫文字的井。我則同意前一類的說法,而不同意後一類的說法。因爲後一類的說法,不但證據不足,而且說古人在農田中都鑿井,事實上也是不可能的。

鄭、程二家用形似井字來解釋井田的井,無疑是正確的。但是二人拘泥於"五溝五途之界"或"疆別九夫,二縱二橫",似尚隔一層,未爲全是。胡適用"豆腐乾塊"來說明井田,本非莊語,不過據

① 《奴隸制時代》,人民出版社,1978 年,第 29 頁。
② 《中國通史簡編》(修訂本)第一編,第 69 頁。

我看,這個"豆腐乾塊"卻説到了井田的真正特點。且看馬克思、恩格斯是怎樣講的。馬克思説:"如果你在某一個地方看到有隴溝痕迹的小塊土地組成的棋盤狀耕地,那你就不必懷疑,這就是已經消失的農業公社的地産! 農業公社的社員並没有學過地租理論課程,可是他們瞭解,在天然肥力和位置不同的土地上消耗等量的農業勞動,會得到不等的收入。爲了使自己的勞動機會均等,他們根據土壤的自然差別和經濟差別把土地分成一定數量的地段,然後按農民的人數把這些比較大的地段再分成小塊。然後,每一個人在每一塊地中得到一份土地。"①恩格斯講得更爲具體,他在《馬爾克》一文中舉了一個現實的例子。他説:"在那裏,雖然不再一年分配一次,但是每隔三年、六年、九年或十二年,總要把全部開墾的土地(耕地和草地)合在一起,按照位置和土質,分成若干'大塊'。每一大塊,再劃分成若干大小相等的狹長帶狀地塊,塊數多少,根據公社中有權分地者的人數而定;這些地塊,采用抽簽的辦法,分配給有權分地的人。所以,每一個社員,在每一個大塊中,也就是説,在每一塊位置與土質各不相同的土地上,當初都分到了同樣大的一塊土地。現在,這塊土地,由於分遺産、出賣種種原因,已經大小不等了,但舊有的整塊土地,仍舊是一個單位,根據這個單位,才能決定這塊土地的二分之一、四分之一、八分之一等等的大小。"②這裏,馬克思所説的"棋盤狀耕地",恩格斯所説的"大小相等的狹長帶狀地塊",實際上同井田制定要把土地劃分成"豆腐乾塊",是一個道理。因爲把土地分配給單個家庭並定期重新分配,不把土地劃分成相等的小塊,農户是不會滿意的。至於這個小塊劃分成什麼形式,是"棋盤狀"、"狹長帶狀"或是"豆腐乾塊",則不是主要的。如《周禮·考工記·匠人》所説的"九夫爲井",固然是井田,《地

---

① 《馬克思恩格斯全集》第 19 卷,第 452 頁。
② 同上,第 355 頁。

官·遂人》所説的"十夫有溝",也不能説不是井田。不然,《孟子·滕文公上》説"方里而井,井九百畝,其中爲公田,八家皆私百畝",固然是地地道道地像似井字,那末,上文説"鄉田同井"的"井",又將怎麽解釋呢? 因爲,上文既然説"國中什一使自賦,就證明國中的土地不可能是'九夫爲井',而必然是'十夫有溝'"。可見"十夫有溝"之制,也不能説不是井田。所以綜觀上述三説,鄭、程二説雖然比較接近事實,但鄭説嫌太泛,程説又太拘泥,反不如胡適所説的"豆腐乾塊"最符合實際。

二、井田制的基本内容

1.實行井田制是歷史的必然,不是某一個大人物從頭腦裏想出來的

郭沫若同志説:"井田制是有兩層用意的:對諸侯和百官來説是作爲俸禄的等級單位,對直接耕種者來説是作爲課驗勤惰的計算單位。有了一定的畝積,兩方面便都有了一定的標準。"[1]按照郭沫若同志的這一説法,井田制無疑是某一個大人物從頭腦裏想出來的東西。所用的"用意"一詞,就充分地説明了這一點。其實,這祗是郭沫若同志的主觀臆測,當時歷史實際不會是這樣。

對於這個問題,馬克思、恩格斯的研究成果仍然是十分重要的。恩格斯説:"差不多一切民族都實行過土地由氏族後來又由共産制家庭公社共同耕作,繼而差不多一切民族都實行過把土地分配給單個家庭並定期實行重新分配;既然已經確定,耕地的這種定期重新分配的辦法在德意志本土有些地方還保存到今日,關於這問題就不必再費一詞了。"[2]恩格斯的結論中既然説是"差不多一

---

① 《奴隸制時代》,第 29 頁。
② 《馬克思恩格斯全集》第 21 卷,第 159～160 頁。

切民族"，就説明在恩格斯看來，把土地分配給單個家庭並定期實行重新分配的農村公社或馬爾克制度是歷史發展的必然結果，是普遍性的規律，絶非某一個民族的特例。馬克思認爲，"把所有的原始公社混爲一談是錯誤的；正像地質的形成一樣，在這些歷史的形成中，有一系列原生的、次生的、再次生的等等類型"①。馬克思所説的原始公社三種類型正和恩格斯所説的氏族公社、家庭公社和農村公社相當。

恩格斯對於家庭公社的土地狀況有更爲具體的説明，他説："德意志人在羅馬時代在他們所占據的土地上的居住區，以及後來在他們從羅馬奪取的土地上的居住區，不是由村落組成，而是由大家庭公社組成的，這種大家庭公社包括好幾代人，耕種着相當的地帶，並和鄰居一起，像一個共同的馬爾克一樣使用四周的荒地。在這種情況下，塔西佗著作中談到更換耕地的那個地方，實際上就應當從農學意義上去理解：公社每年耕種另一塊土地，將上年的耕地休耕，或令其全然荒蕪。由於人口稀少，荒田總是很多的，因之，任何爭奪土地的糾紛，就没有必要了。"②恩格斯緊接着又介紹了由家庭公社向農村公社過渡的具體情況，他説："衹是經過數世紀之後，當家庭成員的人數大大增加，以致在當時的生産條件下共同經營已成爲不可能的時候，這種家庭公社才解體；以前公有的耕地和草地，就按人所共知的方式，在新形成的單個農户之間實行分配，這一分配起初是暫時的，後來便成爲永久的，至於森林、牧場和沼地依然是公共的。"③

中國井田制産生以前，也必然經過氏族公社和家庭公社兩個歷史階段，不過，古史淪湮，已不可考。應當指出，井田制之所以一

---

①　《馬克思恩格斯全集》第19卷，第432頁。
②　《馬克思恩格斯全集》第21卷，第161頁。
③　同上。

定要劃分成豆腐乾塊式的小塊,其故有二:其一,是爲了消除争端;其二,是與當時的認識水平有關。

拉法格在《思想起源論》裏説:"在原始人學會以底乘高來測量平行四邊形的面積之前,因而也就是在他們學會比較平行四邊形之前,每個家庭分得的土地塊祇有包括在等長的直綫之内,他們才會感到完全滿意;他們用同樣的木棍在土地上度同樣的次數而得出這些直綫……等長的直綫内包含的地塊滿足了平等精神和不給紛爭留下餘地。因此,劃直綫是測量的重要部分;一旦直綫劃定,家長就會滿意,他們的平等感情得到完全滿足。"①拉法格的這段話,是對於井田制之所以一定要把土地劃分成豆腐乾塊的最好的説明。

由此可見,胡適完全否定井田制,固然不對,郭沫若同志所謂井田制有兩層用意的説法,也肯定不符合歷史實際。

2. 井田制的本質特點正在於把土地分給單個家庭並定期實行重新分配

《周禮·地官·遂人》説:"以歲時稽其人民而授之田野。"《遂人》職的這段話實際上就是恩格斯所説的"把土地分配給單個家庭並定期實行重新分配"。"歲時"的意思就是定期;"授之田野"就是分配土地;"稽其人民",用現代習慣用語來説,就是調查户口。因爲是把土地分配給單個家庭,而這個單個家庭的户口,不能齊一,有多有寡,有增有減,所以分配土地之前必須調查清楚,然後才能根據現有情況進行分配。

《遂人》又説:"辨其野之土上地、中地、下地,以頒田里。上地:夫一廛,田百畮,萊五十畮,餘夫亦如之。中地:夫一廛,田百畮,萊百畮,餘夫亦如之。下地:夫一廛,田百畮,萊二百畮,餘夫亦如

①　拉法格著,王子野譯:《思想起源論》,三聯書店,1963 年,第 88 頁。

之。"這裏所説的是分配土地的具體辦法,這辦法同馬克思所説的
"根據土壤的自然差別和經濟差別",恩格斯所説的"按照位置和土
質",意義是一致的。

"辨"是辨別。上地中地下地則是辨其野的具體内容。

這裏所説的"夫",是正夫,即一户的户長。假如是五口之家,
這個夫有父母妻子,自身是一家的主要勞動力。"餘夫"是與"正
夫"相對而言,意思是剩餘的勞動力。正夫的子弟已娶妻但未分居
的,稱爲餘夫。

廛是房屋。馬克思在談到"農業公社"不同於較古的公社的最
主要的特徵時説:"也有一些農業公社,它們的房屋雖然已經不再
是集體的住所,但仍然定期改换占有者。"①中國古代也有相似的
情況,這個"夫一廛"正表明當時不但定期重新分配土地,也定期改
换房屋的占有者。

"萊"是草地。萊有五十畝、百畝、二百畝之不同,正是用它作
爲調劑上地、中地、下地不同之用。

"餘夫亦如之",根據孟子的説法,分田正夫得百畝,餘夫二十
五畝。這個"餘夫亦如之",並不是説餘夫分得的田萊同正夫一樣
多,而祇是説其爲差別的比例也同正夫一樣。

《周禮·地官·小司徒》説:"乃均土地,以稽其人民而周知其
數。上地家七人,可任也者家三人。中地家六人,可任也者二家五
人。下地家五人,可任也者家二人。"又説:"乃經土地而井牧其田
野。九夫爲井,四井爲邑,四邑爲丘,四丘爲甸,四甸爲縣,四縣爲
都,以任地事而令貢賦,凡税斂之事。"又《大司徒》説:"凡造都鄙,
制其地域而封溝之,以其室數制之,不易之地家百畝,一易之地家
二百畝,再易之地家三百畝。"上述三種分田方法,據我理解,《小司
徒》的前一種分田方法是專指在六鄉。由上文言"乃會萬民之卒伍

---

① 《馬克思恩格斯全集》第 19 卷,第 449 頁。

而用之"知之。這裏的人，雖亦從事農業生產勞動，但其主要任務，則在於軍旅、田役、追胥，故特別强調可任者家若干人，和《遂人》職之分田專爲稼穡不同。《大司徒》職所述的分田法，則適用於都鄙，亦即鄭玄所説的"王子弟公卿大夫采地"的分田法。"不易"、"一易"、"再易"則應如鄭衆所説，"不易之地，歲種之，地美，故家百畝；一易之地，休一歲，乃復種，地薄，故家二百畝；再易之地，休二歲，乃復種，故家三百畝"。至《小司徒》的後一種分田法，當是通制。因爲分田法當因地制宜，不能到處都完全一樣。鄭玄釋爲造都鄙，不確。因爲造都鄙已見《大司徒》，此處不應復出。

《公羊傳》宣公十五年何休注説："司空謹別田之高下善惡，分爲三品。上田一歲一墾，中田二歲一墾，下田三歲一墾。肥饒不得獨樂，磽确不得獨苦，故三年一換土易居。"《孟子·滕文公上》趙岐注"死徙無出鄉"説："徙謂爰土易居，平肥磽也。"何、趙二人所説的"換土"、"爰土"，是一個意思，都是指農田的定期重新分配而言。"易居"，則是定期改換房屋占有者。二人的解説，真正道出了井田制的特點和分田法的精意所在。

3.　國與野　國人與野人　民與氓

如上文所述，《小司徒》職的前一種分田法，是和《遂人》職的分田法不同的。其所以不同，在於後者是對六遂居民，即對野人實行，而前者則是對六鄉居民，即對國人實行。《孟子·滕文公上》講井田制也説："請野九一而助，國中什一使自賦。"即也是國與野的分田法不同。那末，當日爲什麽區分國野，爲什麽對國人和野人的分田法不同呢？這正是本節所要討論的内容。

恩格斯在《家庭、私有制和國家的起源》一書裏，有兩處説到部落時代的居住地問題。其一，是在列舉印第安人的特徵時説的；其二，是在《野蠻時代和文明時代》章談的。在前一處談得比較詳細，兹鈔録如下："每一部落除自己實際居住的地方以外，還占有廣大的地區供打獵和捕魚之用。在這個地區之外，還有一塊廣闊的中立地帶，一直延伸到鄰近部落的地區邊上；在語言接近的各部落中間，這種中立地帶比較狹小，在語言不接近的各部落中間，中立地帶比較大。這種地帶跟德意志人的邊境森林，凱撒的蘇維匯人在他們四周所設的荒地相同；這也跟丹麥人和德意志人之間的îsarnholt（丹麥語爲 jarnved，Limes Danicus）、德意志人和斯拉夫人之間的薩克森森林和 branibor（斯拉夫語，意即"防衛林"，勃蘭登堡這一名稱即由此而來）相同。由這種不確定的疆界所隔開的地區，乃是部落的公有土地，而爲相鄰部落所承認，並由部落自己來防衛，以免他人侵占。"①我國的《爾雅·釋地》上有這樣一段話："邑外謂之郊，郊外謂之牧，牧外謂之野，野外謂之林，林外謂之坰。"如果我們把這段話同上述恩格斯所描述的印第安人和德意志人的情況，兩相對比，便可以發現二者何其相似乃爾。

遺憾的是，《爾雅》這段話，人們多不注意，甚至有人認爲《爾雅》成書較晚，不能證明古史問題。其實，這是受了疑古派的惡劣影響。難道這段話漢人或戰國人能夠憑空僞造出來嗎？僞造這條材料的用意何在呢？我國古籍保存了很多珍貴的史料，可惜不被人們注意。

《詩·魯頌·駉》毛傳説："邑外曰郊，郊外曰野，野外曰林，林外曰坰。"毛傳的這段話同《爾雅》略有出入。陳奐《詩毛氏傳疏》説："今本《爾雅》增'郊外謂之牧'一句，不知野即牧，非野外更有牧也。"據我看，陳説非是。實際是統言之曰郊，析言之則曰郊、牧，或稱近郊遠郊。牧即遠郊，與野異地。《國語·周語中》説，"國有郊牧"，《周禮·地官·載師》説，"牧田任遠郊之地"，是其確證。

《爾雅》所説的邑，最初在部落時代無疑就是恩格斯所説的"每一部落自己實際居住的地方"。《尚書·湯誓》所説的"夏邑"，《牧誓》所説的"商邑"，當即《爾雅》所説的邑。它正是自部落時代的自

_____

① 《馬克思恩格斯全集》第 21 卷，第 105 頁。

己實際居住的地方發展而來的。

《爾雅》所説的郊牧，最初在部落時代就是恩格斯所説的"供打獵和捕魚之用的廣大地區"。近郊遠郊的名稱顯見於《周禮·地官·載師》和《儀禮·聘禮》。《載師》述任土之法，自內而外，説："以宅田、士田、賈田任近郊之地，以官田、牛田、賞田、牧田任遠郊之地。"《聘禮》敍賓至的次第，由外而內，説："及境……入境……及郊……賓至於近郊。"《聘禮》所説的"及郊"，就是到達遠郊。杜子春《載師》注説："五十里爲近郊，百里爲遠郊。"《詩·衛風·碩人》説："説於農郊。"毛傳説："農郊，近郊。"《詩·小雅·出車》説："我出我車，於彼牧矣。"鄭玄箋説："牧地在遠郊。"《周禮·地官·載師》述"任土之法"説："以廛里任國中之地，以場圃任園地，以宅田、士田、賈田任近郊之地，以官田、牛田、賞田、牧田任遠郊之地，以公邑之田任甸地，以家邑之田任稍地，以小都之田任縣地，以大都之田任疆地。"《周禮》的這條材料同《爾雅·釋地》的説法基本上一致，而內容加詳，顯然這是中國已經發展到奴隸社會全盛時期的情況。

那末，《載師》所述之任地之法應當怎樣理解呢？下面簡要地加以説明。

"廛里"爲城內居民區，相當於《爾雅》的所謂邑。

"場圃"是供給城內居民果蔬用的園田。

"宅田、士田、賈田"，前人解釋多誤。實際上"宅田"是國人即郊內人民的居住區。"士田"則是分配給國人的土地。"士"是軍士。鄭衆説"士田者，士大夫之子得而耕之田也。"鄭玄説："士讀爲仕，仕者亦受田，所謂'圭田'也。《孟子》曰：'自卿以下必有圭田，圭田五十畝。'"江永説："近郊遠郊七種之田皆農田外之閑田。農田自近郊以外皆有之，不定在近郊遠郊，故不言。"二鄭及江永之説都誤。"賈田"是爲工商戶分配用的土地。《漢書·食貨志》説"工商家亦以口受田"，即指此。

爲什麼説"士田"的"士"是軍士呢？可先引《國語·齊語》爲證。《國語·齊語》記管仲治齊"參其國而伍其鄙"，這個國與鄙的對立，也就是國與野的對立。自《載師》任土而言，則近郊遠郊以内爲國，甸、稍、縣、疆都是野。《齊語》述"參其國"説："管子於是制國以爲二十一鄉。工商之鄉六，士鄉十五，公帥五鄉焉，國子帥五鄉焉，高子帥五鄉焉。"下文對"士鄉十五"作了更爲詳細的説明，説："管子於是制國。五家爲軌，軌爲之長。十軌爲里，里有司。四里爲連，連爲之長。十連爲鄉，鄉有良人焉。五家爲軌，故五人爲伍，軌長帥之。十軌爲里，故五十人爲小戎，里有司帥之。四里爲連，故二百人爲卒，連長帥之。十連爲鄉，故二千人爲旅，鄉良人帥之。五鄉一帥，故萬人爲一軍，五鄉之帥帥之。三軍，故有中軍之鼓，有國子之鼓，有高子之鼓。春以蒐振旅，秋以獮治兵。是故卒伍整於里，軍旅整於郊。"再看看《周禮·地官·小司徒》是怎麼説的，《小司徒》説："乃會萬民之卒伍而用之。五人爲伍，五伍爲兩，四兩爲卒，五卒爲旅，五旅爲師，五師爲軍，以起軍旅，以作田役，以比追胥，以令貢賦。乃均土地以稽其人民而周知其數。上地家七人，可任也者家三人；中地家六人，可任也者二家五人；下地家五人，可任也者家二人。凡起徒役，毋過家一人，以其餘爲羨，唯田與追胥竭作。"《大司徒》則説："令五家爲比……五比爲閭……四閭爲族……五族爲黨……五黨爲州……五州爲鄉。"祇要我們把上述三條材料加以對照，便可以清楚地看出，《國語》和《周禮》二書所述，雖然在名稱、數字一些方面不同，但從其結構來看，基本上是一致的。即《齊語》"五家爲軌"至"鄉有良人焉"和《大司徒》的"令五家爲比"至"五州爲鄉"，所談的是一個問題，都是居民編制。《齊語》"五家爲軌，故五人爲伍"至"五鄉之帥帥之"，和《小司徒》的"五人爲伍"至"五師爲軍"，所談的也是一個問題，都是軍隊編制。而二者又恰恰相應，即軍隊編制是照一家出一個軍士計算的。那末，"士鄉"的"士"，已知爲軍士（韋昭説），則"士田"的"士"是軍士，又有什麼可以懷疑的呢？

　　不僅如此，《孟子·滕文公上》説："請野九一而助，國人什一使自賦。"這個"使自賦"也表明國人有當兵的義務，和《齊語》、《周禮》二書的説法完全一致。

　　"官田、牛田、賞田、牧田"，地在遠郊，又有牧稱，則其爲"閑田餘地"無疑。恩格斯在《馬爾克》一文裏談到"分配的馬爾克"，同時又談到"公共的馬爾克"。同中國的井田制相對照，則近郊正是分配的馬爾克，遠郊正是公共的馬爾克。近郊又稱"農郊"，遠郊又稱牧，更加表明前者是分配的馬爾克，後者是公共的馬爾克。近郊遠郊的劃分，也是歷史的必然，不是某一個大人物從頭腦裏想出來的。恩格斯在《勞動在從猿到人轉變過程中的作用》一文裏説："原始的土地公有制，一方面適應於眼界完全局限於眼前事物的人們的發展程度，另一方面則以可用土地的一定剩餘爲前提。"恩格斯這話難道不是上述問題的最好的答案嗎？

　　《載師》職的甸、稍、縣、疆等地，通稱爲野，也就是《齊語》管仲所説的"伍其鄙"的"鄙"，《孟子》所説"請野九一而助"的"野"。這個被通稱爲野的地區，最初在部落時代，其實就是恩格斯所説的"一直延伸到鄰近部落的地區邊上"的"一塊廣闊的中立地帶"。

　　鄭玄説"家邑，大夫之采地；小都，卿之采地；大都，公之采地，王子弟所食邑也"，無疑是對的，不過他説"公邑謂六遂餘地，天子使大夫治之"，則不見得對。據我看，公邑表明它是天子直轄的土地，應包括六遂在內。六遂是公邑，其餘未封之地，如已開墾，也是公邑。

　　鄭玄注《載師》説："皆言任者，地之形實不方平如圖，受田邑者，遠近不得盡如制，其所生育賦貢取正於是爾。"鄭玄這個説法頗有點辯證法精神，肯定符合歷史實際。其實，從古到今，有哪一項制度能夠把所有的特殊的具體的情況包羅無遺呢？既便在我們國家空前統一的今天，中央機關制定的任何制度、方案，也祇能結合地方的具體情況來施行，不可能也不應該到處刻板式地一刀切。

關於國野之分，在我國古代，並不是祇適用於周的王畿内或幾個諸侯國，而是帶有普遍性的。例如《尚書·牧誓》説，"王朝至於商郊牧野"，是商畿内有國野之分。又《費誓》説，"魯人三郊三遂"，是周初的魯國有國野之分。《詩·鄘風·干旄》説，"孑孑干旄，在浚之郊"，"孑孑干旟，在浚之都"，是春秋初期的采邑也有國野之分。《墨子·尚賢上》説，"國中之衆，四鄙之萌人"，"四鄙"就是四野，是戰國時的列國也有國野之分。

《墨子·尚賢上》於國中稱"衆"，於四鄙稱"萌"。萌也作氓、甿。《孟子·公孫丑上》説："則天下之民皆悦而願爲之氓矣。"又《滕文公上》説："願受一廛而爲氓。"《孟子》的所謂"民"，是指國人，所謂"氓"，是指野人。是國野不但所在地不同，兩地居民的名稱也截然不同。

《左傳》隱公元年説："都城過百雉，國之害也。先王之制，大都不過參國之一，中五之一，小九之一。"這裏所説的"國"，相當於《爾雅·釋地》之所謂邑，即後世所説的國都。《禮記·曲禮上》説："入境而問禁，入國而問俗，入門而問諱。"這裏所説的"國"，是指郊以内，同《孟子·滕文公上》所説的"國中什一使自賦"的"國"是一個東西。《左傳》文公三年説："小國受命於大國。"這裏所説的"國"，則是指一個諸侯國的全部封地。

關於國與野的概念，焦循説得最爲明晰，他説："蓋合天下言之，則每一封爲一國。而就一國言之，則郊以内爲國，外爲野。就郊以内言之，又城内爲國，城外爲野。蓋單舉之則相統，並舉之則各屬也。"（孫詒讓《周禮正義·太宰》疏引）證明作爲概念的國，也是隨着歷史發展而發展的。

那末，爲什麽古代每一封内都區分國野。國野兩地居民的名稱又不相同呢？具體説，爲什麽居於國者，稱爲國人，又稱爲民，居於野者，稱爲野人，又稱爲氓呢？這個問題，不見有人解答。孫詒讓《周禮正義·地官·遺人》疏在解釋"羈旅"一詞時説："羈旅謂畿外客民，與上民爲六鄉土著異。"又説："暫止爲羈旅，久居則爲新甿。"孫氏所説的"六鄉土著"，實際是指國人而言，所説的"新甿"，實際是指野人而言。國人稱土著，這一點很不簡單，實説到了問題的本質。據我看，這個國人在部落時代原爲以血族團體爲基礎的氏族或部落。到了文明時代，它雖然已變成以地區團體爲基礎了，但是在習慣上，還把他們看作是自己人。至於稱甿或氓的野人則不然。它們初時不但不是自己人，而且多是戰俘。殷墟卜辭有："王大令衆人，曰：'劦田'，其受年？十一月。"[1]又有："貞王令多羌坚田。"[2]卜辭的前一條稱"衆人"，稱"劦田"，又稱"其受年"。這個"劦田"，在周人則曰耦耕，這個衆人劦田，顯然是指國人而言。卜辭的後一條稱"多羌"，稱"坚田"，"坚田"今通作墾田。這個多羌墾田，顯然是指野人而言，而這個野人定是戰俘。這是殷人安插戰俘在野從事農業勞動之一證。

　　《左傳》宣公十二年鄭伯肉袒牽羊屈服於楚，説："其俘諸江南以實海濱，亦唯命，其翦以賜諸侯使臣妾之，亦唯命。"這個"實海濱"、"爲臣妾"，無疑就是當時習慣上使戰俘於野墾荒的證明。《左傳》襄公十四年，戎子駒支對范宣子説："昔秦人負恃其衆，貪於土地，逐我諸戎。惠公蠲其大德，謂我諸戎是四岳之裔胄也，毋是翦棄。賜我南鄙之田，狐狸所居、豺狼所嗥。我諸戎除翦其荆棘，驅其狐狸豺狼，以爲先君不侵不叛之臣，至於今不貳。"諸戎非戰俘可比，但是也安插在南鄙而不安插在國内。其他如《孟子》所説的"則天下之民皆悦而爲之氓矣"，"願受一廛而爲氓"等，雖然都是客民而不是戰俘，但從稱氓來看，也都是安插在野，而不是安插在國，這是什麼道理呢？其原因在於郊以内不是分配的馬爾克，就是公共

---

① 《殷墟書契續編》第 2·28·5 頁。

② 《殷契粹編》第 1222 片。

的馬爾克，再没有閑田餘地了，所以不能不把戰俘或客民安插在野。正由於最初的野人是戰俘，所以國人和野人具有不同的名稱和不同的政治身份。

其餘如家邑、小都、大都三等采地，必在野地封授，其原因也是由於野地廣闊，有閑田餘地可供封授之用。

4. 公田與私田

先秦古籍談到公田、私田的，在《詩經》有《小雅·大田》的"雨我公田，遂及我私"和《周頌·噫嘻》的"駿發爾私，終三十里"。關於前一條，《孟子·滕文公上》曾引用並加以解釋説："惟助爲有公田，由此觀之，雖周亦助也。"關於後一條，毛傳説："私，民田也。"《春秋穀梁傳》解釋魯宣公十五年初税畝説："初者始也。古者什一藉而不税，初税畝，非正也。古者三百步爲里，名曰井田。井田者九百畝，公田居一。私田稼不善則非吏，公田稼不善則非民。初税畝者，非公之去公田而履畝十取一也，以公之與民爲已悉矣。"上述這幾條材料，解釋井田的公田、私田以及助法和初税畝，本極精確。也就是説，私田是分給農户的田，也得稱爲民田。公田則是一井九百畝田中，除去八家各分百畝之外的那一百畝。這一百畝公田由八家共耕，收穫的農産品全部交給公家。古人把這種辦法叫做助，或叫做藉。用今日的經濟學的概念來表達，就是勞役地租。按照這種辦法，農民的必要勞動和剩餘勞動，在時間上和空間上都截然分開。《穀梁傳》説："私田稼不善則非吏，公田稼不善則非民。"這是實行勞役地租的必然結果。至初税畝，並不是變更助法，而是既保留公田這一部分勞役地租，又在私田中徵收一種實物地租。顧棟高説："初税畝，加賦也。"（《春秋大事表·丘甲田賦論》）這是十分正確的解釋。

可是疑古派的領袖人物胡適，由於他否定井田制的存在，因而對於公田私田的定義也作了歪曲的解釋。他説："孟子的井田制並不是使百姓家家有田百畝。他所説'公田'固然屬於國家的田，但他的'私田'仍是卿大夫的禄田,是貴族産,不是農民的公産,種田的農夫乃是佃民,不是田主。"①郭沫若同志與胡適不同,他承認古代存在井田制,但是他對公田、私田的解釋,基本上和胡適一樣。他説:"凡是屬於井田範圍内的田都是公家的田,也就是所謂'公田'。這些公家的田被分配給臣下,同時也把一定的生産者分配給他們。制度施行既久,隨着生産力的發展,有一些臣下們超額地榨取耕奴們的剩餘勞動(即在應有的耕作之外的超額耕作)以開墾井田以外的空地。這被開墾出來的田地,便成爲私家的黑田。這私家的黑田不可能再是四方四正,也不可能有一定的畝積,在初公家是不收税的,是純粹的私有物。這樣的墾闢一經久了,黑田面積的總和或者某一個臣下的黑田總和,會超過公家所有的井田,因而私門也就富於公家,形成爲上下相克的局面,實際上也就是一種階級鬥爭。公家爲了增加收入,終於被迫打破了公田和私田的區別而一律取税。這是承認臣下所享有的公田索性成爲他們的合法私有,而他們所私有的黑田卻不能再自由漏税了。這便導致了井田制的破壞,也便導致了奴隸制的滅亡。《春秋》在魯宣公十五年(前594年)有'初税畝'的記載,雖然僅僅三個字,卻含有極其重大的社會變革的歷史意義。它表明着中國的地主階級第一次登上了舞臺,第一次被合法承認。"②郭沫若同志對公田、私田的解釋,實質上是胡適公田私田説的翻版。不同的是郭説又增添了許多枝葉,把胡説又向前發展了一步。大家公認,胡適是實用主義者,而郭沫若同志則不然,他是一個馬克思列寧主義的歷史學家。因而郭沫若同志的公田私田説竟然風靡一時,成爲社會主義新中國占統治地位的嶄新的歷史學説。

　　一個真正的馬克思列寧主義者,必須承認,真理是客觀的,是

---

①　《井田制度有無之研究》,華通書局,1930年,第21頁。

②　《奴隸制時代》,人民出版社,1977年,第5～6頁。

不以人們的意識和意志爲轉移的。同樣是一種説法,在胡適筆下是錯誤的,在郭沫若同志的筆下,怎能就變成正確的東西呢? 據我看,郭沫若同志關於井田制的觀點,也是錯誤的。

首先説,郭沫若同志把井田叫做"方田"。他馳騁自己的主觀想象,説:"就平坦的地面劃分出有一定畝積的等量的方田,以分配給臣下作爲俸禄。這一方面可以作爲規定俸禄多寡的標準,另一方面也可以作爲考驗耕者勤惰的標準。"①實際上,中國古代的井田制並不是這樣。以周室爲例來説吧,固然有分封諸侯之事,但據《詩·魯頌·閟宮》述伯禽封魯説,"乃命魯公,俾侯於東,錫之山川,土田附庸",也就是説,伯禽受封,包括山川在内,何嘗有分配給方田作爲俸禄之事。

《左傳》定公四年記述魯、衛、唐三國受封事説:"分魯公……因商奄之民,命以《伯禽》,而封於少皞之虛。分康叔……封畛土略,自武父以南,及圃田之北境,取於有閻之土,以共王職。取於相土之東都,以會王之東蒐。聃季授土,陶叔授民,命以《康誥》,而封於殷墟……分唐叔……命以《唐誥》,而封於夏虛。"也就是説,封伯禽,衹説"封於少皞之虛",封康叔,衹説"封於殷墟",封唐叔,衹説"封於夏虛",何嘗有分配方田作爲俸禄之事。

即便是郭沫若同志所最堅信的"地下發掘物",例如《大盂鼎》的銘文,也衹説"受民受疆土",同《左傳》所説封康叔一樣,又何嘗有分配方田作爲俸禄之事。

當然,古文獻和出土青銅器銘文也有對卿大夫賜邑賜田之事,例如《左傳》襄公二十七年説:"公與免餘邑六十。"《國語·晉語二》説:"中大夫里克與我矣,吾命之以汾陽之田百萬;丕鄭與我矣,吾命之以負蔡之田七十萬。"出土青銅器銘文也有稱錫一田、二田、七田、十田、五十田之事,但是,怎能證明這些田邑都是"就平坦的地

---

① 《奴隸制時代》,第5頁。

面劃分出有一定畝積的等量的方田"呢？ 特別是舊時號稱"散氏盤"在談到田時，衹言"自……至……"，絕不見有所謂劃分出有一定畝積的等量的方田之事。證明郭沫若同志的説法没有客觀依據，是不能成立的。

其次，郭沫若同志把井田制的私田解釋爲"一些臣下們超額地榨取耕奴們的剩餘勞動以開墾井田以外的空地。這被開墾出來的田地，便成爲私家的黑田"，也是不能成立的。因爲無論諸侯或卿大夫士，受封的土地都是成片的。在他們的封疆以内，盡爲所有。在自己的封疆以内，又開墾所謂"私田"，爲理之所必無。

至"初税畝"問題應如何解釋，在上文已經談過，就不在這裏重複了。

總之，郭沫若同志的井田説之所以是錯誤的，端在於他研究歷史的方法，不是從客觀實際出發，而是從主觀願望出發。第一，他執意要把中國的奴隸社會説成是"典型的奴隸社會"即希臘、羅馬那樣的奴隸社會。第二，在中國奴隸社會向封建社會轉變的時候，他想先找出一個地主階級。因此，在前一問題上，他不惜把本來是"小土地勞動"的公有制説成是羅馬式的土地成爲無限制的私有財產的大莊園；在後一問題上，他不惜把本來是加賦的"初税畝"説成是"中國的地主階級第一次登上了舞臺"。

5. 畎畝，南畝東畝，井田法溝洫法

井田制的所謂畝是指"長畝"而言。《詩·小雅·甫田》所説的"禾易長畝"即此。周代畝的標準數量是廣一步，長百步。

一般所説的畝，實際已包括畎。對言則畎畝有別。畝是指用以播種生長禾稼的高壠，畎則是指畝與畝之間用以泄水的小溝。

程瑤田《溝洫疆理小記·畎澮異同考》闡釋過畎，同時涉及到畝的問題。他説：

> 溝洫廣深之度起於畎。《考工記》："匠人爲溝洫，耜

廣五寸。二耜爲耦。一耦之伐廣尺深尺謂之畎。"此人力所爲在田間者……一夫百畝，中容萬步。《司馬法》："六尺爲步，步百爲畝。"陸德明釋文引司馬云"壠上曰畝，壠中曰畎"，指謂此畎也。壠陂阪之名，平地中之高者也。有畎然後有壠，有壠斯有畝，故曰"壠上曰畝"。兩壠之中則畎，故曰"壠中曰畎"也。

程氏闡釋畎畝，最爲明晰。

關於南畝東畝問題。《詩·小雅·信南山》説："我疆我理，南東其畝。"前人解釋"南東其畝"，據我所知，有四種不同的説法。

范處義《逸齋詩補傳》卷二十説：

> 言疆理必言"南東其畝"，蓋田本喜陽而惡陰，南東向陽則茂遂，西北傍陰則不實。凡《詩》言"南畝"亦取此義。或曰"南東順地勢及水之所趨"，亦通。

程瑤田《溝洫疆理小記·溝洫異同考》説：

> 《遂人》職云："凡治野，夫間有遂，遂上有徑；十夫有溝，溝上有畛；百夫有洫，洫上有途；千夫有澮，澮上有道；萬夫有川，川上有路，川達於畿。"鄭氏注："以南畝圖之，則遂縱溝橫，洫縱澮橫，九澮而川周其外焉。"按畝長畝也。一夫之田，析之百畎，以爲百畝。南畝者，自北視之，其畝橫陳於南也。南畝故畎橫，畎流於遂，故遂縱。

胡承珙《毛詩後箋》説：

> 程氏又據鄭《遂人》注"以南畝圖之，爲遂縱溝橫，因謂南畝者，自北視之，其畝橫陳於南，南畝故畎橫。畎流於遂，故遂縱。"《匠人》賈疏云："井田之法，畎縱遂橫，溝縱洫橫，澮縱川橫，爲東畝之圖，是自西視之，畝橫陳於東。"且引《左傳》"盡東其畝"，謂"東畝則川橫，而川上路

乃可東西行"云云。今案古人制田，始於一畝，行水始於一畎。姑以一畝之畎言之，畎順水勢，畝順畎勢，畎縱則畝縱，畎橫則畝橫，此自然之理也。南北曰縱，東西曰橫，畎自北而注南爲縱，則畝之長亦隨畎而南，曰南畝，畎自西而注東，畝之長亦隨畎而東，曰東畝。此《詩》云"南東其畝"，當是指畝之直長，所謂"廣一步，長百步"者，非橫陳於南東之謂。惟其指水之所注以爲名，而水勢趨東南者爲多，故有南畝東畝。若謂自北視之爲南，則使改而自南視之，不亦可曰北畝乎？鄭注之遂縱溝橫，賈疏之畎縱遂橫，正劉氏（劉彝）所云"遂南入溝則其畝東，遂東入溝則其畝南"者，注疏之南畝東畝乃適相反，程氏從之，誤矣。

馬瑞辰《毛詩傳箋通釋》説：

> 瑞辰按《齊風》"衡從其畝"，《釋文》引《韓詩》作"橫由其畝"云，"東西耕曰橫，南北耕曰由"。《説文》："十，數之具也。一爲東西，丨爲南北。"又曰："六尺爲步，步百爲畝，畝或從十久。"又曰："畝象形，口十，千百之制也。"是畝之一縱一橫，實兼東西南北之象。此《詩》"南東其畝"，蓋言南以該北，言東以該西也。

上述四種説法，簡單説，第一種説法認爲南東是取其向陽；第二種説法認爲南畝橫，東畝縱，畝的縱橫取決於畎的縱橫；第三種説法，就根據來説，跟第二種説法相同，而所得的結論則相反。即認爲南畝縱，東畝橫。第四種説法則認爲"南東其畝"同於"衡從其畝"，言南以該北，言東以該西。據我看，這四種説法，實以第三種説法爲最正確。這第三種説法，實際上正確地解答了三個問題。第一，它指出古人制田始於一畝，行水始於一畎，畎順水勢，畝順地勢，畎縱則畝縱，畎橫則畝橫。這就從根本上解決了畝與畎的依賴關係，畝的縱橫由畝的縱橫來決定。第二,它指出南北曰縱,東西曰橫,畝自北而注南爲縱,則畝之長亦隨畝而南,曰南畝。畝自西而注東,畝之長亦隨畝而東,曰東畝。這樣,從確定南東與縱橫的定義入手,然後以此爲根據進而說明幾個具體問題,這就顯得異常堅實有力。第三,它指出惟其指水之所注以爲名,而水勢趨東南者爲多,故有南畝東畝。在這裏,它正確回答了《詩》所以稱南畝東畝而不稱西畝北畝的問題。第一種說法之所以不正確,在於它毫無根據地認爲古人祇耕種東南向陽的土地,而於西北背陰的土地則一概廢棄,這在事實上是不可能的。第二種說法之所以不正確,在於以南畝爲橫,東畝爲縱。第四種說法的缺點在於沒有說明《詩》所以祇稱南畝東畝而不稱西畝北畝的原因。

井田與溝洫並沒有必然的聯繫。但我國古籍記井田常與溝洫相伴。

溝洫之爲用,有人說是爲除水害。程瑤田說:

> 鄭氏注《小司徒》云:"溝洫爲除水害。"余以爲備潦,非備旱也。歲歲治之,務使水之來也,其涸可立而待。若以之備旱,則宜瀦之,不宜溝之;宜蓄之,不宜泄之。今之遞廣而遞深也,是溝之法,非瀦之法,是泄之,非蓄之也。
>
> (《溝洫疆理小記·井田溝洫名義考》)

從《尚書·益稷》說"濬畝澮距川",《論語·泰伯》說"禹……卑宮室而盡力乎溝洫"看,程氏除水害的說法,似有根據。

《周禮·地官·遂人》和《考工記·匠人》所述井田與溝洫之制不同。前人一般把《遂人》所述叫做"溝洫法",把《匠人》所述叫做井田法。

《遂人》說:

> 凡治野,夫間有遂,遂上有徑;十夫有溝,溝上有畛;百夫有洫,洫上有途;千夫有澮,澮上有道;萬夫有川,川

上有路，以達於畿。

《匠人》説：

匠人爲溝洫，耜廣五寸，二耜爲耦。一耦之伐，廣尺
深尺，謂之畎。田首倍之，廣二尺深二尺，謂之遂。九夫
爲井，井間廣四尺深四尺，謂之溝。方十里爲成，成間廣
八尺深八尺，謂之洫。方百里爲同，同間廣二尋深二仞，
謂之澮。專達於川，各載其名。

就上述兩種井田形式加以考察，可以看出，二者之間有一個共同
點，這就是五溝的名稱相同。二者之間的不同的地方，則在於前者
是十夫有溝，而後者是九夫有溝。至於《遂人》詳載五途的名稱，而
《匠人》則詳載五溝的廣深尺度，這就並不是二者有什麼不同，而祇
是互相補充。

可能有人懷疑上述這兩條材料的真實性。他們看到五溝五途
的名稱及其廣深尺度如此規整並形成系統，以爲事實上不可能。
其實，這是不善讀古書，不瞭解一般與特殊的關係。須知《遂人》、
《匠人》二職所述，祇是一般性的制度，並不能把一切具體情況包羅
無遺。自古至今，所有制度都必須具有典型性，才能起到指導具體
實際的作用。試看《匠人》在"專達於川，各載其名"之後，緊接着就
說：

凡天下之地勢，兩山之間，必有川焉。大川之上，必
有途焉。凡溝逆地防，謂之不行；水屬不理孫，謂之不行。
梢溝三十里而廣倍。凡行奠水，磬折以參伍。欲爲淵則
句於矩。凡溝必因水勢，防必因地勢。善溝者，水漱之；
善防者，水淫之。凡爲防，廣與崇方，其殺三分去一。大
防外殺。凡溝防，必一日先深之以爲式。里爲式，然後可
以傳衆力。

假如衹是從表面看問題，一定會說這裏上下文的説法是互相矛盾的。顯然，爲溝必因水勢，防必因地勢，就決做不到如上文所説的五溝五途那樣規整而有系統。然而上下文卻明明白白是這樣説的。這是什麽緣故呢？正確的理解，衹能説上文所記述的是作爲典型的制度，而下文所記述的，則是具體的應用。二者之間的關係，正是一般和特殊的關係，共性與個性的關係。

戴震《考工記圖》於"凡行奠水，磬折以參伍"下作注説：

> 行奠水者，行之停之，直三而曲得五，井田雖以方針，隨溝委折，非截方，見於此矣。

戴氏的説法，最爲明通。其實，讀古書可以看到這類例子很多。用形而上學的觀點看問題，是永遠不能理解的。

五溝五途的名稱，自今天看來，也會感到奇怪。有什麽必要制造出這樣多的複雜瑣細的名詞呢？這些東西在今日看來似乎不可思議，而在古代，這乃是理所當然的。因此，複雜瑣細不但不能表明它們不可信，相反，恰恰能證明它們是最可信的。

前蘇聯柯斯文《原始文化史綱》有如下一段文字：

> 在愛斯基摩的語言中，就有將近二十個不同的詞用來説明冰在凍結和融解時的不同狀態；對於北美印第安人從事農業的部落，玉蜀黍有着無比重大的意義，從而他們也有大約十個不同的詞指稱玉蜀黍成熟過程中的不同階段。（張錫彤譯，人民出版社 1955 年，第 150 頁）

柯斯文所説的這類情況，在中國古書裏也可以找到。例如《爾雅•釋獸》説：

> 麋：牡麈，牝麎，其子𪊽，其迹躔，絶有力狄。
> 鹿：牡麚，牝麀，其子麛，其迹速，絶有力麚。
> 麕，牡麌，牝麜，其子麆，其迹解，絶有力豜。

又《釋畜》説：

> 膝上皆白，惟馵；四骹皆白，驓；四蹢皆白，驓；前足皆
> 白，騱；後足皆白，翑；前右足白，啓；左白，踦；後右足白，
> 驤；左白，馵。

《爾雅》這類例子還多，兹不備舉。自今日看來，例如鹿衹説牝牡，
例如馬衹説某處白，就够了，實在没必要制造這些專詞。然而古代
人卻不是這樣看問題的。這個道理，柯斯文在《原始文化史綱》曾
作如下説明：

> 思維和語言之與觀察和經驗的直接聯繫，在原始語
> 言的特徵——原始語言的具體性上清楚地顯示出來。這
> 種具體性表現在：原始語言有着相當豐富的具體的定語
> 和人物的稱謂，然而極端缺乏綜合的概念。這種思維和
> 語言的具體性同樣也是現代落後部落特有的現象。在任
> 何一個部落的語言中，可以有生長在當地的各種樹木的
> 特稱，同時卻没有"樹木"這樣一個概括的名詞。同樣也
> 有關於各種動物的特稱，而"動物"一詞並不存在。（《原
> 始文化史綱》，第 155～156 頁）

柯氏上述説明，是有科學根據的，可信的。所以，井田五溝五途的
名稱正是古代人認識水平的真實反映。這一點，衹能證明它是真
實可信，没有理由給以任何懷疑。

溝洫之用，鄭玄和程瑶田都以爲是爲除水害，陳祥道《禮書·
五溝》又有不同的説法。他説：

> 溝洫之於田野，可決而決，則無水溢之害；可塞而塞，
> 則無旱乾之患。荀卿曰："修堤防，通溝洫，行水潦，安水
> 藏，以時決塞。"則溝洫豈特通水而已哉？
>
> 《稻人》："掌稼下地，以潴畜水，以防止水，以溝蕩水，

以遂均水。"此又下地之制與《遂人》、《匠人》之法異也。

《考工記》所謂"水屬"者，屬溝洫也。所謂"梢溝"者，溝末也。自溝末言之，謂之梢溝，自田端言之，謂之田首。溝遠而不倍，不足以容水，水行而不磬折，不足以殺其勢。觀《易》"坎爲弓、輪"而河亦百里一曲，千里一曲一直，而溝洫之制磬折可知矣。

先王之時，通九川，陂九澤，溝洫脈絡，布於天下，則無適而非水利也。及井田廢而阡陌作，於是史起引漳以富河内，鄭國鑿涇以注關中，李冰壅江以灌蜀地，番系引汾以溉蒲阪，以至白公之於渭，邵信臣之於南陽，馬臻之於鏡湖，張蒙之於新豐塘，劉義欣之於芍陂、鉗盧，李襲稱之於雷陂，史臣書之，以爲異績。此特名生於不足耳。

陳説亦殊有理。大抵溝洫之制，最初當是爲除水害。這一點可由《尚書・益稷》所説"濬畎澮距川"，《論語・泰伯》所説禹"卑宮室而盡力乎溝洫"，得到證明。但是井田制在歷史上存在既久，實行的地區也相當廣泛，如果説溝洫之設，祇爲除水害，而不用於灌溉，也殊難通。《禮記・郊特牲》言蜡祭有坊與水庸。鄭玄注："水庸，溝也。"孔疏説："坊者所以畜水，亦以障水，庸者所以受水，亦以泄水。"又《月令》於季春之月説："修利堤防，道達溝瀆。"則陳祥道之説未爲無據，可補鄭、程説之不足。

關於溝洫的整治與修建，則不是私人或公社的事情，而是由國家設官負責。

《尚書大傳》説：

溝瀆雍遏，水爲民害，則責之司空。

《荀子・王制》説：

修堤梁，通溝澮，行水潦，安水藏，以時決塞，歲雖兇敗水旱，使民有所耘艾，司空之事也。

《禮記·月令》於孟春之月説：

> 是月也，天氣下降，地氣上騰，天地和同，草木萌動，
> 王命布農事，命田舍東郊，皆修封疆，審端經術。

於季春之月説：

> 是月也，命司空曰："時雨將降，下水上騰，循行國邑，
> 周視原野，修利堤防，道達溝瀆，開通道路，毋有障塞。"

從以上所述和遂人、匠人都爲國家官吏，證明溝洫整治修建的職責
在國家而不是私人或公社的事情。

6. 貢、助、徹　　五十、七十、百畝　　九一、什一

貢、助、徹是夏、商、周三代在實行井田制的基礎上所制定的三
種不同的剝削方式。關於這三種剝削方式的名稱、異同和優缺點，
孟子曾作過如下論述。他説：

> 夏后氏五十而貢，殷人七十而助，周人百畝而徹，其
> 實皆什一也。
>
> 徹者徹也，助者藉也。龍子曰："治地莫善於助，莫不
> 善於貢。貢者校數歲之中以爲常，樂歲粒米狼戾，多取之
> 而不爲虐，則寡取之；凶年糞其田而不足，則必取盈焉。"
> （《孟子·滕文公上》）

這條材料是我們瞭解夏商周三代土地制度的最寶貴的材料，應當
予以充分重視。

貢、助、徹三種剝削方式，徹最難明，留到後面再説。兹先説
貢。

貢如龍子所述，是生産物地租，税率爲什一，即於總收穫量中
抽取十分之一。但是這個十分之一，乃是以幾年收穫量平均數的
十分之一，作爲標準量，而不是抽取每年收穫量的十分之一。龍子
所説，當是後世所行的貢，未必就是夏后氏的貢。

　　夏后氏時，爲中國奴隸社會的初期，這時國家雖已出現，但還未最後完成。正確地説，還處在過渡時期。

　　考貢的本義，《説文・貝部》説：“貢，獻功也。”段玉裁注引《國語・魯語》“社而賦事，烝而獻功”作爲説明。《左傳》僖公四年説：

　　　爾貢包茅不入，王祭不共，無以縮酒。

　　又，昭公十三年説：

　　　昔天子班貢，輕重以列。

　　以上所引，當是貢的本義。恩格斯《家庭、私有制和國家的起源》在“克勒特及德意志人的氏族”章有下述一段話：

　　　氏族首長已經部分地靠部落成員的獻禮如家畜、穀物等來生活。[1]

夏后氏的貢應導源於氏族社會的氏族首長已經部分地靠部落成員獻禮來生活。有人泥執生産物地租必須在勞動地租之後，因而否認夏后氏貢的存在，是不對的。

　　關於助這種剥削方式，當如《孟子・滕文公上》所説：

　　　方里而井，井九百畝，其中爲公田，八家皆私百畝，同養公田，公事畢，然後敢治私事。

這種剥削方式，用今天的科學術語來説，就是勞動地租。鄭玄《考工記・匠人》注辨貢助的異同説：

　　　夏之貢法，税夫無公田……殷之助法，制公田，不税夫。貢者，自治其所受田，貢其税穀；助者，藉民之力，以治公田，又使收斂焉。

鄭玄的解釋，無疑是正確的。

---

　　①　《馬克思恩格斯全集》第 21 卷，第 163 頁。

徹是什麽，説者各異。

《孟子》説：“徹者，徹也。”這種説法，在當時可能是最好的解釋，而自後人看來，好象祇説了一個甲是甲，等於没有解釋。

趙岐注説：“徹猶人徹取物也。”這個解釋不能令人滿意。因爲作爲一種剥削方式來説，貢助也是取，徹是取，怎能和貢、助相區別呢？

鄭玄注《考工記·匠人》説：“通其率以什一爲正。”注《論語·顔淵》説：“周法什一而税，謂之徹。徹通也，爲天下之通法。”鄭玄的解釋也不是正確的解釋。因爲《孟子》説“其實皆什一”，也包括貢助在内，怎能説徹什一而税是天下之通法？

我認爲：《孟子》説“徹者徹也”的上一徹字爲貢助徹的徹，而下一徹字則爲車轍的轍。段玉裁在《説文·支部》“徹”字下注説：“古有徹無轍。”《説文》新附有轍字。徐鉉注説“本通作徹，後人所加”，可見，古無轍字，徹就是轍。《孟子》説“徹者徹也”，其本意就是説，貢助徹的徹，就是有取於車轍的轍。轍的本義是車迹。周人於國中用貢，於野用助，與車有兩輪，轍有雙軌很相似，故取以爲名。正因爲這樣，所以《孟子》説“徹者徹也”，“徹也”就是“轍也”。自後人以徹爲通，又另制轍字，遂成爲一個難解的問題。徹之訓道訓通，也是自轍爲車迹一義的引申。初時的徹就是轍。

周人兼用貢助，這也是“監於二代”之一例。

《禮記·檀弓》説：

　　仲憲言於曾子曰：夏后氏用明器，示民無知也；殷人用祭器，示民有知也；周人兼用之，示民疑也。

又《王制》説：

　　凡養老，有虞氏以燕禮，夏后氏以饗禮，殷人以食禮，周人修而兼用之。

周人兼用貢助，正同兼用明器、祭器，兼用燕禮、饗禮、食禮一樣，都是周監於二代的例證。

周人國中用貢，野用助，祇從《孟子·滕文公上》論述井田一段文字即可以看得出來。

在這段文字裏，首先説滕國壤地褊小，但也要區分君子、野人。區分君子野人，正意味着在地域上要區分國野。

其次，説"請野九一而助，國中什一使自賦"，這正是實行井田制是國野異地，貢助異法的具體説明。

原文"卿以下必有圭田，圭田五十畝，餘夫二十五畝"所談的是一回事。圭田舊釋圭爲潔，非是。應從焦循正義引孫蘭《輿地隅説》，定爲"零星不井"之田。亦即分田不足百畝的都是圭田。《禮記·王制》説："夫圭田無征。"實際上就是説，凡是分田不足百畝的，國家不征稅。亦即圭田不在"什一使自賦"之内。

原文"死徙無出鄉"，趙岐釋爲"死謂葬死也，徙謂爰土易居，平肥磽也"，是對的。

原文"鄉田同井，出入相友，守望相助，疾病相扶持，則百姓親睦"，所説的正是"什一使自賦"的事。"鄉田同井"説明國中的土地也是實行井田制。但它與野人不同。這個不同的最明顯的標誌，就是國人有當兵的義務，而野人不能當兵。"使自賦"這個賦字，實際就是軍賦。"出入相友，守望相助，疾病相扶持"，所説的就不專指從事農業生產，也包括從軍在内。這幾句話，如果同《國語·齊語》所説"世同居，少同游，故夜戰聲相聞，足以不乖，晝戰目相見，足以相識"對照一下，就可以看得更清楚了。

國人當兵，野人不當兵，這是周制通例。

《周禮》六軍出於六鄉，而六遂祇言稼穡，不言兵制。《國語·齊語》記管仲治齊，"參其國而伍其鄙"。説"制國以爲二十一鄉。工商之鄉六，士鄉十五"，士鄉爲三軍所出，而伍鄙不與焉。都足以證明當時祇有國人當兵，而野人不能當兵。

原文："方里而井，井九百畝，其中爲公田，八家皆私百畝，同養公田,公事畢然後敢治私事,所以別野人也。"這正是野行助法的實際情況。助法用今天的科學術語來説,就是實際勞動地租。農人的必要勞動和剩餘勞動在時間上和空間上都明顯地分開。"八家皆私百畝",這個百畝私田的勞動屬於必要勞動。"同養公田",這個在公田上的勞動,正屬剩餘勞動。

鄭玄《考工記·匠人》注,既説"畿内用貢法,邦國用助法",又引《孟子》説"邦國亦異外内之法",持論游移不定,前後自相矛盾。原因在於他拘泥於鄉遂及公邑用《遂人》的溝洫法,采地用《匠人》的井田法之故。其實,貢助的差別主要在於貢無公田,助有公田,而不在於是九夫爲井,或是十夫有溝。因爲九夫爲井,固然可稱爲井田,十夫有溝又何嘗不可稱爲井田呢?《孟子》談國中時,就有"鄉田同井"一語,證明十夫有溝也是井田所包。井田的特徵,端在於一夫受田百畝,構成所説"豆腐乾塊",而不在於必須把土地都區劃成爲井字。

總之,周行徹法,其意義就是於國中用貢,於野用助。貢助兼用,如車有雙軌,故取名爲轍。訓取訓通,都不足取。

孟子説夏后氏五十而貢,殷人七十而助,周人百畝而徹。這個五十、七十、百畝的不同,應當如何理解呢?

孫詒讓《周禮正義·匠人疏》曾引數家之説,兹迻録於下:

　　劉熙、皇侃認爲:"夏時民多,家得五十而貢五畝;殷時民稍稀,家得七十畝而助七畝;周時其民至稀,家得百畝而徹十畝。故云其實皆什一。"

　　熊安生認爲:"夏政寬簡,一夫之地惟税五十畝;殷政稍急,一夫之地税七十畝;周政極煩,一夫之地,税皆通税。所税之中皆什而税一,故云其實皆什一。"

　　賈公彦引或説,認爲:"三代受地多少應同,今云夏后氏五十,殷人七十,周人百畝者,據地有不易、一易、再易。六遂上地不易,加五十畝。有四等,據授地之法,夏言五十而貢者，據一易之地，家得二百畝，常佃百畝，荒百畝，其佃百畝常稅之。據二百畝爲稅百畝，爲五十而貢。殷人七十而助者，據六遂上地百畝有萊五十畝而言。百五十畝稅一百畝，猶百畝稅七十五畝，舉全數言之，故云七十畝而助也。周人百畝而徹者，據上地不易者而言。百畝全稅之，故云百畝而徹也。”

孫詒讓引畢加評論説：“案依劉、皇説，則殷民稀於夏，周民又稀於殷，既非事情，依熊説，則夏乃二十而稅一，殷乃十四而稅一，與什一之率尤不合。如賈引或説，則四等之地，三代所同，不宜一代各據一端爲論，以上三説，並不可通。顧炎武、萬斯大、錢塘、金鶚並據《獨斷》，謂夏以十寸爲尺，殷以七寸爲尺，周以八寸爲尺。三代田制不同者，夏之百分，殷以爲百一十二分，周以爲百二十分，通其率，則五十之爲五十六與六十也。一里廣長皆三百步，其積皆九萬步也。自遂以上，殷周皆不必更，而獨更其畎，是之謂名異而實同。案諸家謂三代田制名異實不異，殷畝小於夏，周畝小於殷，皆至當不易之論……但蔡説三代尺度不同，西漢以前無文可證。《論衡·正説篇》云周以八寸爲尺，而夏殷無文。《通典·吉禮》引《白虎通》又謂夏以十寸爲尺，殷以十二寸爲尺，周以八寸爲尺，則殷尺特長，又與蔡説不同。鄭《王制》注謂周尺八寸爲六國時亂變法度之言。則三代異尺之不足信可知。徐養原亦謂古者以律起度，黃鍾之管無短長，則尺度亦無大小，此駁甚確。然則尺度長短之説究未盡安。竊謂殷之畝小於夏，周之畝又小於殷者，止由畝法有異，猶周以百步爲畝，秦漢以二百四十步爲畝也。其尺寸步里，則三代未必不同。惜古籍淪佚，無由一一校算耳。”

在上述數説之外，日人加藤繁又謂“五十、七十、一百爲儒家常用的整數，因之五十、七十及百畝之分田，似皆龍、孟等的理想”（齊思和《孟子井田説辨》引，1916年《東方雜誌》）。

我認爲上述諸説皆逞臆穿鑿，無一可取。其實，夏商周三代授田之所以有五十、七十、百畝之不同,主要在於夏商周三代的生產力發展水平不同。大體上說,夏代生產力水平最低,一夫祇能耕五十畝;殷代生產力水平有了發展,故一夫改授七十畝;周代生產力水平又向前發展,故一夫授田百畝。此外還有一種因素應當注意,這就是夏代人民的食品並不完全依靠農作物,漁獵所得,在食品中占有相當大的比重。例如《尚書·益稷》論禹治水,先說"暨益奏庶鮮食",後說"暨稷播,奏庶艱食鮮食"(《經典釋文》說:"艱,馬本作根。云根生之食謂百穀。"),就是證明。

孟子說:"請野九一而助,國中什一使自賦。"這個"九一"和"什一",前人也有不同的理解,茲略述如下:

趙岐注說:

> 九一者,井田以九頃爲數而供什一郊野之賦也……國中什一者,《周禮》"園廛二十而稅一",時行重賦,責之什一也……孟子欲請使野人如助法什一而稅之,國中從其本賦二十而稅一,以寬之也。

孔穎達《詩·小雅·甫田》疏說:

> 孟子言什一,據通率而言耳。周制有貢有助。助者,九夫而稅一夫之田,貢者,什一而貢一夫之穀,通之二十夫而稅二夫,是爲什中稅一也。故《冬官·匠人》注廣引經傳而論之云:"周制畿內用夏之貢法,稅夫無公田;邦國用殷之助法,制公田,不稅夫。貢者自治其所受田,貢其稅穀,助者借民之力以治公田,又使收斂焉。諸侯謂之徹者,通其率以什一爲正。孟子云:野九夫而稅一,國中什一,是邦國亦異外內之法耳。"是鄭解通率爲什一之事也……助則九而助一,貢則什一而貢一,通率爲什一也。

方觀承《五禮通考·軍禮·軍制》案語:

> 九一、什一，句法文義一耳。野之九一爲九中之一，
> 則國中之什一，亦什中之一而已。但以井田畫方而成，則
> 以八而包一，故不得不以九一爲法；貢法長連排去，則以
> 五什起數，十夫有溝，百夫有洫，千夫有澮，萬夫有川，但
> 以十相乘，亦復整齊而易算耳，烏有十一爲數而取其一，
> 反使奇零參差而難算也哉？

綜觀上述三説，實以方説爲最勝。趙説把九一解釋爲什一而税之，把什一解釋爲二十而税一，孔説則把什一解釋爲於什一中取一，顯違原意，不可信從。方説從句法文義體會，以爲九一是九中之一，什一是什中之一，自是正解，不可移易。上文説"其實皆什一也"，衹是近似之詞。因爲上文有"其實皆什一"，就一定把下文的九一和什一也解釋成什一，這是不善讀古書之過，其實，古書如此敍述，本無矛盾。

7. 圭田　餘夫之田　閑田餘地

《孟子·滕文公上》説：

> 卿以下必有圭田，圭田五十畝，餘夫二十五畝。

《周禮·地官·遂人》説：

> 餘夫亦如之。

趙岐《孟子》注釋圭爲絜（同潔）。焦循《孟子正義》提出異議。他説：

> 《説文·田部》云："畦：田五十畝曰畦。從田圭聲。"段氏玉裁《説文解字注》云：《離騷》："畦留夷與揭車。"王逸注："五十畝曰畦。"《蜀都賦》劉注云："《楚辭》倚沼畦瀛。王逸云：瀛，澤中也。班固以爲畦田五十畝也。《孟子》曰圭田五十畝。然則畦從圭田，會意兼形聲與？"孫氏蘭《輿地隅説》云："《孟子》圭田，或以圭訓潔，非也。《九

章·方田》有圭田求廣從法,有直田截圭田法,有圭田截
小截大法。凡零星不成井之田,一以圭法量之。圭者合
二句股之形。井田之外有圭田,明係零星不井者也。"此
上二説與趙説異……《史記·貨殖列傳》云:"千畦薑韭。"
《集解》引徐廣云:"一畦二十五畝。"《文選》注引劉熙注
"病於夏畦"云:"今俗以二十五畝爲小畦,以五十畝爲大
畦。"然則餘夫二十五畝,亦即蒙上圭田而言。

焦循以圭田爲零星不成井之田,其説至確。但五十畝爲百畝的二
分之一,二十五畝爲百畝的四分之一。這一點同恩格斯《馬爾克》
一文所説"當初都分到了同樣大的一塊土地,現在,這塊土地,由於
分遺產、出賣種種原因,已經大小不等了,但舊有的整塊土地,仍舊
是一個單位,根據這個單位,才能決定這塊土地的二分之一,四分
之一,八分之一等等的大小"[1]不謀而合。證明我國周代的井田制
正是以百畝爲一個單位。五十畝是這個單位的二分之一,二十五
畝是這個單位的四分之一。至《周禮·地官·遂人》職所説的"萊
二百畝",則是這個單位的倍數。此外則不在分授之數。這也是帶
有普遍性的東西,值得重視。

恩格斯在《勞動在從猿到人轉變過程中的作用》一文中説:

　　　原始的土地公有制……以可用土地的一定剩餘爲前
提。[2]

這一點無疑也適用於我國古代的井田制。金鶚《求古録禮説·井
田考》説:

　　　古者地廣人稀,田不盡井,隨地皆有閑田餘地。授萊
因取之於此,圭田及餘夫之田亦取之於此。且生齒日增,

---

① 《馬克思恩格斯全集》第19卷,第355頁。
② 《馬克思恩格斯全集》第20卷,第521頁。

已井之田不足以給,亦取於此以授之。

金氏此説,頗有見地。直至春秋時期,據《左傳》襄公十四年記戎子駒支説:

> 昔秦人負恃其衆,貪於土地,逐我諸戎。惠公蠲其大德,謂我諸戎是四嶽之裔冑也,毋是翦棄。賜我南鄙之田,狐狸所居,豺狼所噑。我諸戎除翦其荆棘,驅其狐狸豺狼,以爲先君不侵不叛之臣,至於今不貳。

昭公十六年鄭子産説:

> 昔我先君桓公與商人皆出自周,庸次比耦以艾殺此地,斬之蓬蒿藜藋而共處之。

哀公十二年説:

> 宋鄭之間有隙地焉,曰:彌作、頃丘、玉暢、嵒、戈、錫。

正由於中國土地遼闊,到處有閑田餘地,故能使井田制長期實行得到保證。

8. 中田有廬　耡

《詩•小雅•信南山》説:

> 中田有廬,疆場有瓜。

鄭玄箋説:

> 中田,田中也。農人作廬焉,以便其田事。

孔穎達疏説:

> 古者宅在都邑,田於外野,農時則出而就田,須有廬舍,故言中田,謂農人於田中作廬,以便其田事。

《漢書•食貨志》説:

在野曰廬，在邑曰里……春令民畢出在野，冬則畢入於邑。其《詩》曰："四之日舉趾，同我婦子，饁彼南畝。"又曰："十月蟋蟀入我床下，嗟我婦子，聿爲改歲，入此室處。"所以順陰陽，備寇賊，習禮文也。

《說文·廣部》說：

廬，寄也。秋冬去，春夏居。

鄭、孔、班、許四家說法基本上一致。都說廬是房屋的一種，其地在野，其制比室爲粗陋。晚近郭沫若同志獨別生異解，他說：

《詩經》的"中田有廬，疆場有瓜"，廬是蘆菔，並不是中央百畝的公田裏有人民的住宅。①

其實，蘆菔也作萊菔、蘿蔔，是複音詞。單言蘆，則另是一物，不能釋爲蘆菔。何況原詩本是廬字，不應毫無根據地任意改成蘆字。可見郭說雖新，但不能成立。

按照傳統的說法來解釋"中田有廬"，對於廬的位置和占地多少，前人還有不同的意見。胡承珙《毛詩後箋》對於這個問題論述比較全面，茲轉錄如下，以備參考：

"中田有廬"箋云："中田，田中也。農人作廬焉，以便其田事。"案《大雅》"於時廬旅"傳："廬，寄也。"《說文》："廬，寄也，秋冬去，春夏居。"與此箋農人作廬便田事者正合，而於訓寄之義尤明。《伐檀》傳又云："一夫之居曰廛。"此即《遂人》所謂"上地夫一廛"者。《說文》："廛，二畝半也，一家之居。"此一家即謂一夫也。但毛於廛廬並不言國中野外之別，則鄭注《周禮·載師》園廛取《孟子》五畝之宅樹之以桑以解廛，取此《詩》"中田有廬，疆場有

---

① 《歷史研究》1959年，第6期，第4頁。

瓜”以解圍，初不取何休公田内二十畝，八家各二畝半之
説。故此箋田中作廬云云，當是指私田之中各自爲廬以
便作息耳。《周禮》賈疏取趙岐廬井邑居各二畝半之説，
以圍廛二地合成一五畝之宅。不知五畝之宅自是民之恒
居，非止取便。田家必因山川樵汲之便，陰陽向背之宜，
云在邑者，民之所聚即爲邑，故十室千室皆曰邑，猶今之
村落然，不必定在都邑。《孟子》之言，自以五畝爲一宅，
非二畝半之謂。此宅雖亦可名廬，要與國中市廛無涉，更
非中田之廬可比。廬在田中者，猶今田間草舍，不必在公
田中，亦必無二畝半之廣。《甫田》正義曰：“史傳説貢助
之法，惟《孟子》爲明。”《食貨志》云：“井方一里是九夫，八
家共之，各受私田百畝，公田十畝，是爲八百八十畝，餘二
十畝爲廬舍。”其言取《孟子》爲説，而失其本旨。班固既
有此言，由是群儒遂謬。何休之注《公羊》，范寧之注《穀
梁》，趙岐之注《孟子》，宋均之注《樂緯》，咸以爲然。皆義
異於鄭，理不可通。何則，言井九百畝，其中爲公田，則中
央百畝，共爲公田，不得家取十畝也。又言，八家皆私百
畝，則百畝皆屬公矣，何得復以二十畝爲廬舍也？若二十
畝爲廬舍，則家別二畝半亦入私矣。家別私有百二畝半，
何得爲八家皆私百畝也？此皆諸儒之謬。《甫田》箋云：
“井税一夫，其田百畝。”是鄭意無家別公田十畝及二畝半
爲廬舍之事。俗以鄭説同於諸儒，是又失鄭旨矣。承珙
案：一井八家，家爲公田十畝，餘二十畝共爲廬舍之説，其
誤實始於《韓詩外傳》，並引《詩》“中田有廬”爲證，班《志》
特承韓而誤耳。

胡承珙謂“五畝之宅，自是民之恒居。廬在田中者，猶今田間草舍，
不必在公田中，亦必無二畝半之廣”，其説至確。至引《甫田》正義
專主鄭説，以闢諸儒之謬，並指出班《志》誤説始於《韓詩外傳》，尤

可信據。

《周禮》一書於《遂人》職説"以興鋤利氓"，於《里宰》職説"以歲時合耦於鋤"，於《旅師》職説"掌聚野之鋤粟、屋粟、閑粟而用之"，這些"鋤"字，應當怎樣解釋才對？通過它們可以看出什麼問題？我們探討一下，對於瞭解井田制，也可能是有益的。兹先引述舊説如下。

《周禮·遂人》鄭玄注説：

> 鄭大夫讀鋤爲藉，杜子春讀鋤爲助，謂起民人令相佐助。

又《里宰》鄭玄注説：

> 鄭司農云："鋤讀爲藉。"杜子春云："鋤讀爲助，謂相佐助也。"玄謂"鋤者里宰治處也，若今街彈之室，於此合耦，使相佐助，因放而爲名"。

《説文·耒部》説：

> 鋤，殷人七十而鋤，鋤借税也。從耒，助聲。《周禮》曰："以興鋤旺。"

綜上所述，可以肯定，古時鋤、助、藉三字音讀義訓並通。鋤之得名，原取於"佐助"。不過，這個佐助，不同於一般意義的佐助，應有它的具體的内容。它的具體的内容就是農村公社社員之間的互助合作。殷的耆田，周的耦耕，正是這個互助合作的具體反映。《里宰》的合耦於鋤，這個鋤字，正是以辦理互助合作的處所而得名。

《旅師》所説的"鋤粟"，應是由農村公社集體勞動果實中提取一部分，儲存起來，以爲解決社員困難之用。

江永《周禮疑義舉要·地官二》對"鋤粟"有詳細解釋。他説：

> 旅師所掌即《遂人》"以興鋤利氓"之事。"鋤粟"者，農民合出之，因"合耦於鋤"故名鋤粟。正猶隋唐社倉、義

倉,每歲出粟少許貯之當社,以待年饑之用者也。旅師所聚,以斂粟爲主。旅,衆也。謂主衆氓合輸之粟也。斂粟無多,恐不足以給,又以《載師》之屋粟、閒粟益之。此粟不必爲凶年之用,即不饑之歲,當東作時,皆用此粟頒之,待秋而斂之。舊讀"而用之",而字爲若,今詳文勢及經意,當讀本音與上連爲一句。此粟歲歲皆用,非謂有時而用也。

　其用之之法,"以質劑致民"。"質劑"猶今之契券,所以爲授受之驗。一半給民,一半存官,待其秋斂合符於官也。民即田野之民,平日合出斂粟者。

　"平頒其興積","積"者,歲歲之積。"興"者,興發之。"平頒"者,其數皆均,無偏饒偏乏也。必平頒者,斂粟本均輸,頒之有不平,則人不肯出斂粟矣。

　"施其惠,散其利,而均其政令",此粟補民不足,貸而無息,是惠利也。施之,散之,農民皆蒙惠利也。"均其政令"者,毋有貸而不償、抵冒、侵欺諸弊也。

　"凡用粟春頒而秋斂之",此申明用粟之時,與斂粟之法。粟不斂則無以繼。歲歲又有合出之斂粟與增入的屋粟、閒粟,故此粟可不收息也。

江氏此段文字,從表面上看,無疑是就《旅師》職原文逐句加以闡釋,而從實質上看,所談的恰是"斂粟"問題。應當承認,江氏對於"斂粟"的瞭解是正確的。

9. 耦耕

耦耕一詞,在我國古籍中反復出現,這不是偶然的,證明它是我國古時最習見的一種耕作方式。

《詩·周頌·噫嘻》説:

　亦服爾耕,十千維耦。

又《載芟》說：

> 千耦其耘。

《左傳》昭公十六年說：

> 庸次比耦以艾殺此地，斬之蓬蒿藜藋而共處之。

《國語·吳語》說：

> 譬如農夫作耦以刈殺四方之蓬蒿。

《周禮·地官·里宰》說：

> 以歲時合耦於鋤，以治稼穡，趨其耕耨。

《禮記·月令》季冬之月說：

> 命農計耦耕事，修耒耜，具田器。

《論語·微子》說：

> 長沮、桀溺耦而耕。

關於耦耕的解釋，人們多以《考工記·匠人》文和鄭玄注爲據，而說者各異。《考工記·匠人》說：

> 耜廣五寸，二耜爲耦。一耦之伐廣尺深尺謂之畎。

鄭玄注說：

> 古者耜一金，兩人并發之……今之耜岐頭兩金，象古之耦也。

賈公彥疏對鄭注提出不同的意見。他說：

> 此二人雖共發一尺之地，未必并發。知者，孔子使子路問津於長沮，長沮不對，又問桀溺。若並頭共發，不應別問桀溺。明前後不並可知。雖有前後，其畎自得一尺，

不假要並也。

近見中國農業科學院、南京農學院中國農業遺產研究室編著的《中國農學史(初稿)》説：

> 有人認爲兩人並肩，各執一耜，同時插入土中，同時用力把土掀起；有人認爲古代的耒耜也就是犁，耦耕就是一人扶犁，一人在前拉犁；有人認爲是在耜的柄上繫繩，一人把耜推入土中，另一人相向而立，用力拉繩發土；也有人認爲古人有相耦的習慣，所以要耦耕。

古今來解釋耦耕的説法很多，但能令人滿意的卻很少。我曾反復地考慮過這個問題。覺得理解耦耕應先從理解耦字開始。耦字的本義爲匹爲配。例如《左傳》桓公二年説："嘉耦曰妃，怨耦曰仇。"桓公六年説："人各有耦，齊大非吾耦也。"這些耦字，都專指男女婚配而言。又，襄公二十五年説："舉棋不定，不勝其耦。"這個耦字是專指對弈的二人而言。又，襄公二十九年説："射者三耦。"杜預注"二人爲耦"，這個耦字是專指射箭比賽時的一對選手而言。總之，凡是稱耦的都是二人共同做一件事情。古者在農業生産勞動時，耕可稱耦，耘亦可稱耦，乃至刈殺蓬蒿亦可稱耦。則耦耕這一概念，實際上是在耕作時二人共同成立一個常年小組。這樣做，既便於工作，又寓有勞動競賽性質。注釋家不察，總是把耦耕固定在爲畎這樣一種工作上去想問題，因而自鄭玄以來，儘管説法很多，實際上誰也沒有解決問題。《周禮·地官·里宰》所説的"合耦"，《論語·微子》所説的"耦而耕"，這個耦字的意義所包甚廣，並不以爲畎爲限。即爲畎，也斷不會像鄭玄所説的"兩人并發之"。

程瑤田《溝洫疆理小記·耦耕義述》説：

> 合耦者，察其體材，齊其年力，比而選之，使能彼此佐助以耦耕也。

又説：

> 射之比耦也，齊其材，齊其力，齊其形貌，乃可校其勝
> 負。否則，強弱相懸，勝負前定，何校之有？……《里宰》
> 合耦，義亦如是。不然，農夫之耕，何與於里宰，而必規規
> 然爲之合耦者？以必耦耕，故先合耦以齊其才力形貌，以
> 一人獨耕，不能出力，故必不可不耦耕。然則耦耕者，在
> 昔先民，莫不皆然，固有所受之也。

程氏此論，最有卓識。他説"有所受之"，事實上周人的耦耕正是自
殷人的劦田發展而來的。

10. 受田年齡

受田年齡也是研究井田制度的一個重要内容。可惜，先秦古
籍在這方面的記載很少。茲采孫詒讓《周禮正義·載師》正義，轉
録如下，以備參考：

> 案受田之年，經無明文。賈據鄭《内則》注義謂"三十
> 受田"。《後漢書·劉寵傳》李注引《春秋井田記》同。而
> 《漢書·食貨志》云，"民年二十受田，六十歸田"，則較鄭
> 説早十年。陳奐云，"古者二十受餘夫之田，三十受一夫
> 之田，六十歸田於公。大凡三十取室生子，子年三十，父
> 年必六十，是父歸田，乃子受田矣"。案陳説足證鄭義。
>
> 蓋夫家之名起於一夫一婦，則受田者無論正夫餘夫，
> 年二十、三十，必已取室而後謂之夫。賈氏謂"二十九以
> 下未有妻者，得爲餘夫"，非也。《媒氏》之法，男子三十而
> 取，自是極限，是年二十多已取妻。間有未取者，則不得
> 爲餘夫，又安得竟受一夫之田乎？況六鄉十五萬夫之田
> 以養六軍，六遂副六鄉亦然。則凡受夫田者必任受兵。
> 《鄉大夫》職，國中七尺，止任力役，尚未受兵，此尤未受夫
> 田之確證。《王制》孔疏引《易》孟氏，《詩》韓氏云，"二十

行役,三十受兵,六十還兵",受田歸田與受兵還兵年必正
相準,《内則》注說不可易也。

　　大抵男子二十或已授室,則受餘夫之田。餘夫任行
役,《小司徒》"田與追胥,美卒竭作"是也。至三十而丁衆
成家,別自爲户,則爲正夫,受田百畝。正夫任受兵,即六
軍及丘甸之卒是也。餘夫爲美卒,正夫爲正卒。受田與
受役受兵,事亦正相當也。若二十以上或未授室,則從父
兄而耕,不得爲餘夫受田。其已授室授田之餘夫,雖年過
三十,或尚從父兄,不自爲户,則仍爲餘夫,不得爲正。以
"起徒役毋過家一人"。一家無二正卒,即一户不得兩受
正田也。

　　古正夫餘夫受田之法,蓋約略如是。

　　鄭謂"三十受田",自指正夫自爲户者言之。其從父
兄爲户者,固不得同受田。而《漢志》:"二十受田。"則又
自據餘夫言之。明受田自此始耳,非必二十即爲正夫也。
《國語·魯語》韋注云,"三十者受田百畝,二十者受田五
十畝,六十還田",此似亦謂二十受餘夫之田,三十受正夫
之田,其說近是。但餘夫受田不得有五十畝,韋說仍與經
不合耳。

案孫說最爲明白可據。衹謂"六遂副六鄉"和"凡受夫田者必任受
兵"的說法,仍舊未免拘牽舊說,恐與當時實際情況不盡相符。

11. 籍田

　　新中國成立以來,一二有影響的史學家,有的把籍田説成是一
般性的"公田",認爲周宣王不籍千畝,就是"廢棄公田制"。有的則
認爲"宣王即位,不籍千畝,這是井田制在王畿内開始崩潰的標誌,
它預示着奴隸制的危機已經到來"。他們不但不曾對"籍田"作過
全面的認真的研究,即對所引用的《國語·周語》原文,也衹是看了

開頭八個字，即"宣王即位，不籍千畝"。八個字以下，即全不過目。所以，他們不僅所做出的結論是錯的，即在方法上也是不足爲訓的。

其實，先秦古籍關於籍田的名稱、性質、種類、耕作的負責者、參加者和完成者、籍田位置、畝數、耕作時間、生產物儲藏所、用途以及意義等等，都有明確的記載，任何誤解或曲解都是無法改變的。

首先説，《國語·周語》在"宣王即位，不籍千畝"這八個字以下有"虢文公諫曰"一大段文字。這段文字對於籍田的所有問題差不多都談到了。爲了具體地深入地認識這個問題，就不能怕麻煩，茲將那一大段全文逐錄如下：

> 虢文公諫曰：不可。
>
> 夫民之大事在農，上帝之粢盛於是乎出，民之蕃庶於是乎生，事之供給於是乎在，和協輯睦於是乎興，財用蕃殖於是乎始，敦厖純固於是乎成。是故稷爲大官。
>
> 古者太史順時覛土，陽癉憤盈，土氣震發。農祥晨正，日月底於天廟，土乃脈發。
>
> 先時九日，太史告稷曰："自今至於初吉，陽氣俱蒸，土膏其動，弗震弗渝，脈其滿眚，穀乃不殖。"稷以告王曰："史帥陽官，以命我司事。曰，距今九日，土其俱動，王其祗祓，監農不易。"
>
> 王乃使司徒咸戒公卿百吏庶民。司空除壇於籍，命農大夫咸戒農用。
>
> 先時五日，瞽告有協風至。王即齋宮，百官御事，各即其齋。
>
> 三日，王乃淳濯饗醴。
>
> 及期，鬱人薦鬯，犧人薦醴，王裸鬯饗醴，乃行。百吏

庶民畢從。

及籍，后稷監之，膳夫農正陳籍禮。太史贊王，王敬從之。

王耕一墢，班三之，庶民終於千畝。

其後，稷省功，太史監之。司徒省民，太師監之。

畢，宰夫陳饗，膳宰監之。膳夫贊王，王歆大牢，班嘗之，庶人終食。

是日也，瞽帥音官省以風土。

廩於籍東南，鐘而藏之，而時布之於農。

稷則偏誠百姓，紀農協功。曰："陰陽分布，震雷出滯，土不備墾，闕在司寇。"

乃命其旅，曰："徇！"農師一之，農正再之，后稷三之，司空四之，司徒五之，太保六之，太師七之，太史八之，宗伯九之，王乃大徇。

摉穫亦如之。

民用莫不震動恪恭於農，修其疆畔，日服其鎛，不解於時。財用不乏，民用和同。

是時也，王事唯農是務，無有求利於其官，以干農功。三時務農而一時講武。故征則有威，守則有財。若是乃能媚於神而和於民矣。則享祀時至，而布施優裕也。

今天子欲修先王之緒，而棄其大功，匱神乏祀，而困民之財，將何以求福用民？

王不聽。

其次，《周禮·天官·甸師》說：

甸師掌帥其屬而耕摉王籍，以時入之，以供齍盛祭祀，共蕭茅，共野果蓏之屬。

《禮記·月令》孟春之月說：

乃擇元辰,天子親載耒耜措之於參保介之御間,帥三公、九卿、諸侯、大夫,躬耕帝藉。天子三推,三公五推,卿諸侯九推。反執爵於大寢。三公九卿諸侯大夫皆御,命曰勞酒。

於季秋之月説:

藏帝藉之收於神倉,祗敬必飭。

又《樂記》説:

耕藉然後諸侯知所以敬。

《祭義》説:

是故昔者天子為藉千畝,冕而朱紘,躬秉耒,諸侯為藉百畝,冕而青紘,躬秉耒以事天地山川社稷先古,以為醴酪齊盛,於是乎取之,敬之至也。

又説:

耕藉所以教諸侯之養也。

又《祭統》説:

是故天子親耕於南郊,以供齊盛,王后蠶於北郊,以供純服。諸侯耕於東郊亦以供齊盛,夫人蠶於北郊,以供冕服。天子諸侯非莫耕也,王后夫人非莫蠶也,身致其誠信,誠信之謂盡,盡之謂敬,敬盡然後可以事神明,此祭之道也。

又《表記》説:

天子親耕粢盛秬鬯以事上帝,故諸侯勤以輔事於天子。

《毛詩·載芟序》説:

《載芟》春籍田而祈社稷也。

《春秋穀梁傳》桓公十四年説：

　　秋八月壬申御廪災，乙亥嘗。御廪之災不志，此其
志，何也？以爲唯未易災之餘而嘗可也，志不敬也。天子
親耕以供粢盛，王后親蠶以供祭服。國非無良農工女也，
以爲人之所盡事其祖禰，不若以己所自親者也。

　　何用見其未易災之餘而嘗也？曰：甸粟而内之三宮，
三宮米而藏之御廪。夫嘗必有兼旬之事焉。壬申御廪
災，乙亥嘗，以爲未易災之餘而嘗也。

《孟子·滕文公下》説：

　　禮曰："諸侯耕助以供粢盛，夫人蠶繅以爲衣服。犧
牲不成，粢盛不潔，衣服不備，不敢以祭。"

《吕氏春秋·上農》説：

　　天子親率諸侯耕帝藉田，大夫士皆有功業。

假如不抱成見，還有些許唯物主義氣息的話，怎能對上述關於籍田
問題的大量記載一概加以否定呢？

　　茲以《國語·周語》爲主，並參考其他材料，從幾個重要方面闡
明如下：

　　(1)**名稱**　籍田這個籍字，出於《國語·周語》。《周禮·天
官·甸師》，《禮記·月令》、《樂記》、《祭義》、《祭統》、《表記》等篇則
作藉。《孟子·滕文公下》又作助。其實，古時藉、助、耡三字並通。
籍則是藉的異作。藉之得名，當取於集體耕作。藉田的藉和"助者
藉也"的藉，初時原是一物。藉田的藉變成定期舉行的儀式，貢助
的藉，變成一種剥削方式，乃是進入階級社會以後的事。摩爾根
《古代社會》在"開化中級狀態中的財産制"章説：

　　　　從上面的考察就可以明顯地看出,個人財産的巨量增加在此時期中業已發生了,個人對於土地的關係也發生了某種變化。土地的所有權依舊屬於部落所共有,但是土地的一部分已劃分開來作爲維持政府之用,另一部分作爲支持宗教上的使用,其他的一部分,亦即更爲重要的一部分,即人民從之得到生活資料的一部分,則被劃開來的分予各個民族或分與居住在同一村落的各個人的共同團體。①

藉田的産生,最初當如摩爾根所説,是"作爲支持宗教上的使用"的那一部分。到了階級社會,遂被稱爲"帝藉",而繼續保存下來。從《祭義》説"昔者天子爲藉千畝,冕而朱紘,躬秉耒;諸侯爲藉百畝,冕而青紘,躬秉耒,以事天地山川社稷先古,以爲醴酪齊盛,於是乎取之"可以明顯地看得出來。

　　(2)**性質**　藉田是一種禮節性的、象徵性的東西。既不能根據它説當時的統治階級真的參加農業生産勞動,也不能認爲當時的天子、諸侯衹靠這項收入來過活。

　　(3)**種類**　藉田有天子的藉和諸侯的藉兩種。天子藉田千畝在南郊,諸侯藉田百畝在東郊。

　　(4)**耕作的負責者、參加者和完成者**　天子的藉,表明天子親耕,負責者當然是天子了。至參加者,據《周語》説,有"公卿百吏庶民",據《月令》説,有"三公、九卿、諸侯、大夫"。在《詩·載芟》則爲"侯主侯伯,侯亞侯旅,侯强侯以"。

　　近人有的把《載芟》詩的"侯主侯伯,侯亞侯旅,侯强侯以"譯爲"受私田的農夫每家派來一人,其中主(户主)伯(户主的長子)亞(户主的次子)旅(年幼子弟)强(有餘力幫助別人耕)以(受雇來代

---

　　①　　楊東蓴等譯,三聯書店,1957年,第630頁。

耕)等人，都到公田上耕作"。有的譯爲"主人家和大少爺來到了田
裏，又帶着二少爺和其他的少爺們，還跟着打手一大批，幫手一大
批"。我不同意這樣解釋。我認爲主伯猶言正長，應指公卿而言。
亞旅當據《尚書·牧誓·立政》説"司徒、司馬、司空、亞旅"，《左傳》
文公十五年説"請承命於亞旅"，成公二年説"司馬、司空、輿帥、候
正、亞旅皆受一命之服"諸文例作解，實指百吏而言。至强以則是
指庶民而言。强爲正夫，以爲餘夫。祇有這樣解釋方與《周語》、
《月令》兩篇所述藉田之制密合，而主伯亞旅强以諸詞也——有了
着落。

《國語·周語》説"庶民終於千畝"，《周禮·天官·甸師》説：
"甸師掌帥其屬而耕耨王藉，以時入之，以供齍盛。"又《周禮·天
官·冢宰》序官説："甸師下士二人，府一人，史二人，胥三十人，徒
三百人。"證明在藉田上經常勞動的，實爲甸師所屬的胥三十人和
徒三百人。

諸侯的藉參加者爲何人，無明文可考，大約當與天子的藉略
同。其完成者，據《春秋穀梁傳》所説，當亦是甸人之屬。

（5）**位置**　據《祭統》説，天子的藉在南郊，諸侯的藉在東郊。

（6）**畝數**　據《祭義》説，天子爲藉千畝，諸侯爲藉百畝。

（7）**時間**　據《周語》和《月令》説，耕藉是在孟春之月。

（8）**生產物儲藏所**　據《周語》説，在藉東南。《月令》稱爲神
倉。

（9）**生產物用途**　主要是用作"事天地、山川、社稷、先古"的祭
品。

（10）**意義**　據諸書所載，藉田的意義有二：①勸農，如虢文公
所説，"民用莫不震動恪恭於農"。②教敬，如《樂記》所説，"耕藉然
後諸侯知所以敬"；《表記》所説，"天子親耕，粢盛秬鬯以事上帝，故
諸侯勤以輔事於天子"。

總之，籍田祇是一種禮節，把宣王即位不籍千畝，理解爲"廢棄

公田制"，或者説"宣王即位，不籍千畝，這是井田制在王畿内開始崩潰的標誌，它將預示着奴隸制的危機已經到來"，都是不正確的理解，是不能成立的。

三、井田制發展發展和滅亡的過程

井田制是歷史事物，毋庸置疑，它也有一個發生發展和滅亡的過程。

大體上説，中國的井田制度是從夏初開始的。以後經過夏、商二代以至西周這一段一千多年的歷史而達到充分發展。自進入春秋以後，由於社會生產力的發展和政治的、經濟的各種原因，井田制由全盛而走向瓦解。這時，以私有制爲基礎的封建土地所有制開始萌芽，並逐漸成長起來。到了戰國時期，井田制出現了全面崩潰之勢。相對的，封建的土地所有制則日益取得統治的地位。至秦統一中國以後，井田制遂完全爲封建的土地所有制所代替。總的説，井田制是和中國奴隸社會相終始的。

1. 井田制產生前的歷史

井田制是農村公社的一種表現形式。一般地説，農村公社脱胎於大家庭公社，大家庭公社脱胎於氏族公社。

關於氏族公社，科瓦列夫斯基説：

> 氏族公社，其成員共同生活，共同耕地，並以共同收益滿足自己的需要。氏族中任何一個成員不但不能指出哪塊土地是歸他所有的，甚至也不能指出公社中哪一塊土地是歸他臨時使用的。共同經濟的產品收歸公共倉

庫,以供整個公社消費。①

關於大家庭公社,恩格斯説:

> 大家庭公社包括好幾代人,耕種着相當的地帶,並和
> 鄰居一起,像一個共同的馬爾克一樣使用四周的荒地,
> ……由於人口稀少,荒地總是很多的,因之任何爭奪土地
> 的糾紛,就没有必要了。祇是經過數世紀之後,當家庭成
> 員的人數大大增加,以致在當時的生産條件下,共同經營
> 已成爲不可能的時候,這種家庭公社才解體,以前公有的
> 耕地和草地,就按人所共知的方式,在新形成的單個農户
> 之間實行分配,這一分配起初是暫時的,後來便成爲永久
> 的,至於森林、牧場和沼地依然是公共的。②

科瓦列夫斯基總結幾種公社的依次發生過程説:

> (1)最初是具有土地共同所有制及其集體耕耘的氏
> 族公社;(2)氏族公社依照氏族支系的數目而分爲或多或
> 少的家族公社。最後,土地所有權的不可分割性和土地
> 的共同耕作制在這裏也消逝了;(3)由繼承權,即由親屬
> 等級所規定的,因而是不平等的份地制度。戰爭,殖民地
> 化等等情形人爲地改變着氏族的構成情況,並因而改變
> 了份地的大小。原先的不平等現象增强了;(4)這種不平
> 等的根源已不再在於距同一部落首領的親屬關係的遠近
> 程度,而在於表現於耕耘本身的事實上的占有。這就引
> 起了抵抗並因而發生了;(5)公社土地多少定期的重分制

---

① 馬克思:《科瓦列夫斯基〈公社土地占有制,其解體的原因、進程和結果〉一書摘要》,鄒如山等譯校,人民出版社,1965年,第23～24頁。
② 《馬克思恩格斯全集》第21卷,第161頁。

度,如此等等。①

關於中國古代的氏族公社和大家庭公社的具體情況是什麼樣子,由於史文無考,祇好暫缺。茲把堯舜禹時代留傳下來的遺聞軼事,選録一二,或者從中能窺見一些痕迹。

《韓非子·難一》説:

> 歷山之農者侵畔,舜往耕焉,期年,甽畝正。

這條材料,亦略見於《墨子·尚賢中》和《孟子·公孫丑上》,似非無稽。有人據此説舜時已實行土地私有制,這種説法,同夏商周三代還實行井田制的事實相矛盾,難以成立。最合理的解釋,應該是由大家庭公社向農村公社過渡時的情況。也正因爲大家庭公社解體,出現了爭奪土地的糾紛,土地才被劃分成"豆腐乾塊"分配給單個家庭並定期實行重新分配。也就是説,這正是井田制剛剛出現時的情況,同以私有制爲基礎的封建土地所有制是有本質上的區別的。

《尚書·益稷》記禹昌言説:

> 予決九川距四海,浚畎澮距川。

《論語·泰伯》説:

> 禹……卑宮室而盡力乎溝洫。

禹治水而把注意力放在"浚畎澮"、"盡力乎溝洫"上,則把這看成是井田制初興時的情況,當與事實相去不遠。

2. 夏后氏時的井田制

《孟子·滕文公上》説:

---

① 馬克思:《科瓦列夫斯基〈公社土地占有制,其解體的原因、進程和結果〉一書摘要》,第 33 頁。

> 夏后氏五十而貢。

這是在先秦古書上最明確的談到夏后氏井田制度的。

《左傳》哀公元年説：

> 夏少康"逃奔有虞，爲之庖正，以除其害。虞思於是
> 妻之以二姚，而邑諸綸。有田一成，有衆一旅，能布其德，
> 而兆其謀，以收夏衆，撫其官職"。

這裏的"有田一成"，根據《周禮·考工記·匠人》"九夫爲井。井間
廣四尺深四尺謂之溝，方十里爲成。成間廣八尺深八尺謂之洫"的
説法，可以看作是夏代實行井田制之一證。

《禮記·禮運》有：

> 以設制度，以立田里。

這個設施，敍在"天下爲家"之後，亦即夏后啓殺益奪權，變傳賢爲
傳子之後，説明中國之有井田制是從夏初開始。

《尚書·湯誓》説：

> 夏王率遏衆力，率割夏邑，有衆率怠弗協。曰：時日
> 曷喪，予及汝皆亡。

《湯誓》是湯伐夏的誓師之詞。誓詞着重説明了兩點。其一，是夏
桀對國人的暴虐；其二，是國人對夏桀的反抗。"有衆"肯定指的是
國人。國人反抗夏桀暴虐的辦法，是"率怠弗協"。這個"怠"字，就
是怠工，很容易瞭解。"協"字是什麽意思呢？殷墟甲骨文字有：
"王大令衆人曰：'劦田，其受年。'"這個"協"，應當就是"劦田"的
"劦"。殷人劦田，同周人耦耕相似，就是在井田制度條件下的一種
農業集體勞動方式。從"有衆率怠弗協"這條記載，也可以看出，夏
代是實行井田制的。

3. 殷人的井田制

《孟子·滕文公上》説：

　　　殷人七十而助。

這是先秦古籍中，最明確的談到殷人實行井田制的。

　　殷墟甲骨文字田字作田（粹1222），又作囲（粹1223），又作囲（粹1224），又作凷（拾6·1），又作畕（拾6·7），顯然這是殷人實行井田制，把土地劃分成"豆腐乾塊"的鐵證。有人以爲甲骨文田字不全像井字，因而否定殷代存在孟子所説的井田制，是不對的。

4. 周人的井田制

《孟子·滕文公上》説：

　　　周人百畝而徹。

這是先秦古籍中最明確的談到周人實行井田制的。實際上我們在上一章所討論的内容，就是周人的井田制。爲了避免重複，這裏就不羅縷了。本節所要討論的，主要是井田制由開始瓦解到最後滅亡的歷史。

　　馬克思説：

　　　農業公社制度所固有的這種二重性（案指"耕地是不準買賣的公共財產，定期在農業公社社員之間進行重分，因此每一個社員用自己的力量來耕種分給他的地，並把產品留爲己有"）也可能逐漸成爲公社解體的萌芽。除了外來的各種破壞性影響，公社内部就有使自己毀滅的因素。土地私有制已經通過房屋及農作園地的私有滲入公社内部，這就可能變爲從那裏準備對公有土地進攻的堡壘。這是已經發生的事情。但是，最重要的還是私人占有的泉源——小土地勞動。它是牲畜、貨幣，有時甚至奴隸或農奴等動產積累的基礎。這種不受公社控制的動產，個體交換的對象（在交換中，投機取巧起極大的作用）將日益强烈地對整個農村經濟施加壓力。這就是破壞原始的經濟平等和社會平等的因素。它把別的因素帶進來，引起公社內部各種利益和私慾的衝突，這種衝突，首先會破壞耕地的公有制，然後會破壞森林、牧場、荒地等等的公有制；一旦這些東西變成了私有制的公社附屬物，也就會逐漸變成私有了。

農業公社既然是原生的社會形態的最後階段，所以它同時也是向次生的形態過渡的階段，即以公有制爲基礎的社會向以私有制爲基礎的社會的過渡。不言而喻，次生的形態包括建立在奴隸制上和農奴制上的一系列社會。①

據我體會，上述馬克思的論述包括兩個內容。一個是農業公社滅亡的因素，另一個是農業公社滅亡以後將進入什麼形態的社會。在前一個內容裏，馬克思指出有兩種因素：一種是"外來的各種破壞性影響"，另一種是"公社內部就有使自己毀滅的因素"。在後一個內容裏，馬克思指出，農業公社是原生的社會形態的最後階段，是以公有制爲基礎的社會，它將向次生的形態過渡。這個次生的形態是以私有制爲基礎的社會。這個以私有制爲基礎的社會可能是奴隸制，也可能是農奴制或其他一系列社會。例如希臘、羅馬所謂"發達的奴隸制"當屬於次生的形態的一種，即奴隸制。中國自秦統一後，這個社會當屬於次生的形態的另一種，即農奴制。

恩格斯也談過這個問題，他說：

原始的土地公有制，一方面適應於眼界完全局限於眼前事物的人們的發展程度，另一方面則以可用土地的一定剩餘爲前提……剩餘的可用土地用盡了，公有制也

----

① 《馬克思恩格斯全集》第 19 卷，第 450 頁。

就衰落了。①

恩格斯在這裏所説的原始的土地公有制的衰落,實際上也就是説農村公社的衰落。因爲,農村公社是把土地分配給單個家庭並定期實行重新分配,這樣,剩餘的土地用盡了,當然農村公社也就衰落了。總起來看,馬克思和恩格斯所説的農村公社幾種破壞因素,對於説明中國井田制破壞的原因,我看都適用。以下就徵引一些歷史事實來作具體説明。

(1)隸農

《國語・晉語》記郭偃説:

> 吾觀君夫人也(君夫人謂驪姬),若爲亂,其猶隸農也,雖獲沃田而勤易之,將不克饗,爲人而已。

郭偃説這話大約在公元前 672 年(晉獻公伐驪戎,獲驪姬以歸)至前 616 年(晉獻公立驪姬子奚齊爲太子)之間,距周平王東遷將近一百年。郭偃用隸農作比喻,説明隸農在晉國早已出現。隸農的出現,無疑是井田制開始走向破壞的徵兆。

(2)作爰田、作州兵

《左傳》僖公十五年説:

> 晉侯(惠公)使郤乞告瑕呂飴甥,且召之。子金教之言曰:"朝國人而以君命賞。"且告之曰,"孤雖歸,辱社稷矣,其卜貳圉也"。眾皆哭。晉於是乎作爰田。
>
> 呂甥曰:"君亡之不恤,而群臣是憂,惠之至也,將若君何?"眾曰:"何爲而可?"對曰:"征繕以輔孺子,諸侯聞之,喪君有君,群臣輯睦,甲兵益多,好我者勸,惡我者懼,庶有益乎?"眾悦。晉於是乎作州兵。

---

① 《馬克思恩格斯全集》第 20 卷,第 521 頁。

這段記載,亦略見於《國語·晉語》,惟"爰田"作"轅田"。作爰田,作州兵,涉及到田制和兵制的變革。惠棟《春秋左傳補注》説:"爰田、州兵是當日田制兵制改易之始,故特書之。"這種説法是對的。但是這個"作爰田"、"作州兵"的具體內容是什麼,則説者各異。

先説作爰田。

《左傳》杜預注説:

> 分公田之税應入公者,爰之於所賞之衆。

《左傳》孔穎達疏説:

> 服虔、孔晁皆云:"爰,易也。"賞衆以田,易其疆畔。

《國語》韋昭注説:

> 賈侍中云:"轅,易也。賞衆以田,易者,易疆界也。"或云:"轅田,以田出車賦。"昭謂:"此欲賞以悦衆,而言以田出車賦,非也。"唐曰:"讓肥取磽也。"

錢大昕《廿二史考異》於"三歲更之,自爰其處"條下説:

> 按《春秋左傳》"晉於是乎作爰田",服虔、孔晁皆云"爰,易也"。《説文》爰作𤕯。"𤕯田,易居也"。《張湯》"爰書"師古訓爰爲換,換與易同義。

綜觀上述各家解釋,應以釋爰爲易,"爰田"爲"易其疆畔"爲最確。詳考上下文義,可知這個"易其疆畔",是爲了賞衆,而這個"衆",實指國人而言。到底怎樣易其疆畔呢? 原文未言。我想原來如果是一夫受田百畝,這番易其疆畔,很可能是擴大耕地面積,而絶不會是縮小耕地面積。總而言之,作爰田是對當日實行的井田制作了一次改革,則是可以肯定的。

兹説作州兵。

《左傳》杜預注説:

五黨爲州,州二千五百家也。因此又使州長各繕甲
兵。

《國語》韋昭注略同,即都是應用《周禮·大司徒》來解釋州的。
晉的州制是否同於《周禮》,無文可證。總之,從《周禮》六鄉之制和
《國語·齊語》"制國以爲二十一鄉"的制度來看,作州兵定與作爰
田有聯繫。上文已談到"甲兵益多",則此作州兵定是擴大兵源的
一種辦法。

(3)初稅畝

《春秋》宣公十五年説:

初稅畝。

《春秋公羊傳》説:

初稅畝,何以書?譏。何譏爾?譏始履畝而稅也。
何譏乎始履畝而稅?古者什一而藉?古者曷爲什一而
藉?什一者,天下之中正也。多乎什一,大桀小桀;寡乎
什一,大貉小貉。

《春秋穀梁傳》説:

初者,始也。古者什一,藉而不稅。初稅畝,非正也。
古者三百步爲里,名曰井田。井田者九百畝,公田居一。
私田稼不善則非吏,公田稼不善則非民。初稅畝者,非公
之去公田而履畝,十取一也。以公之與民爲已悉矣。

二傳解釋,本極正確。即舊制是"制公田,不稅夫",這叫做藉而不
稅。初稅畝,則是制公田又稅夫。稅夫,就是履畝而稅。這樣就是
公家在公田上已取一份勞動地租,又在私田上取一份實物地租。
結果公家所得多於什一,而形成所謂"二"。《論語·顏淵》述哀公
語説"二吾猶不足"。哀公所説的二,正是稅畝以後的情況。

郭沫若同志改易舊説,説是"魯國正式宣布廢除井田制,承認

私田的合法性而一律取税"。這乃是由於他錯誤地解釋私田,而邏輯地引出的結論,肯定是不能成立的。

但是於私田内又收取一份實物地租這一事實,儘管是奴隸主階級貪得無厭,加重剥削,也反映生産力有了提高,有了加重剥削的可能。而這一點,確實是井田制行將破壞的一個因素。

(4)作丘甲

《春秋》成公元年説:

> 三月,作丘甲。

《春秋公羊傳》説:

> 三月作丘甲何以書? 譏。何譏爾? 譏始丘使也。

《春秋穀梁傳》説:

> 作,爲也。丘爲甲也。丘甲國之事也,丘作甲,非正也。丘作甲之爲非正,何也? 古者立國家,百官具,農工皆有職以事上。古者有四民:有士民,有商民,有農民,有工民。夫甲非人人之所能爲也,丘作甲,非正也。

《左傳》説:

> 爲齊難,故作丘甲。

三傳的解釋,以《公羊傳》和《左傳》的解釋爲確。作丘甲,實際上是爲了擴大兵源。甲兵二字的本義固指武器,但後來引申爲使用這種武器的人。此處的甲應是指人,即戰士。《穀梁傳》仍舊用本義解釋,目爲盔甲的甲,是錯誤的。魯人的作丘甲,應與晉人的"作州兵",鄭人的"作丘賦"一樣,都是擴大兵源的一種辦法。

古時,兵制和田制有密切的聯繫。兵制的改革,不能不牽涉及田制的改革。所以,魯人作丘甲,也可以看作是井田制不能繼續下去的一個證據。

(5)爲田洫

《左傳》襄公十年説：

> 初，子駟爲田洫，司氏、堵氏、侯氏、子師氏皆喪田焉。

又，襄公三十年説：

> 子産使都鄙有章，上下有服，田有封洫，廬井有伍。

子駟、子産都是鄭國的當權者。他們的"爲田洫"和"田有封洫，廬井有伍"，實質上都是維護井田制，使免遭破壞。正由於他們爲田洫而司氏等族喪田，説明這幾族是井田制的破壞者。一方竭力維護，另一方則竭力破壞，表明當時鄭國的井田制正處在岌岌可危之中。

(6)作丘賦

《左傳》昭公四年説：

> 鄭子産作丘賦，國人謗之曰："其父死於路，己爲蠆尾，以令於國，國將若之何？"子寬以告。子産曰："何害？苟利社稷，死生以之。且吾聞爲善者不改其度，故能有濟也。民不可逞，度不可改。《詩》曰：禮義不愆，何恤於人言。吾不遷矣。"

鄭子産的作丘賦當與魯成公的作丘甲一致，都是爲了擴大兵源而采取的措施，當時變更兵制，必然也變更田制，證明鄭魯兩國的井田制已同樣日益破壞。

(7)用田賦

《春秋》哀公十二年説：

> 春，用田賦。

《春秋公羊傳》哀公十二年説：

> 春用田賦，何以書？譏。何譏爾？譏始用田賦也。

《春秋穀梁傳》哀公十二年説：

> 古者公田什一，用田賦，非正也。

《左傳》哀公十一年説：

> 季孫欲以田賦，使冉有訪諸仲尼。仲尼曰："丘不識也。"三發。卒曰："子爲國老，待子而行，若之何子之不言也？"仲尼不對，而私於冉有曰："君子之行也，度於禮，施取其厚，事舉其中，斂從其薄，如是則以丘亦足矣。若不度於禮而貪冒無厭，則雖以田賦，將又不足。且子季孫若欲行而法，則周公之典在，若欲苟而行，又何訪焉？"弗聽。

《國語·魯語》説：

> 季康子欲以田賦，使冉有訪諸仲尼。仲尼不對，私於冉有曰："求來！汝不聞乎？先王制土，籍田以力而砥其遠邇，賦里以入而量其有無，任力以夫而議其老幼，於是乎有鰥寡孤疾，有軍旅之出則徵之，無則已。其歲，收田一井，出稷禾、秉芻、缶米，不是過也，先王以爲足。若子季孫欲其法也，則有周公之籍矣。若欲犯法，則苟而賦，又何訪焉？"

綜觀以上三傳及《國語》的解釋，最可據者實無如《國語》。公、穀二傳空洞無物，等於没有解釋，《左傳》則有剿襲《國語》的嫌疑。孔廣森《公羊通義》釋用田賦，即引用《國語》這段文字。他根據《五經異義》周禮説："有軍旅之歲，一井九夫，百畝之賦出稷禾二百四十斛，秉芻二百四十斤，釜米十六斗。"然後他下斷語説，"謂此田賦也"。在此以後，又作詳細説明。説：

> 古者公田藉而不税，有武事然後取其賦。故賦之字從貝從武。昔伯禽徂征淮夷，芻茭餱糧，郊遂峙之，田賦之法也。今魯用田賦者，是無軍旅之歲，亦一切取之，屬

民甚矣。稅畝本無其制故言初，田賦本有其制，特不宜非
時用之，故言用，傳例曰："用者，不宜用也。"

孔說可能是對的。總之，用田賦是加重對人民的剝削。它是稅制
的變革，不是田制的變革，但也像初稅畝一樣，最終必然導致田制
的改革。

(8)賣宅圃

《韓非子·外儲說左上》記趙襄子時事說：

中牟之人棄其田耘，賣宅圃，而從文學者邑之半。

趙襄子生當春秋戰國之交。這條記載表明這時井田制還未完全破
壞，但正在加速破壞中。"棄其田耘"表明這時井田制還存在，故祇
能放棄而不能出賣。但宅圃能賣，則耕地之能賣，祇是時間上的問
題，井田制的破壞已成爲不可避免的了。

我國古代沒有論述井田的專門著作。今天我們研究井田制，
祇能靠一些古書談其他問題時透露出的一鱗一爪。通過上文的探
討，則井田制在春秋這一歷史時期中，已日益解體，是沒有問題了。
其原因，首先在於社會生產力的發展，例如鐵制農具的使用，牛耕
的出現等，都是。馬克思和恩格斯所指出的幾條破壞因素，應該
說，也都在起作用。司馬遷說："《春秋》之中，弑君三十六，亡國五
十二，諸侯奔走不得保其社稷者，不可勝數。"(《史記·太史公自
序》)這個時期發生這樣大的變化，井田制怎能不受到影響呢？

(9)需要說明的幾個問題

還有幾個問題，需要在這裏作補充說明。

第一，周宣王即位，不籍千畝的問題。

《國語·周語》說："宣王即位，不籍千畝。"本來是說周宣王即
位不行籍田禮，有些歷史書竟把它說成是廢除井田制，而且社會上
流行甚廣，有很大影響，這就不能不本着實事求是的精神，予以糾
正。關於籍田問題，在上一章中已作了專題討論，不準備在這裏重

複。不過,在這裏還應當着重説明,這條材料不能説明周宣王時已廢除井田制。

第二,相地而衰徵的問題。

《國語•齊語》説:

> 桓公曰:"伍鄙若何?"管子對曰:"相地而衰徵,則民不移;政不旅舊,則民不偷;山澤各致其時,則民不苟;陸阜陵墐,井田疇均,則民不憾;無奪民時,則百姓富;犧牲不略,則牛羊遂。"

這裏的"相地而衰徵",有人説,這是"打破井田的限制,按土地好壞征收貢税"。有人説:"管仲廢除井田制,改爲按土地的肥瘠定賦税的輕重。"總之,都認爲管仲在爲齊桓公稱霸設計時,已經有了廢除井田制這個項目。我不同意這個觀點。

事實上,管仲在這裏向桓公談了六個問題。井田的問題是在第四個問題裏談的。"陸阜陵墐"是屬於恩格斯在《馬爾克》裏所説的"位置和土質"的問題。"井田疇均"則是要求分配到土地的人如馬克思在《給維•伊•查蘇利奇的覆信草稿——三稿》中所説的"使自己的勞動機會均等"。這分明是實行井田制的必要措施,怎能説是"打破井田的限制"或"廢除井田制"呢?

不僅如此,《荀子•王制》也有"田野什一,關市幾而不徵;山林澤梁以時禁發而不税,相地而衰政;理道之遠近而致貢;通流財物粟米,無有滯留,使相歸移也;四海之內若一家"的記載。荀子在這裏也談了六個問題。第一個問題談的是"田野什一",則第四個問題所談的"相地而衰政",不是田制或税制的問題,已經非常明顯了,怎能理解這個"相地而衰政(古政可讀爲徵,反之徵也可讀爲政)"爲廢除井田制呢?

《管子•乘馬數》説:"郡縣上臾之壤守之若干,間壤守之若干,下壤守之若干,故相壤定籍,而民不移。"這裏的相壤,就是相地。

因爲壤有上中(間就是中)下之分,所以需要相。相壤是爲了什麼呢?《齊語》和《荀子》都說是爲了"衰政",而《管子》說是爲了"定籍"。看來"衰徵"或"衰政"所說的不是別的,就是"定籍"。祇有是定籍,才能談到"而民不移"。所以《齊語》的"井田疇均"是談田制,而"相地而衰徵"所談的則是定居。二者完全是兩回事。不顧上下文義,依靠主觀武斷來論定歷史重大問題,肯定不是一個馬克思主義者應有的態度。

第三,書社的問題。

有人把"書社"看成是一種土地制度,我不同意這種看法。我認爲,這是誤讀古書,而作出的不符合實際的論斷。現在就把先秦古籍中出現有書社二字連用在一起的,列舉如下,然後再加以分析。

《左傳》哀公十五年說:

> 昔晉人伐衛,齊爲衛故伐晉冠氏,喪車五百,因與衛地自濟以西、禚、媚、杏以南書社五百。

《管子·小稱》說:

> 公子開方以書社七百下衛矣。

《管子·版法》說:

> 武王伐紂,士卒往者,人有書社。

《晏子春秋·内篇雜下》說:

> 昔吾先君桓公以書社五百封管仲。

《商君書·賞刑》說:

> 武王與紂戰於牧野之中,大破九軍,卒裂土封諸侯,士卒坐陣者,里有書社。

《荀子·仲尼》說:

　　與之書社三百，而富人莫之敢距也。

《呂氏春秋·愼大》説：

　　武王勝殷……諸大夫賞以書社。

《呂氏春秋·知接》説：

　　衛公子啓方以書社四十下衛。

《呂氏春秋·高義》説：

　　請以故吴之地陰江之浦書社三百以封夫子。

《史記·孔子世家》説：

　　昭王將以書社地七百里封孔子。

　　兹還把舊時各家對於書社的解説，撮録如下：

　　《呂氏春秋·知接》高誘注説："社二十五家也。四十社凡千家。"

　　《左傳》哀公十五年杜預注説："二十五家爲社，籍書而致之。"

　　《荀子·仲尼》楊倞注説："書社謂以社之户口書於版圖。《周禮》二十五家爲社。"（盧文弨説："注所引《周禮》出《説文》，乃古周禮説也。"）

　　《史記·孔子世家》司馬貞索隱説："古者二十五家爲里，里則各立社，則書社者，書其社之人名於籍。"

　　《管子·小稱》某氏注説："古者群居，二十五家則共置社，謂以社數書於策。"

　　綜觀上述諸書和各家注釋，可以肯定書社二字没有構成一個概念。書社二字連用，都是記述賞賜土地（包括人民）或獻納土地。古書也有記述同類事實而不稱書的。例如，

　　《左傳》昭公二十五年説：

　　齊侯曰："自莒疆以西，請致千社以待君命。"

《晏子春秋·内篇雜下》説：

> 景公禄晏子以平陰與稾邑反市者十一社。

《戰國策·秦策》説：

> 秦王使公子他之趙，謂趙王曰："齊與大國救魏而倍約，不可信恃，大國不義，以告弊邑，而賜之二社之地以奉祭祀。"

這幾條材料，即不稱書社，證明書社不是一個概念。大抵社之爲名，略同於邑，二者都是人民聚居的地方。邑有"十室"、"百室"之異，社也不見得都是二十五家。邑是從居住的區域取義，社則是從居住區域的人都立社取義。"書社"一語，當依《禮記·曲禮上》"獻田宅者操書致"作解。書社的書，就是"書致"的書。孔穎達疏説："書致謂圖書於版，丈尺委曲書之而致之於尊者也。"其説至確。譬如舊日致送禮品，往往附有禮單。特別是如房屋、土地一類東西，不能持贈，就必須將品名、數量、座落等開列詳細清單交付對方，以便對方憑以收領。所以，把書社看成是一種土地制度，我認爲是錯誤的。

(10) 戰國時期井田制的情況

戰國時期井田制的情況，可以從下述一些材料得到證明。

《吕氏春秋·樂成》説：

> 史起對曰："魏氏之行田也以百畝，鄴獨二百畝，是田惡也。"

史起所説的情況是指魏文侯時，證明當時（即戰國初期）魏國的井田制還未完全破壞。然而"李悝教魏文侯作盡地力之教，以爲地方百里提封九萬頃，除山澤邑居參分去一，爲田六百萬頃"（《漢書·食貨志》），即把可耕土地面積完全計算在内，不留剩餘土地，消滅了"公共馬爾克"，則井田制自然亦不能不因此而歸於殘破或廢止。

《史記·商君列傳》記商鞅變法有：

> 爲田開阡陌封疆。

這個"開阡陌封疆"，蔡澤説是"決裂阡陌"（《史記·范雎蔡澤列傳》），即劃破五溝五途。董仲舒則以爲"除井田，民得買賣"（《漢書·食貨志》）。總之，這是自上而下用行政力量來廢除井田的一個最明確的證據。

然而齊威王封即墨大夫萬家，已稱"田野闢"（《史記·田敬仲完世家》），孟子至齊，亦曾以"制民之產"語齊宣王（《孟子·梁惠王上》）。特別是滕文公欲行井田，而不知道井田是什麼樣子，還要使畢戰問孟子。可見這時東方各國雖然沒有商鞅變法，而事實上井田制已不存在了。

《史記·廉頗藺相如列傳》記趙括母上書於王説：

> 今括一旦爲將……王所賜金帛歸藏於家，而日視便利田宅可買者買之。

《史記·白起王翦列傳》説：

> 王翦行，請美田宅園池甚衆。

以上兩條材料證明，在戰國後期，秦、趙兩國的井田制已徹底破壞了。

但《荀子·大略》説：

> 故家五畝宅，百畝田，務其業而勿奪其時，所以富之也。

又《王霸》説：

> 匹夫則無所移之。百畝一守，事業窮，無所移之也。

即在孟子、荀子等儒家思想中，還認爲井田制不應廢除，已廢除的，還要恢復。反映行井田和廢井田的鬥爭，終戰國之世，並沒有解決。

秦始皇統一中國,除了廢分封,置郡縣,並令黔首自實田。自此以後,井田制遂隨着社會的變革而掃地無餘。亦即井田制至此已完成了它的發生發展和滅亡的全部歷史。

四、井田制的所有制問題

井田制的所有制問題,也是應當提出討論的一個重要問題。當前史學界最流行的是郭沫若同志的觀點。郭沫若同志説:

> 古代中國的土地所有制,在殷周時代是土地國有制……周代的詩所説的“普天之下,莫非王土,率土之濱,莫非王臣”所表明的就是這種土地國有制的實際。一國的統治者,自殷代以來,是具有很高的權力的。據説,國王是天的兒子(“天子”),天(也稱爲“上帝”,它其實是國王的影子)把全國的土地和人民授予給他的兒子讓他統治,一國的土地和人民都是國王的家產。國王把他所有的可耕地和勞動力,分配給臣下們使用,因而臣下們所有的土地和耕者,祇是他們所享有,而不是他們的私有。臣下們有罪或以其他的原因,國王可以隨時收回所分配的土地和勞力。這樣的情形,在春秋時代的前半期,都還常常見於記録。儘管當時的周王已經淪落得可憐,如同一個小小的諸侯,而他對於他所直屬的臣下,仍然有奪回土地另行分配的權力。①

郭沫若同志的這種説法對不對呢?我看也對也不對,總的説,還是不對。我説他對,是因爲他説“殷周時代是土地國有制”。説他不

①　《奴隸制時代》,人民出版社,1977年,第4～5頁。

對,是因爲他把土地國有制解釋爲天子一人所有。事實上,當時的土地不是爲天子一人所有,而是分別爲天子、諸侯及卿大夫各種"有地者"所有。所以,我認爲,他的説法,總的説還是不對。

在這裏需要弄清兩個問題:一個是國家的主權者和國家的土地所有者的問題;另一個是對於郭沫若同志所引周詩的詩義應如何理解的問題。

關於第一個問題,應該指出,國家的主權者和國家的土地所有者不是一回事。

例如,馬克思説過:"如果不是私有土地的所有者,而像在亞洲那樣,國家既作爲土地所有者,同時又作爲主權者而同直接生產者相對立。"①這就説明國家的主權者和國家的土地所有者不是一回事。郭沫若同志所説的"臣下們有罪或以其他的原因,國王可以隨時收回所分配的土地和勞力",這是屬於國家主權者行使權力的範圍,不能用來證明這個土地一定爲國家的主權者所有。一如中國封建社會的皇帝,有權没收一切臣下的土地,但不能用此來否定當時有私人地主。所以郭沫若同志的這一論點是缺乏説服力的。

關於第二個問題,即郭沫若同志所引周詩的詩義應如何理解的問題。爲了鄭重起見,兹先從先秦古書中找出幾處引用這個詩句的,看看它們都是怎樣理解的。

《左傳》昭公七年説:

> 天子經略,諸侯正封,古之制也。封略之内,何非君土? 食土之毛,誰非君臣? 故《詩》曰:"普天之下,莫非王土,率土之濱,莫非王臣。"天有十日,人有十等,下所以事上,上所以共神也。故王臣公,公臣大夫,大夫臣士,士臣皁,皁臣輿,輿臣隸,隸臣僚,僚臣僕,僕臣臺。馬有圉,牛

---

① 《馬克思恩格斯全集》第25卷,第891頁。

有牧。

《孟子·萬章上》説：

> 咸丘蒙曰："舜之不臣堯，則吾既得聞命矣。《詩》云'普天之下，莫非王土，率土之濱，莫非王臣'，而舜既爲天子矣，敢問瞽瞍之非臣如何？"曰："是《詩》也，非是之謂也。勞於王事而不得養父母也。曰，此莫非王事，我獨賢勞也。故説《詩》者，不以文害辭，不以辭害志，以意逆志，是爲得之。如以辭而已矣，《雲漢》之詩曰'周餘黎民，靡有孑遺'，信斯言也，是周無遺民也。"

《荀子·君子》説：

> 天子也者，勢至重，形至佚，心至愈。志無所詘，形無所勞，尊無上矣。《詩》曰"普天之下，莫非王土，率土之濱，莫非王臣"，此之謂也。

《韓非子·説林上》説：

> 温人之周，周不納客。問之曰："客耶？"對曰："主人。"問其巷而不知也。吏因囚之。君使人問之曰："子非周人也，而自謂非客，何也？"對曰："臣少也誦《詩》，曰'普天之下，莫非王土，率土之濱，莫非王臣'，今君天子，則我天子之臣也，豈有爲人之臣，而又爲之客哉？故曰主人也。"君使出之。

上述四書，都引過周詩的這個詩句，仔細分析，咸丘蒙和郭沫若同志一樣，都是認爲周詩所説的是實有其事。咸丘蒙經過孟子開導以後，大概明白了，詩是藝術，不同於歷史科學。李白詩有"白髮三千丈"，從藝術的角度看，是極好的詩，反之，不是從藝術的角度，而是從歷史科學的角度來看，則李白簡直是撒了一個彌天大謊，有什麽可以稱道的呢？温人則不然，他是明明知道這個詩的本意是什麽，而故意裝作不懂,藉以戲弄周人。至《左傳》引詩則主要從國家的主權者這一方面談問題。關於土地的所有者這一方面的問題,在"天子經略,諸侯正封,封略之內,何非君土"這段文字裏,已經談得很清楚。即明白指出諸侯也是一個土地所有者,並不認爲"普天之下,莫非王土"是一個合乎實際的論述。荀子引詩,祇在證明天子是"尊無上",即主權者方面的問題,並不涉及土地所有者的問題。

總而言之,古人讀此詩,除咸丘蒙外都知道"普天之下,莫非王土",不是當時的真實情況,而郭沫若同志講土地國有制時卻用它來作證明,說"一國的土地和人民都是國王的財產",十分明顯,這是誤解詩意,是不能成立的。

實際古書上有很多地方,正確地談到周代的土地所有制問題。茲列舉如下。

《儀禮·喪服》傳說:"君謂有地者也。"又"君"字下鄭玄注說:

　　天子諸侯及卿大夫有地者,皆曰君。

君是一個國家的主權者的名稱,但在當時,它又是一個國家的土地所有者。這正是當時的土地制度所以稱爲土地國有制的真實意義。

《左傳》襄公二十五年鄭子產說:

　　昔天子之地一圻,列國一同,自是以衰。

《國語·周語》記晉文公請隧,周襄王不許,說:

　　昔我先王之有天下也,規方千里以爲甸服,以供上帝山川百神之祀,以備百姓兆民之用,以待不庭不虞之患,其餘以均分公侯伯子男,使各有寧宇,以順及天地,無逢其災害。

《禮記·禮運》說:

　　故天子有田以處其子孫,諸侯有國以處其子孫,大夫有采以處其子孫,是謂制度。

以上所引,後三條材料同第一條《儀禮》鄭注的説法是一致的。可以相信,這是當時土地所有制的真實情況。具體説,天子畿内的土地爲天子所有,諸侯封内的土地爲諸侯所有,卿大夫采内的土地爲卿大夫所有。由此可見,郭沫若同志把土地國有制解釋爲天子一人所有,是不符合實際情況的,因而是不能成立的。

郭沫若同志還説:

> 金文中《曶鼎》、《矢人盤》(即《散氏盤》)都可以作爲當時貴族已有私田的證明。有了私田,也便有了地主,但最初未經法律規定而已。後來"私肥於公",法律便生出改變,承認公田亦歸私有,而於公私田也一律取税,於是非法定地主變成爲法定地主。[1]

郭沫若同志的這一觀點是自他的土地都是天子一人所有的觀點引申出來的。其實,金文中《曶鼎》、《矢人盤》的貴族都是卿大夫一級人物。他們本來就是"有地者",並不是井田制破壞以後新出現的封建土地所有制的地主。由於郭沫若同志這一錯誤觀點在當前史學界有很大影響,所以不怕麻煩,又在這裏作了補充説明。

馬克思説:

> 如果不是私有土地的所有者,而像在亞洲那樣,國家既作爲土地所有者,同時又作爲主權者而同直接生産者相對立⋯⋯在這裏,國家就是最高的地主。在這裏,主權就是在全國範圍内集中的土地所有權。但因此那時也就没有私有土地的所有權,雖然存在着對土地的私人的和共同的占有權和使用權。[2]

---

[1] 《奴隸制時代》,人民出版社,1977 年,第 238 頁。
[2] 《馬克思恩格斯全集》第 25 卷,第 891 頁。

恩格斯説：

　　在整個東方,公社或國家是土地的所有者,在那裏的語言中甚至都没有地主這個名詞。[1]

馬克思恩格斯二位導師所説的"亞洲"或"東方"的情況,事實上也包括了古代中國的情況。古代中國的土地所有制正是"國家既作爲土地所有者,同時又作爲主權者而同直接生産者相對立",或"國家是土地的所有者"。不過,這個"國家",不能用"普天之下,莫非王土"來解釋,而要把天子的畿,諸侯的國,卿大夫的采,都看成是國家。

　　井田制的特點是把土地分配給單個家庭並定期實行重新分配。亦即直接生産者對土地祇有私人的和共同的占有權和使用權,而没有私有土地的所有權。馬克思又把它叫做"公有制"。[2]這個公有制和國有制,在這裏實際上是同一的概念,意思都是説没有私人地主。

　　　　　　　　　（《吉林大學社會科學報》1981 年第 1 至 4 期）

---

[1]　《馬克思恩格斯全集》第 20 卷,第 192 頁。
[2]　同上第 19 卷,第 450 頁。

中國奴隸社會史

（據上海人民出版社 1983 年版）

目　録

序 ……………………………………………………………（1933）

第一章　夏——中國由氏族社會向奴隸制國家轉變的過渡時期

………………………………………………………………（1939）

　第一節　中國奴隸制國家產生的前提條件 ……………（1939）

　　一、從"五帝"説起………………………………………（1939）

　　二、堯舜禹時代的部落聯盟………………………………（1942）

　　三、禹在歷史上所起的巨大作用…………………………（1951）

　第二節　啓是中國奴隸制國家的開創者 ………………（1956）

　　一、從取得政權這一方面來看……………………………（1958）

　　二、從行使政權這一方面來看……………………………（1962）

　第三節　夏原爲地名，後來用作朝代的名稱，中國歷史上不存在

　　　　　"夏部落" ……………………………………………（1964）

　第四節　夏代是由氏族制度向奴隸制國家過渡的時期 ………

　　………………………………………………………………（1968）

　　一、夏代是過渡時期………………………………………（1968）

　　二、夏代的幾個重大歷史事件……………………………（1972）

　第五節　夏代的階級鬥争 ………………………………（1975）

　　一、羿、浞搆亂，少康中興………………………………（1975）

　　二、夏桀暴虐，商湯滅夏…………………………………（1979）

　第六節　夏代的農業、手工業、建築和天文曆法 ………（1980）

　　一、農業……………………………………………………（1981）

二、手工業···（1982）

三、建築···（1983）

四、《夏時》和《夏小正》·····································（1984）

第二章　商——中國奴隸社會國家的形成和發展時期 ···（1986）

第一節　商的起源 ···（1986）

一、商文化起源於我國北方·································（1986）

二、殷商稱號的由來···（1989）

第二節　商代社會概述 ·····································（1991）

一、社會的基本情況···（1991）

二、商三十一王的統治概況·································（1998）

第三節　商代的社會生產概況 ···························（2004）

一、農業··（2004）

二、畜牧業和漁獵··（2006）

三、手工業··（2009）

第四節　商代的階級鬥爭和對外邦外族的鬥爭 ·········（2012）

一、馬克思主義關於奴隸社會階級鬥爭特點的論述·····

···（2012）

二、商代的階級···（2014）

三、商代的階級鬥爭···（2018）

四、商對外邦外族的鬥爭····································（2021）

第五節　商代的思想文化 ···································（2022）

一、文字··（2022）

二、宗教··（2025）

三、醫藥··（2030）

四、哲學··（2030）

五、藝術··（2032）

六、音樂··（2033）

第三章　西周──中國奴隸社會的全盛時期 ……………（2034）

第一節　周的興起 ………………………………………（2034）

第二節　周人是怎樣奪取政權的 ……………………（2038）

　一、文王準備滅商………………………………………（2038）

　二、武王伐紂滅商………………………………………（2040）

　三、周政權的建立………………………………………（2042）

第三節　周人是怎樣鞏固政權的 ……………………（2045）

　一、救亂、克殷、踐奄…………………………………（2046）

　二、建侯衛………………………………………………（2048）

　三、營成周………………………………………………（2050）

　四、制禮作樂……………………………………………（2052）

　五、致政成王……………………………………………（2057）

第四節　中國奴隸社會全盛時期的若干特點 ………（2058）

　一、井田制………………………………………………（2059）

　二、分封制………………………………………………（2065）

　三、宗法制………………………………………………（2069）

　四、禮……………………………………………………（2076）

第五節　西周時期的階級鬥爭和民族鬥爭 …………（2081）

　一、西周時期的階級……………………………………（2081）

　二、西周時期的階級鬥爭………………………………（2088）

　三、西周時期的民族鬥爭………………………………（2090）

第六節　西周的生產工具和生產技術 ………………（2095）

　一、農業…………………………………………………（2096）

　二、手工業………………………………………………（2101）

第七節　西周的思想文化 ………………………………（2105）

　一、宗教…………………………………………………（2105）

　二、哲學…………………………………………………（2108）

　三、科學…………………………………………………（2117）

四、文學……………………………………………（2119）

五、音樂……………………………………………（2121）

第四章　春秋——中國奴隸社會的衰落時期……………（2124）

第一節　五霸迭興和政權下移…………………………（2126）

一、序幕階段………………………………………（2127）

二、高潮階段………………………………………（2132）

三、持續階段………………………………………（2146）

四、尾聲階段………………………………………（2160）

第二節　春秋時期在井田、分封、宗法和禮等幾個方面所發生的
　　　　變化………………………………………（2172）

一、井田……………………………………………（2173）

二、分封……………………………………………（2175）

三、宗法……………………………………………（2177）

四、禮………………………………………………（2178）

第三節　春秋時期的民族鬥爭與融合…………………（2179）

一、華夏族與西方諸戎的鬥爭和融合……………（2180）

二、華夏族與北方諸狄的鬥爭和融合……………（2182）

三、華夏族與南方盧戎、群蠻、百濮、巴等各族的鬥爭和融合
　　………………………………………………（2186）

四、華夏族與東方諸夷的鬥爭和融合……………（2187）

第四節　春秋時期的經濟………………………………（2189）

一、農業……………………………………………（2189）

二、手工業…………………………………………（2192）

三、商業……………………………………………（2194）

第五節　春秋時期的思想文化…………………………（2197）

一、春秋時期的思想………………………………（2197）

二、春秋時期的文化………………………………（2235）

第五章　戰國——中國由奴隸社會向封建社會轉變的時期

………………………………………………………………（2251）

第一節　戰爭是戰國時期一個最突出的特點 …………（2251）

一、從兵源來看…………………………………………（2252）

二、從防禦工事來看……………………………………（2252）

三、從將帥來看…………………………………………（2254）

四、從戰爭技術來看……………………………………（2254）

五、從戰爭工具來看……………………………………（2254）

六、從戰爭規模來看……………………………………（2255）

七、從後勤供應來看……………………………………（2256）

第二節　戰國七雄 ………………………………………（2257）

一、秦……………………………………………………（2258）

二、楚……………………………………………………（2260）

三、齊……………………………………………………（2262）

四、魏……………………………………………………（2264）

五、趙……………………………………………………（2267）

六、韓……………………………………………………（2270）

七、燕……………………………………………………（2271）

第三節　戰國時期的士 …………………………………（2273）

一、名相…………………………………………………（2276）

二、名將…………………………………………………（2276）

三、遊説之士……………………………………………（2278）

四、學士…………………………………………………（2278）

五、高士…………………………………………………（2279）

六、義俠之士……………………………………………（2279）

第四節　戰國時期在政治制度方面的一些重大改革 …（2281）

一、魏文侯的改革………………………………………（2281）

二、吳起在楚變法………………………………………（2284）

金景芳全集

三、商鞅在秦變法 …………………………………………（2285）

四、申不害相韓 ……………………………………………（2289）

五、齊威王的發憤圖強 ……………………………………（2290）

六、燕王噲的讓國 …………………………………………（2291）

七、戰國官制的改革 ………………………………………（2294）

第五節　戰國時期經濟的新發展 ……………………………（2295）

一、農業 ……………………………………………………（2295）

二、手工業 …………………………………………………（2300）

三、商業 ……………………………………………………（2308）

第六節　戰國時期中國境內的各少數民族 …………………（2315）

一、創造了燦爛文化的中山國 ……………………………（2316）

二、北方與西方的其他少數民族 …………………………（2318）

三、南方與東方諸少數民族 ………………………………（2322）

第七節　戰國時期大放異彩的思想界和燦爛的文化藝術 ……
　　　　　　　　　　　　　　　　　　　　　　　　　　（2325）

一、戰國時期的思想界 ……………………………………（2326）

二、戰國時期燦爛的文化藝術 ……………………………（2375）

第八節　諸侯割據稱雄局面的結束和秦的統一的封建的專制主
　　　　義中央集權國家的建立 …………………………（2391）

序

早在六七年前，我就有志於寫這部《中國奴隸社會史》，而其時"四人幫"橫行，環境不允許。

現在，"四人幫"妖氛終於得到廓清，我國歷史進入一個新的歷史發展時期。近幾年來，全國人民在中國共產黨黨中央領導下，以實現"四個現代化"爲目標，正以勝利地完成二萬五千里長征的英雄氣概進行新的長征。在這樣大好形勢的鼓舞下，我亦歡喜若狂，不知老之將至，昕夕握管，幾忘寢食，兼有同志們的協助，自1978年經始，僅歷一個寒暑，一部三十餘萬字的《中國奴隸社會史》，即全部殺青。快慰之餘，念及我今年已七十有七，成書不易，這部書裏面實凝結着我的半生心血，不揣庸陋，願將此書公諸學術界，作爲我的芹曝之獻。

由於馬克思主義水平和歷史專業水平的限制，我寫的這部書不可能沒有缺點錯誤，但有一點敢奉告讀者，就是我沒有依草附木，隨波逐流。我說的是自己的話，走的是自己的道路。

爲了實現科學技術現代化，黨中央一再號召要解放思想。我是搞中國古代史的，根據我的經驗體會，針對現在存在的問題，我認爲今後的中國古代史研究，應當注意以下兩點。

（一）要堅持馬克思主義，反對形形色色的唯心論和形而上學。

應用馬克思主義理論指導歷史研究，是新史學區別於舊史學的最基本的特徵。在今天我國的歷史條件下，公開反對用馬克思主義指導歷史研究的，已經沒有了。但是事實上有意無意地應用唯心論和形而上學來指導歷史研究的，我看不是個別的。在當前這個重要時刻，及時地指出來，以引起人們的注意，可能是有益的。

　　1. 翻開現在一些歷史著作看一下，有一個共同現象值得注意，這就是往往把奴隸社會的階級和階級鬥爭的具體存在形式同資本主義社會的階級和階級鬥爭等量齊觀，不考慮馬克思主義已經明白地告訴我們，資本主義社會的階級是非等級的階級，而奴隸社會的階級是等級的階級；資本主義社會的階級鬥爭是在兩大相互直接對立的階級之間進行，而奴隸社會的階級鬥爭，如列寧所說，奴隸社會的奴隸"甚至在歷史上最革命的時機，還是往往成爲統治階級手下的小卒"。① 對於這個問題，祇要讀一讀《共產黨宣言》頭兩頁，就不會產生上述這樣的錯誤。然而，人們就是不認真運用馬克思主義經典著作來指導歷史研究。

　　我曾經特地研究過這個問題。爲什麼今天編著的歷史著作，談到奴隸社會乃至封建社會的階級和階級鬥爭，都用資本主義社會的階級和階級鬥爭作爲公式來生搬硬套呢？恐怕原因在於全國解放初期出版的一本《社會發展簡史》。那上面有這樣的說法："奴隸的革命，消滅了奴隸占有者，廢止了奴隸占有制的剝削勞動者的形式。"這種說法是不確切的，可是，這種說法長期以來廣泛地在社會上傳播。事實上，奴隸革命不能消滅奴隸主階級，奴隸制度也不是奴隸革命廢止的。馬克思、恩格斯、列寧從來沒有這樣說過。這一說法既不符合歷史實際，又背離了馬克思主義理論。

　　馬克思、恩格斯對於古代史研究極爲重視。他們對於他們那個時代所能看到的所有有關古代史的重要著作，都作過深入的研究。例如，摩爾根的《古代社會》，毛勒的《馬爾克制度、農戶制度、鄉村制度、城市制度和公共政權的歷史概況》，等等，馬克思、恩格斯都研究過，並給以很高的評價。馬克思、恩格斯正是在運用自己的正確的觀點研究了別人的科學成果的基礎之上，總結出一整套

---

　　① 　見《列寧全集》第 29 卷，第 442 頁。

古代史理論。我們不用它指導古代史研究，那麼，犯這樣那樣的錯誤，就不是什麼奇怪的事了。

2. 可能是怕被批評爲"煩瑣考證"等原因，多年來社會上形成一種風氣，搞古代史的，多半不讀古書。不讀古書，自然不能從歷史實際出發，獨立地研究問題解決問題，而祇能是暖暖姝姝株守一先生之言。即使一二出名的古史著述，也不難發現一些這類比較嚴重的缺點和錯誤。最常見的，一是誤解，二是曲解。例如，講井田，説"井田是分配給臣下作爲俸禄"，講宗法，説"天子是天下的大宗"之類，就是誤解。把"宣王即位，不籍千畝"説成是"井田制在王畿内開始崩潰的標誌"，把"三分公室"説成是"季孫氏采用了封建的剥削方法，叔孫氏仍用奴隸制的剥削方法，孟孫氏走了中間路綫"，把"四分公室"説成是"三家都采用了封建的剥削方法，於是魯國就形成了封建社會，它的政權已經是代表地主階級的了"之類，就是曲解。依靠誤解、曲解古書的辦法來論定歷史上的重大問題，顯然這是歷史唯心論的一種表現。沿着這條道路走下去，中國古代史將永遠不能變成科學。如果想變成科學，就一定要搞唯物論，不搞唯心論，搞唯物論就一定要從歷史實際出發，不能從主觀願望出發。從歷史實際出發，就必須讀古書，必須認真地讀古書。

3. 過去有一種時髦的提法，叫做"以論帶史"，曾經喧囂一時，影響極壞。這實際上是打着重視馬克思主義理論的招牌，販賣唯心主義的貨色。那麼，什麼是"以論帶史"呢？説穿了就是從概念出發。當然，他們所説的"論"，也並不是完整的準確的論，他們所説的"史"，多半是任意割裂、任意歪曲的史。總之，是爲唯心主義服務，僅僅在外面貼上一個馬克思主義標籤罷了。

4. 歷史要爲當前的政治服務，這條原則本身無疑是對的。學歷史不爲當前的政治服務，難道爲古代的政治服務？古人説，"前事不忘，後事之師"，"以古爲鑒，可知得失"，實際上也就是用歷史爲當前的政治服務。不過，怎樣服務，則是一個大問題。我們看慣了的,是假歷史爲當前的政治服務之名,而行實用主義和影射史學之實。如果把這樣做也叫做歷史爲當前的政治服務,我們就不能不堅決反對。

歷史是一門科學。學歷史也同學其他科學一樣,學習它就是爲了給當前的政治服務。不過,有的是直接服務,有的是間接服務;有的,服務效果馬上就可以看出來,有的,非到最後是看不出來的。學歷史,要求每一個歷史人物,每一個歷史事件,以至於每一堂課,都直接爲當前的政治服務,不搞實用主義,不搞影射史學,怎能辦得到呢? 馬列主義之所以能爲今天的無產階級革命和無產階級專政服務,首先在於它是科學,是真理。學歷史,假如不把科學性、真理性放在第一位,而單純地要求爲當前的政治服務,其結果必然導致搞實用主義,搞影射史學。我們已經吃過苦頭,自然不應重蹈覆轍。

(二)要堅持文獻與實物並重,而以文獻爲主。

研究原始社會的歷史,由於缺乏文字記載,不能不主要地依賴於考古發掘。到了文明時代,已經有了文字記載,雖然考古學的重要性仍然不應忽視,但研究這時的歷史應以文獻爲主。章炳麟不相信甲骨文,顯然是一個不能原諒的錯誤。王國維則不然。他應用甲骨文字,作《殷卜辭中所見先公先王考》,糾正了古書上的錯誤,使那些頑固地不相信甲骨文的人,也不能不心服口服。這就說明地下史料是重要的。但比較起來,我看研究古代史應以文獻爲主。過去胡適自述他的古史觀說:"大概我的古史觀是:現在先把古史縮短二三千年,從《詩》三百篇做起。將來等待金石學考古學發展上了科學軌道以後,然後用地底下掘出的史料,慢慢地拉長東周以前的古史。至於東周以下的史料,亦須嚴密評判,'寧疑古而失之,不可信古而失之'。"就是說,已經進入文明時代,前人給我們積累了大量文獻,一概不用,還是祇待地底下掘出的史料來寫歷史。這不是很像許許多多明眼人說太陽是圓的,胡適不相信,偏要讓人相信瞎子的話一樣嗎？這算得什麼高見呢？然而時至今日，相信胡適觀點的人並未絕迹。有人甚至想用實物史料建立起一個古史新體系。沒有考慮實物史料本身就不是系統的，其中有很多東西現在尚處在認識過程中，不能視爲定論，怎能用它建立體系呢？因此，我認爲研究古史，必須文獻、實物並重，而以文獻爲主。

我寫的這部書，不完善的地方一定很多。但從方向道路來看，很可能是對的。我寫這部書時，着重注意下列各點。

一、堅決用馬列主義理論作指導，從歷史實際出發。既認真讀馬列原著，也認真讀中國古書。要求盡可能讀深讀透，做到融會貫通。對歷史上的每一個問題，特別是每一個重大的問題，都要用馬列主義理論作指導，以大量史料爲根據，經過認真的仔細的研究，然後作出結論。決不從主觀願望出發，隨心所欲地尋找幾條材料，用來證明自己的論點。引證時，注意選典型的，不用單文孤證。引文注意用原文，並注明出處。反對任意割裂，任意曲解。

二、我認爲我國古書上說夏、商、周的祖先禹、契、稷，都是黄帝的子孫，同恩格斯說"氏族起源於共同祖先，成了'庸人學者'（馬克思語）絞盡腦汁而不能解決的難題"①的觀點是一致的。我不同意現行的一些歷史著作那種夏是羌族，商是東夷族，周是羌族的一支以及部落聯盟的首領由夷和夏輪流擔任等說法。

三、馬列主義所說的文明時代，是從有國家開始。不能用私有制、階級或鐵作爲劃分原始社會和奴隸社會界限的標誌。

四、歷史是不斷發展的。在發展中又有階段性。每一個歷史階段都有它自己的特點。根據上述觀點，本書把夏、商、西周作爲奴隸社會上升時期來論述，同時注意其中每一個發展階段的特點。把春秋、戰國作爲奴隸社會的衰落和轉變時期來論述，同時也注意其中各個不同階段的特點。

---

①　見《馬克思恩格斯全集》第21卷，第117頁。

　　五、每一個歷史時期或階段的特點，總是反映在經濟是基礎，政治是經濟的集中表現，文化是政治、經濟在意識形態上的反映，又給予偉大影響和作用於政治和經濟，這樣的相互關係之中。我不贊成那種孤立的羅列現象式的敘述法。

　　六、奴隸社會的階級和階級鬥爭有它自己的特點，不能用資本主義社會的階級和階級鬥爭作爲公式，往奴隸社會生搬硬套。

　　七、我國古書上所有的三皇、五帝、三王、五霸、七雄等等，基本上都是歷史上形成的有客觀根據的概念，對歷史研究有重要的參考價值，輕易地加以否定，我認爲是不對的。

　　八、朝代興替同社會制度的新陳代謝，不是一回事。但二者往往有關係，不應完全否定這種關係。

　　九、歷史與小說不同。小說允許虛構，歷史則要求事事都有根據。煩瑣考證固然不好，必要的考據，是應當提倡的。

　　十、恩格斯説："馬克思認爲自己的最好的東西對工人來説也還不够好，他認爲給工人提供不是最好的東西，那就是犯罪。"[1]馬克思這種負責的精神，也不是常人所能做到的。我秉性粗疏，常用它作爲我的座右銘。

　　參加我的這項工作的，有十一位同志。其中呂紹綱、黃中業兩同志出力最多。趙錫元同志在商代部分增入了自己的專長知識。此外，我指導的先秦史研究生陳恩林、謝維揚、陳維禮、李衡梅、楊英傑、于永玉六同志也做了不少工作。並承胡秀華同志給繪製地圖，劉俊山同志給攝製一部分圖片。特在此一並致以最深摯的謝意。

金景芳

1979 年 8 月 28 日於長春吉林大學

---

　　①　見《馬克思恩格斯全集》第 37 卷，第 433 頁。

第一章 夏——中國由氏族社會向奴隸制國家轉變的過渡時期

第一節 中國奴隸制國家產生的前提條件

一、從"五帝"説起

在祖國遼闊的大地上,早在一百六七十萬年以前,就有人類栖息。這可由雲南元謀、陝西藍田、北京周口店等地發現的他們的遺骸和遺物得到充分的證明。這些遠古人類就是中華民族最早的祖先。他們經過長期的歷史發展,在進入文明時代之前,形成了華夏族、苗族以及被華夏族稱爲蠻、夷、戎、狄的其他兄弟族。他們廣泛散佈於全國各地。由於各族的歷史發展不平衡,居住於黃河流域的華夏族首先進入文明時代。

華夏族在先秦古籍裏一般稱爲"華"或"夏"①,有時也稱爲"諸華"或"諸夏"②,相傳是"黃、炎之後"③。實際上,華夏族正是以黃帝和炎帝爲代表的兩個有血緣親屬關係的氏族經過長期發展而形成的。大體上説,唐、虞、夏、商、周爲黃帝的後裔,共工氏、四岳、

---

① 《左傳》定公十年説:"裔不謀夏,夷不亂華。"
② 《左傳》閔公元年説:"戎狄豺狼,不可厭也;諸夏親暱,不可棄也。"又,襄公四年説:"諸華必叛。"
③ 《國語·周語下》説:"故亡其氏姓,踣斃不振,絕後無主,湮替隸圉。夫亡者,豈繄無寵,皆黃、炎之後也。"

申、吕爲炎帝的後裔。他們在與大自然的長期鬥争中，披荆斬棘，開發了祖國的土地，同時也改造了自己，創造了光輝燦爛的上古文化，對世界文明作出了巨大的貢獻。本書準備從文明的入口處開始寫起。

我國最早的一部歷史著作《尚書》"獨載堯以來"，《史記》則上溯至"五帝"。從今天的觀點看來，二書的斷限，基本上是可取的。

《左傳》僖公二十五年説："今之王，古之帝也。"這種把王同帝混同在一起的説法雖然不够科學，不過卻也反映了一定的歷史真實情況。帝和王這兩個稱號的出現，絕非偶然。在中國歷史上，黄帝、炎帝以前，没有稱帝的；夏、商、周三代以前，没有稱王的，雖契曾被稱爲玄王①，但那和三代的王根本不同。王和帝代表着兩個不同的歷史時期。黄帝的帝和帝堯、帝舜的帝一樣，實際上是中國原始社會部落聯盟時期軍事首長的稱謂；而夏、殷、周的王則是奴隸社會的專制君主。

説"五帝"時期是中國氏族社會的部落聯盟和軍事民主制時期，主要證據有四點。

第一，恩格斯説："血緣親屬關係是聯盟的真實基礎。"②我們從黄帝、炎帝同出於少典（《國語·晉語》），以及顓頊、帝嚳、堯、舜、禹、契、稷同爲黄帝的子孫來看，足以證明這一點。

第二，恩格斯説："這種聯盟，一經意識到它所具有的力量，便立刻具有了進攻的性質。"③又説："其所以稱爲軍事民主制，是因爲戰争以及進行戰争的組織現在已成爲民族生活的正常職能。"④我國古代從黄帝開始，歷史上就不斷有戰争的記載，顯然是這種原始部落聯盟間戰争的反映。

---

① 《荀子·成相》："契玄王，生昭明。"
② 《馬克思恩格斯全集》第 21 卷，第 109 頁。
③ 同上，第 108 頁。
④ 同上，第 187 頁。

第三，從《史記·五帝本紀》的記載來看，雖然司馬遷依據階級社會嫡長子繼承制的原則，有意識地强調黃帝與顓頊，顓頊與帝嚳的繼承關係是父子或祖孫的關係，但實際上都不是傳子。這個時期同後來的堯、舜、禹一樣，一直是實行着民主選舉的制度。

第四，《國語·楚語下》説顓頊"命火正黎司地以屬民"。《鄭語》説："黎爲高辛氏火正。"《左傳》襄公九年説："陶唐氏之火正閼伯居商丘，祀大火而火紀時焉。"也就是説，由顓頊至帝堯，都設立有執行社會公共職務的專職"火正"。表明這個時期已經超越氏族、部落的階段，進入了部落聯盟時期。這就朝着國家的形成，跨出了重要的一步。

《史記·五帝本紀》説：黃帝"遷徙往來無常處，以師兵爲營衛"。可見黃帝時仍過着以遊牧爲主的生活。《左傳》定公四年提到"少皡之虛"，昭公十七年提到"顓頊之虛"。現在知道少皡之虛在今山東曲阜，顓頊之虛在今河南濮陽。這就證明：自少皡、顓頊以後，已經開始了定居生活。反映這時在生產中農業已取代遊牧業而上升到主導地位。

其他古文獻記載，黃帝之後，又有少皡，説明所謂"五帝"不止於《史記》所説的黃帝、顓頊、帝嚳、帝堯、帝舜五人。實際上，"五帝"同"三王"、"五霸"一樣，是一個特定的歷史時代的稱謂。大體上説，黃帝、顓頊是這個時代的初期，堯、舜則是這個時代的晚期。

還應該指出的，就是這個時代的部落聯盟，並不限於黃帝一族。根據《禮記·祭法》"共工氏之霸九州也，其子曰后土，能平九州，故祀以爲社"的記載，可知共工氏也是華夏族的一個部落聯盟的最高軍事首長；甚至也不限於華夏族，除華夏族以外，還存在着非華夏族的部落聯盟，如蚩尤，馬融説他是"九黎之君"。《戰國策·魏策》説"黃帝戰於涿鹿之野，而西戎之兵不至"，其原因是西戎爲蚩尤的互婚部落，證明蚩尤是非華夏族的一個部落聯盟的軍事首長。不過史籍記載較多的則祇有黃帝一族，所以我們不能不從黃帝族談起。

二、堯舜禹時代的部落聯盟

　　堯舜禹時代的史料就比較多了，主要載在《尚書》的前幾篇中。這些史料的真實程度當然比不上地下發掘出來的甲骨卜辭和銅器銘文，也比不上《尚書》的其他部分，如《商書》、《周書》中的許多篇。很明顯它們出於後人的追記，不是第一手的材料。《堯典》和《皋陶謨》篇首的"曰若稽古"四字，就是證據。不過，我們研究古史，在缺乏第一手材料的情況下，這些第二手第三手材料，也十分寶貴。因爲，它總還反映着若干實際情況。如果我們用馬克思主義理論作指導，去粗取精，進行細緻的研究，總會從中找到反映客觀歷史發展規律的綫索。我們決不可消極等待地下的發掘物，而置這些材料於不顧。下面，我們就依據馬克思主義歷史唯物論的原則，結合具體史料作一些必要的探討。

　　《尚書》裏有"四岳"一語，前人解說頗多。《漢書·百官公卿表》說"四岳謂四方諸侯"。鄭玄認爲"四岳，四時官，主方岳之事"。僞孔傳肯定"四岳即上羲和之四子，分掌四岳之諸侯，故稱焉"。韋昭主張"四岳，官名，主四岳之祭，爲諸侯伯"（《國語·周語下》韋昭注）。蔡沈則謂"四岳，官名，一人而總四岳諸侯之事也"[1]。衆說紛紜，莫衷一是。據《尚書·堯典》記載，舉凡治水，"巽位"[2]，"宅

----

　　① 蔡沈：《書經集傳》。
　　② 《尚書·堯典》："帝曰：咨！四岳。朕在位七十載，汝能庸命，巽朕位。"《史記·五帝本紀》作："堯曰：嗟！四岳。朕在位七十載，女能庸命踐朕位。""巽位"是讓位的意思。

百揆"①,"典三禮"②等大事的決定,無不"咨四岳",即取得"四岳"的同意,然後由最高軍事首長執行。因此我們認爲《漢書・百官公卿表》的説法比較接近事實。而且其説最早,當有所受,其他説法則没有多大參考價值。當然,"諸侯"是後起的概念,帶有深刻的階級社會的烙印。"四岳"應譯爲部落首長。"咨四岳"就是召集部落聯盟首長議事會。

《尚書大傳》説:"堯年十六以唐侯升爲天子。"這句話中的"侯"和"天子"同上文的"諸侯"一樣,都是後人用階級社會的眼光看待氏族社會的事物,是不確切的。《大傳》所謂的"侯",實際上是部落的世襲首長;所謂的"天子",實際上是部落聯盟或民族的最高軍事首長。用當時的稱號,前者應叫做"后"或"伯",後者應叫做"帝"或"元后"。《大傳》所説的"堯年十六",也不可信據。因爲遠古傳説,不可能這樣詳細,這樣具體。但是,這句話卻正確地説出了一個事實:堯是以部落世襲首長的身份被推選爲聯盟或民族的最高軍事首長的。

舜的職位的取得是由選舉產生,《尚書》有明確記載,史學界也無爭議。不過,應該補充一點,舜是由虞部落世襲酋長繼承人的身份被選入聯盟或民族的公共管理機構的。這從一些古文獻的記載上可以找到根據。

《左傳》昭公八年説:"自幕至於瞽瞍無違命,舜重之以明德……。"

《國語・魯語》説:"幕能帥顓頊者也,有虞氏報焉。"

又《鄭語》説:"虞幕能聽協風以成物樂生者也,……其後皆爲

---

① 《堯典》:"舜曰:咨! 四岳。有能奮庸熙帝之載? 使宅百揆,亮采惠疇。"《史記・五帝本紀》作:"舜謂四岳曰:有能奮庸美堯之事者,使居官相事。""使宅百揆",即使居百官之位。

② 《堯典》:"帝曰:咨! 四岳。有能典朕三禮。"《史紀・五帝本紀》裴駰集解引馬融説:"三禮,天神、地祇、人鬼之禮也。"典有掌管之意。

王公侯伯。"

　　這三條材料明確告訴我們，從幕至瞽瞍，已經變成了部落顯貴，他們世世作虞部落的首長。舜是瞽瞍的合法繼承人，因而被選入聯盟或民族的公共管理機構，並不象某些人所說的他是在下的庶人。

　　有趣的是，此種情況並非中國古代所獨有，古希臘古羅馬就有過與中國十分相似的情形。恩格斯在談到"羅馬的氏族和國家"時說：

> 　　最後，與元老院和人民大會並列的，還有勒克斯，他完全相當於希臘的巴賽勒斯，但決不象蒙森所描述的那樣幾乎是專制君主。他同樣也是軍事首長、最高祭司和某些法庭的審判長。……勒克斯的職位不是世襲的；相反地，他大概是由其前任推薦，先由庫里亞大會選出，然後在第二次大會上正式就職的。①

　　中國堯舜的帝位的取得，也正是《禮記・禮運》所說的"天下爲公，選賢與能"的結果。這和恩格斯描述的古希臘古羅馬的情形完全一致，它反映了氏族制度的本質。羅馬的勒克斯，希臘的巴賽勒斯，中國堯舜時代的帝，不僅職位相似，而且産生的過程也相似，這難道是偶然的嗎？這是世界各民族的歷史都經歷過共同的發展階段，有着共同的規律性的反映。當然，由於國別的差異，它們在名稱上和實際作用上會不可避免地存在一些差別。

　　據《尚書》記載，禹、弃、契、皋陶、益、垂、伯夷、夔、龍等都在聯盟或民族的公共管理機構中分擔職務。值得注意的是：

　　第一、他們的職務都是通過民主方式取得的，也就是《禮記・禮運》所說的"選賢與能"。

　　第二、這些人在擔任聯盟或民族公共管理機構中職務的同時，又是部落的世襲首長。伯夷、禹、稷（弃）並稱"三后"，見於《尚書・

---

①　《馬克思恩格斯全集》第 21 卷，第 145 頁。

呂刑》；夔也稱"后夔"，見於《左傳》昭公二十八年；禹又稱"伯禹"與
"崇伯鯀"連敍在一起，見於《國語·周語下》。前邊已經説過，"后"
和"伯"就是當時部落首長的稱號。

第三、他們被選任某一職位之後，這一職位就有變成他們家庭
的獨占權的傾向。恩格斯在談到"羅馬的氏族和國家"時説："氏族
首長總是從每個氏族的同一家庭中選出的習俗，在這裏也造成了
最初的部落顯貴；這些家庭自稱爲貴族，并且企求加入元老院和擔
任其他一切官職的獨占權。隨着時間的進展，人民容忍了這種企
求，這種企求就變成實際的權利，這一點在關於羅慕洛賜給第一批
元老及其子孫以貴族身份和特權的傳説中得到了反映。"[1]

恩格斯説的這種情況同中國堯舜時代的情況也十分相似。
《國語·周語上》説"昔我先王世后稷"；鯀治水無功被遣放，子禹繼
父受任治水。從這些事實可以看出，禹、弃、契、皋陶、益、垂、伯夷、
夔、龍這些部落的世襲首長就是部落的顯貴，并且也就是獲得加入
元老院和擔任其他一切官職的獨占權的那類人物。

馬克思《摩爾根〈古代社會〉一書摘要》在談到"易洛魁部落"時
有下述一段話：

> 印第安人部落的酋長會議是一權管理機構，它流行
> 於野蠻期低級階段的部落之間。這是第一個階段。
> 第二個階段：首長會議及主要軍事酋長相互配合的
> 管理機構；前者執行民政上的職能，後者執行軍事職能。
> 這一管理形式，在野蠻期的低級階段部落聯盟形成以後
> 才開始出現，而在野蠻期的中級階段最後確立。統
> 帥——主要軍事酋長——的職權，即國王、皇帝、總統等
> 最高行政權的萌芽；〔這是〕二權管理機構。

---

[1] 《馬克思恩格斯全集》第21卷，第144頁。

第三個階段：由酋長會議、人民大會及最高軍事酋長管理人民或民族。這種管理形式出現於達到野蠻期高級階段的部落中，如荷馬時代的希臘人或羅繆勒斯時期的意大利諸部落間。①

這段話所講的三個階段應看作是摩爾根總結的並經馬克思肯定了的一般規律。

那麼，在中國的堯舜時期有沒有人民大會呢？這一點儘管在《尚書》的《虞夏書》裏沒有記載，但在《周禮·小司寇》裏卻有反映。《小司寇》説：

> 小司寇之職：掌外朝之政以致萬民而詢焉。一曰詢國危，二曰詢國遷，三曰詢立君。其位：王南向，三公及州長、百姓北面，群臣西面，群吏東面。小司寇擯以敍進而問焉，以衆輔志而弊謀。

《左傳》哀公元年説：

> 吳之入楚也，使召陳懷公。懷公朝國人而問焉。曰："欲與楚者右，欲與吳者左。陳人從田，無田從黨。"

《尚書·盤庚》三篇無疑是盤庚遷殷的文獻。上篇説：

> 王命衆，悉至於庭。王若曰："格汝衆！予告汝訓！"

中篇説：

> 盤庚乃登進厥民。曰："明聽朕言，無荒失朕命！"

這三條材料直接講的是奴隸制時代的事情。奴隸制社會的專制君主絶不可能實行民主制，他們辦事不會徵詢人民的意見。但是，無庸置疑，這些材料確確實實向我們透露了關於氏族社會人民

---

① 《摩爾根〈古代社會〉一書摘要》，人民出版社，1965 年，第 107 頁。

大會的消息。《左傳》講的陳懷公朝國人，就是"詢國危"；《尚書・盤庚》三篇講的就是"詢國遷"。這些徒具軀殼，內容已變，然而源遠流長的所謂"詢萬民"的形式，不正是古老的氏族社會的人民大會的遺迹嗎？可以肯定，中國的氏族社會末期即堯舜時期，已進入野蠻期的高級階段。這個時期，恰如馬克思所說，是"由酋長會議、人民大會及最高軍事首長管理人民或民族"的。

堯舜時代的社會經濟情況也表明，這一時期，中國歷史已發展到文明時代的入口處。

據《尚書》記載，當時在聯盟或民族的公共管理機構中設有專管農業的"稷"，專管手工業的"共工"和專管林、牧、漁、獵的"虞"。經濟已發展到相當程度。

恩格斯在論述"希臘人的氏族"時說：

> 在英雄時代的希臘社會制度中，古代的氏族組織還是很有活力的，不過我們也看到，它的瓦解已經開始：由子女繼承財產的父權制，促進了財產積累於家庭中，并且使家庭變成一種與氏族對立的力量；財產的差別，通過世襲顯貴和王權的最初萌芽的形成，對社會制度發生反作用；奴隸制起初雖然僅限於俘虜，但已經開闢了奴役同部落人甚至同氏族人的前景；古代部落對部落的戰爭，已經開始蛻變爲在陸上和海上爲攫奪家畜、奴隸和財寶而不斷進行的搶劫，變爲一種正常的營生，一句話，財富被當作最高福利而受到贊美和崇敬，古代氏族制度被濫用來替暴力掠奪財富的行爲辯護。所缺少的祇是一件東西，即這樣一個機關，它不僅可以保障單個人新獲得的財富不受氏族制度的共產制傳統的侵犯，不僅可以使以前被輕視的私有財產神聖化，並宣佈這種神聖化是整個人類社會的最高目的，而且還會給相繼發展起來的獲得財產的新形式，因而是給不斷加速的財富積累，蓋上社會普遍

承認的印章；所缺少的衹是這樣一個機關，它不僅可以使
正在開始的社會劃分爲階級的現象永久化，而且可以使
有産階級剝削無産者的權利以及前者對後者的統治永久
化。而這樣的機關也就出現了。國家被發明出來了。①

恩格斯這段話很長，我們所以全部引來，是因爲它從財産繼
承、財産差別、奴隸制和部落戰爭等幾個方面的發展變化，深刻地、
具體地、生動地説明了國家産生的原因及其必然性，對於我們研討
國家的産生問題，實在具有指導意義。我們把中國的堯舜時期的
情況同希臘英雄時代的情況互相對比一下，就可以清楚地看出，中
國的堯舜時期如同英雄時代的希臘一樣，正臨近國家誕生的前夜。

講到這裏，我們有必要指出兩種錯誤觀點。

一種是傳統的説法，認爲契封於商，弃封於邰，皋陶之後封於
英、六，堯之子封於唐，舜之子封於虞。② 這種説法混淆了氏族社
會和奴隸社會的界限，把奴隸制時代西周的分封制度硬套在原
始社會各個部落的頭上，肯定不符合歷史實際，因而是錯誤的。事
實上，堯舜時期根本没有分封的事情。

《世本·居篇》説"契居蕃"，《左傳》襄公九年説："陶唐氏之火
正閼伯居商丘（今河南商丘南）……相土因之。故商主大火，商人
閲其禍敗之釁，必始於火。"又，昭公元年説："昔高辛氏有二子：伯
曰閼伯，季曰實沈。……遷閼伯於商丘，主辰，商人是因，故辰爲商
星。"《荀子·成相》説："契玄王，生昭明，居於砥石遷於商。"這些材
料告訴我們，契的故居在蕃，至子昭明遷於砥石（亦見《世本·居
篇》），至孫相土始遷於商丘。踪迹明白，歷歷可尋，哪裏有契封於

　　①　《馬克思恩格斯全集》第 21 卷，第 123～124 頁。
　　②　契封於商見《史記·殷本紀》，弃封於邰見《史記·周本紀》，皋陶之後封於英、
六見（《史記·夏本紀》，堯之子封於唐，舜之子封於虞見《史記·五帝本紀》"堯子丹朱，
舜子商均，皆有疆土"句下裴駰《集解》引譙周語。

商的事情。

《詩經・生民》追述后稷(弃)之始生，稱"即有邰家室"。是稷的家室早已在邰(今陝西武功西南)，怎能説是新封？

至於所謂堯之子封於唐，這個唐就是堯所自出部落的名稱；所謂舜之子封於虞，這個虞也是舜所自出部落的名稱；都不是新封。史稱"唐侯""虞幕""虞舜"，就是明證。皋陶之子封於英、六，也應依此作解，方與實際相符。

另一種是近來有幾種歷史書，對於中國古代族繫的劃分提出種種説法。例如認爲夏是中原的羌族，商和皋陶、益是東夷族，周是羌族的一支，夏部落首先進入階級社會等等。説法儘管各異，總的傾向卻是一個，就是肢解華夏族，從根本上否定華夏族的存在。它們在理論上，同馬克思、恩格斯的指導原則不符合；在事實上，是同中國的歷史文獻相抵觸。

先從理論上看。

恩格斯在談到"易洛魁人的氏族"時，列舉聯盟的基本特徵有十條。在第一條裏説：

"五個血緣親屬部落，以在部落的一切內部事務上完全平等和獨立爲基礎，結成永世聯盟。這種血緣親屬關係是聯盟的真實基礎。"①馬克思在《摩爾根〈古代社會〉一書摘要》裏，談到"易洛魁聯盟"時，也有同樣的説明。②

恩格斯又指出："凡是部落以外的，便是不受法律保護的。在沒有明確的和平條約的地方，部落與部落之間便存在着戰爭，而且這種戰爭進行得很殘酷，使別的動物無法和人類相比，祇是到後來，才因物質利益的影響而稍微緩和一些。""部落始終是人們的界

---

① 《馬克思恩格斯全集》第 21 卷，第 108～109 頁。
② 《摩爾根〈古代社會〉一書摘要》，人民出版社，1965 年，第 109 頁。

限,無論對別一部落的人來説或者對他們自己來説都是如此。"①

馬克思和恩格斯的論斷告訴我們,結成一個聯盟的各部落,它們之間必然有血緣親屬關係。這是一條由氏族社會的特點決定的一般規律。一個部落就是一個小天地。縱令幾個部落結成聯盟也必然以血緣親屬關係爲基礎。因爲"他們還没有脱掉自然發生的共同體的臍帶"。② 倘若以爲在氏族社會人們就打破了血緣關係的基礎,建立了按地區劃分人民的不同族繫的聯盟,是不可想象的。應當認識到,按地區團體爲基礎來劃分人民是伴隨着國家的產生而出現的。這是馬克思主義的一條基本原理。因此,那種認爲在堯舜時期,同處一個部落聯盟的禹、弃、契、皋陶、益等,竟不是屬於同一血緣的華夏族,而是什麼夷和羌的聯合體的提法,顯然與馬克思主義原則相違背。

再從事實上看。

《史記·三代世表》明確地譜列堯、舜和夏、殷、周王室的祖先同是以黄帝爲初祖。雖然在細節上不能保證没有缺漏和訛誤,但大體上説是有根據的,可信的。

皋陶出於何族,史無明據,但也可以考證求得。《左傳》文公五年:"臧文仲聞六與蓼滅,曰:'皋陶庭堅,不祀忽諸!'"杜預以爲庭堅是皋陶字。縱令其説不確,皋陶、庭堅不是一個人,而是兩個人,也必然是同族,不然的話,不會連敍在一起,總稱"不祀"。須知當時是"神不歆非類,民不祀非族"的(《左傳》僖公十年),何況六、蓼同爲偃姓,見於《世本》,灼然無疑。復考同書文公十八年説,庭堅是高陽氏八才子之一③,而高陽氏相傳即顓頊,爲黄帝孫。那麼,毫無疑問,皋陶是出於黄帝族的。

---

① 《馬克思恩格斯全集》第 21 卷,第 112 頁。
② 同上,第 113 頁。
③ 原文説:"昔高陽氏有才子八人:蒼舒、隤敱、檮戭、大臨、龙降、庭堅、仲容、叔達。"

關於益，《漢書・地理志》説："秦之先曰柏益，出自帝顓頊，堯時助禹治水，爲舜朕虞，養育草木鳥獸。"足證益也是黃帝之後。

既然禹、弃、契、皋陶和益都是黃帝後裔，怎麼能説夏、周是羌族，商、皋陶和益是東夷族呢？可見認爲夏、周是羌族，商、皋陶、益是東夷族的説法，從事實上看，也顯然不能成立。

三、禹在歷史上所起的巨大作用

禹是繼堯舜之後活動在部落聯盟時代歷史舞臺上的一個領袖人物。他一生的功績，給後世留下了深刻的印象和巨大的影響。他在古代人們的心目中是偉大的，無與倫比的。先秦古籍，諸如《尚書》《詩經》《左傳》《國語》《論語》《墨子》《莊子》《孟子》《荀子》《韓非子》《吕氏春秋》等，無不對禹交口稱頌。禹的功績主要是治水，但不光是治水。禹在治水過程中，還做了"征有苗"、"合諸侯"、"畫爲九州"、"任土作貢"等與治水有關的一系列至關重要的事情。如果説，這個時候中國歷史在野蠻期的高級階段又向前邁出一大步，真正達到了"部落的融合"的階段，從而進入了文明時代的入口處，奴隸制國家的出現已成爲真正可能了的話，那麼可以肯定地説，這全是在禹的偉大名字下實現的。

下面對禹"征有苗"、"合諸侯"、"畫爲九州"和"任土作貢"的進行情況及其重大歷史意義分别進行闡述。

1. 征有苗

在中國氏族社會時期，華夏族和苗族屬於兩個不同的族系，文化發展水平大體相同，兩族長期處於戰争狀態之中。在少皞、顓頊、堯、舜幾個時期都曾有過華夏族同三苗的鬥争。大約到禹征有苗時，兩族間的戰争才以華夏族的勝利和苗族的失敗而告終，兩族持續很長時期的鬥争也才得到了總解決。應當認識到，禹對苗族的勝利,恰如恩格斯指出的,意味着部落聯盟"這種組織開始崩潰"①,因爲跨出本部落的界限去征服另一部落,必然帶來開始打破氏族制度這種"自然發生的共同體"②的結果,必然導致聯結氏族的血緣紐帶的鬆弛。

禹征有苗的直接原因,與治水有關。《尚書·益稷》記禹和舜的對話有"苗頑弗即工,帝其念哉!"就是證明。我們知道:在氏族社會時期,"部落始終是人們的界限",即這時部落和部落聯盟都自成一個小天地,除非有戰爭,部落和部落間幾乎没有交往③。春秋末期老子講的"小國寡民","鄰國相望","民至老死不相往來",當是氏族社會的真實寫照。而治水是關係到各部落聯盟的共同利益的,要求有全面規劃。那種互相隔絕的局面不打破,治水就無從談起,水患就難望從根本上解決。史稱:共工"欲壅防百川,墮高堙庫,以害天下"(《國語·周語下》),"鯀陻洪水"(《尚書·洪範》)。共工和鯀的治水辦法,實際上是把注意力衹放在自己的部落聯盟所在地範圍以内,修堤築壩,"以鄰國爲壑",所以没有成功。禹的治水,汲取了前人失敗的教訓,改變了辦法,作出全面規劃,不衹以自己的部落聯盟爲限,涉及了其他的氏族、部落聯盟。正如孟子所指出的,禹是"以四海爲壑"(《孟子·告子下》)。可以想象,禹進行工作時,一定會遇到阻力。有些阻力,經過説服,很容易就消除了。例如《吕氏春秋·貴因》説:"禹之裸國,裸入,衣出。"(《戰國策·趙策二》、《淮南子·原道》)就屬於這一種。還有一種是堅決不合作,如《尚書》説"苗頑弗即工",就是一個典型的例子。苗自恃強大,帶頭采取不合作態度,迫使禹不得不訴諸武力,結果導致了征有苗的戰争。所以,征有苗與治水有直接關係,征有苗是爲了治水。

---

①　《馬克思恩格斯全集》第 21 卷,第 112 頁。

②　同上,第 113 頁。

③　"對野蠻的征服者民族説來……戰争本身還是一種經常的交往形式"。《馬克思恩格斯全集》第 3 卷,第 26 頁。

《戰國策·魏策二》説：“禹攻三苗，而東夷之民不起。”這條材料反映兩個事實：第一、禹征有苗，不僅依靠華夏族，也有非華夏族參加。第二、東夷没有參加聯軍，因爲東夷和三苗是“婚姻”，而與華夏爲“讎國”。禹爲治水而征有苗，客觀上起到了把這些互爲“讎國”的部落推進到“部落融合”階段的作用。

禹征有苗這一段歷史，《墨子·兼愛下》、《非攻下》和《戰國策·魏策一》等都有記載，而以《非攻下》爲最詳。《非攻下》説：“禹既已克有三苗，焉歷爲山川，别物上下。”這個“歷爲山川，别物上下”與“禹敷下土方”（《詩·商頌·長發》）、“帝釐下土方，設居方，别生分類”（《尚書》《汩作》等幾篇序）的説法很相似，肯定也是與治水有關的工作。

2. 合諸侯

《左傳》哀公七年説：“禹合諸侯於塗山，執玉帛者萬國。”這個合萬國諸侯，應是治水的副産物。它表明由於治水的需要這時祖國境内已經形成了以華夏族爲中心，包括周圍各兄弟族的一個最大的聯合。這種“合并作用是一種更高的過程，能將諸部落在一個共同地域内聯合起來。部落聯盟是與民族最近似的東西”。[①] 毫無疑問，這種聯合是國家産生的前提條件。有些人不瞭解中國原始社會的部落聯盟乃至部落的大聯合爲什麽會比古希臘、羅馬的部落聯盟大得多，從而斷言中國的部落聯盟實質上是按地域劃分的國家，這乃是一種誤解。其實，中國、希臘和羅馬的部落聯盟本質是一致的，其基礎都是氏族。中國部落聯盟的地域所以遼闊，是由中國的地理環境決定的。值得注意的是，在中國的這個跨族的大聯合中已存在不平等。例如《國語·魯語》説“昔禹致群神於會稽之山，防風氏後至，禹殺而戮之”，就是證明。我們知道，氏族、胞

---

① 《摩爾根〈古代社會〉一書摘要》，人民出版社，1965年，第96頁。

族、部落的本質是民主的。在氏族社會,就一個部落聯盟的内部來說,流、放是最大的處罰。《尚書》説:"殛鯀於羽山。""殛"本又作"極"(《尚書·洪範》孫星衍疏引《釋文》),也是流、放的意思)禹合諸侯竟能輕易殺掉一個部落酋長,這種顯然不平等的關係的出現,説明一種在氏族之外並凌駕於氏族制度之上的權力在慢慢地産生。誠然,禹還不是文明時代的專制君主,他誅殺部落酋長的事情也絶不會多見,但是,這種超越氏族的權力既然已在對待聯合體中不同族系的部落上首先表現出來,那麽真正的國家權力的最終形成,也祇是時間問題了。這既是歷史發展的必然結果,也是歷史發展的客觀需要。

3. 畫爲九州

《左傳》襄公四年引述辛甲《虞人之箴》説:"芒芒禹迹,畫爲九州,經啓九道。"《國語·周語下》記周靈王二十二年,太子晉論禹治水説:"封崇九山,決汩九川,陂鄣九澤,豐殖九藪,汩越九原,宅居九隩,合通四海。"這兩條材料,前一條出於周初(公元前 1027—前 1014 年),對於禹的畫爲九州,言之鑿鑿;後一條出於春秋中世(公元前 550 年,孔子生後第二年),雖然没有明白説出禹畫九州,但歷述"九山","九川","九澤","九藪","九原","九隩",實際上已承認了有畫九州的事實。又,《尚書·立政》,大家公認是周初的文獻,裏邊有"其克詰爾戎兵,以陟禹之迹,方行天下,至於海表,罔有不服"的記載,也可與上述兩條材料互相參證。當然《尚書·禹貢》所記述的内容是有問題的。因爲堯、舜時代的傳説,留傳到後世,不可能如此細緻、具體。但綜合許多材料加以分析,可以證明禹畫九州這個基本事實,是可信的。

禹把當時所了解到的全部土地劃爲九州,即區分爲四正、四隅,加上中央爲九塊。這在我國古代歷史上是一件意義極其重大的事情,它標誌着人們的社會實踐活動的範圍已擴大到足以突破以血緣團體爲基礎的部落界限,向着更高的階段發展的程度。恩格斯在《家庭、私有制和國家的起源》一書中談到國家和氏族制度的區別時，曾指出氏族制度的基礎是血緣關係，而國家則"按地區來劃分它的國民"①，儘管禹畫九州衹是地理意義上的劃分，不是恩格斯所說的行政區域的劃分，還不能認爲這就是國家的出現，但是這種劃分顯然爲隨後到來的由血緣團體向地域團體的過渡準備了條件。

禹爲了治水，畫爲九州，水平治後，還作了一次普遍的疆理土地的工作。《詩經·商頌·長發》中"洪水芒芒，禹敷下土方，外大國是疆，幅隕既長"這一段，説的就是這件事。"禹敷下土方"，《禹貢》簡稱爲"禹敷土"，《荀子·成相》作"禹傅土"，《汨作》等幾篇序則作"帝釐下土方"。"敷""傅"二字含義相同，故可以互易。"傅下土方"，就是疆理土地的意思。因爲水平治後，無形中土地增加了很多，需要加以釐正，確定歸屬，才能避免互相爭奪。"外大國是疆，幅隕既長"正是"禹敷土"的結果。

古人的這些記載，無論"方行天下，至於海表，罔有不服"，還是"敷下土方"，都説明了禹以其領導的强大的華夏族爲基本力量，推進了部落的大融合，爲國家的出現創造了條件。

4. 任土作貢

"禹別九州，隨山濬川，任土作貢"見於《禹貢》序。近人由於不相信《禹貢》，對於禹的"任土作貢"也持懷疑態度。其實"任土作貢"絕非中國獨有的歷史現象，在全世界範圍內也不乏其例。馬克思和恩格斯爲我們提供了極其生動的例證。

馬克思在《摩爾根〈古代社會〉一書摘要》裏有下述一段話：

> 阿兹忒克聯盟並沒有企圖將所征服的各部落并入聯
> 盟之內；因爲在氏族制度之下，語言上的分歧是阻止實現

---

① 《馬克思恩格斯全集》第21卷，第194頁。

這一點的不可克服的障礙；這些被征服的部落仍受他們自己的酋長管理，並可遵循自己古時的習慣。有時有一個貢物徵收者留駐於他們之中。①

恩格斯在談到"易洛魁人的氏族"時，也說過：

這種聯盟②，一經意識到它所具有的力量，便立刻具有了進攻的性質，在 1675 年前後，當它達到了强盛的頂峰的時候，便征服了它四周的廣大土地，把這些地方上的居民一部分驅逐出境，一部分使之納貢。③

馬、恩論述的情況與禹所做的事情有多麼相似！可以看出，在禹所處的歷史條件下，對被征服的各部落，不可能并入聯盟之內，祇能讓這些部落受他們自己酋長的管理，而讓他們繳納貢物。因此，無論《禹貢》爲誰所作，祇要承認禹曾治水，也就必須肯定它關於禹"任土作貢"的記載是真實可信的。

總之，禹所進行的治水、"征有苗"、"合諸侯"、"畫爲九州"、"任土作貢"等一系列偉大的工作，把氏族制度推進到最發達的階段，預告了氏族制度的滅亡，從而爲我國古代國家的産生準備了必要的客觀物質條件。禹的功績是如此巨大，以至於人們不但"敬禹之德，令民皆則禹"（《史記·夏本紀》），并且還由於對他的感戴而推恩給他的兒子啓④。完全可以說，禹爲啓開創奴隷制國家掃清了道路。

第二節　啓是中國奴隷制國家的開創者

過去有些學者認爲禹傳子，夏代始於禹。這完全是一種誤解。

---

① 《摩爾根〈古代社會〉一書摘要》，人民出版社，1965 年，第 151 頁。
② 指易洛魁人"至遲到 15 世紀初，就發展爲一種真正的'永世聯盟'"。（《馬克思恩格斯全集》第 21 卷，第 108 頁）
③ 《馬克思恩格斯全集》第 21 卷，第 108 頁。
④ 《史記·夏本紀》有："禹子啓賢，天下屬意焉。"

實際上禹沒有傳子，夏代不是始於禹。啓才是中國奴隸制國家的真正開創者。關於啓開創奴隸制國家的問題，范文瀾同志有一段話，接觸到了問題的本質。他説：

> 戰國以前書，從不稱夏禹，祇稱禹、大禹、帝禹；稱啓爲夏啓，夏后啓。這種區別，還保存兩人時代不同的意義。①

但是，他接下去又説：

> 開始居大夏的是啓，子孫雖然遷居，夏的名稱仍相沿不改。②

這樣，范文瀾同志就沒有把這個正確意見堅持到底，僅把禹、啓"兩個人時代不同的意義"局限於居住地的不同。對於中國原始社會和奴隸社會的分界，則仍然拘守《禮運》舊説，把禹當作奴隸社會君主的帶頭人看待。因此，他仍然沒有真正解決中國奴隸制國家的開創者的問題。

《禮運》用"大同""小康"區別兩個不同的歷史時代，就其主要內容來説，同我們區別原始社會與奴隸社會兩個不同的社會經濟形態，基本上是一致的。這證明這個文獻材料是有根據的，是很寶貴的。但是，也要看到，這個材料是在奴隸制時代形成的，奴隸主階級不可能認識歷史發展的客觀規律，決定了它必然存在着階級的和歷史的局限性。一是它沒有把氏族社會到奴隸社會的怎樣由漸變發展到突變的過程交代清楚，二是它沒有也不可能把氏族社會的酋長和奴隸社會的君主區別開來，因而混淆了兩個不同歷史時代的界限，錯誤地把禹和湯、武相提並論。我們説，真正開闢中國階級社會的新紀元，成爲奴隸制國家第一個君主的是啓，而不是

① 《中國通史簡編》(修訂本)第一編，人民出版社，1953年，第28頁。
② 同上。

禹。這是一個重大的原則問題，它關係到兩個性質根本不同的社會的分界，不可任其混淆，必須辨別清楚。

下面從兩個重要方面來談談這個問題。

一、從取得政權這一方面來看

禹是怎樣取得政權的，後來又怎樣把政權移交給別人的，史書上有明確的記載，爭論不大；有爭論的是啓如何取得政權的問題。爲了闡明我們的觀點，現在先徵引幾條資料，然後加以分析。

《孟子·萬章上》說：

> 昔者舜薦禹於天，十有七年。舜崩，三年之喪畢，禹避舜之子於陽城，天下之民從之，若堯崩之後，不從堯之子而從舜也。

> 禹薦益於天，七年，禹崩，三年之喪畢，益避禹之子於箕山之陰。朝覲訟獄者不之益，而之啓，曰："吾君之子也。"謳歌者不謳歌益，而謳歌啓，曰："吾君之子也。"

> 丹朱之不肖，舜之子亦不肖，舜之相堯，禹之相舜也，歷年多，施澤於民久；啓賢，能敬承繼禹之道，益之相禹也，歷年少，施澤於民未久。

《史記·夏本紀》說：

> 帝舜薦禹於天爲嗣，十七年而帝舜崩，三年喪畢，禹辭辟舜之子商均於陽城，天下諸侯皆去商均而朝禹，禹於是遂即天子位，南面朝天下。……帝禹立，而舉皋陶薦之，且授政焉。而皋陶卒，……而後舉益，任之政十年。帝禹東巡狩，至於會稽而崩，以天下授益。三年之喪畢，益讓帝禹之子啓，而辟居箕山之陽。禹子啓賢，天下屬意焉。及禹崩，雖授益，益之佐禹日淺，天下未洽。故諸侯

皆去益而朝啓。曰：吾君帝禹之子也。於是啓遂即天子之位，是爲夏后帝啓。

《竹書紀年》説：

　　益干啓位，啓殺之。（《晉書·束皙傳》）

《韓非子·外儲説右下》説：

　　古者禹死，將傳天下於益，啓之人因相與攻益而立啓。

《戰國策·燕策》説：

　　禹授益，而以啓人爲吏。及老，而以啓爲不足任天下，傳之益也。啓與支黨攻益而奪之天下。（亦見《史記·燕召公世家》）

仔細分析上述幾條材料，《史記》基本上沿襲《孟子》，應爲一類；《紀年》、《韓非子》與《戰國策》的説法略同，而與《孟子》大異其趣，應另爲一類。這幾條材料都輾轉抄述於階級社會，自然不免打上剝削階級唯心史觀的烙印。他們都認爲階級社會是永恒的，傳子制是自古已然的，從而不能不發生若干的偏差和謬誤。但是，如果我們運用馬克思主義的觀點、方法加以鑒別，透過現象看本質，那麽它們仍不失爲好的史料，通過它們完全可以恢復歷史的本來面目。

大體上可以這樣看：禹的取得政權是由於舜的推薦，後來他準備把政權交給益也是經過推薦，使用的是傳統的、民主的方式，根本不存在傳子的問題。

《孟子》的“薦於天”的説法是錯誤的。事實上，所謂“薦”，祇能是向酋長會議薦，向人民大會薦，在《堯典》一書的記載，則是向四岳薦，哪有什麽薦於天的事情？

從當時產生最高首領的制度來看，民主的方式是合法的，世襲是非法的。《孟子》在轉述這一歷史情況時，把奴隸制時代的合法繼承制——傳子制的觀念注入到以往的歷史中去，勾畫出了一幅"舜辟堯之子"，"禹辟舜之子"的想當然的圖畫，以適應統治階級的政治需要，顯然是與事實相抵觸的。

《戰國策》和《韓非子》關於啓取得政權的說法是正確的。《紀年》爲了說明啓取得政權的合法性，顛倒了事實。事實上不是益干啓位，而是啓干益位。因爲位是屬於益的。益位是經過禹的推薦而取得的，怎麼能說是"益干啓位"呢？《孟子》說了一大堆什麼"啓賢"，"益之相禹也，歷年少，施澤於民未久"，都是有意爲啓殺益奪權回護，在我們今天看來，其實無須回護，啓殺益是歷史發展的必然結果，是合乎規律的事情。

馬克思《摩爾根〈古代社會〉一書摘要》中有一段話，恰好可用來說明這個問題。馬克思說：

> 世襲繼承制在凡是最初出現的地方，都是暴力（篡奪）的結果，而不是人民的自由許可。①

文內用"凡是"二字，表明暴力（篡奪）是一條規律，沒有例外。啓用暴力奪取政權，開始變民主選舉爲君主世襲，變"天下爲公"爲"天下爲家"，正是這條規律在中國的兩種不同歷史時代相互更迭時的反映。所以，啓的確是一個關鍵性人物。而禹則蹈常襲故，何嘗變傳賢爲傳子，使政治制度發生根本性變化？

啓用暴力奪取政權，變選舉爲世襲，爲什麼就看作是社會發生了質的變化，看作是從野蠻到文明，從部落制度到國家的分界綫呢？這是有原因的。

馬克思《摩爾根〈古代社會〉一書摘要》在談到"希臘人的胞族，部落和民族"時，有下述一段話：

---

① 《摩爾根〈古代社會〉一書摘要》，人民出版社，1965年，第123頁。

　　氏族制度本質上是民主的，君主制和氏族制度是不相容的。氏族、胞族、部落——每一個這樣的機構都是完整的自治組織。當若干部落合并爲一個民族時，其所産生的共同管理機構必和該民族的各組成部分的原則相協調。①

　　這段話明確地指出了氏族制度的本質是民主的，也指出了由部落合并而成的民族的共同管理機構也必須和民主的原則相協調。

　　恩格斯在談到"雅典國家的産生"時説：

　　國家的本質特徵，是和人民大衆分離的公共權力。②

　　這段話扼要地指出了國家的本質特徵。

　　從革命導師馬克思和恩格斯的論斷中可以看出，啓變選舉爲世襲，變傳賢爲傳子，不是個簡單的繼承制變化問題，實反映着不同歷史時代的變化。啓以前的堯、舜、禹時期，雖然部落酋長的職位早已世襲，但在聯盟管理機構中任職的公職人員，特別是最高首長的産生方式，則始終保持傳統的民主選舉，就是所謂"天下爲公，選賢與能"。這件事很不簡單，反映着氏族制度的民主本質。而且祇要對這一問題的處理是民主的，那麼與此原則相協調，對其他一切問題的處理必然也是民主的。啓一舉否定了選舉制，就是否定了氏族制度的民主本質，就是否定了氏族制度。啓以個人意志代替人民的意志，正反映了這時公共權力已經開始脱離了人民，正反映了國家的本質。從此，不僅對這一問題使用暴力處理，對其他一切問題，都將同樣使用暴力處理。它標誌着氏族制度向國家的轉化開始了。所以，我們説啓的奪權是質變，是野蠻與文明、部落制

① 《摩爾根〈古代社會〉一書摘要》，人民出版社，1965年，第176頁。
② 《馬克思恩格斯全集》第21卷，第135頁。

度與國家的分界。

二、從行使政權這一方面來看

《韓非子·五蠹》有一段話,把堯、禹和後世的縣令作對比,説明二者之間相去是多麼懸殊。《五蠹》説:

> 堯之王天下也,茅茨不翦,采橡不斲,糲粢之食,藜藋之羹,冬日麑裘,夏日葛衣,雖監門之服養,不虧於此矣。禹之王天下也,身執耒臿以爲民先,股無胈,脛不生毛,雖臣虜之勞,不苦於此矣。以是言之,夫古之讓天子者,是去監門之養而離臣虜之勞也,古傳天下而不足多也。今之縣令,一日身死,子孫累世絜駕,故人重之。是以人之於讓也,輕辭古之天子,難去今之縣令者,薄厚之實異也。

韓非不懂歷史唯物主義。他指出的堯、禹和縣令的"薄厚之實異",衹揭示了事物的表象,沒有道出這種差別的時代本質。"王"、"天子"是階級社會的概念,不能用來稱呼氏族制度的首領。這些都是這段話論述問題時不確切或不正確的地方。但是,韓非畢竟把這一重要問題提出來了。他用的這個對比方法,對於我們辨明禹、啓問題,很有裨益。

恩格斯在談到"野蠻時代和文明時代"時,也有一段話,把兩個不同時代擔任公職的人員作一次對比。他説:

> 文明國家的一個最微不足道的警察,都擁有比氏族社會的全部機關加在一起還要大的"權威";但是文明時代最有勢力的王公和最偉大的國家要人或統帥,也可能要羨慕最平凡的氏族首長所享有的,不是用强迫手段獲得的,無可爭辯的尊敬。後者是站在社會之中,而前者卻

不得不企圖成爲一種處於社會之外和社會之上的東西。①

這個對比把兩個時代公職人員不同的本質,鮮明地揭示出來了。結論就是:"後者是站在社會之中,而前者卻不得不企圖成爲一種處於社會之外和社會之上的東西。"恩格斯的論斷爲我們提供了一把理解韓非那段話的鑰匙。韓非所說的縣令和堯、禹,從本質上說,就是恩格斯所說的警察和氏族首長。這樣,問題就十分清楚了。禹猶如恩格斯所說,是站在社會之中的,還没有成爲一種處於社會之外或社會之上的東西。禹所行使的公共權力,没有脱離人民大衆。

而啓則與禹完全不同了。《墨子·非樂上》說:

於《武觀》曰:啓乃淫溢康樂,野於飲食,……萬舞翼翼,章聞於天,天用弗式。

《楚辭·離騷》說:

啓九辯與九歌兮,夏康娱以自縱;不顧難以圖後兮,五子用失乎家衖。

《山海經·大荒西經》說:

名曰夏后開,開上三嬪於天,得九辯與九歌以下。

又《海外西經》說:

大樂之野,夏后啓於此儛九代。

"夏后開"即夏后啓,漢人避景帝劉啓諱,改啓爲開。

古人所有這些對啓的指責,都證明啓不但用暴力奪得了政權,而且又利用這個政權騎在人民頭上,過着荒淫無恥的生活。《非樂

---

① 《馬克思恩格斯全集》第21卷,第195頁。

上》說"天用弗式",《離騷》說"五子用失乎家衖",就是人民反抗他
的殘酷剝削和壓迫的證據。用恩格斯的話來說,禹是"社會公僕";
而啓已"成爲一種處於社會之外和社會之上的東西","變爲社會的
主人"①了。禹和啓代表兩個不同的社會,禹是氏族社會最後一個
最高首領,而啓則是中國奴隸社會最初一個君主,界限分明。中國
奴隸社會的開創者,自然是啓而不是禹。

第三節　夏原爲地名,後來用作朝代的名稱,中國歷史上不存在"夏部落"

　　夏也叫大夏,原爲地名,自啓憑藉父禹的基業奪取政權在這裏
建立了一個以華夏族爲基礎的奴隸制國家後,才變成了歷史上一
個朝代的名稱。夏代自啓而下,一姓傳了十六世,包括中間被羿、
浞奪去政權一個時期,共四百六十年左右②,至履癸(桀)爲商湯所
滅,歷史上稱爲夏后氏或夏代,實際上是中國由氏族制度向奴隸制
國家過渡的時期。

　　有人稱"夏"爲"夏部落"。這種提法是不恰當的。啓是禹之
子,鯀之孫。鯀稱"崇伯",見於《國語·周語下》。禹稱"伯禹",不
但見於《周語下》,也見於《尚書·舜典》。"伯",殷墟卜辭通作
"白"。伯鯀、伯禹,當與伯夷、伯益一例,在當時是部落首長的一個
名稱。也就是說,如果作爲一個部落來說,鯀、禹、啓所代表的部
落,應該叫崇,而不應稱夏。崇和夏不但名稱不同,而且所在的地
理位置和所包括的地域也不同。崇代表部落,夏代表王朝,不宜混
爲一談。

---

　　① 《馬克思恩格斯全集》第20卷,第195頁。
　　② 《竹書紀年》:"自禹至桀十七世,有王與無王,用歲四百七十一年。"(據《太平御覽》卷八十二引)

　　先談"崇"。《漢書·地理志·潁川郡》陽翟下注："夏禹國。"《水經注》："潁水自堨東徑陽翟縣故城北,夏禹始封於此,爲夏國。"禹並非夏代的始君,陽翟也並非禹的"始封",所以,處理上述兩段文字,應將"夏"和"始封"二義略去不計。這樣,這兩條材料所説明的事實就是正確的了。即鯀、禹所代表的崇部落,其所在地原在陽翟及其附近地區。《國語·周語上》説:"昔夏之興也,融降於崇山。"與"周之興也,鸑鷟鳴於岐山"連類相次,證明夏的"崇山",一如周的岐山,是鯀、禹的發祥地。韋昭注:"崇,崇高山也。夏居陽城①,崇高所近。"又《太平御覽》卷三十九《崇山》條下引韋昭注説:"崇嵩字古通用,夏都陽城,嵩山在焉。"《漢書·地理志·潁川郡》下引臣瓚注曰:"《世本》,禹都陽城,《汲郡古文》亦云居之。""崇"字,《漢書·地理志》也作"崈高",顏師古説:"崈,古崇字。"《後漢書·郡國志》則作"嵩高"。崇山即今嵩山,在河南省登封縣境內,陽城應是今登封縣告成鎮古名②,陽翟則是與登封相連的河南禹縣,幾地毗鄰,夾潁水而連屬,其爲鯀、禹所在的崇部落的所在地和發祥地,確然無疑。啓奪取政權後,崇當然成了夏王朝的一個組成部分。

　　再談"夏"。《左傳》昭公元年説:

　　　　子產曰:昔高辛氏有二子,伯曰閼伯,季曰實沈,居於曠林,不相能也。日尋干戈,以相征討。後帝不臧,遷閼伯於商丘,主辰,商人是因,故辰爲商星。遷實沈於大夏,主參,唐人是因,以服事夏、商。其季世曰唐叔虞。

　　是大夏之名,早在高辛氏之世已經存在,并且是實沈所遷,不能認爲是禹、啓部落的固有名稱。夏作爲朝代的名稱,當在啓奪取

---

　　①　文中"夏"字,是舊史學家誤以禹爲夏代始君所致,應理解爲禹或崇,方符合實際。

　　②　見《1977年上半年告成遺址的調查發掘》,《河南文博通訊》1977年第2期。

政權以後。這時，聯盟共同管理機構的所在地在大夏，故啓的新朝，遂以夏爲名。

關於大夏的地理位置，《左傳》定公四年説：

> 分唐叔以……懷姓九宗，職官五正。命以《唐誥》，而封於夏虛。服虔曰："大夏在汾澮之間。"

《史記·吳太伯世家》説：

> 乃封周章弟〔虞〕仲於周之北，故夏虛。是爲虞仲。

又《齊太公世家》説齊桓公"西伐大夏，涉流沙"。《國語·齊語》作"西服流沙、西吳"。

綜合上列材料，可以看出，大夏、夏虛、唐、虞、西吳、西虞和唐叔所封，雖然範圍有廣狹之分，但總的説來，都是同一地域。虞、吳古字通用，虞又稱西吳，是與太伯之吳相對而言。所以虞、西虞、西吳三名，完全是指一個地方，即春秋時爲晉所滅的虞國。大夏是古地名，夏虛的意思爲夏代的故都。唐叔虞所封的唐，原爲堯的後裔[①]，成王滅唐，用以封叔虞。唐叔虞傳子燮，改唐爲晉[②]。

《漢書·地理志·太原郡》晉陽下説：

> 故《詩》唐國。周成王滅唐，封弟叔虞。

《左傳》定公四年，杜預注説：

> 夏虛，大夏，今太原晉陽也。

晉陽今爲山西省太原市。

但顧炎武卻不同意杜預的説法。他在《左傳杜解補正》裏説："按，晉之始見《春秋》，其都在翼，今平陽府，翼城縣也。《括地志》：

---

① 《史記·晉世家》《正義》引《括地志》："故唐城在絳州翼城縣西二十里，即堯裔子所封。"在今山西翼城西。

② 《史記·晉世家》："唐叔子燮，是爲晉侯。"

'故唐城在絳州翼城縣西二十里,堯裔子所封,所謂成王滅唐而封太叔者也。'北距晉陽七百餘里,即後世遷國,亦遠不相及。況自霍山以北,皆戎狄之地,自悼公以後,始開縣邑,而前此不見於傳。又《史記·晉世家》曰:成王'封叔虞於唐,唐在河、汾之東,方百里'。翼城正在二水之東,而晉陽在汾水之西,又不相合。竊疑唐叔之封,以至侯緡之滅,並在於翼。《史記》屢言'禹鑿龍門,通大夏'。《正義》引《括地志》云:'大夏,今并州晉陽及汾、絳等州是。'然則杜氏專指晉陽者,非也。《呂氏春秋》言:'龍門未辟,呂梁未鑿,河出孟門之上。'則所謂大夏者,正今晉絳、吉、隰之間也。《封禪書》'齊桓公西伐大夏',考之於《傳》,則曰:'至高梁而還。'高梁在今臨汾縣。"顧炎武考證詳明,可以信據。對此,閻若璩雖有駁議,不可從。則大夏故地,實在今山西省的西南角。

夏爲朝代名,它的權力所及,就決不以一個部落爲限,而是包括原來參加這個聯盟的各個部落的。我們衹孤立地、抽象地説夏,意義還不夠明確。因爲夏可以指夏都,可以指夏國,還可以擴大指夏的天下。三者雖同稱"夏",而含義實不相同。

夏都,是指夏的中央政權所在地而言。這樣的都城,在《春秋》則稱爲"京師"。夏都初在大夏,這是夏爲朝代名稱的由來。後來經過多次遷移。例如,"太康居斟尋","後相即位,居帝丘","帝杼居原,自原遷於老丘"(俱見《竹書紀年》)。斟尋,在今河南鞏縣西南①;帝丘,在今河南濮陽西南②;原,在今河南濟源西北③;老丘,在今河南開封東北④。總之,都不出今河南省沿黃河的兩岸地。

---

① 《史記·夏本紀》《正義》引《括地志》:"故鄩城在洛州鞏縣西南五十八里。"
② 《漢書·地理志·東郡》濮陽下説:"衞成公自楚丘徙此,故帝丘顓頊墟。"《左傳》僖公三十一年:"冬,狄圍衞,衞遷於帝丘。卜曰:三百年。衞成公夢康叔曰:'相奪予享。'"證明相遷之帝丘,即濮陽。
③ 均據江永:《春秋地理考實》。
④ 同上。

夏國也稱"夏邑"①,是指夏王朝的直轄區域而言。《詩經·玄鳥》稱"邦畿千里",即殷商的直轄區域;《詩經·王風》的"王國"和《左傳》隱公三年"故周、鄭交質"的"周",指周的直轄區域。夏的直轄區域,當以故崇爲基礎,又向外進行一定的擴張。《逸周書·度邑解》説"自洛汭延於伊汭,居易無固,其有夏之居",《國語·周語上》説"伊、洛竭而夏亡",證明夏國是一個以伊、洛爲中心的不算大的地區。

夏天下所包甚廣,它是在過去的部落聯盟的基礎之上建立起來的,至少,參加啓的"鈞臺之享"的諸部落都應在夏政權所及的範圍之内。《大戴禮·用兵》説:夏桀"不告朔於諸侯"。所謂"諸侯",就是指當時受夏桀統治的具有相對獨立性的地方政權。這些地方政權,大約有的還停留在部落階段,有的則已經轉化爲國家。

第四節　夏代是由氏族制度向奴隸制國家過渡的時期

一、夏代是過渡時期

大約從公元前 21 世紀開始的夏代是我國由氏族制度向奴隸制國家過渡的時期。鑒於當前史學界對馬克思主義關於由氏族制度向奴隸制國家轉化的過渡時期,有着不同的理解,有必要先談談什麽是馬克思所説的過渡時期。

馬克思在《摩爾根〈古代社會〉一書摘要》中講到羅馬人時説:

以氏族爲基礎的社會和以領土與財産爲基礎的國家

---

① 《尚書·湯誓》:"夏王率遏衆力,率割夏邑。"此"夏邑",應指夏國。

并存；後一組織在二百年的時期内逐漸代替了前者的地位。①

在談到"希臘政治社會的建立"時，又説：

　　　這個〈由氏族制度向國家〉的過渡時期，修昔的底斯（第 1 卷，第 2～13 頁）和其他著者描寫爲經常混亂的時期，這種混亂現象則是由權限上的衝突和還未十分明確規定的政權機關濫用職權造成的；舊的管理制度已經無能爲力；這也就引起了必須由成文法代替習慣法。這個過渡時代‖延長了數世紀之久。② "一種制度在逐漸消失，另一種制度在逐漸出現，因此在某一期間内，兩者是并存的"。③

馬克思的論斷，十分清楚地告訴了我們：所謂過渡時期，是由國家部分地出現開始的，到國家完全代替氏族制度爲止。它的内容是以氏族爲基礎的社會和以領土與財產爲基礎的國家并存；後一組織在幾世紀的時期内逐漸代替了前者的地位。

恩格斯在談到"雅典國家的產生"時也説過：國家是"部分地靠改造氏族制度的機關，部分地用設置新機關的辦法來排擠掉它們，最後全部代之以真正的國家權力機關而發展起來的"④。並指出："雅典人國家的產生乃是一般國家形成的一種非常典型的例子。"⑤

顯而易見，恩格斯所談，同馬克思一樣，正是氏族制度向國家的過渡，或者説是過渡時期。

---

① 《摩爾根〈古代社會〉一書摘要》，人民出版社，1965 年，第 209 頁。
② 同上，第 183 頁。
③ 同上，第 182 頁。
④ 《馬克思恩格斯全集》第 21 卷，第 125 頁。
⑤ 同上，第 186 頁。

但是，當前在史學界有一種意見，認爲氏族制度向奴隸制國家的轉變或過渡，應該由私有制的產生開始。他們說："私有制的產生，意味着從根底上抽掉了原始社會大廈的磚石，意味着原始社會開始走向解體。"

這種觀點是把馬克思主義關於"私有制"和"國家"這兩個不同的概念混爲一談了。私有制是指生產資料所有制的一種形式，屬於生產關係，即經濟基礎的範疇；國家是階級壓迫的工具，是上層建築。私有制以及由此而產生的階級分化是奴隸制國家產生的基礎和前提條件，國家則是私有制和階級對立發展到一定階段上的產物。我們知道，私有制和階級的出現是很早的。恩格斯指出，還在野蠻時代的中級階段，由母權制向父權制轉變的時期，伴隨着第一次社會大分工，就出現了私有制，而"從第一次社會大分工中，也就產生了第一次社會大分裂，即分裂爲兩個階級：主人和奴隸，剝削者和被剝削者"。① 難道我們能說從野蠻時代的中級階段起，就"意味着原始社會開始走向解體"，由氏族制度向奴隸制國家的過渡已經開始了嗎？顯然不能。對於過渡時期來說（袛是在這個意義上），私有制的出現和發展袛是量的積累，國家的部分出現才是真正質變的開始。說私有制的產生是過渡時期開始的標誌，實質上是把在私有制發展到一定階段上才出現的奴隸制國家，當作了一種與原始社會的父權制一道出現的東西，從而導致了把原始社會的高級階段當作過渡時期，這就否定了馬克思主義關於在原始社會和奴隸社會之間有一個氏族制度與國家并存的"過渡時期"的原理。

持上述意見的同志忘記了，"氏族制度本質上是民主的，君主制和氏族制度是不相容的"，"在氏族制度之上不可能建立一個政

---

① 《馬克思恩格斯全集》第 21 卷，第 184～185 頁。

治社會或國家"①。氏族制度可以在一定時期和一定程度上容納
私有制和階級對立，也就是説私有制和階級在一定階段上是氏族
制度内部出現的事物。而氏族制度卻容納不了國家。"國家的本
質特徵，是和人民大衆分離的公共權力"②是凌駕於氏族制度之上
的東西。所以，由氏族制度向奴隸制國家的轉化，祇能由氏族制度
準備條件，不能在氏族制度内部完成。不但私有制的産生不能作
爲由氏族制度向奴隸制國家過渡的開始，就是野蠻時期高級階段
出現的較爲充分的私有制和階級對立，即恩格斯所説的"在前一階
段上剛剛産生并且是零散現象的奴隸制，現在成爲社會制度的一
個本質的組成部分"③的那種情況，也祇是由這個文化階段過渡到
更高的階段的準備。

　　在中國，國家的部分出現是從啓奪權開始的。整個夏代四百
多年，都具有這種過渡時期的性質：一方面存在着代表奴隸制的夏
王朝；另一方面在夏王朝權力所及的範圍内還存在着正向國家轉
化的以血緣團體爲基礎的部落。例如，夏代有有窮氏、伯明氏、斟
灌氏、斟鄩氏、有鬲氏、豢龍氏、御龍氏、昆吾氏、有仍氏、有虞氏等
等。這些"氏"，與伏犧氏、神農氏、無懷氏、葛天氏之以氏名，完全
相同。而商代則不然。商湯在文告中，已使用"萬方"一詞（見《論
語・堯曰》、《墨子・兼愛下》），而殷墟出土卜辭中稱"方"的地方尤
多。"方"是國的異稱。由稱氏而變稱方，這不是偶然的，它是由以
血族團體爲基礎轉變爲以地區團體爲基礎的反映。又考《周禮・
考工記》、《禮記・檀弓》、《祭義》、《論語・八佾》、《孟子・滕文公
上》等古籍，談到夏、殷、周三代時，總是習慣地稱"夏后氏"、"殷
人"、"周人"。最顯著的例子是《孟子》講井田制時説："夏后氏五十

---

① 　《摩爾根〈古代社會〉一書摘要》，人民出版社，1965 年，第 176、108 頁。
② 　《馬克思恩格斯全集》第 21 卷，第 135 頁。
③ 　同上，第 187 頁。

而貢，殷人七十而助，周人百畝而徹，其實皆什一也。"這也説明夏、殷、周三代既有相同的地方，又有不同的地方。相同的都是奴隸社會。不同的是殷、周已完成了過渡，成爲了真正的奴隸制國家，而夏衹是一個過渡時期。

二、夏代的幾個重大歷史事件

夏代的過渡時期性質在其他有文字可考的重大歷史事件上也充分地反映出來了。

1. 啓的"鈞臺之享"

啓奪取政權，揭開了中國奴隸制時代歷史發展的新篇章。但是，君主制代替民主制，傳子制代替傳賢制，一句話，奴隸制代替氏族制，並不是一帆風順的。傳統是一種巨大的保守力量。一個新的社會制度的出現，不可能不遇到舊的保守勢力的反抗。啓在奪取政權時，雖然利用了他父親禹的基業和巨大威望，但這衹是一時起作用的因素，而不是維持政權的永久基礎。啓爲對付保守勢力的挑戰，鞏固自己的政權，一方面當然要建立强大的軍事力量做後盾，另一方面必須依靠政治力量，必須取得衆多部落，至少是舊日聯盟内部落新貴們的承認（這些部落新貴正在向列國諸侯轉化）。這樣舉行大會就成爲非常必要的了。史稱"夏啓有鈞臺之享"，正是適應這個形勢的需要而出現的。

鈞臺，《續漢書·郡國志》豫州潁川郡陽翟下説："禹所都，有鈞臺。"後漢陽翟，在今河南禹縣。鈞臺是崇部落中的一個重地。《左傳》昭公四年記"楚子合諸侯於申"，椒舉稱引歷史上六王二公會諸侯之禮，請求采擇。其中列在首位的，就是"夏啓有鈞臺之享"。把這個"鈞臺之享"與"商湯有景亳之命，周武有孟津之誓"相提並論、等量齊觀，可以看出其意義之重大。對這一重大意義，我們可以從兩方面分析：第一，它説明君主制和傳子制這一剛剛產生的新制度，還很幼弱，因此，不能不通過大會給以承認，使之披上合法的外衣。新的專制制度要塗抹一層舊的民主制度的油彩，恰恰是過渡時期的特點。第二，這個大會表明了"這些因擁有財富而本來就有勢力的家庭"，不但"已經開始在自己的氏族之外聯合成一種獨特的特權階級"①，而且還以階級大聯合的姿態，正式登上了奴隸社會的政治舞臺。這個特權階級的大聯合，則正是夏王朝存在的堅實基礎。所以，"鈞臺之享"是一次鞏固啓的政權，代表新興奴隸主階級的利益和要求的成功的大會。儘管這樣，代表傳統勢力的部落還是要起來反對。這就是《史記·夏本紀》所大書的"有扈氏不服"。

2. 有扈氏不服，啓滅有扈氏

有扈氏，馬融説是"姒姓之國"②，高誘説是"夏啓之庶兄"（《淮南子·齊俗》注），均認爲是夏之同姓。但是《左傳》昭公元年説"虞有三苗，夏有觀、扈，商有姺、邳，周有徐、奄"，把扈與三苗、姺、邳等相提並論，顯然認爲扈是夏的異姓部落。馬、高之説無顯據，不足憑信，《左傳》之説當屬可靠。有扈氏之扈即《春秋》莊公二十三年"盟於扈"之扈。其地即杜預注所説的滎陽卷縣西北，亦即今河南黃河北岸原陽一帶。

《史記·夏本紀》説："於是啓遂即天子之位，是爲夏后帝啓……有扈氏不服，啓伐之，大戰於甘……遂滅有扈氏，天下咸朝。"《淮南子·齊俗》説："昔者有扈氏爲義而亡，知義而不知宜也。"什麼是有扈氏的"義"呢？具體地説，就是維護舊的民主傳統，走堯、舜、禹的道路，亦即走氏族公社制的道路。有扈氏認爲這是自古已然的，天經地義的，是不能改變的。他認爲啓殺了益，奪取了政權，並從根本上改變了政權的性質，變氏族公社制爲奴隸制，是反常，

---

① 《馬克思恩格斯全集》第 21 卷，第 127 頁。
② 《尚書音義》，《經典釋文》。

是不義,因而起來反對,旨在恢復氏族公社制度。什麽叫做"宜"呢？就是説歷史是不斷發展的,義這個概念的内容也隨之發生變化,永恒的義是不存在的。在前此的條件下,氏族公社制符合歷史的發展規律,因而維護氏族公社制是正當的、是義。今天歷史又向前發展,氏族公社制度變成不合理了,奴隸制符合歷史發展的客觀規律,因而擁護奴隸制是正當的、是義。有扈氏跟不上時代前進的脚步,抱殘守闕,堅持走氏族公社制的道路,就是不合時宜,就是不符合歷史發展規律。所以,《淮南子》的這句簡單的話,正道出了啓和有扈氏鬥爭的本質:這是一場堅持新興的奴隸制還是堅持舊日的氏族公社制的兩條道路鬥爭。而這種兩條道路的鬥爭正是以"國家代替氏族"爲主要内容的過渡時期的特點的集中反映。

在這場兩條道路的鬥爭中,代表舊的氏族社會勢力的有扈氏滅亡了,代表新的奴隸制度的啓勝利了,結果達到了"天下咸朝"。從此,奴隸制度初步確立下來了。

3. 夏代初、中期傳子制同傳賢制的鬥爭

夏代初、中期發生的羿、浞搆亂,將在下文用專題來談,這裏衹簡要地説一下,就是這場王位的爭奪戰,也具有傳子制和傳賢制鬥爭的性質。它與啓對有扈氏鬥爭的區別,在於這場鬥爭主要是在奴隸主階級内部進行的。羿取夏而代之,浞取羿而代之,少康又滅浞中興,這一連串走馬燈似的歷史事件,頗類似馬克思指出的由氏族向國家過渡,處於"經常混亂的時期"的希臘。這種混亂説明了:奴隸制時代的傳子制還在形成過程中,"還未享有充分的道義上的威望"[1],而傳統的傳賢制,還有着巨大的影響。所以,羿、浞篡權不需要如後來經常發生的那樣取一王族子弟做傀儡,人民也竟然容忍了這種篡奪。它反映着傳子制代替傳賢制要進行一場多麽長

---

[1]　《馬克思恩格斯全集》第 21 卷,第 135 頁。

期、複雜的鬥爭。而這正是這個過渡時期鬥爭的特點。

第五節　夏代的階級鬥爭

恩格斯說："由於文明時代的基礎是一個階級對另一個階級的剝削,所以它的全部發展都是在經常的矛盾中進行的。"① 自啓奪取政權,中國進入階級社會以來,階級鬥爭就成爲社會的主要矛盾了。夏代的興起和滅亡,無疑都是階級鬥爭的結果。整個夏代四百多年的歷史,就是一部階級鬥爭史。夏代的階級鬥爭,突出地表現在羿浞搆亂、少康中興和夏桀暴虐、商湯滅夏等幾個重大事件上。

一、羿、浞搆亂,少康中興

恩格斯在談到奴隸制代替氏族公社制的時候,曾經指出:"卑劣的貪慾是文明時代從它存在的第一日起直至今日的動力;財富,財富,第三還是財富——不是社會的財富,而是這個微不足道的單個的個人的財富,這就是文明時代唯一的、具有決定意義的目的。"② 新生的奴隸主階級爲"卑劣的貪慾"所驅使,一旦政權到手,必然象惡狼一樣,多少財富也填不滿他們的慾壑。屈原曾用四句詩形象地概括了啓的生平。他說:"啓九辯與九歌兮,夏康娛以自縱;不顧難以圖後兮,五子用失乎家術。""康娛"是一個複音詞。"夏康娛以自縱",說明啓好安逸游樂,終日過着荒淫放蕩的生活。"九辯與九歌",則是縱樂的事實。舊說"夏康"爲啓子太康,是不正確的。下文"澆身被服强圉兮,縱慾而不忍;日康娛而自忘兮,厥首用夫顛隕"。"康娛"重見,用法相同,是其例證。《離騷》四句話,前

---

①　《馬克思恩格斯全集》第 21 卷,第 201 頁。

②　同上。

兩句是説啓的縱樂生活；後兩句則是説由於啓的縱樂生活引起反抗，以至使五子遭殃，即導致了歷史上有名的"太康失國"和羿、浞搆亂的事件。

關於羿、浞搆亂，少康中興的事迹，詳見於《左傳》襄公四年和哀公元年。兹迻録如下：

《左傳》襄公四年説：

> 昔有夏之方衰也，后羿自鉏遷於窮石，因夏民以代夏政。
>
> 恃其射也，不脩民事，而淫於原獸。棄武羅、伯因、熊髡、尨圉，而用寒浞。
>
> 寒浞，伯明氏之讒子弟也。伯明后寒棄之，夷羿收之，信而使之，以爲己相。
>
> 浞行媚於内，而施賂於外，愚弄其民，而虞羿於田，樹之詐慝以取其國家，外内咸服。
>
> 羿猶不悛，將歸自田，家衆殺而烹之，以食其子。其子不忍食諸，死於窮門。靡奔有鬲氏。
>
> 浞因羿室，生澆及豷。恃其讒慝詐僞而不德於民。使澆用師滅斟灌及斟尋氏。處澆於過，處豷於戈。靡自有鬲氏，收二國之燼，以滅浞而立少康。
>
> 少康滅澆於過，後杼滅豷於戈。有窮由是遂亡。

哀公元年説：

> 昔有過澆殺斟灌以伐斟鄩，滅夏后相。后緡方娠，逃出自竇，歸於有仍，生少康焉，爲仍牧正。惎澆，能戒之。澆使椒求之，逃奔有虞，爲之庖正，以除其害。
>
> 虞思於是妻之以二姚，而邑諸綸。有田一成，有衆一旅，能布其德，而兆其謀，以收夏衆，撫其官職。使女艾諜澆，使季杼誘豷，遂滅過、戈，復禹之績。祀夏配天，不失

舊物。

上述兩段引文，有詳有略，從不同的側面，談到了羿、浞搆亂，少康中興這一事件。

“因夏民以代夏政”，是這一事件發生的根本原因。也就是，從根本上說，它是階級鬥爭的反映。

“夏民”的用法應同《詩・雲漢》所說的“周餘黎民”的“周民”一例，祇指王畿以內的人民而言。夏的畿內人民原來都是氏族成員，現在正向“事實上是奴隸”轉化。他們由於不能忍受啓和啓子太康的殘酷剝削和壓迫而起來鬥爭。有窮后羿正是利用了這個機會才闖進來取代夏的政權。

“夏政”的夏與“夏民”的夏含義略有不同。夏民祇限於畿內，夏政則包括全部政權，不以畿內爲限。后羿又稱帝羿（《左傳》襄公四年）。在部落聯盟時期，后和帝二者是有嚴格區別的。后是部落首長的稱號，帝是部落聯盟首領的稱號。帝羿一名，就表明他至少在名義上已掌握夏的全部政權。

有窮氏、伯明氏、斟灌氏、斟鄩氏、有鬲氏、有仍氏、有虞氏，都是正處於向奴隸制國家轉化邊緣的部落。不稱方、國而稱氏，就表明它們是部落而不是國家。斟灌氏、斟鄩氏、有鬲氏、有仍氏、有虞氏都傾向於夏，說明禹的功績，深入人心，而啓的流毒，僅限於畿內。這一點正是少康中興的社會基礎。

羿、浞都屬於奴隸主階級。羿依靠武力取得政權，而“不脩民事”，浞依靠欺騙取得政權，而“不德於民”，結果都失敗了。顯然失敗的根本原因，在於人民的反對，即由於階級鬥爭的結果。

少康中興固然依靠有仍、有虞、靡和女艾等的力量，但更主要的則在“能布其德，而兆其謀，以收夏衆，撫其官職”，即得到人民的支持。《左傳》說“復禹之績”，而不說復啓之績；杼是少康之子，《國語・魯語上》說“杼能帥禹者也”，而不說帥啓，證明少康和杼打的是禹的旗號，但所實行的，還是啓所開闢的世襲繼承和奴隸制政治。夏代政權是啓建立的，但真正能把這個政權鞏固下來的，則是少康。

夏初正處於兩種制度的更替時期，從奴隸制度看，夏傳子爲合法，而從傳統觀點來看，羿代夏，也是合法的。衹因羿、浞相繼，一個個比啓更加兇殘，階級鬥爭的冷酷現實，喚起了人們對禹及其功績的懷念，並由思禹轉而思禹之後。因此，羿、浞搆亂，或者可以説是從反面幫了少康中興的忙。少康"復禹之績"，少康子杼"能帥禹"，自此以後，世襲繼承遂成定制。夏代傳世四百多年，少康起了重大作用。

鉏，《續漢書·郡國志》東郡濮陽下説："有鉏城。"據江永《春秋地理考實》，在今河南滑縣東十五里。窮石，《史記·夏本紀》張守節《正義》引《晉地記》説："河南有窮谷，蓋本有窮氏所遷也。"按王謨《漢唐地理書鈔·王隱〈晉地道記〉》，"河南"作"河陽"。據《晉書·地理志》，河南在河南郡，河陽在河内郡，二者必有一誤。但晉河陽縣在今河南孟縣西，晉河南縣在今河南洛陽西，二地相去不遠，從當時地理形勢來看，此説比較接近事實。大概羿的遷國，其目的在於代夏，故當與夏都相近。

關於斟鄩、斟灌的所在，舊有兩説。應劭注《漢書·地理志》，於北海郡平壽下説："故斟尋，禹后，今斟城是也。"於壽光下説："古斟灌，禹後，今灌亭是。"即謂斟鄩在山東濰縣西南，斟灌在山東壽光東（《清一統志》）。臣瓚注《漢書·地理志》於北海郡平壽下説："斟尋在河南，不在此也。"以下接着作了詳細考證。他説："《汲郡古文》云：'太康居斟尋，羿亦居之，桀亦居之。'《尚書序》云：'太康失邦，昆弟五人，須於洛汭。'此即太康所居爲近洛也。又吳起對魏武侯曰：'昔夏桀之居，左河濟，右太華，伊闕在其南，羊腸在其北。'河南城爲值之。又《周書·度邑篇》曰：武王問太公曰：'吾將因有夏之居，南望過於三塗，北瞻望於有河。'有夏之居，即河南是也。"即臣瓚不同意應劭意見，認爲斟鄩不在平壽，而在河南。《括地志》説："故鄩城在洛州鞏縣西南五十八里，蓋桀所築也。"唐洛州鞏縣即今河南鞏縣。

有鬲，《續漢書·郡國志》平原郡鬲下説："侯國。夏時有鬲君滅浞立少康。"在今山東德州東南。

其他各地，或舊無説，不可考，或有説，不足據，俱從略。

《竹書紀年》説："后相即位，居商丘。"朱右曾説："商當爲帝。帝丘即秦、漢之濮陽。"證之以《左傳》僖公三十一年所記，衞遷帝丘而成公夢康叔曰："相奪予享。"則朱説可信。秦、漢之濮陽今爲河南濮陽縣。

總之，夏初活動地區主要在今河南省中部一帶。

二、夏桀暴虐，商湯滅夏

少康中興，八傳至孔甲，而"夏后氏德衰，諸侯畔之"（《史記·夏本紀》）；又三傳至桀而夏亡。足證從孔甲時代起，夏代的階級鬥爭就已日趨尖鋭，奴隸主階級內部也已開始分崩離析。"德衰"二字，屢見史册，考其本意，是歷代史學家專門用來説明某一王朝没落時期階級鬥爭緊張、激烈的專有名詞。

夏桀是中國歷史上第一個有名的暴君。桀的暴虐包括兩個方面：一是對畿内百姓的暴虐；二是對列國諸侯的暴虐。

《尚書·湯誓》説：

> 夏王率遏衆力，率割夏邑；有衆率怠弗協，曰："時日曷喪，予及汝皆亡。"

這是在湯滅夏誓師時，從商湯口中講出來的夏桀罪狀。"夏邑"指夏的畿内。三個"率"字都是虛詞，無實義。"遏衆力"，"割夏邑"説明夏桀對畿内人民的殘酷壓迫與剥削，"怠弗協"以下説明夏畿内人民不堪忍受夏桀的暴虐，而進行反抗，并發出了寧肯與桀同歸於盡的堅決誓言："時日曷喪,予及汝皆亡。"階級矛盾已達到了白熱化的程度。自今日看來,桀的這個罪狀是符合當時實際的,没有多少夸大的成分。《史記·夏本紀》説:"夏桀不務德而武傷百姓,百姓弗堪。"基本上和《湯誓》相同,比較起來,不如《湯誓》講得具體。

《國語·晉語》説:

> 昔夏桀伐有施,有施人以妹喜女焉。

《左傳》昭公四年説:

> 夏桀爲仍之會,有緡叛之。

又,昭公十一年説:

> 桀克有緡以喪其國。

《楚辭·天問》説:

> 桀伐蒙山,何所得焉? 妹嬉何肆,湯何殛焉?

以上四條材料是夏桀對列國諸侯暴虐的事實。夏桀的殘暴政治,一方面招致了畿内人民的激烈反抗,另一方面又招致了列國諸侯的衆叛親離。所以,在商湯的征討下,坐在階級鬥争的火山口上的夏桀於是國破身亡了。

關於夏桀暴虐的材料,其他古籍也有記載,如《韓詩外傳》卷二説:"昔者,桀爲酒池糟隄,縱靡靡之樂,而牛飲者三千。"《新序·刺奢》説:"桀作瑶臺,疲民力,殫民財,爲酒池糟堤,縱靡靡之樂,一鼓而牛飲者三千人。"等等,都出於後人附會,不足爲據。崔述《夏考信録》所作的駁難是對的。

第六節　夏代的農業、手工業、建築和天文曆法

夏代之所以開始進入奴隸社會,決定的因素在於生産力。不

過夏代社會生產力的發展水平,由於遺留下來的史料很少,不能做
具體的細緻的説明。近年來由於地下發掘工作的進展,在河南西
部和山西西南部一帶發現了一種介於龍山文化和先商文化之間的
二里頭類型文化。從這種文化分佈的地點和時間序列上看,同崇
部落(夏代前身)和夏王朝活動的中心地區大致相符。目前,考古
學界已初步認定:二里頭文化就是夏代文化的遺存。還有一種意
見認爲龍山文化的晚期也是夏文化。

根據地下提供的資料,結合文獻的記載,我們對夏代的農業、
手工業和建築等作一初步的探討。

一、農　業

《尚書·益稷》記禹説:

> 予決九川距四海,濬畎澮距川。

《論語·泰伯》説:

> 子曰:禹吾無間然矣! ……卑宮室而盡力乎溝洫。

禹是部落聯盟時代的最後一個軍事首長。他的"決九川"是治
水。"濬畎澮"則不僅是治水,也包括治田在内。稱"畎澮"與稱"溝
洫"一樣都是簡括之詞。"濬畎澮"工作基本上就是《考工記·匠
人》"爲溝洫"所做的工作。可見,在氏族社會末期,農業上已出現
了人工灌溉系統。在洛陽矬李的龍山文化遺址中,發現有水渠(寬
2～3 米,深 1 米左右),就是有力的證據。"溝洫"一詞,向來學者
都以井田的溝洫作解。我們認爲:中國的井田制產生於原始社會
末期,亦即產生於共產制家庭公社共同耕作開始改爲把土地分配
給單個家庭並定期實行重新分配的時期。因而,《尚書》和《論語》
的兩條材料,不但是氏族社會末期存在過人工灌溉系統的證據,也
是井田制出現的證據。

　　到了夏代,這種井田制的性質發生了變化,由氏族社會的井田制逐漸過渡到了奴隸制的井田制。《孟子·滕文公上》所説"夏后氏五十而貢",就是這種轉化的標誌。這種"貢",已經和氏族社會提供給擔任社會公職的人們的生活資料的貢有本質上不同了。它是奴隸主階級對實際處於奴隸地位的庶人和奴隸進行剥削的一種形式。

　　《世本·作篇》説:"伯益作井。"在姕李和邯鄲澗溝文化遺址中,均發現有井。這説明在野蠻期的高級階段,已出現了井。夏代有井,則是確定無疑的了。井的出現,一則可使居民向遠離江河的平原或山區縱深發展,二則也可以用於農業灌溉。所以,説夏代的農業生產是以人工灌溉爲特點的井田制,當是事實。

　　《尚書·益稷》説:"暨益奏庶鮮食。"注曰:"鳥獸新殺曰鮮食。"又説:"暨稷播,奏庶艱食、鮮食。""艱食",馬融解曰:"艱又作根。云根生之食,謂百穀。"[1]《尚書·舜典》也説:"汝后稷,播時百穀。"這説明,在原始時代末期,雖然人們還吃鳥獸一類的肉食,但農業已經發展起來,百穀成了人們重要的食物。早在仰韶文化遺址中,已發現有粟米(即穀子)。《史記·夏本紀》説:"令益予衆庶稻,可種卑濕。"《大戴禮·夏小正》有關於"祈麥實","種黍菽糜時也","剥瓜"等的記載,證明夏代種植的百穀包括:穀、稻、麥、菽、糜、瓜等多種農作物。恩格斯説:"農業是整個古代世界的決定性的生產部門。"[2]它的發展對社會的進步起着巨大的作用。

二、手工業

　　二里頭文化遺址中出土的陶鼎、陶方鼎、陶盆、陶角、陶斝、陶罐等,特點是器物上有發達的堆文,工藝水平較前有所提高。

---

① 　陸德明:《經典釋文》。
② 　《馬克思恩格斯全集》第21卷,第169頁。

隨同陶器,出土文物還有蚌器和骨器。

此外,在偃師二里頭文化遺址中還發現有冶銅作坊,冶煉用的陶鍋,陶範,銅渣及小件青銅器,象爵、鈴、刀、鏃等。在古文獻中有關於夏鑄九鼎的記載。《左傳》宣公三年記周人王孫滿對楚王問鼎之大小輕重時説:

> 昔夏之方有德也,遠方圖物,貢金九牧,鑄鼎象物……桀有昏德,鼎遷於商,載祀六百。商紂暴虐,鼎遷於周……成王定鼎於郟鄏。

《墨子·耕柱》説:

> 昔者,夏后開使蜚廉折金於山川,而陶鑄之於昆吾。是使翁難雉乙,卜於白若之龜。曰:"鼎成三足而方,不炊而自烹,不舉而自臧,不遷而自行,以祭於昆吾之虛,上鄉!"……九鼎既成,遷於三國。夏后氏失之,殷人受之;殷人失之,周人受之。

《戰國策·東周策》説:

> 秦興師臨周而求九鼎。

《呂氏春秋》的《先識》《慎勢》《離謂》《適威》《達鬱》諸篇並具體地談到鼎上的物象。可見,夏代鑄鼎應是事實。因此説,夏代是我國青銅器時代的開端,當不會有多大問題。

陶器的多樣性,青銅器的出現及鑄鼎的事實,反映了夏代手工業生産已有較高水平,爲殷周向着青銅器的鼎盛時代發展奠定了基礎。

三、建築

在二里頭文化遺址的中部,發現有面積達一萬多平方米的斷

斷續續的夯土基址、柱洞和柱礎。在河南登封告成遺址東北部的
王城崗上,發現了一座相當於二里頭文化類型或更早一些時期夯
土築成的城墙基槽遺址。西城墙長 94 米,南城墙長 97 米,城墙基
槽保存較好,口寬 4.4 米以上,底寬 2.5 米左右,現存深度約 2.3
米。這些事實説明,《古本竹書紀年》記載夏桀"築傾宫,飾瑶臺"一
事,是有根據的。夏代應當已有規模較大的房屋宫室。

四、《夏時》和《夏小正》

伴隨着夏代社會生産的發展,和農業息息相關的天文曆法也
有了一定的發展。《夏時》就是這些天文曆法知識的結晶。

我們知道,早在原始社會,人們在同大自然的長期鬥爭中,就
已經積累起來一些觀察天象和物候的知識。《尚書·堯典》説:"乃
命羲和,欽若昊天,曆象日月星辰,敬授人時。"並把鳥、火、虚、昴四
宿作爲仲春、仲夏、仲秋、仲冬黄昏時中星。《堯典》還説:"在璿璣
玉衡,以齊七政。"《左傳》襄公九年記堯時部落聯盟專門設立有"火
正"一職,負責觀察心宿二的出没變化規律。這些記載,都是人們
用天象作爲判斷季節和時間的依據,及時教民從事農牧業生産的
例證。到了夏代,天文曆法知識又前進了一步,已明確劃分一年爲
十二個月。《左傳》昭公十七年説"火出,於夏爲三月,於商爲四月,
於周爲五月",就是明證。《國語·周語》記載:"夏令曰:'九月除
道,十月成梁。'"説明《夏時》不單是曆法,也包含着按月安排生産
活動的民事内容。這無疑是對古代"觀象授時"的發展。《史記·
天官書》歷數從遠古到戰國的有代表性的著名天文學家説:"昔之
傳天數者:高辛之前,重、黎;於唐、虞,羲、和;有夏,昆吾;殷商,巫
咸;周室,史佚、萇弘;於宋,子韋;鄭則裨竈;在齊,甘公;楚,唐昧;
趙,尹皋;魏,石申。"這也説明,我國天文曆法的發展是由來已久
的。在氏族社會已設有掌察天象四時的社會公職,到了夏代,這一

職位轉化成了國家的常設官職。這種"傳天數"制度，造就了一批有成就的天文曆法家。《左傳》中還保存了《夏書》上關於世界上最早的一次日食記載，即昭公十七年的"故夏書曰：'辰不集於房，瞽奏鼓，嗇夫馳，庶人走。'"

《夏時》很受古人的重視和稱道。《史記・夏本紀》説："孔子正夏時。"《論語・衛靈公》也記孔子説"行夏之時"。春秋時代魯國的天文學家梓慎也讚美《夏時》説，"夏數得天"（《左傳》昭公十七年）。可見，《夏時》與殷周時代的曆法比較起來，仍有獨到之處。考《左傳》《古本竹書紀年》等古籍，夏帝有胤甲、孔甲、履癸（桀）等名，應是發明了干支紀日法的證明。

相傳《夏小正》是夏代的曆書。《禮記・禮運》篇引孔子曰："我欲觀夏道，是故之杞，而不足徵也。吾得夏時焉。"鄭玄注："得夏四時之書也，其書存者有《小正》。"説明《夏時》和《夏小正》確有一定的關係。《夏小正》雖成書較晚，其内容不可全信，但其中必然包含着夏代在農牧業生産中積累起來的一些天象和物候知識，特別是它與《尚書》《左傳》《國語》《詩經》等書互相印證的那部分内容，可信程度就更高一些。我們不應輕率地否定《夏小正》。

夏代世系表

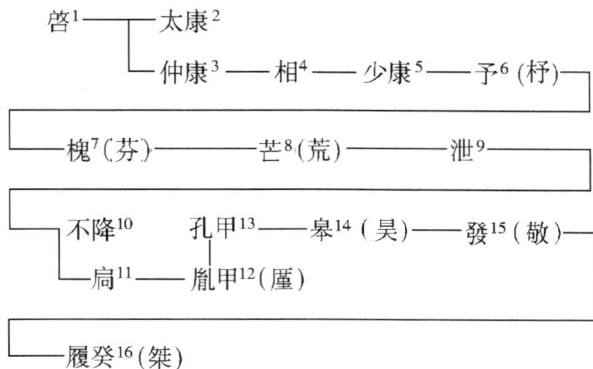

第二章 商——中國奴隸社會國家的形成和發展時期

第一節 商的起源

一、商文化起源於我國北方

1. 砥石

《荀子·成相》說:"契玄王,生昭明,居於砥石遷於商。十有四世,乃有天乙是成湯。"這幾句話,敍述先商歷史,至爲明確。

契是殷商的老祖宗,昭明是契的兒子。《世本》說:"契居番","昭明居砥石。"那末,番和砥石在現今什麼地方呢?

番這個地方,在現今何處,考證比較難些,但也不是不能得其仿佛。至於砥石,則確知在遼水發源處,今内蒙古昭烏達盟克什克騰旗的白岔山,正在我國北方。《淮南子·地形訓》說:"遼出砥石。"高誘注說:"砥石,山名,在塞外,遼水所出,南入海。"惜前人多不注意及此。例如,楊倞注《荀子·成相》說:"砥石地名,未詳所在。或曰,即砥柱也。"張蔭麟《中國史綱》則以今河北泒水流域當之。後人以誤傳誤,給解決商文化起源問題,平添重重障礙。

我們既知砥石所在,又知道商是自砥石遷來,那末,契居的番,位置大體上也是可以確定的了。

契稱玄王,不但見於《荀子·成相》,亦見於《國語》的《周語下》

和《魯語上》及《詩經·商頌·長發》。那末，"玄王"是什麼意思呢？
它應同九野的"北方曰玄天"（《呂氏春秋·有始覽》），明堂的北堂
稱玄堂，四象的北方七宿稱玄武一樣，玄是北方的意思，玄王就是
北方之王。韋昭以"契由玄鳥而生"（《國語·周語下》注）解"玄
王"，顯然是錯誤的。

2. 亳

王國維作《說亳》，列舉三證，斷定湯所居之亳爲《漢書·地理
志》山陽郡之薄縣，其地在今山東曹縣南二十里。這個說法是對
的。不過，王國維又說："古地以亳名者甚多。"這是什麼原因？這
個問題應該怎麼解決呢？

關於商人以亳爲名的幾個地方，不管是哪個亳，商人都曾於其
地建過都。皇甫謐說："蒙爲北亳，穀熟爲南亳，偃師爲西亳。"這三
亳，他以爲都是商都。春秋時，魯國有亳社，《左傳》定公六年說：
"陽虎又盟公及三桓於周社，盟國人於亳社。"又，哀公七年說："以
邾子益來獻於亳社。"魯在商時爲奄。《竹書紀年》："南庚更自庇遷
於奄。"證明魯之有亳社，也是由於它從前曾是商都。《史記·秦本
紀》："寧公二年，……遣兵伐蕩社。三年，與亳戰，亳王奔戎，遂滅
蕩社。"徐廣說："蕩音湯。"司馬貞說："西戎之君號曰亳王，蓋成湯
之胤。"可見，這個亳也與殷商有關。《左傳》昭公九年說："王使詹
桓伯辭於晉，曰：'……肅慎、燕亳，吾北土也。'"燕亳與肅慎並列，
燕亳當是一地，且與肅慎相鄰。這個亳也應該是商人的故都，而且
係商人最早的居住地。今試言其詳。

《逸周書·作雒解》說："武王克殷乃立王子祿父俾守商祀。建
管叔於東，建蔡叔霍叔於殷。"《漢書·地理志》說："河內本殷之舊
都。周既滅殷，分其畿內爲三國，《詩·風》邶、庸、衛國是也。邶，
以封紂子武庚；庸，管叔尹之；衛，蔡叔尹之。"王國維《北伯鼎跋》據
河北省淶水縣出土北伯器數種，確認"邶即燕"。原文如下：

彝器中多北伯、北子器，不知出於何所。光緒庚寅，直隸（今河北省）淶水縣張家窪又出北伯器數種。余所見拓本，有鼎一卣一。鼎文云：“北伯作鼎。”卣文云：“北伯㲋作寶尊彝。”北蓋古之邶國也。

自來說邶國者，雖以爲在殷之北，然皆於朝歌左右求之。今則殷之故虛得於洹水，大且、大父、大兄三戈出於易州，則邶之故地自不得更於其北求之。余謂邶即燕，鄘即魯也。邶之爲燕，可以北伯諸器出土之地證之。邶既遠在殷北，則鄘亦不當求諸殷之境内。余謂鄘與奄聲相近。……奄之爲鄘，猶焰、閻之爲庸矣。

……及成王克殷、踐奄，乃封康叔於衛，封周公子伯禽於魯，封召公子於燕，而太師采詩之目，尚仍其故名，謂之邶、鄘。然皆有目無詩。季札觀魯樂，爲之歌邶、鄘、衛，時猶未分爲三。後人以衛詩獨多，遂分隸之於邶、鄘。因於殷地求邶、鄘二國，斯失之矣。

按，王説“邶即燕，鄘即魯”，很有見地，足以破舊説之誤。試思燕爲北土，武庚封邶即封燕，其用意在於讓他“守商祀”。那末，邶或燕也是商的舊都無疑了。因此，燕亳之稱，就是其地曾爲商都的證據。

燕亳究竟是商王朝的哪一個都城呢？我認爲就是《世本》所説“契居番”之番。兹説明如下：

《荀子·王霸》“湯以亳”，《議兵》則作“湯以薄”。《春秋》哀公四年“六月辛丑，亳社災”，《公羊傳》則作“六月辛丑，蒲社災”。《尚書序》“將遷其君於蒲姑”，《史記·周本紀》則作“遷其君薄姑”。是作爲地名，亳、薄、蒲三字可通，因爲所重在字音，並不在字形。現在再來説番。番爲聲符，加手旁則爲播，加邑旁則爲鄱。《史記·趙世家》：“秦攻番吾。”張守節《正義》：“上音婆，又音盤，又作蒲。《括地志》云：‘蒲吾城在恒州房山縣東二十里。’”證明亳、蒲、番三字古音同,可以通作。錢大昕以爲古無輕脣音,"凡輕脣之音,古讀皆爲重脣"。然則"契居番"就是"契居亳"了。結合上面所說,"昭明居砥石",昭明爲契之子,所居當去契居不遠。可見契居之亳當與燕亳之亳爲一地。正是由於亳是契居,爲殷商的發祥地,所以後世諸王雖屢經遷徙,而亳名不廢。所謂北亳、南亳、西亳,都當由此得名。不然的話,不僅古地以亳名者甚多,不可解,肅慎、燕亳吾北土之亳,也不可解了。

二、殷商稱號的由來

成湯滅夏以後所建立的國家,到底稱作什麼,是個有爭議的問題。見於前人稱述的,有的稱之爲商,有的稱之爲殷,有的則稱之爲殷商。同時對於殷商這兩個稱號的解釋也不相同。如有的認爲契封於商,有的認爲契本無封於商之事,商是契孫相土之所遷,那末,在相土遷商之前,是不可能稱商的。有的認爲成湯滅夏以後,新建的國家稱爲商,到盤庚遷於殷以後,才改商爲殷。此外也還有人認爲商人自己並不自稱爲殷,周人才稱商爲殷,殷是商王經常去田獵的一個小地方,周人稱商爲殷,完全是出於敵愾。

既然有這樣多不同的說法,那末,我們研究這一段歷史,就不能迴避它,而是應該認真加以研究,盡量弄明白這一問題的真相。

商,最初是個地名,即今河南商丘,在我國氏族社會時期,是高辛氏之子閼伯所居。進入階級社會以後,在夏代,契孫相土始遷於此。因此,後來這一民族有了商的稱號,實從這時開始。

《尚書序》說:"自契至於成湯八遷。"現在可以考知的有:一、"契居番";二、昭明遷砥石;三、相土遷商。相土遷商這個事實,見於《左傳》襄公九年、昭公元年和《國語・晉語》，[1]確然可據。因此，其他所謂契封於商，或者以爲相土所遷乃是帝丘，這些説法，都是不足憑信的。

　　殷，作爲地名，其地在今河南安陽小屯殷墟。今本《竹書紀年》説："帝芒三十三年，商侯遷於殷。"王國維證以《山海經》郭璞注引真本《竹書紀年》有殷王子亥、殷上甲微，稱殷不稱商，斷爲可信。然則殷實爲商的先公舊居，他們在遷商地、稱商之前，就居住在這裏。正因爲這樣，所以《吕氏春秋》於《慎大覽》説："湯立爲天子，夏民大悦，如得慈親，朝不易位，農不去疇，商不變肆，親郼如夏。"於《慎勢》説："湯其無郼，武其無岐，賢雖十全，不能成功。"於《具備》説："湯嘗約於郼、薄矣，武王嘗窮於畢、裎矣。"於《高義》説："郼、岐之廣也，萬國之順也，從此生矣。"這些材料，每提到湯時，都同時提到郼。郼與殷古音相同，故通用。那末，所謂盤庚遷殷改商稱殷之説，不攻自破了。至於商人不自稱殷，這同春秋時代男子不自稱姓，《春秋》爲魯史不自稱魯一樣，出於没有必要。齊、晉人稱魯爲魯，魯人稱齊、晉爲齊、晉，和戰國時魏國遷都大梁後也稱梁一樣，祇是一般的習慣稱呼，這裏並没有什麽"敵愾"的意思。殷商並稱，也同單稱殷、單稱商一樣，並没有什麽新意，這祇不過是因爲這個國家既可稱殷，又可稱商罷了。

　　① 　《左傳》襄公九年："陶唐氏之火正閼伯居商丘，祀大火，而火紀時焉。相土因之，故商主大火。"又昭公元年："子産曰：昔高辛氏有二子，伯曰閼伯，季曰實沈，居於曠林，不相能也。日尋干戈，以相征討。后帝不臧，遷閼伯於商丘，主辰。商人是因，故辰爲商星。"杜注："湯先相土封商丘。"《國語・晉語四》："晉之始封也，歲在大火，閼伯之星也，實紀商人。"

第二節　商代社會概述

一、社會的基本情況

大約公元前 16 世紀,商滅夏,在中原建國,第一個王是湯。湯的第十四代祖契,和治水有名的大禹同時,契是中國北方一個强大部落的世襲首領。番是契部落的根據地。契子昭明遷於砥石(在今內蒙古昭烏達盟克什克騰旗),孫相土遷於商(今河南商丘)。契六世孫遷殷,至湯又遷於亳(今河南商丘北)。因其地近於商丘,故《書序》説"從先王居"。這個先王,當係指契孫相土而言。

從湯至盤庚共五遷。《盤庚》説:"不常厥邑,於今五邦。"這幾次遷徙,見於《史記·殷本紀》的有仲丁遷於隞,河亶甲居相,祖乙遷於邢。但古本《竹書紀年》則云:仲丁"元年,自亳遷於囂",河亶甲"自囂遷於相",祖乙"居庇",南庚"自庇遷於奄",盤庚"自奄遷於殷"。兩書對照,《紀年》多庇、多奄;而《殷本紀》則有邢無庇無奄。假如囂即隞,庇即邢,則此五遷實爲囂、相、庇、奄、殷。有人於庇外又多數一邢或耿,誤把庇説成柴,即《書·費誓》之費,這一點尚不能證實,祇可存疑。

自盤庚遷殷後,至紂之滅國,都城始終在殷,沒有遷徙過。《史記·殷本紀》《正義》説:"《竹書紀年》自盤庚徙殷,至紂之滅,七(二)百七十三年,更不徙都。"

契與舜、禹同族,所以才能在以舜禹爲首的部落聯盟中擔任公職。我國從夏代起,雖進入階級社會,但仍具有過渡的性質。如相土曾任火正①,冥曾任水官②,同"仲虺居薛爲湯左相"一樣,由舊社會沿襲下來的制度仍久行不廢。這一事實説明,商在成湯以前,長期以來就是一個不平常的國家。特別是《詩經·長發》稱"玄王桓撥,受小國是達,受大國是達",又説:"相土烈烈,海外有截。"《魯語》説:"商人郊冥而宗湯。"又説:"上甲微,能帥契者也,商人報焉。"證明商在夏代的諸侯中,是個北方的大國,同夏的關係較密切,但並没有嚴格的隸屬關係,君臣之分並没定,衹是尊奉夏爲共主,這又同部落聯盟時期部落首領與聯盟首領的關係差不多。它不僅没有秦以後的守、令同皇帝之間的關係,也没有西周時期的侯國同王室之間的那種關係。王國維説:"自殷以前,天子諸侯,君臣之分未定也。故當夏后之世,而殷之王亥、王恒,累葉稱王,湯未放桀之時亦已稱王;當商之末,而周之文、武亦稱王。蓋諸侯之於天子,猶後世諸侯之於盟主,未有君臣之分也。周初亦然。於《牧誓》《大誥》皆稱諸侯曰友邦君,是君臣之分亦未全定也。逮克殷踐奄,滅國數十,而新建之國,皆其功臣昆弟甥舅,本周之臣子,而魯、衛、晉、齊四國又以王室至親爲東方大藩,夏殷以來古國,方之蔑矣。由是天子之尊,非復諸侯之長而爲諸侯之君。"③這種分析無疑是正確的,符合歷史實際的。

　　成湯滅夏,奪取政權之後,不僅盡有夏之民,盡有夏之地,盡有夏之財(《吕氏春秋·分職》),而且也同夏后啓取得政權後曾有過"鈞臺之享"(《左傳》昭公四年)一樣,也舉行過一次類似的大會,即所謂"景亳之命"(《左傳》昭公四年)。這個大會也見於《逸周書·殷祝》和《尚書大傳》。《殷祝》説:"湯放桀而復薄,三千諸侯大會。"在會上,湯從諸侯之位,三讓,三千諸侯莫敢即位,然後湯即天子之

① 《左傳》襄公九年:"陶唐氏之火正閼伯,居商丘。……相土因之,故商主大火。"
② 《國語·魯語上》:"契爲司徒而民輯,冥勤其官而水死。"
③ 見《觀堂集林·殷周制度論》。

位。《史記·殷本紀》説："既黜夏命,還亳作《湯誥》。"《湯誥》也即
"景亳之命"。經過這次大會,然後湯才取得共主的地位。但是商
湯的政令所及,仍舊祇限制在"邦畿千里"之内。至於畿外各國,則
叛復不常,對商王至多不過有些貢納的義務而已。禹時塗山之會
稱萬國,湯時景亳之會稱三千。"萬國"、"三千"當然不是實際數
字,但基本上能反映由夏初至商初這一時期歷史發展變化的情況。

　《尚書·酒誥》説："自成湯咸至於帝乙,……越在外服,侯甸男
衛邦伯;越在内服,百僚庶尹,惟亞惟服宗工,越百姓里君(今本作
"居",誤),罔敢湎於酒。"《大盂鼎》説："惟殷邊侯田粵殷正百辟,率
肄於酒。"從這兩段材料可以看出殷有内服與外服之别。什麼叫做
服呢? 鄭玄注《周禮·夏官·職方氏》"九服"説："服,服事天子
也。"這個解釋是對的。"服事天子",就是表明臣下對天子有按照
規定所應盡到的職分義務。《荀子·正論》把"五服"之制理解爲
"稱遠近而等貢獻",無疑是對的。所謂"内"與"外",是以王畿爲
限。王畿以内爲内服,王畿以外爲外服。内服爲百官(百僚、百
辟),外服爲列國(邦伯)。畿邊則是指内外服中間的分界。邦伯亦
見《尚書·召誥》、《盤庚》和殷墟卜辭,意思如同諸侯,侯甸男衛亦
見《尚書·顧命》。《白虎通義·爵》則作"侯甸任衛"。《矢令彝》祇
作"侯田男",無"衛",與《尚書·康誥》同。有人説,男則卜辭所未
見,其實,卜辭"男"當作"任",《殷契粹編》第一五四五乙:"以多田
亞任。"這個"任"字,正當理解爲"侯甸男"的"男"。侯田男衛在外
服的不同,也和百僚庶尹等在内服的不同一樣。

　《儀禮·士冠禮》説："古者,生無爵,死無謚。"(亦見《禮記·郊
特牲》)這個"古",正是殷代。這説明殷人生時無爵,死時無謚(鄭注
誤,不可從)。爵與謚,乃是周人的新創。《禮記·檀弓》説："幼名,
冠字,五十以伯、仲,死謚,周道也。"正是説明這個問題。所以《白虎
通義》説"殷爵三等",是錯誤的。殷人既没有公侯伯子男,也没有卿
大夫士,但是内外服的各種等級則是存在的。後來文獻,如《國語·

周語》、《荀子·正論》以及《尚書·益稷》、《禹貢》等，都有"五服"之説。《周禮》的《大司馬》、《大行人》、《職方氏》又有"九服"之説。近人有以周文獻及銅器銘文爲據，把上述這些記載，一律斥爲"紙上規模"，説是"後人所僞託"。其實，上述記載，其中有一部分例如《周禮》所説"畿服"，可能是紙上規模；《益稷》、《禹貢》當出於後人所僞託；但如《左傳》、《國語》和《荀子》諸書所記，則不能説完全是"後人所僞託"。歷史是不斷發展變化的，不能説周初没有的東西，以後就絕對不能有。殷人無爵無謚，周初的一段時間内，也無爵無謚，這是事實；但是認爲《春秋》、《左傳》、《國語》諸書所説的爵與謚，完全出於某人所虛構，則很難令人信服。同樣，"五服"之制，儘管周初不存在，並不妨如爵、謚一樣，周之後繼者曾有過一番新的制作。過去有人標榜"書不讀秦漢以下"，這當然是不對的；今天研究中國古代史，把眼光祇傾注於甲骨文、金文，這同樣也是一種偏見。正確的方法，應該是把兩者結合起來，作統一的探討，以期求得基本上符合於歷史真實的結論。周人的"五服"，當是以殷的"外服"爲基礎而發展起來的一種新規定。《史記·殷本紀》説紂"以西伯昌、九侯、鄂侯爲三公"。《左傳》定公元年説"仲虺居薛，以爲湯左相"，以及周時"鄭武公、莊公爲平王卿士"例之，是可能的。

　　成湯之時，有諸侯三千，不僅見於《逸周書·殷祝解》、《尚書大傳》，亦見於《戰國策·齊策》和《吕氏春秋·用民》。這三千諸侯，據《尚書》及殷墟卜辭，已經稱"方"、稱"邦"、稱"國"。方國與"氏"不同，證明它是以地域組織爲基礎了。古文獻提到夏的時候，多稱"氏"，例如"有扈氏"、"有窮氏"、"斟尋氏"、"斟灌氏"、"有鬲氏"、"昆吾氏"、"伯明氏"等等，即使是把夏本身同殷、周相提並論時，也是把夏稱爲"夏后氏"，而與殷稱"殷人"、周稱"周人"不同。説明夏代雖已進入奴隸社會，但祇是創始時期，還具有過渡性質，其時有很多以血緣組織爲基礎的部落，還不能立刻就轉化成以地域組織爲基礎的國家，甚至包括"夏后氏"本身，仍有這種過渡性質。到了

殷代,則大不相同,雖然殷代仍有氏存在,但殷代的方國,已成爲主
要社會形態。不過從周初封魯,分有殷民六族;封衛,分有殷民七
族;封唐,分有懷姓九宗(見《左傳》定公四年),説明終殷一代,氏族
部落制度,仍未絶迹,祇不再是主要社會形態而已。所以就整個中
國奴隸社會來説,殷代應該是奴隸制國家形成和發展時期。

　　殷代外服的"方"或"邦",數目多至三千,可以肯定,它們大多
數都是"自然長成的結構",或者是以自然長成的結構爲基礎而發
展起來的,而不是經過王室的分封。王國維説"商自開國之初,已
無封建之事"①,是可以信據的。分封雖始於周代,但據《荀子·儒
效》所述,不過"七十一國"。《吕氏春秋·觀世》雖有"所封四百餘"
之説,與"服國八百餘"相比,仍是少數。正因爲這樣,商代的外服
多是異姓,或異族。它們對於商王的義務,祇有入貢或從征,至於
各邦或族的内部政治制度和文化水平,則祇能任其自由發展,王室
既没有統一規定,也没有嚴格要求。

　　殷代的畿内,當以殷墟卜辭或《尚書》之《周書》所謂"大邑商"
或"天邑商"、"中商"等爲中心。這個中心主要是政治、軍事中心,
相對的可以説是地理中心。《吕氏春秋·慎勢》説:"古之王者,擇
天下之中而立國,擇國之中而立宫,擇宫之中而立廟。"這種説法基
本上符合於夏、殷、周三代的情況。

　　根據《史記·殷本紀》説湯"還亳,作《湯誥》:'維三月,王自至
於東郊。'"《尚書·牧誓》説:"王朝至於商郊牧野。"可以悟出,《爾
雅·釋地》所説"邑外謂之郊,郊外謂之牧,牧外謂之野,野外謂之
林,林外謂之坰",是中國古代國家區劃的一般情況。這種情況從
恩格斯所描繪部落時代每一個部落"人口是極其稀少的;祇有在部
落的居住地才是比較稠密的,在這種居住地的周圍,首先是一片廣
大的狩獵地帶,其次是把這個部落同其他部落隔離開來的中立的

────────────
　　① 《觀堂集林·殷周制度論》。

防護森林"①的一般圖景來看,可以看到它的源。從《周禮·地官·載師》所述畿内任土之法"以廛里任國中之地,以場圃任園地,以宅田、士田、賈田任近郊之地,以官田、牛田、賞田、牧田任遠郊之地,以公邑之田任甸地,以家邑之田任稍地,以小都之田任縣地,以大都之田任畺地"來看,可以看到它的流。結合殷墟卜辭所述,大體上可以認爲殷的畿内區劃是這樣:

"大邑商"相當於《爾雅》所説的邑。《尚書》的《召誥》和《多士》稱洛爲"大邑",亦同此例。邑有王宫、宗廟、市、朝及百官府和一部分貴族的住宅,爲全國政治、經濟、文化和軍事的中心。

大邑商外劃出一定的地域爲郊。《爾雅》所説:"邑外謂之郊。"這個郊亦稱近郊(杜子春《載師》注説:"五十里爲近郊。")。近郊有田有邑,爲農田和居民區。殷墟卜辭:王"大令衆人曰:劦田,其受年"(前 7.30.2、續 2.28.5)。當在這個區域以内。卜辭裏的"衆",在周則稱爲"國人",他們多半是商的同族人,不是奴隸。"劦田"的"田"則是井田。這一點不但《孟子·滕文公上》有"殷人七十而助"的記載,即從卜辭"田"字象形,也可以窺見其形制。井田制是馬爾克或農村公社制度在中國的表現形式。它不是某一個人的創造,而是從原始社會的氏族公社、家庭公社發展而來的,它的主要特點是土地公有,它的對立物是土地的個人所有。

郊外劃出一定地域爲牧。即《爾雅》所説:"郊外謂之牧。"牧又稱遠郊(杜子春《載師》注:"百里爲遠郊。")。牧爲全公社的公共牧場,相當於恩格斯在《馬爾克》一文裏所説的"公共馬爾克"。在馬爾克的制度下,光有分配馬爾克,沒有公共馬爾克,是不能滿足人口不斷增加,土地定期重新分配的需要的。正因爲這樣,所以恩格斯説:"原始的土地公有制,……以可用土地的一定剩餘爲前提。

---

① 《馬克思恩格斯全集》第21卷,第180頁。

……剩餘的可用土地用盡了，公有制也就衰落了。"①那種認爲井田是分配臣下的，一經分配以後，即永久不許變動的說法，是沒有事實根據的，并且是不可能的。

據《爾雅》所說，"牧外謂之野"。殷墟卜辭作"埜"，表明原是自然林區，後來經過人工開發的。根據《周禮》、《孟子》及其他先秦古籍記載，野人同國人是有區別的。從對立的意義來說，國人稱民，而野人則稱氓，字也作甿、萌，不稱民。孫詒讓《周禮正義》於《遺人》說："羈旅謂畿外客民，與上民爲六鄉土著異。蓋畿外之民來至王國者，皆於六遂外之公邑（這個"公邑"，於《周禮·載師》則爲"甸"，所謂"以公邑之田任甸地"。陳夢家《殷墟卜辭綜述》說："卜辭有'我奠受年'，則奠當在殷王國範圍之內，疑即郊甸之甸。"這種推測是對的。）暫時寄居，以鄉遂夫家有定，國中四郊，士民萃處，皆無容羈旅之地，故必於野鄙受廛而即以野鄙之委積待之。委人亦以甸聚待羈旅，皆是意也。至客民之留居不反者，則亦於公邑受田，故旅師掌野之興積，而云凡新甿之治皆聽之。暫止則爲羈旅，久居則爲新甿，其實一也。"孫氏這段話，所談的雖是周制，但對於我們探討殷代制度實有很大啓發。

周的野人，從《周禮》、《孟子》諸書所記來看，同國人有極大的不同。簡單說：

第一，住地不同。國人住地在國，野人住地在野；第二，歷史不同。國人是土著，野人是客民；第三，國人有姓氏，野人則沒有姓氏；第四，國人能受"鄉三物"的教育，其賢能者可以登進仕途，野人則祇從事農業生產；第五，國人有當兵義務，可爲正卒、羨卒，野人則不能當兵。

這是從周人記載所能看到的若干差別。若在殷代，這些野人是什麼樣子呢？我看他們決不會是什麼移民，其中絕大部分應當

---

① 《馬克思恩格斯全集》第 20 卷，第 521 頁。

是在戰爭中所捕獲的俘虜。由於當時是奴隸社會,奴隸主國家出於階級本性,把用戰爭手段來搶奪財物、殺人滅國看成是"比進行創造的勞動更容易甚至更榮譽的事情"。卜辭有:"王令多羌堅田。"(粹 1222)這個"多羌"與"衆"的區別,如與周制相比,《國語·周語》說:"是以人夷其宗廟,而火焚其彝器,子孫爲隸,不夷於民。"顯然就是野人與國人的區別。"多羌"肯定是俘虜,也祇有野人原來是俘虜,才同國人有那樣多的差別。國人爲公民,而野人是奴隸。這個"子孫爲隸,不夷於民",正說明戰敗國貴族作了俘虜以後的命運。雖然也從事農業勞動,他和民是不平等的。近人談中國古代史,一方面肯定了中國的井田制,另一方面則把中國古代的農業奴隸說成同希臘、羅馬大莊園主的奴隸一樣,不顧自相矛盾,這主要是由於沒有細緻地研究中國歷史的特點,而以外國歷史作爲模式來生搬硬套所造成的結果。

《爾雅》說,"野外謂之林"。這個林,在殷代畿內當爲邊界的防護森林。《周禮·載師》有三等采邑俱在野的區域裏。殷代畿內有無采邑,不可考。王國維談到商末之微子、箕子時說,"先儒以微、箕爲二國名,然比干亦王子無封,則微、箕之爲國名,亦未可遽定也"。縱然說微、箕是畿內采邑,這種制度可能創始不久,還未得到充分的發展。

二、商三十一王的統治概況

商朝從湯開始,到紂滅亡,共傳十七世,三十一王,歷時六百餘年,約當公元前 16—前 11 世紀。《史記·殷本紀》所載商王世次,結合殷墟卜辭來考查,除個別有誤外,基本上是可信的。

商代世系表

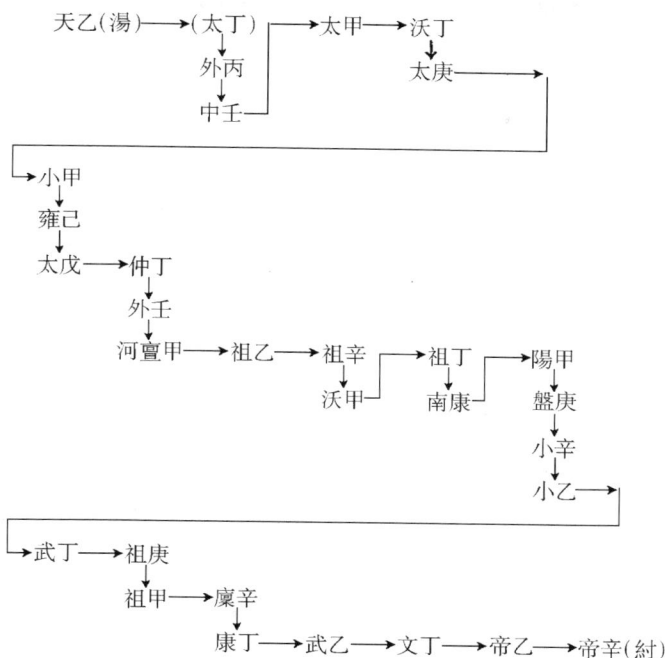

據殷墟卜辭,祖乙爲仲丁子,非河亶甲子,此外中壬、沃丁,迄今不見於卜辭。下面,按照歷史的順序,簡要地敍述一下商代三十一王的統治概況。

殷人的遠祖,可追溯到堯舜時代的契,契曾參加以堯舜爲首的部落聯盟。到湯時,殷部落開始强大起來,先滅掉近鄰的葛,繼之滅韋、滅顧、滅昆吾,最後滅夏桀,推翻夏王朝,據有"邦畿千里"之地,建立起奴隸制的商王朝。故《詩》云:"古帝命武湯,正域彼四方,方命厥後,奄有九有。"(《玄鳥》)又,"昔有成湯,自彼氐羌,莫敢不來享,莫敢不來王,曰商是常。"(《殷武》)

湯,殷墟卜辭作"唐",也稱"成",後世連稱"成湯"或"武湯"。

其廟號則稱"大乙"(《殷本紀》稱"天乙"),是商王朝的第一個王,也是歷史上記載的有數明王之一。他曾以解放者的姿態,推翻殘暴的夏王朝,"誅其君,弔其民","十一征而無敵於天下"。這是説他開國的功勞。

商朝政權的取得與鞏固,和王朝的第一個賢宰輔伊尹有極其密切的關係。古人關於伊尹的傳説很多,《墨子·尚賢中》、《莊子·庚桑楚》、《吕氏春秋·本味》、《楚辭·天問》諸書説法基本相同,都認爲伊尹爲有莘氏媵臣,親爲庖人。獨孟軻竭力反對此説,認爲伊尹耕於有莘之野,湯曾三次使人往聘,然後才來就湯。《史記·殷本紀》兩存其説。在今天看來,《墨子》諸書似屬可信,而《孟子》説實不足取。

伊尹爲有莘氏媵臣,説明他出身微賤。有莘氏嫁女,他是陪嫁的一名奴隸,由於他的職務是庖人(厨師),他乘機用"割烹"作比喻,向湯遊説,受到湯的賞識,舉以爲相。後來協助湯,滅掉夏王朝,建立商王朝。特別是湯死之後,傳至孫太甲時,雖已歷經三王,時間卻不過六七年,政權還很不鞏固,而太甲乃"顛覆湯之典刑",改變了湯的方針政策,這對於新建立的商王朝來説,是十分危險的。在這個極端嚴重的時刻,伊尹毅然以開國功臣的身份,采取非常措施,起來執掌政權,"放太甲於桐"。經過三年,太甲"悔過自責",伊尹又把他迎回來,交還政權。《尚書》中《伊訓》、《太甲》(《殷本紀》作《太甲訓》)今雖亡佚,但觀其篇名和《書序》所述,可知都是伊尹訓誡太甲之詞。足見伊尹放太甲,用意主要在教育,而不在打擊。正因爲這樣,太甲能夠復位,"卒爲明王"(《晉語》),"褒稱太宗"。但《竹書紀年》説:"仲壬崩,伊尹放太甲於桐,乃自立。伊尹即位,放太甲,七年,太甲潛出自桐,殺伊尹。乃立其子伊陟、伊奮,命復其父之田宅而中分之。"這條記載與上説矛盾,應出於後人意在强調君權神聖不可侵犯所爲,不足爲據。因爲,伊尹放太甲,又迎回太甲,這件事不但見於《尚書》,也見於《左傳》、《國語》。《左傳》襄公二十一年説："伊尹放太甲而相之,卒無怨色。"《國語‧晉語》説："伊尹放太甲,而卒爲明王。"不僅如此,《尚書‧君奭》説:"成湯既受命,時則有若伊尹,格于皇天。"對伊尹倍加推崇。《吕氏春秋‧慎大覽》説:"……祖伊尹,世世享商。"《楚辭‧天問》説:"初湯臣摯(伊尹名摯),後兹承輔,何卒官湯,尊食宗緒",即伊尹在商受到諸王最隆重的祭祀。這一點也可在殷墟卜辭中得到證明。又,《紀年》説:"立其子伊陟",考伊陟爲太戊時相,而伊尹相湯,由湯至大戊,中間經歷五世,傳八王,則謂伊陟爲伊尹子,也非事實。可見《紀年》之説,顯係出自後人的捏造。其用心或者是好的,大概是想嚴格維持君臣的名分,防止野心家以伊尹放太甲爲藉口,而行篡奪之實。豈知歷史是不容修改的,也不能修改。伊尹,實是一位了不起的人物,"世世享商",絶非無故。他對商朝政權的取得與鞏固的功績,是不能抹殺的。

　　太甲的政績,《史記‧殷本紀》簡括爲兩點:第一,"諸侯咸歸殷";第二,"百姓以寧"。《晏子春秋》則把太甲和商代有數明王,如湯、祖乙、武丁並提,稱他是"天下之盛君"。武丁時的甲骨卜辭則有專祭大乙(湯)、大甲、祖乙,"三示"的材料,如"□亥卜,貞,□三示,御,大乙、大甲、且乙,五宰。"(佚 917)都肯定了太甲在商代的歷史作用。

　　太甲又四傳爲雍己,國勢衰弱,諸侯有的不來朝貢。

　　雍己弟太戊立,殷復興,諸侯歸之。《尚書‧君奭》説:"在太戊時,則有若伊陟、臣扈,格於上帝,巫咸乂王家。"據《書序》説,在太戊時,"亳有祥,桑穀共生於朝"。太戊懼,問伊陟,伊陟勸太戊修德。在賢相伊陟、臣扈和宗教神職人員巫咸等人的密切配合下,終於使王朝的統治轉危爲安。是後,太戊子仲丁由亳遷於隞(亦作囂),河亶甲由隞遷於相,祖乙由相遷於邢。

　　河亶甲時，殷復衰。河亶甲死，由仲丁子祖乙繼承王位[①]，號稱中宗，殷復興。這時名臣巫賢爲相。

　　至陽甲時，遷於奄。殷復衰。

　　盤庚由奄遷殷。"自盤庚徙殷，至紂之滅，二百七十三年更不徙都"。（《竹書紀年》）盤庚有三篇講話，至今還保存在《尚書》裏，這是殷代歷史的直接材料，至爲珍貴。

　　盤庚遷殷，兩漢學者都以爲是"去奢即儉"。從歷史來看，歷代遷都，總是同政治鬥爭有直接關係。簡單地説，就是有的是爲了避難，有的是爲了進取。盤庚遷殷，很可能是抱有進取的雄心。殷墟卜辭武丁時代所征伐的方國，多在豫北、晉南，可作爲間接的佐證。

　　盤庚遷殷，開始時遭到人民群衆的反對。盤庚了解到人民反對，祇是表面現象，實質乃是百官貴族不願遷都，是他們對人民"動以浮言"，以至"倚乃身，迂乃心"，進行煽動的結果。所以盤庚三篇講話，首先是對群臣講的。有人把篇首的"王命衆"和"格汝衆"的"衆"理解爲奴隸，是非常錯誤的。文內有"古我先王，暨乃祖乃父，胥及逸勤"。意思是説，衆的祖和父，曾同商王一起勤勞。又有，"兹予大享於先王，爾祖其從與享之"。意思是説，衆的祖先能夠配享先王。又有，"邦之臧，惟汝衆"。意思是説，國家好了是你們衆的功勞。這樣，怎能説衆是奴隸呢？文內道："今汝聒聒，起信險膚！"則是群臣用"浮言"煽惑人民的證據。總之，第一篇講話的對象爲群臣，裏邊也講些道理，但主要是依靠政治力量，用刑罰來威嚇。

　　第二篇講話的對象是萬民。萬民也不是奴隸。篇內有"古我先后，罔不惟民之承"，"古我先后，既勞乃祖乃父"等語，就是證明。這個萬民，可以斷言基本上都是殷本族的群衆，否則不會同殷先后有那樣親密的關係。《周禮·秋官·小司寇》："掌外朝之政，以致

————————

　　① 《史記·殷本紀》以祖乙爲河亶甲子。但據甲骨卜辭，祖乙乃中丁子。殷人對自己的祖先當然是了解的，故從卜辭。

萬民而詢焉。一曰詢國危；二曰詢國遷；三曰詢立君。其位王南鄉，三公及州長百姓北面，群臣西面，群吏東面。”這個萬民，由同書《地官·鄉大夫》説，“國大詢於衆庶，則各帥其鄉之衆寡而致於朝”，可以證明他們都是國人，不是野人，即不是奴隸。這是殷以後周朝的制度。

恩格斯論述野蠻時代高級階段的人民大會時説：“真正的權力集中在人民大會上。王或部落長是大會主席；決定由人民來作：怨聲表示反對，喝采、敲打武器表示贊成。”①

我們研究了盤庚遷殷三篇講話、《周禮·小司寇》的詢萬民和恩格斯所論述的原始時代的人民大會，可以得出結論：恩格斯所述是其原型，《盤庚》三篇和《小司寇》所記爲其遺制。那末，參加盤庚這次大會的萬民，是平民，而不是奴隸，則是可以斷言的。但盤庚對群臣祇威脅説：“罰及爾身，弗可悔”；對萬民則説：“我乃劓殄滅之，無遺育，無俾易種於兹新邑。”反映奴隸制國家對待人民是何等野蠻、狠毒！

第三篇講話的對象爲“邦伯師長百執事之人”。這是遷殷以後，對群臣的講話。篇中諄諄以“無總於貨寶”相誥戒，反映群臣的不願遷，是由於舍不得故都的財產。而萬民則相反，在故都祇是過着“蕩析離居”的生活，並没有什麼可以留戀的。

總的看來，盤庚遷殷，確有政治遠見，這時“殷道復興”，誠非偶然。

盤庚又三傳爲武丁。武丁號稱高宗，是殷代的有數明王之一。周初，周公誡成王，作《無逸》，提到武丁，曾予以很高的評價，説他“舊勞於外，爰暨小人”。就是説他早先曾在外勞動，同小人生活在一起。繼王位後，他從“版築之間”，即土木建築工人之間，選出一個名叫傅説的人作宰相。正因爲他自己參加過勞動，了解下情，又能任用有實際經驗的人作爲自己的輔佐，所以在他統治的時期，能

---

① 《馬克思恩格斯全集》第 21 卷，第 163 頁。

够把一個已經衰敗的殷王朝，又重新振作起來，變成一個"天下咸歡"、"復興"的殷王朝。

武丁再傳爲祖甲。《國語·周語下》說："玄王勤商，十有四世而興；帝甲亂之，七世而隕。"《無逸》說："自時厥後立王，生則逸；生則逸，不知稼穡之艱難，不聞小人之勞，惟耽樂之從。"也就是說，殷代自祖甲以後，日益衰亂，至紂而達到極點，遂爲周所滅。

第三節　　商代的社會生產概況

一、農　業

馬克思主義經典著作指出："農業是整個古代世界的決定性的生產部門。"[①]典型的古代的歷史，"不過是建立在土地所有制和農業之上的城市的歷史；亞細亞的歷史，這是一種城市和鄉村不分的統一"。[②] 但不管是"典型的古代"還是"亞細亞的"古代，都是"以土地所有制和農業構成經濟制度的基礎"。[③] 可見農業在古代的重要性。

商代對農業生產是非常重視的。當時所實行的井田制比夏代又有了很大的進步。殷墟卜辭中田字作囲田等形，正是井田的象形。商代的井田，已經有了"公田"與"私田"之分。

《孟子》說："殷人七十而助"，又說："惟助爲有公田。"

殷墟卜辭有：

甫耤於垍，受年。（乙上 3212）

---

① 《馬克思恩格斯全集》第 21 卷，第 169 頁。
② 《資本主義生產以前各形態》，人民出版社，1956 年，第 15 頁。
③ 同上，第 18 頁。

丁酉卜，䜷貞，我受甫耤在㚸年。（乙上 3154）

己卯卜，䜷貞，乎雷耤于名，㠱不湄。（乙下 7808）

庚子卜，貞，王其萑耤，叀往。（後下 28.16）

己亥卜，貞，王往萑耤，征往。（甲 3420）

這些"耤"字，依據"周宣王不藉千畝"來解釋，則是耕於藉田，依據"郇人藉稻"來解釋，則是耕於普通的土地上，不管怎樣，都表明殷王重視農業勞動。殷墟卜辭有：

□大令眾人曰劦田，其受年，十一月。（簠、歲 5）

殷人的"劦田"當同周人的耦耕一樣，都是當時在農業生產中的一種勞動組織。商王對於農業生產非常關心，不僅頻繁地卜禾、卜年、卜雨，而且經常親自省視，一如周代的藉田故事，有時也指派臣下進行監督。如：

戊寅卜，宆貞，王往氐眾黍於同。（前 5.20.2）

乙卯卜，䜷貞，王立來，若。貞，王勿立來。（乙上 3152）

庚戌卜，貞，王立黍，受年。貞，王勿立黍，弗其受年。（乙下 6964）

貞，叀小臣令眾黍，一月。（前 4.30.2）

商代農業生產，除徵集公社成員集體勞動外，有時也驅使奴隸進行勞動。如：

貞，王令多羌堅田。（粹 1222）

殷代的農產物品種，見於甲骨文的有：黍、稷、稻、麥、來（小麥）等，在鄭州商墓中并發現有稻穀的痕迹。殷代飲酒之風特盛。殷代出土酒器種類之繁多，如尊、爵、角、斝、觚、觶、觥、壺、卣、盃、罍等均爲酒器，可以説明殷人對於酒的嗜好。特別是殷代末期尤爲嚴重，《尚書・酒誥》説："在今後嗣王酣身，……惟荒腆於酒。……

庶群自酒,腥聞在上。"《大盂鼎》説:"惟殷邊侯田粵殷正百辟,率肄於酒。"甚至達到"靡明靡晦,式號式呼,俾晝作夜"的程度。殷人嗜酒,一方面説明殷代統治階級的荒淫無度,另一方面也反映殷代的農業生産已相當發展。

殷代已經是青銅器的高度發展時代,有人説,殷人所使用的農業工具,也應該以青銅器爲主。這是不對的。儘管殷代貴族日常所使用的生活器具和禮器,絶大部分都是青銅製造的,手工工具和武器也都是鋒利的青銅器,但是在農業生産上,卻仍然是大量地使用石器、蚌器和木制的耒。衹有到鐵器時代,鐵農具普遍推廣後,木耒、石鐮才被淘汰。

二、畜牧業和漁獵

畜牧業在殷代經濟生活中占着很重要的地位,後世所習稱的六畜:馬、牛、羊、豕、犬、鷄等,應有盡有。供役使的動物不但有"相土作乘馬"(《世本·作篇》)的馬、"王亥作服牛"(《吕氏春秋·勿躬》)的牛,而且還有"商人服象,爲虐於東夷"(《吕氏春秋·古樂》)的象。甲骨文"爲"字,象以手牽象形,證明殷人服象,確有其事。

由於畜牧業的發展,商代的大貴族都擁有大量的牲畜群。下列卜辭可以看出牲畜數量的大概:

　　　　又燎於父丁:百犬,百豕,卯百牛。(掇2.39)
　　　　叀牛三百。(續1.10.7)
　　　　卯五百牛,伐百□。(庫181)
　　　　登羊三百。(天51)
　　　　五百宰。(乙9098)
　　　　□三百犬。(續2.17.5)
　　　　卯千牛。(乙5157＋5398)
　　　　□於父丁:犬百,羊百,卯十牛。(京4066)

　　殷人祭祖，一次用牲就達數百頭，而且有時往往是牛、羊、犬、豕合用，沒有高度發展的畜牧業是辦不到的。卜辭所謂"劦千牛"，即使不是殺掉，一次能夠拿出這樣大的數量，也是極其不易的。當然，商代的自然環境，氣候溫暖濕潤，雜草叢生，有利於畜牧業的發展。但更主要的是由於當時人們對畜牧業的重視和長期經驗的積累。

　　比如殷人長期用馬駕車，作為主要的交通工具，因此，馬的名稱就有很多分別，如：

　　　貞，王其量大兇，犸眔羀，無災。禽。
　　　叀稠眔鷥子無災。
　　　叀左馬眔厲無災。
　　　叀馼眔小羀無災。
　　　叀鸝眔羀無災。
　　　叀並輢無災。（前 2.5.7＋4.47.5）

　　從這一組卜辭就可以看出殷人給馬取的名稱有犸、羀、稠、鷥子、厲、馼、小羀、鸝、輢等。此外，殷墟卜辭所記，尚有小輢、犸、駁、媽、糯、大犸、犥、赤瑪等名稱。

　　殷人對於牛、羊、犬、豕等牲畜的毛色，也曾加以區別。如：

　　　正白牛。（京 4186）
　　　叀幽牛，屮黃牛。（乙 7122）
　　　叀羊（騂）、叀勿（犁）。（甲 775）
　　　叀白羊用。（續 2.20.7）
　　　弜用黃羊，無雨。（寧 1.43）
　　　父甲，三白犬。（粹 338）
　　　叀白豕。（南明 136）

殷人長期飼養與繁殖肉用牲畜。他們為了育肥，注意到了牲畜的牝牡，如公牛作牡，公羊作羝，公豕作豭；母牛作牝，母羊作牂，母豕作豝，母犬作犰。此外尚有牝虎作虍，牡鹿作麑等。

殷人爲了解決豬的育肥問題,還發明了去勢術。如:

> 豖三豖,三羊,卯五牛。(後上24.10)
>
> 豖習百羊,百牛,百豖。(金670)
>
> 㞢於且乙十白豖。(前7.29.2)

聞一多《釋豖》説:"許君謂豖爲'豖絆足行豖豖,從豖系二足'。此蓋不得其解而妄以㔷、彘等字説之。實則豖之本義當求之於經傳之椓及劅、斀等字。……案椓、劅、斀並與豖音同義通。豖去陰通於人,故男子宫刑亦謂之豖。……去陰之豖自無性别可言,故卜辭豼豝二字絶無從豖作者。"這種解釋是可信的。

由於殷代畜牧業的繁盛,貴族們用牲已經到了浪費的地步,一次僅僅由於商王耳鳴,就用了一百五十八隻羊作爲祭品。因此《史記·殷本紀》用"以酒爲池,懸肉爲林"形容紂王的奢淫無度,並非完全是夸張之筆。不過儘管如此,而勞動人民是不能經常食肉的,衹能"攘竊神祇之犧牷牲"。

漁獵作爲農牧業經濟的補充手段,在商代有其一定的地位,並不像有人説的那樣,漁獵在人民日常經濟生活中,没有任何意義,衹不過是貴族游樂之事而已。

殷人捕魚主要采用網罟、釣鉤、梭標、矢射等方法;狩獵主要用弓箭、刀矛、網罟、陷阱等。在殷王田獵的記録中,獲麋有一次至三百四十八至三百五十頭的(後下41.12.丙80),獲豬有一次至一百四十頭的(後下1.4),獲兕有一次至七十一頭的,獲狼有一次至四十一頭的。可以看出,當時的華北平原,還是有許多肥沃土地未經開墾,到處是豐林茂草,荆棘遍野,給虎兕狐兔等的生活提供了優越的條件。而當時的狩獵也還是存在着一定的危險性的。如:

> 癸巳卜,殼貞,旬無禍。王固曰:乃茲亦有祟若偁。甲午,王往逐兕,小臣甾車馬,硪馭王車,子央亦陊。(菁3)

這是説：商王武丁率領貴族和小臣去狩獵，追趕野牛，王的車撞在石頭上，出了事故，貴族子央也從車上摔下來。

三、手工業

商代的手工業比較發達，分工較細，有冶銅、制陶、制骨、玉石器等許多門類。其中最能反映時代特點和工藝技術水平的是青銅鑄造業。商代的青銅製造業，所製造的器物主要是禮器和兵器。這不僅表明它爲奴隷主貴族階級所壟斷，也反映出商代和其後繼者姬周一樣，也是"國之大事，在祀與戎"，也就是説，把祭祀和戰争置於一切工作的首位。這種情形，越是到商代晚期表現越爲明顯。

在商代早期的冶銅遺址中發現有兩種煉鍋，一種是陶制的缸或大口尊，其内外壁敷上一層較厚的革泥土；另一種是純用草泥土制成。兩種煉鍋的容量都不大。晚期煉鍋是用草泥土的泥條盤築而成，容量較大，基本上可以適應大型銅器鑄造的需要。銅器的原料爲孔雀石（氧化銅礦）、錫和鉛，燃料主要是木炭。青銅器的銅與錫的合金比例，早期和晚期是不同的。早期的一件銅尊，經分析：銅占91,29％，錫占7,1％，鉛占1,12％；晚期的"司母戊"大方鼎，銅占84,77％，錫占11,64％，鉛占2,79％，説明晚期對銅與錫的比例，大體上符合於《考工記》所總結的"六分其金而錫居一"的"鐘鼎之齊"。

在鑄造青銅器物時，一般是先設計出器物的模型，根據模型制成陶範，注青銅溶液於陶範中，待溶液冷卻，撤去陶範，便得到粗制的銅器，然後經過打磨與修飾，就成爲精美的青銅器。商代的青銅器作坊遺址，在河南的鄭州、安陽、輝縣、洛陽，河北的邢臺、邯鄲，山東的濟南、平陰，陝西的華縣等地都有發現。所製造的武器有斧、鉞、戈、矛、刀、鏃、盔等，工具有針、錐、雕刀、鑽、鏟、鋸、削刀等，烹飪與盛食器有鼎、鬲、甗、簋、匕、盤、盂、壺等，酒器有爵、角、斝、觚、觶、尊、盃、卣、罍、瓿、方彝、犧尊、勺、枓等，以及車馬器、樂器、生活用具、銅貝等，數量大得驚人。僅青銅容器，總計歷年出土，已達數千件之多，至兵器、車馬飾器更數以萬計。

商代司母戊大鼎

商代青銅器的製作，具有很高的藝術水平。特別是近世出土的殷代後期青銅器的司母戊大方鼎，標誌着我國古代青銅器工藝的高峰。這個大方鼎重達875 公斤，通耳高 133 公分，橫長 110 公分，寬 78 公分。鼎的結構很複雜，耳、身、足分別鑄成部件，每個部件需用範二塊到八塊不等，各部件分別鑄好後，再連接起來，鑄成一個整體。很顯然，這樣高的技巧，沒有長期的、豐富的鑄造經驗和熟練工人，是根本辦不到的。

司母戊大鼎銘文

　　制陶業在商代已經達到了相當成熟的水平。從鄭州發現窯場的種類來看，那時已有了固定的内部分工和專業的作坊。當時的陶器除一般灰陶、黑陶、紅陶製品爲普通平民日常使用之外，還發現有爲貴族奴隸主所使用的少量的幾何印紋硬陶和釉陶、泥質白陶等，製作精美。

　　商代的陶器種類繁多，從器形和用途上區分，有烹調用的鼎、鬲、甗；盛水（或酒）用的瓮、罍、鈹、盆、壺、尊、盉；盛物用的簋、豆、盤；飲酒用的爵等等。其中帶釉的陶器和白陶器，可以説是我國瓷器的前身。特別是白陶器，是用現在製造瓷器的瓷土（高嶺土）制成陶坯，再經過攝氏一千一百度左右的高温燒制而成。它質地堅硬，吸水性差，色澤潔白，製作細膩，形制多仿銅器，刻有美觀的花紋，藝術價值很高，是我國陶瓷史上的光輝創作。

　　殷代的骨器業（包括牙、角）、石器業（包括玉石工藝）、皮革業、絲麻紡織業、舟車業和建築業等，也相當發達。

　　制骨業有專業的作坊，已經有了内部的分工。鄭州出土有成堆的骨料，半成品、成品，有磨制骨器的礪石。安陽小屯西南約四公里的地方，還有一個當時專門製作骨錐和骨笄的作坊。所用骨料有牛、馬、羊、猪、狗等肢骨，而以牛骨和猪骨爲最多，另外還有不少用的是人骨。制骨工具除磨石外，還有青銅小鋸和刀、鑽等。制成的骨器，最多的是束髮用的各樣裝飾品：骨笄，此外還有武器如骨鏃，工具如骨錐、骨針，以及生活用品如吃飯用的骨匕等。有一種骨笄，頂端刻有鳥頭樣式，形態生動，精緻可愛。還有一種雕花的角骨版，雕刻十分精美，反映了商代制骨工業的高度水平。鄭州出土的象牙觚，尤稱絶品。

　　玉器一般是專爲統治階級製作的奢侈品，種類繁多，雕鏤精緻。如殷墟出土有各種不同形狀的珮玉：玉人、玉虎、玉魚、玉鳥、玉兔、玉蛙、玉蟬、玉鼈等，姿態生動活潑，玲瓏剔透。還有玉璧、玉琮、玉戈等，製作都很精工。值得特別提出的，武官村商墓中出土的青白色大石磬,長 84 公分,高 42 公分,厚 8.5 公分。正面雕一猛虎,張口呲牙,雄渾有力,虎身輪廓正好布滿石磬的正面,綫條剛柔得兼,工整而優美。微微敲擊,音韻清越。這是我國已發現的最古老最完美的樂器之一,具有很高的藝術價值。

建築業是一種綜合性的手工業,從殷墟王宮的遺迹,可以看出商代建築技術已達到很高的水平。殷墟已發現王宮建築基址五十多座,這是我國最早的名副其實的宮殿建築。當時的宮殿一般建築在厚厚的夯土臺基上,由夯土墙、木質梁柱和門户廊檐以及屋頂等部分構成。木柱下面有天然大石卵作基礎,有的柱與礎之間還墊有銅片。已發現的夯土臺基,有寬達 14.5 公尺,長達 80 公尺以上的,可見建築規模的宏偉。這些基址的方向都是正南北,或正東西。很多基址遥相呼應,排列成行,開創了我國後代廳堂建築的獨特風格。

隨着農業和手工業的發展,在殷墟的墓葬中出土了大量的天然貝。西北岡大墓裏就有大量的貝。一般的墓裏,少者一枚,多者達二十餘枚。此外,殷墟還發現少量銅制貝。貝原來祇是一種裝飾品,但隨着商品交換關係的發展,它同時具備了貨幣的基本特徵,所以能够起到一般商品交換中的等價物的作用。《尚書·盤庚》一再稱"具乃貝玉"、"好貨"和"貨寶"。殷墟卜辭有:"庚戌□,□貞,錫多女有貝朋。"(後下 8.5)"丁亥卜,先取貝二朋,在正月取。"(後 27)十貝爲一朋。證明殷人是用貝來表示財富。

第四節　商代的階級鬥爭和對外邦外族的鬥爭

一、馬克思主義關於奴隸社會階級鬥爭特點的論述

奴隸社會的階級和階級鬥爭,有其自己的特點,不應把資本主

義社會的階級和階級鬥爭的形式强加在奴隸社會身上。現在讓我們先舉出馬克思主義關於奴隸社會的階級和階級鬥爭的論述作爲指導,然後在這個理論指導下,具體地談殷代的階級和階級鬥爭。

馬克思、恩格斯説:"在過去的各個歷史時代,我們幾乎到處都可以看到社會完全劃分爲各個不同的等級,看到由各種社會地位構成的多級的階梯。"又説:"但是,我們的時代,資産階級時代,卻有一個特點:它使階級對立簡單化了。整個社會日益分裂爲兩大敵對的陣營,分裂爲兩大相互直接對立的階級:資産階級和無産階級。"①

列寧説:"社會劃分爲階級,這是奴隸社會、封建社會和資産階級社會共同的現象,但是在前兩種社會中存在的是等級的階級,在後一種社會中則是非等級的階級。"②

以上所引,是馬列主義經典作家關於社會階級的論述。其中最重要的一點,就是在奴隸社會、封建社會中所存在的是"等級的階級",而在資産階級社會中存在的則是"非等級的階級"。因此,在我們談奴隸社會的階級時,如果也用"階級對立簡單化了"的資産階級時代那種特點來衡量它,即把奴隸主和奴隸説成是"兩大相互直接對立的階級",顯然是不符合馬克思主義的觀點的。

馬克思還説:"在古代的羅馬,階級鬥爭,祇是在享有特權的少數人内部進行,祇是在自由富人與自由窮人之間進行,而從事生産的廣大民衆,即奴隸,則不過爲這些鬥士充當消極的舞臺臺柱。"③

恩格斯説:"在奴隸制下,祇能有單個人不經過過渡狀態而立即獲得釋放(古代是沒有用勝利的起義來消滅奴隸制的事情的),而中世紀的農奴實際上卻作爲階級而逐漸實現了自己的解放。"④

① 《馬克思恩格斯選集》第1卷,第251頁。
② 《列寧全集》第6卷,第93頁注。
③ 《馬克思恩格斯全集》第16卷,第405~406頁。
④ 《馬克思恩格斯全集》第21卷,第177頁。

列寧説:"我們知道,奴隸舉行過起義,進行過暴動,掀起過內戰,但是他們始終未能造成自覺的多數,未能建立起領導鬥爭的政黨,未能清楚地了解他們所要達到的目的,甚至在歷史上最革命的時機,還是往往成爲統治階級手下的小卒。"①

以上是馬列主義經典作家關於奴隸社會階級鬥爭的論述。我們應當遵循馬列主義經典作家的指示,具體地分析中國古代奴隸社會的階級鬥爭。可是,近來某些史學論著,在談中國奴隸社會的階級鬥爭時,並不承認奴隸祇是在享有特權的少數人的階級鬥爭中充當消極的舞臺臺柱,而是認爲奴隸是階級鬥爭的主流和全部,享有特權的少數人在階級鬥爭中所起的作用是無足輕重的,甚至祇是消極的力量;不承認奴隸甚至在歷史上最革命的時機,還是往往成爲統治階級手下的小卒,而是認爲奴隸在古代有用勝利的起義來消滅奴隸制的事情。顯然,這樣敍述中國奴隸社會的階級鬥爭,把中國古代奴隸社會的階級鬥爭説成同資産階級社會的階級鬥爭没有多大差别,是不符合馬列主義的觀點的,也是與歷史事實相牴牾的。

二、商代的階級

商代是奴隸制社會,從歷史文獻所反映出來的商代的階級,當然也是等級的階級,這與其他國家奴隸制社會的階級基本上是相同的,商代並不特殊。不過,由於當時没有爵,等級制並不象周代那樣顯著。

商代奴隸主階級的等級,最高的是殷王。殷王在名義上和事實上都是政治上的最高首腦,享有絶對權力。但是他的這個權力祇是在邦畿之內才能完全行使,對外邦外族,就要受到很大的限

---

① 《列寧全集》第 29 卷,第 442 頁。

制。因爲在當時的情況下，殷王還没有完全控制周圍其他邦族或部落，他不能不承認外邦外族有相當大的獨立性，因而不能對他們行使完全的統治權。

殷王以下的等級，據《尚書·盤庚》説，爲"邦伯，師長，百執事之人"。《酒誥》敍述殷制説："越在内服，百僚庶尹，惟亞、惟服、宗工，越百姓、里君。"《大盂鼎》説："殷正百辟。"可以看出，其中"邦伯"，屬於外服，相當於周代的諸侯。"師長"和"正"，是内服中僅次於王的等級；"百執事之人"、"百僚庶尹"和"百辟"等等，則是屬於"師長"和"正"以下的若干等級。這幾條材料都是以尊卑爲次，相當於周代爵位的公卿、大夫、士。同周制對照一下看，大體上可以這樣説，"百姓里君"是這些等級中最低的一個等級，它相當於周制的士。這個等級用周制比況，可能没有采地，没有禄田，衹有稍食。其餘的等級，較高的可能都有采地，儘管采地有大小；中間的等級，則没有采地，衹有禄田。《尚書·多士》是周人講給殷的原任公職人員聽的，裏邊有"爾乃尚有爾土"，又有"宅爾邑，繼爾居，爾厥有幹有年於兹洛"，證明商代的高級官吏是有采地的。

殷王畿内的政權組織，已經不是自然長成的氏族部落結構，而是新建立起來的國家。它是在滅夏以後，在夏的廢墟上，包括鄣薄舊都和韋、顧、昆吾等地區在内的，按地區劃分並行使職權的公共權力機關。因此在殷王以下的各級奴隸主，雖都有自己的土地和人民，但是最初都是經過殷王分配的，爲殷王臣屬，受殷王管轄。

談到上述等級以下的諸等級，由於史料缺乏，很難確指。現在從《尚書·盤庚》裏了解到有"民"、"衆"、"小人"、"萬民"等幾種名稱；從《無逸》了解到，殷高宗"舊勞於外，爰暨小人"，祖甲"舊爲小人"，這個"小人"是同"勤勞稼穡"有聯繫的。又，殷墟卜辭除有"衆"、"衆人"外，還有臣、妾、奚、僕等名目。當然這些名稱都屬於上述那些等級以下的等級，或者説是被統治階級。但是如果再做具體分析，就會使我們看到，在商代的階級關係中，他們都各有自

己的特點。這在當前學術界的看法頗有分歧。據我看，商代的
"眾"、"眾人"，同"民"和"小人"的區別不大，他們大多數原來是殷
商本族的成員，其中有的最初就是勞動群眾，有的則由於某種原
因，逐漸由貴族地位下降而來的，他們一般都從事農業生產勞動，
地位處於下層，但他們是平民，他們的身份是自由的，他們不是奴
隸。用周制作參考，就是他們有當兵的權利，有參加政權的機會。
例如盤庚遷殷遺留下的三篇講話，第一篇的對象就是"眾"。原文
說"王命眾，悉至於庭"，又說"格汝眾，予告汝訓"可爲證明。《周
禮·秋官·小司寇》："掌外朝之政以致萬民而詢焉。一曰詢國危；
二曰詢國遷；三曰詢立君。"盤庚這篇講話，應屬於"詢國遷"之例。
"萬民"在周爲"國人"，這個"眾"在殷也自然是國人。如果是奴隸，
則象一群牛羊，祇用一把鞭子趕一下就可以了，何必費那麼多的話
呢？所以，有人說"眾"是奴隸，甚至不顧上下文義，生硬地制造出
"畜民"一詞，都是不符合商代的歷史實際的。當時實行井田制，即
馬爾克或農村公社，這個"眾"和"萬民"，無疑都是郊以內的農村公
社的成員。

　　但是商代有沒有農業奴隸呢？當然是有的。"農業是整個古
代世界的決定性的生產部門"，假如沒有農業奴隸，怎能成爲奴隸
社會呢？商代不但有農業奴隸，而且應當是占有很大的數量。這
個奴隸的來源，主要是戰爭所捕獲的俘虜。我們知道，從軍事民主
制時期開始，如恩格斯所指出的："鄰人的財富刺激了各民族的貪
慾，在這些民族那裏，獲得財富已成爲最重要的生活目的之一。他
們是野蠻人：進行掠奪在他看來是比進行創造的勞動更容易甚
至更榮譽的事情。"①等到由於生產力的發展而奴隸制被發現了，
人們不再把戰俘殺掉，讓他們活下來，并且占有他們的勞動。於是
奴隸制國家把進行掠奪戰爭更看成是取得財富的一種最主要形

―――――――――
① 《馬克思恩格斯全集》第 21 卷，第 187～188 頁。

式。所謂"古大禹之時，諸侯萬國"，"及湯之時，諸侯三千"（《戰國策・齊策》），那末，七千諸侯都哪兒去了？毫無疑問，這七千諸侯絕大部分都是在掠奪戰爭中被消滅了。即以成湯而論，"十一征而無敵於天下"，被他滅亡的國家，絕不在少數。《左傳》宣公十二年記鄭伯對戰勝者楚子說："其俘諸江南以實海濱，亦唯命。其翦以賜諸侯，使臣妾之，亦唯命。"原來的國君及其臣民，在戰敗後很大一部分都將化爲奴隸。當然奴隸也有多種，有的作家內奴隸，有的作工商奴隸，等等。但可以斷言，比較大的一部分是作爲農業奴隸了。因爲當時未開墾的荒地很多，祇有農業部門才能容納大量人口。

應當指出，中國奴隸社會的農業奴隸，和希臘、羅馬的農業奴隸不同。區別在於：在古代希臘、羅馬，馬爾克或農村公社很早就已破壞，土地成爲個人的私有財產；而中國古代則農村公社沒有破壞，國家或采邑主是土地的實際所有者。我們之所以說中國奴隸社會的農業奴隸是奴隸，一則由於他們的來源主要是戰俘；二則由於他們單純從事農業生產勞動，負擔各種徭役，毫無權利，沒有服兵役的權利，沒有受教育的權利，沒有參加政權的機會。一句話，完全喪失了人權，任憑奴隸主的驅使和屠殺。雖然商代這方面的直接史料較少，但畢竟還是有的。如我們在前面農業生產一節中所提到的"王令多羌墾田"的羌人，就是一個例子。殷墟卜辭證明羌人爲一與殷人敵對的"方國"，雙方經常發生戰爭，於是大批被俘獲的羌人便源源而來；而商王祭祖用人爲犧牲時，其中記下邦族名字的，絕大多數也是羌人。因此這些"墾田"的"多羌"，便是中國奴隸社會的農業奴隸，是毫無疑問的。

殷墟卜辭還有臣、妾、奚、僕、臺等名稱，這些名稱可以斷定都是奴隸。

關於商代奴隸的等級，由於史料缺乏，不能質言。《左傳》述周制，有庶人、工商、皂、隸、牧、圉的次序。商代當和這差不多。不過庶人是從事農業生產勞動的,裏邊包括民和氓(國人和野人)。氓是奴隸,民則並非奴隸而是自由民。周代小人是同君子對立的。小人實質是指廣大勞動群眾而言,裏邊包括奴隸,但也包括平民。殷高宗、祖甲都曾作過小人,這個小人實際上是指農民,不是奴隸。

總之,商代的等級的階級,可以歸納爲三類:(1)奴隸主,(2)奴隸,(3)中間的若干等級。

三、商代的階級鬥爭

有人説:"殷人耕田,……是在用大規模的奴隸。耕田的人稱爲'眾'或'眾人'。在卜辭中'眾'或'眾人'又屢用以從事戰爭。凡是奴隸社會的生產者,在戰時也就是戰士,這是公例。"①這種説法既没有理論的根據,也不符合歷史實際情況。恩格斯説:

> 在羅馬也是在所謂王政被廢除之前,以個人血緣關係爲基礎的古代社會制度就已經被破壞了,代之而起的是一個新的、以地區劃分和財產差別爲基礎的真正的國家制度。公共權力在這裏體現在服兵役的公民身上,它不僅被用來反對奴隸,而且被用來反對不許服兵役和不許有武裝的所謂無產者。②

這才是真正的"公例"。恩格斯在論述國家和舊的氏族組織不同的時候説過:"第二個不同點,是公共權力的設立,……憲兵隊也成爲必要了。"③不過需要加以説明,這個控制公民的憲兵隊,倒是由奴隸組成的。恩格斯在論述"雅典國家的產生"時,就曾説過:

---

① 《殷墟卜辭綜述》,第633頁。
② 《馬克思恩格斯全集》第21卷,第147~148頁。
③ 同上,第194~195頁。

　　雅典人在創立他們國家的同時，也創立了警察，即由步行的和騎馬的弓箭手組成的真正的憲兵隊，或者如德國南部和瑞士所説的 Landjäger。不過，這種憲兵隊卻是由奴隸組成的。這種警察職務，在自由的雅典人看來是非常卑賤的，以致他們寧願叫武裝的奴隸逮捕自己，而自己卻不肯去幹這種丟臉的事。①

　　在中國，《周禮》於《秋官·司隸》職也説：“掌五隸之法，辨其物而掌其政令，帥其民而搏盜賊，……凡囚執人之事。”又説：“掌帥四翟之隸，使之皆服其邦之服，執其邦之兵，守王宫與野舍之厲禁。”可見，恩格斯所説的才是真正的公例，它也完全符合中國的情况。正是由於卜辭中“衆”和“衆人”屢用以從事戰争，所以，可以斷言，“衆”和“衆人”一定不是奴隸。

　　《荀子·正名》説“刑名從商”，《韓非子·内儲説上》説“殷之法刑棄灰於街者”，證明商代奴隸制國家專政的工具，不僅有武裝的人及監獄等，並有一套刑法。商代奴隸主還用大量人犧、人殉，則其刑法也必然是極其殘酷的。史稱殷紂有炮烙之法，醢九侯，脯鄂侯，囚西伯羑里，可能都是事實。《尚書·盤庚》説：“乃有不吉不迪，顛越不恭，暫遇姦宄，我乃劓殄滅之，無遺育，無俾易種於兹新邑。”可見殷代的刑法不僅用於奴隸，即在統治階級内部，也毫不留情。殷墟卜辭中有許多象形（或會意）字，如“㚔”象枷，“囹”象監獄，“執”象帶手枷的人，“圉”象囚禁犯人的地方。甲骨文中僅殺人一項，就有多種形式，如“炆”是火焚，“沈”是水溺，“陷”是活埋，“㵢”是殺人瀝血，“伐”象砍頭。商代的統治階級如此殘暴，所以商代的階級鬥争，毫無疑義必然是十分劇烈。《史記·殷本紀》記載商代史實非常疏略，衹是“殷道衰”、“殷復興”、“殷復衰”、“殷復

---

① 《馬克思恩格斯全集》第 21 卷，第 135 頁。

興”、“比九世亂”、“殷道復興”、“殷復衰”、“殷道復興”、“殷復衰”、“殷益衰”等，其中不知包括多少劇烈階級鬥爭（這是指等級的階級之間的鬥爭，而不能理解爲祇是兩大直接對立的階級之間的鬥爭），可惜，已不可考了。祇有到紂時，記載較詳，現在就把它作爲典型，介紹如下：

據古史記載，殷紂亡國，主要由於“淫虐”。《左傳》昭公四年説“紂作淫虐，文王惠和。殷是以隕，周是以興”，是其證。殷紂的淫虐，表現在兩個方面。一是對內淫虐；二是對外淫虐。

對內淫虐。據《史記·殷本紀》所載：(1)“好酒淫樂，嬖於婦人，愛妲己，妲己之言是從”；(2)“厚賦税以實鹿臺之錢，而盈鉅橋之粟”；(3)“益收狗馬奇物，充仞宮室，益廣沙丘苑臺，多取野獸飛鳥置其中”；(4)“慢於鬼神，大聚樂戲於沙丘”；(5)“重刑辟，有炮烙之法”，(6)“用費中爲政，費中善諛好利”，“又用惡來，惡來善毀讒”。簡單説，就是對內廣聚斂，重刑罰，任用壞人，用以滿足自己的極端荒淫無恥的生活。對外淫虐。據《左傳》和殷墟卜辭等不完全的反映，知道紂舉行過一次“黎之蒐”。這“黎之蒐”，用今天的語言來翻譯，就是在黎

北京市平谷縣劉家河出土
商代鐵刃銅鉞（Ｘ光透視照片）

這個地方，舉行過一次大規模的軍事演習。在這次演習當中，東夷可能是拒絕參加，即所謂“商紂爲黎之蒐，東夷叛之”（《左傳》昭公四年）。紂乃大舉討伐東夷。《呂氏春秋·古樂》説“商人服象，爲虐於東夷”即指此。結果是“紂克東夷而隕其身”（《左傳》昭公十一年）。即東夷是被征服了，但殷王國緊接着也完蛋了。《左傳》宣公

十二年又有"紂之百克,而卒無後"的説法。看來,紂是貪慾無窮,對外曾經不斷地進行掠奪性的戰爭。對外進行掠奪戰爭,也是紂淫虐的一種表現。

商紂的淫虐,給其畿内人民和外邦外族造成深重的災難,由此而引起的畿内外人民的反抗和鬥爭也愈加强烈。例如,《尚書·微子》説:"殷罔不小大,好草竊姦宄,卿士師師非度。凡有辜罪,乃罔恒獲。小民方興,相爲敵讎。"《詩·大雅·蕩》:"咨汝殷商,如蜩如螗,如沸如羹,小大近喪,人尚乎由行,内奰於中國,覃及鬼方。"也就是説,當時天下大亂,整個社會如同沸騰的羹,上下翻滾;如同群蟬的聒耳,一片混亂。這時不僅大小官吏你搶我奪,已經亂了套;小民也奮起作誓死的鬥爭,殷王朝就是這樣在最後一次階級鬥爭中滅亡了。當然,殷的最後滅亡,乃是由於周的侵伐,但殷政一亂至此,即使沒有周人,也是不能自存的。

四、商對外邦外族的鬥爭

成湯之時,號稱諸侯三千,到周初諸侯略存千八百,大約六百年間,諸侯之國減少近半。各邦各族之間,兼并戰爭之劇烈,可以想見。當時殷爲大邦,經濟和軍事實力最爲雄厚,與殷相鄰與相近的外邦外族,多被征服與吞并。當然由於殷人文化程度最高,物質文明也使周圍各族眼饞,因此他們也不斷發動戰爭對殷的周邊地區進行軍事掠奪。大體説來,住地與殷人鄰近的各族,先被征服,其土地劃歸商王國,因此他們不再稱"方",而是商王直接管轄下的一個地區,其首領則稱侯,甚至較近者,不再稱爲侯。

如犬侯。犬本爲一獨立部落,被商王征服。殷墟卜辭云:"己酉卜貞,雀往征犬,弗其禽。十月。"(鐵181.3)但後來犬終於被征服,並成爲商王國控制下的犬侯了。甲骨卜辭云:"己卯卜,允貞,令多子族從犬侯撲周,甾王事。五月。"(前5.2.2)犬侯被派往伐周,並成爲主力部隊,而且是行的"王事"。殷墟卜辭中發現的侯很多,如倉侯、✿侯、✤侯、侯告、侯專、侯奴等。有些邦族與殷人融合在一起,甚至連侯名也被取消了。如沚,卜辭有:"乙酉卜,甫允卒沚。"(林1.30.9)沚被征服後,與商王關係至爲密切,成爲商王手下的得力大將。卜辭有:"戊午卜,宇貞,王從沚馘伐土方,受有□(又)。"(後上17.5)如望,卜辭有:"癸巳卜,㱿貞,乎雀伐望。"(拾綴252)但望後來一直是商王的大將。卜辭説:"□申卜,㱿貞,王從望乘伐下危,受又。"(粹1119)沚與望均無侯名。

至於與殷人住地較遠,商王統治鞭長莫及的地方,基本上是獨立的方國,在殷墟卜辭中稱爲"方",其首領則稱爲"白(伯)"。這些方,在武丁時期,基本上都是獨立的。見於殷墟卜辭的方國,有土方、井方、召方、巴方、羌方、印方、舌方、大方、亘方、尸方、危方、𢀛方、盂方、林方、馬方、龍方、虎方、鬼方、箕方、緵方等等;見於殷墟卜辭的方白,有井白、易白、丹白、⊗白、歸白、雇白,以及羌方美、絴白盥、盂方白炎等。見於周原卜辭的有"周方白"。

這些邦族,由於社會發展的不平衡,有的並沒有進入奴隸制社會,其中大多數處於原始公社制末期的軍事民主制時期,所以掠奪是他們的"正當職業",主要的是針對着殷王朝的物質文明。請看武丁卜辭有:

五日丁酉,允有來艱自西,沚馘告曰:土方㠯於我東鄙,戈二邑,舌方亦侵我西鄙田。(菁2)

九日辛卯,允有來艱自北,蚁妻妌告曰:土方侵我田十人。(菁6)

七日己巳,允有來艱自西,長友角告曰:舌方出,侵我示㸦田,七十人五(菁2)

囗告曰:舌方亦㠯氐我牛五十(王緒祖拓本)

子㛰告曰:昔甲辰,方㠯於蚁,俘人十又五人;五日戊申,方亦㠯,俘人十又六人。(菁6)

商王爲了免除外邦外族的侵擾,同時也爲了擴大自己的領土,掠奪財物和奴隸,索取貢納,也不斷對外邦外族用兵。

如卜辭有:

> 王收人五千征土方,受有祐。(後上 31.6)
>
> 辛巳卜貞,登婦好三千,登旅萬,乎伐羌。(庫 310)
>
> 癸巳卜,王其令五族戍畀。(粹 1149)

由於經常對外邦外族戰爭,戰俘源源而來,所以祭祀的人犧也就可以大量使用了。如:

> 三百羌用於丁。(續 2.16.3)
>
> 戊子卜,宁貞,虫今夕用三百羌於丁,用□。(粋 245)
>
> 五百窜用;㞢用窜百。(京津 1255)

最多一次,"酚千牛千人"。(乙中 5157)有時爲了表示祭典的隆重,往往用外方的首領作爲人犧。如:

> 羌二方伯其用於且丁父甲。(京津 4034)
>
> 用危方白於妣庚,王窒。(南明 669)
>
> 奚绊伯盥用於丁。(後下 33.9)
>
> 其執三封伯於父丁。(南明 621)
>
> 又白麟於大乙,用鬾伯印於祖乙。(續存下 915)
>
> 其用羌方□(白)於宗,王受又。(甲 507)

商王朝從武丁時代起對外邦外族發動大規模的戰爭,經過前後一二百年之久的經營,如土方、羌方、巴方、井方、印方、而方、丹方、盂方、周方等都先後被征服或壓服。因此廩辛、康丁以後的卜辭,殷王在對外征伐時便有許多"方伯"從征了。乙、辛卜辭有:

> 余其從多田於(與)多伯,征盂方白炎。(甲 2416)

各方國被征服後,對殷王朝則需要負擔納貢的義務。卜辭有:

虎入百。(甲 3017)

周入十。(乙 5320)

甲辰卜,殷貞,쬻來白馬。王固曰吉,其來馬五。(乙 3449)

丁丑卜,爭貞,來乙酉,習用派來羌,自元。(續存下 265)

貞,乎取𢀛臣廿。(乙 2373)

商代對外戰爭,據《周易》説,武丁伐鬼方,長達三年,"高宗伐鬼方,三年克之"(《既濟》),"震用伐鬼方,三年有賞於大國。"(《未濟》)這裏所説的三年,並非指一次戰役持續長達三年之久,而是不斷地、經常地、隨時發動戰爭,前後陸續三年。因爲從殷墟卜辭中所見,武丁時期的對外戰鬥,是速戰速決,沒有持續一年以上的,到商代末期,帝乙征人方,往返一次歷時幾乎長達一年。一次戰鬥,殺敵最多至二千六百五十六人;俘獲最多一次,曾:"禽危美☒人廿人四,而千五百七十、鬯百,☒丙,車二丙,盾百八十三,函五十,矢☒。"(續存下 915)可見這種戰爭有明顯的掠奪性質,并且極其野蠻與殘酷。當然在開疆拓土方面,在客觀上也起了一定的積極作用。

第五節　商代的思想文化

一、文字

在河南安陽小屯出土的大量的甲骨文字,是我們了解商代歷史文化的最寶貴的資料。甲骨文字從 1899 年被發現後,已經整整八十週年。前中研院在安陽陸續進行了十五次發掘。解放後，中國科學院考古研究所更作了科學的發掘，得到大量甲骨。其時間大體是從商王武丁到殷紂亡國前。據 1965 年出版的《甲骨文編》統計，所見單字約在四千五百字左右，其中能辨識的九百餘字。《甲骨文編》出版以後的二十多年來，中國科學院在安陽又有許多新的收穫，但新發現的單字數目並未增加多少，當然已識的字，又有所增加。

　　商代文字，並不僅限於甲骨文，此外尚有刻在陶器上的陶文，鑄在青銅器上的金文，以及刻在玉和石上的文字。但其中占絕對多數的則是甲骨文字。甲骨文字絕大多數是占卜的紀錄，而且主要是屬於王室的遺物。非王室的貴族的卜辭和不屬於占卜的記事刻辭祇占一小部分。因爲是以占卜爲主，所以反映的事物受到一定的限制，但內容已相當廣泛了，從經濟基礎到上層建築，從祭祀、戰爭到生產、生活以及天文曆法、社會意識等各方面，幾乎可以説無所不包。兩千多年前的孔丘曾感嘆説：“我欲觀殷道，是故之宋，而不足徵也。”（《禮記・禮運》）又説：“殷禮吾能言之，宋不足徵也，文獻不足故也。足，則吾能徵之矣。”（《論語・八佾》）由於甲骨文字的發現，我們在今天能夠看到古人所看不到的歷史材料，在某種程度上，補上了文獻之不足，同時也在某些地方糾正了古文獻在長期輾轉鈔錄中所造成的謬誤。

　　這些文字，雖然同今日通行的漢字相比較，差異很大，但這祇是發展變化上的事，決不是兩種不同的文字。祇要我們稍加注意，就會看到從殷墟甲骨文字到今天通行漢字之間一脈相承的發展順序。正因爲這樣，所以已識的字，都可依照一定規則譯成今字。

　　例如：

甲　骨　文	金　　文	小篆	楷書
			貝
			申
			昔
			文
			武

　　這些文字雖保存着它的原始性,但從漢字構造的幾條原則來看,則象形、會意、指事、形聲、假借具備,證明它並不是最古的文字。

　　漢字起源於圖畫,這大概是沒有問題的。如日字寫成☉,月字寫成☽,魚字寫成🐟,羊字寫成🐑,山字寫成⛰等。由於實用的需要,它們才逐漸符號化,於是由原始圖畫而發展爲象形文字。如日寫成⊙,月寫成☽,山寫成⛰,魚寫成🐟,羊寫成🐑,這就是所謂的象形文字。但有些字無法象其實物,而祇能會其意,如得字作🖐,象手持貝;受字作🤲,象持盤與人,表示有所受授;逐字作🐗,象追豕,下從止,表示行動;武字作🏹,象荷戈行動,表示勇武。甲骨文凡從止之字,並非表示停止,均爲有所行動之意,舊説“止戈爲武”,這説法是不準確的。另外還有一類“會意”字,如上與下,甲骨文寫作⼀ ⼀,中間一橫畫表示一個平面,點加在上面,表示上,點加下面,表示下;亦字作⼤,大字表示人形,旁邊兩點表示腋窩;刃字作⼑,從刀,小點表示此字的着重處在刃部;肱字作⼏,⼏象手臂,點加在手臂之上,表示重點在臂。這類會意字,就是許慎“六書”所説的“指事”字。有的具體事物大同小異,表面乍一看,相差的部分很難用突出形象來表示,比如犬與狼、狐的區別,實際上從表面看來,

是微乎其微的。爲了有所區別，於是添加上個標音符號，如犬寫成
𤝐，加聲符良作𤞛，則變成狼；加聲符亡作𤝞，則變成犴（即狐）。江
與河，爲大與小之別，但具體表示則很困難，於是加聲符万，作𣲙，
則爲河；加聲符工，則爲江。盤與盂，在表意方面，比較困難，於是
加聲符般（般）則爲盤；加聲符干（于）則爲盂。星字作𣊡，象滿天繁
星，但𣊡作爲象形或會意，很容易使人誤解，故加聲符生（生），就不
會使人發生誤會了，這就是形聲字。另外，有的字，是虛詞，無形可
象，如其他的"其"；有些雖屬實詞，如往來的"來"，都没法用象形或
會意去表現，衹好借用其他字來使用，於是其字衹好借用簸箕的箕
（𠔼）；來字衹好借用"來麥（小麥）"的𣏚，這便是所謂假借字。以上
漢字所見的造字幾條原則，殷墟甲骨文字中都已使用，可見殷墟卜
辭並非最古的文字。那末，從殷代文字上溯到最古文字，中間應該
有一段相當長的距離，《尚書·盤庚》三篇，有可能就是當時的文獻
記錄。《多士》説"惟殷先人，有册有典"，從殷墟卜辭證之，是有根
據的。所以，不僅盤庚遷殷以前，應該已有文字，即夏代也可能有
文字，衹是比較起來，應當更爲原始罷了。

二、宗教

《禮記·表記》評論夏殷周三代社會政治思想異同，指出殷人
的特點説："殷人尊神，率民以事神，先鬼而後禮，先罰而後賞，尊而
不親。"這個殷人尊神、先鬼的説法，證以殷墟卜辭，可以相信是事
實。河南安陽小屯出土的刻有文字的龜甲獸骨，據 1955 年出版的
《殷墟發掘》統計，多至十六萬片以上，差不多全是占卜所用。從卜
辭中又可以看到殷人用牲的數目，有多至一次"羊百"（京 4066），
"羊三百"（天 51），"五百宰"（乙 9098）；"百牛"（掇 2.39），"牛三
百"（續 1.10.7），"五百牛"（庫 181），"千牛"（乙 5157）；"五十豚"
（前 3.23.6），"百豕"（掇 2.39）；"犬百"（京 4066），"三百犬"（續 2.

17.5)。並大量用人爲犧牲。其中包括有不同的邦族：羌、大、亘、尸、綁、美、㛮、𢀛、虎、哭、奚、而、印等族；一次可多至"百羌"（續 1.10.7），"羌百羌"（粹 109），"𡆥百羌"（續 2.19.3），"伐百羌"（金393），"㵞羌百"（庫 483），"三百羌"（佚 570），"羌三百"（南師 1.40），"三百羌用"（續 2.16.3），"用三百羌"（契 245）；"𡆥用宰百"（京 1255），"五百宰"（前 7.9.2），"五百宰用"（京 1255）；"千人"（乙 5157）。殺祭的方法有：俎、伐、戠、戕、烄、沈、臽、改、氿箙、袞、卯、歲、𠤳、用、𡆥等多種。可以看出殷人尊神先鬼達到何等程度！

大體上説，殷人對自然崇拜，於天神有上帝、日、東母、西母、風、雲、雨、雪等等；於地祇有社、方（四方）、山、嶽、河、川等等；對祖先崇拜（周人稱爲"人鬼"的）不僅於先王、先妣有複雜的祀典，而且於名臣又有配享制度，列於祀典的受享名臣有伊尹、伊陟、巫咸、師盤等。《尚書·盤庚》説"兹予大享於先王，爾祖其從與享之"，更直接談到這個問題。

鬼神觀念早在遠古時代已經産生。這是由於社會生産力處於低級發展階段，人們在物質生活生産過程中，人和人之間以及人和自然之間的關係很狹隘的緣故。人們的認識局限於這個狹隘的範圍以内，超出這個範圍，便是無知的領域。但由於這個無知的領域是極其寬廣的，其中種種事物和現象對人們的日常生活經常發生巨大的影響，人們不滿足於無知而要求了解它們，於是創造出鬼神等一系列的不正確的歪曲的概念。恩格斯説："一切宗教……其根源在於蒙昧時代的狹隘而愚昧的觀念。"[①]又説："宗教是在最原始的時代從人們關於自己本身的自然和周圍的外部自然的錯誤的、最原始的觀念中産生的。"[②]正是説明這個問題。馬克思説："要知

---

① 《馬克思恩格斯全集》第 21 卷，第 316 頁。

② 同上，第 348 頁。

道，宗教本身是没有内容的，它的根源不是在天上，而是在人間。"①所以鬼神世界不是别的，乃是人間世界的幻影。正因爲人間有一個帝是最高的統治者，所以天上才有一個上帝也是最高統治者。其他如日、月、風、雨，作爲神靈來説，都人格化，各個執行自己的職務，能施賞罰於人民，也不是别的，正是人間百官衆職的虚幻的反映。日、月被賦予以婦女的形象，稱爲"東母"、"西母"，反映在人間還保存着母權制的遺迹。

日、月、風、雲、雨、雪、社（土地）、方（四方）、山、川等自然和自然現象之所以受到崇拜，是由於它們對人們的日常生活，能給以巨大的影響。這些影響對於人來説，有好的和壞的兩種，人們稱好的爲福，壞的爲禍，當時人們在這些自然和自然現象面前，是軟弱無力的，既不能了解它們，更不能控制它們。然而由於它們對人有密切的利害關係，人們定要瞭解它們，控制它們。實際上鬼神就是古人了解自然的方法，崇拜就是古人控制自然的方法。崇拜的意義有二，第一是求福，第二是免禍，這正是古人無力控制自然，用幻想來控制自然的一種表現。

祖先崇拜則是以靈魂不滅的思想爲基礎而發展起來的。這時人們幻想在人的世界之外，還有一個鬼的世界，認爲這個世界雖然看不見摸不着，但能給人以禍福。崇拜祖先，主要也是爲求福免禍。

殷代同鬼神經常打交道的已成爲一種專門職業，這就是巫。祝宗卜史等一些名目，則是自巫派生的。我們不要簡單地説巫都是騙子，實際當時的知識分子就是巫。例如，《吕氏春秋・勿躬》説："巫彭作醫，巫咸作筮。"《史記・天官書》説："昔之傳天數者，……殷商巫咸。"《尚書・君奭》説："在大戊……巫咸乂王家。"其他如《楚辭・離騷》、《山海經・大荒西經》和《詛楚文》都曾提到巫咸，

---

① 《馬克思恩格斯全集》第27卷，第436頁。

證明巫不僅婆娑降神,而且天文曆法、醫藥、卜筮等皆出於巫。天文曆法自今天看來,純粹是科學,而在古代並不是這樣,裏邊實夾雜着濃厚的宗教迷信因素。春秋時天文學家裨竈、梓慎都擅長占卜;司馬遷爲漢太史,是著名的史學家,曾參加制定太初曆,仍自謂:"文史星曆,近乎卜祝之間。"就是證明。

從殷墟卜辭可以看到,殷代曆法是一種陰陽曆:有閏月。閏月最初置於年終,稱十三月,後來改置年中,一年祇有正月至十二月。月有大小,大月三十日,小月二十九日,一年之中大小月相錯,有頻大月的。

關於天文,已有日食、月食的記録。紀日用干支相配的方法,從甲子至癸亥,凡六十天一周,在殷墟甲骨文字中曾發現刻寫完整的干支表。

三、醫藥

殷代醫藥的詳細情況已不可考。但殷墟卜辭裏記載着許多疾病名稱,武丁有"若藥不瞑眩,厥疾不瘳"(詳見《國語·楚語》、《孟子·滕文公上》。)之語,證明殷代的確已有醫藥。但殷墟卜辭祇見禱神,未見醫治和用藥。古醫書《素問·移精變氣論》説:"古之治病,惟其移精變氣,可祝由而已。"可信巫實源出於"祝由",就是治病不用醫藥,專靠禱告,這種治病方法顯然就是使用巫術。《周禮·夏官》馬醫稱"巫馬",應看作是醫出於巫的一證。

四、哲學

馬克思説:"哲學最初在意識的宗教形式中形成,從而一方面它消滅宗教本身,另一方面從它的積極内容説來,它自己還祇在這個理想化的、化爲思想的宗教領域内活動。"①這一原理，肯定在中國也適用。要瞭解這個問題，應從卜筮談起。殷人每事必卜，聽命於龜甲、獸骨，這一點當然祇能用宗教迷信解釋。今天所能考見的卜法、卜辭裏也看不到有一點哲學的影子，這確是事實。但《周禮・太卜》提到三兆之法，一曰玉兆，二曰瓦兆，三曰原兆，"其經兆之體皆百有二十，其頌皆千有二百"。它究竟是什麼樣子，有没有哲學因素，因爲不可考，就很難説了。現在不談卜，且把筮作爲一個專題來談談。

　　筮字從竹巫。從巫，表明它起源於巫；從竹，表明它開始用竹。筮之用蓍，當同卜用龜一樣，俱爲後起。

　　《周禮・大卜》："掌三易之法，一曰連山，二曰歸藏，三曰周易。其經卦皆八，其別皆六十有四。"《周易》其書現存。《歸藏》雖已亡，但《禮記・禮運》記孔丘説："我欲觀夏道，是故之杞，而不足徵也，吾得《夏時》焉。我欲觀殷道，是故之宋，而不足徵也，吾得《坤乾》焉。《坤乾》之義，《夏時》之等，吾以是觀之。"有人説《歸藏》易其卦以純坤爲首。《歸藏》、《坤乾》其名雖異，實爲一書。其説可從。《坤乾》是筮書，而可用之以觀殷道，可以斷言，裏邊定具有哲學思想。

　　《歸藏》或《坤乾》的内容，已不可考。但從其六十四卦的排列是以純坤爲首，乾卦列在坤卦之後這一點來看，不能不説反映"殷道"的特點。《史記・梁孝王世家》褚先生補篇，有"殷道親親，周道尊尊"、"殷道親親者立弟，周道尊尊者立子。……周道，太子死立嫡孫；殷道，太子死立其弟"之語，可據以解釋《歸藏》首坤的意義。所謂"周道尊尊"，具體説表現在王位繼承制上，就是"立嫡以長不以賢，立子以貴不以長"（《公羊傳》隱公元年）。同"殷道親親"對照起來看，表明這時父權已發展到占據絶對統治地位，而在商代，反

_____

① 《馬克思恩格斯全集》第 26 卷，第 26 頁。

映在王位繼承制上，母權還有一定的殘餘勢力。

五、藝術

雕塑在商代後期藝術中占有突出的地位。商代雕塑藝術的發展，實與青銅鑄造業的發達有關。冶鑄青銅，爲雕刻提供了銳利的青銅工具；鑄造銅器必先造範，有利於造型藝術的發展；做器物模型，須先雕刻，從而爲雕刻藝術開闢了廣闊的天地。殷代青銅冶鑄業的發達推動了雕刻藝術的發展。尤其在商代後期藝術中，雕刻更具有突出的特色。其種類，有平面的浮雕和淺刻，有半立體的動物雕像，也有立體的雕像與塑像等。

浮雕或淺刻多半是器物上的花紋。最常見的紋飾有饕餮紋、夔龍紋和雲雷紋三種。饕餮紋與夔龍紋樣式很多，看去莊嚴、神秘，給人以森嚴、可怖的感覺，令人望而生畏，反映了奴隸主階級的藝術觀。雲雷紋綫條纖細，構成細密而精美、繁縟而富麗的畫面。其他如蟬紋、鴞紋、牛頭紋、鹿頭紋、鹿紋、蠶紋、龜魚紋等，無不是把動物形象經過巧妙的藝術加工而獨具風格。

半立體的動物雕像，多屬玉、石、蚌等飾物，有鳥、魚、蟬、鴞、兔、鹿、蛙及其他不知名的獸面等造型。其特徵是：平面似淺刻，側面似雕像，塑形雖簡單，然都小巧玲瓏，造型新奇，形象逼真。

商代的動物塑像，除泥（陶）塑像如牛頭、鴞形等外，還發現有白石雕像，如大理石虎、大理石鴞、大理石雙獸、大理石方座等，這些大的石雕，可能是建築上作鑲飾用的。此外，有些銅器，鳥、獸形尊、觥，異形卣等，都是仿傚動物形象而造型。這些動物雕像或塑像，有的經過藝術的加工和改造，刻鏤都很工整，塑形十分生動。

人體塑像，發現的有陶俑、抱膝石人以及銅人面具等，數量雖不多，然形象畢肖，是商代少見的寫實作品。

六、音樂

殷人的樂器，有磬。磬是懸挂起來的打擊樂器。武官村出土青白色大石磬，微微敲擊，音韻悠揚清越，近於金屬。還有塤，塤是一種小型的吹奏樂器，有石製、陶製和骨製三種。還有鼓和龢（笙之小者）。在大司空村墓葬中，發現一組銅鐃，形如鈴鐸而無舌，是一種敲擊樂器。此外在殷墟卜辭中有從絲從木的"樂"字作 ，可見琴瑟之類的弦樂器，當時或已存在。《吕氏春秋·古樂》説："湯乃命伊尹作爲大護，歌晨露，修九招六列。"《史記·殷本紀》記載，紂王"使師涓作新淫聲，北里之舞，靡靡之樂"，説明商代在音樂方面，也有相當的成就。

總之，在商代全部思想文化裏邊，都滲透着宗教氣氛；"殷人尊神，率民以事神，先鬼而後禮"，的確是商代思想文化的一個主要特點。

第三章　西周——中國奴隸社會的全盛時期

第一節　周的興起

周是在以禹爲代表的崇部落和以契爲代表的番部落分別於我國中原和北方活動的同時,①在我國西部,即現今陝甘一帶活動和發展的另一個古老的部落。《詩經·大雅·生民》説周的始祖弃"即有邰家室",證明周最早的活動地區是在邰(今陝西武功縣境内)。司馬遷説"封弃於邰",他把後世的分封觀念應用到上古,是錯誤的,但確認周起源於邰,則是對的。

周的始祖弃,不僅在邰部落中是氏族組織的首領,因而同后夔、后羿、后寒一樣擁有"后"的稱號;而且,他還在以舜、禹爲首領的華夏族部落聯盟中擔任了主管農業的官職。稷,就是這個官職的名稱。

傳説后稷知有母不知有父,這同殷商的祖先契具有同樣的歷史,説明這時邰的氏族組織也和契一樣,還處在以女系計算親屬關係的階段。正因爲這樣,所以《詩經·大雅·生民》毛傳用后稷之母姜嫄來代表后稷之國,説,"邰,姜嫄之國也。"但周的祖先所實行的母系氏族制度到這時已告結束。《史記·周本紀》説:"號曰后

---

① 《國語·周語》,鯀稱"崇伯鯀"。《逸周書·世俘解》,禹稱"崇禹"。《世本》説,"契居番"。

稷,別姓姬氏。"這個"別姓姬氏",就説明從后稷起,親屬關係已按男係計算,即周人這時已進入了父系社會。當然,這比起禹之爲鯀子,其親屬關係很明顯地是按男系計算,要落後了一步。

儘管夏、商、周的歷史發展進程有先後,活動的地域也不相同,但是應當承認他們是有血緣關係,而不是没有血緣關係的三個不同的族。有些歷史書認爲"夏是中原的羌族","商和皋陶、益是東夷族","周是羌族的一支",進而否定以夏、商、周爲骨幹的華夏族的存在。這顯然既不符合歷史實際,也與馬克思主義關於原始時代部落聯盟的理論相悖。

從古文獻看,禹、契、弃三人生於同時,並同在以堯、舜爲首領的部落聯盟中擔任公職。這就説明他們是有血緣關係的。"血緣親屬關係是聯盟的真實基礎"。[①] 不能設想,没有血緣關係的氏族、部落會結合成一個部落聯盟。有人説,"堯舜禹時期,存在着以黄帝族爲主,以炎帝族、夷族爲輔的部落大聯盟"。這種説法有兩個錯誤。一個是認爲黄帝族與炎帝族同黄帝族與夷族一樣,彼此都没有血緣關係。另一個是認爲没有血緣關係的部落可以結成一個聯盟。實際上,炎、黄二帝之有血緣關係,是有確鑿證據的。《國語・晉語》説"昔少典娶於有蟜氏,生黄帝、炎帝",就是一例,即黄帝族與炎帝族是有血緣關係的。至於夷和夏,我國古文獻向來都認爲是不同的族類。直到春秋時期,二者之間還存在極深的種族之見。他們之間肯定没有血緣關係。這怎麼可以説黄帝族、炎帝族和夷族同在一個部落聯盟之中呢? 同樣,夏、商、周三個族既然同在一個部落聯盟之中,就應當承認它們之間有着共同的血緣關係。何況《史記・三代世表》明確地把禹、契、弃列入黄帝後裔,其細節雖不盡可信,但至少説出了夏、商、周具有共同祖先這個基本事實。正因爲它們有共同祖先,是一個族,所以無論文獻或是地下

材料，都表明它們有着相似的文化和生活方式。已知道的商、周文字，基本上是一個系統，説明商、周有着共同的語言。這就使我們有更充分的理由來肯定，周同夏、商都屬於同一個族，即華夏族。祇是在歷史的進程中，夏和商相繼取得了當時已經産生并發展了的國家權力，周則長期作爲臣屬於夏朝和商朝政權的地方組織而存在，經歷着自己發展的艱難歷程。但決不能把周説成夷、狄，視爲是夏和商的異族。

在周的發展道路上，后稷以後的幾代是比較順利的。那時，稷成爲后稷子孫的世襲職務。但是到不窋的時候，夏朝衰落了，不重視農業，廢除了稷的官職。不窋祇好回到故土。他似乎遇到一些挫折。《國語·周語》説不窋"自竄於戎狄之間"。這個"戎狄之間"，大概就是指邠地而言。不過周的發展並未被打斷，到了不窋孫公劉的時候，由於盡力農墾，人口日漸增多，也有了階級的分化，而且粗具國家規模，有了"三單"軍隊。這時周由邠遷到了豳（今陝西旬邑西南）。公劉成爲周歷史上的重要人物之一。公劉之後九世，周又産生一個杰出人物公亶父。他"復修后稷、公劉之業"，受到國人擁戴。後來迫於狄人的侵逼，公亶父決然率周人"去豳，度漆、沮，踰梁山，止於岐下"。岐下，就是岐山之下（在今陝西岐山縣東北）。岐山之南有周原，土地肥沃，適於發展農業。周人在這裏定居，開闢田野，悉心經營。公亶父並"營築城郭室屋"，"作五官有司"，國勢日趨强盛，對當時的中國産生了很大的影響，《史記》説"及他旁國""亦多歸之"。周已真正跨入了文明時代。周爲國號，即從這時開始。《詩·魯頌·閟宮》説："后稷之孫，實爲大王，居岐之陽，實始翦商。"這當然不是説公亶父時已萌滅商的念頭，而是説周滅商的整個事業基礎是在這時奠定的，前人對此紛紛致辯，甚屬無謂（詳見崔述《豐鎬考信録》）。

由於公亶父的功績，周人尊之爲太王。公亶父傳少子季歷，是爲公季（後來周人追號王季）。公季時周進入一個新的發展時期，即向外擴張的時期。當時主要是對戎狄用兵。據《竹書紀年》記載，周"伐西落鬼戎，俘二十翟王"，"伐餘無之戎，克之"，"伐翳徒之戎，捷其三大夫"，都是勝利的。但也有一次失利，即"伐燕京之戎，周師大敗"。周的擴張雖然付出了一定代價，但周畢竟顯示了它蓬勃崛起的氣勢。正如《詩經・大雅・皇矣》所説，"維此王季……受祿無喪，奄有四方"，周已成了商王朝境內的一個危險的潛在對抗力量。

周在夏朝和商朝政權下逐步興起，到周文王時（約當公元前11世紀）達到頂峰。周文王是公季之子，名昌。《尚書・無逸》説："文王受命惟中身，厥享國五十年。"《呂氏春秋・制樂》説："凡文王立國五十一年而終。"總之，文王治理周的國家，大約有五十年的時間，這使他能夠從容地、持續不斷地推進周的事業。

所謂"文王立國五十一年"，包括兩個階段。一、未稱王階段；二、稱王階段。《論語・泰伯》説文王"三分天下有其二，以服事殷"，《左傳》襄公四年説"文王帥殷之叛國以事紂"，當是指稱王以前的事情。《詩經・大雅・文王有聲》説"文王受命，有此武功，既伐於崇，作邑於豐"，當是稱王後的事情。《尚書・無逸》的"文王受命惟中身"，"中身"一語，正好説明了文王受命稱王在文王立國的五十一年之中。前人堅執"三分天下有其二，以服事殷"一語以否定文王有"受命稱王"之事，是不對的。《尚書・康誥》説："惟乃丕顯考文王，克明德慎罰，……用肇造我區夏，越我一二邦，以脩我西土。惟是怙冒聞於上帝，帝休，天乃大命文王。"《公羊傳》隱公元年釋"春王正月"説："王者孰謂？謂文王也。"文公九年説："繼文王之體，守文王之法度。"這些史料都可以證明周的開國之君是文王。《泰誓序》説："惟十有一年，武王伐殷。"説者認爲這十有一年是從文王受命之年算起，是有道理的。

《尚書大傳》説："文王受命……七年而崩。"證明文王稱王前實已立國四十四年。四十多年的經營，成就是不可低估的。不僅在國力上同文王之前相比，有了前所未有的增强，而且在同商政權的關係上，也醞釀着根本的轉變。正是在這四十多年中，文王使周人樹立了明確的滅殷目標。而文王受命稱王，實際上是周在政治上宣佈獨立，脫離殷朝中央政權。這就使周由商的臣屬而終於變爲公開與殷紂相對抗的勢力。自此，周鑒於自己力量的壯大和殷商政治的腐敗，已完全拋掉了"以服事殷"的假面具。周的歷史發展到了一個轉折點。

第二節　　周人是怎樣奪取政權的

一、文王準備滅商

　　周人推翻殷朝統治，奪取全國政權的實際準備工作，是在周文王稱王後的七年中，也就是在他生前的最後七年中完成的。《尚書大傳》説："文王受命一年斷虞、芮之訟，二年伐于，三年伐密須，四年伐畎戎，五年伐耆，六年伐崇，七年而崩。"①"斷虞、芮之訟"是周在外交上和政治上對殷取得優勢的一個重要標誌。虞（今山西平陸北）、芮（今陝西潼關西北）都是殷的屬國。兩國相鄰，發生了領土爭端。有了爭端，本應找他們的共主殷給解決。可是據《詩·大雅·緜》"虞、芮質厥成，文王蹶厥生"句下毛傳説，二國之君因慕周文王的威名，不朝殷，卻"相與朝周"，求周文王審斷。而且據毛傳説，二國君入周境之後，所見所聞，很受感動。他們看到周圍"耕者讓畔，行者讓路"，"男女異路，斑白不提挈"，"士讓爲大夫，大夫讓爲卿"的景象，內心感到羞愧，回國後自動地將所爭地作了閑田處

---

　　①　"二年伐于"，從《史記·周本紀》應爲"二年伐犬戎"。伐于應在"伐耆"之後，"伐崇"之前。

理。毛傳對周國景況的描述未免過於理想化，它絕不會如此恬静美好，但在殷的這兩個小小屬國的心目中，周是可以信賴的，比他們的共主殷要好得多，他們在事實上承認它，擁戴它，卻一定是事實。

對於有些小國，周文王則采取武力解決的辦法，一個一個地加以掃盪。首先是伐犬戎，伐密須。當時周在岐下，犬戎在它的北方，密須（今甘肅靈臺西南）在它的西方。文王用武力征服了這兩個小國，解除了後顧之憂，他可以放心地向東方前進了。

接着是伐耆伐于。耆亦作黎（今山西長治西南），于亦作邘（今河南沁陽西北），都在周的東方，距殷較近。伐耆伐于，實際上是開始了對殷的正面進攻，構成了對殷都朝歌的直接威脅。無怪乎當耆和于被周滅掉時，殷統治者大爲驚慌，祖伊在向紂王報告這個消息時竟然失聲驚呼：“天既訖我殷命！”（《尚書・西伯戡黎》）（“上天已結束我們殷朝的命運啦！”）

耆和于畢竟還是地處殷王畿的郊野之外的小小屬國，而到伐崇，則等於把戰争推進到殷的心腹地帶了。崇，舊説由於把“既伐於崇，作邑於豐”（《詩經・大雅・文王有聲》）看作一件事，而認爲在今陝西戶縣。其實，“伐崇”和“邑豐”，事雖相因，卻非一事，崇與豐亦非一地。近人張蔭麟《中國史綱・上古篇》認爲崇在今河南嵩縣附近，比較可信。這個崇，就是崇伯鯀的崇。《國語・周語》説：“夏之興也，融降於崇山。”崇山即嵩高山，是鯀所在部落的地望，故鯀爲崇伯。作爲國名來説，殷之崇當即夏之崇。這個崇國肯定在嵩山附近。崇是殷屬下的一個大國，是周人向殷進攻的最後一個也是最大一個障礙。《詩・大雅・皇矣》説“崇墉言言”、“崇墉仡仡”，足見崇的防禦設施龐大而堅固。崇侯虎也是殷人中頭腦比較清醒的人物。他早已看出了周人的企圖，曾在殷紂面前譖西伯説：“西伯積善累德，諸侯皆向之，將不利於帝。”（《史記・周本紀》）因此周文王伐崇打的是一場硬仗，“軍三旬而不降”（《左傳》僖公十九年），費時最長。但崇終於被周擊滅。

周文王在相繼滅黎，滅邘，滅崇，完成了對殷都朝歌的包圍之後，把國都由岐遷至豐（今陝西户縣東北），爲滅殷做好了最後一項準備工作。但就在這時，文王去世。周文王由於他的卓越業績，在周的歷史上具有特殊的、崇高的地位。他不僅使周具備了滅殷的力量，也爲後來武王伐紂時長驅直入掃除了障礙。

二、武王伐紂滅商

面臨周人强大攻勢的嚴重威脅，不但紂王的臣下普遍感到了覆滅的危險，一再向紂王驚呼，紂王自己也沒有睡大覺，也采取了應急的措施。《左傳》昭公四年説："商紂爲黎之蒐，東夷叛之。"很顯然這是紂爲了對付周對黎的攻勢而采取的軍事部署。由於"東夷叛之"，紂便毅然對東夷進行討伐，並也取得了成功。《左傳》昭公十一年説："紂克東夷而隕其身。"其實，從戰略上看，紂在宿敵面前，盡力鞏固後方，並不是没有道理的。紂的覆滅不在於克東夷，而有其更深刻的原因。他刑罰酷虐，政治腐敗，人民不堪忍受，紛紛起來鬥爭。而紂對這一點似乎没有充分估計。《尚書·西伯戡黎》説："今我民罔弗欲喪。"《微子》説："小民方興，相爲敵讎。"在這種衆叛親離的局面下，殷紂王當然無力同新興的周人相周旋了。

周武王繼位時，伐紂的條件已經成熟，周人滅殷的大業進入了最後實現的階段。但是武王仍然小心謹慎，慘淡經營。《史記》説後來牧野大戰時紂王"發兵七十萬人"（《周本紀》），《詩經》説當時"殷商之旅，其會如林"（《大雅·大明》）。説"七十萬"，説"如林"，肯定有所夸大，不過，也説明戰前兩國兵力相差懸殊，殷衆周寡。武王對此並未掉以輕心，他爭取與國，聯合反殷力量，取得了極大的成功。即位兩年，他"東觀兵至於盟津"，"諸侯不期而會盟津者八百"（《史記·周本紀》）（盟津在今河南孟縣西南）。所謂觀兵，其實是一次軍事大演習、大檢閱，也是一次外交盟會。武王贏得如此眾多的盟軍，說明周在政治上、軍事上都取得了對殷的優勢。人心向周，殷紂陷於孤立。於是，周武王進軍伐紂，進行滅殷的決戰。

周武王大軍向朝歌進軍，據《荀子·儒效》說，是在"兵忌"日出發，行軍時又迎太歲星，在氾水遇到洪水泛濫，到懷城遇到城壞，到共頭山遇到山崩，都是不吉利的事。但周公說："刳比干而囚箕子，飛廉、惡來知政，夫又惡有不可焉！"他們充滿着革命的朝氣，抱着必勝的信心，連鬼神也不相信，"朝食於戚，暮宿於百泉，旦壓於牧之野"，長驅直入，一往無前。

到牧野，周武王首先向全軍發表誓詞（即《尚書·牧誓》），略謂：

> 古人有言曰：牝雞無晨。牝雞之晨，惟家之索。今商王受，惟婦言是用；昏棄厥肆祀，弗答；昏棄厥遺王父母弟，不迪。乃惟四方之多罪逋逃，是崇是長，是信是使，是以爲大夫卿士，俾暴虐於百姓，以姦宄於商邑。今予發，惟恭行天之罰。

> 今日之事，不愆於六步、七步，乃止，齊焉。夫子勖哉！不愆於四伐、五伐、六伐、七伐，乃止，齊焉。勖哉夫子！尚桓桓，如虎如貔，如熊如羆，於商郊。

> 弗迓克奔，以役西土。勖哉夫子！爾所弗勖，其於爾躬有戮。

周武王的戰前講話，對於周軍早已高漲的士氣起了"引爆"的作用。它使戰士更加了解殷紂的罪惡，更加懂得了這次遠征作戰的目的，掌握了作戰的方法（人自爲戰改爲編隊作戰）和紀律，而使他們同讎敵愾，勇敢地投入戰

利簋銘文

鬥。

戰鬥的場面是壯觀的。廣闊的牧野戰場上，到處是周的明亮輝煌的戰車，猶如《詩・大明》所說，“牧野洋洋，檀車煌煌”。決戰一開始，“武王使師尚父與百夫致師”，即讓吕尚率勇士前去挑戰，一方面觀察敵陣虚實，另一方面也是打擊敵人威風。接着，便“以大卒馳帝紂師”，“戎車三百輛，虎賁三千人”，如疾風暴雨般向紂軍勇猛衝擊。“紂卒易鄉”而大潰。絶望的殷紂王逃回王宫，登鹿臺自焚。新興的周人及其盟軍贏得了戰争的勝利，殷朝宣告滅亡，周人終於奪取了全國政權。

1976 年陕西臨潼出土了西周青銅器利簋，該器銘文記載了武王伐紂的史實。據銘文了解，簋是武王滅商後第七天賞賜給右史利的。關於利簋全部銘文，各家的解釋不盡一致。但是，對“珷征商，隹(唯)甲兇(子)朝，……夙(夙)又(有)商”等重要字句的理解，則是没有疑義的。就是：珷，是周武王。甲子朝，即甲子日天剛亮的時候。夙有商，是説一個早上就滅了商。可見，《尚書・牧誓》關於牧野之戰的記載，基本上是符合實際的。

三、周政權的建立

殷亡周興，社會性質並没有改變。周依然是奴隸主階級專政的政權。象這樣朝代更迭，在歷史上，除個别的情況外，一般地是具有新陳代謝作用，促進歷史發展的。殷朝立國六百年，走完了它發生、發展、衰老、滅亡的過程，於是新興的周王朝取而代之，又按照歷史的辯證法走它發生、發展、衰老、滅亡的過程，但這已不是舊過程的重複。《左傳》昭公四年説：“紂作淫虐，文王惠和，殷是以隕，周是以興。”周朝的建立，是以比較進步的新王朝代替已經腐朽的舊王朝，這是歷史的進步。馬克思主義認爲，社會變化的根本原因是社會内部矛盾的發展，即生產力和生産關係的矛盾、階級之間的矛盾、新舊之間的矛盾的發展。把這些矛盾發展的過程同王朝更迭看作一回事，固然是錯誤的，反之，把二者看作絕無關係，也不能說是正確的。武王伐紂的勝利和周朝的建立，並沒有改變原有的奴隸制度，但它多少解決了當時中國社會的某些矛盾，順應了歷史發展的客觀要求。毛澤東同志稱武王領導的這場戰爭爲"人民解放戰爭"是有道理的。

周人奪取政權的鬥爭，還應包括周武王進入朝歌後隨即在政治上實行的一系列重要措施。這首先是舉行了即位儀式，宣告政權更替，周家從此爲天下共主。這種儀式，在心理上的作用是極爲重要的。

接着，在被占領的殷畿內建立新的政權，這是當時最關重要的一項任務。周人的辦法是把原來的殷畿內地劃分爲三個區域。在北的叫做邶，亦作郙、北。在東的叫做東，亦作鄘、庸。在西的叫做殷，亦稱衛。在這三個區域中進行了分封和治理。

關於邶、鄘二地所在，舊說多誤。王國維《觀堂集林・北伯鼎跋》認爲"邶即燕，鄘即魯"，其說至確，可以信據。

魯地，從《詩・魯頌・閟宮》有"乃命魯公，俾侯於東"，《逸周書・作雒》"建管叔於東"的記載來看，可以稱東。從《漢書・地理志》說"周既滅殷，分其畿內爲三國，《詩》'邶'、'鄘'、'衛'是。邶，以封紂子武庚，鄘，管叔尹之，衛，蔡叔尹之"，知魯又可稱鄘。《左傳》定公四年說："因商奄之民。"《墨子・耕柱》說："古者，周公旦非關（管）叔，辭三公，東處於商蓋。"《韓非子・說林上》說："周公旦已勝殷，將攻商蓋。"則魯又可稱商奄、商蓋（古奄、蓋音同。《史記・吳太伯世家》："公子蓋餘。"《左傳》昭公二十三年作"掩餘"，是其證）。

燕可稱北，則由《左傳》昭公九年說"及武王克商，蒲姑、商奄，吾東土也；肅慎、燕亳，吾北土也"得到證明。同時對魯地稱東，也可以在此得到一個佐證。

　　殷、衛一地,證據很多。《逸周書·作雒》:"建蔡叔、霍叔於殷。"《漢書·地理志》:"衛,蔡叔尹之。"《左傳》定公四年記封康叔説:"命以《康誥》而封於殷墟。"等等,都説得很明白。

　　實際上,北、東,都是以方位得名。北,謂在殷之北;東,謂在殷之東。《帝王世紀》説"自殷都以東爲衛,殷都以西爲鄘",它指西爲東,指東爲西,斷不可從。

　　應該指出,歷史上的康叔封衛,伯禽封魯,召公奭之子封燕,並不在此時,而是平殷叛以後的事。《詩·魯頌·閟宫》明白説:"王曰叔父,建爾元子,俾侯於魯。"《左傳》定公四年也明白説:"因商奄之民,命以伯禽,而封於少皥之虚。"足以證明不是武王所封。故《史記·周本紀》説武王"封弟周公旦於曲阜曰魯,封召公奭於燕",是未加深考,不可從。

　　周武王當時,是以邶封紂子武庚,使奉守先祀,不絶殷後。又使管叔鮮治鄘,蔡叔度治殷。管叔、蔡叔、霍叔三人還同時爲武庚傅相,號稱三監。顯然這是一種權宜的但也是急需的辦法。《尚書·大誥》中周人自稱爲"小邦周",而在《召誥》中則稱殷爲"大邦殷",可見周的勝利是小國對於大國的勝利,這固然已經不易,而以小國統治大國,就更加不易。緊接着軍事上的勝利之後,武王用封紂子武庚的辦法迅速地在殷畿内地建立政權,這並非出於仁慈,實在是因爲要在當時就對殷餘民實行全面的直接統治,是周人的力量所辦不到的。這正是武王的明智之處。

　　釋放囚犯,賑濟貧民,是使周朝政權迅速爲人民所接受的又一重要措施。《史記·周本紀》説:"命召公釋箕子之囚,命畢公釋百姓之囚,表商容之閭,命南宫括散鹿臺之財,發鉅橋之粟,以振貧弱萌隸。"按"百姓"指國人,即自由民,"萌隸"指野人,即奴隸。這時我們看到周武王滅殷,在當時中國確乎呈現出某種解放的景象。

　　周武王還論功行賞,以便調整統治集團内部的關係,以適應建立政權的新形勢的需要。《尚書》有《分器》篇,《書序》説:"武王既勝殷，邦（封）諸侯，班宗彝，作《分器》。"所記載的就是這件事。可惜《分器》已亡，武王論功行賞的細節——封了哪些諸侯，分給什麽彝器，就不得而知了。但推想大概應與《左傳》定公四年所記封魯、封衞、封唐（晉）的内容相仿。《史記・周本紀》說"封弟叔鮮於管，弟叔度於蔡"，是有可能的。因爲管、蔡原爲殷有，屬於周人的征服地區。但《逸周書》、《漢書》都說"建"、"尹"而不說"封"，故不可肯定。其餘說法則更是不盡可信。最明顯的是康叔、伯禽、召公奭之子的被封，肯定是在"黜殷"之後，不應記在這裏。

　　周朝政權的建立，周武王有直接的功績，而他確也表現出不凡的軍事和政治才能。這就使他繼文王之後，成爲在周的歷史上占有特殊地位的人物。

第三節　　周人是怎樣鞏固政權的

　　滅殷後兩年，周武王死。他死之後，如何鞏固已經取得的政權，是擺在周人面前的一個大問題。武王傳子誦，是爲成王。成王年幼，内有管、蔡，懷抱野心；外有武庚、徐、奄，不忘復辟，形勢十分嚴重。在這個關鍵時刻，肩負起鞏固政權的大任，起了決定性作用的，則是武王的母弟周公旦。

　　《荀子・儒效》說："武王崩，成王幼，周公屛成王而及武王，以屬天下，惡天下之倍周也。履天下之籍，聽天下之斷。"這就是說，在成王年幼的一個時期内，周公旦是把成王放在一邊而直接繼承武王權力，即天子之位、行天子之事的。這同伊尹之於商的處身行事，非常相似。對於伊尹，後來有"太甲潛出桐殺伊尹"的謬説；而對周公旦，在當時就有管叔及其群弟散佈的"公將不利於孺子"的流言。伊尹、周公二人都表現出不畏人言的英雄氣概。他們的作爲，使殷、周政權鞏固下來，爲長達幾百年的統治大業奠定了堅實基礎。他們不愧是我國歷史上傑出的政治家。

周公旦的事迹《尚書大傳》有記載説：“周公攝政：一年救亂；二年克殷；三年踐奄；四年建侯衛；五年營成周；六年制禮作樂；七年致政成王。”這種説法基本上是可信的。

一、救亂、克殷、踐奄

武王死後，對周朝政權的最大威脅，是來自企圖復辟的殷餘民和附合他們的内部分裂勢力，以及東方的一些異族。這些勢力果然很快就釀成一次大叛亂。《左傳》定公四年記録了這次叛亂，説：“管、蔡啓商，惎間王室。”周公旦對這次叛亂給以堅決而有力的鎮壓。所謂“救亂”、“克殷”、“踐奄”就是周公平叛的三個階段。

1. 救亂

救亂就是誅管、蔡。《史記·魯周公世家》説：“周公恐天下聞武王崩而叛。周公乃踐阼，代成王攝行政當國。”周公“踐阼”，也就是即天子之位，這一點對於自以爲具有武王次弟的身份，應當繼承王位的管叔來説，顯然是一個不小的刺激。《尚書·金縢》説：“管叔及其群弟乃流言於國曰：公將不利於孺子。”管叔爲此言，懷有“踐阼”的野心，昭然若揭。因此，管、蔡二人，管叔是首惡。他們附殷叛國之後，如《尚書·金縢》所説的：“周公居東二年，則罪人斯得。”即在周公東征的打擊下，他們遭到可恥的失敗。《左傳》定公四年記載了管、蔡的下場：“王於是乎殺管叔而放蔡叔。”管叔被殺，蔡叔被放。管叔首惡，處罰最重，結局最慘。《尚書·金縢》還説：“於後，公乃爲詩以貽王，名之曰《鴟鴞》。”《詩經·豳風·鴟鴞》序説：“《鴟鴞》，周公救亂也。”可見管叔被殺，蔡叔被放，在周人看來是罪有應得。

2. 克殷

在周初按武王的權宜之計安置下來的殷餘民，與周有亡國之仇，很自然地成爲叛亂的中堅。《尚書大傳》説："奄君蒲姑謂禄父（武庚）曰：'武王既死矣，今王尚幼矣，周公見疑矣，此百世之時也，請舉事。'"周初政治上的某些困難，給各式各樣的復辟勢力提供了可乘之機。他們果然利用這個機會，聯合起來，發動一次叛亂。這次叛亂名爲殷亂，根據《逸周書·作雒解》的記載，實際上包括"三叔及殷、東、徐、奄及熊盈"在内，亦即除周的根據地和附屬國而外的整個東方。這是一次規模很大的叛亂，它對於剛剛建立起來的周政權的政治力量和統治者的決心，是一個嚴峻的考驗。對於這次叛亂，有些諸侯開始時不以爲然，認爲不過是王室内部的小事，不願意參加平叛的戰爭。周公爲了團結内部，統一思想，發了一個重要文告。這文告就是後來收在《尚書》中的《大誥》篇。《大誥》中説的"多邦"、"友邦君"，所指的就是站在周室一邊的衆諸侯。周公告誡他們説："若考作室，既底法，厥子乃弗肯堂，矧肯構？厥父菑，厥子乃弗肯播，矧肯穫？""天惟喪殷，若穡夫，予曷敢不終朕畝。"周公的堅强決心和中肯的利害分析，使衆諸侯認識到平叛是鞏固周政權所必需，願意爲東征出力。於是，平叛大軍終於組織起來，周公親自帥師東征。東征的結果，"殷大震潰，降辟三叔（管叔、蔡叔、霍叔），王子禄父北奔，管叔經而卒。乃囚蔡叔於郭凌"（《逸周書·作雒解》）。"周公旦承成王命，伐誅武庚，殺管叔而放蔡叔"（《史記·管蔡世家》）。殷亂至此宣告平定。周初在重重困難的情況下，能够勝利地平息一次大亂，既表明周公作爲一個政治家，具有卓越的才幹和魄力，也表明周政權具有在政治上保持穩定的力量。可見，取得並鞏固一個政權，光有軍事上的勝利遠遠不够，還必須有能力保持政治上的穩定。

3. 踐奄

踐，鄭玄説："讀如剗。剗，滅也。"所以，踐奄實際上就是討平奄地。這顯然是因爲奄參與了殷亂。《尚書大傳》記此事説："周公以成王之命殺禄父，遂踐奄。踐之云者，謂殺其身，執其家，潴其宫。"可見,踐奄是在克殷後緊接着進行的。

按《韓非子·説林上》説:"周公旦已勝殷,將攻商蓋。辛公甲曰:'大難攻,小易服。不如服衆小以劫大。'乃攻九夷,而商蓋服矣。"也就是説踐奄之初,直接打擊的是東部的一些異族。這同《逸周書·作雒解》的説法是一致的。《作雒》説:"凡所征熊盈族十有七國,俘維九邑。""熊盈族"應該就是《韓非子》所説的"九夷"。由於附奄叛亂的異族被一一擊敗,奄衹得投降。《孟子·滕文公下》説:"周公……伐奄三年討其君。"這個"三年"實際是指《詩·豳風·東山》序所説的:"周公東征三年。"也就是説,周公率領的旨在鞏固新生的周朝政權的東征,經過救亂、克殷、踐奄這三個階段,歷時三年,最後取得完全勝利。

二、建侯衛

東征的勝利,使周人在更大的地域内以更鞏固的方式建立政權,不僅成爲必要,也具備了可能。周公旦在這方面適時而成功地采取了措施,那就是"建侯衛"。其内容主要是封宋、封衛、封魯、封齊、封燕。

封宋事見《史記·宋微子世家》。原文説:"周公既承成王命,誅武庚,殺管叔,放蔡叔,乃命微子開(啓)代殷後,奉其先祀,作《微子之命》以申之,國於宋。"微子啓之所以被封,固然是因爲他没有參加叛亂,而在周公來説,顯然是出於安撫殷餘民的政治需要。這種安撫前朝臣民的政策,是中國古代社會特點之一。宋都商邱(今河南商丘市),是商人的老根據地,自契孫相土即遷此。故宋國的國土是割取了殷商畿内地的一部分。

封衛事見《史記·衛康叔世家》。原文説:"周公旦以成王命興師伐殷,殺武庚禄父、管叔,放蔡叔。以武庚殷餘民封康叔(武王弟)爲衛君,居河淇間故商墟。"《左傳》定公四年和《尚書·康誥》序亦有詳細記載。據《左傳》定公四年説，封康叔的殷餘民有"殷民七族"，即陶氏、施氏、繁氏、錡氏、樊氏、飢氏、終葵氏。這同武王時相比有兩點值得注意：一是把姬周王族封在殷地，使周朝中央與地方政權的關係有了新的布局；二是把殷餘民分割在各個封國治理，這無疑是吸取了武庚率殷餘民叛亂的教訓。

封魯事，《左傳》定公四年記載甚詳。魯也分有"殷民六族"，即條氏、徐氏、肖氏、索氏、長勺氏、尾勺氏。此外還有"商奄之民"，其意義與封衛當相同。魯分予周公子伯禽，顯然因爲周公對周朝建立的特殊功勛。魯都曲阜爲商奄故地。奄也是殷商故都之一。故魯國的國土也是割取殷畿内地的一部分。

封燕，封齊，《史記》以爲是武王時的事。其實不然。燕即郔，封燕祇能在誅武庚之後。封於燕的是召公奭之子。至於齊，《左傳》昭公二十年記晏子對景公説："昔爽鳩氏始居此地。季萴因之，有逢伯陵因之，蒲姑氏因之，而後大公因之。"就是説太公望居齊在蒲姑氏後。既然蒲姑氏曾與武庚聯合叛周，則太公封齊怎麼能在武王時？《漢書·地理志》根據《左傳》糾正了《史記》的錯誤，説："少昊之興，有爽鳩氏，虞夏時有季萴，湯時有逢公柏陵，殷末有薄姑氏（古時薄、蒲音同），至周成王時，薄姑與四國共作亂，成王滅之，以封師尚父。"這就很清楚地説明，封齊是在誅武庚後，周公"建侯衛"裏邊自然包括封齊。

"建侯衛"從根本上解決了武王以來的殷人復辟的問題，是東征在政治上的總結。同時，周公也吸取了管、蔡叛亂的教訓，在建侯衛時，把最可靠的和最有力量的親屬分封到最要害的地區，並使他們同中央政權有較密切的關係。太公之爲太師，周公之爲太傅，召公之爲太保，顯然是保證齊、魯、燕忠於周王室的一個因素。這就使周朝政權終於擺脱《詩·豳風·鴟鴞》中所描寫的那種"予室翹翹，風雨所漂摇"的困境，而開始鞏固下來。周朝中央政權對全國的有效統治，正是由這時起開始得以順利地實現的。

三、營成周

還在周武王時，營成周的設想就已經形成。《左傳》桓公二年說："武王克商，遷九鼎於雒邑（即成周）。"其意圖很明顯是以洛邑爲周之新都。《逸周書·度邑》有一段文字，被司馬遷采入《史記·周本紀》，更明確地提到武王出於鞏固政權的考慮，與周公討論在洛邑建都的問題，甚至於睡不着覺。周由老根據地岐下而經文王遷豐（今陝西户縣東）、武王遷鎬（今陝西長安西南），步步東移，在當時顯然是爲了奪取政權的需要。而在奪取政權之後，又進一步計劃遷都洛邑，無疑是爲了便於對新擁有的東部廣大地區實行有效的統治。由於客觀條件的限制，周武王這個宿願，至周公東征以後始得以實現。周公營成周的經過，可從《尚書》中的《召誥》、《洛誥》和《多士》三篇窺見大概。《左傳》昭公三十二年說："昔成王合諸侯，城成周以爲東都，崇文德焉。"指的就是這件事情。洛邑稱爲成周即由這時開始。

在這裏有兩點值得特別注意。

一是合諸侯。《尚書》說："惟三月哉生魄，周公初基，作新大邑於東國洛，四方民大和會。侯、甸、男邦、采、衛，百工播民和見士於周。"①這是合諸侯營成周的明證。周公利用營成周的機會合諸侯，目的在於檢驗一下新政權的政令能否在諸侯當中貫徹。《尚書大傳》說，周公將作禮樂，三年未能作成，於是"營洛以觀天下之心"，而"四方諸侯率其群黨各攻位於其庭"，因此"周公曰：'示之以力役且猶至，況導之以禮樂乎？'然後敢作禮樂"。這段話是否真的出於周公之口，我們可以不去管它，但說周公經過合諸侯、營成周，看出周天子與諸侯之間的統屬關係的牢固程度已大大超過了夏、

---

① 這條文字，今本《尚書》列入《康誥》。

商二代，則是有道理的。正如王國維所說，這時的天子已經不是諸侯之長，而是諸侯之君了。

　　二是遷殷民。周公克殷後，對於殷民的處理，一大部分殷餘民分給了新建的宋，《史記・宋微子世家》說：“微子故能仁賢，乃代武庚，故殷之餘民甚戴愛之。”《左傳》定公四年則記載了在封魯、封衛時，也都分給了一部分殷民。剩下的多半就是所謂“多士”了，他們在原來的殷政權下應是有深厚基礎的權門、勢族，這些人則被遷於成周。《尚書・多士》就是爲處理這部分所謂“殷頑民”而發佈的軟硬兼施的移民文告。周公所實行的這種辦法，後世秦始皇、漢高祖都當作成功的經驗來采用。《史記・秦始皇本紀》說：“二十六年……徙天下豪富於咸陽十二萬户。”這是秦始皇時的事。《高祖本紀》說：“九年……是歲徙貴族楚昭、屈、景、懷，齊田氏關中。”這是漢高祖時的事。《史記・劉敬傳》記載婁敬首倡：“徙齊諸田，楚昭、屈、景，燕、趙、韓、魏後及豪杰名家居關中。無事，可以備胡；諸侯有變，亦足率以東伐，此强本弱末之術也。”這裏所說的“强本弱末”，就是加强中央，削弱地方。可見，被周公遷徙到成周的殷多士，也決不是平民百姓，而是有雄厚實力和重大影響的權門、勢族一類。

　　周公營成周爲東都，但後來並未遷都成周。直至幽王時，整個西周二百五十七年，周的國都仍然是鎬。不過，成周經過周公營造，已成爲東方重鎮，其功效是使周人對東部地區的統治有了强大的據點。到平王時正式遷都洛邑，則爲東周。

　　關於成周地點，《漢書・地理志》於河南郡雒陽下說：“周公遷殷民，是爲成周。”於河南下說：“故郟鄏地，周武王遷九鼎，周公致太平，營以爲都，是爲王城，平王居之。”周公營成周，實際上築有二城，一名成周，一名王城。成周故址即今河南洛陽市白馬寺東的漢代雒陽故城。王城故址在今王城公園一帶。

四、制禮作樂

　　周公制禮没有？制禮，制的是什麽禮？自來有不同意見。我的看法，周公肯定制過禮，而且這是周公爲了進一步鞏固周朝政權而采取的又一項重要措施。它的意義遠遠超出了周公自己所處的時代，是整個中國古代史上有重大影響的文化遺産。但是，如果認爲周公所制的就是今天行世的《周禮》、《儀禮》二書，則是不對的。

　　《周禮》非周公所作，已爲今天的學術界所公認，無須贅述。至於《儀禮》，則如崔述所説"其文繁，其物奢"，與周公的"享多儀，儀不及物，惟曰不享，惟不役志於享"的主張相違背，也肯定不是周公所作。象《儀禮》十七篇那樣周詳細密的書，也不是某一個人短時間内所能作出來的。

　　那末，説周公制禮有什麽根據呢？《左傳》文公十八年中記載季文子使太史克對魯宣公説："先君周公制周禮。"這是一個直接的證據。《國語·魯語》説："若子季孫欲其法也，則有周公之籍矣。"①這裏説的"籍"，也是間接指周禮而言。此外，《論語·爲政》説"周因於殷禮，所損益可知也"。《論語·八佾》又説"周監於二代，郁郁乎文哉"。孔子論及周禮，每每與周公相聯繫。正因爲這樣，所以他説："甚矣，吾衰也！久矣，吾不復夢見周公。"（《論語·述而》）孔子所説的損益殷禮，"監於二代"的不是别人，正是周公。

　　至於周公制禮的時間，《尚書·洛誥》説："周公曰：'王肇稱殷禮，祀於新邑，咸秩無文。'"是營成周時尚用殷禮。所以《尚書大傳》説"五年營成周，六年制禮作樂"，應是當時實際的情況。

　　古代所謂禮，實際是一系列政治的社會的制度，而以政治的制度爲主。這些制度的創立在一定意義上反映古代社會的某種成熟

---

　　①　《左傳》哀公十一年作"則周公之典在"。

性。以下，從幾個方面來探討一下周公制禮的具體內容。

1. 畿服

郭沫若同志有《金文所無考》①，指出畿服"並非地域之區劃"，《尚書・禹貢》和《周禮》之《大司馬》、《職方氏》、《大行人》諸職所述畿服之制"乃後人所僞託"，並謂《尚書》中的《康誥》、《酒誥》、《召誥》、《君奭》諸篇所說"侯甸男邦采衛"，"均商代官制之孑遺"，"《酒誥》之外服、內服即外官、內官"等等，都極爲精確，不可移易。但《國語・周語》中亦有關於服制的記載。它同《尚書・康誥》等篇及《矢令彝》、《大盂鼎》所述服制有很大差異。對於《國語》所述服制，應當怎麼看？是看作"商代官制之孑遺"呢？還是看作"後人所僞託"呢？郭沫若同志沒有說明。在這裏願意談談我的看法。

首先說什麼叫做"服"。鄭玄《周禮・夏官・職方氏》注說，"服，服事天子也"。這個解釋是正確的。《論語・泰伯》說"三分天下有其二，以服事殷"，就是說周文王儘管有三分天下有其二的勢力，依舊要遵照所處的服等來事殷紂。所以，服，實際上是關於地方政權與中央政權關係的一種規定。古文獻中所有畿服的服，無論是"九服"還是"五服"都應作此解。

如上所述，《尚書・康誥》等篇和金文所說的"侯甸男衛"，是殷商的舊服。那末《論語・泰伯》中的"服"，無疑也是《酒誥》所說"越在外服"的"侯甸男衛"等殷商舊服。《周語》記載祭公謀父說："夫先王之制，邦內甸服，邦外侯服，侯衛賓服，蠻夷要服，戎狄荒服。"②祭公謀父所說的服制，爲什麼與殷商的服制不同，最合理的解釋祇能是，其爲周人所新制。《國語・周語》還有"昔我先王之有天下也，規方千里以爲甸服"。《左傳》襄公二十五年說："且昔天子之地一圻，列國一同，自是以衰。"與祭公謀父及荀況所說的服制皆

---

① 《金文叢考》，第 29 頁。
② 亦見於《荀子・正論》，惟邦作封，古邦、封通。

相吻合，證明這些記載都不是僞造而是可信的，因而可以肯定在殷商舊服制之後周人又有了新的改革。如果抱定劉歆改竄《左氏》內外傳的成見，認爲凡是宗周以後之文獻，舉不足信，其結果必然否定歷史的發展，把商制、周制看作一樣，而不承認周人在奪取政權之後，在政治、經濟等很多方面，都有較大改革，這樣做，恐怕離開歷史真實就更遠了。

祭公謀父是周穆王時人，他所說的"先王之制"的"先王"是誰呢？是昭王嗎？不是，因爲《史記·周本紀》說"昭王之時，王道微缺"，不能有制禮的業績。是康王嗎？也不象，因爲《左傳》昭公二十六年說"康王息民"，似乎也沒有什麽改革的迹象。這樣，就祇有成王了。所以《周語》所述五服之制，定是周公制禮的一個重要內容。它是爲了調整周朝中央和地方的關係，爲了加強中央政權的統治而制定的。

2.爵、謚

《儀禮·士冠禮》說："古者生無爵，死無謚。"《禮記·檀弓》說："死謚，周道也。"證明爵、謚是周人的新創，原爲殷商所無。

什麽是爵？《周禮·大宰》鄭玄注說："爵爲公侯伯子男卿大夫士也。"因此，諸侯有爵爲五等，就是公、侯、伯、子、男。諸侯以下有三等，就是卿、大夫、士。所謂爵，就是統治階級內部的等級關係在法律上的規定。郭沫若同志否認周有公、侯、伯、子、男五等爵祿，說："五等爵祿實周末儒者托古改制之所爲。"這種說法我看未免武斷。因爲五等爵不僅見於《周禮》、《王制》、《孟子》，也見於《國語》、《左傳》。例如《國語·周語》記周襄王拒絕晉文公"請隧"時說："昔我先王之有天下也，規方千里以爲甸服，……其餘以均分公侯伯子男。"《楚語》說："天子之貴也，唯其以公侯爲官正也，而以伯子男爲師旅。"《左傳》襄公十五年說："王及公、侯、伯、子、男、甸、采、衛、大夫，各居其列。"所有這些不約而同的記載，充分證明周人確有五等爵制。孔子作《春秋》，其在政治上之所以是反動，就在於他幻想恢復西周原有的政治秩序。而這種思想實滲透在他固守舊有的爵制之中。這也説明周禮所説的爵制是信而有徵的，不能一概加以否定。至於金文中所記載的複雜情況，在文獻裏又何嘗没有？我們祇應細心研究，找出其真正的原因。那種把金文作爲絕對尺度，凡是不符合金文的，即斷爲不可信的作法，在史學研究中是有害無益的。

關於謚，王國維説過"周初諸王若文、武、成、康、昭、穆，皆號而非謚"。這種説法可能是對的。王氏所説的號、謚，其區別在於號以施之生，謚以施之死。假如我們僅從別人加給的美稱這一意義來看，則號、謚實是一種東西。西周諸王，從文、武、成、康，至夷、厲、宣、幽，其中當有號，亦有謚。若是謚，則非夏、殷所有，而是周人的新創。至於死謚之法起於何時，郭沫若同志堅執"謚法之興當在戰國時代"，而指《左傳》襄公十三年"楚子疾"一段文字爲僞話，是不足爲訓的。若襄公十三年那段文字爲僞託，那末《左傳》文公元年説"王（楚成王）縊。謚之曰靈，不瞑。曰成，乃瞑"，又作何解釋？而且這件事比襄公十三年記楚共王之死還要早六十六年。又《史記·秦始皇本紀》述始皇制説："朕聞太古有號無謚，中古有號，死而以行爲謚。"果真謚法出於戰國時代，秦始皇不應不知，爲什麽他説"中古有號，死而以行爲謚"呢？可見郭説不能成立。

爵、謚二制是何時何人所制定，依我看，不能説是別人，祇能歸之周公。這是他爲鞏固周政權而制禮的一個組成部分。當然制定與貫徹執行，不是一回事。不妨説制定者是周公，而貫徹執行的則是另一個人。

3. 田制

周公對於田制的改革，在史料中是有記載的。《孟子·滕文公上》説："夏后氏五十而貢，殷人七十而助，周人百畝而徹。"因此，周的田制確是在夏、殷之基礎上又作了改革。《國語·魯語》説："先王制土，籍田以力，而砥其遠邇；賦里以入，而量其有無；任力以夫，而議其老幼。於是乎有鰥、寡、孤、疾，有軍旅之出則征之，無則已。其歲收，田一井，出稯禾、秉芻、缶米，不是過也。"這個"先王制土"的辦法，應當就是"周人百畝而徹"的若干細節。下文將談到，周的徹法是兼采貢、助而用之，也就是"監於二代"。這種改革是始於誰呢？《國語·魯語》說："則有周公之籍矣。"可見這田制的改革也是周公的業績，應屬於周公制禮的一部分。

4. 法制

《左傳》文公十八年說："先君周公制周禮曰：'則以觀德，德以處事，事以度功，功以食民。'作誓命曰：'毀則爲賊，掩賊爲藏，竊賄爲盜，盜器爲姦。'"這裏所說的，應是周公制禮有關法制的部分。

5. 嫡長子繼承制

殷商君位繼承多半是兄終弟及，没有實行嫡長子繼承制。周之先人公亶父有子三人，不傳位於太伯、仲雍，而傳位於季歷，證明這時周人也還未確立嫡長子繼承制。周的嫡長子繼承制應自成王始。《荀子·儒效》說："周公屏成王而及武王以屬天下，恶天下之離周也；成王冠成人，周公歸周反籍焉。明不滅主之義也。"從這看，周的嫡長子繼承制實在也是周公的創造。所說"明不滅主之義"，就是指維護嫡長子繼承制的原則而言。但認真講來，在時間上，實行嫡長子繼承制並不在《尚書大傳》所說制禮作樂的第六年中，而是在第七年，詳見下文。

6. 樂

無論就形式或實質來看，古代宮室、廟堂、音樂和舞蹈，都是禮制的重要組成部分。這種程式化了的藝術，已經完全脱離人民，成爲統治階級政治活動的音響和形象的外殼。它起源可能很早，而内容總的來說是僵化的。但殷亡周興，從記載看，周樂的内容幾乎都是新作的。保存在《詩·周頌》裏的樂詞，例如著名的《大武》，完全以周人事迹爲内容。它説明朝代的更替，是這種僵化音樂的一綫生機。因而，在周初，周樂還是新鮮的。周樂曲調早已失傳，樂詞基本上保存在《詩·周頌》裏。《大武》樂是其中最有名的。關於它的作者歷來有不同的説法。有的説武王作，有的説周公作。從《大武》詩詞中有"成王不敢康"，"於皇武王"來看，應定爲周公作。

《大武》樂，周人極爲重視。拿今天的眼光看，《大武》實際上是以周武王克殷爲題材的一出大型歌舞劇。王國維有《周大武樂章考》①闡述至爲詳確。大體上説，全劇共分六部分，每一部分各爲一成。據《樂記》記載，第一成象"北出"。即周人由氾水渡河，向紂都進軍，是爲北出。其中有一個場面，叫做"總干而山立"。"總干"是持盾，"山立"是象山一樣巍然不動。這當是牧野誓師時部隊聽誓的情景。第二成象"滅商"，舞容爲"發揚蹈厲"。這個"發揚蹈厲"當是奮勇殺敵的表現。第三成象"南"，即南向用兵。第四成象"南國是疆"，即對南方諸國重新劃定疆界。第五成象"周公左、召公右"，即所謂"自陝而東者，周公主之；自陝而西者，召公主之"（《公羊傳》隱公五年）。第六成象"復綴以崇天子"，即全部演員回到原來位置，向天子表示最高的禮敬（想象如後世的高呼"萬歲"）。

《大武》詩詞，據王國維考定，第一成用《武宿夜》（今《詩經·周頌·昊天有成命》），第二成用《武》，第三成用《酌》（亦作《勺》），第四成用《桓》，第五成用《賚》，第六成用《般》。《武》、《酌》、《桓》、《賚》、《般》都在《詩經·周頌》中。

五、致政成王

周公是武王之弟，他屏成王而及武王的做法，根據他爲周王室建立嫡長子繼承制的設想，祇能是特殊情況下的一種變例。周公決心在他生前就結束這種局面，使國家政權走上嫡長子繼承制的

---

① 《觀堂集林》卷二。

正軌，以垂範後昆。他確實這樣做了。他攝政六年，精心治國，周朝政權鞏固下來了，成王也已成人，實行嫡長子繼承制的條件成熟了。於是，周公在他攝政的第七年，把天子權力正式交給王位的法定繼承人武王的嫡長子成王，這就是歷史上傳爲美談的周公"致政成王"。這個舉動不簡單，它表現出周公的偉大和深謀遠慮，對周朝數百年的王業無疑奠定了一塊牢固的基石。

　　周公不是簡單地把政權交給成王了事，而是從國家利益出發，對成王負責到底，把治國的經驗也傳給他。周公作爲一個政治家，恪守的信條是："人無於水監，當於民監。"（《尚書·酒誥》）監就是鑒，也就是鏡子。這兩句話的意思是說，作爲統治者，不要拿水做鏡子去照自己的形象，而應當用被統治者的反應做鏡子去了解自己的統治情況。周公十分重視借鑒歷史的經驗教訓。《尚書·召誥》說："旦曰……我不可不監於有夏，亦不可不監於有殷。"《酒誥》說："今惟殷墜厥命，我其不可不大監。"周初制度無一不是周公吸取夏殷兩代的經驗教訓的結果。周公把他這個"當於民監"的信條傳給了成王。他作《無逸》，諄諄告誡成王，要知"稼穡之艱難"，不要"淫於觀，於逸，於游，於田"，走殷紂覆亡的道路，提醒成王勿忘"其監於兹"。

　　周公對事業忠心耿耿，料事多謀而審慎，善於從前人的得失利弊中尋出自己的道路，對於有周一代，甚至整個中國奴隸社會的歷史，做出了卓越的貢獻。三千年前這樣一個頭腦清醒的政治家，我們稱他是一個偉大人物，實不爲過。

第四節　　中國奴隸社會全盛時期的若干特點

　　商滅周興，經過周初幾代人的持續努力，中國奴隸制度在經濟基礎和上層建築兩個方面都逐漸臻於完善。如果說夏代是中國奴隸制度的發軔階段，而商代是它的形成和發展時期的話，那末，西

周便是中國奴隸制度的全盛時期。這一時期同夏、商兩代相比，有
許多新特點。

下面，我們從井田制、分封制、宗法制和禮四個方面談談這些
新特點。

一、井田制

西周的井田制度同夏、商兩代相比較，有其顯著的不同之處。
第一，西周的土地分配單位，已不是"五十畝"或"七十畝"，而是"百
畝"。

第二，在剝削方法上，采用"徹"法，即"貢"、"助"兼用，而不是
衹用單一的"貢"法或"助"法。

先談周人分配土地的單位是一百畝的問題。

周人是以百畝爲單位分配土地，所以《孟子·滕文公上》說"周
人百畝而徹"。不足百畝的，則以百畝的二分之一或四分之一計
算。《孟子·滕文公》說的"圭田五十畝，餘夫二十五畝"和《周禮·
地官·遂人》說的"萊五十畝"，就是證明。多於百畝的，則也必須
是百畝的倍數，如《周禮·地官·大司徒》和《遂人》所說"一易之
地，家二百畝，再易之地，家三百畝"，"萊二百畝"，就是證明。耐人
尋味的是，中國古代這種按一定單位分配土地的做法竟與德國的
馬爾克公社的情形不謀而合。恩格斯在《馬爾克》一文中說："每一
社員⋯⋯當初都分到了同樣大的一塊土地。現在，這塊土地，由於
分遺產、出賣種種原因，已經大小不等了，但舊有的整塊土地，仍舊
是一個單位，根據這個單位，才能決定這塊土地的二分之一、四分
之一、八分之一等等的大小。"①一個是中國，一個是歐洲，土地分
配的辦法竟能如此相似，絕非偶然。它有力地證明了所謂"豆腐乾

---

① 《馬克思恩格斯全集》第 19 卷，第 355 頁。

塊"的井田制，同恩格斯所説的馬爾克公社一樣，不是出於什麽人的虛構，而是古代土地公有制度的客觀反映。

　　夏、商、周三代分配土地的單位爲什麽會有五十畝、七十畝、百畝的不同呢？

　　這個問題，顧炎武認爲"特丈尺之不同，而田未嘗易"。有人不同意顧説，但没有説明白不同意的道理。顧炎武的説法顯然不對。試想，如果祇是三代丈尺大小有變，而分地多少"未嘗易"，那麽古人爲什麽把五十畝、七十畝、百畝放到一起提？古人所以强調"周人百畝而徹"，正反映出周人分地單位同前代不同。至於爲什麽不同，祇能從社會生産發展水平上找原因。在我國奴隸社會的初期，人們的生活不單純依靠農業，漁獵和采集還占有一定的比重。這從《尚書·益稷》記禹治水時説的"暨益奏庶鮮食"和"暨稷播，奏庶鮮食、艱食"兩句話中，可以窺見大概。隨着生産力水平的不斷提高，使擴大土地的耕種面積成爲可能。在人們的生活當中，漁獵和采集的作用日益縮小，並逐步爲農業所代替。這才是夏、商、周三代分配土地的單位出現五十畝、七十畝、百畝不同的根本原因。

　　必須指出，所謂"周人百畝而徹"，祇是一般的原則，在土地的實際分配上要複雜得多。由於人口有長幼多寡的不同，土地有高下肥瘠的區别，常常把"田"和"萊"結合起來分配，而用"萊"進行調劑。這在古文獻中不難找到説明。

　　在引用古文獻以前，需要説明一個問題。這就是研究西周這段歷史，怎樣對待史料的問題。從真實性的角度來看，自應以傳世或出土的西周青銅器銘文爲第一，以見於《尚書》、《詩經》的爲第二；從完整地系統地記述有周一代的制度來看，則莫如《周禮》。然而《周禮》一書的真實性，向來是有不同的看法的。那末，怎麽辦才好呢？就實際工作來説，引用史料當然要先考慮真實性問題。研究西周歷史，必須重視西周青銅器銘文和《尚書》、《詩經》中的有關材料，這是没有問題的。但是涉及西周的一些典章制度問題，光靠這些材料是很不夠的。以井田爲例來説吧，過去胡適堅決不承認我國古代有井田制。你應用青銅器銘文和《尚書》、《詩經》的記載嗎？説明不了問題。你應用《周禮》、《孟子》等書嗎？他斥爲後人所作，不足信。因此，無論如何也説服不了他，致使這一問題長期得不到解決。那末，今天怎樣呢？是不是也不能解決呢？我看今天可以解決了。解決的辦法不是別的，還是靠引用《周禮》、《孟子》諸書。爲什麼前此應用《周禮》、《孟子》諸書，説服不了他，而今天應用《周禮》、《孟子》諸書，可以説服他呢？原因在於今天有馬克思主義。馬克思主義告訴我們，歷史是按照客觀規律向前發展的。人類社會歷史上的土地制度，都要經過氏族公社、共產制家庭公社和農村公社（或稱馬爾克）這幾個發展階段。井田制就是農村公社在我國的具體表現形式。這一點，從馬克思、恩格斯關於農村公社或馬爾克的論述同中國的《周禮》、《孟子》諸書所述的井田制的對照中可以看得清清楚楚。假如《周禮》、《孟子》所述的井田制果如胡適所説是烏托邦，它們怎麼會同馬、恩所論述的相一致，怎能符合歷史發展規律呢？因此我認爲，説《周禮》是周公致太平之書，固非事實，指爲劉歆僞作，也不是一個不抱成見的人所能首肯。近人有説《周禮》是周宣王中興以後的人所作，我看比較接近事實。《周禮》一書很可能是西周亂亡時某氏得見大量官方檔案所作，其不完整不系統處，則以自己的主觀設想補苴其間。這是一部非常寶貴的古史料。讀書貴在善於分析，悍然予以完全否定，是錯誤的。根據這個觀點，我講西周井田制，甘冒衆議，引用《周禮》作爲史料。

《周禮·地官·遂人》説："辨其野之土：上地、中地、下地，以頒田裏。上地，夫一廛，田百畝，萊五十畝，餘夫亦如之；中地，夫一廛，田百畝，萊百畝，餘夫亦如之；下地，夫一廛，田百畝，萊二百畝，餘夫亦如之。"上地是上等的即肥沃的土地。下地是下等的即瘠薄的土地。萊是草地。上地所分得的萊，爲中地的二分之一，爲下地的四分之一。這就是因土質不同而用萊作爲調劑的一種辦法。

"夫"，表明是已經結婚的男性勞動力。婦女不分土地。婦女所應分的土地，包括在男勞動力所分得的百畝之中。《孟子·滕文公上》說："方里而井，井九百畝，其中爲公田，八家皆私百畝，同養公田。"這裏受田的對象不稱夫而稱家。又《周禮·地官·大司徒》說："凡造都鄙，制其地域而封溝之，以其室數制之。不易之地家百畝，一易之地家二百畝，再易之地家三百畝。"這裏也不稱夫而稱家。同是講土地分配問題，有時稱夫，有時稱家，說明家、夫所指實爲一事。稱家則包括了夫婦，舉夫則夫爲家的代表，兩者並無矛盾。所謂不易之地，是指上等土地，年年耕種，不休耕；一易之地，是指中等土地，耕一年，休一年，休耕輪作；再易之地，是指下等土地，耕一年，休二年，以恢復地力。《大司徒》和《遂人》所講的調劑土質肥瘠的不同方法，是由於地區不同，條件不同，習俗不同造成的。在原則一致的基礎上，各地區出現因地制宜的不同情況，正是歷史的真實性和複雜性的反映。恩格斯在《馬爾克》一文中曾說過："在那裏，雖然不再一年分配一次，但是每隔三年、六年、九年或十二年，總要把全部開墾的土地（耕地和草地）合在一起，按照位置和土質，分成若干大塊，每一大塊，再劃分成若干大小相等的狹長帶狀地塊，塊數多少，根據公社中有權分地者的人數而定；這些地塊，采用抽籤的辦法，分配給有權分地的人。所以，每一社員，在每一個大塊中，也就是說，在每一塊位置與土質各不相同的土地上，當初都分到了同樣大的一塊土地。"①恩格斯所說的土地分配辦法，與《遂人》、《大司徒》所說的辦法，形式雖有所不同，但實質卻是完全一致的。因此，我們對《遂人》和《大司徒》的記載，不能是此非彼，或者抓住它們的矛盾方面而一概予以否定。正確的態度應當是，在馬克思主義原則的指導之下，對史料加以細緻的分析，既研究它的一般規律，又要研究它的特殊現象，並找出造成這些差別的

---

① 《馬克思恩格斯全集》第 19 卷，第 355 頁。

歷史的原因。

在土地的分配中,除有土地肥瘠差別問題外,還有各家人口多少不等的問題。據古文獻記載,周人解決這個問題,采取兩個辦法,一個是實行餘夫授田。所謂"餘夫",《漢書・食貨志》說:"農民戶人已受田,其家衆男爲餘夫。"即一戶人家除了一個勞動力受田百畝外,其餘勞動力,則爲餘夫,餘夫受田二十五畝。在土質差別問題上,對餘夫所采取的調劑辦法同正夫一樣。《周禮・地官・遂人》所說的"餘夫亦如之",即指此而言。另一個是用受田質量不同的辦法來使各家實際所得達到平衡。《周禮・地官・小司徒》說:"上地家七人,可任也者,家三人;中地家六人,可任也者,二家五人;下地家五人,可任也者,家二人。"即人口勞力多的受上地,次多的受中地,少的受下地。

井田的土地是實行定期重新分配的。《周禮・地官・遂人》說:"以歲時稽其人民而授之田野。"說的就是土地實行定期重新分配。這種辦法又叫做"換土易居"或"爰田易居"。《周禮・地官・均人》說:"三年大比則大均。"又《公羊傳》宣公十五年何休注:"司空謹別田之高下善惡,分爲三品。上田一歲一墾,中田二歲一墾,下田三歲一墾。肥饒不能獨樂,墝埆不得獨苦,故三年一換主易居,財均力平。"從這些記載中我們看到,在井田制度下,土地每三年就要重新分配一次。其所以要定期重新分配土地,一則因爲土地的不斷變化必須與人口的不斷變化相適應;二則爲了保證"財均力平",必須使"肥饒不能獨樂,墝埆不能獨苦"。

再談周代對農業勞動者的剝削方法——"徹"法。

周代利用土地對農業勞動者的剝削是采取"徹"法。所謂徹法就是貢、助並用,在國中用貢,在野用助。《孟子・滕文公上》所說"請野九一而助,國中什一使自賦",就是實行"徹"法的具體說明。

什麼是貢?用鄭玄的話來說,就是"稅夫無公田"(《周禮・考工記・匠人》注);具體說,就是按照古代什一的稅率,在一夫分得土地的産品當中抽取十分之一。這是實物地租的一種。

什麼是助？用鄭玄的話來説，就是"制公田不税夫"(《周禮·考工記·匠人》注)，即《孟子·滕文公上》所説的"方里而井，井九百畝，其中爲公田，八家皆私百畝，同養公田"的辦法。助法實際上是勞役地租的一種。

周代所以實行徹法，貢、助並用，則是吸取夏、商二代經驗的結果。《禮記·檀弓》説："仲憲言於曾子曰：夏后氏用明器，示民無知也；殷人用祭器，示民有知也；周人兼用之，示民疑也。"《論語·八佾》記載孔子説："周監於二代，郁郁乎文哉！"又《禮記·王制》説："凡養老，有虞氏以燕禮，夏后氏以饗禮，殷人以食禮，周人修而兼用之。"證明不儀徹法兼用貢助，是吸取夏商兩代的經驗，其兼用明器、祭器，兼用燕禮、饗禮、食禮等等，也都是吸取前代的經驗。孔子説"周監於二代"，正説明周人制定禮儀制度吸取前代經驗是一條基本原則。

至於爲什麼徹法於國中用貢，於野用助，是由於國和野是兩個不同的地域，國人和野人具有兩種不同的身份。國人稱民，野人稱氓，正鮮明地反映這個問題。孫詒讓著《周禮正義》辨別民氓的異同，説民是土著，氓是客民。這種説法雖然還没有越出文字訓詁的範圍，但已接觸到問題的實質。土著，表明它是以本族人民爲基礎而發展起來的；客民，則表明它不是本地本族人民，而是從外地或外族遷移來的。爲什麼從外地或外族遷移來的人不居國中而居於野呢？據我了解，當時實行井田制是一個重要原因。當時無論王畿或諸侯的封疆以内，都有國野之分。國中的土地又有郊牧或近郊遠郊之分。郊牧或近郊遠郊也統稱爲郊。近郊又稱農郊。《詩·衛風·碩人》"説於農郊"，所謂"農郊"即此。"農郊"用恩格斯的名著《馬爾克》一文裏的話説，就是"分配的馬爾克"。《詩·邶風·静女》説"自牧歸荑"，《詩·小雅·出車》説"我出我車，於彼牧矣"，這個牧亦即遠郊，用恩格斯《馬爾克》一文裏的話來説，就是

"公共馬爾克"。正由於國中的土地不是分配的馬爾克，就是公共的馬爾克，没有容納移民的地方，所以移民不能在國中而必在野中居住。

這裏應當指出，所謂移民遷來應是後起之事。在初時居野的祇能是戰俘，而決不會是移民。《左傳》宣公十二年説"其俘諸江南，以實海濱"，可以證明它是古時處理戰俘的通例。正因爲這樣，所以國人和野人具有兩種不同的政治身份。從本質上説，野人是奴隸，而國人是自由民。國中用貢，野用助，是基於兩地人民的政治身份有這樣的區别而采取的不同的辦法。

但是由於當時是實行井田制度，國人同野人比較，祇是國人享有當兵、受教育、有姓氏幾種特權，此外的差别不大。由於歷史不斷發展，到後來，庶人一詞祇表明它"力於農穡"（《左傳》襄公九年），不復區别它是國人或是野人，是民或是氓。《孟子·萬章下》説"在國曰市井之臣，在野曰草莽之臣，皆謂庶人"，就是證明。

二、分封制

分封是周人爲鞏固政權而創立的一種新制度。有人説紂時有箕子、微子，是商代已有分封。即或如此，當也祇限於畿内，並且爲數不多，並没有象周代那樣把它作爲鞏固政權的一種重要政治措施，在全國範圍内大規模實行。周代實行分封制以後，雖然並没有從根本上改變由部落時代遺留下來的以分散和割據爲特徵的衆國林立的局面，但卻大大加强了天子對諸侯的統屬關係，向着後來形成中央集權的專制國家邁進了一大步。

周初新封了多少諸侯國，原有多少諸侯國，很難找到確實數字。根據《左傳》昭公二十八年説："昔武王克商，光有天下。其兄弟之國者十有五人，姬姓之國者四十人。"《荀子·儒效》説："周公……兼制天下，立七十一國，姬姓獨居五十三人焉。"《吕氏春秋·

觀世》說："此周之所封四百餘，服國八百餘。"看起來，周初封國數字，以見於《呂氏春秋》的爲最多，多達四百餘。但與服國八百餘比較，祇占半數。這說明從虞、夏時代保留下來的舊國還占大多數。《左傳》文公五年說："臧文仲聞六與蓼滅，曰：'皋陶、庭堅，不祀忽諸。'"成公十三年說，文公"征東之諸侯，虞、夏、商、周之胤"。又僖公二十一年說："任、宿、須句、顓臾，風姓也，實司大皞與有濟之祀，以服事諸夏。"由上述這些材料足以證明，部落時代的所謂"萬國"，以及後來所謂湯之時"諸侯三千"，同分封制並不是一回事。因爲部落是"自然長成的結構"①，而封國則是經過人工由上而下造成的。

周初所封者，基本上都是周天子的子弟、同姓及戚屬。很明顯，這是舊的氏族社會的痕迹，在人們的思想和政治生活中的反映。但是周代畢竟不是氏族社會了，所以既封之後，就強調血緣關係服從政治關係，政治關係第一，血緣關係第二。古書上所說的"門內之治恩揜義，門外之治義斷恩"（《禮記・喪服四制》），"公子不得禰先君"，"公孫不得祖諸侯"（《儀禮・喪服傳》），"大義滅親"（《左傳》隱公四年），以及《喪服》諸侯爲天子斬衰三年等等，就說明這個問題。同時也說明了周人雖重視血緣關係，但同氏族社會的重視血緣關係，是有着本質區別的。

分封制的具體內容，用《左傳》桓公二年的話來說是"天子建國，諸侯立家"，用《禮記・禮運》的話來說是"天子有田以處其子孫，諸侯有國以處其子孫，大夫有采以處其子孫"。

諸侯受封，要舉行一定的儀式，由司空授土，司徒授民。《左傳》定公四年記周初封康叔時說"聃季授土，陶叔授民"；《大盂鼎》銘文也有"受民、受疆土"之事，均即其證。諸侯受封後即成爲相對獨立的諸侯國的國君。諸侯國除按照規定向天子納貢、朝覲、出兵

①　《馬克思恩格斯全集》第21卷，第179頁。

助征伐外，一切内政都由諸侯自理。諸侯依照天子，"有國以處其子孫"，大夫依照諸侯，"有采以處其子孫"，次第分封的結果，造成了由天子、諸侯、卿和大夫所組成的各級的所謂"君"（《儀禮·喪服》鄭玄注）。這些大小封君有着嚴格的尊卑等級。下級封君一方面有相對的獨立性，另一方面又臣屬於上級封君。最後總統於天子。王國維在《殷周制度論》一文中說，周代天子之於諸侯，已不是"諸侯之長"，而是"諸侯之君"了。這一看法，無疑是正確的。《詩經·小雅·北山》說："溥天之下，莫非王土；率土之濱，莫非王臣。"正是從這個意義上說的。儘管實際上周天子所直接控制的土地，不過"邦畿千里"（《詩經·商頌·玄鳥》），但是，周代的這種由上而下的分封制，還是造成了比夏、商二代更爲統一的國家，更爲集中的王權。所以，説分封制是商、周間政治上發生的一大變革是不過分的。周代這種由分封制造成的天子、諸侯、卿和大夫的嚴格臣屬關係，在以等級制爲内容的其他種種規定上，也可以看得出來。

周初，包括周公制禮在内，都作了哪些規定呢？在古文獻中，尤其是在《周禮》中有很多記載。當然，《周禮》不是周公致太平之書。但是，如果認爲《周禮》所記大部分是姬周舊制，似乎問題不大。我們把散見於《左傳》、《國語》中春秋時士大夫口中所講出來的"先王之制"、"周之制"作爲基礎，再用《周禮》作參考，有些問題是能够説明的。

首先，談畿服。據《國語·周語上》記載，祭公謀父講述畿服之制是在周穆王時，其目的決不是想作僞騙人，而是利用這個大帽子來壓穆王。因此，他所講的，是可以信據的。那末，在穆王時説的"先王之制"，無疑是指周公、成王時所定的制度而言。

祭公謀父所説的畿服，是"邦内甸服，邦外侯服，侯衛賓服，蠻夷要服，戎狄荒服"。甸服爲畿内，侯服、賓服爲諸夏，要服、荒服爲夷狄。其意義與《春秋》的"内其國而外諸夏、内諸夏而外夷狄"的原則基本一致。不難看出，這是以尊卑、親疏、内外、遠近爲標準的等級制度在政治地理區域方面的反映。其中貫穿着周代一貫奉行的強本弱末的統治政策。假如沒有分封制，這種規定是不可設想的。

可能有人會懷疑，蠻夷戎狄古稱"四夷"，不應更有要服、荒服的區別。其實，這是不瞭解當時的形勢。因爲"四夷"情況複雜，在與周的地理、政治關係上也有一個遠近親疏的問題。《周語上》說："蠻夷要服……要服者貢。"而《魯語下》說："昔武王克商，通道於九夷、百蠻，使各以其方賄來貢，使無忘職業。於是肅慎氏貢楛矢、石砮，其長尺有咫。"從這一點足見《周語》所述，信而有證，是不容懷疑的。

其次，談五等爵。接受爵命，等於接受統治。這在沒有實行分封制以前，在天子還是諸侯之長的時候，是不可能的。

《國語·楚語上》說："天子之貴也，唯其以公侯爲官正也，而以伯子男爲師旅。"這就說明公、侯、伯、子、男五等爵，都是天子所設。公、侯、伯、子、男都是天子臣屬，不過級別有高低的不同罷了。《左傳》昭公十三年說："昔天子班貢，輕重以列，列尊貢重，周之制也。"這就說明了公、侯、伯、子、男按照級別高低，對王室納貢。級別高的，貢相對重些，級別低的，貢相對輕些。這些制度應是周初規定的。

其餘，如《國語·魯語上》說："是故先王制諸侯，使五年四王、一相朝。終則講於會，以正班爵之義，帥長幼之序，訓上下之則，制財用之節，其間無由荒怠。"《左傳》成公三年說："次國之上卿當大國之中，中當其下，下當其上大夫。小國之上卿當大國之下卿，中當其上大夫，下當其下大夫，上下如是，古之制也。"《左傳》昭公二十三年說："列國之卿，當小國之君，固周制也。"又，隱公元年說："先王之制，大都不過參國之一，中五之一，小九之一。"《國語·周語》說："周制有之曰：'列樹以表道，立鄙食以守路。國有郊牧，疆有寓望，藪有圃草，囿有林池，所以禦災也。其餘無非穀土。'"這都可證明周人隨着分封制度的實行，在上層建築領域內，進行了一系列的重大改革，大的如設置了畿服制、爵位制，小的如都城、郊、牧、野、疆、車、服、旌、旗各有制度，連道路兩旁要"列樹"都作了明確要求。這些制度大大鞏固和加強了西周的政權，推動了奴隸制度的發展。因此，我們説中國的奴隸社會至西周已發展到了全盛時期。

三、宗法制

　　周代的宗法制度是以血緣關係爲基礎的。很明顯，它是氏族社會的血緣關係在新的歷史條件下繼續存在和演化的反映。不過氏族社會的血緣關係和階級社會的血緣關係有着本質的區別：前者是氏族社會民主的基礎，而後者則成了階級社會專制的工具。

　　由氏族社會的血族關係發展到周代宗法制度是有個過程的。我們前面已經説過，夏代是中國由氏族社會向奴隸制國家轉變的過渡時期，這一時期的特點，是氏族制度和專制國家並存，因而作爲氏族社會基礎的血緣關係，在許多地方仍被保留着。到了殷代，奴隸制度已經最後形成，國家代替了氏族，地域團體代替了血族團體，階級關係代替了血緣關係。但是，血族關係並沒有因此而消亡，作爲一種舊社會的勢力它仍然頑强地存在着。例如《左傳》定公四年説："分魯公以……殷民六族：條氏、徐氏、蕭氏、索氏、長勺氏、尾勺氏，使帥其宗氏，輯其分族，將其類醜，以法則周公……。分康叔以……殷民七族：陶氏、施氏、繁氏、錡氏、樊氏、飢氏、終葵氏……。分唐叔以……懷姓九宗。"這裏説的氏、族、宗就是殷代血族團體存在的證據。到了周代，由於奴隸制度的充分發展，統治階級重新利用了這一使氏族社會延續了無數世代的有力紐帶——血緣關係，把它改成了完全適應奴隸主階級需要的、有完整的體系和嚴格等級的宗法制度，並成爲中國奴隸社會全盛時代的特點之一。因此，周代宗法制的本質，已經不是古代那種平等的血族關係，而是血緣關係遮掩下的不平等關係，即階級關係。

周人創建宗法制度的主要目的在於維護嫡長子繼承制。所以談宗法制必須先談嫡長子繼承制。

在中國的奴隸社會裏，王位的繼承問題是關係到每個王朝興亡盛衰的大問題。因此，每個王朝的統治者都絞盡腦汁，總結歷史經驗，希望找出最好的解決辦法。例如夏代的王位繼承是傳子，商代則不但傳子也傳弟，至周則建立了嚴格的嫡長子繼承制。這正是不斷總結經驗的結果。

《史記·梁孝王世家》褚少孫補，對殷、周兩代王位繼承制的不同，作過很好的說明。他先說："殷道親親，周道尊尊，其義一也。"然後加以解釋說"殷道親親者立弟，周道尊尊者立子"；"周道，太子死，立嫡孫；殷道，太子死，立其弟"。那末，周人爲什麼要改立弟爲立嫡孫呢？"殷道親親，周道尊尊"這兩句話應當怎樣理解呢？關於前一個問題，從歷史上來看，《史記·殷本紀》說："自中丁以來，廢嫡而更立諸弟子，弟子或爭相代立，比九世亂。"又，《梁孝王世家》說："方今漢家法周。周道不得立弟，當立子。故《春秋》所以非宋宣公。宋宣公死，不立子而與弟。弟受國死，復反之與兄之子。弟之子爭之，以爲我當代父後，即刺殺兄子。以故國亂，禍不絕。故《春秋》曰：'君子大居正，宋之禍宣公爲之。'"（詳見《公羊傳》隱公三年）也就是說，殷、宋由於立弟的結果，釀成禍亂。汲取這一歷史教訓，所以周人改行嫡長子繼承制。《呂氏春秋·慎勢》記載慎到一段話，深刻而又形象地論述了這個問題。他說："今一兔走，百人逐之，非一兔足爲百人分也，由未定。由未定，堯且屈力，而況衆人乎？積兔滿市，行者不顧，非不欲兔也，分已定矣。分已定，人雖鄙不爭。故治天下及國，在乎定分而已矣。"嫡長子繼承制的特點和優點恰恰在於定分。所謂嫡長子繼承制，具體些說就是，在奴隸社會，奴隸主階級實行多妻制。按照等級制的原則，多妻中有一個是正妻，叫做"嫡"，其餘的統稱爲"庶"。庶也有貴賤的差別。但不論嫡庶都可能生子。依照周制，繼承王位的，必須是嫡妻長子。至於這個嫡長子是賢與不賢，不在考慮之内。假如嫡妻没有生子，這樣就不能不立庶妻之子。但原則上要立貴妾之子（即庶妻中級别高的）。至於這個貴妾之子的年歲是不是在諸子中爲最長，則不在考慮之列。這就是《公羊傳》隱公元年所概括的那兩句話：“立嫡以長不以賢，立子以貴不以長。”因爲嫡長子祇有一個，所以實行這種繼承制度，使儲君確定，杜絶諸子和諸弟的繼承權，從而避免争端。

　　“殷道親親，周道尊尊”是保存在《春秋》中的一種見解。恩格斯有一段話，對於我們理解這兩句話的意義，會有很好的啓示。恩格斯説：“在歷史上出現的最初的階級對立，是同個體婚制下的夫妻間的對抗的發展同時發生的，而最初的階級壓迫是同男性對女性的奴役同時發生的。”①從“殷道親親”到“周道尊尊”的變化過程，在中國奴隸社會裏，就是階級關係深入到家庭，深入到血緣關係領域的過程，父權制逐步完全取代母權制的那一點殘餘的過程，也就是階級關係逐步支配並徹底改造了血緣關係的過程。下面讓我們較詳細地説明一下。《春秋》隱公七年説：“齊侯使其弟年來聘。”《公羊傳》説：“其稱弟何？母弟稱弟，母兄稱兄。”何休注説：“分别同母者，《春秋》變周之文，從殷之質。質家親親，明當親厚異於群公子也。”用馬克思主義歷史唯物論的觀點來剖析一下，可以明顯地看到，所謂“親親”同母權制有關，“尊尊”同父權制有關。董仲舒《春秋繁露・三代改制質文》中有一段話，更可以幫助我們弄清這一問題。它説：“主天法質而王，其道佚陽，親親，而多質愛，故立嗣：予子，篤母弟，妾以子貴。……主地法文而王，其道進陰，尊尊，而多禮文，故立嗣：於孫，篤世子，妾不以子稱貴號。”這裏的陰陽字樣，是董仲舒受漢代讖緯學的影響給古制套上的一種神秘光圈，不關古制内容，可以不去管它。那麽，質、親、愛和文、尊、禮這

---

①　《馬克思恩格斯全集》第21卷，第78頁。

幾個相對的概念,正是漢代人對殷、周兩代兩種制度不同特點的概括。"立嗣:予子,篤母弟,妾以子貴",是殷代繼承制的特點。諸子和諸弟都有取得嗣位的權利。妾子立爲天子,妾便得稱后;妾子立爲國君,妾便得稱夫人。十分明顯,"親親"制反映着帶有一定民主性的濃厚的母權制殘餘。而"立嗣:予孫,篤世子,妾不以子稱貴號",則是周代的嫡長子繼承制。根據這種制度,王位君位有定分,排除了諸子和諸弟取得嗣位的資格,后和夫人也有定分。妾子立爲天子、國君,妾仍舊稱,不得稱后和夫人。由此可見,"尊尊"制反映父權制已取得了絕對的地位,排除了一切帶有民主性質的殘迹。嫡長子繼承制的這種具有專制性質的特點,不但是周代宗法制的思想基礎,也是整個周代專制制度的思想基礎。周代的這種思想,雖然不能説完全擺脱了氏族社會的影響,但與夏、商二代比較,無疑它是階級關係繼續深入發展,滲透到上層建築其中包括意識形態各領域的表現,是周代的奴隸制比殷代發展得更爲成熟的標誌。

但是,周代嫡長子繼承制的確立,還不能説就是宗法。王國維説:"周人嫡庶之制本爲天子諸侯繼統法而設,復以此制通之大夫以下,則不爲君統而爲宗統,於是宗法生焉。"①這個講法是正確的。

宗法是適應改造氏族社會的血緣關係以維護階級社會嫡長子繼承制的需要而産生的。第一,它不再具有氏族社會那種普遍性,而衹適用於有封土和財産可繼承的奴隸主階級。第二,由於天子和諸侯有以嫡長子繼承制爲原則的繼統法,所以,它在奴隸主階級中衹適用於大夫、士這一階層。《荀子·禮論》説"大夫、士有常宗",正明確地指出了這一點。

天子、諸侯無宗法,庶民也無宗法。

爲什麽天子、諸侯不行宗法呢?

---

① 《觀堂集林·殷周制度論》。

　　先説天子。天子是政治上的最高首腦。在他統治的範圍以
内，都是他的臣民。《詩·小雅·北山》説："溥天之下，莫非王土；
率土之濱，莫非王臣。"説明天子處於至高無上的地位。天子的嫡
庶兄弟，由於没有繼承王位，祇能稱王子，不能稱王。王子弟有的
封爲諸侯，有的任命爲公卿大夫，不管他們處在什麽政治地位，對
於王來説，都是臣屬，不能用親屬關係去否定君臣關係。《禮記·
大傳》説"君有合族之道，族人不得以其戚戚君位也"，可爲證明。
因爲王族對於王，需要論君臣關係，不能論血親關係，所以王無宗
法。

　　其次説諸侯。諸侯是一國之君。諸侯的嫡庶兄弟没有繼承君
位，祇能稱公子，不能稱公。公子對於公，也要論君臣關係，不能論
親屬關係。《穀梁傳》隱公七年説"諸侯之尊，弟兄不得以屬通"，就
説明了這個問題。正由於公族對於公不能論親屬關係，祇能論君
臣關係，所以諸侯也無宗法。

　　過去有人不能辨别這個問題，錯誤地以爲天子、諸侯也論宗
法。程瑶田爲此在《宗法小記·宗法述》中作了詳細剖析，已經解
決了這一問題。不知爲什麽近人在一些著作中，竟置程説於不顧，
仍舊説天子、諸侯有宗法，給宗法制的研究，造成了不必要的混亂。
我們不禁要問，如果説天子、諸侯有宗法，那麽，在宗法中所説的
"别子爲祖"應當怎樣解釋呢？其實，"别子爲祖"有兩種含義：一是
"自卑别於尊"；二是"自尊别於卑"。宗法的"别子爲祖"正有取於
前者。《儀禮·喪服傳》説："諸侯之子稱公子，公子不得禰先君；公
子之子稱公孫，公孫不得祖諸侯，此自卑别於尊者也。"正由於公子
不得禰先君，公孫不得祖諸侯，才以别子爲祖，另立宗法。而宗法
的别子，也正是以自别於諸侯而得名。怎麽能説諸侯有宗法呢？
諸侯無宗法，天子當然也無宗法了。

　　庶人爲什麽無宗法呢？這首先要從周人創立宗法的意義上來
理解。周代宗法不是自然發生的，而是人爲創立的。創立宗法的

目的，一方面是利用宗法的族權來維護君權，另一方面，又要防止族人利用族權來侵犯君權。所以，在周代，僅王族、公族立宗法，在王族、公族之外不聞有宗法。《禮記·大傳》說："公子有宗道。公子之公，爲其士大夫之庶者，宗其士大夫之嫡者，公子之宗道也。"鄭玄注："公子不得宗君。君命嫡昆弟爲之宗，使之宗之，是公子之宗道也。"這是宗法由君授命産生的證據。《左傳》隱公八年說："無駭卒。羽父請諡與族……公命以字爲展氏。"命氏就是命族，也就是立宗。《禮記·大傳》說"其庶姓別於上"；又說："繫之以姓而弗別。"鄭玄注，以"繫之以姓而弗別"的"姓"爲正姓，是對的。可見，"庶姓"即是氏。對於無駭來說，則展爲庶姓，姬爲正姓。庶姓所以爲別，而正姓則所以爲同。正姓是本，庶姓是枝。《詩·大雅·文王》說："文王孫子，本支百世。"《左傳》文公七年說："公族，公室之枝葉也，若去之則本根無所庇蔭矣。"都是從這個意義上來說的。這又證明宗法是王族、公族即貴族的組織。因而庶民當然不能有宗法了。這一點，單從"別子爲祖"這個"別"字，就可以看得非常清楚。

其次，當時是"禮不下庶人"（《禮記·曲禮》）。《儀禮·喪服傳》說："大宗者，尊之統也。禽獸知母而不知父。野人曰：父母何算焉？都邑之士，則知尊禰矣；大夫及學士，則知尊祖矣。"這段話是說野人沒文化，不懂禮義，所以不能有宗法。這當然是對勞動人民的肆意誣衊。但在這種辱罵聲的背後，卻使我們發現了周代統治者的真正意圖：他們害怕廣大勞動人民利用宗法這種血緣組織的形式聯合成爲對抗自己統治的力量。所以，十分明顯，周代統治者是不會在庶民中推行宗法的。

周代宗法制度的具體内容到底是什麼呢？《禮記》之《喪服小記》及《大傳》兩篇記載較詳。略述如下：

《禮記·喪服小記》說："別子爲祖，繼別爲宗。"這是講宗法最根本的依據。"別子"之所以稱"別"，就是表明他同君統相區別，自立宗統。"別子"則爲這一宗的始祖。上文所引的"公子不得禰先君，公孫不得祖諸侯"，就是這種同君統相區別的證明。具體來説，假定一個國君有幾個兒子，祇有嫡長子一人能繼承君位，爲國君。其餘諸子，不論嫡庶同這個爲君的就有雙重關係：一是兄弟關係；二是君臣關係。依據上面我們講過的宗法不行於諸侯的原則，爲了保持君權的不可侵犯性，諸子同爲君的，祇能論君臣關係，不能論兄弟關係。也就是説，在這裏血緣關係要服從政治關係，宗統要服從君統。國君既屬君統，不能同時又是宗統。諸子要同君統區別，另立宗。這個新建的宗，是從別子開始的，所以叫做"別子爲祖"。

"繼別爲宗"就是繼承別子自成一宗。在這個宗裏也實行嫡長子繼承制。在宗法中有大宗、小宗之分也是由嫡長子繼承制中發生的。繼別子的嫡長子叫宗子。這個由別子的嫡長子世代相襲的宗，就是"百世不遷"的大宗。大宗的宗子是統率全族的，在宗族中享有最大的權力。

"繼禰者爲小宗"（《禮記·喪服小記》）。禰是先父之稱。別子的嫡長子以外的諸子，是不能繼別的。諸子之子就更不能繼別，祇能繼禰，即繼諸子，叫小宗。在小宗中也是實行嫡長子繼承制。嫡長子以外的其餘諸子不繼禰，他們要尊繼禰的爲宗子。而這個宗子又要尊繼別的爲宗子。爲區別這兩個宗子，則稱繼別的爲大宗，稱繼禰的爲小宗。

按照周代宗法制的規定，一個庶子同時最多祇能有四個小宗、一個大宗。因爲，首先，作爲庶子他要尊繼禰的嫡長子爲宗。其次，假如這個庶子的禰也是庶子，那麼，這個繼禰的宗子，又要尊繼祖父的嫡長子爲宗子。第三，假如這個庶子的祖父也是庶子，那麼，他又要尊繼曾祖的嫡長子爲宗子。第四，假如這個庶子的曾祖也是庶子，那麼，他又要尊繼高祖的嫡長子爲宗子。這樣，這個庶子有繼禰的宗，同時又有繼祖父的宗，繼曾祖的宗，繼高祖的宗，是爲同時有四個小宗，再加上繼別的大宗，共爲五宗。

　　一個宗族，同時祇能有四個小宗，不能多於四。原因是小宗至繼高祖而止。《禮記·大傳》説："宗其繼高祖者，五世則遷者也。"所以小宗又叫"五世則遷之宗"（《禮記·大傳》）。

　　綜上所述，宗法制是按照等級制度的原則創立起來的一種血緣組織。嫡長子繼承制是宗法制創建的基礎和核心。這是周人對殷人繼承制的發展。王國維説："是故由嫡庶之制而宗法與服術二者生焉。商人無嫡庶之制，故不能有宗法。藉曰有之，不過合一族之人奉其族貴且賢者而宗之；其所宗之人，固非一定而不可易，如周之大宗小宗也。"①見解至爲精確。宗法的嚴格等級性，表現的方面是很多的。如大宗宗子之喪，族人雖無五服之親，也要服齊衰三月，與"庶人爲國君"之服同。又如《儀禮·喪服》齊衰三月章下，有"大夫爲宗子"條，子夏傳説："何以服齊衰三月也？大夫不敢降其宗也。"這説明論政治地位，大夫雖然高於士，但在宗法中如果宗子是士，而庶子是大夫，這個大夫依然要按照宗子身份尊禮這個士，而不能要求這個宗子按照政治等級來尊禮自己。證明宗子享有的族權同國君享有的政權二者十分相似，等級十分森嚴，宗子儼然是個小封君。這清楚地説明，周代行於大夫、士間的宗法制度，是西周奴隸社會的重要支柱。

四、禮

　　禮是西周奴隸主階級意識形態的集中表現。它鮮明地反映奴隸制的生產關係。談禮，必須記取周代社會的下述兩條原則：一是"君子勞心，小人勞力"；二是"禮不下庶人，刑不上大夫"。

　　《左傳》襄公九年説："君子勞心，小人勞力，先王之制也。"《國

---

① 《觀堂集林·殷周制度論》。

語・魯語下》説："君子勞心，小人勞力，先王之訓也。"可見，這條原則最遲在周初已經明確地規定了。《孟子・滕文公上》説："勞心者治人，勞力者治於人，治於人者食人，治人者食於人，天下之通義也。""治人"就是壓迫人。"食於人"就是剝削人。在當時，君子是指貴族主要是奴隸主，小人是指勞動人民主要是奴隸，是再明白不過的了。馬克思、恩格斯説："分工祇是從物質勞動和精神勞動分離的時候起才開始成爲真實的分工。"①而這個"開始成爲真實的分工"，則祇有奴隸社會才會實現。恩格斯指出："當人的勞動的生產率還非常低，除了必需的生活資料祇能提供微少的剩餘的時候，生產力的提高，交換的擴大，國家和法律的發展，藝術和科學的創立，都祇有通過更大的分工才有可能，這種分工的基礎是，從事單純體力勞動的群衆同管理勞動、經營商業和掌管國事以及後來從事藝術和科學的少數特權分子之間的大分工。這種分工的最簡單的完全自發的形式，正是奴隸制。"②正説明了這個問題。

《禮記・曲禮上》説："禮不下庶人，刑不上大夫。"這句話告訴我們，從基本意義上説，禮、刑都有各自的適用範圍。禮在庶人以上適用，刑在大夫以下適用。禮之所以不下庶人，因爲當時庶人以下是奴隸，不被看作是人的。這是周代奴隸主階級從維護自己既得利益的立場出發所制定和貫徹執行的階級路綫。談禮，祇有把握住這一點，才不致迷失方向。

關於周禮，西周直接留下來的材料很少，我們祇可以從儒家的作品中尋出踪迹來。因爲，春秋戰國時，在百家爭鳴中，周禮不但是儒家的思想武器，也是儒家爲之奮鬥的最高政治綱領。

《論語・爲政》説："殷因於夏禮，所損益可知也；周因於殷禮，所損益可知也。"這就是説，周禮中有因襲部分，也有創造部分。我

----

① 《馬克思恩格斯全集》第3卷，第35頁。
② 《馬克思恩格斯全集》第20卷，第197頁。

們談周禮,主要談周人創造的那一部分,因爲祇有這一部分才反映
周禮的特點。

礼包括内容和形式兩個方面,其形式方面叫儀,多爲繁文縟
節,不是我們研究的重點。我們着重研究禮的内容方面。《禮記·
郊特牲》說:"禮之所尊,尊其義也。失其義,陳其數,祝史之事也。
故其數可陳也,其義難知也。知其義而敬守之,天子之所以治天下
也。"又《左傳》昭公五年説:"晉侯謂女叔齊曰:'魯侯不亦善於禮
乎?'對曰:'魯侯焉知禮!'公曰:'何爲自郊勞至於贈賄,禮無違者,
何故不知?'對曰:'是儀也,不可謂禮。'"在這裏,"禮"和"義",就是
指禮的内容,"數"和"儀",就是指禮的形式。

周禮的内容包括兩個方面,一是"親親",一是"尊尊"。"親
親",就是親其所親,反映這個社會的血緣關係方面。"尊尊"就是
尊其所尊,反映這個社會的政治關係,即階級關係方面。在親親和
尊尊中,貫徹着嚴格的等級制的原則。所以,從本質上説,禮是周
王室維護奴隸制度的工具,憑藉這一工具,他們在庶人以上的範圍
内建立起符合統治階級利益和意志的秩序。

《禮記·中庸》說:"仁者人也,親親爲大。義者宜也,尊賢爲
大。親親之殺,尊賢之等,禮所生也。"這段話正確地闡明了周禮的
基本内容和仁、義、禮這三個概念之間的區別和聯繫。

貫穿在"親親"中的等級制原則,用儒家的話來説就是"親親以
三爲五,以五爲九,上殺、下殺、旁殺而親畢矣"(《禮記·喪服小
記》)。所謂"以三爲五,以五爲九",是説直系親屬關係,以自身作
爲起點,上親父,下親子,合起來是爲三;由父而上親祖父,由子而
下親孫,合起來共爲五。由親祖父而更上親曾祖父、高祖父,由親
孫而更下親曾孫、玄孫,把這些親等統統合在一起,是爲九。

"殺"是遞減的意思。"上殺",是説父最親,表現在喪服上亦最
重,往上則親屬關係漸次疏遠,喪服亦漸次減輕。

"下殺",是説關係最親喪服亦最重,往下則親屬關係依次漸

疏，喪服亦漸次減輕。

　　"旁殺"，是就旁系親屬説的。例如兄弟最親，喪服最重。其餘如從兄弟、再從兄弟、族兄弟，血緣關係以次遞疏，喪服以次遞輕。

　　喪服以五爲限。超出五服，則親盡。祇有宗子負有收族的責任，故族人對宗子服齊衰三月。

　　在周人的詞彙裏，尊賢、尊尊、貴貴三詞的意義差不多，究其實質，都是用來説明政治關係，即階級關係的。在周人的眼裏，凡是居于高位的，都是尊，都是貴，也就是賢，應該被別人（低於他們級別的）尊之，貴之。

　　"尊賢之等"也同"親親之殺"一樣，裏邊貫穿着嚴格的等級制度。《左傳》莊公十八年説："名位不同，禮亦異數。"同書襄公二十六年説："自上以下，隆殺以兩，禮也。"就是尊賢之等的具體表現。《周禮·天官·小宰》説："聽禄位以禮命。"同書《春官·典命》説："掌諸侯之五儀，諸臣之五等之命（鄭玄注："或言儀，或言命，互文也。"）。上公九命爲伯，其國家、宮室、車旗、衣服、禮儀皆以九爲節；侯伯七命，其國家、宮室、車旗、衣服、禮儀，皆以七爲節；子男五命，其國家、宮室、車旗、衣服、禮儀，皆以五爲節。王之三公八命，其卿六命，其大夫四命，及其出封，皆加一等。其國家、宮室、車旗、衣服、禮儀亦如之。凡諸侯之嫡子，誓於天子，攝其君，則下其君之禮一等。未誓則以皮帛繼子男。公之孤四命，以皮帛視小國之君，其卿三命，其大夫再命，其士一命。其宮室、車旗、衣服、禮儀各視其命之數。侯伯之卿大夫士亦如之。子男之卿再命，其大夫一命，其士不命。其宮室、車旗、衣服、禮儀各視其命之數。"當然周禮所説的不見得都是事實，但其絕大部分是有根據的，可作參考。

　　由此可見，親親和尊尊的實質都是等級制度。可以説，離開等級制度就没有周禮。這表明了周禮的本質。

　　這個以親親、尊尊爲内容的等級制度是以父權制爲基礎而發展起來的。《禮記·喪服四制》説："資於事父以事君，而敬同。貴貴、尊尊，義之大者也。故爲君亦斬衰三年。"又説："資於事父以事母，而愛同。天無二日，土無二王，國無二君，家無二尊，以一治之也。故父在爲母齊衰期者，見無二尊也。"這兩段話對於我們了解周禮的思想、理論有極其重要的意義。自今人的一般見解來看，父母的恩情是一樣的。但早在母系氏族公社時期，母權獨尊。《喪服四制》的思想則不然，是以突出父權爲一切思想、理論的基礎。"資於事父以事母，而愛同"，是説事母之愛是從事父之愛引伸出來的。"資於事父以事君，而敬同"，是説事君之敬是從事父之敬引伸出來的。父是一身兼具愛、敬、兼具尊、親的。所以，把親親、尊尊作爲一個完整的思想體系來考察，父權制無疑是其唯一的基礎。同時，"資於事父以事君"，意味着君權是父權的發展。"資於事父以事母"，意味着母權要屈從於父權。這表現了禮即父權制的等級制是以"以一治之"爲最高原則的。《荀子·致士》説："君者，國之隆也；父者，家之隆也。隆一而治，二而亂。自古及今，未有二隆爭重而能長久者。"這是對"以一治之"的最好説明。

　　周禮號稱"經禮三百，曲禮三千"(《禮記·禮器》)，剖開它的外殼，看看它的實質，不過如此而已。用現代的話來説就是，它是奴隸主階級的意志和利益的反映，是服務於奴隸主階級的政治和維護奴隸制生產關係即階級關係的工具。

　　綜上所述，可以這樣説，井田、分封、宗法、周禮是西周奴隸社會全盛時期的幾個特徵。這四者之間的關係，井田制是基礎，是奴隸制的生產關係；分封制、宗法制則是在井田制的基礎上產生的上層建築；周禮是分封這種政治制度和宗法這種血族制度在意識形態上的反映。這幾個方面在西周都得到了充分發展，所以，我們説西周達到了中國奴隸社會的全盛時期。歷史的辯證法決定它再向前發展，必然否定自己，走向它的反面。所以，從西周以後，歷史不能不發展到奴隸社會的衰落以至滅亡時期——春秋戰國時期。

第五節　西周時期的階級鬥争和民族鬥争

首先對西周時期的階級作具體分析，然後再談這個時期的階級鬥争。

一、西周時期的階級

1. 奴隸主階級

（1）王室

周王是當時社會最大的奴隸主，是奴隸主階級政治上的總代表。

現在有一種最通行的説法，説當時“一切土地在名義上都屬於周王，周王把土地分賜給諸侯臣下，讓他們世代享用。但他們衹有享有權而無所有權”，並引《詩經·北山》説“溥天之下，莫非王土”作爲證明。我們認爲這種説法是不對的。它既不符合歷史實際，也同馬克思主義理論相抵觸。

這種觀點最明顯的矛盾之處在於：一方面説，諸侯和臣下對於土地——主要生產資料，没有所有權；另一方面又承認諸侯和臣下是奴隸主階級。試問，哪有不占有生產資料的奴隸主階級？顯然，這是不符合馬克思列寧主義基本原理的。

其實，《北山》詩句“溥天之下，莫非王土；率土之濱，莫非王臣”的本義，衹在於説明當時天子在政治上是天下共主，王權是最高的，絶對的。《荀子·君子》用它作爲“尊無上矣”的證明，無疑是正確的。所以我們不能把這兩句詩認作是談土地所有制問題。實際在周人的典籍中，有不少明白地談所有制的材料。例如，《國語·周語中》記周襄王説：

昔我先王之有天下也，規方千里以爲甸服，以供上帝
山川百神之祀，以備百姓兆民之用，以待不庭不虞之患，
其餘以均分公侯伯子男，使各有寧宇，以順及天地，無逢
其災害。

《左傳》襄公二十五年説：

且昔天子之地一圻，列國一同，自是以衰。

這兩條材料我們認爲是可以信據的。事實上，天子之地僅是
"一圻"，或者説是"規方千里"，並不是"溥天之下"；即便是在這"一
圻"的土地裏，還有公、卿、大夫三等采地。否認這個事實，祇憑自
己的臆想，對《北山》詩作任意解釋，其結果必然導致周代祇有一個
奴隸主（即天子），歷史上哪有祇有一個奴隸主的奴隸社會呢？

（2）公室

公室包括公、侯、伯、子、男，是周代社會第二等的大奴隸主。

周室曾成批成批地分封過諸侯。這個事實，上文已經談過，這
裏不多説。不過，應當指出，就當時諸侯的總體來説，新封的祇占
少數，大多數還是從古老的氏族社會沿襲下來的。不能認爲當時
所有諸侯，都是周室新封的。

從古文獻來看，夏、商、周三代都有諸侯。夏初號稱萬國，商初
號稱三千，周初號稱千有八百。這些諸侯是怎樣產生的呢？是歷
代天子分封的嗎？不是，沒有這回事。根據《左傳》僖公二十一年
"任、宿、須句、顓臾，風姓也，實司太皞與有濟之祀"和文公五年"皋
陶、庭堅，不祀忽諸"的記述，可以斷言，中國奴隸社會初期的諸侯
是由原始社會的部落首長轉化而來的。而原始時代的部落，乃是
"自然長成的結構"[1]，決不是出於新封。即便是周室新封的，也如
《左傳》定公四年所説"聃季授土，陶叔授民"。也就是説授土授民

---

① 《馬克思恩格斯全集》第 21 卷，第 179 頁。

之後，這塊土地和人民即爲受封的諸侯所有，同舊有的諸侯一樣。這一事實也證明了那種認爲諸侯對於土地"祇有享有權而無所有權"的看法，是站不住脚的。

現在最通行的説法還認爲：井田之所以要把土地劃分出有一定畝積的等量的方塊，是用它作爲規定俸禄多寡的標準，以便分配給諸侯和臣下。諸侯和臣下分得土地以後，必須永久保持原來的方塊，不許改動，并且要按分得土地的多寡向公家上税。其實，這種説法也是没有史實根據的。

事實上，井田劃分爲有一定畝積的方塊，是分配給農民的，不是分配給諸侯和臣下的。井田的特點之一，恰恰是定期重新分配，土地不能不經常變動。諸侯對王室祇有按期納貢或朝覲的義務，決無按田畝上税之事。周初封國，例如《詩經·魯頌·閟宫》説："乃命魯公，俾侯於東，錫之山川，土田附庸。"《左傳》定公四年説封魯於少皞之墟，封衛於殷墟，封晉於夏墟，等等，記載昭昭，哪裏有用井田作爲規定諸侯俸禄多寡標準之事。諸侯是一國的國君，封疆以内，土地民人，皆其所有。那種認爲分封的祇是開墾出的井田部分，未開墾部分仍爲王室所有的説法，缺乏史實根據，不能成立。

（3）卿大夫

卿大夫之有采地者是次於公室的第三級奴隸主。

《左傳》桓公二年説"諸侯立家"，杜預注："卿大夫稱家。"春秋時魯三家，季孫氏都費，叔孫氏都郈，孟孫氏都成，儼然是魯國中的三個獨立小王國。這個事實，第一，證明采地之制，子孫得以世世繼承，不能認爲祇有享有權而無所有權；第二，證明采地兼山澤林麓之利，不能認爲祇分配給可耕的方田。

桓公二年説："天子建國，諸侯立家。"天子既可建國，當然也可以立家了。在有采地稱家的大夫之外，又有無采地的大夫。

無采地的大夫有禄田。采邑與禄田的區別在於，"采邑食邑，食其田並主其邑，治以家宰私臣，又子孫得世守之。禄田不世守，且僅食其田之租税而不得主其邑,各就近屬鄉遂或公邑王官治之"①。例如,春秋時陬邑大夫叔梁紇,就是無采地的大夫。

卿大夫除了有采地或禄田之外,有時還有"賞田"、"加田"。《周禮·夏官·司勳》説:"凡頒賞地,參之一食。唯加田無國征。"同書《地官·載師》説:"賞田在遠郊。"孫詒讓《周禮正義》於《司勳》疏説:"此言加田,則受者全食之,與賞地食參之一異也。"又,西周青銅器《卯敲》有:"錫於丩一田,錫於宷一田,錫於隊一田,錫於戲一田。"《敔敲》有:"錫於敓五十田,於早五十田。"《大克鼎》有:"錫汝田於埜,錫汝田於澤,……"這些青銅器銘文裏所説的錫田,當即賞田、加田之類。

(4)士

士包括命士、不命之士和庶人在官者,範圍廣泛,成分複雜。有些有采地,大多數則没有采地。

孫詒讓《周禮正義》"大宰以八則治都鄙"疏説:"凡命士有功德者,或功臣之後,亦間有采地。《祭法》注云'置都立邑爲卿大夫采地及賜士有功者之地'是也。然士有采地者甚少,且里數亦大減,其餘則唯頒禄田而已。故《國語·晉語》云'大夫食邑,士食田',明恒制士不得有采邑。"這個説法可能是對的。

有采邑的士,自然也是奴隸主,是最小的奴隸主。

中國奴隸社會是以井田制爲基礎的亞細亞類型的社會。亞細亞類型社會的特點,用馬克思的話來説,就是"不存在土地私有制"②。當然這個不存在土地私有制的提法是從不存在個體的私人土地所有者來説的。所以,恩格斯在《反杜林論》裏説:"在整個東方,公社或國家是土地的所有者。"③馬克思在《資本論》裏説:

“如果不是私有土地的所有者，而象在亞洲那樣，國家既作爲土地所有者，同時又作爲主權者而同直接生產者相對立。”①把馬克思和恩格斯的論斷落實到中國的奴隸社會，則天子、諸侯、卿大夫有地者，他們一方面自然是各級奴隸主，如古文獻《儀禮・喪服》子夏傳説：“君謂有地者也。”鄭玄注説：“天子、諸侯及卿大夫有地者，皆曰君。”這種説法無疑是正確的。另一方面，他們又是各級政權的代表，是天下、國家和采邑的化身。所以，説中國奴隸社會屬於亞細亞類型，既符合歷史實際，又符合馬克思主義理論。

2. 自由民和奴隸階級

庶人、工商、皂隸、牧圉，這些人在周代社會屬於被剝削被壓迫階級。他們就是所謂“勞力者治於人，治於人者食人”的“小人”。在這些“小人”裏，也有等級差別。爲了進一步説明問題，先引幾條材料如下。《國語・晉語》説：

> 公食貢，大夫食邑，士食田，庶人食力，工商食官，皂隸食職。

又《周語》説：

> 庶人工商各守其業，以供其上。

《左傳》襄公九年説：

> 其庶人力於農穡，商工皂隸不知遷業。

又，襄公十四年説：

> 庶人工商皂隸牧圉皆有親昵以相輔佐也。

又，哀公二年説：

> 克敵者，上大夫受縣，下大夫受郡，士田十萬，庶人工

---

① 《馬克思恩格斯全集》第 25 卷，第 891 頁。

商遂，人臣隸圉免。

根據上述材料，大體上可以説，"庶人工商"爲一等，"皁隸牧圉"爲一等。

對"庶人工商遂"，杜預注説："得遂進仕。"説明庶人工商必須"各守其業"，"不知遷業"，在平時一般是不能"進仕"的。"人臣隸圉免"則是取消奴隸身份，給予自由民待遇。

"庶人力於農穡"，證明庶人是從事農業生產勞動的。在庶人中又有民、氓之分。具體説，民是自由民，氓是奴隸。上文已經談過。但從受剝削受壓迫這一點來看，民和氓的差別並不很大，而且越到後來，差別越小。從這個意義上説，民也就是馬克思所指出的"事實上他本身就是財產，即是公社的統一體人格化的那個人的奴隸"。①

工商和庶人的政治地位基本上是相同的。

從現存的文獻考察，工商似可分爲兩類：一類是民間工商；一類是官府工商。

《周禮·天官·大宰》説："以九職任萬民：……五曰百工，飭化八材；六曰商賈，皁通貨賄。"又《地官·閭師》説："凡任民：……任工以飭材事，貢器物；任商以市事，貢貨賄。"《地官·司市》説："夕市，夕時而市，販夫販婦爲主。"這裏所説的工商販夫販婦就是民間工商。《左傳》昭公十六年記子產説："昔我先君桓公，與商人皆出自周。"這也是西周有民間商人的證據。

《周禮》記載有由官府掌管的製造禮器、樂器、玉器、衣服、車旗和兵器的諸工。又《國語·周語上》説："百工諫。"注曰："百工，執技以事上者也。"《左傳》記載春秋時代各諸侯國幾乎都設有管理百工的"工正"、"工師"、"匠人"、"工尹"等官職，當是西周舊制。在工

---

① 見《資本主義生產以前各形態》，人民出版社，1956年，第30頁。

正、工師等管理下的百工，是屬官府百工。這種工，地位低下，在春秋時還可以當作禮物送人。例如：《左傳》成公二年記載魯賄楚"以執鈲、執鍼、織紝皆百人"。《國語·晉語》說："鄭伯嘉來，納女工妾三十人。"就是證明。這些工人的社會身份實際就是工奴。

《周禮》一書在《天官》：《庖人》、《大府》、《玉府》、《職幣》、《典婦功》、《典絲》和《地官》：《泉府》，《夏官》：《馬質》、《羊人》、《巫馬》諸職下，都有"賈"，這是官府商賈。周代"工商"並稱，足見官府管理下的商賈身份，不會高於"百工"。

官府工商應是西周工商的主體。因爲當時商品經濟不發達，所以民間工商爲數很少。

皁隸牧圉是最卑賤的奴隸等級。但是《左傳》昭公七年說："皁臣輿，輿臣隸，隸臣僚，僚臣僕，僕臣臺。馬有圉，牛有牧。"可見他們中間也有細微的差別。

西周時代的奴隸來源主要有二：一是罪隸；二是戰俘。

罪隸，即犯人家屬被籍没爲奴的。《周禮·秋官·司厲》記載"掌盜賊之任器、貨賄，辨其物，皆有數量，賈而楬之，入於司兵。其奴，男子入於罪隸，女子入於舂槀"即其證。籍没犯人家屬爲奴隸是從中國奴隸社會開始以來就實行過的老辦法。《尚書·甘誓》記啓伐有扈氏，說："用命賞於祖，弗用命戮於社。予則孥戮汝。"所謂"孥戮"，就是罰罪人家屬爲奴隸。這個辦法直到春秋時代還存在。《左傳》襄公二十三年說："初，斐豹隸也，著於丹書。"就是例證。

在西周時期，戰俘仍然是奴隸的一個來源。《周禮·秋官》載有《蠻隸》、《閩隸》、《夷隸》、《貉隸》，總稱"四翟之隸"。鄭玄說他們是征蠻夷所獲的俘虜。上文我們引證過《左傳》宣公十二年記載鄭伯向楚投降時說："其俘諸江南以實海濱，亦唯命。其翦以賜諸侯，使臣妾之，亦唯命。"鄭伯的這個說法是奴隸社會有把戰俘當作奴隸處理的傳統習慣的反映。

以上我們所談的，是周代社會各個階級的具體情況。由於這

個社會的階級是等級的階級，所以考察它的階級鬥爭，也必須注意
這個特點，不能把它同現代社會的非等級的階級一律看待。那種
一律看待的簡單作法，是不符合歷史實際，也不符合馬列主義理論
的。

二、西周時期的階級鬥爭

周初，特別是周公東征以後，統治階級很注意鞏固政權，曾制
定了一系列推動社會發展的正確政策，造成了一個政治上相對穩
定的時期。因此可以認爲，在這一段時間內，社會上兩大對立階級
及各階級內部的不同等級之間的關係不那麼緊張。不過，《竹書紀
年》和《史記·周本紀》說"成康之際，天下安寧，刑錯四十餘年不
用"，則同說"唐虞之時可比屋而封"一樣，都是虛美之詞，斷不可
信。在階級社會裏，階級鬥爭是不會熄滅的。奴隸社會是人類歷
史上第一個最野蠻、最殘暴的制度。奴隸主使用"野蠻的，幾乎是
野獸般的手段"①對付奴隸，怎麼會有"刑錯四十餘年不用"呢？

西周社會的階級鬥爭，由於史文缺略，自武王至幽王十二王
中，祇有夷王以後，始可稱述。不過，《尚書》有《呂刑》一篇，反映早
在穆王時期，階級鬥爭的烈火已開始燃燒起來。否則，就不需要制
定"五刑之屬三千"了。

《竹書紀年》說夷王"三年，王致諸侯，烹齊哀公於鼎"。這件事
情，也見述於《公羊傳》莊公四年。《禮記·郊特牲》說："覲禮，天子
不下堂而見諸侯。下堂而見諸侯，天子之失禮也，由夷王以下。"從
這兩條材料可以看出，從夷王開始，天子和諸侯之間的矛盾，已趨
於激化。

《左傳》昭公二十六年說："至於厲王（夷王子），王心戾虐，萬民

---

①　《馬克思恩格斯全集》第 20 卷，第 197 頁。

弗忍,居王於彘。"這一事實,也見述於《國語·周語上》。《詩經·大雅》有《民勞》、《板》、《蕩》、《桑柔》諸篇,均爲當時召穆公、凡伯、芮伯等奴隸主階級有識之士的傷時之作。證明西周到厲王時期,階級鬥爭已發展到白熱化程度。《蕩》詩序稱詩作的時代背景是"周室大壞";内容則借古諷今,把周厲王比作殷紂王,甚至驚呼形勢是:"如蜩如螗,如沸如羹,小大近喪,人尚乎由行,内奰於中國,覃及鬼方。"可見當時階級鬥爭是何等廣泛而激烈。據《周語》記載,具體情況是周厲王好利,又信用個好利的榮夷公作王朝卿士,執掌大權。人民不堪重負,群起責難。厲王不但不自悔改,反而變本加厲,采取高壓政策,找來一個衛巫監督人們的言行,發現有非議的,即處以極刑。厲王自以爲得計,豈不知正是在沉默中醞釀了一次大的風暴。用暴力禁止反對意見,結果是人民一下子發動起來,把周厲王從寶座上趕跑了。這就是歷史上有名的"流王於彘"(彘,地名,在今山西霍縣東北)。"萬民"和"國人"都指自由民,不包括野人(即奴隸)在内。

宣王繼厲王即天子位,重用方叔、召虎諸賢臣,號稱中興。至今在《詩·大雅》、《小雅》中還保存不少稱頌宣王功烈的篇章。在這一時期階級鬥爭又呈現某種緩和趨勢。然而好景不長,據《國語·周語》所記,宣王晚年政治上舉措失當之處很多,埋下了破敗的種子。至宣王的兒子幽王繼位僅僅十一年,便危機四起,終於導致了西周的滅亡。

《左傳》昭公二十六年說:"至於幽王,天不吊周,王昏不若,用愆厥位。"毛詩序於《詩經·小雅》《谷風》之什計十篇,《甫田》之什計四篇,《魚藻》之什計十四篇,皆指爲刺幽王,然陳義空泛,疑不可信。但是說《大雅》《瞻卬》、《召旻》兩篇爲"凡伯刺幽王大壞";《小雅》《節南山》之什爲刺幽王,則似有據。此外,《國語》的《晉語》和《鄭語》都談到幽王。具體地說,幽王立國十一年,從任人方面看,如《節南山》所說的"尹氏大師",《十月之交》所說的"皇父卿士,番維司徒，家伯維宰，仲允膳夫，棸子內史，蹶維趣馬，楀維師氏，豔妻煽方處"，以及《鄭語》所說的虢石父，幾乎是從上到下，從內到外，所有在位的沒有一個好人，真所謂"人之云亡，邦國殄瘁"。從政治方面看，如《瞻卬》所說："人有土田，汝反有之。人有民人，汝復奪之。此宜無罪，汝反收之；彼宜有罪，汝復脫之。"就是肆意掠奪，善惡顛倒，奴隸主階級的貪殘本性全部暴露出來了。其結果如《召旻》所說"民卒流亡"，"日蹙國百里"。從人心方面看，有的是懍懍危懼，如《正月》所說："謂天蓋高，不敢不局；謂地蓋厚，不敢不蹐。維號斯言，有倫有脊。哀今之人，胡爲虺蜴。"有的怒不可遏，如《巷伯》所說："取彼譖人，投畀豺虎；豺虎不食，投畀有北；有北不受，投畀有昊。"這樣的政權，最終結果將怎樣？當時的有識之士，早已預見到了"赫赫宗周，褒姒滅之"（見《詩·小雅·正月》）；"周宗既滅，靡所止戾"（見《詩·小雅·雨無正》）。幽王的腐敗，政權完全喪失了繼續存在的條件。所以，當他一旦廢嫡立庶，猶如向乾柴上投了一把火，漫天的大火隨即燃起。在申、繒和犬戎的聯兵進攻下，幽王兵敗被殺於驪山之下，結束了可恥的一生。

三、西周時期的民族鬥爭

中國是一個多民族的國家。中華民族的主體是以炎黃冑裔爲中心的華夏族，即後來發展成的漢族。但是，各個少數民族在長期的發展過程中，也對中國歷史做出過貢獻。從歷史上看，在華夏族和各兄弟族的交往中總是互相影響的。不過華夏族的文明程度發展得較高一些，所以往往起着帶頭的作用。

當以炎黃冑裔爲主體的華夏族已經進入奴隸社會時，其他各族多數還停留在原始公社階段。在夏、商兩代，華夏族和各兄弟族就在或和或戰中，進行着交流和融合。我們知道，奴隸社會是以奴隸主階級占有生產資料和占有生產者——奴隸爲基礎的。奴隸主階級根本不把奴隸當作人看待,當然對各少數民族則更不會當人看待了。在這樣的歷史條件下,奴隸主階級在實行階級壓迫的同時,必然對各少數民族實行民族壓迫,而不可能實行民族平等的政策。"蠻、夷、戎、狄"這些少數民族名字的本身,就反映着歷代統治階級對他們的誣蔑。直到春秋時期,有些奴隸主階級的代表人物還辱罵説"戎狄豺狼,不可厭也;諸夏親昵,不可棄也"(見《左傳》閔公元年);"戎,禽獸也"(見《左傳》襄公四年);"狄,豺狼之德也"(見《國語・周語中》);"夫戎狄冒没輕儳,貪而不讓。其血氣不治,若禽獸焉"(見《國語・周語中》)。因此,在西周時代,如同夏、商二代一樣,在各民族的和平交往以外,經常發生民族矛盾和民族鬥爭,是毫不奇怪的。各民族正是在這和平交往和複雜鬥爭交織的形勢下,進行着政治、經濟和文化交流;也正是在這種形勢下,華夏族的先進文明通過各種渠道傳播到各兄弟族地區。

西周時代,華夏族自稱"中國"、"諸夏"、"諸華",而把其他民族一律貶稱爲"夷狄",或者用方位來區別,在南方的稱爲"蠻",在東方的稱爲"夷",在西方的稱爲"戎",在北方的稱爲"狄",簡稱"四夷"。其實,當時各族種類繁多,不祇有四,如"狄",就有長狄、赤狄、白狄等多種。很多少數民族居住地同華夏族犬牙交錯,不都在華夏族的外圍。不過,當時華夏族統治階級對其他族的政策是能征服者則征服之,不能征服者,則驅逐到四周的邊遠地方。

大體上説,武王、成王時期,民族關係比較緩和,和平交往較多。康王以後,漸趨緊張,戎狄勢力日漸增强。宣王時代稍能挽回頹勢,及至幽王則一蹶不振。春秋初年,"南夷與北狄交,中國不絶若綫"(見《公羊傳》僖公四年),民族鬥爭的劇烈程度可想而知。

《尚書・牧誓》説參加武王伐紂聯軍的,有"庸、蜀、羌、髳、微、盧、彭、濮人",注釋家以爲是西南夷,即居住在中國西方和南方的各兄弟族。《國語・魯語下》説:"昔武王克商,通道於九夷百蠻,使各以其方賄來貢,使無忘職業,於是肅慎氏貢楛矢石砮,其長尺有思。"這兩條材料反映各兄弟族在武王時期,一則由於他們當中許多族曾和周室聯合反對殷紂,二則由於周室強大統一並實行懷柔政策,而樂於接受周室號令,所以民族關係比較和協,遠方來貢,華夏族的文明也得以向邊遠地區傳播。

《逸周書·作雒解》記載:武王崩,"三叔(管叔、蔡叔、霍叔)及殷東徐、奄及熊盈以略";又説:"凡所征熊盈族十有七國,俘維九邑。"《尚書·費誓》敍述魯公伯禽誓師詞説:"淮夷、徐戎並興。"證明由於武庚的煽動挑撥,周室與東方各族之間發生過大規模戰爭。不過時間不長,戰事就以周王室勝利,各族失敗而告終。隨後,由於齊、魯兩大諸侯國的建立和影響不斷擴大,東方各族也漸次接受了華夏族的文明。

據《逸周書·王會解》記載,成王時有一次大盟會,很多兄弟族都來參加。又《國語·晉語八》説:"昔成王盟諸侯於岐陽,楚爲荆蠻,置茅蕝,設望表,與鮮卑守燎。"證明儘管在成王初年出現了與東方各族的戰爭,但周室保持了武王時代的巨大威望,各族羨慕西周文明,紛紛歸服,民族關係基本上是和睦的。當然,這種和睦關係不能理解爲現代意義上的各民族團結和平等的關係。它是以周室的強大武力和各兄弟族服從周室統治爲條件的,本質上是壓迫與被壓迫,剝削與被剝削的不平等關係。

康王時代的青銅器《小盂鼎》銘文説:"王□盂以□□伐鬼方……獲馘四千八百□二馘,俘人萬三千八十一人。"王國維有《鬼方、昆夷、獫狁考》,認爲"其族西自汧、隴,環中國而北,東及太行常山間,中間或分或合,時入侵暴中國。其俗尚武力而文化之度不及諸夏遠甚。又本無文字,或雖有而不與中國同。是以中國之稱之也,隨世異俗,因地殊號。至於後世,或且以醜名加之。其見於商、周間者,曰鬼方,曰混夷,曰獯鬻;其在宗周之季,則曰獫狁;入春秋後,則始謂之戎,繼號曰狄;戰國以降,又稱之曰胡,曰匈奴。綜上諸稱觀之,則曰戎、曰狄者,皆中國人所加之名;曰鬼方,曰混夷,曰玁狁,曰獫狁,曰胡,曰匈奴者,乃其本名。而鬼方之方,混夷之夷,亦爲中國所附加。當中國呼之爲戎狄之時,彼之自稱決非如此。其居邊裔者,尤當仍其故號。"王説清楚明晰。《易·既濟》説:"高宗伐鬼方,三年克之。"《未濟》説:"震用伐鬼方,三年有賞於大國。"此"高宗"爲殷武丁。證明鬼方是當時中國西北部的一個最强悍的民族。自殷以來,它同華夏族的矛盾和鬥争,不斷發展成爲戰争。

《左傳》僖公四年説:"昭王南征而不復。"《竹書紀年》記此事説:"昭王十六年,伐楚荆,涉漢,遇大兕。""十九年,……喪六師於漢。""昭王末年,……王南巡不反。"證明昭王時,同南方各族的矛盾和鬥争,已經很激烈,並在鬥争中經常失利。《公羊傳》僖公四年説:"楚有王者則後服,無王者則先叛。"説明當時南方各族的地方性也是很强的。

《後漢書·西羌傳》記載:"至穆王時,戎狄不貢,王乃西征犬戎,獲其五王,又得四白鹿,四白狼。王遂遷戎於太原。"此"太原"與《詩經·小雅·六月》:"薄伐玁狁,至於太原"之"太原",當是一地。清初顧炎武的《日知録》和胡渭的《禹貢錐指》對太原一地都有考證,大約在今甘肅平涼一帶,不是今山西太原。

《漢書·匈奴傳》説:"至穆王之孫懿王時,王室遂衰,戎狄交侵,暴虐中國,中國被其苦。詩人始作,疾而歌之。曰:靡室靡家,玁狁之故。豈不日戒,玁狁孔棘。"按此詩見《詩經·小雅·采薇》。

《竹書紀年》説:夷王"命虢公率六師伐太原之戎,至於俞泉,獲馬千匹"。

《後漢書·東夷傳》説:"厲王無道,淮夷入寇,王命虢仲征之不克。"同書《西羌傳》説:"厲王無道,戎狄寇掠,乃入犬丘,殺秦仲之族。王命伐戎,不克。"

從上述材料可以看出,西周自昭、穆王到夷、厲王,隨着階級鬥争的發展,民族鬥争也發展了。穆王時期,王室還比較强大,在民族鬥争中尚能處於支配地位。《左傳》昭公四年説"穆有塗山之會”，即其證。但是從《左傳》昭公十二年的記載“昔穆王欲肆其心，周行天下，將皆必有車轍馬迹焉”和《國語·周語》裏祭公謀父諫征犬戎的一大篇文字看，穆王也是屢次挑起民族矛盾和鬥爭的罪魁禍首。昭、穆兩王，尤其是穆王不斷挑起民族衝突，破壞各民族間的團結和和睦。但從客觀上看，周代的文明也因此傳播更遠，爲後來的民族融合準備了條件。懿王以後，伴隨着國内階級矛盾的加劇，王室勢力衰弱了，民族矛盾也加劇了，出現了一個“戎狄交侵”的局面。這一方面固然是少數民族乘勢對華夏族進行侵掠，但另一方面，更主要的則是各民族對西周奴隸主階級的殘暴壓迫和剥削的反抗。毛澤東同志説：“民族問題，説到底，是一個階級鬥爭問題。”①這一教導，是我們理解古代民族鬥爭的一把鑰匙。

宣王在位四十六年，號稱中興。今保存在《詩經·小雅》中的《六月》篇説：“薄伐玁狁，至於太原；文武吉甫，萬邦爲憲。”《采芑》篇説：“蠢爾蠻荆，大邦爲仇！方叔元老，克壯其猶。方叔率止，執訊獲醜。”《大雅·江漢》説：“江漢湯湯，武夫洸洸，經營四方，告成於王。”又説：“江漢之滸，王命召虎，式辟四方，徹我疆土。”《大雅·常武》説：“王猶允塞，徐方既來。徐方既同，天子之功。”這些詩篇雖然不無夸大成分，但從《召旻》詩有“昔先王受命，有如召公，日辟國百里”之句來看，基本上還是有事實根據的。也就是説在宣王即位初期，由於任用得人，在民族鬥爭中，稍能挽回頹勢。無論對西方的玁狁，南方的荆蠻，東方的淮夷、徐戎，在戰爭中都曾占過上風，保持了宗周威嚴。但從《古本竹書紀年》“四年，使秦仲伐西戎，爲戎所殺。王召秦仲子莊公，與兵七千人，伐戎，破之”。三十一年，“王遣兵伐太原戎，不克”。三十六年，“王伐條戎、奔戎，王師敗績”。以及《國語·周語上》“三十九年戰於千畝，王師敗績於姜氏

<hr>

① 見《呼吁世界人民起來反對美帝國主義的種族歧視，支持美國黑人反對種族歧視的鬥争》。

之戎”、“宣王既喪南國之師，乃料民於太原”等記載來看，則宣王後期在民族鬥爭中，總的説，是失敗的。

　　幽王時期，不但階級矛盾空前激化，民族矛盾也空前激化。《左傳》昭公四年説：“周幽爲大室之盟，戎狄叛之。”《召旻》説：“今也日蹙國百里。”周幽王的統治陷入了内外交困的絶望境地，終於使武王滅商後傳國十一代十二王的西周滅亡了。

　　總之，西周到了幽王時期，社會的階級矛盾和民族矛盾都空前激化，王室已經完全喪失了統治能力。這標誌着中國奴隸社會的全盛時期已經結束，奴隸制的生產關係已轉而成了生產力進一步發展的桎梏，社會即將發生大的變革，奴隸制度進入了衰落時期，即以五霸爲主要内容的春秋時期。

西周世系表

武王[1]——成王[2]——康王[3]——昭王[4]

穆王[5]——共王[6]——懿王[7]

孝王[8]

夷王[9]——厲王[10]——宣王[11]——幽王[12]

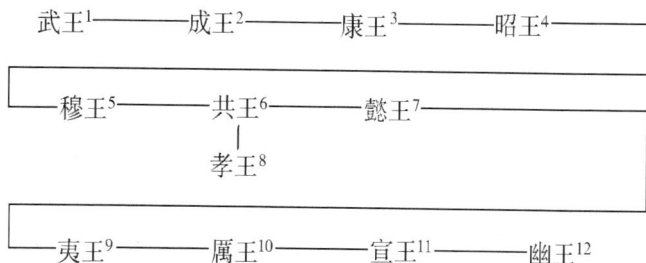

第六節　西周的生産工具和生産技術

　　西周的生産，同夏、殷一樣，也還是農業和手工業這古代兩大生產部門的生産。祇是無論在生產工具或是生產技術上，西周都有了比夏、殷更高的水平。

一、農業

周人素以擅長農業見稱。現存的古文獻——《周易》和《尚書》、《詩經》的一部分,都含有或多或少的關於西周農業生產的記載。尤其《詩經》中若干篇,涉及西周農事,寫得生動具體,有聲有色,更是研究西周農業生產的珍貴資料。

從《詩經》看,西周農業生產的工具有耜、錢、鎛、銍、艾各種。

耜和耒本來是一種東西。爲了在播種之前把土挖開,在早是祇用木制棍棒一類的簡陋工具來承當的,這類挖土工具就是古書上所説的耒。以後隨着農業生產在人們生活中的重要性日益增加,以及人們生產經驗的積累,簡陋的工具便很自然有改進的必要和改進的可能。於是在耒的接觸土的一端,首先安裝上木制的平板或歧頭板(考古學家稱爲單齒耒、雙齒耒),以後,再改進爲石製的或金屬製的,就成了古書上所説的耜。耜,《説文·木部》作"梠",又作"銛",證明耜原是木製,後來才改爲金屬製。耜爲犁的前身,是最主要的農業生產工具。《詩經》上寫到使用耜從事農業生產的地方很多:

《周頌·載芟》:"有略其耜,俶載南畝。"

《周頌·良耜》:"畟畟良耜,俶載南畝。"

《小雅·大田》:"以我覃耜,俶載南畝。"

《豳風·七月》:"三之日於耜,四之日舉趾。"

"略"、"良"、"覃"這幾個形容詞講的都是耜的鋒利。這也可啓發我們對耜在當時可能已用青銅製造的想象。

錢、鎛、銍、艾均見《詩經·周頌·臣工》:

庤乃錢鎛,奄觀銍艾。

據注釋家説,錢同銚、斛、鍬、鍤,肯定是一類東西。今通作鍬,是挖土的工具。

鎛，《釋名》作鎛，據注釋家說：鎛同櫌（亦作耨）、鉏是一類東西。今通作鋤，是除草的工具。

銍、艾，既指收割的動作，亦作收割的工具解。

銍，《説文》説是"穫禾短鐮"。艾與刈通。韋昭《國語・齊語》注説："刈，鐮也。"鐮，今通作鐮。銍、艾都是收割的工具。

總起來看，西周的農業生産，是耕地用耜，除草用錢、鎛，收割用銍、艾。錢、鎛、銍三字皆從金，説明當時的農業生産工具已用金屬製造。當然還不能排擠掉石器，因爲當時還不知道冶鐵，而青銅昂貴，很難普遍應用。

西周農業的生産技術，以休耕制和耦耕的盛行爲特點。

休耕制，就是文獻中所説的菑、新、畬。對這種耕作制的記載，計《周易》一處：

　　《无妄・六二》："不耕獲，不菑畬，則利有攸往。"

《尚書》兩處：

　　《大誥》："厥父菑，厥子乃弗肯播，矧肯穫。"
　　《梓材》："若稽田，既勤敷菑，惟其陳修，爲厥疆畎。"

《詩經》兩處：

　　《小雅・采芑》："薄言采芑，於彼新田，於此菑畝。"
　　《周頌・臣工》："如何新畬。"

《爾雅・釋地》説："田，一歲曰菑，二歲曰新田，三歲曰畬。"而許慎《説文》則説："二歲治田曰畬。"（《經典釋文》：《周易・音義》引）鄭玄《禮記・坊記》注也説："田一歲曰菑，二歲曰畬，三歲曰新田。"都與《爾雅》不同。但菑、新、畬乃指一塊土地在連續三年中的不同狀況則可以確定。

至於菑、新、畬的具體含義，注家説法不一。有釋菑爲"始災殺其草木"（孫炎），也有釋爲"初耕地反草"（郭璞）。有釋畬爲"和"（孫炎），也有釋爲"悉耨"（董遇）。因而對"一歲"、"二歲"、"三歲"各指的是什麼，解釋也就不同。大體上，一種看法是從開墾荒地這個角度來看問題，就是說，開荒的第一年叫"菑"，第二年叫"新"，第三年叫"畬"。另一種看法是從休耕制的角度來看問題，就是說，"畬"是"不易之地"，歲歲種；"新"是"一易之地"，三歲中，種二歲，休耕一歲；"菑"是"再易之地"，三歲中，種一歲，休耕二歲。我同意這後一種意見。就上面所引的《周易》、《尚書》、《詩經》的原文看，菑、新、畬都祇關乎日常農事，而沒有特別說出是墾荒。再看《周禮·地官》中《大司徒》和《遂人》兩職所述，是把菑、新、畬當作農事中的常制來講，有參考意義。而墾荒，畢竟不是農事之常制，因爲需不需開荒，能不能開荒，什麼時候開荒，等等，都是不會有定制的，怎麼能形成菑、新、畬這樣關係十分固定的概念？所以應該說，菑、新、畬講的是耕作制度問題，也就是休耕制。

　　耦耕是西周乃至春秋時期盛行的主要耕作方法。不過，什麼叫耦耕，歷來說法不一致。大體上可以概括爲三種：一是二人並耕說。鄭玄《周禮·考工記》注說"古者耜一金，兩人并發之"，程瑤田《耦耕義述》說"二人並二耜而耕"，應屬此類。二是二人對耕說。孔穎達《詩經·小雅·大田》疏說"計耦耕事者，以耕必二耜相對，共發一尺之地"。林希逸《考工記解》說："耦者，二人對耕也。"應屬此類。三是二人同耕說。賈公彥《周禮·考工記》疏說"二人雖共發一尺之地，未必并發"。孫詒讓《考工記》疏說"耦耕但二人同耕，不必同發徑尺之地"，應屬此類。近人還有用"二人共踏一耒或耜"或"兩人一組面對面一蹻一拉共發一耜的耕地"來解釋耦耕的。

　　上述三類說法究竟哪一種對呢？經過仔細研究，我認爲第三類說法，即耦耕是二人同耕是對的。其餘諸說，都難以成立，他們都是從《考工記》"匠人爲溝洫：耜廣五寸，二耜爲耦。一耦之伐，廣尺深尺謂之畎"這段話出發來考慮問題的。其實耦的意義，並不以耕地爲限。例如《詩經·周頌·載芟》說:"千耦其耘。"《左傳》昭公十六年說:"庸次比耦,以艾殺此地,斬之蓬蒿藜藋,而共處之。"《國語·吳語》說:"譬如農夫作耦,以刈殺四方之蓬蒿。"由此觀之,二人共同鋤草,也可以叫做耦。不僅如此。《論語·微子》把桀溺一個人的"耰而不輟"也看成是與長沮"耦而耕"。《周禮·地官·里宰》說:"以歲時合耦於鋤,以治稼穡,趨其耕耨。"《禮記·月令》說:"季冬之月……命農計耦耕事,修耒耜,具田器。"上述材料證明,"合耦"以後,這兩個人就結成一個長年的勞動小組。它雖以耦耕爲命名,實際上稼穡、耕耨,統統包括在內,而不能單純地用《考工記》"匠人"那段話來解釋。農耕的耦同"鄉射""大射"之耦,有某些相似之處。《周禮·夏官·大司馬》說"若大射則合諸侯之六耦",《儀禮·鄉射禮》說:"遂以比三耦於堂西。"鄭玄注:"比選次其才相近者也。"是《里宰》所說的"合耦",應和射之合耦或比耦一樣,當如程瑤田《耦耕義述》所說,也要"察其體材,齊其年力,比而選之"。射之合耦,顯然不是二人共一把弓;耕之合耦怎能說是二人共踏一耜呢?《淮南子·主術》說:"一人跖耒而耕,不過十畝。"這個"一人跖耒而耕"同《詩經·豳風·七月》所說"三之日於耜,四之日舉趾"實無二致。(《七月》毛亨傳:"於耜,始修耒耜也。四之日,周四月也,民無不舉足而耕矣。")所以,耦耕雖然是二人共同耕作,但不會象宋人理解的"拐子馬"一樣,"一馬仆,二馬不能行"。工作起來,應是個人單獨進行。

那麼爲什麼當時普遍實行耦耕這種耕地方式呢?據我推測,可能有兩個原因:一、同射的作耦一樣,帶有競賽性質;二、還保留着自氏族公社、家庭公社以來所存在的共耕制的痕迹。

上面談了耕作方式,那麼,西周一般的田間技術如何呢?這在文獻中也有反映。

疆理工作。由於西周實行的是井田制,疆理工作就成爲農業生產中的一項首要任務。

《詩經·小雅·信南山》説：

> 我疆我理，南東其畝。

又《大雅·緜》説：

> 乃疆乃理，乃宣乃畝。

這個疆理工作，實包括《周禮·地官·遂人》的"治野"，和《考工記·匠人》的"爲溝洫"，即對整個耕地作全面的規劃和整治。不但整治畎畝，也整治"五溝五途"。顯而易見，這種疆理工作在土地爲個人所占有的條件下，是做不到的。

播種。從西周的詩篇中透露出當時已經知道選種，並注意掌握播種時間。

《詩經·大雅·生民》有："誕降嘉種，維秬維秠，維穈維芑。"毛亨傳："秬，黑黍也。秠，一稃二米也。穈，赤苗也。芑，白苗也。"秬、秠是黍之異種，穈、芑是粟之異種。黍，今俗稱黄米；粟，今俗稱小米。從《生民》這個詩句可以看出，當時已知道挑選良種。

又《豳風·七月》有"黍稷重穋，禾麻菽麥"。毛亨傳説："後熟曰重，先熟曰穋。"重、穋字亦作稑、穉。鄭衆《周禮·内宰》注説："先種後熟謂之稑，後種先熟謂之穉。"這就反映當時不但知道選擇良種，而且有了晚熟、早熟、先種、後種等不同品種的概念。《豳風·七月》説："亟其乘屋，其始播百穀。"鄭玄箋釋"亟其乘屋"爲"急當治野廬之屋"，即爲播種做準備。這證明當時對什麽時候播種已有了明確的認識。

除草和中耕。《詩經·周頌·良耜》説："其鎛斯趙，以薅荼蓼。"又《小雅·甫田》説："或耘或耔，黍稷薿薿。"鎛是鋤，"荼蓼"是田間雜草。耘是除草。耔，毛亨傳説"壅本也"，實際上就是在作物的根部進行培土的工作。上述詩句，反映當時的農業生産已掌握了除草和中耕這個重要環節。

灌溉。《詩經·小雅·白華》説："滮池北流，浸彼稻田。"這很明顯已有了引水灌溉的技術。

施肥。《詩經》談到施肥的地方很少。不過，也不是沒有一點踪迹可尋。如《周頌·良耜》說：“荼蓼朽止，黍稷茂止。”把雜草的腐爛同黍稷的茂盛聯繫起來，可見當時已意識到綠肥的作用。

治蟲。《詩經·小雅·大田》有：“去其螟螣，及其蟊賊。”說明當時已有了防治病蟲害的知識。

總的來說，當時的農業生產技術和知識雖然還相當粗淺，但是對農業生產的幾個基本環節都注意到了，並作了適當的處理。它是勞動人民長期與自然界作鬥爭而積累的寶貴經驗，應予以足夠的重視。

二、手工業

西周的手工業生產種類繁多，生產技術，從某些方面說，也相當精巧。但它的產品不是用來交換，主要是爲了滿足奴隸主階級寄生性的需要，與廣大人民群衆無關。當時的奴隸主階級從吃喝穿住到各方面的人事交往，所有需要，除了屬於農業生產範圍，由農業生產滿足外，其餘的基本上都由手工業生產來滿足。舉例說，諸如城郭、宮室、飲食、衣服、車旗、兵器、樂器以及其他一切生活用具，無不由手工業生產來供應。光是王室的飲食、衣服兩項，據《周禮·天官》記載：膳夫“掌王之食飲膳羞，以養王及后、世子。凡王之饋食用六谷，膳用六牲，飲用六清，羞用百二十品，珍用八物，醬用百有二十甕”。《周禮·春官》：司服“掌王之吉凶衣服，辨其名物，與其用事。王之吉服，祀昊天上帝則服大裘而冕，祀五帝亦如之，享先王則衮冕，享先公、饗、射，則鷩冕，祀四望山川則毳冕，祭社稷五祀則希冕，祭群小祀則玄冕。凡兵事，韋弁服。視朝，則皮弁服。凡甸，冠弁服。凡凶事，服弁服。凡吊事，弁絰服。凡喪，爲天王，斬衰；爲王后，齊衰；王爲三公六卿，錫衰；爲諸侯，緦衰；爲大夫士,疑衰;其首服皆弁絰。大札、大荒、大災,素服"。我們現在没有必要用很大篇幅給這些服裝作詳細解釋,光看這些五花八門的名目,就可以想象出當時奴隸主階級的生活是多麽窮奢極欲。所以,當我們從文獻記載和出土文物看到西周手工業生産的成就時,我們固然爲古代勞動人民的無窮智慧和偉大創造力所折服,但同時也必須體察到在奴隸主階級殘酷壓榨下進行生産的廣大奴隸的血和淚。

關於記述西周手工業的生産工具,很難找到直接材料。但《尚書·吕刑》裏已談到墨、劓、剕、宫、大辟等五刑,結合《國語·魯語》臧文仲所説"大刑用甲兵,其次用斧鉞,中刑用刀鋸,其次用鑽笮,薄刑用鞭扑"來看,西周的手工業生産工具一定有斧、刀、鋸、鑽、鑿等。這些東西很可能都是用青銅製造的。

1975年寶鷄茹家莊出土的青銅器中,有銅斤六件,銅斧二件,銅鑿二件,銅刀一件。可見,西周已確實開始用青銅來制造手工業生産工具。

關於西周的手工業生産技術,我們從《詩經》所説的"出車彭彭"、"其車三千"、"約軝錯衡"、"鞗革金厄"、"玄衮及黼"、"朱芾斯皇"、"築室百堵"、"作廟翼翼"、"敦弓既堅,四鍭既鈞"等等,可以想見大概。不過,談得詳盡具體,則莫如《考工記》所述。

前人根據《考工記》言"秦無廬"、"鄭之刀",斷爲東周時書,無疑是對的。但是,《考工記》的功績,不在於創造,而在於撰集。如果把它所談的内容,一古腦兒都歸之於東周,恐怕也不見得符合事實。我們知道,周制是"工商食官"。這本書很可能是在官失學散之後,某人掇拾叢殘,得到一批官方考工檔案而寫成的,其中無疑保存着西周以來廣大手工業工人長期積累的寶貴經驗。《考工記》説"周人上輿",這是對"有虞氏上陶,夏后氏上匠,殷人上梓"來説的,顯然不專指東周,一定包括西周在内。

現在單就車來説一説。《尚書·顧命》説:"大輅在賓階面,綴輅在阼階面,先輅在左塾之前,次輅在右塾之前。"《詩經·小雅·采芑》説:"方叔涖止,其車三千。"《小雅·六月》説:"元戎十乘,以先啓行。"《小雅·采菽》説:"雖無予之,路車乘馬。"《大雅·韓奕》説:"百輛彭彭,八鸞鏘鏘。"《小雅·無將大車》説:"無將大車,祇自塵兮。"這些記載證明《考工記》裏所述的各種車,在西周不但應有盡有,而且數量非常之多。因此,當時工人的技巧自可用《考工記》來説明了。

《考工記》所記的車,大別之有兩類,一類是一轅(輈)駕四馬的用於戰爭、田獵、行旅等;另一類則是兩轅駕一牛的,用於平地或山地的運輸。細別之,前者爲兵車、田車、乘車;後者爲大車、柏車、羊車。在乘車之中,又有飾車、棧車之分,種類紛繁。這就需要有大量的手工業工人來製造。

當時的車,全是木制,靠膠筋漆革加固,不用或很少用金屬。因此,要求有很高的工藝水平。不然的話,別説用於戰爭,就是用於一般運輸,也大成問題。

《考工記》説:"周人上輿,故一器而工聚焉者,車爲多。"《淮南子·主術》也説:"故古之爲車也,漆者不畫,鑿者不斲,工無二技,士不兼官,各守其職,不得相姦。"證明周人造車,分工是比較細的。有了細緻的分工,工人們才能專心致志,使技術更加精益求精。據《考工記》記載,光木工就分好幾種,兵車、田車、乘車的車輪由輪人製造,車箱由輿人製造,車轅由輈人製造。在車的輪、輿、輈這三個組成部分當中,輪尤爲重要,所謂"察車自輪始"。

車輪又是由轂(今名車"葫蘆頭")、輻(輻條)、牙(車輞)三部分構成的。《考工記·輪人》對轂、輻、牙這三部分要求都非常嚴格,明確指出,轂的作用在於"利轉",輻的作用在於"直指",牙的作用在於"固抱"。轂、輻、牙所使用的木材都要經過精心挑選,並規定斬伐的時間。牙要求極其圜,輻要求極其直,轂用筋革包上以後,要求極其緊。而天然木材不會有直接合用的,這就要求工人具有較高的技術水平。例如做轂的木材,事先要標出陰陽面。工人們從實踐中了解到,木材的陽面紋理細密就堅固,木材的陰面紋理稀疏就柔軟。所以當使用時,要在木材的陰面用火烤,使木材的陽陰面的堅硬度達到一樣。這就可以避免以後柔軟的那一面,因風乾而瘦損,從而影響皮革膠筋的加固作用。1975年寶雞市茹家莊西周墓出土的文物中,有銅制車書和車轄(轄,軸端鍵也),是當時已用銅制車轄之證。

輻數三十,用同一間隔安裝在轂和牙的中間,不但要求接榫堅牢,直皆中繩,而且要求每一條輻的大小、輕重都一樣,所謂"揉輻必齊,平沈必均",這無疑需要有高超技術。牙是用三塊木材構成的。做成之後,不但要求其圓中規,而且要求"外不廉而內不挫,旁不腫"。

《考工記》所述,"凡攻木之工七,攻金之工六,攻皮之工五,設色之工五,刮摩之工五,摶埴之工二",除了金工的段氏,皮工的韋氏、裘氏,設色工筐人,刮摩工㮚人、雕人,六職已亡,不知內容說的是什麼外,其餘諸職所述,在不同程度上都反映當時的生產技術水平是相當高的。

陝西寶雞茹家莊西周墓出土玉鹿

紡織業。在近些年來的考古發掘中,涇陽早周墓曾發現平紋麻布,組織密度每平方釐米經綫十三根,緯綫十二根。從寶雞茹家莊墓葬的絲織物印痕來看，原品係斜紋提花織物，經緯排列是$\overset{31}{\underset{11}{\leftarrow}}$，

花紋是菱形圖案，用提花機具織成。可見，西周已能生產綺。此外，茹家莊墓葬中還發現了精美的刺繡印痕。從織物和刺繡印痕的顏色來看，當時已使用朱砂、石黃等礦物染料。[1] 總之，西周的紡織業和染色業，已達到了一定的水平。

第七節 西周的思想文化

在談西周的思想文化這個問題以前，首先應當指出的是，在階級社會裏，統治階級的思想是占統治地位的思想。西周是奴隸社會，在奴隸社會裏，奴隸主階級不僅壟斷了物質生產資料，同時也壟斷了精神生產資料，奴隸們創造的物質財富和精神財富被竊奪了。正因爲如此，我們在這裏所談的西周的思想文化，就不能不是西周奴隸主階級的思想文化。下面，就從宗教、哲學、科學、文學、藝術等幾個方面簡要地談一談。

一、宗 教

《禮記・表記》載"夏道尊命，事鬼敬神而遠之"；"殷人尊神，率民以事神"；"周人尊禮尚施，事鬼敬神而遠之"。這些話是孔子評論夏、商、周三代社會思想得失時說的，其中指出周人的特點之一是"事鬼敬神而遠之"。這種說法同《禮記・檀弓》說的"夏后氏用明器，示民無知也；殷人用祭器，示民有知也；周人兼用之，示民疑也"。以及"之死而致死之，不仁，而不可爲也；之死而致生之，不知，而不可爲也。……其曰明器，神明之也"的說法是一致的，因而

---

① 《有關西周絲織和刺繡的重要發現》，《文物》1976 年第 4 期。

是可信的。今傳世的周初文獻，一方面說"皇天上帝，改厥元子，兹大國殷之命，惟王受命"（《尚書·召誥》），另一方面又驚呼"惟命不於常"（《尚書·康誥》），"天命靡常"（《詩·大雅·文王》），足證對天懷疑的思想是周人從克殷以來所形成的基本思想。可見他們在宗教這個問題上，並不是真信鬼神的存在。那麽，爲什麽又把鬼神當作真正存在一樣來崇拜呢？説穿了就是把它作爲統治的工具，作爲鎮壓和欺騙互爲補充的兩手來使用。《國語·周語》説："古者，先王既有天下，又崇立於上帝明神而敬事之，於是乎有朝日、夕月以教民事君。"《禮記·中庸》説："郊社之禮所以事上帝也，宗廟之禮所以祀乎其先也。明乎郊社之禮，禘嘗之義，治國其如示諸掌乎！"祭祀鬼神和治國的關係這裏説得再明白不過了。因此，西周的社會生活同殷商一樣，也把對鬼神的崇拜作爲國家政權的頭等大事，《左傳》成公十三年王室劉子説："國之大事，在祀與戎。"

馬克思説："宗教本身是没有内容的，它的根源不是在天上，而是在人間。"①一語道破了宗教的本質：上帝是由人造出來的。把馬克思主義經典作家的這個理論運用到西周的具體歷史實際，可以想見，周時的鬼神也是分等級的。鬼神世界的等級，正是人間世界等級的反映。當時不但鬼神有等級，對鬼神的崇拜，也有等級上的限制。例如，《國語·楚語》説："天子遍祀群神品物，諸侯祀天地、三辰及其土之山川，卿、大夫祀其禮，士、庶人不過其祖。"韋昭注云："'祀天地'謂二王之後；非二王之後，祭分野星、山川而已。"顯然人們祭祀鬼神的等級是極其鮮明而且嚴格的。這些等級恰恰表現了人世間的等級制度：天子、卿大夫、士、庶，各有自己祭祀的對象。天子爲政治上的最高首腦，具有至高無上的權力，天地、山川、日月星辰都列入祭典；但是卿大夫、士庶則要受到一定的限制，如祭非所祭就是"非禮"，在政治上則爲"僭越"，如同犯了罪過一

---

① 《馬克思恩格斯全集》第27卷，第436頁。

樣。《公羊傳》僖公三十一年説："魯郊何以非禮？天子祭天，諸侯祭土。天子有方望之事，無所不通；諸侯，山川有不在其封内者，則不祭也。"《禮記・禮運》説："魯之郊禘非禮也，周公其衰矣。杞之郊也，禹也；宋之郊也，契也，是天子之事守也。故天子祭天地，諸侯祭社稷。"《左傳》哀公六年："初，昭王有疾。卜曰：'河爲祟。'王弗祭。大夫請祭諸郊。王曰：'三代命祀，祭不越望。江、漢、雎、章，楚之望也。禍福之至，不是過也。不穀雖不德，河非所獲罪也。'遂弗祭。"以此與前條相印證，則知韋昭的説法是對的。

　　所謂郊、社、宗廟之祭，祇有統治階級才能享有，勞動人民是没有份的。同勞動人民有關聯的，祇有蜡祭。它是一年中關於農事的一個最大的祭典和節日。據《禮記・郊特牲》説，蜡祭所祭的爲先嗇（農業的首創者）、司嗇（前代主管農業的）、百種、農、郵表畷（當是井田的疆界）、猫虎、坊（堤壩）、水庸（溝洫）等八種神，都是同農業生産有重要關係的。又説："伊耆氏始爲蜡。"伊耆氏，前人説是"古天子號"。很明顯，它是從原始社會流傳下來的一種宗教儀式，在很大程度上反映當時的萬物有靈論。《禮記・雜記下》説："子貢觀於蜡。孔子曰：'賜也樂乎？'對曰：'一國之人皆若狂，賜未知其樂也。'子曰：'百日之蜡，一日之澤，非爾所知也。張而不弛，文武弗能也；弛而不張，文武弗爲也；一張一弛，文武之道也。'"這個"一國之人皆若狂"説明勞動人民慶祝自己的節日是何等的熱烈！他們終歲勤勞，難得在一起聚會，這一天，除了序年齒之外，可盡情暢飲酣醉，享受人生少有的歡樂。然而對於統治階級來説，之所以允許保留這樣一種宗教儀式，是有其政治目的的——表面上顯示君恩之浩蕩，實際上是爲了更多地榨取奴隸們的血汗。子貢光看到"一國之人皆若狂"的表面現象，並不解其中的奥妙。孔子説"一張一弛，文武之道也"，可謂一語破的。

　　當時，掌管祭祀鬼神的部門長官是宗伯，執行這項具體工作的人員則有祝、宗、卜、史等。正由於當時把祭祀鬼神看作是國家的頭等大事，所以這項工作不簡單。據《國語·楚語下》説"使先聖之後之有光烈，而能知山川之號、高祖之主、宗廟之事、昭穆之世、齊敬之勤、禮節之宜、威儀之則、容貌之崇、忠信之質、禋絜之服，而敬恭明神者，以爲之祝。使名姓之後，能知四時之生、犧牲之物、玉帛之類、采服之儀、彝器之量、次主之度、屏攝之位、壇場之所、上下之神、氏姓之出，而心率舊典者爲之宗"，可以想見其大概。

二、哲　學

西周在中國哲學史上有兩個巨大的貢獻，一個是存在於《周易》一書裏的陰陽説，另一個是存在於《尚書·洪範》裏的五行説。前者代表古代的樸素的辯證法思想，後者代表古代的原始的唯物論思想。

1.《周易》裏的陰陽

關於《周易》成書的年代，《周易·繫辭下》説："《易》之興也，其當殷之末世，周之盛德邪？當文王與紂之事耶？"從本書内有"王用享於岐山"（《升卦·六四》）和"箕子之明夷"（《明夷卦·六五》）來看，這種説法是對的。《易傳》是專爲解釋《周易》而作的。裏邊對於《周易》所作的種種説明，都衹稱《易》，不稱《周易》。證明《周易》這個名稱同《周書》、《周禮》一樣，"周"字都是用來標明朝代的。所以，《周易》一書斷是西周的作品。

"易爲卜筮之書"，這是千真萬確的事實。在《左傳》中就可以看到很多筮人應用《周易》來決定吉凶的具體例子。但是，如果因此而否定它内部包含的哲學思想，那就不能不説是表面的形而上學的看問題，因而不能看到問題的本質。《莊子·天下》説"易以道陰陽"，我們認爲，這種説法真正説到了問題的本質。馬克思説："哲學最初在意識的宗教形式中形成，從而一方面它消滅宗教本身，另一方面從它的積極内容説來，它自己還衹在這個理想化的，化爲思想的宗教領域内活動。"①馬克思所揭示的這條原理,又一次在中國最初哲學的形成中得到證實。卜筮,無疑屬於宗教迷信的範圍,但是中國最初的哲學思想——陰陽説,就是從卜筮這個宗教迷信裏産生出來的。奇怪嗎? 一點也不奇怪。它既是活生生的事實,又符合於馬克思主義理論,一個堅持唯物論的歷史學者是不應否認這一點的。

　　陰陽,這個古人所創造的哲學術語,就其基本意義來説,就是對立的統一,就是矛盾,就是辯證法的核心。當然,必須指出,它是古代的辯證法,是原始的樸素的辯證法,同現代的馬克思主義的辯證法是有本質上區別的。

　　《周易》的思想是用六十四卦來顯示的。而六十四卦是由八卦組成的。組成八卦的元件則是陰陽兩畫。即用－－來代表陰,用—來代表陽。用—、－－這兩個符號來代表陰陽,同用＋－來代表數學中的正負,物理學中的陽電和陰電一樣。它的意義不在於符號本身,而在於符號所代表的東西。

　　《易傳》論述《周易》六十四卦的結構説:"易有太極,是生兩儀,兩儀生四象,四象生八卦。"又説"八卦成列,象在其中矣;因而重之,爻在其中矣"。這幾句話,不大好懂,需要加以説明。

　　首先説什麽叫做"太極"。太極又稱"大一"。這個一不是一二三四的一,而是一個整體的一;不是相對的一,而是絕對的一。《老子》説:"道生一,一生二。"抛開"道生一"不管,光説"一生二",則和《周易》太極生兩儀的觀點是一致的。《老子》所説的"一"也不是相對的一,而是絕對的一。同樣,"二"也不是一二三四的二,而是一分爲二的二。不過,從表達方式來説,《周易》更確切些。因爲"太極"本身含有絕對的意思,"儀"可以作匹配解,則"兩儀"決不是一二三四的二,而是表示它是矛盾的統一體。所以太極生兩儀的本

──────────

① 《馬克思恩格斯全集》第26卷,第26頁。

義，毫無疑問，相當於現代辯證法中的一分爲二的觀點。

　　“兩儀生四象”，這個“四象”用符號來表示，就成爲☷（象太陰）☳（象少陽）☶（象少陰）☰（象太陽）。很明顯，太陰、少陽兩象是兩儀中陰儀（⚋）一分爲二的結果，少陰、太陽兩象，是兩儀中陽儀（⚊）一分爲二的結果。

　　“四象生八卦”，這個“八卦”的符號是☷（坤）☶（艮）☵（坎）☴（巽）☳（震）☲（離）☱（兌）☰（乾）。從八卦的卦畫中可以看出，八卦又是由四象一分爲二所產生的。由此可見，陰陽，即對立的統一的觀點，實是四象八卦的基礎，並貫穿在兩儀、四象、八卦之中。

　　《周易》把八卦看成是“小成”。那末，“八卦成列，象在其中矣”，是什麼意思呢？要知道，《周易》對於八卦的處理辦法是，首先人工的給加上八個固定的名稱。即乾（☰）坤（☷）震（☳）巽（☴）坎（☵）離（☲）艮（☶）兌（☱）。當然，這八個名稱同八卦卦畫本身是有聯繫的。根據《周易》認爲陽剛陰柔這個基本“理論”，所以八卦的名稱實代表八種不同的性質。《説卦》說：“乾，健也；坤，順也；震，動也；巽，入也；坎，陷也；離，麗也；艮，止也；兌，悦也。”正說明了這個問題。

　　從《周易》的觀點看，八卦有了名稱以後，就成爲一個公式，無論自然界或人類社會，所有一切事物，都可以套用這個公式。《説卦》爲此舉過很多例子，如說“乾爲馬，坤爲牛，震爲龍，巽爲鷄，坎爲豕，離爲雉，艮爲狗，兌爲羊；乾爲首，坤爲腹，震爲足，巽爲股，坎爲耳，離爲目，艮爲手，兌爲口。……”等等。所謂“象在其中”的真正含義，就是如此。《周易》所以這樣做的目的，在於把它的理論應用於卜筮，而這一點當然是唯心的了。

　　“因而重之，爻在其中矣”是什麼意思呢？“因而重之”講的是六十四卦怎麼形成的。“因”是以八卦爲基礎，“重”是在八卦的基礎上又分別重以八卦，這樣就成了六十四卦。六十四卦形成之後，則六十四卦中的每一卦不但包含八卦的卦象，還有六爻的爻象。

六爻的相互關係，如王弼《周易略例》所揭示的，又創造出承、乘、遠、近、內、外、初、上等義例，因而用於卜筮，就可説明複雜的問題了。這就是所謂"爻在其中"。

我們把涉及卜筮的部分抛開，專談《周易》的思想，可以看到，關於陰陽的觀點在《周易》一書裏，並不是偶爾閃爍出的幾朵火花，而是貫穿在一切方面的基本思想。這表明《周易》的作者已經明確地認識到這條真理，並有意識地假借卜筮的外殼把它體現出來。

陰陽觀點在《周易》裏的表現，並不限於上述幾個方面，還可以再談兩點。

第一，從《周易》六十四卦的結構來看，它是用八卦"因而重之"的方法組織起來的。因此六十四卦中的每一卦都包含八卦中的兩個卦。這兩個卦一個叫內卦，一個叫外卦，它們共處於一個統一體中。這裏邊很明顯地體現出陰陽的觀點。六十四卦的排列順序從乾坤兩卦開始，到既濟、未濟兩卦結束。每兩卦自成一組。兩卦卦畫，不反則對，無一例外（例如乾☰與坤☷叫做對，因爲乾卦六畫皆陽，坤卦六畫皆陰，兩兩相對。屯☳與蒙☶叫做"反"，因爲把屯卦的卦畫倒過來看就成了蒙卦）。不消説，這裏邊也暗含對立統一的觀點。又，把六十四卦作爲一個有組織的序列來看，則以《乾》《坤》二卦居首，《既濟》《未濟》二卦居末，這決不是隨便的安排，而是有意識地用以表述它的哲學觀點的。《易傳》説："《乾》《坤》其《易》之緼耶？《乾》《坤》成列而《易》立乎其中矣。"又説："《乾》《坤》其《易》之門邪？"又説："闔户謂之坤，闢户謂之乾，一闔一闢謂之變，往來不窮謂之通。"（以上均見《周易・繫辭》）又説："《既濟》定也。"（見《周易・雜卦》）"物不可窮也，故受之以《未濟》終焉。"（見《周易・序卦》）上述這些話，就是《易傳》作者對《周易》六十四卦排列次序所反映的觀點的正確説明。這些話的大意是説：《周易》六十四卦的體系，不是別的，乃是乾坤兩卦的變化發展過程。如果説乾象天，坤象地，則《周易》六十四卦的乾坤兩卦，正象開天辟地之時。

那末，開天辟地以前是什麽呢？當然是混沌不分了。這一個混沌不分就是太極。乾坤就是太極的一分爲二。《序卦》從"有天地然後萬物生焉"談起，這説明，乾坤就是天地。《周易》以乾坤居首，其義在象開天辟地之時。《繫辭》説："天尊地卑，乾坤定矣。⋯⋯在天成象，在地成形，變化見矣。"也是説的這個問題。本應太極一分爲二才生乾坤，太極不可象，故從乾坤開始。

《屯》《蒙》以下，對於《周易》六十四卦安排本意來説，則是乾坤二卦變化發展的産物。"乾坤成列而《易》立乎其中矣"這句話就是説明這個問題的。《繫辭》於"在天成象，在地成形，變化見矣"下緊接着説："是故剛柔相摩，八卦相盪；鼓之以雷霆，潤之以風雨；日月運行，一寒一暑；乾道成男，坤道成女。"則是對這一問題又一次作了生動、具體的説明。"乾坤其《易》之門耶"也不是别的，乃是用另一種語言説明這個問題。

《序卦》一篇，當説明兩卦相次的時候，基本上采用"⋯⋯必有⋯⋯，故受之以⋯⋯"，或"⋯⋯不可以⋯⋯，故受之以⋯⋯"這樣的公式，顯然這是表示由一卦變化爲另一卦，其間有必然性。當變到最後兩卦時，《既濟》六爻剛柔皆正而當位（陽爻在初、三、五陽位，陰爻在二、四、上陰位），這在《雜卦》，即所謂"《既濟》定也"。表明從乾坤以來的變化發展，到此已是盡頭。但是同它共處一個小的環節中的《未濟》，就立即變成六爻剛柔皆不當位。《序卦》解釋説："物不可窮，故受之以《未濟》終焉。"從《既濟》《未濟》兩卦所處的地位，並結合《雜卦》《序卦》兩條説明來看，我們衹能這樣説，《周易》作者之所以把《既濟》《未濟》安排在六十四卦之末，是認爲前一過程的終結，正是後一過程的開始。六十四卦衹是作爲一個鏈條存在，從這個鏈條以前來看，是無限的，從這個鏈條以後來看，也是無限的。

當然，從六十四卦作爲一個鏈條的每一個環節來看，所謂"必然性"，純粹出自主觀虛構，並没有科學依據。這一缺點，對於原始

的樸素的辯證法來説，是無法克服的。在當時的歷史條件下，能認
識到事物是變化的，不是不變的；是發展的，不是循環的；事物發展
的根本原因在於自身的矛盾性，這已經很了不起了。我們不應低
估這一成就，也不應超越歷史實際有過高的要求。

　　第二，從筮法來看。《易傳》有一段文字説明蓍和卦的關係。
它説："蓍之德圓而神，卦之德方以智。……神以知來，智以藏往。"
這一段話的大意是説，蓍主要表現在筮法上，它和卦代表一個矛盾
的兩個方面。《周禮・春官・筮人》有"三易"、"九筮"之説。今保
存在《易傳》中的筮法，不知屬於哪一種。很可能從一開始，它就同
《周易》有着相互依存的關係。

　　現將《易傳》裏講筮法的兩大段話，鈔録在下面。

　　　　大衍之數五十有五（有五原缺，兹根據下文和《易乾
　　鑿度》校補），其用四十有九。分而爲二以象兩，挂一以象
　　三，揲之以四以象四時，歸奇於扐以象閏。五歲再閏，故
　　再扐而後挂。

　　　　天一地二，天三地四，天五地六，天七地八，天九地
　　十。（原在別處，我認爲是錯簡，故移此）天數五，地數五，
　　五位相得而各有合。天數二十有五，地數三十，凡天地之
　　數五十有五，此所以成變化而行鬼神也（《周易・繫辭
　　上》）。

　　這就是説，筮法的第一步在先取蓍五十五策作爲大衍之數。
這個大衍之數是怎麼來的呢？"天一地二"以下那段文字，就是專
爲這個問題所作的説明。從這段説明可以看出，蓍和卦在形式上
雖然不同，但思想内容則是一致的。卦用畫來表示，蓍用數來表
示。畫有－－－，取名爲陰陽；數有奇偶，取名爲天地。陰陽，天地，
名稱不同，在本質上是一回事，都表明互相矛盾的兩個方面。卦由
兩儀發展到八卦，是爲"小成"。蓍由天一地二發展到天九地十，也

可以看作是“小成”。《左傳》莊公十六年説：“使以十月入，曰：‘良月也，就盈數焉。’”春秋時人把十看作是“盈數”，同筮法把由天一地二發展至天九地十，看作是“小成”的思想是一致的。下文的“五位相得”就是説天一與地二相得，天三與地四相得，以下可以例推。“相得”表明兩個對立的東西，共處在一個統一體中。“五位相得”表明它們是在發展中的五個相對獨立的環節。“各有合”就是説天數與天數合在一起，地數與地數合在一起。結果就成了“天數二十有五，地數三十”。天地之數共爲五十有五，就成了大衍之數。《周易》的六十四卦是由八卦因而重之構成的。筮法的大衍之數是由十個數字的奇數與偶數合在一起構成的。二者構成的方法既相似，其思想也是一致的，裏邊都貫穿着對立統一這個辯證法的基本觀點。

“其用四十有九”的意思是，當卜筮時，大衍之數五十有五不全用，祇用四十有九。其所以不全用，是因爲全用，則分二、挂一、揲四、歸奇、再扐以後，不能按照預期的結果得出七八九六來。四十有九當未分時，是象太極，“分而爲二”則象太極生兩儀。這裏邊也貫穿着一分爲二的辯證法思想。

總之，《周易》是爲卜筮服務的。無論卦或著，中間都夾雜着很多宗教迷信成分，這是不可否認的事實。但是，如果透過它的宗教迷信外殼，而看它的思想內容，不承認它是道陰陽的，即應用對立統一這個辯證法思想作爲一條紅綫貫穿始終和各個方面，也是不對的。

2.《尚書·洪範》裏的五行

談到《洪範》，有一個問題要先解決，即它是不是西周的作品？我認爲，儘管在文字上可能有某些訛奪，例如“王極”誤爲“皇極”，但認定它是西周的作品絶不會錯。其理由如次：

近人已經提到的春秋戰國時的作品，如《左傳》（文公五年、成公六年、襄公三年）、《墨子》（《兼愛下》）、《吕氏春秋》（《貴公》）、《荀子》(《修身》、《天論》)、《韓非子》(《有度》)等都曾引用過《洪範》裏的詞句。

《詩經·小雅·小旻》有"或聖或否，……或哲或謀，或肅或艾"等詞句，這裏的"聖"、"哲"、"謀"、"肅"、"艾"五個詞，和《洪範》五事的"恭作肅，從作義，明作哲，聰作謀，睿作聖"等五逗的下一個詞完全相同。這決不是巧合，而是引用《洪範》的結果(鄭玄箋已見及此)。又《尚書·呂刑》說："惟敬五刑，以成三德。"這"三德"自來都用《洪範》正直、剛克、柔克等"三德"來解釋，無疑是對的。這就證明不但春秋戰國時很多著作引用過《洪範》，即作於西周的《詩》、《書》也引用過《洪範》。

有以上這樣大量的佐證，怎能說《洪範》不是西周的作品呢？

現在專談《洪範》裏的五行。

五行作爲一個集合名詞來應用，並不始於《洪範》，早在原始社會就出現了。例如《左傳》昭公二十九年有魏獻子和蔡墨的一段對話就是證明。蔡墨說："故有五行之官，是謂五官。實列受氏姓，封爲上公，祀爲貴神。社稷五祀，是尊是奉。木正曰句芒，火正曰祝融，金正曰蓐收，水正曰玄冥，土正曰后土。"又說："少皞氏有四叔，曰重，曰該，曰脩，曰熙，實能金木及水。使重爲句芒，該爲蓐收，脩及熙爲玄冥。……顓頊氏有子曰犁，爲祝融，共工氏有子曰句龍，爲后土。"不過，原始社會雖然有了五行這個名詞，但是這個五行原出於五官，五官原出於生產鬥爭的需要，並沒有哲學含義。當作哲學概念來應用，當由《洪範》開始。

五行又稱"五材"(《左傳》襄公二十七年說："天生五材，民並用之，廢一不可。"五材，杜預注："金木水火土也。")、"五部"(《史記·曆書》"起五部"，應劭說："五部，金木水火土也。")，表明這個"行"字有類別的意思。古人爲什麼習慣用"五"這個數字來概括事物(諸如：五聲、五色、五味，乃至五帝、五霸等等)，過去很少有人談及，這裏略作分析。

《左傳》昭公三十二年載晉人史墨説"物生有兩,有三,有五,有陪貳",隨即又舉"天有三辰,地有五行,體有左右,各有妃耦"的實例加以論證。史墨這種説法是有根據的,雖然他祇是講了當然而未講其所以然。我們今天有了民族學的知識,就可以看出,這種思想實正確地反映了人類計數知識向前發展所經歷的幾個不同的階段。

一般説,人類計數知識的發展曾經歷了下述幾個階段。第一,僅知道有二。二是作爲一整個東西的兩半來認識的。這可由許多落後部落的語言中得到證明。《老子》説的"一生二"的二,也是一個例證。第二,僅知道三。即計數到三爲止,三以上則用表示多的概數來稱謂。這也可用民族志材料來證明。如《老子》説"二生三,三生萬物"。説到三爲止,再多就稱萬了。萬即是衆多的意思。第三,知道有五。至今仍有很多語言把"五"和"手"用一個字來表示。劉師培《左盦外集·論小學與社會學的關係》曾談到過這個問題。他説:"日本岸本氏《社會學》引告爾敦之説曰,達馬拉人之舉數也,以左手撮右手之指而計之,故數至五以上,則不能舉。觀《説文》一二三四五諸字皆有古文,而六七八九十諸字則無古文,豈非上古造字,至五而止,自五而上,上古無此語言,亦無此文字?蓋古者以指計數,指止於五,故數亦止於五。"劉氏這段話,很有參考價值。第四,知道有十。安達曼人和其他一些落後的部落能夠計數到十,十以上的數目,就一概稱之爲"多"或"很多"。中國的《左傳》莊公十六年稱十爲"盈數",也是一證。第五,知道有萬。《左傳》閔公元年説:"萬,盈數也。"是其證。

由此可見,古人每用三、五等數目字概括一切,並不是偶然的。雖然我們不能説當時人們的數學概念都至三或五爲止,但它是受了更古的人的思想影響,則是沒有問題的。

《洪範》是對於當時社會問題進行全面總結而形成的一個綱領性文獻。由於受時代的限制,也同《周易》一樣,在正確的思想外面蒙上了一層宗教迷霧。五行思想也不能避免這一點。總的看來，它是把自然界的無限多樣性概括爲水火木金土五種基本元素，認爲自然界便由這五種元素構成。這正是一種原始的素樸的唯物主義自然觀。

《洪範》全篇共分九章。第一章講五行，第二章講五事，第八章講庶徵，都是把五行思想作爲一個先驗的公式而推演出來的。

五行章原文説："一、五行：一曰水，二曰火，三曰木，四曰金，五曰土。水曰潤下，火曰炎上，木曰曲直，金曰從革，土爰稼穡。潤下作鹹，炎上作苦，曲直作酸，從革作辛，稼穡作甘。"這段文字談到五行的名稱、次序、性質和作用，但還没有涉及五行之間的關係。《左傳》昭公三十一年説"火勝金"，又哀公九年説"水勝火"，《墨子・經下》説"五行毋常勝"，看來五行生克説，則是自春秋以後出現的。至戰國中期鄒衍創"終始五德"之説，把五行説用於解釋人類歷史的發展。《史記・孟子荀卿列傳》講"稱引天地剖判以來，五德轉移，治各有宜，而符應若兹"。劉歆《七略》更具體地作了説明，他説，"鄒子有'終始五德'，言土德從所不勝，木德繼之，金德繼之，火德繼之，水德繼之"。顯然都是唯心主義的，毫無科學根據。但五行説用於醫藥方面則應當承認裏邊包含有唯物論的因素。

總之，《周易》的陰陽説和《洪範》的五行説，在中國歷史上是有過極大的影響的。

三、科學

西周的科學，今天祇能就很少的一些文獻中所反映的有關天文曆法方面的知識，粗略地談一談。

1. 天文

《洪範》五紀："四曰星辰。"這個星辰主要是指恒星即二十八宿。因爲古人視日躔、月離，與治曆有關。二十八宿各星宿之名稱，見於《詩經》西周詩篇的有：畢（《小雅·漸漸之石》：“月離於畢，俾滂沱矣。”），心（《小雅·苕之華》：“三星在罶。”三星即心星），織女（《小雅·大東》：“跂彼織女，終日七襄。”），牽牛（同上：“睆彼牽牛，不以服箱。”），箕（同上：“維南有箕，不可以簸揚。”），斗（同上：“維北有斗，不可以挹酒漿。”）。又《國語·周語》有：“農祥晨正，日月厎於天廟，土乃脈發。”“農祥”，房星；“天廟”，營室星。

至於行星，則當時至少知道木星（古人稱爲歲星。《洪範》五紀：“一曰歲。”又説：“王省惟歲。”這個歲，就是由觀測木星得來的），金星（《小雅·大東》“東有啓明，西有長庚”，啓明、長庚是一個星，都是指行星中的金星，古人一般稱爲太白星）。

當時對日食還不理解，對月食則看作是正常現象。《詩經·小雅·十月之交》“彼月而食，則維其常；此日而食，於何不臧？”就是證明。

2. 曆法

由於實際生活的需要，我國自古以來就重視曆象工作。《史記·天官書》説：“昔之傳天數者，高辛之前重黎，於唐虞羲和，有夏昆吾，殷商巫咸，周室史佚、萇弘。”史佚即周武王太史尹佚。史佚對曆法有什麼新的貢獻已不可考。《洪範》五紀“五曰曆數”，是西周重視曆法的明證。《周禮·春官·太史》説：“正歲年以序事，頒之於官府及都鄙，頒告朔於邦國。”這條記載，以《春秋》文公六年“閏月，不告月，猶朝於廟”，同書文公十六年“公四不視朔”，《論語·八佾》“子貢欲去告朔之餼羊”和《史記·曆書》“幽、厲之後，周室微，陪臣執政，史不記時，君不告朔”等證之，是可信的。應當指出，我國歷史在治曆問題上有一個優良傳統，這就是自堯以來，歷代相承的所謂“觀象授時”。觀象就是由國家設置專職人員，采取實測的辦法，使曆法得以不斷改進。授時就是由國家規定一種告朔制度，使不斷改進的曆法同生活實際緊密地聯繫起來。

西周的觀象詳情，已不可曉，現在祇談談告朔制度。

蔡邕《明堂月令論》説："古者諸侯朝正於天子，受月令以歸，而藏諸廟中。天子藏之於明堂。每月告朔朝廟，出而行之。"(《蔡中郎集》)《公羊傳》文公六年何休注："禮：諸侯受十二月朔政於天子，藏於太祖廟，每月朔朝廟，使大夫南面奉天子命，君北面而受之。"這兩份材料是講告朔制度的權威性材料。從這兩份材料可以看出，告朔、朔政、月令雖有三名，所談的實際上是一回事。就《周禮・太史》的那段話來分析，"正歲年"是曆法上的事，"序事"則是按照太史所制定的時曆來部署一年十二個月的工作，這自然是政治上的事。這個部署工作的大權，掌握在政治上最高首腦天子的手裏。所制定出的這個文書就叫做"朔政"、"月令"。頒發到官府（中央政府機關）、都鄙（畿内的采邑主，所謂"内諸侯"）和邦國（畿外各諸侯國，所謂"外諸侯"），要求一律遵照執行。朔政每年制定一次。天子收藏在明堂，諸侯則收藏在太祖廟。每月朔日，把本月的月令拿出來執行。這就是"告朔"。今日保存在《禮記》中的《月令》，可以看作就是西周朔政的一個標本。有人看到《逸周書》中有"月令"（今亡），就以爲是周公作，看到《吕氏春秋》十二紀中有這種東西，就以爲是吕不韋作，看到《淮南子》裏邊有《時則》，就以爲是劉安作，其實都不對。告朔制度，春秋時已不實行，吕不韋、劉安怎能作出這種東西。至於説《逸周書》是周公作，則更是誣妄之談，不足徵信。

當然，今存的"月令"裏邊夾雜有很多宗教迷信的東西。可是，不應因此加以非難、懷疑，因爲它正反映當時社會的特點。在當時的歷史條件下，不能有純正的哲學，也不能有純正的科學。

四、文學

西周文學主要有散文、詩歌兩種。散文今保存在《尚書》中的，有《牧誓》《洪範》《金縢》《大誥》《康誥》《酒誥》《梓材》《召誥》《洛誥》

《多士》《無逸》《君奭》《多方》《立政》《顧命》《康王之誥》《呂刑》《費誓》等十八篇，多爲政府文告，純係官方作品。詩歌今保存在《詩經》中的有《周頌》三十一篇，《小雅》七十四篇，《大雅》三十一篇，《豳風》七篇（包括有私人作品）。總的看來，詩歌裏有表揚有揭露，形式也多種多樣，生動活潑，較之上述那些散文更富有文學價值。

《墨子·公孟》説："誦詩三百，弦詩三百，歌詩三百，舞詩三百。"今於先秦人著作中，常看到稱引一些逸詩，證明西周社會非常重視詩歌。詩歌創作的數量很大，選入《詩經》的，僅僅是其中的一小部分。

《禮記·王制》説："天子巡守，命大師陳詩以觀民風。"漢人劉歆、揚雄、班固、何休都曾提到采風。證之以《孟子·離婁下》"王者之迹熄而詩亡，詩亡然後《春秋》作"，則西周有采風之事，應當是可信的。采風當然是向民間采訪。這裏邊有一個問題，應當弄清楚。這就是當時的風詩，是不是都是勞動人民的作品？據我看，風詩祇能説是私人作品，非官方作品，不能認爲就是勞動人民的作品。因爲從《詩經》十五國風看來，絕大部分仍然是士大夫階級寫的。這是由當時社會性質決定的，因爲奴隸主階級對勞動人民的呼聲不會那樣重視。

關於風、雅、頌的名稱和三者之間的區別，當以下述《詩大序》一段話爲據。它説："是以一國之事，係一人之本，謂之風；言天下之事，形四方之風，謂之雅。雅者正也，言王政之所由廢興也。政有小大，故有小雅焉，有大雅。頌者，美盛德之形容，以其成功告於神明者也。"

這就是説，風和雅都是政治影響在詩歌上的反映，但在範圍和性質上有所不同。具體説，風代表地方，反映一國政治的得失；雅代表周室，反映王朝政治的盛衰。

風和雅都有美有刺，頌則祇有美，沒有刺。所謂美盛德之形容，這個"形容"，應表明它是舞詩，與風、雅爲歌詩者不同。《禮

記・樂記》説"武始而北出，再成而滅商，三成而南，四成而南國是
疆，五成而分，周公左，召公右，六成復綴以崇天子"，正足以證明今
《周頌》中的"武"，是"美盛德之形容"，即是舞詩。《續漢書・祭祀
志》説："漢立靈星祠。……舞者象教田，初爲芟除，次耕種、芸耨、
驅雀及穫刈舂簸之形，象其功也。"所説如在周時，當也是屬於頌之
類。風和雅則不然，例如《儀禮・鄉飲酒禮》："工歌《鹿鳴》《四牡》
《皇皇者華》"，"合樂《周南》：《關雎》《葛覃》《卷耳》，《召南》：《鵲巢》
《采蘩》《采蘋》"，《左傳》襄公四年"工歌《文王》之三"，所歌都爲風、
雅中詩，足以證明風、雅是歌詩，而非舞詩。

今傳世的《詩經》是春秋時魯人孔丘所編輯，在中國詩歌選集
中實爲最古並對後世有巨大影響的一種。其中《周頌》多是早期作
品，《小雅》《大雅》則包括西周各個時期的作品，《風》較晚，除《豳
風》外，其餘很大一部分是東周作品。

西周早期作品有不用韻的，句式也不盡四言。但從總的看來，
西周詩篇實以四言有韻爲主。就內容而言，《風》詩比較接近人民，
更能反映社會生活。《雅》《頌》則保存很多歷史事實。所以，保存
在《詩經》裏的西周詩歌，不但是很好的藝術品，對於古史研究，也
應看作是一份很重要的資料。

五、音樂

樂在西周，特別受重視，並不是單純爲了娛樂，而是利用它作
爲思想政治統治工具。《禮記・樂記》説："禮以道其志，樂以和其
聲，政以一其行，刑以防其姦，禮樂刑政，其極一也，所以同民心而
出治道也。"正説明了這一點。

在當時，樂同禮一樣，是不下庶人的。就是在統治階級當中，
周樂也是有等級的。《禮記・曲禮下》説："大夫無故不徹懸，士無
故不徹琴瑟。"什麼叫做"故"呢？鄭玄注説："故，謂災患喪病。"什

麽叫做"懸"呢？鄭玄注説："懸，樂器鐘磬之屬。"整個這句話的意思是説，祇有在"災患喪病"這些不幸的事件發生的時候，才徹去樂懸和琴瑟。否則，要經常演奏這些東西。

周制有一條通則，叫做"上得兼下，下不得僭上"。所以，大夫以上設懸，同時也得設琴瑟。至於庶人，當然設琴瑟也談不到了。

周人奏樂基本上如凌廷堪《禮經釋例》所概括的，"凡樂：瑟在堂上，笙管鐘磬鼓鼗之屬在堂下"。

> 凡樂皆四節：初謂之升歌，次謂之笙奏，三謂之間歌，
> 四謂之合樂。

凌氏又用實例加以説明。略謂："案《鄉飲酒禮》'工入升自西階'，'工歌《鹿鳴》《四牡》《皇皇者華》'，此升歌也，謂瑟與人聲歌於堂上也。又云，'笙入堂下，磬南北面立，樂《南陔》《白華》《華黍》'，此笙奏也，謂笙入奏於堂下也。又云，'乃間歌《魚麗》，笙《由庚》，歌《南有嘉魚》，笙《崇邱》，歌《南山有臺》，笙《由儀》'，此間歌也，謂'堂上之歌與堂下之笙間作'也。又云，'乃合樂《周南》：《關雎》《葛覃》《卷耳》，《召南》：《鵲巢》《采蘩》《采蘋》'，此合樂也，謂堂上堂下眾聲俱作也。"

凌氏又引李光地説作補充説明。李氏説："據《儀禮》作樂凡四節。升歌一也，笙入二也，間歌三也，合樂四也。蓋堂上之樂，工鼓琴瑟而歌。堂下之樂，或主笙，或主管，各以所宜，故曰歌者在上，匏竹在下，即笙符之謂也。上下迭作，則謂之間；上下並作，則謂之合。"

金鶚《求古録禮説·古樂節次等差考》論述較詳。他説："閑考古樂上下所用，其節共有六：一曰金奏，堂下用鐘鎛，兼有鼓磬，以奏《九夏》，春牘、應、雅以節之，此樂之始也。二曰升歌，堂上鼓琴瑟歌詩，階間以柎節之，堂下鐘磬應之，亦樂之始事也（原注："無金奏者，以升歌爲始，有金奏者，升歌亦爲始事。蓋金奏爲堂下樂之

始,升歌爲堂上樂之始也。")。三曰下管,堂下以管奏《象》或《新宫》,鼗鼓柷敔以節之,亦鐘磬應之,此樂之中也。四曰笙入,堂下笙奏《南陔》《白華》《華黍》,亦用鼗鼓柷敔節之,鐘磬應之,此亦樂之中也。五曰間歌,堂上歌《魚麗》,堂下笙《由庚》,歌《南有嘉魚》,笙《崇邱》,歌《南山有臺》,笙《由儀》,此亦樂之中也。六曰合樂,堂上歌詩,琴瑟與堂下之樂合作,其詩或《雅》或《南》,其器八音畢奏,此樂之終也。後又有無算樂,其詩惟所欲,其樂不限幾終,此不在正樂之數,且惟《鄉飲酒》《燕禮》有之,饗、食則否。蓋無算樂乃無算爵所用,非燕飲不得有無算爵也。"

又説:"天子諸侯之樂,以金奏爲第一節,升歌爲第二節,下管爲第三節,合樂爲第四節,每節皆三終。大大士之樂以升歌爲第一節,笙入爲第二節,間歌爲第三節,合樂爲第四節,每節皆三終,兩兩相當也。然金奏所以迎賓送賓,祭祀以迎尸送尸,始終皆有之,故非樂之正,則止三節九終而已。"

如有舞,則在合樂之後。舞,有文舞,有武舞。文舞執羽籥,武舞執干戈。

第四章　春秋——中國奴隸社會的衰落時期

《春秋》本是一部史書的名稱。孔丘所作的魯國歷史,名字就叫《春秋》。由於這部《春秋》所記載的歷史事實,其起止年代,大體上與一個客觀的歷史發展時期相當,故歷代史學家便把《春秋》這個書名作爲一個特定歷史時代的名稱,這就是通常所説的春秋時代。

當然,説大體上相當,就不是完全等同。具體講,孔丘所作的《春秋》,自魯隱公元年(公元前 722 年,周平王四十九年)寫起,至魯哀公十四年(公元前 481 年,周敬王三十九年)結束。而春秋時代,作爲客觀的歷史時期,卻應從周平王東遷(公元前 770 年)算起,至韓、趙、魏三家滅智伯而分其地(公元前 453 年)爲止。

關於春秋時代的起點,目前史學界的看法基本上是一致的。但在終點的看法上,還有分歧。例如郭沫若同志即以周元王元年(公元前 475 年)作爲春秋戰國的分界綫。郭老的這個看法是以《史記·六國年表》爲依據的。另外,司馬光的《資治通鑑》則以周威烈王二十三年(公元前 403 年)作爲戰國歷史的起點,這是對春秋時代終點問題的又一種看法。

其實,《史記·六國年表》起自周元王元年,用意祇在於同孔丘所作的史書《春秋》銜接。這在《六國年表》序文裏是有明確説明的。而司馬光《資治通鑑》始於周威烈王二十三年,其意在於"謹名分"。胡三省注對此已經講得很清楚了。也就是説,上述兩種看法,都是主觀的和隨意的,並不是以客觀歷史發展的階段性爲依據。

我們知道《左傳》、《國語》二書的下限和《戰國策》的上限，時間都是韓、趙、魏三家滅智伯而分其地。即便是《史記·六國年表》，在序文裏也説："三國終之卒分晉，田和亦滅齊而有之，六國之盛自此始。"《資治通鑑》實際上也是從韓、趙、魏三家滅智伯而分其地敍起。所有這些，並不能説是巧合，祇能説它們都意識到客觀歷史發展的階段性。大家都知道，春秋時期歷史在政治上的特點是五霸，而戰國則是七雄，如果春秋、戰國以周元王元年作爲分界綫，則五霸便不能包括越勾踐。《荀子·王霸》説五霸爲齊桓、晉文、楚莊、吳闔閭、越勾踐。《墨子·所染》關於五霸的觀點與荀子同。關於五霸爲誰的説法雖然很多，荀子、墨子乃是先秦舊説，自可依據。現在把勾踐去掉，五霸便殘缺不全了。説到七雄則更成問題，因爲周元王時祇有晉，還没有韓、趙、魏。顯然，這樣劃分是不符合歷史實際的。

周平王東遷是中國歷史上一個重大的轉折點。它不僅標誌着周王室從此已失去對諸侯的統治，也標誌着中國奴隸社會從此走下坡路。《史記·周本紀》説："平王之時，周室衰微，諸侯强并弱，齊、楚、秦、晉始大，政由方伯。"這是一個非常正確的概括。根據孔丘的説法，周平王東遷以前，基本上應屬於"禮樂征伐自天子出"的時期。自平王東遷以後則進入"禮樂征伐自諸侯出"的時期。具體説，這個時期又包括繼續發展的"自大夫出"，以至於"陪臣執國命"。

春秋初期，諸侯之存者據説還有一百四十多國。但隨後這一數字便急劇下降。據《荀子·仲尼》説：齊桓公"并國三十五"。《韓非子·難二》説：晉"獻公并國十七，服國三十八"。又《有度》説："荆莊王并國二十六，開地三千里。"《十過》説：秦穆公"兼國十二（《史記·李斯傳》作"二十"），開地千里"。《吕氏春秋·直諫》説：荆文王"兼國三十九"。而司馬遷述董仲舒之説，曾爲《春秋》一書

作大略統計，説"《春秋》之中，弑君三十六，亡國五十二，諸侯奔走
不得保其社稷者不可勝數"。由於出現這種王綱解紐、諸侯兼并的
局面，可以想象這一時期内的階級鬥爭和民族鬥爭是何等激烈！
這種鬥爭的根本原因，肯定是由於社會生産力的發展，要求舊有的
生産關係乃至上層建築隨之改變，以與新的生産力相適應所引起
的。

　　關於古代社會生産力的狀況，根據已知材料，大體上可以這樣
説，殷商和西周已用青銅生産工具於農業，但衹是少量的。大量使
用的還是石器、骨器和蚌器。就出土器物看，屬於商代的衹有一把
銅钁，一把銅鏟，屬於西周的衹有一些銅鐮。在勞動組織上，殷商
主要是"耤田"，西周主要是耦耕。但進入春秋以後，則鐵制農具和
牛耕逐漸通行，社會生産力有了飛躍發展。另方面，經過在西周政
權下二百五十餘年的長期相對穩定，人口增長很快。舊日一國的
人口主要聚居在郊以内，後來則不但野有無數公邑，新興的采邑更
是星羅棋佈，直達於邊境。人口和財富的劇增，使人們的社會生活
和思想狀況不能不發生變化。恩格斯説："卑劣的貪慾是文明時代
從它存在的第一日起直至今日的動力；財富，財富，第三還是財
富，——不是社會的財富，而是這個微不足道的單個的個人的財
富，這就是文明時代唯一的、具有決定意義的目的。"①顯然，這個
"文明時代唯一的、具有決定意義的目的"，造成了整個春秋時代階
級鬥爭和民族鬥爭的複雜局面。

第一節　　五霸迭興和政權下移

　　惲敬説："夫五霸，更三王者也；七雄，更五霸者也；秦兼四海，
一切皆掃除之，又更七雄者也。"(《大雲山房文稿・三代因革論

---

①　《馬克思恩格斯全集》第21卷，第201頁。

一》)惲敬這樣劃分古代幾個歷史階段，很有參考價值。五霸應代表一個歷史時期。

前面説過，關於五霸爲誰的各種説法中，墨子、荀子的説法爲先秦舊説，是可取的。也就是説五霸應爲齊桓、晉文、楚莊、吳闔閭、越勾踐。從他們發展變化的總過程來看，似可分爲四個階段，即：序幕階段、高潮階段、持續階段和尾聲階段。

一、序幕階段
（公元前 770 年——前 720 年）

從周平王東遷（公元前 770 年）至平王死去（公元前 720 年），共五十一年，可看作是五霸的序幕階段。這個階段的特點，在於齊、晉、秦、楚四霸已嶄露頭角。《國語・鄭語》説“及平王之末，而秦、晉、齊、楚代興，秦景（景應作莊）、襄於是乎取周土，晉文侯於是乎定天子，齊莊、僖於是乎小伯，楚蚡冒於是乎始啓濮”，正是這個時期的實際情況。

春秋初期中國境内的一百四十多個諸侯國，主要分佈在黄河上游和中、下游區域以及江漢區域。在黄河中、下游區域有：周、鄭、衛、齊、魯、宋、杞、陳、蔡、曹、滕等國，約當今河南、山東兩省之地。在黄河上游的有：秦、晉、虞、虢、梁、芮等國，約當今山西、陝西兩省之地。在江漢區域的有：楚、隨、申、息、鄧、徐、郾、絞、州、蓼、巴等國，約當今湖北、安徽兩省及四川省東部。這些國家在最初受封時都不是很大的。《左傳》襄公二十五年説：“且昔天子之地一圻，列國一同，自是以衰。今大國多數圻矣，若無侵小，何以至焉？”這種説法實正確地反映了當時的歷史實際。“一圻”是方千里，“一同”是方百里，“自是以衰”則又不同程度地小於百里了。當時不但一國的領土不是很大，而且一國之内，多半人口稀少，人民多半聚居在有武裝保衛的城郭内及其附近，周圍有很多的空地。國與國之間,空地更多。《左傳》哀公十二年說:"宋、鄭之間有隙地焉,曰彌作、頃丘、玉暢、喦、戈、錫。"即其顯證。被稱爲夷狄的各少數民族往往錯居其間。因此,國與國之間經濟聯繫比較少,因爲首先交通不發達就是一個很大的障礙。當然,發展到春秋時代以後,就遠遠不是這樣了。

大體上說,當時處在黃河中、下游地區的各國,多半是所謂"虞、夏、商、周之胤",爲當時的文化中心。歷史上所說的諸華、諸夏或中國,所指的主要就是這個地區。特別是周、魯、宋三國,它們對於舊文化、舊制度的保存,尤爲豐富而深厚。這在文獻上有很多反映。例如《左傳》襄公十年說:"諸侯,宋、魯於是觀禮。"閔公元年說:魯"猶秉周禮"。昭公二年說:"周禮盡在魯矣。"文獻中還記載吳公子季札聘魯觀周樂,孔子適周問禮等事迹。這裏說的禮、樂,就是西周以來的舊文化、舊制度的集中體現。但處在黃河上游地區和江漢流域的諸侯國家,則與此有很大區別。他們大多與文化發展階段較低的蠻夷戎狄爲鄰。例如,居黃河上游區域的晉,即自稱"居深山,戎狄之與鄰,而遠於王室。王靈不及,拜戎不暇"(《左傳》昭公十五年)。秦則自襄公始爲諸侯,受賜居西周舊地,而這片土地因遭戎族蹂躪,中原文化之遺迹,已蕩然無存。至於處在江漢流域的楚國,自稱"我蠻夷也",其文化發展程度之低更是可想而知。然而歷史的辯證法恰恰在於,因爲春秋時代社會處在大變革之中,所以受舊文化、舊制度束縛較深的黃河中、下游諸國,傳統變爲包袱,反而成了前進中的後進者。而黃河上游區域及江漢流域諸國卻正相反。這些國家如秦,如晉,如楚,由於沒有或很少舊傳統的包袱,加之背臨空曠地帶,與所謂蠻夷戎狄等少數民族爲鄰,有充分發展的餘地,入春秋後很快膨脹起來,成爲大國和强國,是爭奪霸權舉足輕重的力量。齊雖是黃河下游區域的國家,但它東北土地多曠,亦與文化發展較慢的少數民族爲鄰,也有發展的餘地,所以齊的强盛也是很快的。

現在來看看這個時期幾個主要國家的基本情況。

1. 周

平王東遷後，周在名義上雖然依舊是天下的共主，實際上已下降到眾諸侯國的地位，不復有控制諸侯的力量。東周之初還擁有土地方六百里，略有今河南省洛陽、原陽、濟源、修武、孟縣、溫縣、沁陽、武陟、偃師、鞏縣、嵩縣、登封、新安、宜陽、孟津、汝陽、魯山、臨潁等地，包括虎牢、崤函一些險要地區。平王在位五十一年，其詳細事迹已不可考，但從保存於《詩經‧王風》中的《君子於役》、《揚之水》、《中谷有蓷》諸篇來看，平王在位時期，政治並沒有得到改善。周的急劇衰敗，使霸權邏輯地替代王政成爲歷史上支配的因素。

2. 秦

秦祖非子，在周孝王時因養馬有功受封於秦（今甘肅清水東北），本是附庸小國。數傳至襄公，適值周末危機，襄公將兵力救幽王，後又護送平王東遷洛邑，戰功赫赫，始得列爲諸侯。周平王賜之岐以西之地，實際上是讓秦從戎族手中奪回岐豐之地。秦襄公和他的兒子文公爲此進行了歷時兩代的戰爭，終於打敗犬戎，占據了以岐豐爲中心的廣闊地域，爲後來秦穆公稱霸西戎奠定了基礎。

（關於秦文公以後的世系，《史記‧秦本紀》、《漢書‧古今人表》與《史記‧秦始皇本紀》的記載不同。考1978年陝西寶雞太公廟村發現的秦公鐘銘文"刺刺邵文公、靜公、憲公不豕於上"，與《秦始皇本紀》的文公—靜公—憲公—出公—武公世系相同。《秦本紀》、《十二諸侯年表》、《漢書‧古今人表》關於秦先公世系的記載均有差誤，應以《秦始皇本紀》和秦公鐘銘文的記載爲是。）

3. 晉

始封君叔虞爲周成王的同母弟。初封時國號唐，至子燮始改爲晉。關於晉始封時的地點，《漢書‧地理志》太原郡晉陽下説："故《詩》唐國，周成王滅唐，封弟叔虞"。鄭玄《詩譜》從之。其實

《左傳》定公四年有明白的記載,説:"命以《唐誥》而封於夏虚。"這個"夏虚"就是《史記‧吳太伯世家》所説的"乃封周章弟虞仲於周

陝西寶雞縣太公廟村出土的秦公鐘

之北故夏虚",絶對不是在晉陽。《世本》説:"唐叔虞居鄂。"宋忠説:"鄂地今在大夏。"張守節釋"大夏"説:"與絳州夏縣相近"。這些説法應該是對的。晉在獻公之前北有楊(今山西洪洞東南)、霍(今山西霍縣西南),西有耿(今山西河津東南),南有虞(今山西平陸東北)、魏(今山西芮城東北),東有赤狄別種潞氏(今山西黎城西南)、留吁(今山西屯留南)、鐸辰(今山西長治市)等。晉在當時實局處於今山西省西南一隅,怎能越過楊、霍而有晉陽? 不過,史稱晉穆侯伐條,伐千畝,至文侯時又有"定天子"之功,證明晉的霸業,倒是早在平王時就有了基礎的。

　　4. **齊**

　　始封君爲太公望,氏吕名尚,以輔佐周文王、武王滅商有功封齊,都營丘(今山東臨淄北),其後胡公遷薄姑。薄姑亦作蒲姑(今山東博興東南),至獻公復遷至臨淄。春秋初期,齊國略當今山東省的北部,南以泰山山脈與魯爲界,東與紀(今山東壽光南)爲鄰國,東南則爲萊(今山東黃縣東南)與莒(今山東莒縣)、陽(在今山

東沂南南），西南還有遂（今山東肥城南）、譚（今山東濟南東）、鄣（今山東東平東北）等幾個小國，北至河。《左傳》桓公六年記鄭太子忽説："齊大，非吾耦也。"但當時齊的國土不過如此。雖然這樣，齊終是東方的强國。《國語・鄭語》説："齊莊、僖於是乎小伯。"證明齊國的地位確已不同一般了。

5. 楚

始封君熊繹，周成王時受封，居丹陽（今湖北秭歸）。楚始封時是很微弱的。《國語・晉語八》説："昔成王盟諸侯於岐陽，楚爲荆蠻，置茅蕝，設望表，與鮮卑守燎，故不與盟。"可見當時周室把楚視同蠻夷。但正由於楚的周圍多是文化發展程度較低的所謂"群蠻"、"百濮"，有廣大的未墾闢的地區，反而給它向外擴張準備了良好的條件。傳至熊渠（當周夷王時），楚在江漢間已形成一個相當大的力量。熊渠先後伐庸（今湖北竹山西南）、楊粵（亦作揚越，《史記・南越列傳》有"秦時已并天下，略定揚越，置桂林、南海、象郡"，則揚越實包括今中國南部廣大地區），至於鄂（今湖北鄂城）。有子三人，長子立爲句亶王（句亶，今湖北江陵），仲子紅爲鄂王，少子執疵爲越章王。至周平王時，楚君最著名的是熊儀（若敖）、熊眴（蚡冒）和熊通（楚武王）。《左傳》宣公十二年説："若敖、蚡冒，篳路藍縷以啓山林。"文公十六年説："先君蚡冒所以服陘隰也。"《國語・鄭語》："楚蚡冒於是乎始啓濮。"都記載了若敖、蚡冒時期楚向外進一步擴張的事迹。但《左傳》昭公二十三年説："若敖、蚡冒至於武、文，土不過同。"看來，這時楚還没有超過北方大國。

6. 鄭

始封君桓公友，是周宣王母弟，於宣王二十二年（公元前 806 年）受封。初封時本在宗周畿内。幽王時，桓公爲司徒，目睹周室政治日非，危在旦夕，因預先把他的家屬和財富遷移到東方的兩個小國虢（東虢，文王弟虢叔所封，今河南滎陽東北）和鄶（今河南密縣東南）。後來桓公死於幽王之難，子武公掘突隨平王東遷，滅虢、鄶等十邑，建立新的國家，仍名爲鄭，都新鄭（今河南新鄭）。武公傳子寤生，是爲莊公。武公、莊公都做過周室的卿士，是執政的重臣。可是他們實際上都沒有盡心維護周的統治。相反，卻帶頭拆王室的臺。春秋初期，鄭在衆諸侯中，最爲桀驁不馴。它不但公然吞滅虢、鄶等國，而且竟發展到"周、鄭交質"的程度。但鄭處於四戰之地，它要向外發展，地理上的條件極爲苛刻。所以，縱然鄭莊公以梟雄之姿，稱雄一時，畢竟不能同齊桓、晉文相比，僅僅在爭奪霸權的序幕中算得一個突出人物而已。

二、高潮階段（公元前 719 年—前 632 年）

爭霸高潮階段從周桓王即位起，至踐土之盟止，共八十八年。這個時期最顯著的標誌，是中國北方先後出現齊、晉、秦三霸，南方出現荊楚一霸。北方三霸與南方一霸有一點不同。北方三霸都打着"尊王攘夷"的旗號，自認爲是華夏族的代表，而南方一霸則不然。它不把周室看在眼裹，公然以"蠻夷"自居。

孟軻説："霸必有大國。"（《孟子·公孫丑上》）這個説法是對的。齊、晉、秦、楚四霸沒有一個不是大國。當然它們也並非始封時就這麽大，而是在不斷吞并四周小國的過程中逐步膨脹起來的。所以在字義上，霸同伯，不過是諸侯之長的意思。但從實際上看，所有的霸都是以武力起家，並依靠武力來維持的。霸的出現，意味着周室權力的最終消亡。北方諸霸儘管打着"尊周"的旗號，可是事實上正是它們在明目張膽地挖周室的墙脚。

1. 齊桓公

齊桓公被稱爲五霸之首。這有兩重含義，一是説他最先稱霸；二是説他的霸業最爲顯赫。

齊桓公名小白，僖公之子。公元前 685 年即君位，公元前 643

年死去。在政治舞臺上活動時間爲四十三年。前此僖公已有"小伯"之稱。傳子襄公，又以"復九世之讎"爲藉口，滅了同姓紀國，向東南擴張。後來襄公爲公子無知所殺，無知又爲人所殺，齊國大亂。小白以襄公弟由莒入齊即君位，是爲桓公。

桓公既即君位，任用大政治家管仲爲相，首先對内政進行大幅度的整頓。整頓的主要内容，用管仲的話來説，是"參其國而伍其鄙"。我們已經知道，當時的諸侯國内一般都有國、野之分。所謂"參其國"，就是分國爲三個部分，分別爲工、商和士居住。所謂"制國以爲二十一鄉，工商之鄉六，士鄉十五"，就是"參其國"的具體情況。

這裏所説的"士鄉"的士，應據韋昭釋爲軍士。因爲在士鄉中，用居民組織的眼光來看，是"五家爲軌，軌爲之長；十軌爲里，里有司；四里爲連，連爲之長；十連爲鄉，鄉有良人焉"。但它同時又完全同軍事組織的編制吻合："五家爲軌，故五人爲伍，軌長帥之；十軌爲里，故五十人爲小戎，里有司帥之；四里爲連，故二百人爲卒，連長帥之；十連爲鄉，故二千人爲旅，鄉良人帥之；五鄉一帥，故萬人爲一軍，五鄉之帥帥之。三軍，故有中軍之鼓，有國子之鼓，有高子之鼓。春以蒐振旅，秋以獮治兵。"（《國語・齊語》）這樣，寓軍隊的編制於居民的編制之中，被稱作"作内政而寄軍令"。管仲制"士鄉十五"，使齊國擁有三萬人的大軍，由齊桓公、高子、國子分別率領。齊桓公率中軍，高子、國子率左、右兩軍，春秋兩季利用蒐、獮（田獵）時間進行軍事訓練。在當時，這樣的軍事大國是絕無僅有的。

鄙，是野的異名。"伍其鄙"，就是《齊語》所説的制鄙"三十家爲邑，邑有司；十邑爲卒，卒有卒帥；十卒爲鄉，鄉有鄉帥；三鄉爲縣，縣有縣帥；十縣爲屬，屬有大夫。五屬，故立五大夫，各使治一屬焉；立五正，各使聽一屬焉"。這也就是把居住在鄙裏的農民逐級組織起來，亦即邑三十家，卒三百家，鄉三千家，縣九千家，屬九萬家，五屬爲四十五萬家。

　　前面説過,國爲二十一鄉。鄉以二千家計算,則國有四萬二千家。國、鄙合計爲四十九萬二千家。一家按五人計算,總人口達二百四十六萬人,應該説是不小的國家了。

　　管仲實行"參其國而伍其鄙"這種政策的用意,是所謂"定民之居,成民之事",令士、工、商三民在國居住,農民在鄙居住,均不得相混雜。這固然表現了國人和鄙人的政治身份不同,同時也同當時的實際情況相適應。就軍事説,當時一般衹能是城郭設防,野鄙不設防,故國内設士鄉十五。而對農、工、商各業,管仲的政策又有"少而習焉,其心安焉,不見異物而遷焉"的好處。管仲説"成民之事",實際上是促進了社會生産力的發展。這對齊國國力的强盛無疑産生了深遠的影響。

　　齊桓公任用管仲整頓内政,使齊國在政治、軍事和經濟上都取得極大的優勢,擴張的勢頭咄咄逼人。據《春秋》一書記載,齊桓公繼位的第二年(公元前684年)滅譚,五年(公元前681年)滅遂,二十二年(公元前664年)降鄣,二十六年(公元前660年)遷陽。對齊國的擴張,小國無力抵禦,但是人民表現了反抗的精神。齊滅遂後,派兵駐守。四年後遂國遺民因氏、領氏、工婁氏、須遂氏佯裝犒勞齊軍,將他們灌醉,然後全部殺死。《春秋》爲此大書特書:"齊人殲於遂。"這種鬥爭,顯然是小國人民對於大國征服者的報復性的懲罰。這暴露出大國爭霸戰争的反人民的性質。擁有强大實力和雄心勃勃的齊桓公正是用這樣的血腥戰争開闢了他建立春秋第一霸的道路。

　　但是齊桓公的霸業畢竟是在歷史上起過相當大的作用的。它具體表現在:

　　第一,他在很長一段時間内,以東方集團國家盟主的資格,多次主持會盟。

　　例如《國語·齊語》説:"兵車之屬六,乘車之會三。"《論語·憲問》説:"桓公九合諸侯不以兵車。"《穀梁傳》莊公二十七年説:"衣裳之會十有一,……兵車之會四。"諸書記載互有出入,但齊桓公當時多次主持會盟則可以肯定。

這些會盟以公元前 679 年鄄之會(鄄,在今山東鄄城北)爲霸業的起點,以公元前 651 年葵丘之會(葵丘,在今河南蘭考)爲霸業的極盛。那末這些會盟有什麼意義呢?《孟子・告子下》說:"五霸桓公爲盛。葵丘之會,諸侯束牲載書而不歃血。初命曰:誅不孝,無易樹子,無以妾爲妻。再命曰:尊賢育才,以彰有德。三命曰:敬老慈幼,無忘賓旅。四命曰:士無世官,官事無攝,取士必得,無專殺大夫。五命曰:無曲防,無遏糴,無有封而不告。曰,凡我同盟之人,既盟之後,言歸於好。"《穀梁傳》僖公九年說法稍有不同,它說:"葵丘之會,陳牲而不殺,讀書加於牲上,壹明天子之禁,曰:毋雍泉,毋訖糴,毋易樹子,毋以妾爲妻,毋使婦人與國事。"《公羊傳》僖公三年寫陽谷之會的盟書時也有類似的記載:"桓公曰:無障谷,無貯粟,無易樹子,無以妾爲妻。"這裏各種說法並不完全一樣,但大體上還是一致的,因而是可信的。具體說,"無曲防"、"無雍泉"、"無障谷"是一回事,就是水利問題。《戰國策・東周策》記有"東周欲爲稻,西周不下水"。這種截止水源的做法,應該就是"曲防"、"雍泉"、"障谷"的含義。"無遏糴"、"毋訖糴"、"無貯粟"也是一回事,就是買賣糧食的問題。《左傳》僖公十四年記有"秦饑,使乞糴於晉,晉人弗予"。這就是所謂"遏糴"、"訖糴"、"貯粟"的實例。會盟中在這些問題上所達成的協定,鮮明地反映了日益發展的經濟已經迫切要求改變原有的那種各自爲政的割據局面。在《孟子》中所記錄的這五條禁令,前四條屬於政治問題,用意在挽救舊有制度的危機;後一條主要是講經濟問題,而且多少對於舊有的經濟壁壘有所打破。這樣看來,齊桓公主持的會盟是做了些順應時代潮流的事的。

第二,他在推行強權政治的基礎上,成功地實現了"尊王攘夷"的戰略和政策。

"尊王攘夷",是齊桓公在強權政治基礎上,用來取得霸權的最主要也是最重要的戰略方針和政策。"尊王"，可以收到挾天子以令諸侯的效果；"攘夷"，能煽動民族情緒，從而取得廣大華夏族的擁護。不管齊桓公的真實動機是什麼，這種戰略和政策迎合了當時中原人民的共同心理。《論語·憲問》所説"管仲相桓公，霸諸侯，一匡天下，民到於今受其賜。微管仲，吾其被髮左衽矣"，正反映了齊桓之霸在華夏族文化的發展過程中，有着特殊作用。

周室東遷後，雖然天子徒有虛名，沒有實力，但由於傳統的影響，這個虛名還有一定的作用。《左傳》隱公四年説：衛州吁弑君自立，而人心不服，因派人請教於老臣石碏。石碏説："王覲爲可。"意思是説得到周王的認可就可以了。又公元前 707 年周、鄭繻葛之戰，周桓王本來是打了一個大敗仗，並在戰場上被敵人射中肩膀，但作爲敵方的鄭莊公不但不追擊，反使人在夜裏慰問桓王及其左右。這説明周王至少在心理和道義上還是不可隨意侵犯的。齊桓公正是看到了這一點，所以他雖然真正依靠的是實力，但表面上還要打起尊王的旗號。

齊桓公"尊王"的史實有很多記載。首先在所有會盟中，齊桓公都祇是以諸侯之長的身份出現，無有僭越。其他如：《史記·齊太公世家》説，齊桓公救燕，"命燕君復修召公之政，納貢於周，如成康之時"。《左傳》僖公四年記齊桓公以諸侯之師伐楚，提出用兵的理由是"爾（指楚）貢包茅不入，王祭不供，無以縮酒"，以及"昭王南征而不復"。《左傳》僖公九年記周惠王使宰孔賜齊侯胙，齊桓公堅持臣禮，"下拜登受"。這些事實表明齊桓公無論在戰爭發動之初，或是戰爭結束之後；無論在同各諸侯國的交往之中，或是在與周室的直接關係上，都有意識地突出王權在道義上的權威，而這無疑是被他作爲一種有力的工具來利用的。

齊桓公時，在中國境内的一些少數民族同華夏族之間的矛盾尖鋭起來。《公羊傳》僖公四年説："南夷與北狄交，中國不絶若綫，桓公救中國而攘夷狄，卒怗荆。"這概括而正確地反映了齊桓公當時所處的環境。

所謂南夷，主要是指楚國。《史記・楚世家》記楚武王説過："我蠻夷也。"《齊太公世家》也説："楚成王初收荆蠻有之，夷狄自置。"是其證。

北狄則主要是指赤狄。顧棟高《春秋大事表・春秋四裔表敍》説："蓋春秋時戎狄之爲中國患甚矣，而狄爲最。諸狄之中，赤狄爲最。赤狄諸種族，潞氏爲最。晉之滅潞也，其君臣用全力以勝之。荀林父敗赤狄於曲梁，遂滅潞，而晉侯身自治兵於稷以略狄土。稷在河東之聞喜（今山西聞喜西），而曲梁在廣平之雞澤（今河北雞澤），綿地七百餘里，旋復得留吁（今山西屯留南）之屬，晉之疆土益遠。狄所攘奪衛之故地如朝歌（今河南淇縣）、邯鄲（今河北邯鄲市）、百泉（今河南輝縣西北），其後悉爲晉邑。班氏所謂河内殷墟更屬於晉者，蓋自滅狄之役始也。然狄之强莫熾於閔、僖之世。殘滅邢、衛，侵犯齊、魯。其時祇稱狄，未冠以赤白之號。其後乃稍稍見於經傳，意其種豪，自相携貳，更立名目。如漢之匈奴分爲南北單于，而其後遂以削弱易制。《傳》云：'衆狄疾赤狄之役，遂求成於晉'，此其徵也。"顧氏此説，深得當日情勢。因此，《公羊傳》所説的"北狄"，實指赤狄潞氏而言。當時赤狄潞氏役屬衆狄，成爲北方大國。其疆域西起晉之蒲（今山西隰縣北）、屈（今山西吉縣北），東與齊、魯、衛爲界，綿延千里，邢、衛、宋、魯、齊、晉、鄭諸國，都曾遭到它的侵犯。對於當日的華夏族來説，確實構成嚴重的威脅。

齊桓公在南北兩個方向上都發動了"攘夷"的戰争。其中最大的幾仗：

一是救邢。公元前 661 年狄人伐邢。管仲主張救邢。因爲"戎狄豺狼，不可厭也。諸夏親暱，不可棄也。宴安酖毒，不可懷也"（《左傳》閔公元年）。意思是説戎狄貪得無厭，象豺狼一般；諸夏則與自己有同族關係，同族遭遇禍患，不應坐視不救；在這種關頭，安逸就是毒藥，是萬不能懷戀的。這實際上是把敵我友三方面的關係都作了具體的分析。照管仲看來,毫無疑問對敵人要反對,對友邦要團結,對自己則力戒苟且偷安。這樣簡單明了的分析,在當時並非容易達到,它表明管仲作爲政治家,在整個春秋時期確實是第一流的。

按照管仲的意見,齊桓公出兵救邢。公元前 659 年,齊、宋、曹三國聯軍駐扎在聶北(今山東聊城境内)。這時邢人已經潰敗,如流水似地向聯軍駐地奔逃。聯軍一方面爲之驅逐狄人,一方面又治備各種用具,幫助邢人遷居夷儀(今山東聊城西南),建立一個新的國家。

二是封衞。公元前 660 年,狄人滅衞。齊桓公於二十八年(公元前 658 年)春率諸侯城楚丘(今河南滑縣東)而立衞君,使衞得以新生。

《左傳》對救邢、封衞兩件事都給以很高的評價,説"邢遷如歸,衞國忘亡"。

三是救燕。公元前 664 年,山戎伐燕。齊桓公救燕,北伐山戎。打這一仗是很艱苦的。《韓非子·説林上》説:"管仲、隰朋從於桓公而伐孤竹,春往冬返,迷惑失道。管仲曰:'老馬之智可用也。'乃放老馬而隨之,遂得道。行山中無水。隰朋曰:'蟻冬居山之陽,夏居山之陰,蟻壤寸而有水。'乃掘地,遂得水。"可見在地理條件上對齊桓公是很不利的。但救燕的目的達到了。《國語·齊語》記載這一仗的結果説:"刜令支(今河北遷安西),斬孤竹(今河北盧龍南)而南歸。"

四是伐楚。公元前 656 年齊桓公親率齊、魯、宋、陳、衞、鄭、許、曹等八國聯軍伐楚。楚這時已占有江漢區域的大片土地,而且北滅申(今河南南陽北),滅鄧(今湖北襄樊西北),滅息(今河南息縣西),並進而爭鄭(今河南新鄭),其勢洶洶,成爲華夏族南方的一個大敵。鄭是齊的與國,根據管仲的戰略思想,鄭不能不救,楚不能不反。但是齊桓公率領八國聯軍,浩浩蕩蕩,遠道伐楚,當楚成王派人責問齊桓公何故涉楚地時,管仲卻不説出本意,而衹是翻出當年的老帳,説一些"爾貢包茅不入","昭王南征而不復"之類冠冕堂皇的漂亮話。這是什麽道理呢？可以想象,管仲的策略是計出萬全。這次伐楚主要不是要取得軍事上的勝利,而是要取得政治上的勝利。因爲管仲明知楚是新興大國,並非好惹的。所以齊桓公表面上擺出要打的架勢,而實際上並不真想打仗。從楚這方面説,也不敢同聯軍拚命。管仲既説得堂而皇之,楚也就多少給了點面子,承擔"貢包茅"的義務,作了些讓步。於是結成召陵之盟。象這樣的"戰爭",無疑是齊桓公、管仲采取現實主義態度的結果。從事實上看,楚並未因此而停止向北擴張的計劃。

洛陽中州渠發現的齊侯鑒

2. 晉文公

晉文公是繼齊桓公之後的又一個赫赫有名的霸主。史書上常把齊桓公、晉文公兩霸並稱爲"桓文"。所以齊桓、晉文兩霸,在某種意義上可以説是春秋霸權高潮階段的主要内容。

晉文公與齊桓公相比,二人的稱霸有相同處,也有不同處。相同處是兩人都打着"尊王攘夷"的旗號,都把阻止楚北進作爲自己的政策;不同處是齊桓公的霸業及身而止,他一死,齊國的霸主地位立即衰落,而晉文公則不然。文公死後,晉國的霸業繼續維持了很多年。因此,如果説齊桓之霸是以召陵之盟爲其頂峰的話,則晉文之霸衹是以城濮之戰爲晉國全部霸業的奠基而已。同時,召陵之盟,齊桓公並未在軍事上取得勝利,所以未能阻止楚的北進;而城濮之戰,晉文公在軍事上取得很大勝利,從此形成八十多年的晉、楚爭霸局面。這也是齊桓、晉文兩霸的不同之處。

晉文公名重耳,是獻公的庶子。春秋初年,晉文侯仇死後,子昭侯伯立,封文侯弟成師於曲沃,是為曲沃桓叔。曲沃(今山西聞喜東北)大於晉都翼(一名故絳,在今山西翼城南),依靠實力,長期與公室為敵。經過六十一年(公元前 740 年—前 679 年),至曲沃武公時終於滅了公室。公室既滅,曲沃武公便以晉室所有的寶器向周僖王行賄,被周僖王正式列為諸侯,全有晉地,是為晉武公。武公為晉君,二年而死,子獻公繼位。晉獻公對外實行擴張政策。晉國就是從獻公開始將原先一軍擴充為二軍的。於是晉國先後吞并周圍的霍、魏、耿、虢、虞等十幾個小國,統一了今山西省的南部,并且對黃河以西以南繼續取明顯攻勢。晉開始成為北方的一個強國。

但是晉獻公在內政問題上處理不當。起先是懲於強宗之為害,聽信謀臣士蔿之計,盡殺群公子,意欲使政權集中於公室,實際上造成貴族集團的分裂。繼而又寵信驪姬,廢嫡立庶,引起長時期的內亂。公子重耳在這次內亂中逃亡在外。首先跑到狄,在那裏住了十二年。以後又經衛到齊,經曹到宋,經鄭到楚,由楚到秦。當時齊、宋、楚、秦四國都給重耳以優厚的禮遇。公元前 636 年,重耳終於借秦國的力量回到晉國,立為晉君,是為晉文公。

晉文公稱霸並不是偶然的。他有一些有利條件。首先,晉國經獻公時期的努力經營,已粗具大國規模。而晉文公即位時,已經是六十二歲了。他在外十九年,周歷八國,備嘗艱難險阻,瞭解了晉國內外的情勢,經驗相當豐富。同時,隨從流亡的人員中,有狐偃、趙衰、賈佗等,都是傑出的人才,也使晉國在政治上和軍事上具有優越的條件。其次,國外形勢對晉也是有利的。齊桓公死後,諸子爭立,齊國已開始走下坡路,不能保持霸主地位。這時有一個宋襄公，不自量力，蔑視強楚而妄想稱霸。爲盂之會（盂在今河南睢縣西北），身執受辱；爲泓之戰（泓在今河南柘城北），兵敗身亡，成爲歷史上的笑柄。而楚自此卻意氣更高，胃口更大了。前此參加召陵之盟的八國，其中大部分這時已投靠楚國或受楚侵陵，中原諸國岌岌可危。根據當時的正統觀念，中原各國都希望有一個華夏族國家首腦出來重新主持會盟，以抵擋楚的北進。而這個首腦真的出來了，那就是晉文公。

晉文公在爭得霸權的鬥爭中表現出他的才幹。在内政上，他摒棄晉獻公的極爲狹隘的政策，"昭舊族，愛親戚，明賢良，尊貴寵，賞功勞，事耇老，禮賓旅，友故舊"，重新團結了貴族集團。同時在經濟上嚴格實行"公食貢，大夫食邑，士食田，庶人食力，工商食官，皂隸食職，官宰食加"（《國語・晉語四》），調動各階層的積極性。對農商，則"輕關易道，通商寬農"，使它們得到發展。所有這些，爲晉國繼續向外擴張準備了條件。

這時發生了周襄王被弟太叔帶趕跑的事件。晉文公極爲敏感地抓住了這個時機，公然亮出"尊王"的旗幟，拒絕秦兵，獨立勤王。晉兵分二路，以"左師"迎回襄王，以"右師"拿獲太叔帶而處以極刑。自然，周襄王對晉文公感激莫名。這一下，周室將南陽的陽樊（今河南濟源西南）、温（今河南温縣西）、原（今河南濟源西北）、州（今河南沁陽東南）、陘（一名丹陘，今河南沁陽西北）、絺（今河南沁陽西南）、組（或謂同鉏，今河南滑縣東）、欑茅（在今河南獲嘉西北）等八邑土地全部賞給晉。不消説，晉文公這次出兵是名利雙收了。

晉文公於是意識到自己的政治基礎已經足够穩固，因而全力整軍經武，大蒐於被廬，作三軍，積極尋求擴張的機會。公元前632年，晉楚城濮之戰就在這樣的情況下爆發了。

城濮之戰（城濮，今山東鄄城西南）的導火綫是公元前633年冬楚對宋的圍困。前面説過，晉文之霸也同齊桓一樣，以"尊王攘夷"爲旗號。蠻夷的楚自是晉的宿敵。楚圍宋，是楚北進的重要步

驟，對晉的刺激是很大的。同時，宋襄公在晉文公過宋時對他的優
待也使晉文公願意承擔保衛宋國的責任。於是晉對楚的北進，采
取了"報施救患，取威定霸"的決策，準備同楚打一場大仗。

　　晉文公對於這次戰役做了充分準備。他把小心謹慎的軍事行
動同積極主動的外交攻勢巧妙地結合起來，取得了相當的成功。
公元前633年冬，楚派令尹子玉帥師伐宋圍緡（今山東金鄉），同時
以其附庸申叔的部隊進占齊國的谷（今山東東阿南）。宋告急於
晉，晉並不出師趨宋，而先取楚的與國曹和衛。公元前632年春正
月，晉師自衛國的西部邊境渡河，攻克衛的五鹿（今河南清豐西
北），隨即與齊侯盟於斂盂（今河南濮陽東），把齊拉到自己一邊。
三月，晉軍入曹（今山東定陶）。宋再次告急於晉，晉仍不南下解宋
圍。晉文公聽先軫的計謀，一方面讓宋把送給晉的禮物轉送給齊、
秦，請齊、秦勸楚退兵；一方面執曹伯，分曹、衛之田給宋人，以激怒
楚。齊、秦因勸楚不成，為了顧全面子，也為了在晉文公這邊有好
處，便站到晉一邊參加對楚作戰。

　　晉文公步步小心，全力以赴。楚成王則猶疑不定，首鼠兩端，自
己既不想打，退到後方中地去躲避，卻又賭氣留下一部分兵力讓子
玉在前綫應付。驕而無謀的子玉不是晉文公及其謀士們的對手。
他傲慢地派出使節赴晉軍，要求晉復曹、衛，做為楚釋宋圍的交換條
件。晉扣留楚使，私許復曹、衛，曹、衛與楚絕交。一向盛氣凌人、目
空一切的子玉，哪裏禁得住這般刺激，一怒之下，向晉軍進擊。晉文
公見子玉被牽住了鼻子，乃於四月間自曹北撤，退避三舍（三十里為
一舍），而與齊、秦、宋的軍隊同次於城濮。子玉率楚師踵進，背鄔
（今山東東阿南）而舍。晉文公退避三舍，表面上是報答楚成王在他
出亡在楚時所給予的禮遇，實則是運用"卑而驕之"、"怒而撓之"的
計謀。子玉中計而不自知，反而狂妄地宣稱："今日必無晉矣！"至此
晉文公欲聯合齊、秦，激怒強楚的兩個目的都達到了。

　　城濮交戰時雙方的陣容是，晉三軍：先軫為元帥，將中軍，郤溱

佐之；狐毛將上軍，狐偃佐之；欒枝將下軍，胥臣佐之。楚也是三軍：令尹子玉將中軍，子西將左軍，子上將右軍。楚的附屬國陳、蔡在右軍。

當時的戰爭，主要是用車戰。晉下軍佐胥臣以虎皮蒙馬，先向陳、蔡軍發動進攻。陳、蔡部隊是楚方的薄弱部分，不堪一擊，剛一接觸就嚇跑了。楚右軍因此崩潰。晉上軍將狐毛高舉兩杆大旗佯裝退卻。下軍將欒枝以車曳柴令塵起，迷惑楚軍。楚信以爲真，急起直追。正當楚軍輕進之際，晉先軫、郤溱以中軍橫擊，狐毛、狐偃以上軍夾攻，楚左軍崩潰。楚軍祇好認輸了。

城濮一戰，使晉文公牢固地建立起霸權，而楚的北進計劃受到挫折，齊、秦二國也無力向中原伸手。從此，處於中間地帶的鄭、宋諸國，便成爲晉、楚長期爭奪的戰場。

楚在城濮之戰中所以失敗，首先是因爲不認識這次戰爭的重要性而舉棋不定，而晉國卻充分意識到這次戰爭的意義，下定決心，全力以赴。其次，整個戰爭過程，楚吃虧在一個驕字上。就實力對比來看，顯然晉不如楚。但晉深知楚是強敵，於是臨事而懼，始終保持警惕性，兢兢業業，每走一步都三思而行，經過精心策劃。楚則不然。自戰勝宋襄公以來，一意北進，所向無敵，官兵上下，一片虛驕之氣。對這樣的大戰，竟掉以輕心，表現出盲目被動，聽人擺佈。城濮之戰以晉勝楚敗告終，是毫不奇怪的。

勝楚第四天，晉文公撤軍，二十一天後到達衡雍（今河南原陽西，當時在黃河南岸），旋即作王宮於踐土（鄭地，距衡雍較近，當時亦在黃河南，今在河南花園口黃河北岸），獻楚俘於周襄王。周襄王策命晉文公爲侯伯。於是如同齊桓公一樣，在"尊王"的旗幟下，晉文公如願以償地登上了霸主的地位。

晉文公勝楚後，立即把主要力量轉用於北方，以對付所謂"北狄"。公元前 632 年，四月勝楚，同年冬即"作三行以禦狄"。其後三年（公元前 629 年），又蒐於清原（在今山西稷山東南），"作五軍以禦狄"。狄是晉的東、北兩方的近鄰,嚴重威脅晉的生存。晉勝楚後,狄對晉來説,又變成了好似送到嘴邊的一塊肥肉,不能不吃。吃下這塊肥肉的好處,一則可以擴大領土,二則又有"攘夷"美名,晉文公當然毫不猶豫要吃了。所以"禦狄"本身不是目的,在這個口號下繼續擴張才是晉文公的真正戰略意圖。正是在"禦狄"的口號下,晉又"作三軍","作五軍",在軍事上更加膨脹起來。至於狄本身,確也是個勁敵,足足經過三十多年的反復較量,至公元前595 年,才最終爲晉所滅。

3.楚成王

在春秋爭霸的高潮階段,楚、秦兩國實際上也是僅次於桓、文的兩個霸主。關於它們的情況我們想簡單介紹一下。

前面講過,楚起自丹陽,自熊渠父子及若敖、蚡冒以來,不斷向外擴張。在爭霸的序幕階段,楚已北至庸,東至鄂,南更遠及南海。東、西、南三面都成了楚的後院,無一强國能與分享。到楚武王,楚國勢力大張。楚武王三次伐隨(今湖北隨縣),會合巴師圍鄾(今湖北襄樊東北),伐鄖(今湖北安陸),伐絞(今湖北鄖縣西北),伐羅(今湖北宜城西),又滅掉權國(今湖北荆門東南)。除了伐羅受挫外,其餘則無役不勝。楚文王嗣位,又滅鄧(今湖北襄樊西北),滅申(今河南南陽北),滅息(今河南息縣西)。申、息兩國爲中原各國的屏蔽,申、息亡則中原諸國隨時有被楚吞并的危險。尤其是鄭國,因爲地處戰略要衝,成爲强楚長期爭奪的目標。至楚成王,東嚮滅弦(今湖北息縣南),伐徐(今江蘇泗洪南),西嚮滅夔。但主要力量依然用在北方。計伐鄭四次,又圍許(今河南許昌東)、滅黃(今河南潢川西北)、圍陳(今河南淮陽)、伐宋、侵蔡(今河南上蔡西南)。甚至有魯以楚師伐齊取穀(今山東東阿南)之事。所以楚的勢力已經深入北方直至齊、魯了。假如没有齊桓公的召陵之師和晉文公的城濮之戰,則所謂"諸夏"各國悉爲楚有,也未可知。然而自今日看來,當時所謂華夷,都是中華民族的組成部分;齊桓公、晉文公、楚成王都是奴隸主階級的首腦人物,都是霸權主義者。在他們之間,是此非彼,强分功罪,自然是多餘的和無謂的。

4. 秦穆公

秦穆公名任好,德公子,公元前 659 年,立爲秦君,公元前 621 年死去,在位三十九年。以前史書有的把秦穆公列入五霸,有的則否。我們認爲,如果把霸看作是諸侯之長和諸侯盟主,那秦穆公是不够格的。但就秦穆公實際上稱霸西戎,又以大國姿態東嚮與晉、楚争衡來看,把他説成是春秋五霸之一,也未爲不可。

秦在襄公、文公時期,攻逐西戎,全有岐、豐,粗具强國規模。自武公以來,又滅掉一些西周殘餘小國,在政治、經濟、文化各方面都有很大進步。至秦穆公,更廣招賢俊,鋭意圖强。正如李斯所説:"西取由余於戎,東得百里奚於宛,迎蹇叔於宋,來丕豹、公孫支於晉,……并國二十,遂霸西戎。"(《史記·李斯列傳》)

秦穆公從其本意來説,並非不想争霸中原;就其戰略表現看,矛頭所嚮實以東進爲主。正因如此,才有重任蹇叔、百里奚,和再立晉君,滅梁,滅芮,參加城濮之戰,乃至襲鄭、滅滑等等事情。但是由於晉有桃林之塞,扼其咽喉,使其終未能如願。特別是崤之一役,秦國匹馬隻輪不返,實在是受了沉重的一擊,從此不得不把注意力轉向西方。

總起來看,春秋争霸的高潮階段是桓、文兩霸最出風頭的時期,也是社會階級鬥争急劇發展的時期。當然,齊桓、晉文、楚成、秦穆,都是奴隸主階級的代表,他們所追求的目的,不過是爲了攫取更多的土地和利益,以維持和滿足他們侈靡淫佚生活的需要。他們口頭上講一套,實際上做的是另一套。他們是春秋時期最大的壓迫者和剥削者。關於這一點,我們應當予以揭露和批判。但是,正如我們已經分析的那樣,春秋時代的這一段聲勢煊赫的霸業,决不是歷史的偶然。它們在客觀上所具有的進步意義,也是應當給以肯定的。

三、持續階段

自城濮之戰(公元前 632 年)至宋之盟(公元前 546 年),共八十六年,爲霸權鬥争的持續時期。在這個時期裏,晉借城濮之戰戰勝强楚的餘威,長期成爲北方霸主。而楚在城濮戰役中雖失利於晉,然祇是偏師折衄,並不影響國力,依然是南方大國。它依然不斷北進,蠶食中間地帶的弱小國家。這樣,晉、楚二强,南北對峙,形成長期争霸的局面,成爲這個時期的總特點。

在這個時期裏,秦自殽之戰(公元前 627 年)爲晉擊敗以後,雖屢圖報復,攻戰不息,但始終爲晉所阻,不能東進。最後,不得已轉而南向聯楚,以期與晉抗衡。齊這時已由於内亂頻繁,國力大不如前,但仍以强國自居,不甘寄人籬下。自鞌之戰以後(鞌,今山東歷城西),雖然經常保持局外中立,終因强弱懸殊,不得不屈服於晉。狄從北方接連侵晉,侵衛,侵宋,侵齊,侵魯,横行一時,但亦因用兵不休,衆叛親離,最後爲晉所滅。處於中間地帶的鄭、許、陳、宋、蔡等中等國家,常年受兵,人民十分痛苦。特别是鄭國,"介居二大國之間"(《左傳》襄公九年),處境尤爲困窘,以至萌"犧牲玉帛,待於二境"(《左傳》襄公八年)的念頭,成爲大國争霸的犧牲品。至處於東北的滕、薛、杞、莒、邾、小邾等小國,則俱役於晉,僅能自保而已。及至晚期,吳崛起東南,常爲楚患,楚以是不競於晉。

這個階段終於宋之盟,從表面上看,是因爲宋向戌與晉趙武、楚屈建二人並相善,倡導弭兵生效,實際上則是晉、楚二國都忙於内部事務,無暇外顧。如果説前一階段是禮樂征伐自諸侯出,那麼,在這個階段,或在這個階段以前的一個時期,就已經下降爲禮樂征伐自大夫出了。《公羊傳》襄公十六年所説"諸侯皆在是,其言大夫盟何? 信在大夫也。何言乎信在大夫? 遍刺天下之大夫也。曷爲遍刺天下之大夫? 君若贅旒然",正好説明這種情況。

以上是這個階段的總的情況，下面分別加以論述。

1. 晉楚爭霸

晉楚兩強，雄視南北，勢均力敵，構成兩個互相抗衡的對立面。不過由於這時各自國內問題的日趨尖銳，雙方誰都不能也不想傾全力同對方決一雌雄，祇是在爭奪和控制中間地帶諸中小國家上互爭雄長而已。所以，儘管他們有時擺出主力決戰的姿態，仿佛要迎頭相撞，到頭來卻又祇是輕輕擦過，甚乃禮讓而去。公元前 6 世紀最初十幾年兩國之間發生的邲之戰和鄢陵之戰就是如此。戰前，雙方都不曾有同對方決戰的決心，更不曾做認真的準備。本來是主力抗衡，打起來卻象無可奈何的遭遇戰。雖有勝負得失，但對於兩國的影響極小，其意義同當年晉文楚成的城濮之戰相比，是遠遠不如了。

然而，為了爭奪中間地帶，仗是畢竟要打。最倒霉、最吃苦的是中小國家的人民。

(1)邲之戰

城濮之戰後三十五年，即公元前 597 年，發生晉、楚邲之戰（邲，在今河南滎陽東北）。邲之戰算不上一次主力決戰，充其量不過是雙方在對鄭、陳、宋、蔡諸中小國家長期反復爭奪過程中的一次較大的遭遇戰而已。它本身對於晉、楚雙方的霸業均不曾發生決定性的影響，但是，從它發生前後的來龍去脈中，我們卻可以充分了解這一時期晉、楚兩國爭霸的主要特點。

公元前 628 年，晉、楚兩國曾互通使節，有過一段極為短暫的和好時期。這一年冬天，晉文公死，襄公立。第二年，即公元前 627 年，就發生了晉、楚爭奪蔡國的戰事。先是晉、陳、鄭三國軍隊攻許，接着是楚出兵征服陳、蔡，然後伐鄭。晉當然不會置之不理，乃派大夫陽處父率軍攻蔡，楚亦派令尹子上救蔡。兩軍對峙於派水（即泜水，今沙河）兩岸，似乎要進行一場決戰，但是雙方主將均無決戰的決心。陽處父要求楚軍渡水決戰，子上不但不渡，反而率軍後撤。陽處父宣佈"楚軍遁矣",乃率軍歸去,子上亦率楚軍歸去,兩軍不戰而撤。子上回國後因此受讒而被殺。這一仗,晉並未占到什麼便宜,蔡在此後數年中依然臣服於楚。直到十五年之後,即公元前612年,晉郤缺率軍入蔡,才逼蔡訂了城下之盟。

公元前626年,楚太子商臣弑其父成王而自立,是爲穆王。楚穆王(前625年—前614年在位)極力向外擴張,不數年之內,滅掉了江(今河南正陽南)、六(今安徽六安東北)、蓼(今河南固始東北)諸小國。他的戰車甚至到過遠在今陝西白河的麇和今安徽巢縣的巢。楚大夫范山説:"晉君少,不在諸侯,北方可圖也。"(見《左傳》文公九年)這句話正投合楚穆王圖霸北方的雄心。

楚穆王的着眼點是争奪中間地帶的鄭、陳、宋、蔡等中小國家,而不在於同晉正面交鋒。公元前618年,楚穆王率軍伐鄭,軍於鄭國境内的狼淵(在今河南許昌西),鄭服於楚。接着伐陳,陳亦服於楚。宋、蔡未及伐而服。第二年,楚與被它征服的鄭、陳、宋、蔡盟於厥貉(今河南項城西南)。

公元前613年,楚莊王立(前613—前591年在位)。楚莊王繼續擴張和北進,使晉楚兩國争奪中小國家的鬥争達到十分激烈的程度。這一時期,楚先後滅掉庸(今湖北竹山西)和舒蓼(今安徽舒城南)兩個小國,在與晉争奪中小國家的鬥争中曾一度得手。它甚至於前606年借伐陸渾戎的機會,"至於雒,觀兵於周疆……問鼎之大小輕重"(見《左傳》宣公三年)。

但是,楚的北進並非一帆風順,晉仍是它的强大對手,對於它的勢力從不示弱。被它們争奪的中小國家爲了在兩大國争奪當中求得苟存,采取"居大國之間而從於强令","鋌而走險,急何能擇"(見《左傳》文公十七年)的態度。楚强則服楚,晉强則服晉。這就決定了争奪是長期的,激烈的,任何一方都不能穩定地占上風。

晉於公元前612年、610年、608年先後三次同諸中小國家盟於扈(今河南原陽西)。除鄭認爲"晉不足與也"(見《左傳》宣公元年)未與晉盟以外,其他小國這時都服於晉。

在此後的數年中,晉、楚兩國對於陳、宋、蔡諸國繼續不斷地進行拉鋸,然而爭奪最激烈的是鄭。邲之戰就是在爭鄭的過程中發生的。

從公元前608年至前606年的三年當中,晉四次伐鄭,鄭服於晉。從公元前606年至前598年的八年當中,楚七次伐鄭。鄭認爲"晉、楚不務德而兵爭,與其來者可也。晉、楚無信,我焉得有信"(見《左傳》宣公十一年),於是由服於晉而服於楚。服於楚也罷,卻又憚於晉的壓力,求好於晉。

楚發覺它連續八年伐鄭並未真正達到目的,決定對鄭進行一次更大的打擊。

公元前597年春,楚出兵圍困鄭的都城,圍了三個月,鄭伯"肉袒牽羊",卑辭乞降。楚自知它有力伐鄭而無力滅鄭;滅鄭,晉必來救,乃退兵三十里,受鄭降,與鄭和。

當荀林父率領晉軍遲遲趕來時,已是夏六月,鄭已降楚,楚軍也正打算以飲馬黃河爲名而去。晉軍的統帥部,有主將荀林父將中軍,士會將上軍,趙朔將下軍,先縠、郤克、欒書分別佐之,還有韓厥爲司馬,趙括、趙嬰齊、鞏朔、韓穿、荀首、趙同分別爲中、上、下三軍大夫,陣容可謂不弱,但是意見不一致,指揮不統一,直到他們站在黃河北岸與楚軍隔河相望的時候,還在討論是打還是不打。主將荀林父主張不打,他説:"無及於鄭而勦民,焉用之?"上軍將士會贊同荀林父的意見,説什麼"兼弱攻昧,武之善經也……猶有弱而昧者,何必楚?"中軍佐先縠堅決反對不打而撤,他不待將令,指揮他所屬的部隊擅自渡河。荀首指出,"有帥而不從","果遇必敗"(見《左傳》宣公十二年)。司馬韓厥勸荀林父,與其先縠偏師陷敵,不如全軍同進,還可以減輕主帥的罪過。晉軍將佐意見如此不一致,主帥如此舉棋不定,説明晉人打這一仗完全出於勉強。

楚人一方,楚莊王和令尹孫叔敖以及諸將佐亦無心與晉決戰,僅僅由於嬖人伍參的挑動，才不得已而北轅待敵。

晉師渡河之後，楚軍先發制人，"遂疾進師，車馳卒奔"（見《左傳》宣公十二年）。荀林父不知所措，竟發出"先濟者有賞"的錯誤命令，造成士兵爭舟搶渡，倉惶潰逃的局面。到了傍晚，楚軍進於邲（在今河南滎陽北）時，晉師已潰不成軍，爭舟渡河的喧囂聲，徹夜不斷。

邲之戰以楚勝晉敗而告終。晉吃了一點虧，但意義無法與城濮之戰和召陵之盟相比。它不過是兩國長期爭鄭激流中的一個不大不小的浪花而已，晉既未因此而喪元氣，楚也未因此而占上風。兩國爭奪中間地帶，特別是爭鄭的鬥爭繼續進行。

（2）鄢陵之戰

邲之戰後二十二年，即公元前 575 年，晉楚發生鄢陵（今河南鄢陵北）之戰。這二十二年中，晉、楚國內矛盾日趨嚴重，既要維持強國的局面，繼續進行擴張與爭奪，又不能完全不顧於內憂，所以雙方都感到對方"未可與爭"，卻又不能不爭。這樣，一方面有弭兵盟會之舉，另一方面，戰爭亦連綿不斷。戰爭行動與和平願望互相交織在一起，構成了這一段時間晉楚爭霸的一個重要特徵。鄢陵之戰就是在這種情況之下發生的，并且充分反映了這一特徵。

邲之戰中，晉並未喪失元氣，仍不失爲北方一大強國。邲之戰後不久，晉就對鄭進行了幾次教訓性的戰爭。前 595 年，晉景公伐鄭，"告於諸侯，蒐焉而還"，目的是"示之以整，使謀而來"（《左傳》宣公十四年）。真是氣勢洶洶，頗有一決雌雄的味道。這時，就連宋國也仗着晉的勢力，竟敢殺死過境的楚國使者，氣得楚莊王暴跳如雷。但更爲關係重大的是，晉在前 594 年和前 593 年兩年中，連續滅掉了它身邊的潞氏（今山西黎城南）、甲氏（今河北邢臺東南）、留吁、鐸辰諸赤狄小國（事見《左傳》宣公十五年、十六年）。前 589 年大敗齊師於鞌（今山東歷城縣西），迫齊服於晉（見《左傳》成公二年）。前 588 年，又擊潰另一小國廧咎如（今河南鶴壁西北）（事見

《左傳》成公三年）。十年之後，即前 578 年，晉以諸侯之師在麻隧（今陝西涇陽縣北）大敗秦師，使秦亦不得東進（見《左傳》成公十三年）。甚至於遠處東南的吳國，晉也拉了過去。《左傳》成公七年記晉使巫臣"以兩之一卒適吳，舍偏兩之一焉。與其射御，教吳乘車，教之戰陣，教之叛楚。置其子狐庸焉，使爲行人於吳。吳始伐楚，伐巢，伐徐……子重、子反於是乎一歲七奔命。蠻夷屬於楚者，吳盡取之"。

晉在滅狄、服齊、敗秦、聯吳方面可謂得手，但它仍不能奈楚何，楚依然有力與晉抗衡。前 597 年冬，楚滅蕭（今安徽蕭縣西北）。前 591 年楚莊王死，楚共王立（公元前 590 年—公元前 560 年在位）。前 589 年，楚、鄭聯軍侵衛。《春秋》載魯成"公及楚人、秦人、宋人、陳人、衛人、鄭人、齊人、曹人、邾人、薛人、鄫人盟於蜀"。諸侯國一時紛紛倒向楚一邊，造成"晉辟楚，畏其衆也"的局面（《左傳》成公二年）。對於楚的勢力，早在邲之戰後不久，晉的有識之士就指出過。前 594 年，宋人因楚圍宋，告急於晉，晉侯欲救之，伯宗説："不可。古人有言曰：'雖鞭之長，不及馬腹。'天方授楚，未可與爭。"（《左傳》宣公十五年）晉景公聽了他的話，未出兵救宋。

晉之所以"辟楚"，除了楚是它的一個强大對手以外，還有其更爲深刻的内在原因。這在范文子（士燮）的言論中反映得十分清楚。范文子説：

"我若群臣輯睦以事君，多矣。"

"若逞吾願，諸侯皆叛，晉可以逞。若唯鄭叛，晉國之憂，可立俟也。"

"吾先君之亟戰也，有故。秦、狄、齊、楚皆强，不盡力，子孫將弱。今三强服矣，敵楚而已。唯聖人能外内無患，自非聖人，外寧必有内憂，盍釋楚以爲外懼乎？"（《左傳》成公十六年）

范文子的話至少透露出兩點消息：

第一，晉國群臣有不"輯睦"之事；

第二，晉人已認識到君臣驕侈而又權出多門的危險性，與其戰敗强楚，不如留下它做爲"外懼"，有點外部壓力，還可望暫安，一旦外患全部解除，内憂勢必爆發。

同樣的言論在楚國也有。申叔時在回答子反問及"師其何如"時指出："今楚内棄其民，而外絶其好"，"姦時以動，而疲民以逞"。從而反問："其誰致死？"（《左傳》成公十六年）無怪乎甚至連楚共王也早就承認"晉未可與争"（《左傳》成公三年）。

兩國都意識到國内問題的嚴重性，都不想也不能够置對方於死地，因而出現了弭兵的願望和行動。

公元前 582 年，晉景公釋放楚囚鍾儀，"重爲之禮，使歸求成"（《左傳》成公九年）。楚共王也派人赴晉，"請修好結成"（《左傳》成公九年），作爲對晉的回答。

公元前 580 年，宋"華元如楚，遂如晉，合晉、楚之成"（《左傳》成公十一年）。前 579 年，"宋華元克合晉、楚之成……盟於宋西門之外，曰：'凡晉、楚無相加戎，好惡同之，同恤災危，備救凶患。若有害楚，則晉伐之。在晉，楚亦如之。交贄往來，道路無雍，謀其不協，而討不庭。有渝此盟，明神殛之，俾隊其師，無克胙國'。"（《左傳》成公十二年）

宋西門之盟是後來晉、楚宋之盟的先聲。至此，弭兵已作爲晉楚兩大國的一種願望和鬥争方式被提到日程上來。然而弭兵祇是他們利益的一個方面的反映，在另一方面，即在争奪中間地帶，特別是在争鄭問題上，他們則一直是劍拔弩張，以至不斷地訴諸武力。

西門之盟之前，從公元前 585 年至公元前 581 年的五年間，楚兩次伐鄭，一次伐莒（今山東莒縣）入鄆（今山東莒縣北），晉兩次救鄭，兩次伐鄭，一次侵蔡、侵楚、侵沈（今河南平輿北）（事見《左傳》成公六年至十年），兩國戰事固然從來没斷過，就是宋西門之盟之後，也没隔多久，争鄭的戰争又爆發了。

楚子反和晉欒武子的言論最能反映兩國這方面的意見。前

576年，楚將北進伐鄭伐衞，子囊表示反對說："新與晉盟而背之，無乃不可乎？"子反說："敵利則進，何盟之有？"（《左傳》成公十五年）公元前575年，晉厲公將伐鄭，范文子表示異議，欒武子斬釘截鐵地說："不可以當吾世而失諸侯，必伐鄭。"（《左傳》成公十六年）他們的話表明，在爭奪中間地帶——爭鄭這個問題上，兩國態度都很堅決，毫不讓步。

公元前575年，終於發生鄢陵之戰。《春秋》說："晉侯及楚子、鄭伯戰於鄢陵，楚子、鄭師敗績。"

鄢陵之戰打得不激烈，不認真，祇是由於子反醉酒，誤了軍事，楚國才吃了敗仗。戰爭中，晉將呂錡射楚共王中目；但新軍佐郤至卻見楚共王必下，免胄而趨風，楚共王則派人贈給他一張弓。下軍將韓厥，明明可以追獲鄭伯，卻說什麼"不可以再辱國君"（《左傳》成公十六年），而不追。郤至也有機會拿住鄭伯，但他認爲"傷國君有刑"（《左傳》成公十六年），而把鄭伯放掉。晉厲公的車右欒鍼竟使行人端着一大碗酒恭恭敬敬地送給楚左軍將子重，子重也就"受而飲之"，並待送走奉酒使者，然後擊鼓再戰（見《左傳》成公十六年）。

在你死我活的戰場上，雙方竟如此彬彬有禮，是戰争又不象戰争，看來似乎令人費解。其實祇要看看他們一個時期以來的做法，就不難明白，這正是他們既定政策的繼續。爲了爭奪中小國家，他們要打仗；出於國內問題的考慮，打仗卻又不想同對方真正決戰，更不想吃掉對方。在晉，想爭鄭而不想滅鄭，想敗楚而不想滅楚。在楚亦然。所以，鄢陵之戰，不過是晉楚長期爭奪中間地帶鬥爭之諸多鏈條中的一個環節而已，它本身的意義極爲有限，對於任何一方都不曾産生決定性的影響。

（3）宋之盟

鄢陵戰後，晉國早已存在的國內矛盾日益激化，六卿擅權，大夫干政，公室衰微，政權下移，導致了流血的内争，對外由爭霸轉而采取弭兵政策,終於在公元前 546 年與楚達成宋之盟。從鄢陵之戰到宋之盟,約三十年,在這三十年當中,晉、楚二國儘管仍然繼續爭鄭,不斷地發生軍事衝突,但是越來越嚴重的內憂迫使他們不得不把國內的問題提到日程上來,尤其是晉國,更爲突出。戰爭依然不斷,而弭兵則成了一種不可抗拒的趨勢,這就是這三十年歷史的顯著特點。

　　晉之內憂實非始於鄢陵之戰。公元前 589 年,晉郤克因其出使於齊時齊婦人笑其跛,率師深入齊地,與齊發生鞌之戰。齊敗求和,郤克竟要脅齊以頃公之母蕭同叔子爲質。郤克先前祇是一個大夫,後陞爲卿,當上中軍將,敢於如此跛扈恣睢,而晉景公竟不能奈之何。無怪當時范武子就告誡他的兒子士燮,對於郤克要多加小心。足見晉之六卿擅權,大夫干政,早已見端倪。到了公元前 576 年,即鄢陵之戰的前一年,三郤(郤至、郤錡、郤犨)殺掉敢於直言的大夫伯宗,逼使伯宗的兒子伯州犁逃楚。三郤族大寵多,是晉國的一大政治勢力。它威脅公室,隨時都有可能釀成內亂的危險。范文子(士燮)早就看出,對晉國來説,最大的問題不是霸業,而是內患。公元前 575 年,鄭叛晉,晉厲公欲興師伐之。范文子堅決反對,他認爲若諸侯皆叛,晉尚可以維持下去,"若唯鄭叛,晉國之憂,可立俟也。"(《左傳》成公十六年)等到晉軍從鄢陵凱旋歸來時,范文子更加認爲內亂就要爆發,他甚至希望自己快點死去,以免於難。他説:"君驕侈而克敵,是天益其疾也。難將作矣! 愛我者唯祝我,使我速死,無及於難,范氏之福也。"(《左傳》成公十七年)

　　後來的事態發展,證明范文子的預見是正確的。晉厲公從鄢陵前綫歸來,果然立即打擊群大夫而立其左右。胥童、長魚矯、夷陽五都是厲公的外嬖之臣,他們因爭權、爭田與三郤有隙。厲公指使他們率八百名甲士圍殺了三郤。同年,欒書、中行偃殺胥童。第二年,即公元前 573 年,晉厲公也被他們殺掉。這是一次爆炸性的流血事件。自此以後,晉公族如欒、郤、胥、原、狐、續、慶、伯等先後被翦滅。宗族枝葉先落，公室主榦亦日形枯萎。三十多年後，叔向對齊晏嬰無限感慨地說：

> 雖吾公室，今亦季世也。戎馬不駕，卿無軍行。公乘無人，卒列無長。庶民罷敝，而宮室滋侈。道殣相望，而女富溢尤。民聞公命，如逃寇讎……政在家門，民無所依。君日不悛，以樂慆憂。公室之卑，其何日之有？讒鼎之銘曰："昧旦丕顯，後世猶怠。"況日不悛，其能久乎？（《左傳》昭公三年）

叔向本是公族之人，他對於多年來晉公室的衰微，卿大夫的專權，一定有深刻的感受，他的話可以看做是厲公殺三郤以後晉國政治局勢的總結。

晉公室曾經作過扭轉這種局面的努力。公元前573年厲公被弒，悼公即位（公元前572年至前558年在位）。悼公首先注意修明內政，着力解決國內問題。他一即位，立即要求百官"施舍已責，逮鰥寡，振廢滯，匡乏困，救災患，禁淫慝，薄賦斂，宥罪戾，節器用，時用民，欲無犯時"（《左傳》成公十八年）。後來又使魏絳"盟諸戎，修民事，田以時"（《左傳》襄公四年）。在外交方面，采取積極的行動，從公元前570年到公元前562年的八年間，九次會諸侯，把除楚、鄭以外的大小諸侯幾乎全拉到自己一邊。在軍事上，仍以爭鄭爲目標，采取了主動而謹慎的措施。與諸侯之師城虎牢而戍之，以逸待勞，相機伐鄭。悼公本人并且三次親自觀兵於鄭地，使晉國兵威大振。

悼公圖振作復霸業的努力取得了極大的成功，史家稱他爲晉文公之後春秋最有作爲的國君。然而就是他，也扭轉不了歷史的趨勢。他對於國內的鬥爭也極其小心審慎。他即位後精心地調整了文武卿相的人選，清除了七個有貳心的臣子，卻始終未敢追究欒書、中行偃殺他君父的案件。他每次伐鄭都取得勝利，公元前564

年冬，晉與諸侯之師甚至攻克鄭的三個城門，旋即駐軍虎牢，令諸侯"修器備，盛糇糧，歸老幼"（《左傳》襄公九年），擺出長期伐鄭的姿態。但是他祇想服鄭，而不欲滅鄭。每次都是以許成結盟而告終。因爲晉"實不能禦楚，又不能庇鄭"（《左傳》襄公十年）。晉悼公所追求的，與其說是對外爭霸，勿寧說是力求內部安定。然而他的奮鬥可使內憂緩和於一時，卻不能救公室之頹局於永久。大夫專權，政在私門的形勢已定，晉公室的命運，正如叔向所說："其能久乎？"（《左傳》昭公三年）

由於内部問題嚴重，求得一個和緩的外部環境，已成爲晉公室的當務之急。公元前 558 年，悼公死，平公立（前 557 年至前 532 年在位）。平公立不數年，趙文子（趙武）取代范匄而執政。趙文子第一次正式把弭兵作爲國家的政策提出來，他說："自今以往，兵其少弭矣！"（《左傳》襄公二十五年）他指出當時已出現弭兵的條件。"齊崔、慶新得政，將求善於諸侯。武也知楚令尹。若敬行其禮，道之以文辭，以靖諸侯，兵可以弭。"（《左傳》襄公二十五年）趙文子的分析是對的。當時，弭兵確實是大勢所趨，各國都願意。楚國雖然没有政權下移的問題，但它此時亦不競於晉。它的執政者們也往往流露出厭於同晉爭鋒的情緒。令尹子囊曾說："不可，當今吾不能與晉爭。"（《左傳》襄公九年）稍後的另一個令尹子木說："宜晉之伯也，有叔向以佐其卿，楚無以當之，不可與爭。"（《左傳》襄公二十七年）至於諸小國，早已吃盡戰爭的苦頭，更迫切要求弭兵。處於晉楚兩大國之間的鄭國，由於晉征楚伐，"其民人不獲享其土利，夫婦辛苦墊隘，無所底告。"（《左傳》襄公九年）"民死亡者，非其父兄，即其子弟，夫人愁痛，不知所庇。"（《左傳》襄公八年）它祇好"唯强是從"，晉來服晉，楚來服楚，利用晉、楚的矛盾，苟存於兩霸之間。弭兵，對於象鄭這樣的小國來說，無論國君抑或人民，都是求之不得的。到了公元前 546 年，晉、楚達成宋之盟的時候，弭兵已成勢在必行。當趙文子與諸大夫商量是否與楚結盟時，韓宣子對形勢的分析，可以説入木三分，精辟到家了。他説："將或弭之，雖曰不可，必將許之。弗許，楚將許之，以召諸侯，則我失爲盟主矣。"(《左傳》襄公二十七年)韓宣子的話有三層意思：一、弭兵恐怕已成定局；二、咱們雖然不同意，最終也一定要同意；三、咱們不同意，楚國也要同意。楚國同意了，咱們就被動了。

　　弭兵，這是當時歷史發展提出來的客觀需要，誰不同意誰就要輸理，就要被動。所以，當公元前546年宋左師向戌提出舉行弭兵盟會倡議的時候，大國小國無一表示反對。這一年的秋天，晉卿趙武、楚令尹子木以及其他各國大夫盟於宋之蒙門之外，這就是宋之盟。晉、楚達成"晉楚之從，交相見也"的協議，即楚國的盟國要到晉國去朝聘，晉國的盟國要到楚國去朝聘。唯秦、齊兩國除外，因爲秦、齊是和晉、楚同等的大國，秦不能朝晉，齊亦不能朝楚。所以倒霉的還是那些小國，他們雖減少一些征伐之苦，卻要執玉帛皮幣，跋涉山川，蒙犯霜露，交困於晉楚之廷。晉楚達成宋之盟，乃形勢使然，並非出於本意，兩國從此弭兵，鬥爭依然存在。在盟會期間，氣氛就十分緊張，楚方"衷甲"與會，準備隨時動武。晉方説"楚氛甚惡"，"固請釋甲"。歃盟時，楚欲先，晉亦欲先，各不示弱。

　　宋之盟是春秋歷史的一個重要轉折點。在此之前，晉楚齊秦四大國全力向外擴張，從此之後，便轉而主要忙於國內事務了。春秋的歷史於是進入尾聲階段。

　　對於晉與楚達成宋之盟，歷來批評者居多。宋之盟後四年，祁黃羊的兒子祁午就當面指責趙武，説宋之盟是他執政以來最大的錯誤，也是晉國的恥辱。後世史家也多有譏評者，或説宋之盟是趙武苟且偷安，軟弱無能的結果，或説平公敗壞悼公基業，有三項失政，這是最大的一項。我認爲，這些批評都是皮毛之見。宋之盟不是平公和趙武的個人意志所決定，而是晉公室日卑、大夫專權的形勢促成的。後來諸侯叛晉，三分公室的局面，正是這種形勢發展的客觀結果。宋之盟不過是整個這段歷史的一個標誌，一個里程碑而已。

2. 晉與秦的關係

從城濮之戰到宋之盟，晉與秦、齊之間也發生一系列軍事衝突。這些行動雖然沒有晉、楚二國之間的關係那樣影響重大，但在這一歷史時期當中卻是一個不可忽視的內容。現在先說晉與秦的關係。

晉、秦本是婚姻之國。晉文公之爲晉君又是秦穆公所納的。但自晉文公即位後，他首先即拒絕秦的勤王。城濮之戰時，秦雖站在晉的一邊，但當攻鄭時，二國即產生分歧。至殽之戰，秦軍匹馬隻輪不反，從此兩國即迭相攻伐，成爲世仇。究其根本原因，則由於秦、晉兩國的力量相若。秦僻在西陲，屢欲東出，與諸侯争衡，無奈爲晉所扼。晉亦因此得專力中原，與楚争霸。正因爲在根本戰略上有這樣的利害衝突，所以到後來，秦寧肯與楚聯合，卻絕不願與晉和好。

自殽之戰至宋之盟，秦、晉鬥争的主要事件略述如下：

公元前 625 年，秦孟明視帥師伐晉，戰於彭衙（在今陝西白水東北），秦師敗績。同年，晉先且居、宋公子成、陳轅選、鄭公子歸生伐秦取汪（在陝西澄城西北），及彭衙而還。

公元前 624 年，秦伯伐晉，“濟河焚舟，取王官（今山西聞喜南），及郊。晉人不出，遂自茅津（今河南三門峽西）濟，封殽尸而還”，秦遂霸西戎（《左傳》文公三年）。

公元前 623 年，晉侯伐秦，圍邧（今陝西澄城南）、新城（今陝西澄城東北），“以報王官之役”（《左傳》文公四年）。

公元前 620 年，晉師敗秦師於令狐（今山西臨猗縣南），至於刳首（今山西臨猗西南）。

公元前，617 年春，晉人伐秦，取少梁（今陝西韓城西南）。夏，秦伯伐晉，取北徵（今陝西澄城西南）。

公元前 615 年，秦伯伐晉，取羈馬（今山西永濟西南）。晉人禦之,戰於河曲(《春秋》文公十二年)(在今山西風陵渡附近)。秦復侵晉,入瑕(今山西運城解州鎮西南)。次年,"晉侯使詹嘉處瑕,以守桃林之塞(今陝西潼關東南)。"(《左傳》文公十三年)

公元前 611 年,楚人、秦人、巴人滅庸。

公元前 608 年,"晉欲求成於秦。趙穿曰:'我侵崇,秦急崇,必救之。吾以求成焉。'"冬,趙穿侵崇(今河南崇縣東北),但"秦弗與成"(《左傳》宣公元年)。

公元前 607 年,秦師伐晉。

公元前 601 年,晉師、白狄伐秦。

公元前 594 年,秦桓公伐晉,晉魏顆敗秦師於輔氏(今陝西大荔東)。

公元前 582 年,秦人、白狄伐晉。

公元前 578 年,晉侯使呂相絕秦。五月,"晉師以諸侯之師及秦師戰於麻隧(今陝西涇陽西南)。"(《左傳》成公十三年)秦師敗績。

公元前 563 年,晉師伐秦。

公元前 562 年,秦人伐晉,"秦、晉戰於櫟(今山西永濟西南),晉師敗績。"(《左傳》襄公十一年)

公元前 559 年,"諸侯之大夫從晉侯伐秦,以報櫟之役也。"(《左傳》襄公十四年)

3. 晉與齊的關係

齊在城濮之戰後,經常保持局外中立,不卷入晉、楚爭霸的鬥爭。這當然不是齊心甘情願的事。齊過去是稱霸一時的大國,恃昔日的餘威,開始仍幻想與晉分庭抗禮。公元前 589 年,在同晉的鞌之戰中,齊受重創,從此承認現狀,不得不屈服於晉,常參加晉的盟會。但是晉、楚、齊、秦四國,在這一時期内,誠如晉趙武説的那樣,"晉、楚、齊、秦匹也,晉之不能於齊,猶楚之不能於秦也。"(《左傳》襄公二十七年)就是説,齊還多少有一些實力,即使屈服於晉,也與一般中、小國家地位不同。尤其是公元前 567 年,齊滅萊(今

山東昌邑東南），使齊的國力更加膨脹。齊的衰敗，一個重要原因
在於內亂不已。正是這一點妨礙了它同晉、楚兩霸相對抗，而祇能
充作次一等的，服從於霸權國家的力量。

四、尾聲階段

自宋之盟（公元前 546 年）至韓、趙、魏三家滅智伯而分其地
（公元前 453 年），共九十四年，可看作是霸權鬥爭的尾聲階段。這
個時期，不但"天子之在者，唯祭與號"（《穀梁傳》昭公三十二年），
而且人們已經發出了"無伯"之嘆。① 如果說還有可以以霸名者，
則祇有崛起於中國東南的吳、越兩國而已。從五霸的整個歷史發
展階段來看，它畢竟已是尾聲，以後即轉而入戰國了。

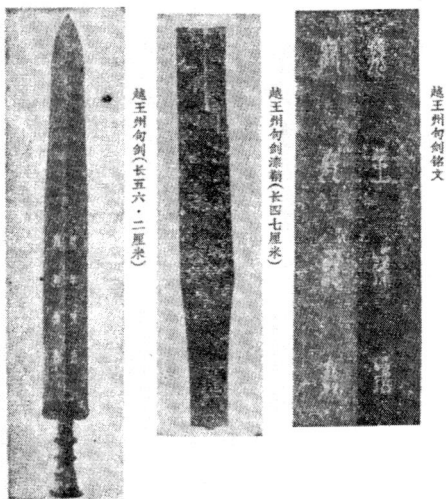

越王州匄劍（長五六·二厘米）

越王州匄劍漆韜（長四七厘米）

越王州匄劍銘文

（湖北江陵藤店一號墓出土）

---

①　《左傳》昭公十六年記魯大夫"叔孫昭子曰：'諸侯之無伯，害哉！'"

1. 吳越

我們前面說過,按墨翟、荀況的說法,五霸是齊桓、晉文、楚莊、吳闔閭、越勾踐(《墨子・所染》、《荀子・王霸》)。這個說法反映了一個歷史時期的特點,是有道理的。不過,仔細推敲,似應以吳王夫差來代替吳闔閭。這是因爲吳國的事業實在是到了夫差才達到頂點。吳王夫差"北會諸侯於黃池(今河南封丘西南),欲霸中國以全周室"(《史記・吳太伯世家》),吳的霸業是在他手中實現了。同夫差相比,闔閭自然祇是一個先驅。至越王勾踐,則有滅吳的大功,并且在滅吳後"乃以兵北渡淮,與齊、晉諸侯會於徐州(今山東滕縣南),致貢於周",周元王使人賜勾踐胙,命爲伯(《史記・越王勾踐世家》)。所以勾踐稱霸倒是無可非議的。當然,夫差爲霸不終,勾踐之霸其影響也不能與晉、楚二霸相比。但這祇證明它們都帶有霸權尾聲階段的特點,而不能抹煞它們作爲春秋最後兩霸的存在。

那麼,霸權尾聲階段的特點是什麼呢? 那就是,稱霸的國家不一定是最強大的國家,而強大的國家也並不一定就稱霸。這反映了深刻的歷史變化。

在這個時期,歷史已由禮樂征伐自諸侯出,變而禮樂征伐自大夫出。各國之君有的被弒,有的被逐,其不被弒被逐的,一般說,權力也已大大削弱。正由於政權已由諸侯手中下移於卿大夫,卿大夫之間爭權奪利以至相兼并的鬥爭就空前激烈起來。齊晏子在回答晉叔向問"齊其何如"時說:"此季世也,吾弗知。齊其爲陳氏矣!"叔向則說:"雖吾公室,今亦季世也。戎馬不駕,卿無軍行。公乘無人,卒列無長。"(《左傳》昭公三年)這些都生動地反映了這個時期內,齊、晉兩國忙於內部卿大夫間的兼并、鬥爭,而無暇外顧的局面。因此,晉、楚、齊、秦雖然並不能說不是強國,但它們已經無力爭霸了。儘管這樣,晉、楚、齊、秦的活動在這個時期卻有着十分重要的意義。

2. 晉

晉在襄公時，卿大夫中間已出現兩派。《左傳》文公六年説："晉蒐於夷，舍二軍。使狐射姑將中軍，趙盾佐之。陽處父至自温（今山西孟縣東），改蒐於董（今山西臨猗西北），易中軍。陽子，成季之屬也，故黨於趙氏。"按狐射姑是狐偃之子，趙盾是趙衰之子。狐偃、趙衰二人是晉文公的功臣。二人死，狐、趙二家遂成互相對立的兩派。兩派爭權的結果，是狐射姑一派失敗。其黨續鞫居被殺，狐射姑本人也出奔狄。此外，晉襄公原來所要提拔的箕鄭父、先都、士縠、梁益耳①也無一生存。趙氏的勢力從此强大起來，最後發展到趙盾之黨趙穿弑晉靈公。

晉在郤缺、荀林父、士會、郤克爲政時，政局比較穩定。至晉厲公時，由於厲公畏諸大夫强，欲樹立公室權威，一朝殺强宗三郤（即郤至、郤錡、郤犨），並欲殺執政的欒書和荀偃。但他意志不堅决，結果反爲欒書、荀偃所殺。

晉悼公繼位，韓厥、知罃、荀偃相繼爲政。公室又振作起來。至平公時，士匄即范宣子爲政，又掀起范氏同欒氏的兼并鬥争。欒盈出奔楚，繼由楚適齊。既而他暗地裏又由齊返回曲沃，欒黨與范氏之黨展開一場惡鬥。結果欒盈失敗，欒氏之族黨盡被誅戮。因受欒盈牽連而被殺的，有箕遺、黃淵、嘉父、司空靖、邴豫、董叔、邴師、申書、羊舌虎、叔羆；被囚的有伯華、叔向、籍偃；出奔的有知起、中行喜、州綽、邢蒯等。爲禁錮欒氏，在商任（今河北邢臺市東）舉行一次有九國參加的大會，在沙隨（今河南寧陵北）又舉行一次有十二國參加的大會。足見這次鬥争規模之大。

至趙鞅即趙簡子爲政時，又有以趙鞅爲首的趙氏黨聯合知、韓、魏三家同范氏、中行氏兩家互相兼并的鬥争。這次鬥争長達七

---

① 《左傳》文公八年説："晉侯（襄公）將登箕鄭父、先都，而使士縠、梁益耳將中軍。"

年之久，牽涉到齊、衛、鄭、狄、鮮虞等五個國家，最終以范氏、中行氏兩家徹底失敗而出奔於齊了事。

至春秋季世，知瑤最強，因而想兼并趙、韓、魏三家。結果反被趙、韓、魏聯合起來消滅。這件事成爲中國歷史進入戰國時代的標誌。

3. 楚

楚自楚文王以來，王子弟弒君自立者凡四人（成王、穆王、靈王、平王），大臣作亂和謀弒者凡五人（鬬宜申、仲歸、公子燮、鬬克和鬬越椒），兵敗國破幾至亡國者一次；然君權並未因此下移。這是楚與晉、齊、魯、衛等國的不同。有人認爲這是由於“當國執政皆公族子孫，世相授受；一有罪戾，隨即誅死”①的好處。據我看這一點恐怕不是根本原因。根本原因在於這時的楚不行分封，使權力集中於中央。這也證明真正的郡縣制確實比分封制有優越性。但這祇是相對的。楚雖沒有君權下移，卻也同樣被內亂弄得大傷元氣，無力參加爭霸的行列了。

4. 齊

齊桓公死，五公子爭立。經歷了孝、昭、懿、惠、頃五世，這六十年，齊失卻霸主地位，但基本上還能維持大國姿態。至靈、莊二世，由於相繼昏淫，已釀成禍亂。至景公之世，不但政權下移於卿大夫，而且卿大夫之間的兼并鬥爭愈演愈烈。開始，崔杼、慶封擅權；繼而崔杼亡於慶封，而慶封又亡於欒、高（子尾、子雅）。不旋踵間，欒、高二氏（欒施、高彊）又爲陳（無宇）、鮑（國）所并。崔、慶、欒、高皆爲公族。崔杼以一婦人（東郭姜）之故，而弒君、亂宗，最後至於亡家、亡身。慶封則“易內而飲酒”（《左傳》襄公二十八年），色荒無度。欒施、高彊亦皆“嗜酒，信內多怨”（《左傳》昭公十年），結果都

---

① 顧棟高：《春秋大事表·春秋楚令尹論》。

招致殺身、亡家之禍。獨陳無宇與衆不同。欒、高失敗後，陳無宇不但不貪欒、高的財産，反而召回出亡的諸公子。《左傳》昭公十年記述此事説："桓子(陳無宇)召子山，私具幄幕器用從者之衣屨，而反棘焉。子商亦如之，而反其邑。子周亦如之，而與之夫于。反子城、子公、公孫捷，而皆益其禄。凡公子、公孫之無禄者，私分之邑。國之貧約孤寡者，私與之粟。"陳氏之奪取齊國政權，於這時已奠定基礎。崔、慶、欒、高適爲陳氏作驅除而已。以一異姓而奪得公室的政權，在春秋之世，實爲僅見。至景公死，無宇子乞聯合鮑牧，施展詭計，驅逐顧命大臣高(張)、國(夏)。而到簡公時，陳乞子恒(亦作常)又以計除簡公的親臣闞止，使内外處要津者皆陳氏之黨，終於造成奪取姜齊政權的形勢。而陳(田)氏代齊，也是使中國歷史進入戰國時代的一個重大事件。

5. 秦及其他諸國

秦僻處西陲，長期與中原隔絶。自景公以後，載記尤爲疏略，應從蓋闕。其他如魯，自文公開始，已失政柄，權在三家。終春秋之世，欲去三桓張公室者固不乏其人，如公孫歸父、叔孫僑如、南蒯等，然皆懷有個人野心，並非真正爲着公室利益，所以不但没有成功，反而促使三桓的勢力益大。再如鄭，則自穆公以後，權歸於七穆。衛則孫、寧，宋則華、向，幾乎都表現出政權下移至卿大夫之手的形勢。

正是因爲晉、楚、齊、秦以及中原諸國存在以上所述的國内形勢，所以吳、越兩國便成了這個時期僅有的可以稱爲霸主的國家。但吳、越的霸業已是强弩之末，從當時整個中國的角度看，霸權這時已完成了最後的歷史使命。

以上，我們分四個階段討論了春秋五霸的興衰。五霸是歷史的産物。它反映這時中國奴隸社會正日趨衰落，但還没有滅亡；成爲社會主要矛盾的主要方面的，仍然是奴隸主階級。毫無疑問，五霸，特别是晉、楚兩霸，是當時最大的壓迫者和剥削者。《左傳》襄公四年説："公如晉聽政。"襄公八年説："會於邢丘以命朝聘之數，使諸侯之大夫聽命。"襄公二十二年説："晉人徵朝於鄭。"這都是晉爲霸主時，對自己盟國實行剥削的見證。被剥削的同盟國，在不堪霸主壓榨時，不得不進行鬥争反抗。例如《左傳》襄公二十四年説：晉"范宣子爲政，諸侯之幣重，鄭人病之"。昭公十三年説："子産争承。"就是這種委曲鬥争的反映。關於楚的這類情况，《左傳》雖語焉不詳，但也露出一些蛛絲馬迹。如襄公二年説："楚公子申爲右司馬，多受小國之賂。"襄公二十年説："楚人使蔡無常。"就可以看出楚對中小國家也同樣進行殘酷的剥削。隨着時間的推移，霸權國家對中小國家的壓迫和剥削日益加重。《左傳》昭公三年説："昔文、襄之霸也，其務不煩諸侯，令諸侯三歲而聘，五歲而朝，有事而會，不協而盟。"這當然不是説晉文、襄時對中小國格外仁慈，而恰恰是表明自晉文以後，霸主對中小國家的剥削和壓迫是加重了。這就使我們可以理解，爲什麽晉、楚争霸，首尾八十多年，表面上好象勢不兩立，實際上卻誰也不想真的打仗，原因就在於它們的真正目的不過是借此以加强對自己的同盟國進行控制和剥削罷了。

春秋主要諸侯紀年表

（自公元前 770 年至公元前 453 年）

公元	干支	周	魯	齊	晉	秦	楚	宋	衛	鄭	燕	吳(越)
－770	辛未	平王	孝公37年	莊公25年	文侯11年	襄公8年	若敖21年	戴公30年	武公43年	武公	頃侯21年	
－768	癸酉		惠公									
－766	乙亥										哀侯	
－765	丙子					文公		武公				
－764	丁丑										鄭侯	
－763	戊寅						霄敖					
－757	甲申						蚡冒		莊公			
－747	甲午							宣公				
－745	丙申				昭侯							
－743	戊戌									莊公		
－740	辛丑						武王					
－739	壬寅				孝侯							
－734	丁未								桓公			
－730	辛亥			鳌公								
－728	癸丑							穆公			穆侯	
－723	戊午				鄂侯							
－722	己未		隱公									
－719	壬戌	桓王						殤公				
－718	癸亥								宣公			
－717	甲子				哀侯							
－715	丙寅					寧公						

公元	干支	周	魯	齊	晉	秦	楚	宋	衛	鄭	燕	吳(越)
－711	庚午		桓公									
－710	辛未							馮			宣侯	
－709	壬申				小子							
－706	乙亥				湣							
－703	戊寅					出公						
－700	辛巳									厲公		
－699	壬午								惠公			
－697	甲申			襄公		武公					桓公	
－696	乙酉	莊王						黔牟	昭公			
－694	丁亥								子亹			
－693	戊子		莊公						子嬰			
－691	庚寅						湣公					
－690	辛卯									莊公		
－689	壬辰						文王					
－686	乙未							惠公 14年				
－685	丙申			桓公								
－681	庚子	釐王						桓公				
－679	壬寅									厲公 復立		
－678	癸卯				武公 38年							
－677	甲辰					德公						
－676	乙巳	惠王			獻公	杜敖 囏						
－675	丙午					宣公						

公元	干支	周	魯	齊	晉	秦	楚	宋	衛	鄭	燕	吳(越)
－672	己酉									文公		
－671	庚戌						成王					
－668	癸丑								懿公			
－663	戊午					成公						
－661	庚申			滑公								
－660	辛酉								戴公			
－659	壬戌			釐公		穆公			文公			
－657	甲子										襄公	
－651	庚午	襄王										
－650	辛未				惠公			襄公				
－642	己卯			孝公								
－636	乙酉				文公			成公				
－634	丁亥								成公			
－632	己丑		昭公									
－627	甲午				襄公					穆公		
－626	乙未		文公									
－625	丙申						穆王					
－620	辛丑				靈公	康公						
－619	壬寅							昭公				
－618	癸卯	頃王										
－617	甲辰										桓公	
－613	戊申						莊王					
－612	己酉	匡王		懿公								
－610	辛亥								文公			

公元	干支	周	魯	齊	晉	秦	楚	宋	衛	鄭	燕	吳(越)
－608	癸丑		宣公	惠公		共公						
－606	乙卯	定王			成公							
－605	丙辰									靈公		
－604	丁巳									襄公		
－603	戊午					桓公						
－601	庚申										宣公	
－599	壬戌				景公				穆公			
－598	癸亥			頃公								
－590	辛未		成公			共王						
－588	癸酉							共公	定公			
－586	乙亥									悼公	昭公	
－585	丙子	簡王										吳王壽夢
－584	丁丑									成公		
－581	庚辰			靈公								
－580	辛巳				厲公							
－576	乙酉					景公			獻公			
－575	丙戌							平公				
－573	戊子										武公	
－572	己丑		襄公		悼公							
－571	庚寅	靈王										
－570	辛卯									釐公		
－565	丙申									簡公		
－560	辛丑											吳王諸樊

公元	干支	周	魯	齊	晉	秦	楚	宋	衛	鄭	燕	吳(越)
-559	壬寅						康王					
-558	癸卯							殤公				
-557	甲辰				平公							
-554	丁未										文公	
-553	戊申			莊公								
-548	癸丑										懿公	
-547	甲寅				景公							吳王余祭
-546	乙卯							獻公後元				
-544	丁巳	景王					郟敖				惠公	
-543	戊午								襄公			
-541	庚申		昭公									
-540	辛酉						靈王					
-536	乙丑				哀公							
-535	丙寅										悼公	
-534	丁卯								靈公			
-531	庚午				昭公	元公						
-530	辛未											吳王余眛
-529	壬申									定公		
-528	癸酉						平王				共公	
-526	乙亥											僚
-525	丙子				頃公							
-523	戊寅										平公	

公元	干支	周	魯	齊	晉	秦	楚	宋	衛	鄭	燕	吳(越)
—520	辛巳											
—519	壬午	敬王										
—516	乙酉							景公				
—515	丙戌						昭王					
—514	丁亥											吳王闔閭
—513	戊子								獻公			
—511	庚寅				定公							
—510	辛卯											越王允常
—509	壬辰		定公									
—504	丁酉									簡公		
—500	辛丑					惠公				聲公		
—496	乙巳											越王勾踐
—495	丙午											吳王夫差
—494	丁未		哀公									
—492	己酉								出公	獻公		
—490	辛亥				悼公							
—489	壬子			晏孺子荼								
—488	癸丑			悼公		惠王						
—484	丁巳			簡公								
—480	辛酉			平公						莊公		
—477	甲子									起		

公元	干支	周	魯	齊	晉	秦	楚	宋	衛	鄭	燕	吳(越)
一476	乙丑					厲共公			出公後元			
一475	丙寅	元王										
一474	丁卯				出公							
一473	戊辰											
一468	癸酉	貞定王										
一466	乙亥		悼公									
一464	丁丑										孝公	越王鹿郢
一462	己卯									哀公		
一458	癸未											越王不壽
一457	甲申				(趙襄子)							
一456	乙酉				哀公							
一455	丙戌				宣公				悼公黔			
一453	戊子	韓、趙、魏三家分晉，春秋結束。										

第二節　春秋時期在井田、分封、宗法和禮等幾個方面所發生的變化

　　春秋是中國奴隸社會的衰落時期。前此在全盛時期奴隸主階級政權所恃以向上發展的幾種制度，如井田、分封、宗法和禮等，在激烈的階級鬥爭的影響下，都已日趨破壞，亦即這個時期從經濟基

礎到上層建築都不能照老樣子過下去了。雖然這個時期社會主要矛盾的主要方面仍舊是奴隸主階級,但是新的地主階級已經產生并且日益發展壯大,最後必然戰勝奴隸主階級而使中國奴隸社會爲封建社會所代替。下面就這個時期在井田、分封、宗法和禮等幾個方面所發生的變化簡要地加以論述。

一、井田

井田是中國奴隸社會經濟基礎的重要部分。中國歷史進入春秋以後,井田不斷地遭到破壞。最明顯地表現在以下幾點:

第一,《國語・晉語》記郭偃説:"吾觀君夫人也,若爲亂,其猶隸農也。雖獲沃田而勤易之,將不克饗,爲人而已。"郭偃爲此語大約在公元前 672 至前 666 年之間,也就是説,隸農這個概念在這個時期并不是新出現的東西,而是一個人人熟知的事實,否則不會作爲説明問題的例子來應用。隸農的出現,表明井田制正在走向破壞。

馬克思在論述農村公社解體的原因時説過:"除了外來的各種破壞性影響,公社内部就有使自己毀滅的因素。土地私有制已經通過房屋及農作園地的私有滲入公社内部,這就可能變爲從那裏準備對公有土地進攻的堡壘。這是已經發生的事情。但是,最重要的還是私人占有的泉源——小土地勞動。它是牲畜、貨幣,有時甚至奴隸或農奴等動產積累的基礎。這種不受公社控制的動產,個體交換的對象(在交換中,投機取巧起極大的作用)將日益強烈地對整個農村經濟施加壓力。這就是破壞原始的經濟平等和社會平等的因素。它把別的因素帶進來,引起公社内部各種利益和私慾的衝突,這種衝突,首先會破壞耕地的公有制,然後會破壞森林、牧場、荒地等等的公有制;一旦這些東西變成了私有制的公社附屬物，也就會逐漸變成私有了。"①隸農同農奴的性質差不多。使用隸農顯然就是破壞原始的經濟平等的因素。這時井田制雖然沒有完全破壞，但隸農的使用是井田制破壞的一種徵兆，卻是没有問題的。

第二，《左傳》記魯僖公十五年（公元前 645 年）"晉於是乎作爰田。"《國語·晉語》"爰田"作"轅田"。説者謂"爰"和"轅"都是假借字。本字應作"趄"，意思是换。這個解釋可能是對的。但是怎麼换法，説者各異。由於文字太簡略了，實際上哪一種説法都有增字解經之嫌。我看惠棟把"爰田"、"州兵"看作是"當日田制、兵制改易之始"（《春秋左傳補注》）的説法比較可信。改易田制當然就是井田制發生變化了。

第三，《左傳》記魯宣公十五年（公元前 594 年）"初税畝"。有人認爲，初税畝"表明魯國正式宣佈廢除井田制，承認私田的合法性而一律取税，標誌着封建制度的開始"。這種説法我看是不能成立的。其所以不能成立，在於他把分配給單個家庭的土地，説成是諸侯在方田外所墾辟的土地，亦即把井田制的"私田"作了歪曲的解釋，因而是錯誤的，不可信據的。實際上這個"初税畝"應以顧棟高"加賦也"（《春秋大事表·邱甲田賦論》）的説法最爲直截了當。原來魯國舊制是"制公田不税夫"，即行助法。税畝以後就變成了既制公田又税夫。也就是過去祗在公田上徵收一份税，今在私田上又徵收一份税。其結果遂變成所謂"二"。《論語·顔淵》："哀公問於有若曰：'年饑用不足，如之何？'有若對曰：'盍徹乎？'曰：'二吾猶不足，如之何其徹也？'對曰：'百姓足，君孰與不足；百姓不足，君孰與足？'"魯哀公所説的"二"，正是初税畝以後的情況。"二"是徵收百姓的二，而絶不是徵收統治階級之中某人的二。

儘管這樣，初税畝畢竟是一種新出現的辦法。這種辦法的實

①　《馬克思恩格斯全集》第 19 卷，第 450 頁。

行,一方面表明生産力水平已經提高,私田有提供剝削的可能;另一方面,表明統治階級慾壑難填。照這樣下去,當然不至完全破壞井田制不止。所以,認爲它也是井田制在發生變化的表現,則是沒有問題的。

第四,《左傳》襄公十年説:"初,子駟爲田洫,司氏、堵氏、侯氏、子師氏皆喪田焉。"又襄公三十年説:"子産使都鄙有章,上下有服,田有封洫,廬井有伍。"鄭子駟、子産執政,爲什麼都致力於爲田洫?爲田洫意味着什麼呢? 我認爲"爲田洫",用孟子的話來説,就是"正經界"。正經界是因爲當時暴君污吏多慢其經界(詳見《孟子・滕文公上》)。所以,爲田洫與反爲田洫之鬥争,恰恰是維護井田制與破壞井田制的鬥争。它説明這時鄭國的井田制正在遭到破壞。

上述四條材料並不是出於系統地論述井田制的專著,而僅僅是在《左傳》這部古史中透露出的點滴消息。這個點滴消息已足説明,井田制在春秋時期,既不像西周時期那樣正在鞏固發展,也不像戰國時期那樣,由"賣宅圃"(《韓非子・外儲説左上》)逐漸發展到"視便利田宅可買者買之"(《史記・廉頗藺相如列傳》),井田制不是完全遭到破壞,而是正在不斷瓦解之中。這正反映春秋時期是中國奴隸社會的衰落時期。

二、分封

分封的對立物是郡縣。分封制的特點是封地的主權和所有權都屬於封君。封君世襲,有相當大的獨立性。郡縣制則不然。郡縣首長對郡縣祇有法定的行政權,而没有所有權。郡縣首長不世襲,隨時可由中央政府任免。除非是脱離中央,割據稱王,就談不到有獨立性。分封制是中國奴隸社會政治制度的特徵之一,郡縣制是中國封建社會政治制度的特徵之一。有人不同意這種看法,説中國封建社會也始終存在分封。我認爲中國封建社會誠然始終存在分封，但它乃是殘餘形態，和中國奴隸社會的分封不同。事物是複雜的，而不是純粹又純粹的。看問題應看它的本質、主流，而不要看它的非本質、支流。郡縣制正是在中國奴隸社會的衰落時期，即春秋時期產生并發展起來的新事物。

《史記·秦本紀》説武公十年（公元前 688 年）"伐邽冀戎，初縣之。"《左傳》哀公十七年説，楚文王任彭仲爽"實縣申、息"。洪亮吉以楚文王縣申爲魯莊公六年（公元前 688 年）①，可能是對的。這樣，春秋時期滅國不以封人，而設官治之，改名爲縣，實從秦楚二國開始。

《左傳》記魯僖公二十五年（公元前 635 年），晉文公以"趙衰爲原大夫，狐溱爲温大夫"；記魯僖公三十三年（公元前 627 年），晉襄公"以再命命先茅之縣賞胥臣"。這是春秋時期晉亦設縣的例證。縣的長官，楚稱縣尹、縣公，晉稱縣大夫。

《左傳》記魯宣公十二年（公元前 597 年）鄭伯服楚稱"夷於九縣"；記魯昭公五年（公元前 537 年），楚薳啓彊稱晉"十家九縣……其餘四十縣"。《左傳》記魯昭公二十八年（公元前 514 年）晉"分祁氏之田以爲七縣，分羊舌氏之田以爲三縣"。證明楚晉二國的縣制，自出現以後，很快就發展起來了。

《左傳》記魯哀公二年（公元前 493 年），晉趙簡子在戰前宣佈賞格説："克敵者，上大夫受縣，下大夫受郡。"證明這時晉已有郡，但郡的等級比縣爲低。

總之，春秋時期作爲分封對立物的郡縣制已經產生，并且在繼續發展中。

---

①　洪亮吉：《更生齋文甲集·春秋時以大邑爲縣始於楚論》。

三、宗法

王國維於《殷周制度論》講宗法，提出宗統、君統兩個概念，很有見地。宗統是以血緣關係爲基礎而建立起來的體系，君統是以政治關係即階級關係爲基礎而建立起來的體系。宗統和君統不是一回事，但二者之間既有區別又有聯繫。區別在於限制族權，使不得侵犯君權；聯繫在於利用族權來維護君權。但到後來，由於宗族勢力不斷發展，其結果並不是如開始創立宗法制度的人所預期的那樣，而是享有族權的人往往起來與君權相對抗，甚至奪取君權。因此，宗法制在中國奴隸社會衰落時期不能不趨於破壞。

最顯著的例子，是晉昭侯封桓叔於曲沃，桓叔自建宗統。《左傳》莊公二十八年說"曲沃君之宗也"，可爲證明。曲沃之宗不是以維護公室爲職志，而是不斷侵犯公室，終至奪取公室而有之。《左傳》記魯莊公十六年（公元前 678 年），"王使虢公命曲沃伯以一軍爲晉侯"，即其事。晉武公立爲晉侯傳子獻公，懲宗法之害，盡殺群公子。《左傳》宣公二年說，"初，驪姬之亂，詛無畜群公子，自是晉無公族"。實際上，晉無公族的責任主要應由晉獻公來負，而不應由驪姬來負。晉武公獻公是以強宗而奪取政權的，他們深知宗法之危害性，因而下決心從根本上取消宗法。

其他如魯三桓、鄭七穆、宋華向、齊崔慶等，都使公室吃盡苦頭，看不到公族對公室有什麼好處。《左傳》文公七年記宋"昭公將去群公子。樂豫曰：'不可。公族，公室之枝葉也，若去之，則本根無所庇陰矣。'"這一事實，正反映當時在宗法問題上有兩種對立的思想在鬥爭。它說明這個時期宗法制對於國君來說，已經是害多利少了。

宗法本來是行於大夫士之間，所謂"大夫士有常宗"（《荀子·禮論》）。而觀《左傳》記魯襄公二十三年（公元前 550 年）魯季武子

捨彌而立紇,孟莊子捨秩而立羯;記魯昭公四年(公元前538年)叔
孫穆子捨孟丙、仲壬而立婼;記魯襄公二十七年(公元前546年)齊
崔杼捨成、强而立明,凡此種種,都説明這個時期宗法在大夫士本
身也不能嚴格地執行了。

另方面,由於階級關係發生變化,原來不行宗法的,這時反而
行宗法。最明顯的例子,就是舊時大夫士都有姓氏,有姓氏可以看
作是行宗法的標誌,而戰國以後則没有無姓氏的。説明這時行宗
法已没有等級的限制,即人人可行宗法。這一點,對宗法的原來的
意義來説,也可以看作是一種破壞。

四、禮

禮的淵源很古,並不自周代始。周禮是在夏、殷二代之禮的基
礎上經過改造,使其更好地爲奴隸社會的政治服務而發展起來的,
及至奴隸社會走向衰落,它也必然遭到破壞。

周禮的主要内容是親親尊尊,而强調君臣之義,父子之親。可
是春秋之世,竟然"臣弑其君者有之,子弑其父者有之"(《孟子·滕
文公下》)。《左傳》一書,雖然還有魯"猶秉周禮"(《左傳》閔公元
年),"諸侯,宋、魯於是觀禮"(《左傳》襄公十年),"周禮盡在魯矣"
(《左傳》昭公二年)等記載,但實際上這不是禮,而是儀。《左傳》昭
公五年説:"晉侯謂女叔齊曰:'魯侯不亦善於禮乎?'對曰:'魯侯焉
知禮!'公曰:'何爲? 自郊勞至於贈賄,禮無違者,何故不知?'對
曰:'是儀也,不可謂禮。禮所以守其國,行其政令,無失其民者也。
今政令在家,不能取也。有子家羈,弗能用也。奸大國之盟,陵虐
小國。利人之難,不知其私。公室四分,民食於他。思莫在公,不
圖其終。爲國君,難將及身,不恤其所。禮之本末,將於此乎在,而
屑屑焉習儀以亟。言善於禮,不亦遠乎?'君子謂:'叔侯於是乎知
禮。'"(昭公二十五年記鄭游吉對晉趙簡子,大意與此相同。)這是

禮與儀不同的具體的説明。不過，由於歷史不斷變化，到了春秋後期，即便是號稱"秉周禮"的魯國，連儀也不能維持了，不斷出現"季氏八佾舞於庭"、"三家者以雍徹"（《論語·八佾》）的事情。司馬遷所謂"孔子之時，周室微而禮樂廢"（《史記·孔子世家》）的話，講的確是當時的真實情況。

　　井田、分封、宗法和禮是中國奴隸社會全盛時期的四大支柱。它包括從經濟基礎到上層建築幾個重要方面。當中國奴隸社會走向衰落時，也必然首先在這四個方面表現出來。具體説，就是井田制破壞了，將爲土地私有的封建土地所有制所代替；分封制破壞了，將爲郡縣制所代替；強調血緣關係的宗法制破壞了，將讓位於強調階級關係的政權；以親親尊尊爲内容的禮治破壞了，將讓位於"不別親疏，不殊貴賤"的法治。當然，所謂破壞，不等於掃地無餘。有人看到後世封建社會也有分封，也有宗法，也有禮，遂謂井田、分封、宗法、禮四者不能作爲中國奴隸社會區別於封建社會的標誌。其實，這是不對的。看一個事物的性質，主要看它的主導方面，看它占支配地位的是什麼。一定要求它是純粹的，這不是馬克思主義的觀點。

第三節　春秋時期的民族鬥爭與融合

　　春秋時期的民族鬥爭和融合是西周時期民族鬥爭和融合的繼續。也和西周時代一樣，春秋時期華夏族自稱爲"華"、爲"夏"，將各少數民族稱爲"蠻、夷、戎、狄"，或統稱爲"夷"爲"裔"。"華"和"夷"對言，是從種族不同來説的。"夏"與"裔"對言，是從居住地不同來説的。《左傳》定公十年説："裔不謀夏，夷不亂華"，就是裔夏、夷華對言的例證。夏本爲地名，因啓在其地建國，轉而成爲朝代名，後來又從朝代名發展成爲種族名。這同漢原爲地名，劉邦用作朝代名，以後又變成民族的名稱一樣。裔是邊陲的意思。夏爲中國,當時認爲是華夏族的居住地;裔是邊陲,當時認爲是四夷的居住地。

春秋時期各民族間的鬥爭和融合,情况非常複雜,爲便於説明,我們從四個方面分述如下:

一、華夏族與西方諸戎的鬥爭和融合

1. 犬戎

由於周幽王爲犬戎所攻殺,西周滅亡,我們就首先從西方的犬戎談起。犬戎又叫畎夷。史稱周文王伐畎夷(《史記·匈奴列傳》),周穆王伐犬戎,證明周和犬戎兩個民族之間,長期以來就存在着矛盾和鬥爭。據《史記·匈奴列傳》説,犬戎攻殺周幽王於驪山之下後,"取周之焦獲而居於涇、渭之間"(焦獲今甘肅涇陽西北)。其後,秦襄公伐戎至岐。至穆公得由余,西戎八國服於秦。當時,自隴以西,有綿諸、緄戎、翟䝠之戎;岐、梁山、涇、漆之北有義渠、大荔、烏氏、朐衍之戎。《左傳》閔公二年稱"虢公敗犬戎於渭汭(今陝西大荔東南)",僖公二年稱"虢公敗戎於桑田(今河南靈寶西北)",足見犬戎活動的地區相當廣泛。

2. 驪戎

《左傳》莊公二十八年説:"晉伐驪戎,驪戎男女以驪姬。"

3. 允姓之戎

《左傳》襄公十四年記晉將執戎子駒支,"范宣子親數諸朝,曰:'來!姜戎氏,昔秦人迫逐乃祖吾離於瓜州,乃祖吾離被苫蓋,蒙荆棘,以來歸我先君。我先君惠公有不腆之田,與女剖分而食之……'對曰:'昔秦人負恃其衆,貪於土地,逐我諸戎。惠公蠲其大德,謂我諸戎是四岳之裔胄也,毋是翦棄。賜我南鄙之田,狐狸所居,豺狼所嗥。我諸戎除翦其荆棘,驅其狐狸豺狼,以爲先君不侵

不叛之臣,至於今不貳。’”這就是説,西戎的這一支遷來中土以後
開闢了晉的南鄙,并且逐步與晉人融合,雖然當時尚有語言、生活
習慣等方面的差異,但隨着時間的流逝,這些差別肯定是日益縮小
的。

4. 陸渾之戎

《左傳》僖公二十二年説:“秦、晉遷陸渾之戎於伊川。”孔穎達
疏:“陸渾是敦煌之地名也,徙之伊川,復以陸渾爲名。”宣公三年楚
伐陸渾即此。

昭公十七年記“晉荀吴帥師涉自棘津(今河南淇縣南),使祭史
先用牲於雒。陸渾人弗知,師從之。庚午,遂滅陸渾,數之以其貳
於楚也。”

陸渾之戎也稱“陰戎”。《左傳》昭公九年記“晉梁丙、張趯率陰
戎伐潁(今河南登封東南)”。杜預説:“陰戎,陸渾之戎。以其處晉
陰地,謂之陰戎。”

又稱“九州戎”。《左傳》昭公二十二年記“晉籍談、荀躒帥九州
之戎及焦(今河南三門峽西)、瑕(今河南靈寶西)、温(今河南孟縣
東)、原(今河南濟源西北)之師,以納王於王城。”杜預説:“九州戎,
陸渾戎。”

5. 揚拒、泉皋、伊、雒之戎

《左傳》記魯僖公十一年(公元前 649 年),“揚拒、泉皋、伊、雒
之戎同伐京師,入王城,焚東門”。杜預説:“揚拒、泉皋皆戎邑,及
諸雜戎居伊水、雒水之間者。”又記十二年(公元前 648 年),“齊侯
使管夷吾平戎於王”。《春秋》記魯文公八年(公元前 619 年),魯
“公子遂會雒戎,盟於暴(今河南原陽西)”。《左傳》記魯成公六年
(公元前 585 年),“晉伯宗、夏陽説、衛孫良夫、寧相,鄭人,伊、雒之
戎,陸渾蠻氏侵宋”。這都證明當時戎雜居於洛陽附近,有相當大
的力量。

6. 蠻氏

蠻氏，一名茅戎，一名戎蠻子。《春秋》成公元年：“王師敗績於茅戎。”沈欽韓說：“按茅戎，蓋西羌之入居中國者。茅髳同。”

《左傳》昭公十六年說：“楚子聞蠻氏之亂也，與蠻子之無質也，使然丹誘戎蠻子嘉殺之，遂取蠻氏。既而復立其子焉。”

《春秋》記魯哀公四年（公元前 491 年）“晉人執戎蠻子赤，歸於楚”。

由上述可見，西戎之居於中原者，後來多爲晉、楚兩國所滅，逐漸與晉、楚或與當地華夏族居民融合成一體了。

二、華夏族與北方諸狄的鬥爭和融合

1. 赤狄

赤狄，顧棟高說：“赤狄之種有六：曰東山皋落氏；曰廧咎如；曰潞氏；曰甲氏；曰留吁；曰鐸辰。”（《春秋大事表·春秋四裔表敘》）

《春秋》記魯莊公三十二年（公元前 662 年）：“狄伐邢（今河北邢臺市）。”魯閔公元年（公元前 661 年）：“齊人救邢。”閔公二年（公元前 660 年）：“狄入衛（今河南淇縣）。”《左傳》閔公二年記：“晉侯使太子申生伐東山皋落氏（今山西垣曲東）。”《春秋》記魯僖公元年（公元前 659 年）：“邢遷於夷儀。齊師、宋師、曹師城邢。”（夷儀，今山東聊城西南。）《左傳》記魯僖公二年（公元前 658 年）：“諸侯城楚丘而封衛焉。”（楚丘，今河南滑縣東。）僖公八年（公元前 652 年）春，晉里克帥師“敗狄於采桑”（采桑，今山西吉縣），“夏，狄伐晉”。《春秋》記魯僖公十年（公元前 650 年）：“狄滅温，温子奔衛。”僖公十三年（公元前 647 年）：“狄侵衛。”僖公十四年（公元前 646 年）：“狄侵鄭。”僖公十八年（公元前 642 年）：“狄救齊。”“冬，邢人、狄人伐衛。”僖公二十一年（公元前 639 年）：“狄侵衛。”僖公三十年：“狄侵齊。"僖公三十一年（公元前 629 年）："狄圍衛。衛遷於帝丘（今河南濮陽西南）。"《左傳》記魯僖公三十一年："晉蒐於清原（今山西稷山東南），作五軍以禦狄。"《春秋》記魯僖公三十三年（公元前627 年）："狄侵齊。"《左傳》記同年："狄伐晉，及箕（今山西榆次南）。八月戊子，晉侯敗狄於箕。"《春秋》記魯文公四年（公元前623 年）："狄侵齊。"文公七年（公元前 620 年）："狄侵我（魯）西鄙。"文公九年（公元前 618 年）："狄侵齊。"文公十年（公元前 617年）："狄侵宋。"文公十一年（公元前 616 年）："狄侵齊。"文公十三年（公元前 614 年）："狄侵衛。"宣公三年（公元前 606 年）："赤狄侵齊。"顧棟高說："按狄自入春秋以來，俱止書狄，蓋舉北方引弓之人合而爲一也。即狄有亂以後，箕之役白狄見矣，而以狄冠之，白狄猶爲之屬。至是顯然分國爲二。其自通於中國，加一赤字之號；而白狄亦以八年偕晉伐秦，自爲盟會征伐，不復就赤狄之役矣。此匈奴分爲南北單於之始也。"（《春秋大事表·春秋四裔表》）按顧說有理，可以信從。《春秋》記魯宣公四年（公元前 605 年）："赤狄侵齊。"《左傳》記魯宣公六年（公元前 603 年）："秋，赤狄伐晉。圍懷，及邢丘。"（懷，今河南武陟西南。邢丘，今河南溫縣東北。）宣公七年（公元前 602 年）："赤狄侵晉，取向陰之禾。"《春秋》記魯宣公十五年（公元前 594 年）："晉師滅赤狄潞氏，以潞子嬰兒歸。"（潞氏，今山西潞城東北。）《左傳》記魯宣公十六年（公元前 593 年）："晉士會帥師滅赤狄甲氏及留吁、鐸辰。"成公三年（公元前 588 年），"晉郤克、衛孫良夫伐廧咎如，討赤狄之餘焉。"

綜上所述，北狄在春秋時期，恃強大武力，遍侵華夏族邢、衛、齊、晉、鄭、魯諸國，與齊、晉兩霸鬥爭多年，堪稱一時之雄。《公羊傳》僖公四年說："南夷與北狄交，中國不絕若綫。"《左傳》成公十六年記晉士燮追憶晉文公經營霸業時說："秦、狄、齊、楚皆強。"從上述這兩段話，可以想見當時民族鬥爭的激烈情況。春秋中葉以後，赤狄內部分裂，爲晉所滅。從狄人潞氏、甲氏諸部都稱氏，可知它們的文化水平低於華夏族。爲晉所滅後,則不能不逐漸融合在華夏族裹。

2. 白狄

白狄,顧棟高説"其別有三:曰鮮虞,曰肥,曰鼓"(《春秋大事表·春秋四裔表》),而不數居河西的白狄。顧氏認爲《史記》所云居於河西者誤也(《春秋大事表·春秋四裔表》)。其實,在這裏錯誤的不是《史記》,而是顧棟高。《左傳》成公十三年記晉侯使吕相絶秦,明白地説:"白狄及君同州,君之仇讎,而我之婚姻也。"怎能説沒有居河西的白狄呢?

《左傳》記魯宣公八年(公元前 601 年):"春,白狄及晉平。夏,會晉伐秦。"這個白狄就是居河西之白狄。顧棟高以爲"此時白狄知赤狄之將亡,而欲結晉以自固也"(《春秋大事表·春秋四裔表》)此説不足據。

又記宣公十一年(公元前 598 年):"晉郤成子求成於衆狄,衆狄疾赤狄之役,遂服於晉。秋,會於欑函,衆狄服也。"顧棟高説:"衆狄專係白狄之種類,若鮮虞(在今河北正定東北)、肥(在今河北藁城西南)、鼓(在今河北晉縣西)之屬。"(《春秋大事表·春秋四裔表》)這個説法是對的。

《春秋》記魯成公九年(公元前 582 年):"秦人、白狄伐晉。"此白狄也應是居河西的白狄。

又記成公十二年(公元前 579 年):"晉人敗狄於交剛。"江永説:"交剛當在河東之地,與河西延安府相近。"(見《春秋地理考實》)按交剛即今山西隰縣。

《左傳》記魯襄公二十八年(公元前 545 年):諸侯與"白狄朝於晉"。《春秋》記魯昭公元年(公元前 541 年):"晉荀吳帥師敗狄於大鹵(今山西太原市西南)。"《左傳》記同年:"晉中行穆子敗無終及群狄於太原(按即大鹵),崇卒也。"顧棟高説:"群狄即所云衆狄,蓋白狄也。"其説近是。據江永説,無終初在今山西太原東,後徙於今河北玉田接薊縣境（見《春秋地理考實》）。

《左傳》記魯昭公十二年（公元前 530 年）：“晉荀吳僞會齊師者，假道於鮮虞，遂入昔陽（今河北晉縣西北）。秋八月壬午，滅肥，以肥子綿皋歸。”《春秋》記同年冬，“晉伐鮮虞”。

《左傳》記魯昭公十五年（公元前 527 年）：“晉荀吳帥師伐鮮虞，圍鼓……以鼓子鳶鞮歸。”

《左傳》昭公二十二年説：“晉之取鼓也，既獻，而反鼓子焉，又叛於鮮虞。六月，荀吳略東陽，使師僞羅者，負甲以息於昔陽之門外，遂襲鼓滅之。以鼓子鳶鞮歸，使涉佗守之。”

《左傳》記魯定公三年（公元前 507 年）：“鮮虞人敗晉師於平中。”

《春秋》記魯定公四年（公元前 506 年）：“晉士鞅、衛孔圉帥師伐鮮虞。”

又記定公五年（公元前 505 年）：“晉士鞅帥師圍鮮虞。”鮮虞故地，戰國時爲中山國。中山國爲趙所滅。1978 年考古工作者在河北省平山縣發現了中山王墓。

白狄的鮮虞、肥、鼓諸部先後爲晉及三晉的趙所滅，與晉融合爲一了。

3. 北戎、山戎、無終

北方有北戎、山戎、無終諸戎。

《左傳》記魯隱公九年（公元前 714 年）：“北戎侵鄭。”

又記桓公六年（公元前 706 年）：“北戎伐齊。”

《春秋》記魯莊公三十年（公元前 664 年）：“齊人伐山戎。”

又記莊公三十一年（公元前 663 年）：“齊侯來獻戎捷。”

僖公十年（公元前 650 年）：“齊侯許男伐北戎。”

《左傳》記魯襄公四年（公元前 569 年）：“無終子嘉父使孟樂如晉，因魏莊子納虎豹之皮以請和諸戎。”

《左傳》襄公十一年説：“晉侯以樂之半賜魏絳，曰：‘子教寡人和諸戎狄，以正諸華，八年之中，九合諸侯，如樂之和，無所不諧，請與子樂之。'"

可見，北方的戎族勢力比諸狄小一些，對華夏族的威脅相對地也小一些，所以戰端不多。後來，晉又采取和戎政策，使戎與華夏族在和平交往中逐步融合一起了。

三、華夏族與南方盧戎、群蠻、百濮、巴等各族的鬥爭和融合

1. 盧戎

《左傳》記魯桓公十三年（公元前 699 年）："楚屈瑕伐羅……及羅，羅與盧戎兩軍之。大敗之。"（羅，今湖北宜城西；盧戎，在今湖北南漳縣東。）

2. 群蠻

《左傳》記魯文公十六年（公元前 611 年）："楚大饑……庸人帥群蠻以叛楚。"（庸，在今湖北竹山西南。）

3. 百濮

《左傳》記同年："麇人率百濮聚於選，將伐楚。"（麇，今陝西白河東南；選，在今湖北宜都南。）又記魯昭公十九年（公元前 523 年）："楚子爲舟師以伐濮。"

4. 巴

《左傳》記魯桓公九年（公元前 703 年）："巴子使韓服告於楚，請與鄧爲好。"（巴，今四川重慶北；鄧，今湖北襄樊北。）《左傳》莊公十八年說："及（楚）文王即位，與巴人伐申而驚其師。巴人叛楚而伐那處，取之，遂門於楚。"（那處，今湖北荆門東南。）

《左傳》昭公九年說："巴、濮、楚、鄧，吾南土也。"南方的少數民族種類很多，到春秋時，一一爲楚所并。雖然楚是用暴力征服，但它融合南方各族，開發祖國長江流域，是有功績的。

四、華夏族與東方諸夷的鬥爭和融合

居東方的各族,《尚書・費誓》稱:"淮夷徐戎。"見於《春秋》的,除吳、越外,有淮夷、群舒、介、萊、根牟等。

1. 淮夷

《左傳》僖公十三年說:"淮夷病杞。"(淮夷,在今江蘇清江、阜寧間;杞,今山東安丘東北。)

《春秋》記魯昭公四年(公元前 538 年)"夏,楚子……淮夷會於申(今河南南陽北)。""秋七月,楚子……淮夷伐吳。"

《左傳》昭公二十七年說:"季氏甚得其民,淮夷與之"。

淮夷自西周初被周公戰敗以後,勢力已較小,春秋時常依附於楚、魯等國,並逐漸與華夏族融合。

2. 群舒

《左傳》記魯文公十二年(公元前 615 年)楚"成嘉爲令尹。群舒叛楚。夏,子孔執舒子平及宗子"。(宗,在今安徽廬江西北。)

又記文公十四年(公元前 613 年):"楚莊王立,子孔、潘崇將襲群舒,使公子燮與子儀守而伐舒蓼。"(舒蓼,在今安徽廬江西北。)

《春秋》記魯宣公八年(公元前 601 年):"楚人滅舒蓼。"《左傳》也說:"楚爲衆舒叛故,伐舒蓼,滅之。楚子疆之。"

《春秋》記魯成公十七年(公元前 574 年):"楚人滅舒庸。"(舒庸,在今安徽桐城西北。)《左傳》襄公二十四年說:"吳人爲楚舟師之役故,召舒鳩人,舒鳩人叛楚。"(舒鳩,在今安徽舒城南。)

《春秋》記魯襄公二十五年(公元前 548 年):"楚屈建帥師滅舒鳩。"

3. 介

《春秋》記魯僖公二十九年(公元前 631 年):"春,介葛盧來。"

"冬,介葛盧來。"(介,今山東膠縣西南。)

又記僖公三十年(公元前 630 年):"介人侵蕭。"(蕭,今安徽蕭縣西北。)

4. 萊

《春秋》記魯宣公七年(公元前 602 年),"公會齊侯伐萊(今山東平度西)。"

又記宣公九年(公元前 600 年):"齊侯伐萊"。

《左傳》記魯襄公二年(公元前 571 年):"齊侯伐萊。"

《春秋》記魯襄公六年(公元前 567 年):"齊侯滅萊。"

5. 根牟

《春秋》記魯宣公九年:"秋,取根牟(今山東沂水東南)。"

《左傳》記魯昭公八年(公元前 534 年):魯"大蒐於紅(今山東泰安東北),自根牟至於商、衛,革車千乘"。說明這時根牟已經成了魯邑。

總之,在春秋時期,無論是雜居在中國內地或者處於四邊地區的蠻、夷、戎、狄等各個少數民族都對祖國的政治、經濟的發展,尤其是邊疆地區的開發作出了貢獻。

由於春秋時代是中國奴隸社會的衰落時期,王權陵替,霸權代興,國家陷入分裂狀態,階級鬥爭和諸侯國的兼并戰爭十分激烈,所以華夏族和各少數民族之間的鬥爭也加劇了。在這場劇烈的鬥爭中,雜居於中原或處於四邊地區的各少數民族,除一部分被驅逐於較遠的邊地外,其餘大部分漸次被華夏族的大國,如晉、楚、齊、秦等所吞并。到春秋末年,中原地區已經不存在戎狄了。他們都融合到具有較高文化的華夏族裏面了。當然,各民族的融合過程,是個痛苦甚至可以說是殘酷的鬥爭過程。不過它反映着歷史的必然性:即處於較高的文化發展階段的華夏族,總是一次又一次地將處於較低的文化發展階段的各兄弟民族融合在自己偉大的母體裏。因此，隨着歷史的發展，華夏族不斷地擴大了。毛澤東同志在《論十大關係》中說：“漢族人口多，也是長時期内許多民族混血形成的”。這確是一條顛撲不破的真理。經過這種一次又一次的鬥爭和融合，才形成了今天我們這樣一個偉大的統一的多民族的國家。

第四節　春秋時期的經濟

春秋時期社會在經濟領域，如果從縱橫兩個方面來看，有如下的特點：其一是原來地處邊陲的幾個較大的諸侯國如齊、晉、楚、燕、秦、吳、越等，於春秋初期和中期在經濟上有很大發展，趕上或超過中原地區的發展水平，成爲經濟上的强國；其二是到了春秋後期，生產力發展水平有了新的突破，出現了鐵制工具和牛耕以及大型農田水利工程。

以下從農業、手工業和商業等三個方面來談談春秋時期社會經濟的發展情況。

一、農業

1.各諸侯國大片土地的開發

西周初年，在邊陲分封的諸侯國，多是地廣人稀，大片土地尚未開墾，經濟發展遠不及中原地區的水平。經過西周特別是春秋時期的開發，這些諸侯國封地内的大片土地，已被墾爲良田，并且采用了中原的先進耕作技術，農業生產有了顯著的發展。

據文獻記載，原是“負海舄鹵，少五穀而人民寡”（《漢書·地理志》）的東方齊國，春秋時已變成“膏壤千里宜桑麻”（《史記·貨殖列傳》）的一片沃土，經濟發展走在其他國家的前面。平王東遷之初，還是“蓬蒿藜藋”（《左傳》昭公十六年）的鄭國，經過“庸次比耦，以艾殺此地"(《左傳》昭公十六年),春秋時期已成了農業、手工業和商業都比較發達的國家。在鄭國和宋國之間,春秋初年還有一片被稱爲彌作、頃丘、玉暢、嵒、戈、錫的無主"隙地"(《左傳》哀公十二年),後來竟成了兩國激烈爭奪的對象。再如晉國的"南鄙之田",原是"狐狸所居,豺狼所嗥"的荒野,經過春秋時期的"翦其荆棘,驅其狐狸豺狼"(《左傳》襄公十四年),已被開發爲耕地。晉國是當時中國西部和北部政治與經濟的重心之一。而春秋時期南方的經濟强國——楚,當它初遷到江漢地區時,還處於"辟在荆山,篳路藍縷,以處草莽,跋涉山林"(《左傳》昭公十二年)的狀況。其他如北方燕國,東南的吳、越,西方的秦國,隨着耕地的開發與農業的發展,在經濟上也都迅速地趕上了中原地區,成爲春秋時期經濟上的强國。

恩格斯説:"農業是整個古代世界的決定性的生産部門。"①春秋時期原來地處邊陲的幾個大諸侯國大片土地的開發,促進了各國農業、手工業和商業的迅速發展。幾個大諸侯國先後成爲經濟上的强國,是春秋時期周天子王權衰落、五霸迭興的主要原因。

2. 鐵製農具的出現

春秋時期農業生産力水平提高的最重要標誌,是鐵製農具的出現。從出土文物來看,有湖南長沙識字嶺春秋晚期楚墓出土的小鐵臿,河南洛陽屬於春秋戰國之際灰坑中發現的空首鐵鏄等。儘管這些鐵製農具形體尚小,而且出土件數很少,但它卻標誌着農業生産力的發展水平已經開始進入一個新的階段。

以往有些史學論著,稱春秋時期已經普遍使用鐵器。其主要根據,是人們所熟知的幾條史料,如《詩·秦風·駟鐵》、《左傳》昭公二十九年、《國語·齊語》、《管子·小匡》以及金文《班殷》、《叔夷

---

① 《馬克思恩格斯選集》第4卷,第145頁。

鐘》等關於鐵的記載。近些年來，有人對上述記載提出了不同的解釋①，即不同意春秋時期已經普遍使用鐵器的説法。參照出土器物，看來後一種見解比較合乎實際。

地下發掘物表明，春秋時的農具，主要還是木、石、骨、蚌製品。和這種農具（主要是耒、耜）聯繫在一起的"耦耕"，直至春秋末年，還屢見於文獻記載，如"庸次比耦"（《左傳》昭公十六年），"譬如農夫作耦"（《國語·吴語》），"長沮、桀溺耦而耕"（《論語·微子》）等等。到了戰國時期，隨着鐵製農具（主要是犁）的普遍使用，耦耕才失去了存在的前提。戰國及其以後的文獻也有談及耦耕的，但都是述説前代之事了。

關於青銅農具在春秋時是否用於農業生産的問題，各家説法不一。但據不完全的統計，已出土的春秋時代的青銅農具，有臿、鋤、鏟、鎛、鎬、钁、鐮等一二十件之多。這個數字，雖然無法和大量出土的木、石、骨、蚌農具相比，但終是能够説明青銅農具也是用於農業生産的，衹不過它不曾是當時占有重要地位的農具罷了。

3. 牛耕的使用

春秋時期農業生産力水平提高的另一個標誌，是牛耕的使用。孔子弟子冉伯牛名耕，司馬耕字子牛，晉國的力士名牛子耕等等。這種在名字上把"牛"與"耕"連在一起，有力地證明當時已存在牛耕。還有《國語·晉語》説："范、中行氏……今其子孫將耕於齊，宗廟之犧爲畎畝之勤"，也足以説明，牛耕作爲一種新生事物，確已出現於春秋後期。

4. 大型農田水利工程的興建

用以排灌的大型農田水利工程的興建，在中國歷史上，始於春

① 李學勤：《關於東周的鐵器的問題》，《文物》1959 年第 12 期。黄展岳：《關於中國開始冶鐵和使用鐵器的問題》，《文物》1976 年第 8 期。

秋後期。公元前 6 世紀之初，楚國令尹孫叔敖"決期思之水而灌雩婁之田"（《後漢書·王景傳》），修成了芍陂渠，可灌田一萬多頃。此外，春秋末年的吳王闔閭爲伐楚而修建的伍堰，對農田的排灌也起了很大的作用。這種大型農田水利工程的興建，增強了人們征服自然的能力，是農業生産力水平提高的又一標誌。

二、手工業

　　春秋時期手工業發展的特點之一，同農業一樣，是各大諸侯國迅速地趕上或超過周王室的發展水平。從出土文物看，西周時代的青銅器，多是周王室的製品，少有各諸侯國的器物。春秋時期，情形與此相反：周王室的器物少了，而各諸侯國的銅器，已出土的，不僅數量多，而且製作精美。如著名的秦公簋、蓮鶴方壺、吳王夫差鑒、越王勾踐劍、蔡侯編鐘等等，都超過了周王室器物的水平。

　　春秋時期各諸侯國手工業發展規模的擴大，可於山西侯馬晉國手工業作坊遺址和湖北大冶銅綠山古銅礦遺址的發現中窺見一斑。

　　山西侯馬牛村古城遺址（即晉國晚期都城新田），南北長一千三百四十米至一千七百四十米，東西寬一千一百米至一千四百米。古城南郊，除居住遺址外，還有大面積的青銅、骨器、陶器等手工業作坊遺址的發現。其中，最大一處銅器作坊，面積達三千平方米。遺址中不僅發現大量的陶範，而且有一處竟有堆積而成的方圓數米、厚零點三米的陶範層。僅就一次發掘的統計，就出土大小整殘陶範三萬餘塊（從遺址存在的時間上看，其中有一部分可能是屬於戰國中期以前的陶範）。從陶範的器形推知，這個青銅器作坊的産品有禮樂器類的鼎、殷、敦、豆、壺、鑒、匕、匜、舟、鐘；兵器類的劍、鏃；車馬器類的軎、馬銜；工具類的刀、削、鎛、斤；日用器類的鏡、帶鈎等。特別是遺址中的一個橢圓形穴内，曾發現兩堆完整的銅錠，共一百一十塊,重一百九十一市斤(最大的一塊重八市斤)。作坊內儲存一部分鑄好的銅錠,顯然是爲了保證有計劃連續生産的需要。陶器作坊遺址,集中分佈在半平方公里的範圍之內,窰羣密集,有的幾乎相連,説明當時的陶器也是大規模生産的。骨器作坊遺址,共發現三處。其堆積層中發現大量的廢骨料和半成品等。從這些骨器半成品的切、剖、鑿、刻、磨的痕迹上看,可知使用的工具很鋭利,製作技術也比較高。

湖北大冶銅綠山春秋古礦井遺址的發現,爲我們瞭解當時的采礦業的規模提供了寶貴資料。這座銅礦遺址的發掘點,距地表四十餘米。在五十平方米的發掘面中,竟出現了八個竪井和一個斜井。礦井的支護木料,是直徑五至十釐米的圓木。竪井的井口直徑爲八十釐米左右,井筒支護結構完全采用"密集法搭口式接頭"(把圓木兩端砍出臺階狀的搭口榫,四根搭成一個方框,再將這種框形支架層層迭壓,構成竪井)。斜井支護則采用"間接法榫口式接頭"[①](把兩根圓木兩端削出圓形榫,將兩根方木或半圓木兩端鑿出相應的孔,四根穿接,成一方框,再由這種框形支架沿礦層的傾斜角度由淺入深,構成斜井井架)。竪井和斜井的支護,反映了采礦業在當時所達到的先進水平。

標誌着春秋時期經濟有突破性發展的,是冶鐵業的出現。從地下出土文物來看,至遲在公元前 5 世紀中葉,即春秋晚期,我國勞動人民已煉出了含碳百分之二以上的生鐵。這同別的國家相比,大約早一千八百多年。而且當時冶鐵業是比較普遍的。河南洛陽水泥製品廠灰坑出土的鐵斨、空首鐵鎛,江蘇六合程橋吳墓出土的兩件鐵器,以及湖南長沙識字嶺楚墓出土的小鐵舌,説明冶鐵業不但中原地區有,長江中下游也有。

除冶鐵和青銅業外,其他手工業部門在春秋時期亦有相應的

　① 　見《湖北銅綠山春秋戰國古礦井遺址發掘簡報》,《文物》1975 年第 2 期。

發展。侯馬牛村古城遺址出土的早期青瓷，釉色淡青，釉質均匀光澤，説明了瓷器燒制工藝的發展。在吳越地區，印紋硬陶在春秋時期已達到全盛階段。這些陶器的紋飾大都作幾何圖案，如水波紋、折尺紋、回紋、方格紋、菱形紋、籃條紋、席紋、葉脈紋等等，別具風格。江蘇南部的硬陶，由於陶土中含有鐵質，陶器多爲紫黑色，燒成溫度高達八百度至一千一百度，高於一般陶器。

煮鹽業，以瀕臨渤海和黄海的齊、燕兩國最爲發達。齊國的煮鹽業，是國家的重要經濟收入之一，而文獻記載中的"聚庸而煮鹽"（《管子・地數》）一語則表明，當時煮鹽業的規模是相當之大的。

紡織業。齊國的紡織業，在當時很負盛名，能够"織作冰紈綺繡純麗之物，號爲冠帶衣履天下"（《漢書・地理志》）。

漆器，以楚國的製品最爲有名。長沙春秋楚墓出土的漆棺、漆木車、涂漆皮甲和帶漆銅劍鞘等，在春秋時期來説，都是技術很高的工藝品。

春秋時期，一些諸侯國多有自己專精的手工業產品聞名於世，如"鄭之刀，宋之斤，魯之削，吳粤之劍"（《周禮・考工記》）等等，説明了手工業產品向專業化方面的進一步發展。

三、商業

1. 商人階層的活躍

春秋時期農業和手工業的發展，產品的增多，促進了商業的發展。西周以來"工商食官"的制度，此時已遭到破壞，獨立從事商業活動的商人階層開始活躍起來。據文獻所記，春秋時各諸侯國出現了不少著名的大商人。如鄭國的弦高，有一次在販牛途中同偷襲鄭國的秦軍相遇，他隨機應變，矯君命而犒秦師。秦軍誤以爲鄭國已獲悉秦國的軍事行動，有了準備，便取消了這次偷襲，鄭國得以免受一次兵災（事見《左傳》僖公三十三年）。越國大夫范蠡，功成名就之後，棄官經商，"游於江湖"，居於定陶，"十九年之中，三致千金"。孔子弟子子貢，"廢著鬻財於曹、魯之間"，"結駟連騎，束帛之幣，以聘享諸侯。所至，國君無不分庭與之抗禮"（《史記·貨殖列傳》）。晉叔向在同韓宣子談到晉國的大商人時曾説到絳之富商，"能行諸侯之賄，而無尋尺之禄"（《國語·晉語》）。可見，當時的大商人在各諸侯國的經濟政治生活中是占有一定地位的。

　　在商業比較發達的鄭國，公家同商人甚至訂有盟約，這就是鄭子產所説的："昔我先君桓公，與商人皆出自周。……世有盟誓，以相信也，曰：'爾無我叛，我無強買，毋或匄奪。爾有利市寶賄，我勿與知。'恃此質誓，故能相保，以至於今。"（《左傳》昭公十六年）盟辭的大意是説：商人不應背叛公家，公家亦不強買或干涉商人的經營活動。春秋時期，這些商人"負任擔荷，服牛軺馬，以周四方，以其所有，易其所無"（《國語·齊語》），往來於各國之間。他們的商業活動，不僅可以滿足各國上層統治者的奢侈需要，而且是國家整個經濟生活中所不可缺少的（如各國間的牲畜交易，土特產品的交流，特別是農業歉收時彼此間的糧食買賣）。因此，有的國家制定了"通商惠工"（《左傳》閔公二年），"輕關易道，通商寬農"（《國語·晉語》）的政策。公元前651年，齊桓公會諸侯於葵丘，盟辭中有一條便是"無遏糴"（《孟子·告子下》）。所有這些，足以説明商人及商業活動在春秋各國的經濟生活中已占有相當重要的地位。

　　2. **商業市場**

　　春秋時期商業的發展，使得一些諸侯國的都城和其他城市已闢有相當規模的商品交換市場。《戰國策·東周》所説的齊桓公"宮中七市，女閭七百"，其詳情雖已不得而知，但齊國都城臨淄在春秋時已有相當規模的商業市場，則是不容否認的。《左傳》昭公三年就曾記載齊景公"欲更晏子之宅，曰：'子之宅近市，湫隘囂塵，不可以居，請更諸爽塏者。'"這個"湫隘囂塵"，某種程度上反映了臨淄市場的規模及其喧鬧景象。關於商業市場，晏嬰在一次同叔向談及齊國國内的形勢時曾説過"國之諸市，履賤踊貴"(《左傳》昭公三年)。"諸市"一語表明，在齊國國内，商業市場是有好多個的。限於資料的缺乏，春秋時期各國的商業市場，我們衹好從齊國以窺見一斑了。

3. 金屬貨幣的産生

我國金屬貨幣的起源，據現有的考古資料，可以追溯到商代。在山西省保德林遮峪商代後期的墓葬中，曾發現銅貝一百零九枚。但在中原地區，還很少有商周時期的金屬貨幣的發現。商周時期的貨幣，仍然是以骨貝與蚌貝爲主。春秋時期特別是後期，金屬貨幣開始被大量地鑄造出來。侯馬晉國鑄銅遺址不僅發現了銅幣空首布的成品，而且還發現了大批的空首布内範。河南汲縣山彪鎮第一號大墓中曾發現這種空首布六百七十四枚。侯馬上馬村第十三號墓發現銅貝一千六百枚，包金銅貝三十二枚。輝縣琉璃閣甲墓和第六十號墓各發現包金銅貝一千枚以上。春秋中期，在中原地區的墓葬中，殉貝還普遍存在，多者達數千枚。到春秋晚期，殉貝就很少發現了。這反映了鑄造銅幣代替貝的使用，並在春秋晚期較爲廣泛地流通了。在古文獻中，公元前 524 年周景王"鑄大錢"的記載(《國語·周語》)，也説明了這點。

4. 高利貸

春秋時期的借貸，以糧食借貸爲最多。齊國陳氏爲篡奪國家政權，就曾"以家量貸而以公量收之"(《左傳》昭公三年)的手段籠絡民心。此種大斗貸出小斗收回的把戲以及年饑公卿大夫貸粟於國人的事，在春秋時期是屢見不鮮的。《左傳》一書，對此曾有不少記載。衹是，一些諸侯國大夫用糧食借貸作爲收買民心的一種手段，以達到政治上的目的，這在春秋時期的借貸中畢竟是個别的現象。從總體上看，當時的借貸，多是爲了在經濟上進行剝削，利率甚高，是名副其實的高利貸。在齊國，由於高利貸商賈盤剝農民甚苦,嚴重地影響了農業生產的進行和發展,齊桓公不得不同管仲商量打擊高利貸商賈的對策。管仲首先請下令賓胥無、隰朋、寧戚、鮑叔到南、北、東、西四方進行調查。調查結果表明:"西方……,其稱貸之家,多者千鍾,少者六、七百鍾。其出之[中]鍾也一鍾。其受息之萌九百餘家。""南方……,其稱貸之家,多者千萬,少者六、七百萬。其出之中伯伍〔十〕也。其受息之萌八百餘家。""東方……,其稱貸之家丁惠高國,多者五千鍾,少者三十鍾。其出之中鍾五釜也。其受息之萌八、九百家。""北方……,其稱貸之家,多者千萬,少者六、七百萬。其出之中伯二十也。受息之萌九百餘家。"(《管子·輕重丁》)面對以上數字,管仲感嘆地説:"欲國之無貧,兵之無弱,安可得哉?"(《管子·輕重丁》)這裏,且不講齊桓公同管仲如何解決這一問題,單就齊國四方的借貸利率之高(西方爲百分之百,南方和東方皆爲百分之五十,北方爲百分之二十)就足以説明,齊國國内的借貸是名副其實的高利貸。春秋初期的齊國,社會經濟較其他諸侯國發達,高利貸活動也更具有典型性。同西周相比,春秋各國的高利貸活動均有所發展,是符合經濟規律的。

第五節　　春秋時期的思想文化

一、春秋時期的思想

談到中國古代思想,應溯源於巫史。巫史是中國原始社會無可爭辯的文化人。《國語·楚語》觀射父所談的"古者民神不雜"一段文字,應是當時的真實情況。到了奴隸社會,奴隸主不但壟斷物質生產資料,同時也壟斷精神生產資料,古書上所説"君子勞心,小人勞力",正是這一情況的真實反映。及至春秋末世,由於階級關係發生變化,舊時所謂"小人",也有了學文化的機會。《論語·衛靈公》所說的"有教無類"，就是這一變化的標誌。

　　春秋時期的思想家，其在巫史的，則有史嚚、史蘇、史趙、史墨、史龜等；其在士大夫的，則有管仲、展禽、叔向、子產、倚相等。在士大夫中以學術著名並有著作留傳於後世的，則爲老子、孔子和孫子。傳世古書又有《管子》、《晏子春秋》二書，云是管仲、晏嬰所作。其實都是出於後人僞託，不可信據。因此，本節談春秋時期思想，僅以老子、孔子和孫子三人爲代表，分別論述如下。

　　1. 老子

　　先秦古籍如《禮記·曾子問》、《莊子·天下》、《韓非子·內儲說下》都衹稱老聃或老耼，不稱李耳。春秋中期宋有老佐，則老聃當是以老爲氏，其名爲聃。《史記·老子列傳》説老子是楚苦縣（今河南鹿邑）厲鄉曲仁里人，爲周守藏史，與孔子同時而年輩稍長。司馬遷説："世之學老子者則絀儒學，儒學亦絀老子，'道不同不相爲謀'，豈謂是邪！"老子爲道家之祖，孔子爲儒家之祖，儒道兩家的思想是根本對立的。

　　老子所以稱爲道家，主要在於他把道作爲整個思想的基礎和核心。因此，我們研究老子，首先應當瞭解老子的所謂道是什麼東西。當前學術界對作爲老子思想基礎核心的"道"字，有很多解釋。到底哪一種説法對呢？我看最關鍵的問題在於對《老子》"道可道，非常道"這一章應有正確的理解。

　　我的看法，《老子》所説的"道可道，非常道"裏邊隱含着一個常道不可道的意思在內。同樣，"名可名，非常名"裏邊也隱含有一個常名不可名的意思在內。從《老子》這段話的整個意思來看，他是把道分爲兩種的。一種是不可道的常道，另一種是可道的非常道。同樣，他也把名分爲兩種。一種是不可名的常名，另一種是可名的非常名。

　　舉例説，《老子》説"天之道，不爭而善勝"，説"天之道其猶張弓與？高者抑之，下者舉之；有餘者損之，不足者補之"，這些道都是什麼呢？用今日科學的語言來表達，就是規律。《老子》所說的這些道，第一，是變動不居的；第二，這個變動總是向相反的方向轉化。這不是規律是什麼呢？《莊子·知北游》所說的道在螻蟻，在稊稗，在瓦甓，在屎溺，這些道也都是規律。任何把它解釋爲精神性的東西的説法，都是不對的。

　　那末，上面所説的這些道，在《老子》所區分的常道與非常道，屬於哪一種呢？我認爲這些道都屬於非常道一種。實際上《老子》所説的非常道，是具體的道，特殊的道，亦即具體的規律，特殊的規律。例如天之道，螻蟻之道，就是具體的道，特殊的道。正因爲它是具體的道，特殊的道，所以它是非常道。非常道，是説它是變化無方，多種多樣的。下文的非常名，是爲了説明這個非常道而立説的。那末，常道是什麼呢？常道是與非常道相對立的。就是説，它不是具體的道，特殊的道，而是抽象的道，一般的道。把道字譯成規律，常道就是抽象的規律，一般的規律。《老子》的這種分析，同名家的“白馬非馬”的命題十分相似。實際上，名家所説的“白馬”，是指具體的馬；所説的“馬”，是指抽象的馬。正因爲《老子》所説的常道是指抽象的道，所以這個道才能是《老子》所形容的“道之爲物，惟恍惟惚。惚兮恍兮，其中有象；恍兮惚兮，其中有物。窈兮冥兮，其中有精；其精甚真，其中有信。自古及今，其名不去，以閲衆甫”；才能是《老子》所形容的“視之不見名曰夷，聽之不聞名曰希，搏之不得名曰微，此三者不可致詰，故混而爲一。其上不皦，其下不昧，繩繩不可名，復歸於無物，是謂無狀之狀，無物之象，是謂惚恍”。

　　老子所以是唯心論者，並不在於他區分常道與非常道，也不在於他所説的道是“絶對精神”，而在於他認爲非常道是由常道產生的。他把常道看成是宇宙的根源，例如他説：“有物混成，先天地生，寂兮寥兮，獨立不改，周行而不殆，可以爲天下母。吾不知其名，字之曰道。”又如他説，“天下萬物生於有，有生於無”，“道生一，一生二,二生三,三生萬物",都是他的這一觀點的具體表述。在"道可道"章,他説"無名萬物(通行本作"天地",今據馬王堆漢墓帛書改)之始,有名萬物之母",也是申述這一觀點。

事實上,抽象的東西是從具體的東西之中抽取、概括出來的,抽象不能産生具體;一般即寓於特殊之中,一般不能産生特殊。即以道是規律而論,規律存在於運動之中,而運動與物質密不可分。世界是運動着的物質。没有運動的物質,或者没有物質的運動,都是不可思議的。而老子卻認爲規律可以離開物質而獨立存在,規律能産生物質。很明顯,這是主觀臆造,客觀上是不存在的。所以,老子肯定是一個唯心主義的哲學家。

老子之所以是唯心主義哲學家,是由於他對抽象與具體,一般與特殊,運動與物質的關係的看法是錯誤的。但是,他能區分抽象與具體,一般與特殊,運動與物質,並企圖説明它們之間的關係,這一點,從認識的發展史來看,還是有積極意義的,應當肯定。老子認識物質是不斷運動的,並看出這個運動是遵照對立統一和轉化的規律向前發展的,證明老子思想有辯證法因素。例如《老子》説:"天下皆知美之爲美斯惡已,皆知善之爲善斯不善已。故有無相生,難易相成,長短相較,高下相傾,音聲相和,前後相隨。"在這段話裏,實際上是用很多實例來闡明事物的矛盾性質。美與惡,善與不善,有與無,難與易等等都是互相對立,互相依存的,失去一方,另一方就不存在。

又如《老子》説:"曲則全,枉則直,窪則盈,敝則新,少則得,多則惑。"説:"禍兮福之所倚,福兮禍之所伏,孰知其極?"説:"將欲歙之,必固張之;將欲弱之,必固强之;將欲廢之,必固興之;將欲取之,必固與之:是謂微明。"説:"天之道其猶張弓與? 高者抑之,下者舉之;有餘者損之,不足者補之。"在這些話裏可以充分看出,老子是認識了辯證法的向對立面轉化的規律的,并且能運用這一規律。

但是從老子所說"知其雄,守其雌","知其白,守其辱"(此據《莊子・天下》)以及"反者道之動,弱者道之用"等等話語中不難看出,老子儘管認識辯證法,但在實際運用時,並沒有完全擺脫掉形而上學。《漢書・藝文志》說"道家秉要執本……清虛以自守,卑弱以自持"。這秉、執、守、持幾個字以及《老子》所說"抱朴"、"抱一"的抱字,都說明在老子的思想裏還存在形而上學。而這個形而上學的思想是同他的唯心主義哲學思想有聯繫的。

老子唯心主義的哲學思想表現在政治上,不但不是進步的,反而主張倒退,倒退到"小國寡民"的原始社會。

他說:"古之善爲道者,非以明民,將以愚之。民之難治以其智多。故以智治國,國之賊;不以智治國,國之福。"

又說:"其政悶悶,其民淳淳;其政察察,其民缺缺。"

又說:"俗人昭昭,我獨昏昏;俗人察察,我獨悶悶。"

又說:"故聖人云,我無爲而民自化,我好靜而民自正,我無事而民自富,我無欲而民自朴。"

因此,老子的理想國是"小國寡民"。他說:"小國寡民,使有什伯之器而不用,使民重死而不遠徙,雖有舟車,無所乘之,雖有甲兵,無所陳之,使人復結繩而用之,甘其食,美其服,安其居,樂其俗,鄰國相望,雞犬之聲相聞,民至老死不相往來。"把這種政治主張拿來在奴隸社會衰落階段的春秋時期去說教,無疑是非常落後了。

老子的唯心主義哲學思想表現在文化教育上則爲取消主義。

他說:"絕學無憂。"說:"絕聖棄智,民利百倍;絕仁棄義,民復孝慈;絕巧棄利,盜賊無有。"

又說:"不出戶,知天下;不窺牖,見天道;其出彌遠,其知彌少。"

又說:"爲學日益,爲道日損,損之又損,以至於無爲,無爲而無不爲。"

　　老子這種思想無疑是荒謬的。但是也要看到,他並不是白痴,也不是瘋子,而是有一套理論的。這一套理論,對後世還産生過很大影響,不但對道家的莊子有影響,對儒家的荀子和法家的申不害、韓非也有不同程度的影響。老子這一套理論具體表現在"爲道日損"上。爲什麼説"爲道日損"呢? 他所説的"損",是損什麼呢? 這個問題,在《莊子》書中有具體的説明。用莊子的觀點來説,老子所要損的,有兩個東西,一個是"知",一個是"故"。"知"就是知識,"故"就是技術。《莊子·刻意》説:"静而與陰同德,動而與陽同波。不爲福先,不爲禍始,感而後應,迫而後動,不得已而後起,去知與故,循天之理。"又《大宗師》説:"墮肢體,黜聰明,離形去知,同於大通,此謂坐忘。"這裏所説的"去知與故"和"離形去知",就是《老子》所説的"日損"。日損的結果,便是老子所説的"無爲"。在《莊子》則稱爲"心齋"(《莊子·人間世》)、"坐忘"(《莊子·大宗師》)、"喪我"(《莊子·齊物論》)。這種狀態也就是《漢書·藝文志》所説的"清虚以自守",宋人所説的"廓然而大公"。

　　"無爲"爲什麼能够變成"無不爲"呢? 這個道理,在《莊子》書中也有説明。《莊子·應帝王》説:"至人之用心若鏡,不將不迎,應而不藏,故能勝物而不傷。"這就是説,日損的結果,能使心象鏡子一樣。"將"是送,"迎"是接。"不將不迎",就思想來説,就是"不思慮,不預謀"(《莊子·刻意》)。用鏡子作比喻,就是經常保持空虚。"應而不藏",用宋人的話説,就是"物來而順應"或"因物付物"。用鏡子作比喻,就是物來即照,物去不留餘迹。法家之所謂術或刑名,實際上就是吸取老子的這套理論。《荀子·解蔽》篇所倡導的"虚壹而静",也是吸取老子的學説而加以改造的。荀子説:"心未嘗不藏也,然而有所謂虚;心未嘗不兩也,然而有所謂一;心未嘗不動也,然而有所謂静。"也就是説,荀子是在承認有"藏",有"兩",有"動"的前提下,而主張虚壹而静的。這就與老子的觀點有本質上的不同。

　　毛澤東同志説：“一個閉目塞聽、同客觀外界根本絶緣的人，是無所謂認識的。”①老子正是用閉目塞聽，同客觀外界根本絶緣的辦法來談認識的，所以老子的所謂認識，衹能是欺人之談，是没有實際意義的。

　　老子思想的産生，有社會根源，也有思想根源。

　　老子所處的時代是中國奴隸社會衰落的時代。他目睹社會長期動亂，意識到是社會政治制度出了毛病。例如他説：“夫禮者忠信之薄而亂之首。”説：“絶聖棄智，民利百倍；絶仁棄義，民復孝慈；絶巧棄利，盗賊無有。”説：“法令滋彰，盗賊多有。”説：“民不畏死，奈何以死懼之。”説：“民之饑，以其上食税之多，是以饑；民之難治，以其上之有爲，是以難治；民之輕死，以其求生之厚，是以輕死。”等等都是證明。但是，他没有改造社會，戰勝困難的勇氣，而是被困難所嚇倒，幻想逃避矛盾；以爲這樣做，不但能活命，還符合辯證法，可以坐等光明前景的到來。總之，老子思想的産生不是偶然的，是有它的社會根源的。

　　老子思想的産生，不但有社會根源，據我看，還有思想根源。

　　據傳殷周之際，中國有兩大哲學著作，一個是《周易》，一個是《歸藏》。《周易》經孔子傳授，今猶行於世。《歸藏》則早已亡佚。但從古文獻中也不難考見《歸藏》的一些踪迹。大體上説，《歸藏》與《周易》的性質相同，都是卜筮之書，而裏邊藴藏有哲學思想。《歸藏》與《周易》一樣，也是用六十四卦組成的。所不同的衹在六十四卦的排列次序、卦辭爻辭和占用七八、九六這幾點上。最明顯的是《周易》的排列順序是首乾次坤，而《歸藏》則相反，是首坤次乾。《周易》占九六變爻，《歸藏》占七八不變爻。《禮記·禮運》説：“孔子曰：‘我欲觀夏道，是故之杞，而不足徵也，吾得《夏時》焉；我欲觀殷道，是故之宋，而不足徵也，吾得《坤乾》焉。《坤乾》之義，

────────────

　　①　見《實踐論》。

《夏時》之等，吾以是觀之。"《坤乾》，説者謂即殷易《歸藏》，以首坤次乾得名。這種説法比較可信。孔子得《坤乾》，可用以觀殷道，足見這部著作很不簡單，在這裏邊一定能藴藏着殷商一代的哲學思想或政治方面的特點。關於殷道、周道這兩個概念，在《史記·梁孝王世家》褚先生補編中也能看到。在那裏，首先是竇太后和漢景帝説："吾聞殷道親親，周道尊尊，其義一也。"以後，袁盎等解釋説："殷道親親者立弟，周道尊尊者立子……周道太子死，立嫡孫。殷道太子死，立其弟。"他們所談的殷道、周道，主要是指君位繼承制來説的。殷周二代爲什麽君位繼承制不同呢？從他們用親親、尊尊來解釋，可以看出，親親是重母，反映還存在母權制的殘餘；尊尊是重父，反映父權制已完全確立。

春秋時期兩大思想家，孔子受《周易》思想的影響很深，這一點留在下文再談。老子受《歸藏》思想的影響，這一點很少有人談及。據我看，這一點是可以肯定的。

我們讀《老子》，不能不看到老子是反復地談下述兩個觀點。

1. 重母性。例如他説："玄牝之門，是謂天地根"；"我獨異於人，而貴食母"；"無名萬物之母"；"可以爲天下母"；"聖人皆孩之"；"天下有始，以爲天下母。既得其母，以知其子；既知其子，復守其母，没身不殆"。

2. 重柔弱。例如他説："弱者道之用"；"天下之至柔，馳騁天下之至堅"；"守柔曰强"；"牝常以静勝牡"；"故堅强者死之徒，柔弱者生之徒"。

老子之所以形成這種思想，決非偶然，應有它的思想根源。據我看，這同孔子和《周易》的關係一樣，老子思想一定和《歸藏》思想有關係。上述的兩個觀點就是老子繼承和發展了《歸藏》首坤次乾思想的證據。

2. 孔子

孔子名丘字仲尼，春秋後期魯國人。其先世自宋遷來。本爲殷後，子姓，孔是其氏。父叔梁紇爲魯郰邑（今山東曲阜東南）大夫。《左傳》襄公十年有"郰人紇"，就是孔子的父親。因此孔子又稱"鄹（同郰）人之子。"（《論語・八佾》）司馬遷作《史記》，特爲孔子作"世家"，稱爲"至聖"，足見推崇之至。

孔子自稱"吾少也賤"（《論語・子罕》）。他在年輕的時候，曾作過"委吏"和"乘田"（《孟子・萬章下》）等小職員。後來由中都宰陞爲司空，由司空爲司寇，與聞國政。以不得行其志，離開魯國，周遊衛、宋、鄭、陳、蔡諸國。晚年歸魯，專心從事著述和教育事業。卒年七十三。

孔子是儒家的創始人。儒和儒家並不是同一的概念。儒的特徵是以六藝教人。《周禮・大宰》說："儒，以道得民。"這個"道"字就是指六藝而言。鄭玄說：儒"有六藝以教民者"，是對的。六藝用今天的話來說，就是六種學習科目。《周禮》在《大司徒》和《保氏》二職裏所說的六藝爲禮、樂、射、御、書、數。孔子所用以施教的六藝則爲詩、書、禮、樂、易、春秋。內容雖不盡相同，其爲教學的六種科目則是一樣的，所以都稱爲六藝。

儒之得名，並不自孔子始。在孔子以前，有六藝以教民者已稱爲儒。至於儒家則不然。它是一個學術派別的名稱。孔子以前沒有儒家。儒家當然必須"以六藝爲法"。但是光是"以六藝爲法"還不夠，還必須在政治思想鬥爭中形成一個獨立的派別，即有特有的立場，特有的觀點，以及一批徒衆。所以，以儒家而言，則是自孔子始，孔子以前沒有儒家。

《史記・孔子世家》說："孔子以詩書禮樂教，弟子蓋三千焉，身通六藝者七十有二人。"《論語》包括有孔子應答弟子時人及弟子相與問答之言而接聞於孔子之語。研究孔子思想固然應以《論語》爲最重要的材料，但是如果株守一部《論語》，而對於孔子所刪述的詩書禮樂易春秋毫無瞭解或不願意瞭解，則對孔子思想的研究，祇能是挂一漏萬，是不能做到全面地如實地評價孔子的。

　　關於六藝的特點，《莊子·天下》説："詩以道志，書以道事，禮以道行，樂以道和，易以道陰陽，春秋以道名分。"《荀子·儒效》説："詩言是其志也，書言是其事也，禮言是其行也，樂言是其和也，春秋言是其微也。"《淮南子·泰族》説："六藝異科而皆同道。温惠柔良者，詩之風也；淳龐敦厚者，書之教也；清明條達者，易之義也；恭儉撙讓者，禮之爲也；寬裕簡易者，樂之化也；刺譏辨議者，春秋之靡也。故易之失鬼，樂之失淫，詩之失愚，書之失拘，禮之失忮，春秋之失訾。六者聖人兼用而裁制之，失本則亂，得本則治。"《春秋繁露·玉杯》説："詩書序其志，禮樂純其養，易春秋明其知，六學皆大而各有所長。"《史記·滑稽列傳》説："孔子曰：'六藝於治一也。禮以節人，樂以發和，書以道事，詩以達意，易以神化，春秋以道義'。"（亦見《太史公自序》，惟"神化"作道化）以上各家説法，各有所見，對於我們瞭解六藝爲教的意義來説，有極大的參考價值。

　　不過，還應當知道六藝和六經不是一回事。用今日的學校教育作比喻，六藝是六種科目，六經則是孔子爲此六種科目所編定的教科書。什麽叫做經？有人説"聖人制作曰經"，有人釋爲常，有人説是"編絲綴屬"，其實，都不是經的本義。章學誠《文史通義·經解上》説："依經而有傳，對人而有我，是經傳人我之名，起於勢之不得已，而非其質本爾也。"這種説法是正確的。王逸注《離騷經》説，"經，徑也。"劉勰《文心雕龍·史傳》説："傳者轉也，轉受經旨，以授於後。"所以，經的本義是徑，讀經則直接瞭解某個人的作品；傳的本義是轉，讀傳則間接瞭解某個人的作品。經傳的得名，如同父子一樣，都是互相依存，又互相對立的名稱。没有傳時，經的名稱也没有。

　　孔子在六經中用力最多的是《易》和《春秋》二書。董仲舒説："易、春秋明其知。"《史記·司馬相如傳》説："《春秋》推見至隱，《易》本隱以之顯。"證明《易》和《春秋》二書是孔門的高深的理論著作。司馬遷在《孔子世家》説："孔子晚而喜《易》，序彖、繫、象、説卦、文言。讀《易》，韋編三絕。曰：‘假我數年，若是，我於《易》則彬彬矣。’”又説：“子曰：‘弗乎！弗乎！君子病没世而名不稱焉。吾道不行矣，吾何以自見於後世哉？’乃因史記作《春秋》，上至隱公，下迄哀公十四年，十二公。據魯，親周，故殷，運之三代。約其文辭而指博。”又説：“孔子在位聽訟，文辭有可與人共者，弗獨有也。至於爲《春秋》，筆則筆，削則削，子夏之徒不能贊一辭。弟子受《春秋》，孔子曰：‘後世知丘者以《春秋》，而罪丘者亦以《春秋》。’”從上述的司馬遷的幾段話裏，不難看出《易》和《春秋》二書在孔子一生中所處的地位何等重要。

首先談孔子的哲學思想。

談孔子的哲學思想，我認爲第一應和《周易》哲學聯繫起來看；第二應對孔子所使用的天命和中庸這兩個概念有正確的理解。

《論語・子罕》説：“子罕言利與命與仁。”又《公冶長》説：“子貢曰：‘夫子之文章可得而聞也，夫子之言性與天道不可得而聞也。’”證明孔子平日很少談到天命的問題。但是今日保存在《論語》一書中，卻可以看到多處涉及天命問題的材料。

例如《爲政》説：“子曰：‘吾……五十而知天命。’”《季氏》説：“孔子曰：‘君子有三畏：畏天命，畏大人，畏聖人之言。’”這都是正式地談天命的。

其餘，有時單談天。例如《陽貨》説：“子曰：‘予欲無言。’子貢曰：‘子如不言，則小子何述焉？’子曰：‘天何言哉？四時行焉，百物生焉，天何言哉？’”《憲問》説：“子曰：‘不怨天，不尤人，下學而上達，知我者其天乎？’”《八佾》説：“王孫賈問曰：‘與其媚於奥，寧媚於竈，何謂也？’子曰：‘不然，獲罪於天，無所禱也。’”《雍也》説：“子見南子，子路不悦。夫子矢之。曰：‘予所否者，天厭之，天厭之。’”

有時單談命。例如《雍也》説：“伯牛有疾，子問之，自牖執其手，曰：‘亡之，命矣夫！斯人也，而有斯疾也；斯人也，而有斯疾也。’”《憲問》説：“子曰：‘道之將行也與，命也。道之將廢也與，命也。公伯寮其如命何？'"《堯曰》説："孔子曰：'不知命無以爲君子也。'"

由於孔子關於天命的觀點並没有作過專題論述，而祇是於隻言片語偶爾涉及，所以最容易被人歪曲。然而把全部材料綜合起來，細心考察，其意義是可以確切地知道的。《孟子·萬章上》説："莫之爲而爲者天也，莫之致而至者命也。"這兩句話，是對孔子所使用的天命概念的正確的解釋。"莫之爲而爲"，説明天的客觀性；"莫之致而至"，説明命的必然性。把天命二字連結在一起，就是指自然發展規律而言。在這裏邊没有鬼神和上帝存在的餘地。有人説孔子是宿命論者，這種説法不對，因爲一個宿命論者，不承認人的主觀能動性，而孔子則不然。他是一個"發憤忘食，樂以忘憂，不知老之將至"（《論語·述而》），"知其不可而爲之者"（《論語·憲問》），怎能説是宿命論者呢？

正由於天是自然，命是自然的發展規律，才有一個知天命不知天命的問題。特別是孔子説過"五十而知天命"，假如説天是上帝，命是一個宿命論者的命，那末孔子自述學習進程，爲什麽祇是説活到五十歲的時候才知天命呢？這豈不是不可理解的事情嗎？

特別是孔子説過"天何言哉？四時行焉，百物生焉，天何言哉"，把四時行，百物生，作爲天的行動表現來看待，則孔子所説的天命，不是自然發展規律是什麽呢？我們如果聯繫《周易》哲學來看，可以看到《周易》裏《乾》卦是象天，元亨利貞是象春夏秋冬四時。《繫辭傳》説："是故剛柔相摩，八卦相盪，鼓之以雷霆，潤之以風雨，日月運行，一寒一暑，乾道成男，坤道成女。"又説："法象莫大乎天地，變通莫大乎四時。"以至於筮法有"分而爲二以象兩"，"揲之以四以象四時"，"乾之策二百一十有六，坤之策百四十有四，凡三百有六十，當期之日。二篇之策萬有一千五百二十，當萬物之數也。"這些言論，歸納到一點，不就是"天何言哉"這一段話的另一種説法嗎？又《蠱卦》象傳説："終則有始，天行也。"《剥卦》象傳説：

"君子尚消息盈虚，天行也。"《繫辭傳》説："是以明於天之道。"這裏所説的"天行"、"天之道"，不是自然發展規律是什麼呢？

事實上，孔子所説的天命或天道，和老子所説的天道是一種東西，都是指自然發展規律而言。所不同的是，老子的觀點是"道生一，一生二"，而孔子的觀點祇是一生二，没有道生一。《易・繫辭傳》説："易有太極，是生兩儀。"這個太極就是一，兩儀就是二。"太極生兩儀"，就是一生二。也就是説，孔子認爲一是第一性的。老子認爲道是第一性的，一不是第一性的，而是第二性的。一是什麼呢？是有，是物質。而道是無，不是物質，是規律。《老子》説"天下萬物生於有，有生於無"，就是這一觀點的最確切的表述。所以，老子是一個唯心主義哲學家，孔子是一個唯物主義哲學家。有人爲了適應批孔的需要，硬説老子是唯物論者，孔子是唯心論者，完全不顧客觀事實，亦可怪矣！

孔子的哲學思想不但有唯物論，還有辯證法，這也是醉心於批孔的人所最不願意瞭解的一件事。

《論語・微子》記孔子在評論伯夷、叔齊、虞仲諸人之後説："我則異於是，無可無不可。"《孟子・萬章下》着重闡述孔子的這一觀點，説："可以速而速，可以久而久，可以處而處，可以仕而仕，孔子也。""孔子聖之時者也。"孟子提出這個時字，真正抓住了孔子思想中一個本質特點。

《論語・爲政》説："孟懿子問孝。子曰：'無違。'""孟武伯問孝。子曰：'父母唯其疾之憂。'""子游問孝。子曰：'今之孝者，是謂能養，至於犬馬，皆能有養，不敬何以别乎？'""子夏問孝。子曰：'色難。'"又《顔淵》説："顔淵問仁。子曰：'克己復禮爲仁。'""仲弓問仁。子曰：'出門如見大賓，使民如承大祭；己所不欲，勿施於人；在邦無怨，在家無怨。'""司馬牛問仁。子曰：'仁者其言也訒。'"又《先進》説："子路問：'聞斯行諸？'子曰：'有父兄在，如之何其聞斯行之？'冉有問：'聞斯行諸？'子曰：'聞斯行之。'公西華曰：'由也問聞斯行諸,子曰有父兄在;求也問聞斯行諸,子曰聞斯行之。赤也惑,敢問。'子曰:'求也退,故進之;由也兼人,故退之。'"上述這些事例,證明孔子在生活實踐中真正能够按照"無可無不可"這一思想行事。這個"無可無不可"思想,是反形而上學的。它是遇事都從實際出發,根據不同的情况,作不同的處理。孔子是聖之時者,正表現在這些方面。

其餘如《論語·衛靈公》説:"子曰:'可與言而不與言,失人;不可與言而與之言,失言。知者不失人亦不失言。'"《子路》説:"子曰:'君子和而不同,小人同而不和。'"這個"不失人亦不失言"和"和而不同",裏邊都包含有辯證法思想。此類言論尚多,就不在這裏費詞分析了。

孔子説:"中庸之爲德也,其至矣乎? 民鮮久矣。"(《論語·雍也》)孔子把中庸思想看得最高,認爲中庸是人處身行事的最高準則。中庸是什麼意思呢? 近人多認爲中庸是折衷主義,是調和。當然,這種説法並不自今日始。《後漢書·胡廣傳》稱引當時的諺語已有"天下中庸有胡公",即把中庸看成是調和。朱熹作《皇極辨》,指責當時諸儒把中庸説成"衹是含糊苟且,不分是非,不辨黑白,遇當做的事,衹略作些,不要做盡"。其實,所有這類説法都是錯誤的。

《論語·先進》説:"子貢問'師與商也孰賢?'子曰:'師也過,商也不及。'曰:'然則師愈與?'子曰:'過猶不及。'"孔子反對過和不及,正表明孔子所提倡的中庸,既不要過,也不要不及。用烹調作比喻,過是過火,不及是欠火。過火不好,欠火當然也不好。最好是既不過火,也不欠火,恰到好處。這個恰到好處,就是中庸。用黨的政策作比喻,過好比"左",不及好比右。"左"不好,右也不好,最好是正確貫徹執行。這個正確貫徹執行,就是中庸。這樣,中庸怎能説成是折衷主義,説成是調和呢? 折衷主義這個概念是指無原則地機械地把各種不同的思潮、觀點和理論結合在一起。這樣,它怎能同孔子所説的中庸並爲一談呢？

《論語・陽貨》説：“子曰：‘鄉原德之賊也。’”《子路》説：“子曰：‘不得中行而與之，必也狂狷乎？狂者進取，狷者有所不爲也。’”什麼是“鄉原”？爲什麼説“鄉原德之賊也”？這個問題，《孟子・盡心下》有詳細的説明。他説：“‘何如斯可謂之鄉原矣？’曰：‘何以是嘐嘐也？言不顧行，行不顧言，則曰古之人，古之人。行何爲踽踽涼涼？生斯世也，爲斯世也，善斯可矣。閹然媚於世也者，是鄉原也。’萬子曰：‘一鄉皆稱原人焉，無所往而不爲原人，孔子以爲德之賊，何哉？’曰：‘非之無舉也，刺之無刺也，同乎流俗，合乎污世，居之似忠信，行之似廉潔，衆皆悦之，自以爲是，而不可與人堯舜之道，故曰德之賊也。’孔子曰：‘惡似而非者。惡莠，恐其亂苗也；惡佞，恐其亂義也；惡利口，恐其亂信也；惡鄭聲，恐其亂樂也；惡紫，恐其亂朱也；惡鄉原，恐其亂德也。’”孟子刻劃鄉原，可謂入木三分，淋漓盡致。然而人們卻偏要把孔子所崇尚的中庸説成是令人討厭的鄉原，真是咄咄怪事。

孔子所崇尚的中庸，同孟子所説的“孔子聖之時者也”兩種説法，從本質上説是一致的，都是辯證法的思想在生活實踐中的應用。《禮記・中庸》説：“仲尼曰：‘君子中庸，小人反中庸。君子之中庸也，君子而時中；小人之反中庸也，小人而無忌憚也。’”這正是時與中思想的一致性的證明。

其次談孔子的政治思想。

孔子在政治上主張德治。

《論語・爲政》説：“子曰：‘爲政以德，譬如北辰，居其所而衆星共之。’”又説：“子曰：‘道之以政，齊之以刑，民免而無耻；道之以德，齊之以禮，有耻且格。’”這就是孔子主張德治的證明。

由於孔子主張德治，所以把禮讓和正名作爲實行德治的具體辦法。

《論語・里仁》説：“子曰：‘能以禮讓爲國乎，何有？不能以禮讓爲國，如禮何？’”

又《子路》説：“子路曰：‘衛君待子而爲政，子將奚先？’子曰：‘必也正名乎？’子路曰：‘有是哉？子之迂也，奚其正？’子曰：‘野哉由也。君子於其所不知，蓋闕如也。名不正，則言不順；言不順，則事不成；事不成，則禮樂不興；禮樂不興，則刑罰不中；刑罰不中，則民無所錯手足。故君子名之必可言也，言之必可行也。君子於其言，無所苟而已矣。’”

又《顔淵》説：“齊景公問政於孔子。孔子對曰：‘君君臣臣父父子子。’”這裏説的君君臣臣父父子子，實際就是正名的具體内容。

《莊子·天下》説：“《春秋》以道名分。”《史記·太史公自序》説：“夫《春秋》，上明三王之道，下辨人事之紀，別嫌疑，明是非，定猶豫，善善惡惡，賢賢賤不肖，存亡國，繼絶世，補敝起廢，王道之大者也。”又説：“故有國者不可以不知《春秋》，前有讒而弗見，後有賊而不知。爲人臣者不可以不知《春秋》，守經事而不知其宜，道變事而不知其權。爲人君父而不通於《春秋》之義者，必蒙首惡之名。爲人臣子而不通於《春秋》之義者，必陷篡弑之誅，死罪之名。其實皆以爲善爲之，不知其義，被之空言而不敢辭。夫不通禮義之旨，至於君不君，臣不臣，父不父，子不子。夫君不君則犯，臣不臣則誅，父不父則無道，子不子則不孝。此四行者，天下之大過也。以天下之大過予之，則受而弗敢辭。故《春秋》者，禮義之大宗也。”董仲舒是西漢《春秋》學大師，司馬遷從他問過《春秋》，故能精確地講出《春秋》的基本内容和用意所在。《孟子·滕文公下》説：“世衰道微，邪説暴行有作，臣弑其君者有之，子弑其父者有之，孔子懼，作《春秋》。《春秋》，天子之事也。是故孔子曰：‘知我者，其惟《春秋》乎？罪我者，其惟《春秋》乎？’”證明孔子由於不得位，不能實現其政治主張，所以作《春秋》。孔子的政治思想完全由《春秋》反映出來。《春秋》文成數萬，其指數千，可以歸納到一點，就是正名。《莊子》説“春秋以道名分”，實是至當不易之論。

孔子由於主張德治，所以反對殘殺。

《論語・顏淵》説："季康子問政於孔子，曰：'如殺無道，以就有道，何如？'孔子對曰：'子爲政，焉用殺？子欲善而民善矣。君子之德風，小人之德草，草上之風必偃。'"

又《子路》説："子曰：'善人爲邦百年，亦可以勝殘去殺矣。誠哉是言也。'"

以上兩條材料是孔子爲政反對殘殺的證明。

孔子要求爲政從自身做起。

《論語・顏淵》説："季康子問政於孔子。孔子對曰：'政者正也。子帥以正，孰敢不正？'"

又《子路》説："子曰：'其身正，不令而行；其身不正，雖令不從。'"又説："子曰：'苟正其身矣，於從政乎何有？不能正其身，如正人何？'"

以上兩條材料是孔子要求爲政由自身做起的證明。

關於爲政的輕重緩急，孔子有如下主張。

《論語・學而》説："子曰：'道千乘之國，敬事而信，節用而愛人，使民以時。'"

又《顏淵》説："子貢問政。子曰：'足食，足兵，民信之矣。'子貢曰：'必不得已而去，於斯三者何先？'曰：'去兵。'子貢曰：'必不得已而去，於斯二者何先？'曰：'去食。自古皆有死，民無信不立。'"

又《子路》説："子適衛，冉有僕。子曰：'庶矣哉。'冉有曰：'既庶矣，又何加焉？'曰：'富之。'曰：'既富矣，又何加焉？'曰：'教之。'"

證明孔子主張爲政要把信放在首位。其次則是足食，又次則是足兵。他主張先富後教。

總的説來，孔子的政治態度是消極的，被動的。孔子的哲學是"用之則行，舍之則藏"（《論語・述而》）。"天下有道則見，無道則隱"（《論語・泰伯》）。他嘗爲道不行而悲哀，一再發出絕望的聲音

説:"莫我知也夫!"(《論語·憲問》)"吾已矣夫!"(《論語·子罕》)
"吾道窮矣!"(《公羊傳》哀公十四年)也就是説,孔子在任何歷史條
件下,絶對不會想起來革命,而這一點正是統治階級所要求的。可
見,歷代統治階級都尊他爲聖人,是有原因的。

其次談孔子的教育思想。

孔子是中國歷史上偉大的教育家。他第一個提出"有教無類"
(《論語·衛靈公》)的口號。他説:"自行束脩以上,吾未嘗無誨
焉。"(《論語·述而》)"束脩"是古人見面所用的一種最薄的禮物。
也就是説,無論是誰,祇要肯來求教,他就進行教育。

根據長期的教學經驗,孔子認爲"中人以上可以語上也,中人
以下不可以語上也。"(《論語·雍也》)"性相近也,習相遠也。"(《論
語·陽貨》)"唯上智與下愚不移。"(《論語·陽貨》)

孔子善於因材施教。例如上文已經説過的,他對一些人的問
孝,問仁,問政等等,都針對不同的對象作不同的回答。他經常對
弟子作調查研究,瞭解到每一個人的特點。例如他説:"柴也愚,參
也魯,師也辟,由也喭。"(《論語·先進》)"求也退,故進之;由也兼
人,故退之。"(《論語·先進》)

孔子早已實行啓發式教學。例如他説:"不憤不啓,不悱不發,
舉一隅不以三隅反,則不復也。"(《論語·述而》)

孔子自己"學而不厭,誨人不倦"(《論語·述而》),對弟子則循
循善誘。顏子曾談過他在孔子座前受教育時的親身感受。他説:
"仰之彌高,鑽之彌堅,瞻之在前,忽焉在後。夫子循循然善誘人,
博我以文,約我以禮,欲罷不能,既竭吾才,如有所立卓爾,雖欲從
之,末由也已。"(《論語·子罕》)

孔子重視對於學思、言行、質文、新故等一些對立面的處理。
他説:"學而不思則罔,思而不學則殆。"(《論語·爲政》)"吾嘗終日
不食,終夜不寢,以思,無益,不如學也。"(《論語·衛靈公》)"君子
欲訥於言,而敏於行。"(《論語·里仁》)"古者言之不出,恥躬之不

逮也。"(《論語・里仁》)"質勝文則野,文勝質則史,文質彬彬,然後君子。"(《論語・雍也》)"温故而知新,可以爲師矣。"(《論語・爲政》)"告諸往而知來者。"(《論語・學而》)

孔子堅決反對主觀主義。例如《論語・子罕》說:"子絶四:毋意,毋必,毋固,毋我。"這個意、必、固、我,正是主觀主義的幾種表現形式。

孔子對知與不知,一貫持老實態度,從來不不懂裝懂。例如他說:"蓋有不知而作之者,我無是也。"(《論語・述而》)又說:"知之爲知之,不知爲不知,是知也。"(《論語・爲政》)又說:"吾猶及史之闕文也。有馬者借人乘之,今亡矣夫。"(《論語・衛靈公》)

孔子認爲求學應當刻苦。他說:"君子食無求飽,居無求安,敏於事而慎於言,就有道而正焉,可謂好學也已。"(《論語・學而》)又說:"君子謀道不謀食。"(《論語・衛靈公》)又說:"士志於道而耻惡衣惡食者,未足與議也。"(《論語・里仁》)

孔子稱贊顏子的貧而樂,說:"賢哉回也。一箪食,一瓢飲,在陋巷,人不堪其憂,回也不改其樂,賢哉回也!"(《論語・雍也》)

孔子認爲一個人學成致用,需要經過四個階段。《論語・子罕》說:"子曰:'可與共學,未可與適道;可與適道,未可與立;可與立,未可與權。'"

孔子自述爲學進程說:"吾十有五而志於學,三十而立,四十而不惑。"(《論語・爲政》)所談内容與上述階段基本上相同。"可與共學"和"有志於學"同屬第一階段,即開始學習的階段。"可與適道"爲第二階段,是選定正確方向的階段。這個階段在孔子自述中包括在第一階段的"有志"裏。"可與立"和"而立"爲第三階段,是志向堅定不可動搖的階段。"可與權"和"不惑"爲第四階段。什麼是權呢?《孟子・離婁上》有一段話解釋得最好。它說:"淳于髡曰:'男女授受不親,禮與?'孟子曰:'禮也。'曰:'嫂溺則援之以手乎?'曰:'嫂溺不援是豺狼也。男女授受不親,禮也,嫂溺援之以手者,權也。'"'立'如果説是處常,要求有原則性;'權'則是處變,要求有靈活性。權的本義是秤錘。秤錘必須隨時移動,然後才能與所稱量的物重相平衡。光懂得原則性,不懂得靈活性,是處理不好事情的。《孟子·盡心上》説:"子莫執中。執中爲近之。執中無權,猶執一也。所惡執一者,爲其賊道也,舉一而廢百也。"孟子對無權的害處也解釋得很好。實際上,懂得權就是懂得辯證法。

孔子自述作學問的態度,於《論語·述而》説:"葉公問孔子於子路,子路不對。子曰:'汝奚不曰,其爲人也,發憤忘食,樂以忘憂,不知老之將至云爾。'"於《里仁》説:"子曰:'朝聞道,夕死可矣。'"於《公冶長》説:"子曰:'十室之邑必有忠信如丘者焉,不如丘之好學也。'"足見孔子畢生好學,老而彌篤,不以死生異其志。祇有這樣才能成一個好老師。

關於孔子的教育目的,無可否認,他是爲統治階級培養人才的。但是,從他的教育方法、教育態度來看,雖至今日,也有許多可取的地方。特別是在當時的歷史條件下,他能提出"有教無類"的口號,這決不是一個簡單的問題。這種思想和實踐,對社會所産生的影響是很大的。《史記·儒林列傳》説:"自孔子卒後,七十子之徒散游諸侯,大者爲師傅卿相,小者友教士大夫,或隱而不見。故子路居衛,子張居陳,澹臺子羽居楚,子夏居西河,子貢終於齊。如田子方、段干木、吳起、禽滑釐之屬,皆受業於子夏之倫,爲王者師。"《淮南子·要略》説:"墨子學儒者之業,受孔子之術。"孔子教育的影響於此可以概見。司馬遷在《孔子世家》説:"孔子布衣,傳十餘世,學者宗之。自天子王侯,中國言六藝者折中於夫子,可謂至聖矣!"這不是虛美,而是有事實根據的。

其次談孔子的道德觀。

道德是對於人與人之間以及人與社會之間的關係所規定的行爲準則和規範。根據長期的歷史經驗,應當肯定一個事實,就是要想維持一個社會的安寧秩序,光有行政和法律的强制作用是不够的，還要有一種爲大家所公認的，并且能够自覺遵守的道德。孔子是中國奴隸社會的思想家。孔子所説教的和實行的道德，當然會打上奴隸主階級的烙印。但是，作爲一種歷史文化遺産來説，我們研究它，不無借鑒作用。

孔子所倡導的道德，如用一個字來概括，那就是仁字。《吕氏春秋·不二》説"孔子貴仁"，無疑是最正確的概括。

什麽叫做仁？這個問題在《論語》中找不到正式的解答。《禮記·中庸》説："仁者，人也。"《孟子·告子上》説："仁，人心也。"《盡心上》説："君子之於物也，愛之而弗仁；於民也，仁之而弗親。親親而仁民，仁民而愛物。"《吕氏春秋·愛類》説："仁於他物，不仁於人，不得爲仁；不仁於他物，獨仁於人，猶若爲仁。仁也者，仁乎其類也。"我看這幾種説法對仁的意義解釋得很好。簡言之，孔子所説的仁，是指對人類的愛而言。

怎樣行仁？在方法上，孔子提出一個恕字。《論語·衛靈公》説："子貢問曰：'有一言而可以終身行之者乎？'子曰：'其恕乎！己所不欲，勿施於人。'"又《雍也》説："子曰：'夫仁者，己欲立而立人，己欲達而達人。能近取譬，可謂仁之方也已。'"又《里仁》説："子曰：'參乎，吾道一以貫之。'曾子曰：'唯。'子出。門人問曰：'何謂也？'曾子曰：'夫子之道，忠恕而已矣。'"正因爲人與人之間的關係不管如何紛紜複雜，總之可以歸結爲人和己的一種關係，所以這個恕字可以到處使用。恕字的含義，從積極方面來説，就是己欲立而立人，己欲達而達人；從消極方面來説，就是己所不欲，勿施於人。

孔子在處理人和己的關係上，總是強調自己這一方面。例如他説"躬自厚而薄責於人"（《論語·衛靈公》），"不患人之不己知，患不知人也"（《論語·學而》），"古之學者爲己，今之學者爲人"（《論語·憲問》），"君子求諸己，小人求諸人"（《論語·衛靈公》），"克己復禮爲仁"（《論語·顏淵》），"仁遠乎哉，我欲仁斯仁至矣"（《論語·述而》），就是證明。

　　必須指出，孔子貴仁與墨子貴兼愛有本質上不同。兼愛是主張愛無差等，而仁則主張愛有差等。因此孔子言仁，總是以合禮與否作爲具體的標準。例如《論語·顏淵》說："顏淵問仁。子曰：'克己復禮爲仁。'顏淵曰：'請問其目。'子曰：'非禮勿視，非禮勿聽，非禮勿言，非禮勿動。'"又《爲政》說："孟懿子問孝。子曰：'無違。'樊遲御，子告之曰：'孟孫問孝於我，我對曰無違。'樊遲曰：'何謂也？'子曰：'生事之以禮，死葬之以禮，祭之以禮。'"又《八佾》說："定公問君使臣、臣事君如之何，孔子對曰：'君使臣以禮，臣事君以忠。'"又《學而》說："子貢曰：'貧而無諂，富而無驕，何如？'子曰：'可也。未若貧而樂，富而好禮者也。'"又《雍也》說："子曰：'君子博學於文，約之以禮，亦可以弗畔矣夫。'"這些事例都說明孔子言仁，其具體標準就是復禮。不但對任何人都要依禮去做，即便是一個人的視、聽、言、動也都要依禮去做。看來，在孔子說來，"不學禮，無以立"確不是一句空話。

　　在《論語》一書中，孔子談到義的地方也不少。例如《里仁》說："君子之於天下也，無適也，無莫也，義之與比。"又說："君子喻於義，小人喻於利。"又《衛靈公》說："君子義以爲質，禮以行之，孫以出之，信以成之。君子哉！"《爲政》說："見義不爲，無勇也。"《述而》說："聞義不能徙，不善不能改，是吾憂也。"又說："不義而富且貴，於我如浮雲。"《衛靈公》說："群居終日，言不及義，好行小慧，難矣哉！"等等都是。

　　關於仁義禮三者的本義及其相互之間的關係，《禮記·中庸》說："仁者人也，親親爲大；義者宜也，尊賢爲大；親親之殺，尊賢之等，禮所生也。"《孟子·離婁上》說："仁之實，事親是也；義之實，從兄是也；智之實，知斯二者弗去是也；禮之實，節文斯二者是也。"這樣解釋，是非常正確的。用今日通用的語言來說，就是仁是愛，它是以血緣關係爲基礎的有等級的愛；義是宜，它是以階級社會的階級關係爲基礎的不同等級的宜；至於禮，則是以仁義二者爲内容的具體表現形式。仁義禮作爲道德來説,正反映當時社會現實的複雜情況。

關於一般的道德修養,孔子着重注意下列一些問題。

《論語·憲問》説:"子曰:'君子道者三,我無能焉。仁者不憂,智者不惑,勇者不懼。'子貢曰:'夫子自道也。'"

又《季氏》説:"孔子曰:'君子有九思:視思明,聽思聰,色思温,貌思恭,言思忠,事思敬,疑思問,忿思難,見得思義。'"

又説:"孔子曰:'君子有三戒:少之時血氣未定,戒之在色;及其壯也,血氣方剛,戒之在鬥;及其老也,血氣既衰,戒之在得。'"

又説:"孔子曰:'益者三友,損者三友。友直,友諒,友多聞,益矣;友便辟,友善柔,友便佞,損矣。'"

又説:"孔子曰:'益者三樂,損者三樂。樂節禮樂,樂道人之善,樂多賢友,益矣;樂驕樂,樂佚游,樂宴樂,損矣。'"

孔子觀人很注意實踐。例如《論語·衛靈公》説:"子曰:'君子不以言舉人,不以人廢言。'"又《公冶長》説:"子曰:'始吾於人也,聽其言而信其行;今吾於人也,聽其言而觀其行。'"

又《衛靈公》説:"子曰:'吾之於人也,誰毀誰譽? 如有譽者,其有所試矣。'"又説:"子曰:'衆惡之,必察焉;衆好之,必察焉。'"

又《爲政》説:"子曰:'視其所以,觀其所由,察其所安,人焉廋哉? 人焉廋哉?'"

在道德修養上,孔子對自己要求很嚴。他很重視內省和改過。

《論語·顏淵》説:"子曰:'內省不疚,夫何憂何懼?'"

又《公冶長》説:"子曰:'已矣乎? 吾未見能見其過而內自訟者也。'"

又《子罕》説:"子曰:'主忠信,毋友不如己者,過則勿憚改。'"

又《衛靈公》説:"子曰:'過而不改,是謂過矣。'"

孔子應用他的道德標準把人分爲君子和小人兩大類。

例如他説:"君子懷德,小人懷土。君子懷刑,小人懷惠。"(《論語·里仁》)"君子周而不比,小人比而不周。"(《論語·爲政》)"君子和而不同,小人同而不和。"(《論語·子路》)"君子上達,小人下達。"(《論語·憲問》)"君子有三畏:畏天命,畏大人,畏聖人之言;小人不知天命而不畏也,狎大人,侮聖人之言。"(《論語·季氏》)"君子成人之美,不成人之惡,小人反是。"(《論語·顏淵》)"君子固窮,小人窮斯濫矣。"(《論語·衛靈公》)"君子坦蕩蕩,小人長戚戚。"(《論語·述而》)"君子求諸己,小人求諸人。"(《論語·衛靈公》)"君子喻於義,小人喻於利。"(《論語·里仁》)"君子不可小知而可大受也;小人不可大受而可小知也。"(《論語·衛靈公》)"君子泰而不驕,小人驕而不泰。"(《論語·子路》)"君子而不仁者有矣夫,未有小人而仁者也。"(《論語·憲問》)"君子易事而難説也,説之不以道,不説也;及其使人也,器之。小人難事而易説也,説之雖不以道,説也;及其使人也,求備焉。"(《論語·子路》)

老子貴柔,而孔子與老子相反,卻重剛。

《論語·公冶長》説:"子曰:'吾未見剛者。'"又《子路》説:"子曰:'剛毅木訥近仁。'"

階級社會的道德是有階級性的。孔子的道德觀也不能没有階級性。孔子道德觀的階級性具體表現在所謂"克己復禮爲仁"這個禮字上。如所周知,中國奴隸社會的禮是"不下庶人"的。所以孔子所宣揚的道德,實際上是奴隸主階級的道德,不包括奴隸階級以及奴隸主階級與奴隸階級之間的道德。儘管這樣,從爲人與人之間以及人與社會之間的關係規定了準則和規範這一點來説,在今天,還是有批判繼承的價值的。如果因爲它是統治階級的道德,就一概加以否定,這不是馬克思主義應有的態度。

最後談孔子的歷史觀。

孔子的歷史觀是唯心的,這是没有疑義的。儘管他在"子張問十世可知也"時説過"殷因於夏禮,所損益可知也;周因於殷禮,所損益可知也;其或繼周者,雖百世可知也"(《論語·爲政》),在"顏淵問爲邦"時説過"行夏之時,乘殷之輅,服周之冕,樂則韶舞"(《論語·衛靈公》),但這衹是指在一種社會制度的内部有變革有批判繼承的問題來説的,並不説明他已意識到一種社會制度會被另一種社會制度所代替。事實上他所説的損益,並没有越出奴隸社會的框框。他認爲奴隸社會是永恒的,是萬古不變的。因此,孔子所説的"天下有道"或"道不行",這個"道"不是别的,就是周道;所説的"克己復禮爲仁"或"禮以行之",這個"禮"也不是别的,就是周禮。孔子生當春秋末世,那本來是中國奴隸社會的末日,是奴隸主階級的末日,而他竟荒謬地把它看成是世界的末日,全人類的末日。孔子一生留下許多言論,許多事迹。如果從政治這個角度來看,從歷史這個角度來看,一句話,就是企圖使歷史車輪倒轉,倒轉到西周,即中國奴隸社會的全盛時期。他説:"周監於二代,郁郁乎文哉,吾從周。"(《論語·八佾》)又説:"甚矣,吾衰也久矣,吾不復夢見周公。"(《論語·述而》)充分證明孔子一生所向往的是西周,心目中最崇拜的人物是周公。

　　然而歷史的潮流是任何人也阻擋不了的。孔子的政治企圖是注定不能實現的。孔子似乎意識到了這一點,因而作《春秋》,把自己的政治抱負全部地在《春秋》一書中反映出來。司馬遷説:"孔子知言之不用,道之不行也,是非二百四十二年之中,以爲天下儀表,貶天子,退諸侯,討大夫,以達王事而已矣。"(《史記·太史公自序》)孟子説:"《春秋》天子之事也。是故孔子曰:'知我者其惟《春秋》乎?罪我者其惟《春秋》乎?'"(《孟子·滕文公下》)二人所説的,正是這個問題。

　　孔子之所以這樣看當世的歷史,多數人認爲有階級根源。我看這樣説法不一定對。孔子自己説過"吾少也賤"。從孔子的階級出身説,比衛鞅、韓非要低得多。爲什麼衛鞅、韓非成爲推動歷史前進的法家,而孔子卻成爲拉歷史倒退的儒家呢?有人説,由於孔子是宋後或殷後。這種説法尤爲荒唐,不自覺地陷入反動的血統論的泥坑。我們確實重視階級成分，但是怎能用十幾世或幾十世以前的祖先作爲確定一個人的階級成分的根據呢？據我看，孔子是郰人紇之子，他的家庭出身和他的生活環境同他的思想的形成，不能説没有關係，但是，更主要的還是由於他"信而好古"（《論語·述而》），久而久之，他的眼睛遂被這個古給蒙住了，終於成爲古的俘虜。三國時"劉備訪世事於司馬德操。德操曰：'儒生俗士豈識時務？識時務者在乎俊杰。'"（《三國志·蜀志·諸葛亮傳》注引《襄陽記》）後世儒生俗士不識時務，正是受了孔子的影響。這是儒家的傳統使然。可以這樣説，儒家之祖孔子本人，就是一個知古而不知今，不識時務的人。

然而，孔子這個人物，不管怎麼看，都不能不承認他是中國歷史上一個有重大影響的人物。那末，對於孔子應當怎樣評價呢？孔子自己説過，他"非生而知之者，好古敏以求之者也"（《論語·述而》）。據我看，這"好古"二字是我們評價孔子所應當注意考慮的一個最重要的特點。正由於好古，孔子成爲有廣博知識的學者；在保存、整理、研究、傳播歷史文化遺產方面，作出了巨大的貢獻。也正由於好古，他背上了一個沉重的古的包袱，使他衹能成爲一個偉大的教育家、哲學家，而不能成爲一個政治家，更不能成爲一個革命家。

孔子所以在中國歷史上以至於超越中國歷史的界限，受到長期的尊重，首先在於他是偉大的教育家，而不在於他的政治思想。他的政治思想，事實上在法家出現後，已被證明是不適用了。今天我國正在進行社會主義建設，爲了掃除前進道路上的障礙，徹底地深入地批判孔子的唯心主義歷史觀和政治思想是完全必要的。但是孔子的教育思想和哲學思想在過去所起的作用，似不應低估。别的暫且不説，單就我們國家今天有將近十億的人口，有自有文字以來持續幾千年的歷史，雖然也有過多少次分裂的時候，但最終總是歸於統一，象這樣一個大家熟知的事實，難道不值得深思嗎？這是什麼原因造成的呢？是不是有一種雖然看不見然而真實存在的力量——精神力量在維繫着呢？至少應當承認，我們中華民族是有共同心理的。那末這個共同心理怎麼形成的呢？當然，原因很多。據我看，孔子思想所起的作用，實是一個重要的因素。因此，中國之有孔子，毋寧說是中華民族的光榮。時至今日，孔子思想的大部分已經不適用了，但是孔子作爲一個歷史人物，我們應當給以應有的歷史地位並做出科學的評價。過去一個時期內，不加分析地全面加以否定，不是對待歷史人物的正確態度。

3. 孫子

孫子名武，春秋末齊國人。《史記》稱孫武"以《兵法》見於吳王闔閭。闔閭曰：'子之十三篇，吾盡觀之矣。'"今傳世的《孫子》十三篇，可能就是孫武持見吳王闔閭的《兵法》。孫武是中國古代軍事科學理論的建立者。在孫武前雖有《司馬法》，它屬政書之類，不是軍事科學理論著作，《漢書・藝文志》入之禮家，是對的。至《六韜》等，則出於後人依託，不可信據。《尉繚子・制談》說："有提三萬之衆，而天下莫當者誰？武子也。"劉向《新序》說："孫武以三萬破楚二十萬。"（見《太平御覽・兵部二》）二書所記，似非無據，則孫武不但是軍事理論家，也是一個有實踐經驗的軍事家。

"春秋無義戰"，孫武的軍事科學理論當然是爲當時諸侯國進行兼并戰爭服務的。在《孫子》十三篇中，既不區別正義與非正義，更談不上革命戰爭的問題。他的這部書，是在當時歷史條件下，在總結了前人戰爭經驗的基礎上寫出來的。他既不寫戰爭史實，也不寫武器裝備，祇是在理論上進行高度的概括。因此，孫武寫的這部書，不但舊日稱爲"兵經"，直至今日，也有很重要的指導意義，爲中外軍事家所重視。

現在就把《孫子》十三篇的內容，重點介紹如下。

第一，《計篇》

《計篇》列爲第一，實是十三篇的綱領。

篇首説：

> 兵者，國之大事，死生之地，存亡之道，不可不察也。

這是開宗明義，着重指出軍事的重要性。孫子認爲戰爭關係到國家的存亡，人民的死生，不能不予以特殊注意。

春秋時向戌提倡過"弭兵"，戰國時墨翟主張過"非攻"。二人的主觀願望可能是好的。然而"弭兵"、"非攻"，實際上是和平主義的異名。事實證明，弭兵不但不會消弭戰爭，反而會加速戰爭的爆發。原因是"和平主義"祇會起到麻痹被侵略者的作用，而侵略者是從來不聽這一套的。

《吕氏春秋·蕩兵》説：

> 古聖王有義兵而無有偃兵。

《吕氏春秋》這種説法，無疑是正確的。

《計篇》主要談兩個問題。一個是"經之以五校之計而索其情"，另一個是"計利以聽，乃爲之勢以佐其外，勢者因利而制權也"。亦即先談"經"，後談"權"。"經"是經常，"權"是權變。"經"是政治上的問題，"權"是軍事上的問題。"經"既適用於平時，也適用於戰時，"權"則適用於戰時。比較起來，"經"是主要的，根本的。"權"在軍事上當然極端重要，能起決定性作用，但同"經"相比較，不能不居第二位。孫子談勢時，用了一個"佐"字，恰恰説明這個問題。

所謂"經之以五校之計而索其情"，就是在戰爭這個問題上，要先從五個方面對敵我雙方進行一次力量的對比，以瞭解敵我雙方的情況。

這五個方面，就是"一曰道，二曰天，三曰地，四曰將，五曰法"。

孫子説：

> 道者，令民與上同意也。故可與之死，可與之生，而

民不畏危。

孫子所謂"道"，顯然是政治問題。這是最根本的問題，所以擺在第一位。

孫子説：

天者，陰陽寒暑時制也。

這是考慮氣候條件的問題。

孫子説：

地者，遠近險易廣狹死生也。

這是考慮地理條件問題。

孫子説：

將者，智信仁勇嚴也。

將在戰爭中是起決定作用的因素。《孫子》十三篇之作，毋寧説就是以將爲對象來作的。智信仁勇嚴是爲將的五德，缺一不可。智之所以居第一位，是因爲將主要是鬥智，而不是鬥力。孫子所説的"勢者因利而制權也"，"兵者詭道也"，這一理論都要由將來運用。信是説爲將應得到戰士的信任。爲將得不到戰士的信任，軍心渙散，是不能取得勝利的。對戰士則必須仁與嚴相結合，既仁愛又嚴格。這一點，後來的吳起做得最好。《史記》説："起之爲將，與士卒最下者同衣食。臥不設席，行不騎乘，親裹贏糧，與士卒分勞苦。卒有病疽者，起爲吮之。"這樣做，可以説是仁了。但《尉繚子・武議》説："吳起與秦戰，未合。一夫不勝其勇，前獲雙首而還。吳起立斬之。軍吏諫曰：'此材士也，不可斬。'起曰：'材則是也，非吾令也。'斬之。"可見吳起對士卒又極其嚴。至於勇，則爲將者當然要具備了。

孫子説：

　　　　法者,曲制官道主用也。

　　"曲制官道"這幾個字,不好理解,但下文說,"法令孰行,兵衆孰强,士卒孰練,賞罰孰明",可知這裏所謂法,主要應包括四者在內。

　　孫子說:

　　　　勢者,因利而制權也。

　　權是什麼? 權的本義就是秤錘。秤錘必須前後移動,然後才與物重平衡,而起到稱的作用。所以權是因利而制,不能固定不變。毛澤東同志說"機動靈活的戰略戰術",可以看作是對權字的最生動的說明。霍去病說:"顧方略何如耳。"(《史記·衛將軍驃騎列傳》)這話很符合孫子"因利以制權"的精神。講軍事,本本主義是絕對要不得的。春秋時,宋襄公的泓之敗,戰國時,趙括的長平之敗,就都是吃了本本主義的大虧。孫子說:"兵者詭道也。"也就是說戰爭要因利以制權的意思。後人常說"兵不厭詐",就是"兵者詭道也"的不同說法。

　　孫子說:

　　　　故能而示之不能,用而示之不用,近而示之遠,遠而
　　示之近,利而誘之,亂而取之,實而備之,强而避之,怒而
　　撓之,卑而驕之,佚而勞之,親而離之,攻其無備,出其不
　　意。

　　由"能而示之不能"至"親而離之",共十二種,都是因利而制權的辦法。"攻其無備,出其不意",則是所要達到的目的,是孫子軍事理論的精髓。歷代軍事家,凡是在戰爭中取得勝利的,無不與其應用這條理論有關。

　　第二,《作戰》

　　《作戰》篇主要談了兩條經驗。

第一條説：

> 不盡知用兵之害者，則不能盡知用兵之利也。

這是教人全面地看問題。用兵當然是爲求利，但是必須首先完全瞭解害的一面，然後才能獲得完全的利。

第二條説：

> 兵聞拙速，未睹巧之久也。

古人常説“兵貴神速”，正是孫子這條軍事理論的具體運用。孫子的這兩條經驗，都是在他算了經濟帳以後而得出來的。

第三，《謀攻》

《謀攻》把“百戰百勝，非善之善者也。不戰而屈人之兵，善之善者也”作爲軍事最高目標提出來，這是孫武高人一籌處。

如何能達到“不戰而屈人之兵”呢？顯然這不是單純的軍事觀點所能辦到的，而必須把政治問題放在首要地位。

孫子説：

> 上兵伐謀，其次伐交，其次伐兵，下政攻城。攻城之法，爲不得已。

這正是孫子强調政治的具體説明。

孫子説：

> 用兵之法，十則圍之，五則攻之，倍則分之，敵則能戰之，少則能逃之，不若則能避之。

這正是篇首所説的“凡用兵之法：全國爲上，破國次之；全軍爲上，破軍次之；全旅爲上，破旅次之；全卒爲上，破卒次之；全伍爲上，破伍次之”這個理論在戰場上的運用。

孫子説：

> 故君之所以患於軍者三：不知軍之不可以進，而謂之

進；不知軍之不可以退，而謂之退。是謂縻軍。不知三軍
之事，而同三軍之政者，則軍士惑矣。不知三軍之權，而
同三軍之任，則軍士疑矣。三軍既惑且疑，則諸侯之難至
矣。是謂亂軍引勝。

這實際上是説在軍事上外行不能領導内行。如果外行領導内
行，搞瞎指揮，必敗無疑。

孫子説：

故知勝有五：知可以戰與不可以戰者，勝。識衆寡之
用者，勝。上下同欲者，勝。以虞待不虞者，勝。將能而
君不禦者，勝。

根據這五勝，孫子得出結論説：

故曰：知彼知己，百戰不殆。不知彼而知己，一勝一
負。不知彼不知己，每戰必殆。

基於這一原因，所以孫子把“用間”看得異常重要。因爲衹有用間，
才能知彼。

第四，《形篇》

《形篇》的要義在於下列一些論點：

昔之善戰者，先爲不可勝，以待敵之可勝。

故善戰者，立於不敗之地，而不失敵之敗也。是故勝
兵先勝而後求戰，敗兵先戰而後求勝。

“先勝而後求戰”，應該説，就是毛澤東同志所説的“不打無把握之
仗”。這一軍事思想産生在春秋時期，自然是很難得的。

孫子説：

勝者之戰民也，若決積水於千仞之谿者，形也。

這個“形”，是本篇所以命名爲《形篇》的意義所在。

第五,《勢篇》

《勢篇》説:

> 凡治衆如治寡,分數是也;鬥衆如鬥寡,形名是也;三
> 軍之衆,可使必受敵而無敗者,奇正是也;兵之所加,如以
> 碫投卵者,虛實是也。

> 凡戰者,以正合,以奇勝。故善出奇者,無窮如天地,
> 不竭如江河。終而復始,日月是也;死而復生,四時是也。
> 聲不過五,五聲之變,不可勝聽也。色不過五,五色之變,
> 不可勝觀也。味不過五,五味之變,不可勝嘗也。戰勢不
> 過奇正,奇正之變,不可勝窮也。奇正相生,如循環之無
> 端,孰能窮之?

> 激水之疾,至於漂石者,勢也。鷙鳥之疾,至於毀折
> 者,節也。是故善戰者,其勢險,其節短,勢如曠弩,節如
> 發機。紛紛紜紜,鬥亂而不可亂也。渾渾沌沌,形圓而不
> 可敗也。

這段文字裏"激水之疾"兩句,是説勢的威力。"戰勢不過奇正"幾
句,是説爲之勢的方法。"凡戰者,以正合,以奇勝",是作爲一個重
要結論提出的,具有普遍意義。

第六,《虛實》

本篇命名,有取於"兵之形,避實而擊虛"一句。

作爲全篇綱領的,一是"善戰者致人而不致於人",二是"形人
而我無形,則我專而敵分"。

"致人",就是能調動敵人,牽着敵人的鼻子走。"不致於人",
就是我始終掌握主動權。

"形人",是我對敵人的情況瞭如指掌。"我無形"是説敵人對
於我來説,是聾子、瞎子、呆子,完全不瞭解我的情況。

正由於"致人而不致於人",所以能夠做到"敵佚能勞之,飽能

飢之，安能動之"。也正由於"形人而我無形"，所以能够做到"我專而敵分。我專爲一，敵分爲十，是以十共其一也，則我衆而敵寡。能以衆擊寡者，則吾之所與戰者約矣。吾所與戰之地不可知。不可知，則敵所備者多。敵所備者多，則吾所與戰者寡矣。故備前則後寡，備後則前寡，備左則右寡，備右則左寡。無所不備，則無所不寡。寡者，備人者也。衆者，使人備己者也。故知戰之地，知戰之日，則可千里而會戰。不知戰地，不知戰日，則左不能救右，右不能救左，前不能救後，後不能救前，而况遠者數十里，近者數里乎？"

孫子這兩段理論極精。今日小國弱兵用遊擊戰之所以能戰勝大國强兵，其道理就在於此。

孫子説：

> 夫兵形象水。水之行避高而趨下，兵之形避實而擊虛。

這條理論非常重要，歷代軍事家無不奉爲至寶。

第七，《軍争》

孫子説：

> 軍争之難者，以迂爲直，以患爲利，故迂其途而誘之以利，後人發，先人至，此知迂直之計者也。

孫子這幾句話應是軍事上應用迂迴戰術的經典式説明。

孫子在提出上述理論之後又指出"軍争爲利，軍争爲危"，即用迂迴戰術的辦法，其結果有兩種可能：有利的可能，也有危的可能。

他説：

> 舉軍而争利則不及，委軍而争利則輜重捐。是故卷甲而趨，日夜不處，倍道兼行，百里而争利，則擒三將軍。勁者先，疲者後，其法十一而至。五十里而争利，則蹶上將軍，其法半至。三十里而争利，則三分之二至。

> 是故軍無輜重則亡，無糧食則亡，無委積則亡。

這是用具體事實來説明"軍争爲危"的一面。如何争取利的一面，避免危的一面，這就在於爲將的智慧和勇敢了。

孫子説：

> 夫金鼓旌旗者，所以一民之耳目也。民既專一，則勇者不得獨進，怯者不得獨退，此用衆之法也。

又説：

> 故三軍可奪氣，將軍可奪心。是故朝氣鋭，晝氣惰，暮氣歸。故善用兵者，避其鋭氣，撃其惰歸，此治氣者也。以治待亂，以静待嘩，此治心者也。以近待遠，以佚待勞，以飽待飢，此治力者也。無要正正之旗，勿撃堂堂之陣，此治變者也。

前一段文字談用衆之法，後一段文字談在戰争中怎樣治氣、治心、治力、治變。這些都屬於戰術或戰役上的問題。總之，是叮囑軍事家無時無地都不要忘記發揮自己的優勢，利用敵人的弱點，以求得勝利。

第八，《九變》

本篇有兩段話值得注意。

第一段話是：

> 用兵之法，無恃其不來，恃吾有以待也；無恃其不攻，恃吾有所不可攻也。

第二段話是：

> 將有五危：必死可殺也，必生可虜也，忿速可侮也，廉潔可辱也，愛民可煩也。凡此五者，將之過也，用兵之災也。覆軍殺將必以五危，不可不察也。

第一段話大意是説求其在我，有備無患。第二段話是説要利用敵人之弱點，同時自己也要知所警惕。

第九，《行軍》

談到覘敵之術，他説：

> 敵近而靜者，恃其險也。遠而挑戰者，欲人之進也。其所居易者，利也。衆樹動者，來也。衆草多障者，疑也。鳥起者，伏也。獸駭者，覆也。塵高而鋭者，車來也。卑而廣者，徒來也。散而條達者，樵采也。少而往來者，營軍也。辭卑而益備者，進也。辭强而進驅者，退也。輕車先出居其側者，陣也。無約而請和者，謀也。奔走而陳兵車者，期也。半進半退者，誘也。倚仗而立者，飢也。汲而先飲者，渴也。見利而不進者，勞也。鳥集者，虛也。夜呼者，恐也。軍擾者，將不重也。旌旗動者，亂也。吏怒者，倦也。粟馬肉食，軍無懸甀，不返其舍者，窮寇也。諄諄翕翕，徐言入入者，失衆也。屢賞者，窘也。數罰者，困也。先暴而後畏其衆者，不精之至也。來委謝者，欲休息也。兵怒而相迎，久而不合，又不相去，必謹察之。

見微知著，由現象能看到本質，不僅軍事家覘敵應如此，實具有普遍意義。

談到御衆之法，他説：

> 卒未親附而罰之，則不服，不服則難用也。卒已親附而罰不行，則不可用也。故令之以文，齊之以武，是謂必取。

這是經驗之談，非空洞理論可比。

第十，《地形》

本篇所説的地形，今天可能已不適用，但他由此而闡發出來的某些思想，卻並非没有借鑒意義。比如他説：

戰道必勝，主曰無戰，必戰可也。戰道不勝，主曰必
戰，無戰可也。故進不求名，退不避罪，唯民是保，而利合
於主，國之寶也。

又説：

視卒如嬰兒，故可與之赴深谿；視卒如愛子，故可與
之俱死。厚而不能使，愛而不能令，亂而不能治，譬如驕
子，不可用也。

又説：

知吾卒之可以擊，而不知敵之不可擊，勝之半也。知
敵之可擊，而不知吾卒之不可以擊，勝之半也。知敵之可
擊，知吾卒之可以擊，而不知地形之不可以戰，勝之半也。
故知兵者，動而不迷，舉而不窮。故曰：知彼知己，勝乃不
殆；知地知天，勝乃可全。

上述三段話，第一段話大意是説，在戰爭中應保證將能獨立自
主地決定重大問題。《荀子·議兵》論爲將説：“所以不受命於主有
三：可殺而不可使處不完，可殺而不可使擊不勝，可殺而不可使欺
百姓。”孫子在這裏所説的觀點，應是《荀子》所本。

第二段話有兩層意思。第一層意思是説應當象愛惜嬰兒、愛
子那樣愛惜士卒，士卒才能爲所用。第二層意思是説，如果把士卒
養成像驕子那樣，就不能用了。總的是説，對士卒需要恩威並濟。

第三段話重在結尾兩句，即“知彼知己，勝乃不殆；知天知地，
勝乃可全。”

第十一，《九地》

本篇所謂九地，今天也不一定適用，但他説：

將軍之事，静以幽，正以治，能愚士卒之耳目，使之無
知；易其事，革其謀，使人無識；易其居，迂其途，使人不得

慮。帥與之期，如登高而去其梯，帥與之深入諸侯之地，
而發其機，焚舟破釜，若驅群羊而往，驅而來，莫知所之，
聚三軍之衆，投之於險。此謂將軍之事也。

又説：

始如處女，敵人開户；後如脱兔，敵不及拒。

前一段話，從軍事貴保守秘密這一點來理解，還是可取的。後一段
話是"兵者詭道也"的生動説明。其目的在於"攻其無備，出其不
意"。

第十二，《火攻》

火攻在古代戰爭中是一種毀滅性的戰爭手段，使用時需要注
意種種條件，否則會自食其果。孫子特用一個專題來論述，是有道
理的。

篇末説：

主不可以怒而興師，將不可以愠而致戰。合於利而
動，不合於利而止。怒可以復喜，愠可以復悦，亡國不可
以復存，死者不可以復生。故明君慎之，良將警之。此安
國全軍之道也。

這一段話與卷首説"兵者國之大事，死生之地，存亡之道，不可不察
也"相呼應，叮嚀反復，語重心長。足見兵兇器，戰危事，不得已而
用之，也要十分審慎。喜言兵事的，從來不是真知兵者。

第十三，《用間》

"用間"譯成今語，就是作諜報工作。全篇大體上可分三段。

第一段闡明用間的重要性。大意是説戰勝在於知敵，知敵在
於用間。孫子把戰爭的費用和用間的費用作了對比，指出不肯在
用間上花錢，是"不仁之至也，非人之將也，非主之佐也，非勝之主
也"。

第二段提出因間、内間、反間、死間、生間等五間的名稱，並逐一加以説明。

第三段是用間正文。他説：

> 故三軍之親，莫親於間，賞莫厚於間，事莫密於間。非聖智不能用間，非仁義不能使間，非微妙不能得間之實。微哉，微哉，無所不用間也。

孫子把用間提到極端重要的地位。

通過上述介紹，不難看出，孫武作爲我國古代的一個卓越軍事理論家，當之而無愧；他的十三篇著述，閃爍着樸素的唯物論和辯證法的光輝，奠定了我國古代軍事科學理論的基礎。

二、春秋時期的文化

春秋時期，文化方面取得很大進展，它的許多方面的成就，在我國古代文化發展史上具有承前啓後的意義，對於我國民族文化的形成曾經産生過深遠影響。

1. 哲學

春秋時期，哲學比西周有很大發展。西周在哲學方面的成就，主要反映在五行和陰陽説的出現上。五行見於《洪範》，陰陽説見於《周易》。《洪範》和未經孔子編定的《周易》具有哲學思想，卻不是專門的哲學著作。到了春秋時期，不但出現了上述兩位傑出的哲學家以及由他們所代表的道家和儒家兩大哲學體系，而且有了《老子》和經過孔子編定的《周易》這樣兩部偉大的哲學著作。

《老子》一書寫成於何時，歷來有不同意見。我認爲，現在可以肯定它是春秋末年的老子本人所著。1973 年，考古工作者在長沙馬王堆三號漢墓發掘出一批帛書，其中有用墨筆鈔寫的《老子》書甲、乙兩部。内容與今本《老子》大同小異，可能它就是今本的原型。據考證，甲本係鈔寫於漢高祖劉邦稱帝前，乙本鈔寫於漢文帝劉恒即位前。當時在遠處楚地的一個小小軑侯的子弟的墓裏竟然葬入《老子》鈔本，說明這書在西漢初期已經流傳很廣，影響很大了。生活於漢武帝時代，身爲太史令的司馬遷，親見過《老子》書是肯定無疑的。所以，《史記·老子韓非列傳》說"老子修道德，其學以自隱無名爲務。居周久之，見周之衰，乃遂去。至關，關令尹喜曰：'子將隱矣，强爲我著書。'於是老子乃著書上下篇，言道德之意五千餘言而去"，當爲可信。

今本《老子》分道經和德經二卷，八十一章，五千七百餘言，是用韻文寫成的。長沙馬王堆三號漢墓出土帛書《老子》，德經在前，道經在後，亦不分章。

《周易》的内容包括經和傳兩部分，即所謂《易經》和《易傳》。《易經》最初有乾（☰）、坤（☷）、震（☳）、巽（☴）、坎（☵）、離（☲）、艮（☶）、兑（☱）八卦，由八卦而產生六十四卦，三百八十四爻。六十四卦以乾坤二卦居首，既濟未濟二卦居末。卦有卦辭，爻有爻辭。卦辭和爻辭就是《易經》。《易經》產生於殷末周初，是一部卜筮之書，雖具有哲學思想，但還不是專門的哲學著作。

至春秋時期，在《易經》即卦辭爻辭之外又出現了上彖、下彖、上象、下象、上繫、下繫、文言、序卦、説卦、雜卦等所謂十翼，十翼就是《易傳》。《易傳》十分重要，它具有叢書的性質。它對於《易經》的較爲原始的樸素的哲學思想加以推闡、印證、發明，而使《周易》由卜筮之書發展成爲一部自成體系的哲學著作。

《易傳》同孔子有密切的關係。十翼雖不是孔子親手寫定，但其中有一部分觀點當是經孔子鑒定而保存下來的舊説，有一部分則是七十子後學所記，基本上應屬於孔子。《孟子》說"孔子聖之時者也"，而《易傳》裏最重時義；《論語》稱讚中庸，而《易傳》最貴處中。由此可以明顯地看出來，孔子的哲學導源於《周易》，《周易》的哲學也因孔子而臻於完備、成熟。所以，我們今天看到的《周易》哲學，毋寧説就是孔子哲學。

2. 史學

我國歷史悠久，歷史學的歷史也悠久。據可靠的史籍記載，夏代和商代王室都有專職的史官。甲骨卜辭中常見的貞人，應當就是商代的史官。至西周，史官有了較細的分工，《周禮・春官》有大史、小史、内史、外史、御史等五史，各自分擔着不同的職責。各諸侯國也都有史官，祇是稱謂同王室的史官略有不同。從公元前841 年開始，許多諸侯國有了明確的紀年，隨後便出現了官修的國史。如晉有《乘》，楚有《檮杌》。據記載，孔子曾見過百二十國春秋，説明當時許多諸侯國都有了自己的國史。

但是，這些史官還不能算做真正意義上的歷史家。他們既然是官，其活動便不能不受王室或公室的制約。出於他們之手的史籍，多是原始的樸索的史實記録，雖然也有史料價值，但是缺乏一定的史學觀點和方法，還不是系統的完備的史學著作。因此，嚴格地講，不能説我國那時已經有了真正的歷史學。

我國傳統的歷史學，應當説是從春秋末期孔子寫定《春秋》一書開始的。《春秋》這部書不但記有確切的時間、地點、人物、事件，更重要的是它體現了史家的史學觀點和治史方法。它是我國第一部真正意義上的史學著作，第一部編年史。它的作者孔子是我國第一個歷史學家。

《春秋》是根據魯史《春秋》編寫的。它文簡而指博，全書不足兩萬字，上自魯隱公元年（公元前 722 年）下訖哀公十四年（公元前481 年），二百四十二年的歷史全然包括在内。它以日繫月，以月繫時，以時繫年，既記載了朝聘會盟，崩薨卒葬，伐戰圍入，蒐狩郊禘等政治事件，也記載了星隕日蝕，地震山崩，霜雹雨旱，麋蚤蜚螽等自然災異。

《春秋》一書在我國史學史上的重要價值，在於它爲我國後來傳統史學的發展奠定了理論基礎。司馬遷説孔子“興於魯而次《春秋》"，"以制義法"（《史記·十二諸侯年表》），完全説到了當處。孔子作《春秋》，有意要爲後世的史家制定"義法"，爲指導人們怎樣治史而做一示範。所謂"義"，就是今日所説的立場觀點；所謂"法"，就是今日所説的治史方法、原則。孔子在《春秋》中並未將他的觀點、方法直接説出來，而是把觀點具體地體現在他的著述之中。他的政治觀點，很明顯是站在奴隸主階級的立場上"別嫌疑，明是非，定猶豫，善善惡惡，賢賢賤不肖"（《史記·太史公自序》），使"天下亂臣賊子懼"（《史記·孔子世家》），以達到"存亡國，繼絶世"，"撥亂世，反之正"（《史記·太史公自序》），阻擋歷史前進的目的。

孔子作《春秋》，"筆則筆，削則削，子夏之徒不能贊一辭"（《史記·孔子世家》），該寫的一定寫上，不該寫的一定删去。什麼該寫，什麼不該寫，該寫的怎樣寫，孔子都有一定的原則。例如，《春秋》以記魯事爲主，周次之，宋更次之，這叫做"據魯，親周，故殷"（《史記·孔子世家》）。魯國和其他華夏族諸侯國相比，以魯爲内，別國爲外；華夏族諸侯國同夷狄國相比，以華夏諸侯國爲内，夷狄國爲外。有的事情，屬於内的要記，屬於外的則不記；有的事情，屬於内的要詳，屬於外的則略。這叫做"内其國而外諸夏，内諸夏而外夷狄"（《公羊傳》成公十五年），"録内而略外"。一般的事情不寫，尊者、親者、賢者的不光采的事情，也不寫。這叫做"常事不書"（《公羊傳》桓公四年），"爲尊者諱，爲親者諱，爲賢者諱"（《公羊傳》閔公元年）。在時間上，作者當代的事情要詳，遠的要略，更遠的尤略，這叫做"所見異辭，所聞異辭，所傳聞異辭"（《公羊傳》隱公元年）。事情有輕重時，寫重不寫輕。春秋戰爭有伐、戰、圍、入、滅五等，寫戰便不寫伐，寫圍便不寫戰，寫入便不寫圍，寫滅便不寫入。這叫做"書其重者"（《公羊傳》莊公十年）。

反映在《春秋》一書裏的孔子思想是保守的、反動的；他據以寫作的方法、原則，在今日看來似乎也無足輕重，但是孔子把政治傾向貫通於史學著作之中以及根據一定的原則決定詳略取捨的治史方法,在當時來說,卻是很了不起的創舉,它對於我國傳統史學的建立和發展,無疑有着極其重要的意義。

《左傳》和《國語》是春秋末期成書的另外兩部重要史學著作。司馬遷和班固都認爲《左傳》是孔子同時代人左丘明所作。《左傳》記事先於魯隱公元年,訖於魯哀公二十七年。《左傳》是《春秋》的傳。《左傳》以事解《春秋》。但《左傳》記事與《春秋》不同,《春秋》以魯國爲主,《左傳》多記晉國事,魯國、楚國次之,其餘周、宋諸國更次之。《左傳》的内容也比《春秋》具體、豐富。《春秋》記事極簡,戰爭唯記時記國記人而已,《左傳》則背景、起因、經過、後果全記。有些事件《春秋》不記,《左傳》記。《左傳》記人物有聲有色,生平言行撮其要者全然寫入,如鄭子産;記事件有始有末,前後聯屬,情節脈絡至爲詳確明瞭,如晉公子重耳出亡。《左傳》和《春秋》同爲編年史,但《左傳》在編年體中孕育了記傳體和紀事本末體的萌芽。就其對後世史學的影響來看,無論史學觀點、治史方法還是史料價值,《左傳》都在《春秋》之上。

司馬遷説,“左丘失明,厥有國語”(《漢書・司馬遷傳》),認爲《國語》也是左丘明所作。《國語》是一部國別史,以記言爲主,共二十一篇,其中《晉語》爲最多,九篇。其餘有《周語》三篇,《魯語》二篇,《齊語》一篇,《鄭語》一篇,《楚語》二篇,《吳語》一篇,《越語》二篇。

3. 文學

春秋時期,詩歌空前興盛,在人們生活中占有很重要的地位。公卿大夫士在政治、外交、祭祀等場合,要有樂工奏樂歌詩,論辯時也要徵引詩句做爲自己的思想武器。庶人以下更常用歌謠的形式諷喻時政,美刺當政者。鄭國子産剛當政時,人們編出歌謠罵他:“取我衣冠而褚之,取我田疇而伍之。孰殺子産?我其與之。”(《左傳》襄公三十年)當政三年,人們改變了態度,又用歌謠贊美他:“我有子弟,子産誨之;我有田疇,子産殖之。子産而死,誰其嗣之?”

（《左傳》襄公三十年）魯國臧紇是個矮人，他帶兵侵犯邾國，在狐駘吃了敗仗，死了很多人。人們作詩譏刺他説："臧之狐裘，敗我於狐駘。我君小子，朱儒是使。朱儒！朱儒！使我敗於邾。"（《左傳》襄公四年）楚狂接輿對孔子到處奔走很不滿，有一回他走過孔子的身邊，邊走邊唱道："鳳兮！鳳兮！何德之衰？往者不可諫，來者猶可追。已而！已而！今之從政者殆而！"（《論語·微子》）

春秋時期是個産生詩歌流傳詩歌的時代。孔子删定的《詩》三百篇，除《雅》、《頌》和《豳風》以外，風詩大部分都是平王東遷之後産生並流傳開來的。

春秋時期的詩歌，由於大多數來源於社會各階層的口頭創作，所以内容十分豐富，反映着社會各個方面的問題。有的反映勞動人民對統治階級殘酷剥削的不滿和痛恨，如《魏風·碩鼠》；有的反映勞動人民的勞動生活情景，如《周南·葛覃》、《魏風·十畝之間》；有的描寫人民在同外敵鬥爭中的勇敢精神，如《秦風·無衣》；還有些描寫愛情和思婦懷念在外征人，如《邶風·静女》、《王風·采葛》、《鄭風·子衿》等。

春秋時期民間詩歌的現實主義方法，强烈的人民性，賦、比、興手法的運用，以及四言爲主，長短參用，富於變化的形式，對我國後來詩歌發展的影響極深。可以説這時的詩歌乃是楚辭、漢魏古詩、唐以後近體詩的源頭。

4. 音樂

奴隸社會是等級的社會，階級表現爲各級嚴格的等級階梯。不同的等級要有不同的標誌。標誌反映在多方面，音樂也是其中之一。所以，奴隸主階級很重視音樂。春秋時期，禮樂征伐早已由自天子出發展到自諸侯出、自大夫出，乃至陪臣執國命。禮壞樂崩達到了相當嚴重的程度。隨着政治上的僭越，政權的下移，音樂也由王室公室逐漸向下擴展開來，在統治階級内部成爲很普及的事情了。魯國穆叔到晉國去，晉悼公舉行音樂會招待他。奏三《夏》

之曲,他不受;樂工唱《文王》之歌,他又不受;直到唱了《鹿鳴》,他才行禮接受。他說,三《夏》之曲是天子招待諸侯的,《文王》之曲是兩國諸侯相見之樂,他不夠資格,不能接受(《左傳》襄公四年)。這說明當時音樂的等級限制已經不是那麼嚴格了。遠在東南邊陲的吳國,那時文化比較落後,它的公子季札到魯國去,魯樂工依次給他歌詩、跳舞,他竟能一一加以品評,而且講得頭頭是道(《左傳》襄公二十九年)。季札自衛赴晉,路經衛國的戚,未入而聞鐘聲,發了一通議論。他說衛國國君死而未葬,這樣高興,不是好事。戚大夫孫文子知道了,下決心終身不聽琴瑟(《左傳》襄公二十九年)。一個小小的戚大夫,不聽琴瑟竟要下決心,可見當時奴隸主階級聽琴鼓瑟是極普通的事情。

比較貴重的金石樂器,當時不但大國有,小國也有。鄭國給晉悼公送禮,在諸多禮品中,就有"歌鐘二肆,及其鎛磬,女樂二八"(《左傳》襄公十一年)。河南新鄭鄭伯墓曾出土過編鐘,證明文獻記載是可信的。安徽壽縣蔡侯墓和山西侯馬十三號墓等處都曾有春秋編鐘出土。金石樂器在春秋時期確實是大國小國南方北方普遍都有。

當時人們還掌握了一定的音樂理論知識。據考證,出土的春秋編鐘上已經五音俱全。因此,《管子・地員》記載的徵、羽、宮、商、角的五音之序,反映的肯定是春秋時期的實際情況。孟子說:"師曠之聰,不以六律,不能正五音。"(《孟子・離婁上》)同上述兩條相對照,孟子的話絕非信口講來,一定是有根據的。由此可知,春秋時期人們掌握了五音知識,是毫無疑問的。

人們不但懂五音,還懂得和聲。據《左傳》記載,齊景公問晏嬰,政治見解上的"和與同"是不是一回事。晏嬰用音樂上的和聲現象做比喻,回答景公說,"和"與"同"不是一回事。意見完全相同並不好。意見不同而又能相濟相成才好。不同意見相濟,就是"和"。正如音樂,音樂之所以動聽,是因爲聲音"清濁,小大,短長,

疾徐，哀樂，剛柔，遲速，高下，出入，周疏，以相濟也"。琴瑟如果祇
有一個音，誰還想聽呢(《左傳》昭公二十年)？

　　到了春秋晚期，懂音樂的人更多了。孔子就很懂音樂，也很喜
愛音樂。他曾對魯國大師談及音樂，説："樂其可知也。始作，翕如
也；從之，純如也，皦如也，繹如也，以成。"(《論語·八佾》)孔子會
弄樂器，會唱歌。有一次，"孺悲欲見孔子，孔子辭以疾。將命者出
户，取瑟而歌，使之聞之"(《論語·陽貨》)。還有一次，"子擊磬於
衛"(《論語·憲問》)。有時候孔子還與別人合唱，唱得來興致了，
"必使反之，而後和之"(《論語·述而》)。

5. 科學技術

　　這個時期天文學的發展很突出，在星象的觀測和記録上作出
了極其重要的貢獻。這首先表現在二十八宿體系的創立上。古代
世界上創立二十八宿體系的國家，除我國以外，還有印度、阿拉伯、
伊朗、埃及等國家和地區，而創立的時間以我國爲最早。我國的二
十八宿體系創立於何時，歷來有不同意見。從古代文獻來看，《詩
經》、《左傳》、《國語》等書，不見二十八宿的稱謂，祇見二十八宿中
某些個別星宿的名稱。《周禮》之《春官·馮相氏》、《秋官·硩蔟
氏》以及《考工記·輈人》等篇有二十八宿的稱謂，卻又没有列舉二
十八宿的具體星名。最早出現二十八宿全部星宿名稱的，是《吕氏
春秋》的《十二紀》和《有始覽》。二十八宿體系的創立似乎不會早
於戰國中期。但是，如果從可靠的文獻所記録的天文現象來推算，
我國二十八宿體系的創立，完全可以上推到公元前 8 至 6 世紀。①

　　我國的二十八宿是將天球赤道附近的天空劃爲二十八個不等
的部分，每一部分作爲一宿。二十八宿分屬四方，名稱是：東方蒼
龍七宿(角、亢、氐、房、心、尾、箕)，北方玄武七宿(斗、牛、女、虛、

---

　　①　夏鼐：《從宣化遼墓的星圖論二十八宿和黄道十二宫》，載《考古學報》1976 年
第 2 期。

危、室、壁），西方白虎七宿（奎、婁、胃、昴、畢、觜、參），南方朱雀七宿（井、鬼、柳、星、張、翼、軫）。最初，二十八宿的意義祇在於標誌月亮在一個恒星月中的運動位置。在一個恒星月的 27.32 天中，每晚月亮在滿天恒星中都有一個旅居的位置，一個恒星月中共換 27 或 28 個地方，所以稱做二十八宿。古代也叫做二十八舍或二十八次，意思都是一樣。後來它的作用擴大了，除月亮外，還標誌日、五星、彗星等的運行位置和各恒星所在的位置，并且用它規定季節，編制曆法，指導生產活動。

　　其次是對彗星的觀測和記錄。《竹書紀年》上有周昭王十九年春"有星孛於紫微"的記載。孛就是反尾或無尾的彗星。但是這部書的真實年代有待考證，所以這條記錄不能算做定論。可靠的最早的記錄見於《春秋》。《春秋》共有三次彗星記錄。第一次在文公十四年（公元前 613 年）："秋七月，有星孛入於北斗。"這是世界上最早的一次哈雷彗星記錄，大約比歐洲早六百年。

　　第三是冬至時刻的測定和回歸年長度的推求。準確測定冬至時刻，是我國古代曆法的重要課題。準確測得冬至時刻，才能準確地預報季節；測得幾次準確的冬至時刻，才能測定回歸年的長度。《左傳》中有兩次冬至時刻（當時叫日南至）的記錄，一次在魯僖公五年（公元前 655 年），一次在魯昭公二十年（公元前 522 年）。這是我國觀測冬至時刻的最早記錄。春秋中期以後，推定一個回歸年長度爲三六五・二五日，一個朔望月爲二九・五三〇八五日，十九個回歸年正好爲二百三十五個朔望月。於是發明了十九年七閏的方法。春秋末期創制了古四分曆。古四分曆的創制，在世界天文學史上是一項偉大貢獻。

　　第四是對日食、隕星的記錄。《春秋》莊公七年（公元前 687 年）記載："夏四月辛卯夜，恒星不見，夜中星隕如雨。"這是世界上天琴座流星雨的最早記錄。《左傳》中關於日食的記錄達三十六次之多。

　　數學在春秋時期有一定的發展。據文獻記載，現今通行的九九乘法口訣，這時已經出現。《漢書·梅福傳》記梅福在一次給皇帝上書中説，"臣聞齊桓之時，有以九九見者，桓公不逆，欲以致大也"。《韓詩外傳》也記有有關齊桓公的這件事，説"夫九九薄能耳，而君猶禮之，況賢於九九者乎"。説明九九乘法口訣在春秋時期的齊國已成爲並不稀罕的"薄能"了。當時的九九乘法口訣與現今的略有不同，是從九九八十一起，至二二而四止，共三十六句，比現今的少九句。

　　《周禮·地官·保氏》説，"而養國子以道，乃教之六藝"。"六藝"就是王和貴族子弟必修的六門課程。其中有一門叫做"九數"。"九數"不是九九乘法口訣，它的内容比較豐富，如《保氏》鄭衆注所説，包括"方田、粟米、差分、少廣、商功、均輸、方程、贏不足、旁要"等九個方面。賈公彦的疏也沿用了鄭衆的看法。他們所説的"九數"的這九項内容，同成書於漢代的《九章算術》的九個篇名恰好相同，證明"九數"這門數學課程雖然不如《九章算術》那樣進步，但是它已具有了《九章算術》所研究的當時數學上的那九個主要分支的雛型，應該是没有疑問的。

　　這個時期，人們具有了熟練進行加減乘除四則運算的能力。據《左傳》記載，魯襄公三十年（公元前 543 年），晉國有人問某老人的年齡，老人不直接回答，祇説"臣生之歲，正月甲子朔，四百有四十五甲子矣，其季於今三之一也"。問者不懂，跑去問諸卿大夫。師曠説，這老人"七十三年矣"。史趙説，"亥有二首六身，下二如身，是其日數也"。士文伯説，"然則二萬六千六百有六旬也"。這三個人顯然能够熟練地進行乘除法的運算。

　　度量衡和數學有密切的關係。我國至晚在春秋末期已經有了度量衡。屬於春秋末至戰國初的湖南楚墓有百餘座曾出土天平和砝碼。當時每兩的重量約爲 16.3 克。

　　春秋時期，醫藥學的進步尤爲明顯。西周没有專門的醫藥學著作傳世,當時的醫藥學發展水平祇能從某些古文獻的零星記載中略見端倪。《周禮・天官》把醫分爲食醫、疾醫、瘍醫和獸醫四科。其中能够算作醫的祇有疾醫和瘍醫。疾醫類似内科,它所能治的病,祇提到痟首疾(頭痛)、癢疥疾(疥瘡)、瘧寒疾(瘧疾)和嗽上氣疾(上呼吸道疾病)等四種春夏秋冬四季流行病。瘍醫類似外科,它所能治的病,祇提到腫瘍(癰)、潰瘍(破頭的癰)兩種癰疽和金瘍(刀創)、折瘍(骨折)兩種外傷。總之,所認識的疾病極少,而且病名均未涉及臟器,顯然處於低級的發展階段,反映的可能是西周和春秋早期的情況。春秋時期雖然也没有傳世的醫藥學著作,但是 1973 年長沙馬王堆三號漢墓出土的數種帛書醫學文獻卻彌補了這方面的不足。據初步考證,這些帛書醫學文獻成書年代最遲不晚於春秋戰國之際,所反映的醫藥學水平很可能屬於春秋中、晚期。帛書《五十二病方》記載了一百零三個病名,二百八十個藥方,二百四十二個藥名,涉及到内科、外科、婦產科、兒科和五官科等幾個方面。除服藥這種内治方法以外,還提到藥浴、煙熏或氣熏、熨、砭、灸、按摩、角等數種外治方法。帛書《脈法》和《陰陽脈死候》,儘管破損較甚,字迹難辨,但它們是講脈法的專門著作,表明當時已掌握了一套診脈理論,則是顯而易見的。帛書《足臂十一脈灸經》和《陰陽十一脈灸經》,論述了人體十一條經脈的名稱,循行過程,主病病候和灸法,爲後來形成的十二經脈學説奠定了基礎。這就説明,當春秋時期結束的時候,醫藥學水平要比西周和春秋早期高得多。不過值得注意的是,所有這些帛書醫學文獻都不見有陰陽五行之説;有醫方而無方名;有灸法、砭法、角法而唯獨没有針法。其醫學理論和醫學實踐,依然具有原始的、古樸的特色。

據《左傳》記載,春秋時期有兩位著名的良醫,就是秦國的醫和、醫緩。醫和提出了陰、陽、風、雨、晦、明六氣的病理理論,對後來形成的風、寒、暑、濕、燥、火六氣的病理學説有直接的影響。

銅的采掘、冶煉和青銅器鑄造技術在春秋時期有很大發展。

在銅的采掘、冶煉技術方面，1974 年湖北大冶銅綠山古礦井的發現，爲我們提供了寶貴的實物證據。銅綠山兩處古礦井，一處屬於春秋晚期，一處屬於戰國。礦床的開采采取了竪井、斜井、斜巷、平巷相結合的采掘方式，用各種技術手段解決了井下通風、排水、礦石提運和巷道支護等一系列複雜的技術問題。比如，利用封閉已經廢棄的巷道的辦法，控制因不同井口的氣壓差而自然形成的氣流，使之到達最深處的工作面；礦石在井下進行初選，將貧礦和廢石填充采空區，將品位高的礦石通過設在各層平巷上的轆轤逐級接力提運到井上。後來在銅綠山礦區先後發現六座屬於春秋時期的煉銅竪爐。其中有三座爐基，通風溝、爐缸、金門和通風口保存完好。爐高 1.2～1.4 米上下，有石塊支撐在爐缸底部，用以保溫防濕防爐缸內凍結。爐缸壁上有呈喇叭形的、口徑約 5 釐米的鼓風口。爐旁設有工作臺，用於加料和安放鼓風設置。這些發現表明，春秋時期銅的采掘和冶煉技術達到了相當高的水平。

這個時期青銅鑄造技術的進步主要表現在以下幾個方面。

第一，分鑄法和焊接法有了進一步發展。分鑄法早在商代已經出現，不過祇限於在鑄造形制較爲複雜的青銅器時使用。西周時期絕大部分青銅器的附件都采用了分鑄法，但是製範時仍然把器身和附件合在一起做一個整模，再從整模上翻出分範。到了春秋中、晚期，不但器身和附件分別單獨做模，而且器身也按着形制的弧度做出許多模。這個時期的焊接技術仍采用商、西周以來的嵌入法，即把預先鑄好的附件嵌入器身範上，進行一次渾鑄，但是比以前使用得普遍了。第二，使用方塊印模法印鑄花紋。第三，出現了在鑄好的青銅器上鑲嵌純銅和在青銅器上刻劃細如髮絲的花紋的工藝。前者最早見於河南輝縣甲乙墓出土的扁圓形壺，屬於春秋中期偏晚；後者目前僅見於江蘇六合程橋二號墓出土的一件殘品，屬於春秋晚期。

我國人民至遲在春秋晚期創造了在較低溫度 800°—1000℃ 下

還原鐵礦石的方法，即低温固體還原法，或叫塊煉法。用這種方法可以煉出質地疏鬆但比較純净的鐵塊，然後經過燒紅、鍛打，便可製成鐵器。江蘇六合程橋二號墓出土的一件殘長 5 釐米的小鐵條，就是這樣製成的。經科學分析，這是一塊白口生鐵，是世界上最早的生鐵實物。

春秋時期在建築技術方面突出的發展是瓦屋的出現。殷代宫室的屋頂仍用茅茨，西周開始有瓦，但數量少，製法粗，少量用於屋脊或屋頂邊沿處。真正用瓦鋪蓋屋頂，最早的文獻記録見於《春秋》隱公八年（公元前 715 年）“盟於瓦屋”一句。大量的考古材料的發現，證明《春秋》的記載完全可信。陝西扶風召陳出土的瓦，種類很多，有背面或正面帶有瓦釘或瓦環的板瓦、筒瓦，有背面飾有雷紋、製作精細的小筒瓦。北京琉璃河董家林和河南洛陽王灣都發現有大筒瓦。陝西灃西客省莊還發現了未經燒制的瓦坯。從文獻記載和考古發現兩相對照來看，春秋時期出現了瓦屋，是肯定無疑的。

春秋時期建築技術進步的另一重要標誌，是宫室建築上使用了銅質構件。陝西鳳翔春秋秦都雍城，出土六十四件使用過的銅質建築構件。據考證，這些構件係用於版築承重牆上木質壁柱和壁帶的交接節點上，起加固作用並有裝飾意義。

春秋時期建築技術的進步還表現在築城上。春秋築城風極盛，文獻上不乏記載，各國築城總計不下七十座，光是一個不太大的魯國，築城就有十九座之多。考古發現屬於春秋時期的古城址，有河南洛陽附近的周王城和山西侯馬西北汾澮二水交匯處的晉國後期的都城。從這些遺址來看，當時一般均采用平夯和方塊夯兩種夯土方法築城。平夯是兩面夾板，層層平築。方塊夯是分段夯築。從古文獻的記載來看，當時人們確實對築城已經積累了極爲豐富的經驗。偌大一個城，築起來似乎並不象想象的那樣難。《左傳》昭公三十二年記述晉士彌牟爲周王營成周，很象有成竹在胸，幹起來不甚費難。他"計丈數,揣高卑,度厚薄,仞溝洫,物土方,議遠邇,量事期,計徒庸,慮材用,書糇糧,以令役於諸侯,屬役賦丈",制定工程計劃,工程量大小,需用時間長短,人員多少,乃至原材料及糧食的數量,都一一考慮到了,儼然是一位土木建築工程師。

在農業生產方面,這時初步掌握了某些科學規律。人們在長期的農業生產實踐中創立了休耕制度。《公羊傳》宣公十五年何休注講到不易之地,一易之地和再易之地;《周禮・遂人》把萊和田並提。所謂不易之地,是上田,年年耕種;一易之地是中田,種一年休一年;再易之地是下田,種一年休兩年。所謂萊,就是暫時休而不耕,任其長草的田。這時人們還認識到種田必須因土制宜。《周禮・遂人》說"以土宜教甿稼穡",把因土制宜看作農事活動的決定性環節。《左傳》成公二年記述齊國使臣賓媚人駁斥晉人的話說:"今吾子疆理諸侯,而曰'盡東其畝'而已,唯吾子戎車是利,無顧土宜,其無乃非先王之命也乎?""盡東其畝"就是讓田壟盡作東西走向。可知當時各國都知道田要有壟,壟要根據實際情況確定走向,不可一律向東或向南。關於農時問題也受到重視。《論語》曾強調"使民以時"。《左傳》記魯桓公六年季梁勸阻隨侯追擊楚軍,曾以"三時不害而民和年豐也"爲一條理由,並把"務其三時"看成與"修其五教"、"親其九族"同等重要。"三時"是指與農事密切相關的春、夏、秋三季。人們認識到,祇有春、夏、秋三季的農事活動不受干擾,才會有好收成。

春秋時期,人們有了農田保護的觀念,知道草、蟲、獸是莊稼的三大害。文獻上有許多這方面的記載。《周禮》有薙氏一職,專司殺草,爲苗除害。《春秋》關於螽、蜚、蜮、蟊的記載達十多次。它記魯莊公十七年:"冬多麋。"杜預注:"麋多則害五稼。"《公羊傳》桓公四年何休解詁:"禽獸多,傷五穀。"看得出當時人們對於蟲、獸造成災害有了深刻認識,不過未見有如何防治的記載。

這個時期,關於動植物分類的知識,在更爲古老的草、木、蟲、魚、鳥、獸的傳統分類的基礎上，加深了一步。《周禮·考工記》分動物爲大獸和小蟲兩大類。大獸又分脂、膏、臝、羽、鱗五類。脂、膏指祭祀用的家畜。《周禮·大司徒》所載動物，除臝（虎豹貔貐之屬）、羽（翟雉之屬）、鱗（魚蛇之屬）外，有毛（貂狐貒貉之屬）、介（龜鱉之屬）兩類，不見脂（牛羊之屬）、膏（豕屬）兩類；所載植物也分五類，有皂（柞栗之屬）、膏（楊柳之屬）、核（李梅之屬）、莢（薺莢王棘之屬）和叢（萑葦之屬）。這樣分類，比過去的分類進了一大步。一是把動物和植物分開了；二是從動物中分出了大獸一類，大獸其實就是現今所說的脊椎動物門；三是大獸中又細分的五類大致相當於現今所說的哺乳綱、鳥綱、爬行綱等。

此外，春秋時期還有一些手工業部門，技術取得了相當的進展。

育蠶和織綢更加發展了。《左傳》記魯襄公二十九年（公元前544年）吳國公子季札到鄭國會見子產，贈給子產絲織的縞帶，子產回贈季札麻製的紵衣。又記哀公七年（公元前488年），魯伐邾，邾國的茅夷鴻拿着束帛到吳國求援。僖公二十三年（公元前637年），流亡在齊國的晉公子重耳與從者謀於桑下，被藏在樹上的蠶妾偷聽。齊國有桑蠶，吳國有絲綢，鄭國有紵衣，邾國有束帛。育蠶、織綢、麻紡，到處發展起來了。更爲重要的是，春秋時期有了錦。《左傳》上有十多處提到錦，如“束錦”（襄公十九年、哀公十二年）、“一篋錦”（昭公十三年）、“美錦”（襄公三十一年）等。錦是高級的絲織物，織錦需要有較先進的技術。殷代的文綺需要有某種提花設備，當已有平放式或斜臥式的織機，現在有了錦，肯定要有一種帶提花設備的平放織錦機。

釀造技術有顯著進步。首先表現在釀酒技術上，《周禮·天官》有酒正、酒人二職，分別負責釀酒材料、酒品的管理和酒的釀造，積累了一整套釀酒的經驗。《呂氏春秋·仲冬紀》對於釀酒工藝過程的各個主要環節都一一提到了，例如它說釀酒必須先選擇好成熟的秫稻做材料，漬米蒸飯時要注意保持乾净，水要淳，器要精，火候要恰到好處。而其中最重要的是，它强調"曲糵必時"。曲是長了微生物的穀物，糵是發了芽的穀物。這是釀酒不可或缺的材料。造曲造糵要正是時候，早了遲了都不行。用曲釀酒是我國古代勞動人民的一大發明，歐洲人直到 19 世紀才從我國學會這種方法。

其次是釀醋製醬。《周禮·天官》有醯人一職，醯就是當時的醋。食醫和膳夫二職還記有"百醬"、"醬用百二十甕"等語。可知當時已會釀醋製醬。醬是用豆製成的。醋是使酒精進一步氧化而成。當時人們不知道直接用穀物釀醋。

春秋時期漆器製作技術達到相當水平。《詩經·唐風·山有樞》中有"山有漆，隰有栗。子有酒食，何不日鼓瑟"，《鄘風·定之方中》有"椅桐梓漆，爰伐琴瑟"，表明當時已經重視桐樹和漆樹的栽培。湖南長沙瀏城橋一號墓出土了几、案、俎、鼓、瑟、戈柄、鎮墓獸等漆器，上面都有精美的髹漆彩繪。這些出色的工藝品，反映了春秋時期漆器製作的高超水平。

第五章
戰國——中國由奴隸社會
向封建社會轉變的時期

第一節　戰爭是戰國時期一個
最突出的特點

由公元前 453 年韓、趙、魏三家滅智伯而分其地,至公元前 221 年秦始皇統一中國,共二百三十二年,是爲戰國時期。戰國時期一個最突出的特點,就是這個戰字。"戰爭不外是政治關係以其他手段的繼續。"①我們研究戰國時期的戰爭,同研究其他任何戰爭一樣,不可停留在研究它的某些現象上,而要看到它的總體,看到它的本質。戰國時期的戰爭,歸根結蒂是階級鬥爭的反映,是新興的地主階級同腐朽的奴隸主階級兩個階級、新的封建制度同舊的奴隸制度兩條道路的鬥爭的反映。戰國時期,戰爭的最一般的動機是兼并,戰爭的最終目的是統一。這個統一,是統一於封建制的國家,而不是統一於奴隸制的國家。

荀況説:"兼并易能也,唯堅凝之難焉。"(《荀子·議兵》)荀子這話正反映了戰國時期各國進行戰爭,是出於兼并的動機。孟軻回答梁襄王問"天下惡乎定",説"定於一"(《孟子·梁惠王上》)。這是戰國時期戰爭的目的爲統一之證明。

既然戰國時期的戰爭實際上成了實現統一這個政治要求的一

① 列寧:《〈戰爭論〉筆記》,三聯書店,1951 年,第 85 頁。

種手段,那麽,它在客觀上必然成爲一種巨大的力量,帶動着戰國社會的階級關係以及政治、經濟、思想、科學技術等一切方面,迅速地發生變化。

事實上,戰國時期的戰争確實起到了這樣的作用。我們如果把戰國時期的戰争同春秋時期的戰争加以對比,就可以看得非常清楚。

一、從兵源來看

戰國時期各國軍隊的數目普遍比春秋時期擴大了。《左傳》襄公十四年説:"成國不過半天子之軍,周爲六軍,諸侯之大者,三軍可也。"管仲治齊,士鄉十五,共三軍,爲三萬人。晉文公在城濮之戰前作三軍,亦不過三萬多人。以後雖不斷擴充,爲三行,爲五軍,乃至爲六軍,至多也不過六、七萬人。根據周制,所謂大國三軍,兵源皆出自三鄉。亦即當時衹有國人當兵,野人不能當兵。這種制度雖然在春秋時期已不斷遭到破壞,但是那時的基本兵源始終還是國人。到了戰國,情況急劇發生變化,戰争更加頻仍,而且規模越來越大,軍隊人數成倍成倍地增多。如蘇秦所説,秦、楚兩國都是帶甲百萬。齊、趙、韓、燕諸國也都是帶甲數十萬。光是長平一戰,白起阬趙降卒就達四十萬之多。這就説明各國兵源已經發生變化。過去主要靠國人當兵,現在除讓國人當兵外,不能不同時也讓野人當兵了。野人當兵,必然會促進社會關係的變化,而土地關係、禮與法的使用範圍以及參加政權的限制等等,因此而不可避免地加速變化。

二、從防禦工事來看

古時,衹國都設防,别處不設防。鄭玄説:"古者軍將,蓋爲營治於國門，魯有東門襄仲，宋有桐門右師，皆上卿爲軍將者也。"
(《周禮・夏官・大司馬》注)《國語・吳語》說：越"王乃命有司大令
於國曰：'苟在戎者，皆造於國門之外。'"《周禮・地官・大司徒》
說："大軍旅，大田役，以旗致萬民，而治其徒庶之政令。若國有大
故，則致萬民於王門。"可見古時一國的軍將平日在國門爲營，有事
則令軍士在國門之外集合，足以證明古時祇國都設防，別處不設
防。

　　正因爲祇國都設防，所以周武王伐紂，進軍數千里，毫無阻礙，
祇是到紂都朝歌牧野才發生戰爭。春秋時期，漸於國都之外的大
邑築城設防，但爲數不多。例如魯，最著者唯費（在今山東費縣西
北）、成（在今山東寧陽縣東北）、郈（在今山東東平縣東南）三都而
已。顧棟高著有《春秋列國不守關塞論》，說："春秋時列國用兵相
鬥爭，天下騷然，然是時禁防疏闊，凡一切關隘厄塞之處多不遣兵
設守，敵國之兵平行往來如入空虛之境。"（見《春秋大事表》）下舉
"齊莊公之伐晉也，入孟門，登太行，封少水而還。而晉僅於其還
也，使趙勝率東陽之師追之而已，而晉平日之備禁無有也"和"僖三
十三年（公元前 627 年），秦人襲鄭，道自華陰（今陝西華陰東南），
出函谷關（在今河南靈寶東北），經歷二崤①及周之轘轅②、伊闕③
而後至河南之偃師，行嶔岩深谷中二千餘里，商人弦高遇諸途而始
覺，而周人、晉人不之詰也"爲例，證據確鑿，勿庸置疑。但是到了
戰國，則如趙奢所說，"今千丈之城，萬家之邑，相望也。"（《戰國策
・趙策》）各國不但列城林立，而且各國當敵之邊境都築起長城和
堡壘。築城則必然有人民聚居，必然設行政管理機構，必然興辦工
商業，必然發展交通運輸。齊田單以即墨（在今山東平度東南）破

---

①　在今河南洛寧西北。崤山有二，曰東崤、西崤，故名二崤。
②　山名，在今河南偃師東南。
③　在今河南洛陽南。兩山相對，望之如闕，伊水歷其間北流，故名伊闕。

燕。據説"田單乃收城中得千餘牛,爲絳繒衣,畫以五采龍文,束兵刃於其角,而灌脂束葦於尾,燒其端。鑿城數十穴,夜縱牛,壯士五千人隨其後"(《史記·田單列傳》)。即墨這個城邑,居然有千餘牛,以及絳繒、兵刃等。由此可知,各國築城的目的固然是爲了防守,而其客觀影響卻遠遠超過軍事之上,必然因此而引起相應的一系列變化。

三、從將帥來看

春秋時期,晉六卿都是軍將,而到了戰國則不然。戰國時期,將是將,相是相,文武分途。例如趙之廉頗、李牧,秦之白起、王翦,都是善戰的名將,而不是相。爲將者不僅不是相,而且多不是貴族。他們或來自異國,如樂毅;或出身微賤,如白起。這樣,原來的宗法關係不能不受到衝擊。

四、從戰爭技術來看

戰國時期不但出現了很多軍事專門家,就是戰士也受專門訓練。如《荀子·議兵》説,"齊人隆技擊……魏氏之武卒,以度取之,衣三屬之甲,操十二石之弩,負服矢五十個,置戈其上,冠軸帶劍,贏三日之糧,日中而趨百里",就是明證。

五、從戰爭工具來看

春秋時期,一般都是車戰,兵器亦全用銅製作。到了戰國時期,戰爭多在山地險要處進行,所以除車戰外又增加了步卒和騎兵兩個新兵種。兵器則漸漸改用鐵、鋼來製造。戰國兵種較齊全,兵器較鋭利,均比春秋時進步得多。蘇秦説韓宣王時説了下面這段話，比較集中地反映了這種進步。蘇秦説："……天下之强弓勁弩皆從韓出。谿子、少府時力、距來者，皆射六百步之外……韓卒之劍戟出於冥山、棠谿、墨陽、合賻、鄧師、宛馮、龍淵、太阿，皆陸斷牛馬，水截鵠雁，當敵則斬堅甲鐵幕，革抉吱芮，無不畢具。"（《史記·蘇秦列傳》）爲了適應戰爭的需要，人們就要生産這些强弓、勁弩、利劍，這就不能不引起新的工商業的興起和發展。

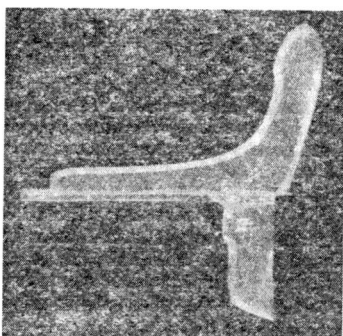

涪陵小田溪三號墓出土銅戈

六、從戰爭規模來看

戰國時期，戰爭規模之大，是春秋不能比的。馬陵之戰，"魏惠王起境内之衆"，結果"覆十萬之軍"（《戰國策·魏策二》）。樂毅伐齊，"燕昭王悉起兵"，"樂毅留徇齊五歲，下齊七十餘城，皆爲郡縣以屬燕"（《史記·樂毅列傳》）。秦"白起攻韓、魏於伊闕，斬首二十四萬"（《史記·白起王翦列傳》）。白起攻魏，"斬首十三萬。與趙將賈偃戰，沈其卒二萬人於河中"（《史記·白起王翦列傳》）。"白起攻韓陘城，拔五城，斬首五萬。"（《史記·白起王翦列傳》）長平（在今山西高平西北）之役，趙"括軍敗，卒四十萬人降武安君"，武安君"乃挾詐而盡阬殺之，遺其小者二百四十人歸趙。前後斬首虜四十五萬人"(《史記·白起王翦列傳》)。而以前，秦"王自之河内，賜民爵各一級，發年十五以上悉詣長平，遮絶趙救及糧食"，所以"秦雖破長平軍，而秦卒死者過半，國内空"(《史記·白起王翦列傳》)。秦始皇伐楚，王翦説："大王必不得已用臣，非六十萬人不可。""荆聞王翦益軍而來，乃悉國中兵以拒秦"(《史記·白起王翦列傳》)。

由此可見，戰國時期的戰争，常常是"悉起兵"，"悉詣"，"悉國中兵"，實行總動員。而殺傷往往數萬，十數萬，甚至數十萬，側重於殲滅敵國的有生力量。至於攻城略地，亦帶有毁滅性，務求置敵國於死地。總之，戰國時期的戰争，直接目標是消滅敵軍敵國，以求兼并，故動員廣，殺傷重，規模大。無論各國統治者初始動機如何，進行這種戰争的結果，必然導致全中國的趨向統一。

七、從後勤供應來看

首先是糧食，這是戰争所必不可少的。晁錯引"神農之教曰，有石城十仞，湯池萬步，帶甲百萬，而無粟弗能守也"(《漢書·食貨志》)。秦、趙長平之戰，趙之所以失敗，關鍵的問題就在於"糧道絶"。商鞅强秦，對"本業耕織"十分重視，是有道理的。蘇秦説燕，説趙，説楚，都着重提到"粟支十年"，至秦、齊兩國則策士都稱"粟如丘山"。説這些國家當時糧食堆積如"丘山"，能"支十年"，可能有些夸大，但是它畢竟説明糧食已成爲支持大規模戰争的一個極端重要的條件。這樣，爲了服從戰争的需要，農業生産勢必被提到重要地位上來。

不可否認，戰争是殘酷的。孟軻説過："争地以戰，殺人盈野；争城以戰，殺人盈城。"(《孟子·離婁上》)但是，它是歷史的必然，你反對它也没用。相反，倒是應該看到，中國奴隸社會向封建社會的轉變，正是這些連續不斷的殘酷的戰争起了很大的推動作用。

當時社會各個方面飛速地向前發展，和戰爭有密切關係。時人講中國封建社會的歷史，多半過分強調農民戰爭推動歷史發展的一面，而對文景之治和貞觀之治等建設時期的作用則估計不足，我看這就不對了。歷史充滿着辯證法。歷史無情，它不以人們的好惡爲轉移，總是按着客觀規律向前發展。革命與建設，革命是需要的，建設同樣也是需要的，而且毋寧說更爲需要。戰爭與和平，和平總爲人們所向往，但戰爭卻常常被推到時代的前頭，在歷史的長河中扮演着偉大的角色。戰國時期的戰爭就是突出的一例。

冬衣裘，夏衣葛，水行乘舟，陸行乘車。誰執一不變，逆流而動，誰就不能不受到歷史的懲罰。

第二節　　戰國七雄

戰國時期，中國境内獨立的國家不祇有七個，但國勢强盛、互爭雄長的，則唯有秦、楚、齊、魏、趙、韓、燕等七國，史稱"戰國七雄"。

七國以秦爲最强。所謂"夫秦虎狼之國也，有吞天下之心"（《戰國策·楚策一》）。次爲楚。當時有"凡天下强國，非秦而楚，非楚而秦"（《戰國策·楚策一》），"橫成則秦帝，縱成即楚王"（《戰國策·秦策四》）之說。次爲齊。史稱齊閔王爲東帝，秦昭王爲西帝（《史記·秦本紀》）是其證。次爲魏。"魏王擁土千里，帶甲三十六萬"，"秦王恐之，寢不安席，食不甘味"（《戰國策·齊策五》）。次爲趙。蘇秦說過："當今之時，山東之建國，莫强於趙。"（《史記·蘇秦列傳》）在七雄中，韓國較弱。由"今天下散而事秦，則韓最輕矣；天下合而離秦，則韓最弱矣"（《戰國策·韓策三》）之說，可見其大概。燕國最弱。據當時的說法，"燕固弱國，不足畏也"（《戰國策·趙策二》），"燕弱國也，東不如齊，西不如趙"（《戰國策·燕策一》）。七雄最後統一於秦。六國韓最先亡，次趙，次魏，次楚，次燕。齊最後亡。下面分別論述。

一、秦

秦在春秋時期據有今陝西省大部分和甘肅省一部分。由於強晉在桃林之塞①設防，扼其咽喉，秦終於不得東出與中原諸國爭衡。及至戰國，晉分爲韓、趙、魏三國，力量削弱。秦自獻公時，在櫟陽（今陝西臨潼東北）建城，並把都城遷到那裏。秦這時開始有了東進的念頭。先後在石門（今陝西三原西北）、少梁（在今陝西韓城南）打敗魏國。到了獻公的兒子孝公在位時（公元前 361 年—前 338 年），任用衛人公孫鞅實行變法，努力耕戰，秦自此強盛起來，爲後來秦始皇統一中國打下了穩固的基礎。

司馬遷論述秦孝公初年的列國形勢説："河山以東強國六，與齊威、楚宣、魏惠、燕悼、韓哀、趙成侯並。淮泗之間小國十餘，楚、魏與秦接界。魏築長城，自鄭濱洛以北，有上郡。楚自漢中，南有巴、黔中。周室微，諸侯力政，爭相并。秦僻在雍州，不與中國諸侯之會盟，夷翟遇之。"這種於秦不利的形勢刺激着當時祇有二十一歲的秦孝公發憤圖強。公元前 361 年，秦孝公下令求賢，略謂："賓客群臣有能出奇計強秦者，吾且尊官，與之分土。"（《史記·秦本紀》）

當時在魏國事魏相公叔痤爲中庶子的衛鞅聞秦孝公下令國中求賢，乃西入秦。經宦者景監的介紹，見到秦孝公。衛鞅變法圖強的主張受到秦孝公的賞識和支持。從公元前 361 年秦孝公初立，衛鞅入秦，到公元前 338 年秦孝公死，二十多年間，衛鞅在秦實行變法，取得相當的成功，爲封建的經濟、政治制度在秦國的發展開闢了道路。經過衛鞅的變法，秦國日益富強起來，史稱"秦民大

---

① 桃林之塞約當於今河南靈寶以西，陝西潼關以東地區。

悦"，"鄉邑大治"，"秦人富强"，"諸侯畢賀"(《史記・商君列傳》)。衛鞅在國内變法方面取得成功之後，隨即圖謀向外擴展。衛鞅向外擴展的戰略方針，是把在馬陵之役已被齊國擊敗，而又"居嶺阨之西，都安邑，與秦界河而獨擅山東之利"(《史記・商君列傳》)的魏國作爲首要的打擊目標。他把魏國譬喻爲秦國的"腹心疾"，提出了"非魏并秦，秦即并魏"的論斷。衛鞅的這個思想，對於秦國來說，無疑是正確的。秦孝公贊同他的主張，公元前340年，命他將兵伐魏。衛鞅行使詐術，襲虜魏將公子卬，攻破魏軍。魏惠王感到東既數敗於齊，西又見欺於秦，國力日削，形勢不利，乃將河西之地獻給秦國以求和，並將國都從安邑(在今山西夏縣西北)遷到大梁(在今河南開封市西北)。

衛鞅在對外擴張上同樣取得成功。他破魏歸來之後，"秦封之於、商十五邑，號爲商君"(《史記・商君列傳》)。

商鞅變法雖然取得成功，使秦國從此走上富强的道路，但當時的秦國，新興地主階級與舊的奴隸主階級，封建制道路與奴隸制道路的鬥爭並未徹底解決。反動勢力儘管有所收斂，卻没有善罷甘休，時刻企圖乘機反撲，對商鞅本人更是恨之入骨。在商鞅相秦，推行變法的二十多年中，宗室貴戚怨望他的比比皆是。公元前338年，秦孝公死，當年帶頭違犯變法令的太子駟當上國君(惠文王)，公子虔之徒一時得了勢，給商鞅硬是扣上"欲反"的罪名，車裂以徇，盡滅其家。商鞅把差不多畢生的精力連同自己的生命都貢獻給了秦國的變法事業。

秦國的反動勢力能够殺死商鞅，卻不能阻擋歷史潮流的前進。商鞅死了，商鞅的變法事業，在秦國一直推行到底。

秦惠文王在位二十八年(公元前337年—公元前311年)，並未重用公子虔一伙反對變法的宗室貴戚，依舊信任別國入秦的遊士，魏人犀首(公孫衍)爲大良造，魏人張儀爲相，繼續推行向外擴張的政策。首當其衝的還是魏，其次爲韓，爲趙，爲楚。這時，七國

之間在外交上有兩種相對立的戰略思想。一個叫做"合縱"，所謂
"從者，合衆弱以攻一强也"。另一個叫做"連横"，所謂"横者，事一
强以攻衆弱也"（《韓非子·五蠹》）。"衆弱"就是六國，"一强"就是
秦。當時蘇秦提倡"合縱"，最盛時蘇秦曾佩六國相印。張儀提倡
"連横"，與蘇秦相對抗。其實，蘇、張二人都是政治投機者，並没有
一貫的主張。齊、楚、韓、趙、魏、燕六國也是各懷私利，始終不能真
正聯合起來，終於一個一個地爲秦所蠶食，所吞滅。

惠文王在位時，主要是向外擴張，蠶食六國。先後收魏之陰晉
（秦改名寧秦，在今陝西華陰縣東南）、河西地以及上郡十五縣。滅
蜀，據蜀地。取義渠二十五城。攻楚漢中，取地六百里，置漢中郡。

公元前 311 年，惠文王死，子武王立，以樗里疾、甘茂爲左右丞
相。樗里疾是秦惠文王的弟弟，號稱"智囊"。甘茂是下蔡（楚地，
今安徽鳳臺）人，有伐韓取宜陽（在今河南宜陽西）功。武王在位僅
四年，公元前 307 年與孟說舉鼎，絶臏而死。

武王死，弟昭襄王立。昭襄王初年，平息一次内亂。昭襄王母
舅魏冉平亂有功。昭襄王年輕，他的母親宣太后和母舅魏冉把持
朝政，史稱"王少，宣太后自治事，任魏冉爲政，威震秦國"（《資治通
鑑·周赧王十年》）。魏冉舉白起爲將，白起攻韓、魏於伊闕（在今
河南洛陽南），斬首二十四萬，虜公孫喜，撥五城。攻楚，拔郢（在今
湖北江陵西北），燒楚先王墓夷陵。楚王東徙陳（今河南淮陽），秦
以郢爲南郡。攻趙，大破趙軍於長平（在今山西高平西北），降卒四
十萬人，盡阬殺之。

後來，昭王聽信魏人范雎的話，奪宣太后、魏冉及涇陽君、高陵
君（均昭王弟）、華陽君（宣太后同父弟）諸人權。拜范雎爲相。范
雎改行遠交近攻的政策。這一政策對秦的統一六國起了相當大的
作用。

公元前 251 年，昭襄王死，子孝文王立。孝文王即位三日便
死，子莊襄王立。莊襄王以吕不韋爲相國，又以河南洛陽十萬户封

呂不韋爲文信侯。公元前249年，呂不韋帥師攻滅東周，遷東周君於陽人（今河南臨汝西），周至此滅亡。同年，秦將蒙驁伐韓，取成皋（即虎牢，今河南滎陽與鞏縣之間）、滎陽（今河南滎陽東北），置三川郡，攻趙榆次（今山西榆次）、新城（在今山西朔縣西南）、狼孟（在今山西陽曲），取三十七城。初置太原郡。秦東界至於大梁（在今河南開封市西北）。

　　公元前247年，莊襄王即位二年而死，子政立，即始皇帝。始皇帝年僅十三歲，政事皆決於文信侯呂不韋，尊呂不韋爲仲父。始皇帝及冠，平嫪毐之亂。楚上蔡人李斯（上蔡在今河南上蔡西南），初爲呂不韋舍人。不韋賢之，任以爲郎，因得識秦王。李斯已看清當時秦有“滅諸侯成帝業爲天下一統”的形勢，主張派遣謀士多持金玉財物，以遊説分化諸侯；各國名士可收買者收買之，不可收買者，則利劍刺之；並提出了離間六國君臣之計。於是秦終滅六國。滅六國後，分天下爲三十六郡，郡置守、尉、監，以及焚詩書阬術士等等，都是采用李斯的計謀。所以，秦始皇所實行的政策，實際上正是商鞅政策的繼續和發展。賈誼作《過秦論》，從秦孝公用商鞅敍起，説明他已看到這一點。荀況説過：“兼并易能也，唯堅凝之難焉。”（《荀子・議兵》）這句話説明什麼問題呢？説明取天下與治天下不是一回事。陸賈反駁漢高祖説：“居馬上得之，寧可以馬上治之乎？且湯、武逆取而以順守之；文武並用，長久之術也。”（《史記・陸賈列傳》）這話的確有道理。毫無疑義，秦之所以二世十四歲而亡，主要是在這個問題上犯了錯誤。漢初君臣正是吸取了秦亡這個教訓，才得以既取天下，又能鞏固下來。

二、楚

　　楚惠王（公元前488年—前432年在位）在春秋時期已滅陳（今河南淮陽），入戰國後，又滅蔡（今安徽鳳臺），滅杞（今山東安丘縣東北),東侵廣地至泗上。惠王死,子簡王(公元前 431 年—前 408 年在位),又北伐滅莒(今山東莒縣)。當時楚在七國中,疆域最大,包括今湖北、湖南、安徽三省之全部及貴州、陜西、河南、山東、江蘇等省之一部。不過,楚在戰國時期,除悼王用吳起進行過爲期一年的帶有根本性的改革,威王曾敗齊於徐州(在今山東滕縣東南),稍爲振作以外,長期走下坡路,直至滅亡。

楚之破國主要在頃襄王時(公元前 298 年—前 263 年在位),而在懷王(公元前 328 年—前 299 年在位)時,由於昏庸,貪利,聽信鄭袖、靳尚等人的諂諛而疏遠直臣屈原,屢見欺於秦,不能堅持聯齊制秦的正確的外交政策,已經國事日非。張儀説:"楚雖有富大之名,其實空虛,其卒雖衆多,然而輕走易北,不敢堅戰。"(《戰國策·魏策一》)白起説:"楚王恃其國大,不恤其政,而群臣相妒以功,諂諛用事,良臣斥疏,百姓心離,城池不修,既無良臣,又無守備。"(《戰國策·中山策》)二人所説,應是懷王時楚國的實際情況。

到楚頃襄王二十一年(公元前 278 年),楚國受到決定性的打擊。這一年,秦將白起拔郢(今湖北江陵西北),燒楚先王墓夷陵。頃襄王兵散,不能復戰,東北保於陳(今河南淮陽)。秦於郢置南郡。次年,秦復拔楚之巫、黔中,置黔中郡。

頃襄王死,子考烈王立(公元前 262 年—前 238 年在位),以春申君黃歇爲令尹,楚益弱。又東徙壽春(在今安徽壽縣西南),命曰郢。考烈王之後有幽王、哀王而至負芻。公元前 223 年,秦將王翦將兵六十萬伐楚,負芻被虜,楚亡。

三、齊

齊自公元前 391 年田和遷康公於海上,公元前 386 年田和列爲諸侯,變姜齊爲田齊,至威王(公元前 356 年—前 320 年在位)時,齊最強於諸侯。

齊威王初即位，委政卿大夫，國內不治。後來齊威王發憤圖強，改革吏治，重視農業生産，以"田野辟"賞即墨大夫，以"田野不辟"烹阿大夫。於是"齊國震懼，人人不敢飾非，務盡其誠，齊國大治"（《史記·田敬仲完世家》）。

齊威王任用"刑餘之人"孫臏爲軍師，先後於桂陵、馬陵大敗魏師。

公元前354年，魏惠王起兵攻趙，圍邯鄲（在今河北邯鄲市）。"趙請救於齊"（《史記·魏世家》）。齊威王采取"乘魏之弊"的戰略，南攻魏之襄陵（在今河南睢縣）。襄陵久圍不下，魏於邯鄲亦疲甚。次年，齊威王"乃以田忌爲相，而孫子爲師"（《史記·孫子吳起列傳》），舉兵擊魏。田忌從孫臏計，南下以弱兵佯攻平陵（今河南開封東北七十里黃陵集附近的平街村），另"遣輕車西馳梁郊"，①龐涓以爲齊軍欲攻大梁（在今河南開封市西北），"果棄其輜重，兼取捨而至。孫子弗息而擊之桂陵（在今河南長垣西北），而擒龐涓。"②是爲桂陵之役。

桂陵之役，魏雖遭挫折，但元氣未喪。龐涓旋亦釋歸魏。公元前341年，"魏與趙攻韓，韓告急於齊。齊使田忌將而往，直走大梁。魏將龐涓聞之，去韓而歸。"齊軍師孫臏"使齊軍入魏地爲十萬竈，明日爲五萬竈，又明日爲三萬竈"。龐涓以爲齊士卒亡者過半，"乃棄其步軍，與其輕銳倍日並行逐之。"暮至馬陵（在今河南范縣西南），中齊兵埋伏，"魏軍大亂相失"，龐涓自剄身死，"齊因乘勝盡破其軍，虜太子申以歸。"③是爲馬陵之役。

桂陵與馬陵兩役之後，魏一蹶不振，而齊强於諸侯。魏惠王雖"至死不忘"，"常欲悉起兵而攻之"，但懾於齊之强大，亦不得不"使

① 銀雀山漢墓竹簡《孫子兵法·擒龐涓》。
② 同上。
③ 此段所有引文均自《史記·孫子吳起列傳》。

人報於齊：願臣畜而朝”。①

　　威王死，子宣王立（公元前 319 年—前 301 年在位）。宣王時，“齊之强，天下不能當”（《戰國策·齊策一》）。

　　齊宣王喜文學遊説之士。鄒衍、淳于髡、田駢、接予、慎到、環淵之徒七十六人，皆賜列第，爲上大夫，不治而議論。齊稷下學士多至數百千人。這種養士的辦法，雖未必有益於政治，但對於推動學術的發展肯定有一定的積極意義。

　　宣王死，子湣王立（公元前 300 年—前 284 年在位）。齊湣王專恃武力，伐宋，攻楚，侵三晉，使泗上諸侯鄒魯之君皆稱臣，諸侯恐懼。唯其不修内政，濫殺直臣，致使百姓不附，宗族離心，大臣不親，國内矛盾日趨激烈，終爲燕所乘。樂毅伐齊，下臨淄（在今山東臨淄北），湣王逃莒（今山東莒縣），爲淖齒所殺。

　　莒人共立湣王子法章，是爲襄王（公元前 283 年—前 265 年在位）。襄王在莒五年，田單以即墨（在今山東平度東南）攻破燕軍，迎襄王於莒，入臨淄，盡復齊故地。然齊自此已衰弱。襄王死，子建立（公元前 264 年—前 221 年在位）。因秦日夜攻韓、趙、魏、燕、楚，齊不受兵四十餘年。齊王建即位後的最初十多年，由他的母親君王后輔佐政事。君王后死，后勝爲齊相。后勝爲秦所收買，勸齊王建朝秦，使秦得以逐一滅掉五國。五國既亡，秦兵入臨淄，齊亦亡。

四、魏

　　戰國初期，魏文侯斯最强。

　　魏先都安邑（在今山西夏縣西北），後遷大梁（在今河南開封市西北）。

---

　　①　此段所有引文均自《戰國策·魏策二》。

魏文侯(公元前 445 年—前 396 年在位)師卜子夏，友田子方，禮段干木(《呂氏春秋·察賢》)。卜子夏名商，孔丘弟子。田子方，端木賜弟子。段干木，子夏弟子(《呂氏春秋·當染》)。這幾個人直接間接地都和孔丘有關係。魏文侯又用李悝盡地力，作《法經》，吳起爲西河守，西門豹治河内引漳水溉田，樂羊攻取中山。李悝、吳起是有名的法家，衛鞅也是自魏入秦，受李悝、吳起的影響很大。當時，魏既是儒家的一個很好的傳播場所，又是法家的故鄉。後來魏惠王卑禮招賢，鄒衍、淳于髠、孟軻皆至，當也是受了乃祖的影響所致。不過，就當時的若干事實看，魏文侯的好賢，與齊宣王、魏惠王不同，他不是圖虛名，而是務實際。雖尊禮儒家人士，而實行的則是法家主張。他重用李悝、吳起，目的在富國強兵。欲富國強兵，就不能不努力耕戰。努力耕戰，就不能不在政治上和經濟上進行改革。所以，魏文侯實際上是戰國時期進行新的改革的一個開風氣之先的人物。各國的變法、養士之風，都是由魏開始的。當然，這並非由於魏文侯個人具有什麼超人的天才，而不過是時代的要求，歷史的必然，通過他來實現罷了。

魏文侯時，魏先後城少梁(今陝西韓城南)；伐秦，築臨晉(在今陝西大荔東)、元里(在今陝西澄城南)；伐中山，使子擊守之，趙倉唐傅之；伐鄭，城酸棗(在今河南延津西南)；敗秦於注(在今河南臨汝西北)。

文侯死，子武侯擊立(公元前 395 年—前 370 年在位)。武侯時，魏與韓、趙三分晉地；敗趙北藺(今山西離石西)；伐楚，取魯陽(今河南魯山)。

武侯死，子罃立，是爲惠王(公元前 369 年—前 319 年在位)。

惠王時，魏國達到極盛，同時，也是在惠王時，魏國受到致命的打擊。

蘇秦説齊湣王："昔者魏王擁土千里，帶甲三十六萬，恃其強而拔邯鄲(在今河北邯鄲市西南)，西圍定陽(在今陝西宜川西北)，又從十二諸侯朝天子，以西謀秦。秦王恐之，寢不安席，食不甘味，令於境內，盡堞中爲戰具，竟爲守備，爲死士置將，以待魏氏。"（《戰國策·齊策五》）《戰國策·秦策五》也說："梁君伐楚勝齊，制趙韓之兵，驅十二諸侯以朝天子於孟津（今河南孟縣西南）。"說明魏在惠王時確曾盛極一時。

然而，自馬陵一役大敗於齊，折上將，失太子，覆軍十萬，國以空虛，魏即不競於諸侯。

惠王三十六年（公元前 334 年）改元，又十六年（公元前 319 年）而死。①《史記·魏世家》誤以惠王改元爲襄王元年，又誤以襄王爲哀王，都應據《古本竹書紀年》正之。

馬陵之戰以後，惠王后元五年（公元前 330 年），魏以河西之地與秦。七年（公元前 328 年），盡入上郡於秦。

惠王死，子襄王立（公元前 318 年—前 296 年在位）。襄王死，子昭王立（公元前 295 年—前 277 年在位）。昭王六年（公元前 290 年），魏入河東地方四百里於秦。七年（公元前 289 年），秦拔魏城大小六十一。

昭王死，子安釐王立（公元前 276 年—前 243 年在位）。安釐王元年、二年（公元前 275 年），秦連續拔魏四城，"軍大梁下，韓來救，予秦溫（在今河南溫縣西南）以和"（《史記·魏世家》）。三年（公元前 274 年），秦拔魏四城，斬首四萬。四年（公元前 273 年），"白起攻魏，拔華陽（亭名，今河南新鄭北），走芒卯，而虜三晉將，斬首十三萬"（《史記·白起王翦列傳》）。"魏將段干子請予秦南陽（相當今河南濟源一帶）以和。"（《史記·魏世家》）九年（公元前 268 年），秦拔魏懷（在今河南武陟西南），十一年（公元前 266 年），秦拔魏郪丘（此郪丘在今河南溫縣東）。安釐王的弟弟信陵君公子無忌說："從林鄉（今河南尉氏西）軍以至於今，秦七攻魏，五入圍

_____

① 見《史記集解》引《竹書紀年》，惠王因稱王而改元。

中,邊城盡拔,文臺墮,垂都焚,林木伐,麋鹿盡,而國繼以圍。又長驅梁北,東至陶、衛之郊,北至平、監。所亡於秦者,山南山北,河外河內,大縣數十,名都數百。"(《史記·魏世家》)信陵君的話,是在向安釐王分析當時七國形勢時講的,自屬可信。魏從馬陵之役以後,除在安釐王三十年(公元前 247 年),公子無忌率五國兵攻秦,打了一場勝仗以外,其餘都是失敗的歷史。

安釐王死,子景湣王(公元前 242 年—前 228 年在位)立。信陵君公子無忌與安釐王同年死去。從此,魏更加衰弱,大片國土被秦攻占。景湣王元年,秦拔魏酸棗(今河南延津西南)、燕(今河南延津東)、虛(今河南延津東北)等二十城,初置秦東郡。二年(公元前 241 年),秦拔魏朝歌(今河南淇縣)。三年(公元前 240 年),秦拔魏汲(在今河南汲縣西南)。五年(公元前 238 年),秦拔魏垣(在今山西垣曲東南)、蒲陽(今山西隰縣)、衍(在今河南鄭州市北)。

景湣王死,子王假(公元前 227 年—前 225 年在位)立。王假三年(公元前 225 年)秦將王賁伐魏,引黃河水灌魏都大梁,城壞,王假降,被殺,魏遂亡。

五、趙

趙在襄子(公元前 457 年—前 425 年在位)時,都晉陽(今山西太原市南),獻侯(公元前 423 年—前 409 年在位)即位遷於中牟(在今河南鶴壁西),敬侯(公元前 386 年—前 375 年在位)時遷於邯鄲(今河北邯鄲市西南)。趙之疆域,北鄰林胡、樓煩,東北與東胡、燕接界,東與中山、齊二國為鄰,南則與衛、魏、韓交錯,西亦與魏、韓毗連。至肅侯(公元前 349 年—前 326 年在位)時,趙之國力已相當強盛,如蘇秦所說:"當今之時,山東之建國,莫如趙強。趙地方二千里,帶甲數十萬,車千乘,騎萬匹,粟支十年,西有常山,南有河漳,東有清河,北有燕國。"(《戰國策·趙策二》)蘇秦此語雖屬遊説之辭,不無夸張成分,然既是與趙肅侯當面所談,其與事實當亦相去不遠。

趙獻侯之子趙烈侯(公元前 408 年—前 387 年在位)初受周威烈王命爲諸侯,用公仲爲相國,官牛畜爲師,荀欣爲中尉,徐越爲内史,國内稱治。

烈侯死,子敬侯立(公元前 386 年—前 375 年在位)。敬侯十一年(公元前 376 年),趙與魏、韓共滅晉,三分其地。

敬侯死,成侯(公元前 374 年—前 350 年在位)立。成侯二十一年(公元前 354 年),魏圍趙邯鄲。二十二年(公元前 353 年),魏惠王拔邯鄲,齊亦敗魏於桂陵(在今河南長垣西北)。二十四年(公元前 351 年),魏歸邯鄲。

成侯死,子肅侯立(公元前 349—前 326 年在位)。肅侯聽蘇秦謀,爲縱首,以擯秦。肅侯十七年(公元前 333 年),趙築長城。

肅侯死,武靈王立(公元前 325 年—前 299 年在位)。武靈王是一位敢於革新的英主。他即位十九年(公元前 307 年),意識到"今中山在我腹心,北有燕,東有胡,西有林胡、樓煩、秦、韓之邊,而無强兵之救,是亡社稷,奈何?"(《史記·趙世家》)乃決心以胡服騎射教百姓。

胡服騎射是一件重大改革,在一般守舊人物的眼裏,是"變古之教,易古之道,逆人之心"之舉,必爲宗室貴戚所反對。武靈王親自一一進行説服,陳明利害,曉以大義,指出變服騎射之目的,是"以備燕、三胡、秦、韓之邊"。又説:有了騎射之備,"近可以便上黨之形,而遠可以報中山之怨"(《史記·趙世家》)。他先説服先王貴臣肥義,又説服王叔公子成。公子成帶頭胡服,然後説服趙文、趙造、周袑、趙俊等,遂下令爲胡服,招騎射。自此,趙國力益强,武靈王先後五次起兵攻中山,攘地北至燕、代(在今河北蔚縣東北),西至雲中(在今内蒙古托克托旗東北)、九原(在今内蒙古包頭市西),終於在公元前 295 年滅中山,除去腹心之患。

武靈王是一個不拘成法，敢於革新的人物。他不但行胡服騎射，加強武備，還把王位讓給他的兒子王子何，自號主父，親自經營邊事。爲了從雲中、九原南襲秦，他曾僞裝趙使者入秦，察看秦國之地形，觀察秦昭王之爲人。但後來，由於他在公子章與惠文王（王子何）爭奪王位一事上游移不決，釀成禍亂，結果餓死於沙丘宮。

惠文王（公元前 298 年—前 266 年在位）時，任用廉頗、藺相如、趙奢諸名將名相，趙國仍强。

惠文王死，孝成王立（公元前 265 年—前 245 年在位）。孝成王六年（公元前 260 年），因貪韓上黨守馮亭入城市邑十七之利，爲秦將白起敗於長平（在今山西高平西北）。

長平之役起因於上黨。"秦使左庶長王齕攻韓，取上黨。上黨民走趙。趙軍長平，以按據上黨民。四月，齕因攻趙。趙使廉頗將"（《史記·白起王翦列傳》）。廉頗是久經戰陣的老將，"堅壁以待秦，秦數挑戰，趙兵不出。"（《史記·白起王翦列傳》）秦使人以千金行反間於趙，趙王使祇會紙上談兵的趙括代廉頗爲將。秦卻以屢戰屢勝的老將武安君白起代王齕爲主將。"趙括至，則出兵擊秦軍。秦軍詳敗而走，張二奇兵以劫之。趙軍逐勝，追造秦壁。壁堅拒不得入。"（《史記·白起王翦列傳》）秦軍乘機以奇兵將趙軍分爲二，絕趙之糧道。趙軍祇好築壁堅守，以待救至。而秦昭王親自出動，發動河內之民十五歲以上者悉到長平，把趙軍死死圍住。"至九月，趙卒不得食四十六日，皆内陰相殺食。來攻秦壘，欲出。爲四隊，四五復之，不能出。其將軍趙括出銳卒自搏戰，秦軍射殺趙括。括軍敗，卒四十萬人降武安君。"（《史記·白起王翦列傳》）

武安君"乃挾詐而盡阬殺之，遺其小者二百四十人歸趙。前後斬首虜四十五萬人。趙人大震。"（《史記·白起王翦列傳》）

長平之役是戰國時期最大的一次戰役。長平之敗，對於趙國來說是個致命的打擊。自此以後，趙國的局面每況愈下，形勢無論如何也不可扭轉。滅國衹是時間問題了。

　　至悼襄王、幽繆王時，雖有名將廉頗、李牧，然終不能用。公元前228年，秦攻趙，趙幽繆王降，秦入邯鄲，趙亡。其後，趙諸亡大夫擁立代王嘉，不數年亦爲秦所滅。

六、韓

　　韓在七雄之中，地瘠民貧，又處四戰之地，處境最爲艱難。張儀所説"韓地險惡山居，五穀所生，非菽而麥，民之食大抵菽飯藿羹。一歲不收，民不饜糟糠。地不過九百里，無二歲之食"（《史記·張儀列傳》），當係事實。疆域雖不廣，然"北有鞏（今河南鞏縣西南）、成皋之固（成皋在今河南滎陽西北），西有宜陽（今河南宜陽西）、商阪之塞（商阪即商山，在今陝西商縣東南），東有宛（今河南南陽）、穰（今河南鄧縣）、洧水，南有陘山（在今河南漯河市東南）"（《史記·蘇秦列傳》），形勢亦堪稱險要。尤其韓的兵器著名天下，"天下之強弓勁弩皆從韓出"（《史記·蘇秦列傳》），射程在六百步之外，遠者可以洞胸，近者可以穿心。韓之劍戟亦鋒利有名。

　　韓景侯（公元前408年—前400年在位）六年（公元前403年），與趙、魏俱列爲諸侯。景侯三傳至哀侯（公元前376年—前371年在位）。哀侯元年，與趙、魏分晉。二年（公元前375年），滅鄭，韓自陽翟徙都鄭。自是韓亦稱鄭。再傳至昭侯（公元前362年—前333年在位）。《史記·申不害列傳》説昭侯用申不害爲相，"内修政教，外應諸侯，十五年終申子之身，國治兵強，無侵韓者。"參照《戰國策·韓策三》所説"昭釐侯，一世之明君也；申不害，一世之賢士也"，則《史記》之説，似屬可信。

　　昭侯死，子宣惠王立（公元前332年—前312年在位）。自此以後，日益削弱。至韓王安九年（公元前230年）爲秦所滅。秦滅六國，韓最在先。

七、燕

　　燕在六國中最爲弱小。唯以僻在邊陲，得以後亡。

　　燕國都薊（今北京市西南），其疆域"東有朝鮮、遼東，北有林胡、樓煩"（《史記・蘇秦列傳》），"西有雲中（在今内蒙古托克托旗東北）、九原（在今内蒙古包頭市西）"（《史記・蘇秦列傳》），與中山、趙接壤，"南有嘑沱、易水"（《史記・蘇秦列傳》），與齊相鄰。

　　春秋時期，燕與中原諸國極少交往。至戰國初期，蘇秦入燕以合縱説燕文公（公元前 361 年—前 333 年在位）。燕文公與車馬金帛以至趙。蘇秦至趙，趙蕭侯用之，因約六國爲縱長。自此，燕始與秦、楚、齊、韓、趙、魏六國並驅爭先。

　　燕國可述之事有三。

　　一是燕王噲讓國（事見本章第四節）。

　　二是齊宣王破燕，燕昭王破齊。

　　齊宣王見"子噲與子之國，百姓弗戴，諸侯弗與"（《戰國策・齊策二》），同時又得知秦、魏伐韓，楚、趙救韓，諸侯無暇顧燕，因乘機"令章子將五都之兵，以因北地之衆以伐燕。士卒不戰，城門不閉，燕君噲死，齊大勝燕"（《史記・燕召公世家》）。

　　燕昭王（公元前 311 年—前 279 年在位）於破燕之後即位，卑身厚幣，以招賢者，爲郭隗改築宮而師事之。於是士爭趨燕，樂毅自魏往，鄒衍自齊往，劇辛自趙往。昭王以樂毅爲亞卿，任以國政。昭王又吊死問孤，與百姓同甘苦，二十八年燕國殷富。

　　公元前 284 年，燕昭王以樂毅爲上將軍，授相國印。樂毅帥燕及秦、楚、魏、韓、趙之兵伐齊，大敗齊於濟西。燕兵深入齊地，齊人大亂，湣王出走。燕兵入臨淄（在今山東淄博市東北），盡取齊之寶物、祭器，焚燒其宮室宗廟。齊城之不下者，唯莒（今山東莒縣）、即墨（在今山東平度縣東南）而已。

及昭王死，惠王立（公元前 278 年—前 272 年在位），疑樂毅，使騎劫代樂毅爲將。齊田單於是擊敗燕軍，盡收復其失地。

三是燕太子丹使荆軻刺秦王。

公元前 228 年，秦將王翦大破趙軍，克邯鄲，虜趙王遷，滅趙，既而屯田中山以臨燕南界。燕弱小，深慮趙既不支秦，禍必至於燕。公元前 227 年燕太子丹乃使勇士荆軻携秦逃將樊於期之頭及燕之督亢圖，提一藥淬匕首，以少年秦舞陽爲副，入秦，欲效曹沫之劫齊桓公故事，劫秦王，迫其盡返所占六國之侵地；不成，則因而刺殺之。

公元前 227 年，荆軻赴秦。行前，太子等送至易水之上，高漸離擊筑，荆軻和而歌曰：“風蕭蕭兮，易水寒；壯士一去兮，不復還。”（《史記·刺客列傳》）及至咸陽，荆軻奉圖而進於秦始皇。因欲生劫秦王，動作不堅決果斷，結果行刺不成，反爲所執。

秦始皇於是大怒，遣王翦伐燕，與燕師、代師戰於易水之西，燕、代大敗。公元前 226 年，王翦攻克燕都薊。燕王及太子丹東保遼東。燕王殺太子丹，獻給秦王，秦亦罷兵。公元前 222 年，秦將王賁攻遼東，虜燕王喜，燕亡。

荆軻，據《史記·刺客列傳》所載，“爲人沈深好書，其所游諸侯，盡與其賢豪長者相結”。舉事之前，田光先生爲其毅然自刎，樊於期將軍爲其慷慨獻首；舉事之時，僅與一少年秦舞陽爲伴，提一匕首，入不測之强秦，則其人絕非常人，其事實爲壯舉。誠然，陰謀刺殺秦始皇的行動即便成功，也無濟於燕國之亡，更不能改變天下混一於秦的歷史趨勢。但歷史是複雜的，我們不能因爲肯定秦統一中國的偉大意義，而否定太子丹與荆軻爲愛國志士。太子丹與荆軻的行動，反映了戰國末期，懷有愛國觀念的志士，憤祖國之將亡，恨强秦之殘暴，爲萬死不顧一生之計，以求一逞的悲情壯志。比之古往今來那些賣國求榮，甘心事敵的人，高下相懸，何啻霄壤？

第三節　戰國時期的士

　　戰國時期，士成爲社會上的一種特殊勢力。這時的士，不受國家、宗族、經濟地位和政治地位的限制，祇要有文化，善談説，具備不同的才能，無論走到哪個國家，都會受到優禮，乃至委以重任。從整個戰國歷史時期來看，他們是政治舞臺上最活躍的力量，對歷史發展的進程起相當大的作用。這是一種不但前代没有，即在後代也是罕見的歷史現象。

　　春秋時期的所謂士，多是命士，不命之士（庶人在官者）或武士，都是職務的名稱，此外無稱士者。至戰國則不然，祇要具有相當的文化水準，就可稱士。因此，開始産生了仕士、處士的新稱謂。

　　戰國時期士的這一變化，不是偶然發生的，是歷史發展的結果。在記述春秋歷史的書籍中，我們常看到所謂"君子勞心、小人勞力"的説法。這一説法很值得注意，它道出了春秋和春秋以前中國社會的一個極其重要的特點：奴隸主階級不但壟斷着物質生産資料，同時也壟斷着精神生産資料。在那個時期，奴隸主階級以外的任何階層的人，都絶對不允許有文化。人們熟知的"學在官府"正是這個特點的反映。這種情況，隨着整個奴隸制度的瓦解，隨着經濟和階級鬥爭的發展，逐漸被打破了。到戰國時期，私人講學之風盛行起來，受教育有文化的人空前增多。但是，任何一個新制度的開創和舊制度的消亡，都不能不通過個别歷史人物來實現。

　　春秋晚期，首先冲破"學在官府"這個禁區的人物就是孔丘。

　　孔丘提出了"有教無類"的響亮口號，容納各個階級和階層的人作爲教育對象。《荀子·法行》説："南郭惠子問於子貢曰：'夫子之門，何其雜也？'子貢曰：'君子正身以俟，欲來者不距，欲去者不止。且夫良醫之門多病人，檃栝之側多枉木，是以雜也。'"《吕氏春秋·尊師》説："子張，魯之鄙家也；顔涿聚，梁父之大盗也，學於孔子。"又《必己》說："有鄙人始事孔子者。"可見，"有教無類"孔子是說到做到的。諸書所載，灼然可據。然而，近些年來，某些人出於所謂的"批孔"，不顧歷史事實，或者堅持說孔子當時不可能做到"有教無類"；或者故意歪曲"有教無類"這句話的含義，而做出另外一種不倫不類的解釋，自以爲得意。其實這是虛弱的表現。我們也承認孔子是要批的。但是，任何真正的批判，都必須依據馬列主義，從歷史實際出發，進行科學的分析。閉着眼睛采取不承認主義，或者依據被自己歪曲了的材料同人家辯論，這種辦法不是馬克思主義的鄭重態度。欺侮古人不能出席對質，便以爲取得了勝利，這種勝利有什麼價值呢？

正由於自孔丘起，開了私人講學之風，從此不但貴族子弟可以學文化，就是鄙人子弟也可以學文化。象苦耕稼之勞的寧越成爲士這樣的例子，不勝枚舉。所以，戰國時期的士，人數最多，品類最雜，上者至爲將相，下者至爲雞鳴狗盜之徒。

至於國君重士，從歷史記載來看，則始於魏文侯。《呂氏春秋·察賢》說："魏文侯師卜子夏，友田子方，禮段干木。"戰國時期著名革新政治家，如李悝（或稱李克）、吳起、商鞅，都出於魏。史稱魏文侯之太子擊"逢魏文侯之師田子方於朝歌，引車避，下謁。田子方不爲禮。子擊因問曰：'富貴者驕人乎？且貧賤者驕人乎？'子方曰：'亦貧賤者驕人耳。夫諸侯而驕人則失其國，大夫而驕人則失其家。貧賤者，行不合，言不用，則去之楚、越，若脫躧然，奈何其同之哉！'"（見《史記·魏世家》）田子方敢於在太子面前出言不遜，說什麼行合言用則留，不合不用則去，而太子亦奈何不了田子方，足證當時士的地位、身份及其所起的歷史作用與春秋時期大不相同。而這種風氣實從魏文侯時開始。

戰國時期的士之所以勤奮好學，遊說諸侯，主要是爲富貴這一物質利益所驅使。蘇秦得意時曾表露："且使我有雒陽負郭田二頃，吾豈能佩六國相印乎？"（見《史記·蘇秦列傳》）李斯欲西入秦，辭於荀卿説：“故詬莫大於卑賤，而悲莫甚於窮困。久處卑賤之位、困苦之地，非世而惡利，自託於無爲，此非士之情也。”（見《史記・李斯列傳》）蘇秦、李斯的這些話如實地道出了戰國時期的士急於擺脱卑賤與窮困的處境，追求榮華富貴的思想本質。

　　這時期的士爲追求富貴而奔跑於各國。他們在政治舞臺上簡直起到了舉足輕重的作用，正所謂“入楚楚重，出齊齊輕，爲趙趙完，畔魏魏傷”（見《論衡・效力》）。主持秦國變法，致使秦國强盛起來的商鞅，是衛國人。在秦國歷史上起過相當大作用的樓緩、張儀、魏冉、范睢、蔡澤、吕不韋、李斯等人，也都不是秦國人。田文可以爲秦相，田單可以用於趙。楚王可以爲樗里疾請相於秦（見《戰國策・秦策一》），司馬熹使趙爲己求相中山（見《戰國策・中山》）。同爲秦臣，而公孫奭黨於韓，甘茂黨於魏，向壽黨於楚（見《史記・樗里子甘茂列傳》）。張儀既相齊，繼又相魏。説明這些遊説之士，已打破了國界限制，成了戰國七雄之間政治鬥爭的主角，無怪乎李斯説：“今萬乘方争時，游者主事。”（見《史記・李斯列傳》）

　　正因爲這樣，戰國時期各國養士之風大盛。史稱齊“宣王喜文學遊説之士，自如騶衍、淳于髡、田駢、接予、慎到、環淵之徒七十六人，皆賜列第，爲上大夫，不治而議論。是以齊稷下學士復盛，且數百千人。”（見《史記・田敬仲完世家》）齊孟嘗君田文“招致諸侯賓客及亡人有罪者……舍業厚遇之，以故傾天下之士。食客數千人，無貴賤一與文等”（見《史記・孟嘗君列傳》）。趙平原君趙勝欲解邯鄲之圍，一次竟“得敢死之士三千人”（見《史記・平原君虞卿列傳》）。魏信陵君無忌“士無賢不肖皆謙而禮交之，不敢以其富貴驕士。士以此方數千里争往歸之，致食客三千人”（見《史記・信陵君列傳》）。楚春申君黄歇“客三千餘人，其上客皆躡珠履”（見《史記・春申君列傳》）。秦相吕不韋“亦招致士，厚遇之，至食客三千人”（見《史記・吕不韋列傳》）。這些士在各國受到極優厚的待遇，其中有的如彭更所説，“後車數十乘，從者數百人，以傳食於諸侯”

（見《孟子·滕文公下》）。不過，當時的養士，大多數是爲了裝潢門面，沽名釣譽，有如魏公子無忌評平原君趙勝時所説，"徒豪舉耳，不求士也。"（見《史記·信陵君列傳》）

戰國時期的士，品類複雜，大體可分爲以下六類。

一、名相

李悝、衛鞅、吳起、申不害等，應屬這一類。他們在政治上有新的建樹，爲封建制度的凱歌前進充當開路先鋒。

李悝（或作李克）爲魏文侯相。主張"盡地力之教"，實行平糴法，作《法經》。在戰國，他是第一個對舊的奴隸制度進行根本性改革的人。

衛鞅入秦，受秦孝公重任，實行變法，獎勵耕戰。秦始皇統一中國後所實行的種種政治、經濟措施，基本上在衛鞅時已打下基礎。

吳起由魏逃楚，爲楚悼王令尹。主張"使封君之子孫三世而收爵禄，裁減百吏之禄秩，損不急之枝官，以奉選練之士"。吳起在楚實行新法祇一年，收效不大。但他的變法也是屬於新的封建性質的改革。

申不害爲韓昭侯相。其主張主要是人君應知用術以馭群臣。術，即所謂"因任而授官，循名而責實，操殺生之柄，課群臣之能"。他的關於術的思想，對於後世出現的封建專制主義的中央集權制度有一定意義。

二、名將

樂毅、趙奢、白起、王翦等應屬這一類。他們都是直接爲戰爭服務的。

樂毅事燕昭王，爲上將軍，曾護趙、楚、韓、魏、燕五國之兵以伐齊，下齊七十餘城，名震天下。樂毅在軍事上之所長，不在於攻城野戰，而在於他的戰略思想。當時齊湣王南敗楚相唐昧於重丘（在今山東荏平西南），西摧三晉於觀津（在今河北武邑縣東南），遂與三晉擊秦，助趙滅中山，破宋，廣地千餘里。然而齊湣王自矜，百姓弗堪，諸侯皆怨，終於釀成勝而轉敗的局面。燕、趙、魏、楚、韓五國兵聯合伐齊，打得齊國一敗涂地，幾乎亡國。在這場伐齊的大戰中，樂毅作爲五國聯軍的統帥，表現了卓越的軍事才能。第一，戰前他力主聯合趙、魏、楚、韓四國共同行動，而反對燕國自己單獨伐齊。這是使燕立於不敗之地的極爲正確的戰略主張。第二，五國兵既大敗齊軍於濟西，別國兵撤走，樂毅卻率燕軍長驅直入，直搗齊都臨淄。同時整飭軍紀，禁止侵掠，寬其賦斂，除其暴令，修其舊政。這是使燕取得徹底勝利的最合時宜的戰略措施。因此，燕軍深入齊國，反而受到齊國人民的歡迎，半年時間攻下齊七十餘城。

趙奢，初爲趙田部吏。收租稅，而平原君家不肯出。奢以法殺平原君家用事者九人。可見奢之爲人剛正不阿。秦伐韓，軍於閼與（今山西和順）。趙惠文王問計於諸將。廉頗、樂乘都説“道遠險狹，難救”。獨趙奢説：“其道遠險狹，猶兩鼠鬥於穴中，將勇者勝。”趙王因而令趙奢率軍救閼與。趙奢先是率軍在半路上修築堡寨，滯留七、八日不進，用以麻痹秦軍，然後突然急行軍趕到閼與附近，先發搶占山頭，大敗秦師，解閼與之圍而還。趙王封趙奢爲馬服君。

白起事秦昭王，屢立戰功，爲世名將。其最大戰功有二。一爲破楚拔郢（今湖北江陵西北），燒夷陵（楚王墓）。二爲與趙括戰於長平（在今山西高平西北），大敗趙軍，阬趙降卒四十餘萬。這兩大戰役使楚、趙受到毀滅性打擊。司馬遷説：“白起料敵合變，出奇無窮，聲震天下。”（見《史記・白起王翦列傳》）白起在戰國時期確實是一個精於兵事的將領。

王翦事秦始皇，滅趙，滅燕，滅魏，最後滅楚。先是始皇以爲李信賢勇，問取楚需用多少兵，李信説：“不過用二十萬。”又問王翦，王翦説：“非六十萬人不可。”始皇説王翦老了，膽子小了。遂使李信、蒙恬率二十萬人伐楚。李信初勝後敗，被楚殺了七個都尉，大敗而還。於是，始皇請王翦伐楚。王翦説：“大王必不得已用臣，非六十萬人不可！”王翦代李信伐楚，果然取得勝利，殺楚將軍項燕，楚師敗走。一年後，虜楚王負刍。楚亡。秦平楚地爲郡。

三、遊説之士

這類人較多，主要是新興社會勢力的代表，都是以口辯取卿相之位，如蘇秦、張儀、陳軫、公孫衍、蘇代、蘇厲以及范睢、蔡澤等都屬於這一類，而以蘇秦、張儀爲代表。

這些人的長處是都熟悉各國情況，在政治上策略上有一些主意和辦法。蘇秦倡合縱，鼓吹六國聯合以拒秦。張儀則反是，主張連橫，分散六國以事秦。這些人的缺點是朝秦暮楚，毫無信義。其唯一的目的是憑藉三寸不爛之舌，遊説七國之間，追求富貴。在戰國歷史上，他們同那些政治改革家和思想家比較起來，所起的歷史作用和對後世的影響都小得多。

四、學士

墨翟、莊周、孟軻、惠施、公孫龍以及齊稷下學士騶衍、淳于髡、田駢、接予、慎到、環淵、騶奭、荀卿之徒均屬此類。這類人物大抵都不治而議論，著書立説，廣聚徒衆，成家成派。他們分屬於不同的階級和階層，爭相宣傳自己的思想觀點，形成了戰國時期意識形態領域的“百家爭鳴”的活躍局面，對於戰國時的文化、思想均有一定貢獻。

五、高士

段干木、顏斶、魯仲連應屬此類。段干木，子夏弟子。《吕氏春秋·下賢》説："魏文侯見段干木，立倦而不敢息。反見翟黄，踞於堂而與之言。翟黄不悦。文侯曰：'段干木官之則不肯，禄之則不受。今汝欲官則相位，欲禄則上卿，既受吾實，又責吾禮，無乃難乎？'"

顏斶事見《戰國策·齊策四》，原文略謂："齊宣王見顏斶，曰：'斶前！'斶亦曰：'王前！'宣王不悦。左右曰：'王，人君也，斶，人臣也。王曰"斶前"，斶亦曰"王前"，可乎？'斶對曰：'夫斶前爲慕勢，王前爲趨士。與使斶爲慕勢，不如使王爲趨士。'王忿然作色曰：'王者貴乎？士貴乎？'對曰：'士貴耳，王者不貴。'"及宣王請受爲弟子，並指出他同顏斶在一起的好處時，顏斶則推辭説："斶願得歸，晚食以當肉，安步以當車，無罪以當貴，清静貞正以自虞。"

魯仲連，《史記》有傳，稱其"好奇偉俶儻之畫策而不肯仕宦任職，好持高節"。魯仲連在趙、齊有功不受封，"逃隱於海上，曰：'吾與富貴而詘於人，寧貧賤而輕世肆志焉。'"

六、義俠之士

侯嬴、聶政、田光、荆軻等人屬於此類。大抵都是地位卑下，重然諾，輕死生，義酬知己，效忠於一人一事。

侯嬴，隱士，爲大梁夷門監者。魏公子無忌親自往請，待爲上客。侯嬴因而爲公子無忌畫救趙策，請如姬竊虎符，進朱亥奪晉鄙軍。侯嬴數公子至鄙軍之日，北向自刭以報答公子無忌。

聶政，軹深井里人。殺人避仇，與母姊至齊，以屠爲生。當時，嚴仲子事韓哀侯，與韓相俠累有隙。嚴仲子欲殺俠累，知聶政是避仇隱於屠者之間的勇士，乃不遠千里登門以重金求於聶政。聶政卒刺殺俠累,爲嚴仲子報仇。

　　田光,燕人。燕太子丹思欲使人刺秦王政。田光薦荆軻,太子丹囑其勿泄密。至見荆軻,告以太子意,遂自刎而死,明其必不泄,以激荆軻。

　　荆軻刺秦王事已詳前,此從略。

　　綜上所述,戰國時期是士的黃金時代。戰國時期政治經濟的特點決定了士具有許多特點。他們品類複雜,代表着不同的階級和階層活躍在歷史舞臺上。從歷史現象上看,這些士的單個的意志相互矛盾,相互衝突。然而透過這一現象,我們不難看到:這些士或者爲促進新制度的誕生大喊大叫,或者爲挽救舊制度的死亡而奔走呼號。他們的意志歸根到底是當時社會經濟關係的反映,是由社會歷史運動的内在規律,即生產力和生產關係的矛盾鬥爭決定的。正如恩格斯所說:"歷史是這樣創造的:最終的結果總是從許多單個的意志的相互衝突中產生出來的,而其中每一個意志,又是由於許多特殊的生活條件,才成爲它所成爲的那樣。這樣,就有無數相互交錯的力量,有無數個力的平行四邊形,而由此就產生出一個總的結果,即歷史事變。這個結果又可以看作一個作爲整體的、不自覺地和不自主地起着作用的力量的產物。因爲任何一個人的願望都會受到任何另一個人的妨礙,而最後出現的結果就是誰都沒有希望過的事物。所以以往的歷史總是象一種自然過程一樣地進行,而且實質上也是服從于同一運動規律的。但是,各個人的意志——其中的每一個都希望得到他的體質和外部的、終歸是經濟的情況(或是他個人的,或是一般社會性的)使他向往的東西——雖然都達不到自己的願望,而是融合爲一個總的平均數,一個總的合力,然而從這一事實中決不應作出結論説,這些意志等於零。相反的,每個意志都對合力有所貢獻,因而是包括在這個合力裏面的。"[1]恩格斯這段話正可

----

　　①　見《馬克思恩格斯全集》第37卷,第461~462頁。

用以説明歷史的結局雖不必盡如每一人的最初願望,然而必然是通過偶然實現的,每一個人在歷史上所起的作用,是不能抹煞的。

第四節　戰國時期在政治制度
方面的一些重大改革

戰國時期是中國歷史上一個社會大動亂的時期。這個時期,中國社會在經濟上、政治上、思想上都發生了巨大的帶有根本性的變化。這種變化,實質上反映了中國奴隸社會正在急劇地向封建社會轉變。這一轉變過程,總的看來,不妨説開始是奴隸制和封建制兩種制度並存,然後新的封建制度逐漸戰勝舊的奴隸制度,最終取得統治地位,而使中國進入封建社會的過程。

戰國時期由奴隸社會向封建社會轉變的過程,集中地表現在各國的變法上。當時變法如同雨後春笋,在各國次第發生。儘管各國變法的目的、規模、結果、影響不盡一致,有的是主流,有的是逆流;有的徹底,有的不徹底;有的成功,有的失敗,但它確實是形成了一個時代的潮流,一種發展的趨勢,一場轟轟烈烈的運動。不論各國實行變法的初始動機如何,它們總是自覺不自覺地反映了歷史發展的需求,最終把歷史向前推進一大步。

一、魏文侯的改革

變法如果看作是一種運動,首先是從魏國魏文侯時開始。魏文侯先後用魏成子、翟璜、李悝爲相國,用吳起爲西河守,西門豹爲鄴令。所用都是當時有名的政治家或軍事家,因此,魏國成爲當時七雄中最强的國家。今傳世的獨有李悝的政績。

李悝行新政,著名的事迹有三。

第一,"作盡地力之教"

《漢書·食貨志》述此事説:"是時李悝爲魏文侯作盡地力之教。以爲地方百里,提封九萬頃,除山澤邑居叁分去一,爲田六百萬畝。治田勤謹,則畝益三升,不勤則損亦如之。地方百里之增減輒爲粟百八十萬石矣。"(依臣瓚説三升當作三斗。按三斗約合今六升。)由《漢書》的記載看來,所謂"盡地力之教",就是説李悝曾經頒佈過關於"盡地力"的教令。而所謂"盡地力",大致有兩層意思。一是要求把所有可耕之地全部加以利用;另一是要求大家"治田勤謹",提高單位面積産量。李悝如此强調盡地力,它反映了當時魏國的剩餘土地已經不多。而剩餘土地多與少,有與無的問題,十分重要。我們知道,井田制是一種土地公有制度,它的特點是"把土地分配給單個家庭並定期實行重新分配"。定期重新分配土地,則必須有足够的剩餘土地做爲前提。恩格斯説:"原始的土地公有制,一方面適應於眼界完全局限於眼前事物的人們的發展程度,另一方面則以可用土地的一定剩餘爲前提。這種剩餘的土地提供了一定的活動餘地來對付這種原始經濟的不虞的災禍。剩餘的可用土地用盡了,公有制也就衰落了。"[1]"作盡地力之教"反映了魏國當時已經沒有剩餘土地。這樣,井田制就不能不開始廢除。由此可見,李悝的改革,儘管古人給我們留下的資料極其簡略,但它的意義,則不可低估。

第二,平糴

李悝行平糴的思想與作法,《漢書·食貨志》亦有記載:

> 糴甚貴傷民,甚賤傷農。民傷則離散,農傷則國貧。故甚貴與甚賤,其傷一也。善爲國者,使民無傷而農益勸。

> 今一夫挾五口,治田百畝,歲收畝一石半,爲粟百五

---

① 《馬克思恩格斯全集》第20卷,第521頁。

十石。除十一之稅十五石，餘百三十五石。食人月一石半，五人終歲爲粟九十石，餘有四十五石。石三十，爲錢千三百五十。除社閭嘗新春秋之祠用錢三百，餘千五十。衣人率用錢三百，五人終歲用千五百，不足四百五十。不幸疾病死喪之費及上賦斂，又未與此。此農夫所以常困，有不勸耕之心，而令糴至於甚貴者也。

是故善平糴者，必謹觀歲有上中下孰。上孰其收自四，餘四百石。中孰自三，餘三百石。下孰自倍，餘百石。小饑則收百石，中饑七十石，大饑三十石。故大孰則上糴三而舍一，中孰則糴二，下孰則糴一，使民適足，價平則止。小饑則發小孰之所斂，中饑則發中孰之所斂，大饑則發大孰之所斂，而糶之。故雖遇饑饉水旱，糴不貴而民不散，取有餘以補不足也。

李悝的平糴，看來就是國家在征收什一的糧食稅外，又於豐收之年收購一定數量的糧食，於歉收之年賣出一定數量的糧食，使糧食價格常能保持穩定的辦法。後世的常平倉、義倉應導源於此。

第三，《法經》

董說《七國考》卷十二法經條引桓譚《新書》說：

魏文侯師李悝著《法經》，以爲王者之政，莫急於盜賊。故其律始於盜賊。盜賊須劾捕，故著《囚》、《捕》二篇。其輕狡、越城、博戲、假借、不廉、淫侈、逾制爲《雜律》一篇。又以《具律》具其加減。所著六篇而已。衛鞅受之，入相於秦。是以秦、魏二國深文峻法相近。

《正律》略曰："殺人者誅，籍其家，及其妻氏。殺二人，及其母氏。大盜戍爲守卒，重則誅。窺宮者臏，拾遺者刖。"曰爲盜心焉。

其《雜律》略曰："夫有一妻二妾其刑腷。夫有二妻則誅。妻有外夫則宮。"曰："淫禁"。"盗符者誅，籍其家。
盗璽者誅。議國法令者誅，籍其家，及其妻氏。"曰"狡
禁"。"越城一人則誅。自十人以上夷其鄉及族。"曰"城
禁"。"博戲罰金三市。太子博戲則笞，不止則特笞，不止
則更立。"曰"嬉禁"。"群相居一日以上則問。三日四日
五日則誅。"曰"徒禁"。"丞相受金，左右伏誅。犀首以下
受金則誅。金自鎰以下罰不誅也。"曰"金禁"。"大夫之
家有侯物，自一以上者族。"

　　其《減律》略曰："罪人年十五以下，罪高三減，罪卑一
減。年六十以上，小罪情減，大罪理減。"

　　依桓譚《新書》及《晉書·刑法志》所説，是李悝《法經》共六篇。
六篇原名應爲《盗法》、《賊法》、《囚法》、《捕法》、《雜法》、《具法》。
商鞅相秦始改法爲律（見《晉書·刑法志》）。盗謂"取非其物"。賊
謂"無變斬擊"（《晉書·刑法志》引張斐《上律注表》）。《法經》用刑
殘酷，還有奴隸制的遺迹。但畢竟有了一部成文法，其刑法無論如
何嚴酷，總要比没有它時强得多。至少在法律上不允許隨意殺人
了。除太子、丞相有特例，犀首以下在法律面前似有平等可言。這
様，就已經打破了"刑不上大夫"的壁壘。無怪乎它成爲後世封建
社會諸法典的前驅。

二、吴起在楚變法

　　楚悼王用吴起爲令尹，在楚變法。

　　吴起，衞人，善用兵，魏文侯以爲西河守，以拒秦、韓。魏文侯
死，武侯立，被讒逃至楚。楚悼王素聞起賢，用爲令尹。《史記·孫
子吴起列傳》説，吴起"明法審令，捐不急之官，廢公族疏遠者，以撫
養戰鬥之士"。《韓非子·和氏》説："吴起教楚悼王以楚國之俗曰：
'大臣太重，封君太衆，若此則上偪主而下虐民，此貧國弱兵之道

也。不如使封君之子孫三世而收爵禄，絶滅百吏之禄秩，損不急之
枝官，以奉選練之士。'悼王行之期年而薨矣，吳起肢解於楚。"《吕
氏春秋・貴卒》説："吳起謂荆王曰：'荆所有餘者地也，所不足者民
也。今君王以所不足益所有餘，臣不得而爲也。'於是令貴人往實
廣虚之地，皆甚苦之。"

　　由上述三條材料來看，吳起變法的鋒芒，是直接指向奴隸主階
級的，而最關心的則是"戰鬥之士"，"選練之士"。雖然史料没有提
供吳起是否已經實行按軍功授爵禄的辦法，但是從他收三世封君
的爵禄，"損不急之枝官"來看，吳起的變法顯然打擊了既無軍功而
又世世享受富貴的舊奴隸主貴族。吳起變法，時間極短，祇實行一
年即發生叛亂，致功虧一簣而終歸失敗。古人説"楚不用吳起而削
亂"（《韓非子・和氏》），正反映了吳起在楚變法以失敗而告終的實
際情況。

　　吳起變法及其失敗表明，戰國確實是一個社會大動亂、大變化
的時期。奴隸制和封建制同時存在，兩種制度進行了你死我活的
鬥爭。總的趨勢是封建制代替奴隸制，而奴隸制並不輕易退出歷
史舞臺。在戰國初期，有些國家，奴隸制仍有着較大的力量，以致
於封建制的改革往往受到挫折。

三、商鞅在秦變法

　　秦孝公用衛鞅爲左庶長、大良造。衛鞅在秦變法。

　　衛鞅聞秦孝公（公元前 361 年—前 338 年在位）下令國中求
賢，乃自魏入秦。衛鞅本衛人，因與衛國公族有疏遠的親屬關係，
又稱公孫鞅。入秦之前在魏事魏相公叔痤爲中庶子。衛鞅少好刑
名之學，受李悝新政的影響較深。公叔痤説他"年雖少，有奇才"
（《史記・商君列傳》），曾向魏惠王推薦他爲魏相。魏王不用，衛鞅
抱着變法革新的雄心大志來到秦國。經秦孝公的寵臣景監的介

紹,連續四次見到秦孝公。前三次衛鞅並不提變法,而故意用"帝道"(堯舜之道)、"王道"(夏商周之道)和"霸道"(齊桓、晉文之道)進行試探。當他知道了秦孝公欲變法圖强的真意時,第四次會見才提出"强國之術",把自己的真實主張提出來,得到秦孝公的贊賞和支持。可見衛鞅不但具有遠見卓識,方法亦甚得當。初露鋒芒,便表現出審於形勢,長於策略的政治才能。衛鞅確是戰國時期不可多得的人物。

秦孝公聽取並贊同衛鞅的變法主張以後,曾在群臣中舉行過一次激烈的辯論。衛鞅在辯論中從理論上擊敗了甘龍、杜摯等保守派。秦孝公堅決地支持了衛鞅,"以衛鞅爲左庶長,卒定變法之令"(《史記·商君列傳》)。時在孝公三年,即公元前 359 年。

衛鞅變法先後有兩次。

公元前 359 年頒佈第一次變法令,其基本內容是:

第一,"令民爲什伍,而相收司連坐。不告姦者,腰斬。告姦者與斬敵首同賞。匿姦者與降敵同罰。"(《史記·商君列傳》)這是整頓戶籍,行連坐法,意在肅清暗藏在內部的敵人。

第二,"有軍功者,各以率受上爵。爲私鬥者,各以輕重被刑。"(《史記·商君列傳》)這是獎勵軍功,意在增强戰鬥力,以抗擊入侵的外敵並伺機向外擴張。

第三,"民有二男以上不分異者,倍其賦。大小僇力本業,耕織致粟帛多者,復其身。事末利及怠而貧者,舉以爲收孥。"(《史記·商君列傳》)這是獎勵生產,意在發展農業。

第四,"宗室非有軍功論不得爲屬籍,明尊卑爵秩等級各以差次,名田宅臣妾衣服以家次。有功者顯榮,無功者雖富無所芬華。"(《史記·商君列傳》)這是用以軍功大小爲標準定政治上尊卑等級的新制度來代替以血緣親疏爲標準定政治上尊卑等級的老辦法,意在限制宗室特權,獎勵軍功。

以上四個方面,涉及到軍事、經濟、政治等等內容,目標是一個，就是使秦國迅速强大起來。

新法制定以後，並不立即頒佈執行，卻先舉行一次徙木立信的活動，以明國家言必無欺，法必實行。其具體做法是：“立三丈之木於國都市南門，募民有能徙置北門者，予十金。民怪之，莫敢徙。復曰：‘能徙者，予五十金。’有一人徙之，輒予五十金，以明不欺。”（《史記·商君列傳》）

衛鞅對保守派的抵制和破壞堅決予以回擊。

新法實行一年之後，有上千人從各地來到國都反映新法諸多不便。恰好這時太子帶頭犯新法。衛鞅敏銳地覺察到這是有保守派在背後煽動，一針見血地指出：“法之不行，自上犯之。”太子是國君繼承人，不能施刑，乃刑其傅公子虔，黥其師公孫賈，給保守派以沉重的打擊。從此，法令得到順利推行，史稱“行之十年，秦民大悦，道不拾遺，山無盜賊，家給人足，民勇於公戰，怯於私鬥，鄉邑大治”。前此言法令不便，這時有言法令便的。衛鞅説：“此皆亂化之民也。”（《史記·商君列傳》）盡遷之於邊城。此後，無人議論新法是非的了。這時，衛鞅晉升爲大良造。

公元前350年，衛鞅又在咸陽築起宏偉的城闕和宮殿，把國都從雍（在今陝西鳳翔南）遷到咸陽。接着發佈第二次變法令。其基本內容是：

第一，“令民父子兄弟同室內息者爲禁”（《史記·商君列傳》），這是重申第一次變法令中“民有二男以上不分異者，倍其賦”的禁令，而對違者的處罰，也要重於“倍其賦”。

第二，“集小都鄉邑聚爲縣，置令、丞，凡三十一縣”（《史記·商君列傳》）。這是對分封制的否定，在秦國相當普遍地建立起縣這一基層政權組織。

第三，“爲田開阡陌封疆，而賦税平。”（《史記·商君列傳》）這是廢除井田制，徹底地進行土地制度的改革。

第四，“平斗桶權衡丈尺”（《史記·商君列傳》），這是統一度量衡制度。

　　第二次變法令，"行之四年，公子虔復犯約"（《史記·商君列傳》），衛鞅毫不妥協，對他施以劓刑。

　　後來衛鞅因破魏有功，受封於、商十五邑，號稱商君。故歷史上稱其爲商鞅。

　　商鞅在政治上是進步的。他的第二次變法令的幾項措施（包括遷都咸陽在內），項項涉及社會變革的問題，都是變奴隸制爲封建制的根本措施，無疑是第一次變法令的繼續和發展，爲後來秦統一六國打下了堅實的基礎。秦始皇實行的一些政策，正是在商鞅變法的基礎上發展而來的。商鞅的變法是戰國時期最典型、最深刻、最徹底的一次政治改革。商鞅本人雖因此而遭車裂之刑，付出了血的代價，但是商鞅的變法事業，由於實行了二十餘年之久，獲得顯著效果，並未因此而遭破壞。

　　商鞅的變法是成功的。史稱第二次變法令頒佈後，"居五年，秦人富强，天子致胙於孝公，諸侯畢賀"。其所以成功，固然根本原因在於他的變法反映了歷史發展的客觀要求，在政治上是進步的，而商鞅本人在變法鬥爭中表現出的義無反顧的堅毅精神以及大膽而又審慎的方式方法，也不能不說是一個重要因素。

　　商鞅本人的悲劇結局，也是歷史的必然。他畢竟是剝削階級的政治家，除秦孝公堅決支持他以外，似乎沒有什麼群衆基礎。他制定的刑法極其嚴酷，正如劉向《新序》所説："衛鞅內刻刀鋸之刑，外深鐵鉞之誅。步過六尺者有罰，棄灰於道者被刑。一日臨渭而論囚七百餘人，渭水盡赤，號哭之聲，動於天地。"[1]又商鞅爲秦"制爵二十等，以戰獲首級者計而受爵，是以秦人每戰勝，老弱婦人皆死，計功賞至萬數"，[2]尤爲殘酷。所以，一旦支持他的國君死去，

----

[1]　轉引自《史記·商君列傳》裴駰集解。
[2]　董説：《七國考》卷十一引譙周語。

另一個統治階級掌權人物起來反對他，没有人民群衆做他的後盾，他就祇有束手就擒，别無他路。商鞅如此，吳起、李斯也莫不如此。這是由他們的剥削階級本性所决定的。

四、申不害相韓

韓昭侯（公元前 362 年—前 333 年在位）用申不害爲相（《史記·韓世家》），史稱"修術行道，國内以治，諸侯不來侵伐"。

申不害是戰國時期與商鞅齊名的一位大政治家。據韓非説，二人的特點，是"申不害言術，而公孫鞅爲法。術者，因任而授官，循名以責實，操殺生之柄，課群臣之能者也，此人主之所執也。法者，憲令著於官府，刑罰必於民心，賞存乎慎法，而罰加乎姦令者也，此臣之所師也。君無術則弊於上，臣無法則亂於下，此不可一無，皆帝王之具也"（《韓非子·定法》）。術也稱"刑名"（刑、形通）。《韓非子·主道》説："有言者自爲名，有事者自爲形，形名參同，君乃無事焉。"又説："故群臣陳其言，君以其言授其事，事以責其功。功當其事，事當其言，則賞；功不當其事，事不當其言，則誅。"這是對刑名亦即術的正確解釋。

申不害主張"治不逾官，雖知弗言"（《韓非子·定法》）。韓昭侯確實接受了申子的思想，按照他的主張行事。《韓非子·二柄》記載了有關韓昭侯的一個有趣的故事，説有一次"韓昭侯醉而寢，典冠者見君之寒也，故加衣於君之上。覺寢而説，問左右曰：'誰加衣者？'左右對曰：'典冠。'君因兼罪典衣與典冠。其罪典衣，以爲失其事也。其罪典冠，以爲越其職也。非不惡寒也，以爲侵官之害甚於寒"。

還有一件事，反映出韓昭侯對於申不害的主張，簡直達到堅信不移的程度。《韓非子·外儲説左上》説："韓昭侯謂申子曰：'法度甚不易行也。'申子曰：'法者見功而與賞，因能而授官。今君設法度，而聽左右之請，此所以難行也。'昭侯曰：'吾自今以來，知行法矣，寡人奚聽矣。'一日，申子請仕其從兄官。昭侯曰：'非所學於子也。聽子之謁敗子之道乎？亡其用子之謁？'申子辟舍請罪"（《戰國策·韓策一》）。

申不害相韓十五年，而留下的事迹比較少。不過從其政治主張的基本精神看，無疑地有利於君主專制，也同商鞅變法一樣，在政治上爲中國封建社會的出現準備了條件。

五、齊威王的發憤圖強

齊威王（公元前 358 年—前 320 年在位）初即位時，齊國一度出現了"諸侯並伐，國人不治"的局面。面對這種不景氣的局面，齊威王大刀闊斧地采取實際措施，整飭吏治，改革弊政，不數年間，齊由弱復轉爲強。

根據《史記》的記載，齊威王治國，有一件事影響極大。有一次，齊威王"朝諸縣令長七十二人，賞一人，誅一人"（《史記·滑稽列傳》）。賞一人，就是賞即墨（今山東平度東南）大夫；誅一人，就是誅阿（今山東東阿）大夫。當時齊威王對即墨大夫説："自子之居即墨也，毀言日至。然吾使人視即墨，田野辟，民人給，官無留事，東方以寧。是子不事吾左右以求譽也。"説完封給他一萬家。又對阿大夫説："自子之守阿，譽言日聞。然使使視阿，田野不辟，民貧苦。昔日趙攻甄（今山東鄄城北），子弗能救。衛取薛陵（在今山東陽谷東北），子弗知。是子以幣厚吾左右以求譽也"（《史記·田敬仲完世家》）。當天就把阿大夫和因受他賄而替他在威王面前説假話的人烹了。辦了這件事以後，齊威王"遂起兵西擊趙、衛，敗魏於濁澤（在今河南新鄭西南）而圍惠王。惠王請獻觀（今河南清豐南）以和解，趙人歸我長城"。於是，"人人不敢飾非，務盡其誠。齊國大治。諸侯聞之，莫敢致兵於齊二十餘年"（《史記·田敬仲完世家》)。司馬遷的這些話固然可能有些夸張,不過齊威王時齊國内政修明,國力强盛,肯定是事實。

齊威王治國所以取得成就,他能够重視人材,選賢任能,也是一個重要原因。文獻記載,齊威王"與魏王會田於郊。魏王問曰:'王亦有寶乎?'威王曰:'無有。'梁王曰:'若寡人國小也,尚有徑寸之珠照車前後各十二乘者十枚,奈何以萬乘之國而無寶乎?'威王曰:'寡人之所以爲寶與王異。吾臣有檀子者,使守南城,則楚人不敢爲寇東取,泗上十二諸侯皆來朝。吾臣有肦子者,使守高唐(在今山東禹城西南),則趙人不敢東漁於河。吾吏有黔夫者,使守徐州(在今山東滕縣東南),則燕人祭北門,趙人祭西門,徙而從者七千餘家。吾臣有種首者,使備盜賊,則道不拾遺。將以照千里,豈特十二乘哉!'"(《史記·田敬仲完世家》)

齊威王的治國,不能説是一次變法,不過他重視吏治,把田野闢與不闢,作爲判斷吏治好與壞的標準,也含有革新的意義。提出"田野闢"的要求,不但表明重視農業生産,也反映這時齊國的井田制已經破壞。因爲井田制是把土地分配給單個家庭並定期實行重新分配。分配土地的數量有一定的限制,不許隨便開墾剩餘的土地。要求"田野闢",不但不限制開墾剩餘土地,開墾了還要獎勵,不開墾的甚至還要殺頭。這就説明井田制在齊威王時的齊國已遭到嚴重破壞。儘管由於史料有限,我們還不可能勾畫出齊威王政治建樹的全貌,不過,齊威王的政策反映了戰國社會的急劇變化,適應了歷史發展的要求,是屬於戰國時期變法革新運動的范疇,則是完全可以肯定的。

六、燕王噲的讓國

燕王噲讓國一事,也應列入戰國時期變法範疇之内,但它不是主流,而是逆流。他的失敗是歷史的必然,不足奇,也不足惜。

　　燕王噲(公元前 320 年—前 314 年在位)是文公的孫子,易王的兒子。燕文公時蘇秦以合縱之説至燕,燕打破閉關自守的局面,開始參與各國的政治鬥爭。各國變法革新之風不能不吹到北土。燕國的貧弱和環境的險惡,促使燕王噲苦身憂民,殷殷望治,他"不安子女之樂,不聽鐘石之聲,内不湮汙池臺榭,外不罼弋田獵",甚至"親操耒耨,以修畎畝"(《韓非子·説疑》)。燕王噲急於圖治求强的願望無疑是好的。然而他生當戰國之世,竟傚法堯舜禪讓的辦法,把政權乖乖地交給子之,終於演成國内大亂,諸侯干預,事敗身死的一幕悲劇。所謂燕王噲的讓國,在燕王噲方面,是愚人做蠢事;在子之方面,則是一個預謀的騙局。

　　《戰國策·燕策》對此事有詳細記載。它説:

　　　　燕王噲既立,蘇秦死於齊。蘇秦之在燕也,與其相子之爲婚,而蘇代與子之交。及蘇秦死,而齊宣王復用蘇代。

　　　　……子之相燕,貴重主斷。蘇代爲齊使於燕,燕王問之曰:"齊宣王何如?"對曰:"必不霸。"燕王曰:"何也?"對曰:"不信其臣。"蘇代欲以激燕王以厚任子之也。於是燕王大信子之。子之因遺蘇代百金,聽其所使。

　　　　鹿毛壽謂燕王曰:"不如以國讓子之。人謂堯賢者,以其讓天下於許由,由必不受,有讓天下之名,實不失天下。今王以國讓相子之,子之必不敢受,是王與堯同行也。"燕王因舉國屬子之,子之大重。

　　　　或曰:"禹授益而以啓人爲吏,及老,而以啓爲不足任天下,傳之益也。啓與支黨攻益而奪之天下,是禹名傳天下於益,其實令啓自取之。今王言屬國子之,而吏無非太子人者,是名屬子之,而太子用事。"王因收印自三百石吏而效之子之。子之南面行王事,而噲老不聽政,顧爲臣,國事皆決子之。

子之三年，燕國大亂，百姓恫怨。

於是，齊宣王"令章子將五都之兵，以因北地之眾以伐燕。士卒不戰，城門不閉，燕王噲死。齊大勝燕，子之亡。二年，燕人立公子平，是爲燕昭王"。

顯而易見，蘇代等人給燕王一步一步設下圈套。子之爲相，本來已是"貴重主斷"，蘇代又用話激燕王噲，使他"大信子之"。進而鹿毛壽又以"有讓天下之名，實不失天下"的巧言，欺騙燕王噲，使"舉國屬子之"。到此，這一幕滑稽劇得以最後完成。

這段歷史的基本事實，古人已爲我們記載得明白無誤。有人說："子之大概是近於申不害一派的法家"，"後來子之的失敗完全由於齊宣王的武裝干涉"。我們不同意這種説法。因爲子之没有法家的事實。

趙有無變法不可考。據史籍記載，祇有兩件事值得一提。一爲趙烈侯時，"牛畜侍烈侯以仁義，約以王道，烈侯逌然。明日，荀欣侍，以選練舉賢，任官使能。明日，徐越侍，以節財儉用，察度功德。所與無不充，君説（悦）。……官牛畜爲師，荀欣爲中尉，徐越爲内史"（《史記·趙世家》）。二爲趙武靈王"胡服騎射以教百姓"（《史記·趙世家》）。

看來，烈侯事不似曾進行帶有根本性的政治改革，武靈王事也祇是軍事制度方面的變法，不像是政治方面的改革。所以，在尚未發現新史料之前，不妨説趙國没有變法。

總起來看，戰國時期各國變法革新形成了一個運動，它是戰國社會新舊兩種制度交替變化的反映，并且反過來促進了這種變化。其中以魏爲最先，所以戰國初期，魏最爲富强；以秦爲最徹底，所以秦滅六國，終於建立了一個統一的多民族的中央集權的封建國家，爲中國歷史開闢了一個新紀元。

七、戰國官制的改革

在戰國社會由奴隸制向封建制轉變的過程中，各國的轉變的幅度有大小，時間有遲早，很難說哪國已先進入封建社會。一般說來，應當承認是兩種制度並存，新的封建制在同舊的行將被取代的奴隸制激烈鬥爭，逐步取得統治地位。各國的作爲上層建築重要組成部分的官制的變革，情況也大體如此。

戰國官制是一個十分複雜的問題，而且史料不集中、不完整、不系統，不容易談清楚。這裏祇能就若干新的變革，摘其要者略述如下。

戰國時期經濟關係、階級關係發生變化，其上層建築必然隨之發生變化。作爲中國奴隸制經濟基礎的井田制及其相聯繫的宗法制、分封制發生變化，要求有新的適應中國封建社會特點的那種政治結構出現。這種新的政治結構果然出現了。其最大的特點，就是中央集權制。原有的以宗法制、分封制爲特點的中央和地方的政治組織都要受到改造。

關於各國的中央政治組織的變化，最值得注意的是相國和將軍兩職的設置。相國爲文官的首長，主管政事；將軍爲武官的首長，主管軍事。《韓非子·顯學》說："故明主之吏，宰相必起於州部，猛將必發於卒伍。"這條材料反映出兩個問題。一是戰國時期各國的一個將相，在國君的心目中都是隨時可以任免的官吏。國君不但可以從本國州部選取人材，還可以從別國來的客卿中任用將相。這就改變了春秋時期魯三桓、鄭七穆那種依靠血緣親屬關係當執政的情況。二是文武分職，將、相各有各的一套系統。春秋時期各國都是有相無將。平時是相，打起仗來，出征就是將，將相不分。至戰國，戰爭次數多，時間長，規模大，幾乎成爲主要的政治手段。各國爲適應戰爭的需要，紛紛把祇讓國人當兵的辦法，改爲普遍征兵，以至於出現常備兵、職業兵。由相兼管軍事的老辦法不適應了。於是,由具有一定軍事專長的人來擔任的、專門從事軍隊建設和統兵打仗的將一職便應運而生。

這時各國的地方政治組織,一般都改爲郡、縣。例如,魏有"上郡十五縣"(《史記·秦本紀》),韓有"上黨郡十七縣"(《戰國策·秦策》),燕有"上谷郡三十六縣"(《戰國策·秦策五》),就是證明。郡有郡守、縣有縣令。郡守、縣令與春秋時期的采邑主不同,都是直接對國君負責,並由國君隨時任免的行政官吏。郡縣的出現,是對分封制的直接否定,是一項極其重要的變化。

戰國時期,一方面產生了郡縣制,另一方面舊的封君制度依然存在。甚至在變法最爲徹底的秦國,封君的辦法也竟一直没斷過,例如商君、武安君、穰侯、應侯、文信侯等等。不過,戰國時的這些封君,多半是土地褊狹,而且大都是徒具虛名。

戰國出現的新官制,經過長期發展,日臻完善,遂成爲中國封建社會的最基本的政治制度。

第五節　戰國時期經濟的新發展

戰國時期,冶鐵技術的不斷進步,鐵製工具的廣泛使用,引起了經濟,首先是農業,其次是手工業,最後是商業的新的重大發展。這種經濟的發展,更促進了生產關係以及階級關係的急劇變化。這時政治上的日尋干戈,思想上的百家爭鳴,究其根本原因,都與經濟的發展密切相關。正是這種經濟的發展,才決定了新興的封建制度代替了腐朽的奴隸制度,統一的封建集權的中國代替了分裂的奴隸主割據的中國,而開創一個嶄新時代的歷史。

一、農業

1. 鐵製農具的廣泛使用

戰國時期的農具,主要已是鐵器。《孟子·滕文公上》記載孟軻同許行弟子陳相的一段對話：孟軻問："許子以釜甑爨，以鐵耕乎？"陳相答道："然。"《管子·輕重乙篇》亦有"請以什伍農夫，賦粻鐵"①等語。可見，當時已把"鐵"和"耕"、"粻"聯繫在一起。建國以來在考古工作中發現了大量的戰國時期的鐵製農具，證實了上述文獻的記載。如 1950 年河南輝縣的五座魏墓，曾出土犁、鏵、钁、㔉、鋤、鐮等農具五十八件。② 1955 年石家莊趙國遺址出土的農具，鐵器占各種工具總數的百分之六十五。③ 1953 年在河北興隆燕國遺址，共發現了製造農具的鐵範八十七件。④ 迄今爲止，遼寧、河北、山東、河南、山西、陝西、湖北、湖南、四川即戰國七雄所轄地區，均有戰國時期的鐵製農具出土。文獻記載和地下發掘物表明，鐵器已成爲戰國時期的主要農具，當是確鑿無疑的。

2. 水利事業的迅速發展

戰國時期水利事業的迅速發展，可從兩個方面談。一是抗旱防澇的排灌工程系統遍地開花；二是興修較大的引渠灌溉工程。

《荀子·王制》有一段文字，"修隄梁，通溝澮，行水潦，安水藏，以時決塞，歲雖凶敗水旱，使民有所耘艾"，論述了當時排灌工程的三個主要環節及其功用。一是隄防，即所謂"修隄梁"（梁是橋梁），功用是防止河水泛濫成災，或作爲水庫的截流大壩。如齊國和趙、魏各自在黃河兩岸距河谷二十五里處修築長堤，以防水害（事見《漢書·溝洫志》）。當然，在諸侯割據稱雄的歷史條件下，築隄防不免有孟軻所説的"以鄰爲壑"的弊病，但這畢竟不是問題的主要方面。二是溝渠。所謂"通溝澮"的溝澮，是排灌工程的細支；主流，當是溝渠。溝渠的功用是作爲給水和排水的主渠道，溝通江河

----

① 管仲是春秋時人。《管子》一書，成於戰國時期管仲學派之手，該書中的内容，有一些當是反映戰國時期的情況的。

② 見《輝縣發掘報告》。

③ 見《河北石家莊市莊村戰國遺址發掘》，《考古學報》1957 年第 1 期。

④ 見《考古學報》1956 年第 1 期。

或江河與湖泊。這種較大的溝渠，多係人工開鑿。如黃河與圃田澤（在今河南中牟西）之間的大溝（即“鴻溝”），以及漢水與雲夢澤之間，長江與淮河之間，長江與太湖之間，齊國的菑、濟二水之間，均有較大的溝渠開鑿。① 三是水庫。這種水庫，小者稱潴（池塘），大者稱陂（陂，是指人工修築的攔截河水的水庫大堤，如春秋戰國之際楚國在安徽壽春修建的芍陂）。但更多的，還是利用湖泊（即“澤藪”）作爲天然水庫，功用是“行水潦，安水藏”，並根據防旱排澇的需要，“以時決（給水）塞（蓄水）”。當時，遍及吳、楚、秦、晉、梁、宋、齊、趙、燕等國的九個較大湖泊，被稱爲“九藪”（見《吕氏春秋・有始覽》），都曾程度不同地被人們用作天然水庫。總之，戰國時期興修的水利排灌工程，其數量之多和地域分佈之廣都是前所未見的。

著名的引渠灌溉工程有三個：引漳工程，都江堰，鄭國渠。

引漳工程。《史記・河渠書》說：“西門豹引漳水溉鄴，以富魏之河內。”又，《史記・滑稽列傳》褚少孫補：“西門豹即發民鑿十二渠，引河水灌民田，田皆溉。”西門豹，是魏文侯（公元前445年至前396年）時的鄴大夫。鄴在今河北臨漳西南。漳水，又名降水，流經鄴縣北。西門豹身爲鄴大夫，組織民眾興修引漳工程，用來灌田，千百年來人們有口皆碑。現存的宋代《西門豹祠碑》碑文記載“鑿大渠而溉其田”，②都是證明。但是，《吕氏春秋・樂成》卻說“漳水在其旁而西門豹勿知用”，把引漳的功勞完全記在史起的賬上。兩說大相徑庭，孰者爲是？據我看，司馬遷治史嚴謹，爲作《史記》，他博覽群書（當然包括《吕覽》），遍游名山大川，親自調查訪問，於引漳一事，不取《吕覽》之說，亦不以“或曰”、“蓋”的方式備録

---

① 見《史記・河渠書》：“滎陽下引河東南爲鴻溝，以通宋、鄭、陳、蔡、曹、衛，與濟、汝、淮、泗會。於楚，西方則通渠漢水、雲夢之野，東方則通（鴻）溝、江淮之間。於吳，則通渠三江、五湖。於齊，則通菑、濟之間。”

② 《西門豹治鄴與〈西門豹大夫廟記〉碑》，見《文物》1974年第12期。

呂説存疑，想是必有所本。因此，引漳工程的組織者，當依《史記》所述爲宜。《漢書·溝洫志》以《呂氏春秋》那段文字作爲結論，並不妥當。

都江堰。秦昭王（前 306 年至前 251 年）時，蜀郡太守李冰，組織民衆，在四川灌縣西岷江中游，用竹籠盛鵝卵石，層層堆砌，在河中築成大堰，"穿二江成都之中"（見《史記·河渠書》），把岷江分爲郫江（又稱內江），檢江（又稱外江、流江）。這樣，既免除了泛濫之災，又可利於航行和灌溉。此後，成都平原成了一片沃野，"天府"之名，遂由是起。至今，人民仍被其利。兩千多年前的都江堰，代表了我國當時水利工程的先進水平，無疑是古代勞動人民集體智慧的結晶。這種"中流作堰"的方法，在當時的其他水利工程中亦有采用。而李冰，作爲一名精通業務的地方行政長官，總結了人民的經驗，在較大的岷江作堰，獲得成功，其功績是不可磨滅的。1974 年在都江堰發現了漢代雕塑的李冰石像，表明後代人民對他十分敬仰。

鄭國渠。關於鄭國渠的興建始末及其意義，《史記·河渠書》有詳細記載，現引述如下：秦始皇兼并六國之前，"韓聞秦之好興事，欲罷之，毋令東伐，乃使水工鄭國間説秦，令鑿涇水自中山（在今陝西淳化南）西邸瓠口（在今陝西涇陽西北）爲渠，并北山，東注洛，三百餘里，欲以溉田。中作而覺，秦欲殺鄭國。鄭國曰：'始臣爲間，然渠成亦秦之利也。'秦以爲然，卒使就渠。渠就，用注填閼之水，溉澤鹵之地四萬餘頃，收皆畝一鍾。於是關中爲沃野，無凶年，秦以富強，卒并諸侯，因命曰鄭國渠。"

戰國時期水利事業得到迅速發展的重要原因之一，是鐵器工具的普遍使用。而當時興修水利的主要工具，便是"鐵臿"。《史記·秦始皇本紀》"身自持築臿"張守節《正義》注："臿，鍬也。爾雅云：'鍬謂之臿。'"臿作爲起土的工具，當然被作爲農具使用，但同時它又是興修水利時的主要工具。1975 年 1 月，在都江堰工程魚嘴附近,又發現一軀持畚石人像。這軀石像,無疑是當年都江堰工程修築者的象徵。石像手持畚的形狀,與馬王堆三號漢墓填土中的鐵口木畚極爲相似,可爲鐵畚是戰國興修水利的主要工具的又一有力證據。

3.農業技術的日益進步

《呂氏春秋》有《上農》、《任地》、《辨土》、《審時》等四篇,可以看作是戰國時期農業技術的總結。

《上農》篇主要從政治角度說明農業的重要性,並談到了一些屬於政策性的問題。因與農業生產技術關係不大,茲不具談。

《任地》、《辨土》、《審時》都談農業技術。

《任地》篇首提出十個問題,實際上這是奮鬥的目標。以下,都是講耕作方法。講耕作方法時,先提出五大原則,即"力者欲柔,柔者欲力;息者欲勞,勞者欲息;棘者欲肥,肥者欲棘;急者欲緩,緩者欲急;濕者欲燥,燥者欲濕"。"力"是指較硬的土;"柔"是指柔軟的土;"息"是指休閑的土;"勞"是指頻耕的土;"棘"是指瘠薄的土;"肥"是指肥沃的土。急緩與力柔相似而不同。說者謂"力、柔是就土的質地來說的,急、緩是就土的乾濕的影響來說的",可能是對的。這五條原則無疑是耕作方法在理論上的概括。很明顯,裏邊含有自發的辯證法思想。

在此以下,談具體的耕作方法。

在講耕作方法時,突出地把下列一段話擺在前而:"上田棄畝,下田棄畎。五耕五耨,必審以盡。其深殖之度,陰土必得,大草不生,又無螟蜮。今茲美禾,來茲美麥。"

"上田"是指高旱的田,"下田"是指下濕的田,"畝"是壠臺,"畎"是壠溝。"上田棄畝,下田棄畎",就是高旱的田,要把莊稼種在壠溝裏,而不種在壠臺上;下濕的田,要把莊稼種在壠臺上,而不種在壠溝裏。

"五耕五耨,必審以盡"是說蹋五次,鏟五次,一定要做到精細詳盡。

　　"深殖之度"是指耕地的深度,"陰土"是地中濕潤的土。"其深殖之度,陰土必得"是說耕地的深度,必定要達到得出地中的濕土來。這樣,就能使"大草不生,又無螟蜮。今茲美禾,來茲美麥"。螟、蜮,都是害蟲。"今茲美禾(穀子),來茲美麥",又說明當時已認識到了"調茬"的必要和好處。

　　以下一些文字,則主要強調一個"時"字。例如說:"不知事者,時未至而逆之,時既往而慕之,當時而薄之"。這正是從反面指出不知道正確地掌握農時的害處。這段文字的中心思想是"無失民時"。

　　《辨土》篇首段是全篇總綱。首先說耕地要根據土地的乾硬或濕軟而分先後。乾硬的土地必須先耕,濕軟的土地可以後耕。上田是高旱的田,要注意保墒;下田即低濕的田,要注意排水。其次說種地要適時,並要有一定的適宜的畎畝、行列、疏密,不可使有地竊、苗竊、草竊等"三盜"之害。這樣做得粟可多。從農業技術來看,水平是相當高的。

　　《審時》篇專門論述掌握耕作時節的重要性。具體地舉禾、黍、稻、麻、菽、麥六種農作物爲例,詳細地說明各種農作物得時失時的情況,指出得時的農作物,不但能長得苗壯,又收成多而質量好,且能抵抗蟲害。

二、手工業

1. 手工工具的變革

　　戰國時期手工工具的變革,主要表現在鐵製工具的采用上。據黃展岳同志的考證,真正屬於春秋時期的鐵器,已經出土的,數量很少(約十件),器類簡單,形體薄小。[①] 戰國時期情形則與此不

---

①　《關於中國開始冶鐵和使用鐵的問題》,《文物》1976 年第 8 期。

同。湖北大冶銅綠山戰國礦井遺址,共發現十四件采掘工具,除一件木器外,其餘均爲鐵器。但是,同一地區的春秋時期的礦井遺址,卻衹有銅斧、銅鋪,完全沒有鐵器。至於鐵製工具的用於其他手工業部門,從河南輝縣戰國魏墓出土的鐵製斧、鑿、削、小刀以及銅綠山礦井遺址中的鐵鑽、鐵錘等工具中,足以得到説明。可見,戰國時期,隨着鐵製工具的增多和不斷改進,它越來越多地被用於手工業生產的許多部門,應是沒有疑問的了。

2. 手工業經營方式的變化

戰國時期,手工業在經營方式上的變化,根源於生產力的發展和由此而引起的生產關係和階級關係的變動。而每一種具體的經營方式,又體現着一定的生產關係。下面,具體談四種經營方式。

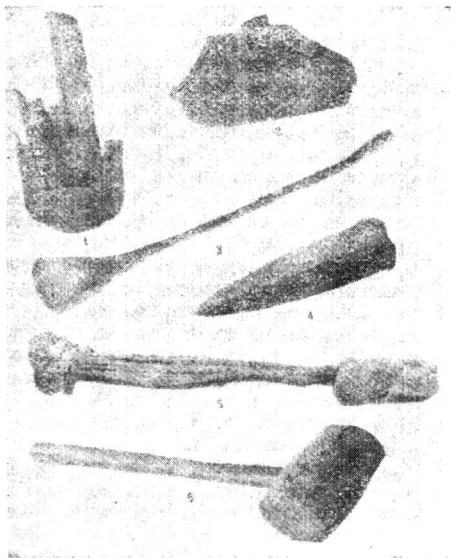

湖北銅綠山戰國礦井遺址出土鐵製工具
1. 凹字形鐵口鋤　2. 六角形鐵鋤　3. 鐵耙
4. 四稜鐵鑽　5. 鐵斧　6. 鐵鎚

　　家庭手工業。戰國時期,越來越多的個體農民成了社會的主
要勞動者,家庭手工業因此而迅速地發展起來。這種作爲農民副
業的手工業,主要是農婦的養桑、治麻,繼之以繅絲、紡紗並織成布
帛。此外,還有編織、結網等等。這些産品,除滿足自身需要外,也
有一小部分拿到市場上出售。因此,對織物有一定的規格要求。
吳起"使其妻織組而幅狹於度"因之出妻的故事,[①]可説明這點。

　　個體手工業。個體手工業規模雖小,經營行業卻很廣泛,有冶
金、木工、車工、陶器等。據《孟子·滕文公上》記載,當時農夫所使
用的生産工具(鐵器)和一部分生活用具,如釜、甑、素冠等,基本上
是通過交換從個體手工業者即"百工"那裏取得。此之謂"以粟易
械器"。而百工則"以其械器易粟"。這種情況,在戰國時期成爲一
種普遍現象,是和當時生産力的發展、農業與手工業分工的進一步
擴大以及階級關係的變化分不開的。上述事實表明,個體手工業
在戰國時期的經濟生活中,已占有相當重要的地位。

　　官營手工業。官營手工業歷史久遠,分工較細,有專門的官吏
負責管理。雲夢秦簡的《秦律》中有《均律》、《均工》、《工人程》等單
行法令,即是爲了加强對官營手工業的經營管理。它的産品,到戰
國時期,主要是供上層統治集團享用的器物和兵器,生産工具的産
量或所占比重則有所下降。官營手工業的生産者,大多是官奴和
刑徒,也有被征調的農夫和雇用的"傭客"。總的來看,隨着個體手
工業和私營大手工業的迅速發展,"工商食官"的格局已被徹底打
破。官府手工業在整個手工業中所占據的地位,和春秋時期相比,
無疑是下降了。

　　私營大手工業。私營大手工業的出現和迅速發展,是戰國時
期手工業在經營方式上最重要的變化。它主要經營冶鐵、煮鹽等
有關國計民生的重要部門,特別是在新興的冶鐵工業部門獲得了

----

①　見《韓非子·外儲説右上》。

迅速的發展。《史記·貨殖列傳》記載戰國末年（包括秦王朝初年）經營手工業而致富的，有猗頓、郭縱、寡婦清、卓氏、程鄭、孔氏等六人。除猗頓、寡婦清是分別由經營鹽、丹沙起家外，其餘四人，均以冶鐵致富，富埒王公。這種私營大手工業，要向國家交納一定的賦稅（有的是十分之三）；而生產者，則是雇工（破產的農民或手工業者）、奴隸和逃亡的罪犯。私營大手工業的出現和迅速發展，標誌着商品經濟在戰國時期已達到一個前所未有的較高水平。

3. 手工業生產的迅速發展

上述生產關係上的變革，反過來又促進了戰國時期手工業的迅速發展，這可以從采礦、冶鐵與鐵器製造、煉銅與銅器製造、兵器製造、木工、車工、皮革、陶瓷、漆器、玉器和玻璃器、煮鹽、釀酒、編織、紡織、造船、建築等部門分別來談。

（1）采礦

戰國時人們已總結出初步的找礦知識。《管子·地數》説："上有丹沙者，下有黃金；上有磁石者，下有銅金；上有陵石者，下有鉛錫赤銅；上有赭石者，下有鐵。"關於采礦，湖北銅綠山銅礦遺址爲我們提供了寶貴的資料。這座礦井，深達五十米，采用竪井、斜井、斜巷相結合，多中段的開拓方式，初步地解決了井下的通風、排水、運載、提升、照明和巷道支護等一系列複雜的技術問題。使用的采掘工具，主要是鐵器。[1] 采礦業所達到的這種先進技術水平，爲冶金工業的迅速發展提供了前提條件。

（2）冶鐵與鐵器製造

戰國的冶鐵，以木炭爲原料，用成排的皮囊來鼓風，以提高爐溫。煉鐵的高爐，雖無完整的實物發現，但從出土的薄鐵鑄件來推斷，可知當時的高爐已超越了初級階段。在冶鑄工藝方面，已有生

---

[1] 《湖北銅綠山春秋戰國古礦井遺址是奴隸創造歷史的光輝見證》，《文物》1975年第 2 期。

鐵冶鑄和毛鐵鍛造，能够對生鐵鑄件進行柔化處理。作爲一個新興的手工業部門，當時的鐵製品還難免粗糙，所以不被大量地用來作兵器。但是，鐵畢竟是比銅更堅韌的金屬。因此，它迅速而廣泛地被用來製造農具和手工工具。這些工具，有犁、鏵、鋤、钁、銚、鐮、鎒、銍、斧、鋸、鑽、鑿、錘、針、錐等。從《史記·貨殖列傳》的記載和出土鐵器的範圍來看，冶鐵與鐵器製造遍及戰國七雄地區，是一門噴薄日上的新興手工業。

(3)煉銅與銅器製造

在煉銅方面，關於銅和錫的配合比例，已積累了豐富的經驗。人們根據器物的不同需要，按照不同的銅錫比例來進行冶鑄，如銅錫比例在百分之十七至二十之間最爲堅韌，人們便按此比例來冶鑄製造武器和工具所需的鑄銅，使銅器質量大爲提高。在銅器製造上，戰國的銅器雖不如商周時代的雄偉，但它鑄造精美，造形精巧，文飾工麗，花紋細緻繁複。如出土的"宴樂射獵銅鑒"、"水陸交戰銅鑒"、"百花潭銅壺"等器物上描寫車馬狩獵、射獵、采桑、宴樂、水陸交戰、攻防等圖象，非常精美生動。從出土的青銅器的數量來看，兵器最多，其次是禮器和生活用具以及生產工具等等。此外，青銅的鏤刻、金銀錯、鑲嵌、鎏金等工藝，戰國時期也有所創造和提高。

(4)兵器製造

兵器製造是戰國重要的手工業部門之一，主要由官府督造。它的發展，是和戰爭爲戰國時期最突出的一個特點相聯繫的。從出土文物看：當時的兵器主要是青銅製品，特點是比春秋時期更爲鋒利、堅韌、精美；種類有戈、矛、戟、鉞、劍、斧、箭簇以及弩機、胄頂等。此外，在某些國家如楚國，鐵兵器的比重已在增多，長沙、衡陽六十四座楚墓出土的七十多件鐵器中，有戈、矛、劍、刀、匕首等鐵兵器三十三件。這與文獻記載的"宛鉅鐵鉈(矛)慘如蜂蠆"(《荀子·議兵》)，是相符合的。

（5）木工

木工與很多行業（如建築業）有關，而本身則主要是車輿的製造。

車工。車工的主要産品，在戰國時除戰車和駕馬的大車（輦）小車（輅）之外，人挽小車（輓）的生産也有較大發展。被稱爲“輪輿”之人的車工，與農夫“通功易事”（《孟子・滕文公下》），以産品換取糧食。戰國時，車工在個體手工業者中占了相當多的人數。這祇能從經濟的發展與對運輸能力需求的增加中來求得説明。

（6）皮革

皮革産品用途較廣，原料除牛皮、羊皮外，戰國時還用犀皮、兕皮、鮫皮（即鯊魚皮）來製作披甲。這顯然是和當時戰爭頻繁以及對改進軍事裝備的需求相聯繫的。

（7）陶瓷

和春秋時期相比，戰國時製陶工藝的主要特點是素面陶器占了優勢，陶器的暗紋（如繩紋和幾何紋）和彩繪（如紅色彩繪和黑色暗花），均有較大的發展。而各種磚、瓦，特別是“空心磚”的出現，是戰國後期陶工的一個創造。戰國時期是否已有瓷器，目前學術界看法不一。商周以來的釉陶，具備了瓷器的某些特徵，祇宜稱作“原始瓷器”。[①]

（8）漆器

漆器工藝在春秋時還附屬於木器業。戰國中期以後，它迅速地發展成爲一個獨立的手工業部門。這時的漆器已用於傢具等許多生活用具及樂器、兵器附件、喪具等很多方面，用來防腐和增加美觀。1971 年湖南瀏城橋楚墓出土大量漆器，有漆几、漆戈柄、漆矢箙等。這些器物，彩色鮮豔光亮，花紋細緻精美。[②] 此外，成都

---

① 《關於我國瓷器起源的看法》，《文物》1978 年第 10 期。

② 《長沙瀏城橋一號墓》，《考古學報》1972 年第 1 期。

羊子山戰國墓的漆盒和漆奩,有加鑲的金屬扣。其他加鑲金邊或銅邊的漆器,也有很多出土。漆器的顏色,已有黑、朱、黃、紫等十幾種,並能彩繪成各種美麗的圖案。這些都反映了漆工技術所達到的先進水平。

(9)玉器和玻璃器

玉器是供統治階級享用的裝飾品。它的製作,反映雕刻工藝的水平。戰國時,開始用人造玻璃來代替玉器作裝飾品,戰國的墓葬曾出土不少精美的玻璃璧、玻璃珠、玻璃印璽等。

(10)煮鹽

戰國的煮鹽,從規模到產量,均有發展。著名的產鹽地有齊、燕兩國的海鹽,即“齊有渠展之鹽,燕有遼東之煮”(《管子·地數》)。此外,安邑的池鹽,巴蜀的井鹽,也很著名。

(11)釀酒

戰國時期釀酒業總的情況,文獻記載不多。《韓非子》一書曾描寫宋國一個小酒店,由於“犬惡”而“酒酸”的故事。拋開作者的寓意不談,從城市中設有一些小酒店的情況來看,反映出釀酒在戰國時也是有所發展的。

(12)編織

編織所用的原料,有竹、草之類;產品,有竹席、草鞋等等。此外,從湖北銅綠山礦井遺址所發現的用作提運礦石的竹籃箕、竹筐、藤簍以及都江堰工程築堰時所用的盛石竹籠來看,戰國的編織品種類很多,它不僅滿足人們的日常生活需要,而且被用作農業和手工業的生產工具。

(13)紡織

戰國的紡織業主要有絲帛、麻葛兩種,遍及城鄉各地,尤以齊、魯最負盛名。此外,在長沙左家塘戰國墓中還首次發現了織棉。織物的染色,戰國已有石染(礦物染料)和草染(植物染料),能染成或織成帶有美麗文彩的繒帛。長沙子彈庫戰國墓出土的織物殘片,有絹、紗等類,並用了平紋、羅紋等不同的織造方法。如一片織絹,每平方釐米經綫七十根,緯綫四十根。而長沙五里牌楚墓出土的麻織物,密度是每平方釐米經綫二十八根,緯綫二十四根。可見,戰國時的紡織業已達到較高的水平。

(14)造船

戰國時造船業的情況,文獻記載和實物發現,至今還很少。1958年在江蘇武進縣曾發現幾隻春秋戰國時期的獨木舟,舟長約十一米,寬零點九米,加工精細,船殼很薄。而運載人與貨物的大船,據《史記·張儀列傳》記載:"秦西有巴蜀,大船積粟,起於汶山,浮江已下,至楚三千餘里。舫船載卒,一舫載五十人與三月之食,下水而浮,一日行三百餘里。"可見舫船之大。另外,從"水陸交戰銅鑒"等器物上的雙層戰船的圖象中,可以想見當時造船工業水平之高。

(15)建築

建築業需要同其他許多行業(如木工、陶工)的配合與協作,主要是以房屋(草屋與瓦屋)的建築爲主。而最能代表當時建築業水平的則是宮庭建築。下面簡要介紹秦都咸陽第一號宮殿遺址的發掘情況。這座宮殿遺址,係多層"高臺建築",現存臺面東西長三十一.一米,南北寬五.八米至十三.三米,地基深五米。主體殿堂有過廳和許多"室",壁墻之中有暗柱加固,臺基下有回廊及排水設施。所用建築材料:基礎是堅硬的石塊;支撐是木柱木架;用磚有各種型號的飾紋青灰色硬磚(鋪地用)和各種紋飾的"空心磚"(踏步用);用瓦有青灰色的板瓦、筒瓦和瓦當。此外,還用了一些金屬器件。在建築工藝上,已有脊飾、斗拱等等。① 總之,這座宮殿遺址的發掘表明,戰國時的建築業已達到了一個較高的水平。

---

① 《秦都咸陽第一號宮殿建築遺址簡報》,《文物》1976年第11期。

三、商業

1. 商品生產的發展

戰國商品生產的發展，是社會生產力迅速提高、社會分工進一步擴大的必然結果。當時投入市場的商品，有農林牧副漁產品和手工業產品兩大類。

農林牧副漁產品，主要是糧食以及農民家庭副業如絲帛葛麻產品，牲畜及肉、皮、筋、角、脂、膠等畜產品，木材及林產品，狩獵產品，魚類及水產品，各地名貴的土特產品。

手工業產品，除生產工具和運輸工具外，各種日常生活用品，品種極其繁多。其中，高級工藝產品如珠寶玉器之類，是供統治階級享用的昂貴商品。

戰國文獻如《戰國策》、《墨子》、《孟子》、《荀子》對四方各地的商品經濟生產，有大量記載，可歸納如下。南方：主要有木材（長松、文梓、豫章）、礦產（金、銅、錫、鐵、丹砂）、海產（魚、鱉、黿、鼉）、鳥（羽毛）獸（犀、兕、麋、鹿、象的齒、革、皮毛）；東方：主要有海產（魚、鹽）和織物（布、帛、紵）；西方：主要有礦產和鳥獸的羽毛、皮革以及鐵和池鹽；北方：主要有畜產（犬、馬、牛、橐駝）和果品（棗、栗）。

以上，同《周禮·職方氏》所載的九州物產（兗青二州的蒲、魚，揚州的銅錫竹箭，荊州的丹犀齒革，豫州的林漆絲枲，雍州的玉石，幽州的魚鹽，冀州的松柏，并州的布帛），基本上是一致的。

上層統治階級享用的高級商品的生產，見於李斯《諫逐客書》列舉秦王所擁有的產自各國的珠寶玉器、衣服佩飾等，如昆山之玉、隨和之寶、明月之珠、夜光之璧、犀象之器、太阿之劍、纖離之馬、翠鳳之旗、靈鼉之鼓、江南金錫、西蜀丹青、宛珠之簪、傅璣之珥、阿縞之衣、錦繡之飾。而產自各地美味，如《呂氏春秋·本味》

所列舉的洞庭之鱄、東海之鮞、陽華之蕓、雲夢之芹、具區之菁、江浦之橘、雲夢之柚等等,這在當時,祇能是飽"君子之腹"了。

上列高級商品,湊聚一處,足以使人眼花繚亂。但是,最能説明當時商品經濟生產發展程度的,還是《孟子・滕文公上》所記述的如下事實,即農夫所生產的糧食和家庭副業產品,除自用外,其餘全部拿到市上出售,以換取他們生產上使用的全部鐵製工具,運輸工具,以及一部分木製工具、生活用具和生活必需品(如食鹽)。而個體手工業和私營大手工業,其產品,則完全是爲了出售,以換取糧食等主副食品、生產和生活的用具、用品以及生產所需的原材料。甚至,各級統治階級從農民那裏徵收來的農副產品,也要拿到市上出售,以換取他們所需的奢侈品。這個基本事實,才是戰國商品經濟生產的主要内容,是戰國商品經濟和商業活動所呈現的某種繁榮景象所賴以存在和發展的基礎。

2. 商業活動和商人隊伍

戰國時的商業活動,從經營的範圍來看,有如下一些方面。

(1)糧食

糧食買賣除了在農民和個體手工業者之間進行外,國家和一部分大商人亦從事糧食販賣活動。特別是有些大商人如戰國初年的白圭,采取"人棄我取,人取我與"的辦法,在豐年賤價收購糧食,出售絲、漆,荒年則高價售出糧食,買進絲、絮,大搞投機活動,牟取暴利。

(2)礦產與木材

各種金屬礦產及木材,是手工業生產的主要原材料。它的買賣,主要在手工業生產者之間進行。當時經營冶煉業的一些大手工業者,同時又是大商人,如戰國末年冶鐵致富的郭縱、卓氏、程鄭、孔氏等。

(3)生產工具

農業工具和手工工具的生產者和銷售者,有大、中、小之分。

此外，還有運輸工具（車、船）的買賣。

（4）日常生活用具用品

這一類包括的商品種類極其繁多。總的來看，是爲數很多的個體手工業者用他們的産品同個體農民交換糧食、家庭副業産品等等。當然，也包括個體農民之間的交換農副産品。這一類商品的交換，在當時的商品交換總額中占有很大的比重。《孟子・滕文公上》記錄當時市場上交換的主要商品有布帛、麻、絲絮、五穀、履等日常生活用品。

從《雲夢秦簡》的秦律中，我們也可以看到此類商品的交換情況。簡文談及糧食買賣，提到"有稟菽、麥當出未出，即出禾以當菽、麥，菽、麥價賤禾貴"，並説禾粟價一石值三十錢。關於家畜的買賣，簡文提到豬羊一類"小畜"每頭的價格二百五十錢左右。此外，簡文還記載了出售雞、畜産品（肉、皮、筋、角、脂、膠）的事，記載了陶器、鐵器、木器以及冬衣、夏衣、褐衣、大麻的價格。睡虎地四號墓出土的木牘（兩名士兵的家信），還提到買絲布做衣等等①。

（5）珠寶玉器等工藝品和名貴土特産

此類商品，主要供上層統治階級享用。經營者，多是大投機商人，可獲百倍之利。趙國"陽翟大賈"呂不韋，便是其中的著名者。

（6）鹽及飲食服務諸業

鹽是生活必需品。經營煮鹽的富商，見於文獻的有魏國的猗頓等。經營飲食服務業的，則有殺豬屠狗的賣肉者、賣漿者、賣酒者、客館開設者等等。

從上述一些商業活動來看，戰國的商人隊伍有如下三個特點：

第一，商人有大、中、小之分。大商人有壟斷市場的能力，多經營糧食、鹽、鐵、礦産和木材等原材料以及貴重商品的販賣，經常搞投機倒把，牟取暴利。中小商人則多從事生産工具及日常生活用

---

① 《從秦簡看秦國商品貨幣關係發展狀況》，《文物》1978 年第 8 期。

具用品的生産和銷售。

第二，大中小商人，其本身往往又是大中小手工業者，一身而兼二任。

第三，商人有"行商"（長途或短途販賣）和"坐賈"（居肆營業）之分。行商大都不可能同時兼營手工業生産，坐賈則是可以的。

3. 商品市場和商業都市

商品交換一般在市場上進行。戰國的各國國都和其他城市，都設有"市"。在國都的建設上，還有"面朝後市"（《周禮·考工記》）（前面是朝庭，後面是市）的建築規範。據記載，當時大城市中的市區規模已經很大：四周設有"市門"，由"市吏"對市場進行管理。按秦律《關市律》的規定："爲作務及官府市，受錢必輒入其錢缿中，令介者見其入。不從令者貲一甲。"所謂"官府市"，就是"市官"管理下的交易。這和《華陽國志》中所記載的秦惠文王時"張若治成都，置鹽鐵市官"，"市張列肆，與咸陽同制"，基本上是一致的。國家對關市的這種管理，目的是爲了通過關卡、市場來徵稅，以增加政府的財政收入。

農業、手工業和商業的迅速發展，導致了工商業城市的大量出現。

春秋時期的城市，包括國都在內，一般規模不大（侯伯之城，方五里（見《左傳》隱公元年注）。當時的城，作爲武裝據點，首先是天子、諸侯的政治統治中心，而其中官營的工商業，主要是爲統治階級服務，不是城市的主體。

戰國時期的城市，與春秋時期不同。從規模看，古時"城雖大，無過三百丈者；人雖衆，無過三千家者"。戰國時期則"千丈之城萬家之邑相望也"（《戰國策·趙策三》）。"三里之城"，"七里之郭"，"萬家之縣"，已是到處可見。從性質看，戰國時的城市，特別是國都，雖然仍然是政治、軍事的中心，但工商業人口已經成了城市居民的多數。尤其是一批工商業城市，作爲各地區的手工業產品和農副業産品的集散地,雨後春筍般地出現了。據《鹽鐵論·通有》記載:"燕之涿(今河北涿縣)、薊,趙之邯鄲,魏之溫(今河南溫縣西南)、軹(今河南濟源南),韓之滎陽(今河南滎陽東北),齊之臨淄,楚之宛丘(今河南南陽市),鄭之陽翟(今河南禹縣),三川之二周(按指東周、西周。東周,今河南鞏縣;西周,今河南洛陽市),富冠海內,皆爲天下之名都。"此外,曾先後做過各國國都的安邑(今山西夏縣西北)、大梁(今河南開封市)、鄭(今河南新鄭)、洛陽(今河南偃師西)、郢(今湖北江陵西北)、陳(今河南淮陽)、壽春(今安徽壽縣)、濮陽(今河南濮陽西南)、雍、咸陽、吳(今江蘇蘇州市)等城市,也都是著名的工商業城市。

戰國工商業城市的繁榮景象,可舉齊都臨淄爲例。據《史記·蘇秦列傳》記載,臨淄有七萬户人家,很是熱鬧。"車轂擊,人肩摩,連袵成帷,舉袂成幕,揮汗成雨。"一些游閑者"吹竽鼓瑟,彈琴擊築,鬥鷄走狗,六博蹋鞠"。楚國的郢都,據《太平御覽》卷七七六引桓譚《新論》,也是"車挂轂,民摩肩,市路相交,號爲朝衣鮮而暮衣弊"。

戰國時期,富庶的工商業城市,往往會成爲各國的爭奪目標。如原屬宋國的定陶(今山東定陶北),即范蠡當年曾"三致千金"的地方,因爲是"天下之中,諸侯四通,貨物所交易"的大工商業城市,一直爲齊、秦、趙三國長期激烈爭奪。

工商業城市的興起和繁榮,集中地表現了戰國時期商品經濟生産的發展和所達到的較高水平。

4. 金屬貨幣的廣泛流通

商品交換的發展,必然要引起貨幣本身的變化。戰國貨幣同春秋時期的不同,在於金屬貨幣的廣泛流通。以下分銅幣、金幣、貝和珠、玉等三個方面來談。

(1)銅幣

春秋時已開始使用銅鑄貨幣。公元前 524 年周景王"將鑄大錢"(見《國語·周語下》)一事表明,銅幣在春秋後期的商品交換中已廣爲流行。戰國時期,銅幣的廣泛流通,據文獻記載,表現在:糧食的價格已用貨幣來計算,臨時雇工("庸客")的工資已用貨幣來支付,國家徵收的賦稅,也開始用貨幣來交納("刀布之斂"),甚至政府通緝罪犯的賞格也用貨幣,如秦王下令"有生得毐者,賜錢百萬"之類。銅幣廣泛流通的這種情況,從《雲夢秦簡》的秦律中亦可得到説明。如對盜竊犯的懲治,一定要把贓物估算出值錢若干,如"贓值××錢",然後再根據贓值的多寡來判定懲罰的輕重。關於銅幣的形制,由於諸侯的稱雄割據,很不統一,但大體可分爲四種:一是"布"。它取象於農具錢、鏄的形狀,流行於周王室及三晉地區。其中,趙國又鑄行刀幣;接近秦國的地域,又有圓形圓孔貨幣的出土。二是"刀"。它取象於切割工具刀的形狀,流行於齊、燕、趙三國。其中,齊、燕又曾鑄造過圓錢和布錢。三是"圓錢"。圓錢有圓孔與方孔之分,流行於秦國以及臨近秦國的黃河流域地區。四是"銅貝"。它的形狀像海貝,流行於楚國。

(2)金幣

黃金從商品中分離出來,充當貨幣,是戰國時期的事。據文獻記載,戰國時期的大商人和上層統治者交換珍貴奢侈品如千里馬、象床、寶劍、狐裘等物,均以黃金論價。其他,如奴隸或美女的買賣,也動輒"百金"或"三千金"。此外,還用黃金來計算地租收入(温囿"歲利八十金")和家產("千金之家"、"其家萬金")。特別是國君行賞或官僚之間的送禮、賄賂,常常用"百金"、"金千斤"、"金千鎰";而春秋時期則是用服飾、珠寶、絲帛、糧食、家畜或奴隸,沒有用黃金貨幣的。關於金幣的形制,一般是圓形的"餅金"。唯楚國鑄造的金幣,在一個正方中間整齊地劃分十六個小方格,小方格中印有"郢爰"、"陳爰"或"郢"字,又有在每一方格中再劃分爲十六個方格的。金幣的重量單位,每以斤、鎰來計算。也有以"金"爲單位的。一金,即是指一塊金幣。

（3）貝、珠、玉

貝、珠、玉作爲金屬鑄造貨幣以前的貨幣，在戰國時期的貨幣流通中，並没有完全絶迹。《史記·平準書》記載秦始皇統一貨幣時，規定"珠、玉、龜、貝、銀、錫之屬，爲器飾寶藏，不爲幣"。這説明秦始皇統一貨幣之前，上述珠玉之類，仍然曾作物品貨幣使用，否則就没必要特地發佈這樣的禁令了。

戰國的金屬貨幣，其鑄造和發行權在於官府，唯國君可以"鑄錢立幣"。民間私鑄是犯法的。《秦律》《爰書》中即有關於破獲私鑄銅錢的案例。《秦律》還規定："賈市居列者及官府之吏，毋敢擇行布錢；擇行布錢者，列伍長弗告，吏循之不謹，皆有罪。""擇行布錢"指拒絶接受質地不好的貨幣。可見，國家是以法律爲後盾强制推行官鑄錢幣的。

《管子·輕重乙》説："黄金刀布者，民之通貨也。先王善制其通貨，以御其司命，故民力可盡也。"這段話，是對戰國時期金屬鑄造貨幣的職能和廣泛流通的概括和總結。

5. 借貸的盛行和券的使用

戰國時期貨幣職能進一步發展的一種表現，便是金錢借貸的盛行。有借貸，就必然會有利息。所謂高利貸，不過是説利息很高而已。借貸，不自戰國始。春秋時期，借貸已頗盛行，如文獻中屢屢提到的"貸粟"。但是，那些都是實物借貸。金錢借貸是戰國以來才有的。當時的高利貸資本，對農民和中小工商業者的盤剥是很厲害的。如大高利貸者孟嘗君田文，在封地薛邑（今山東微山東北）放債，以利息豢養三千食客，一次就收到"息錢十萬"。此外，《秦律》中還提到官府放債的情形："府中公金錢私貸用之，與盗同法。"可見，官府的資金是放債用的。百姓向官府借貸，如償還不起，就要依法强迫債務人到官府服役。服一天役，僅折合爲八錢，足見官府放債條件之苛。

商品貨幣經濟的發展，高利貸的盛行，使得作爲買賣或借貸憑證的"券"，在戰國時已普遍使用。大的買賣用較長的券，叫做"質"，較小的買賣用較短的券，叫作"劑"，此之謂"大市以質，小市以劑"(《周禮·質人》)。當時，買賣用的質、劑或放債用的債券，一般用竹木製作，先把買賣合同或借據寫在上面，然後剖分爲二，由買主或債權人執右券，賣主或債務人執左券。買主或債權人操右券責成賣主或債務人履行義務，叫做"操右券以責"。因債務問題發生爭執或糾紛，官府便根據債券來判定歸屬。

戰國時期商品生產的發展，商品交換活動和商人隊伍的擴大，以及由此而引起的大商人壟斷市場，工商業城市的興起和繁榮，金屬貨幣的廣泛流通，高利貸的盛行和券的普遍使用，都是春秋時期所不曾有過的。商品貨幣經濟在戰國時期有一個空前的較大發展，應是無疑的了。

總之，戰國時期政治經濟制度上的大變革以及思想上的百家爭鳴和文化藝術上的群星燦燦，都是這一時期經濟飛速發展的必然結果。

第六節　戰國時期中國境內的各少數民族

中原華夏族國家同各少數民族的關係，在春秋時主要表現爲激烈、複雜的鬥爭；至戰國有明顯變化，鬥爭雖亦從未曾停止過，但融合顯然已占居主要地位。先前同華夏族國家激烈交鋒的北方幾支少數民族，有的在中原建立了自己的國家，與華夏國家比鄰而立；有的遂與華夏族融爲一體，成爲後來形成的漢民族的一部分；有的則暫時從中原離去。以華夏族爲主體的各個民族，共同創造着燦爛的戰國文化。戰國後期，一個叫做匈奴的游牧民族，從北方崛起，登上中國歷史的舞臺。新的民族鬥爭的序幕被拉開了。

一、創造了燦爛文化的中山國

中山國是戰國時期一個很重要的國家。西漢人劉向在《戰國策·敍錄》中將中山列爲戰國五個千乘國之一。它處於趙、燕、魏三國之間，據前人考證和近年考古發掘證明，其疆域南至高邑，北達唐縣，西臨太行山，東止蠡縣、安平、深縣，包括今河北石家莊地區大部分和保定地區南部。

中山，春秋稱鮮虞。從公元前 6 世紀狄人建立鮮虞國算起，到公元前 296 年被趙武靈王滅掉，有國長達三百多年之久。鮮虞的都城據《漢書·地理志》注引應劭說在新市，新市就是鮮虞亭。鮮虞亭據《讀史方輿紀要》和《清一統志》說是今河北正定新城鋪。關於鮮虞的歷史情況，史載極略。《戰國策·中山》說楚昭王（公元前515 年至前 489 年在位）"伐中山，中山君亡"，知道它在公元前 6世紀末至前 5 世紀初曾經亡國。以後它在什麽時候復國，已不可確知。但是知道趙獻侯十年（公元前 414 年）"中山武公初立"（《史記·趙世家》及《六國年表》），而且知道這時中山的都城已移至顧。顧在今河北定縣。以後的歷史，據《世本》說"中山武公居顧，桓公徙靈壽，爲趙武靈王所滅"（《史記·趙世家》《索隱》引），眉目就比較清楚了。

在中山國的歷史上有一件意義深遠的大事，就是爲魏所滅，亡國三十年。在"武公初立"後七年，即趙烈侯元年（公元前 408 年），"魏文侯伐中山，使太子擊守之"（《史記·趙世家》），中山亡國並被置於魏國的統治之下。三十年後，即公元前 378 年，《史記·魏世家》記"翟敗我於澮"。次年，《趙世家》記"與中山戰於房子"。次年，"伐中山，又戰乎中人"。與趙發生戰事，證明它已經復國，那末"翟敗我於澮"很可能就是中山復國的一場戰争。"桓公徙靈壽"，應該是指這次復國而言。靈壽是中山國最後一個都城，它的確切位置在今石家莊市西平山縣三汲公社。

　　1974—1978年,河北平山三汲公社戰國中山國遺址的調查和墓葬的發掘,證明文獻記載是可靠的。根據出土銅器銘文並參照文獻記載,知道中山國君世系共有文公、武公、桓公、成公、王礐、嗣子盜、尚七代。公元前296年,趙武靈王滅中山,中山國的末代國君尚被遣送到陝北膚施。

　　魏國三十年的統治使中山國進一步接受了華夏文化的影響。戰國中山國的文化,同華夏諸國相比,可以説水平相埒,並無遜色。

　　三汲公社古靈壽城址規模極爲可觀。城址中有製陶器、製骨器、製銅器鐵器的作坊,有居住遺址,建築用瓦,還有確爲中山國自造的鐵工具钁、銻、鏟、鉬、鐮、削以及長方鐵盆和鐵足大銅鼎,説明中山國的經濟發展水平是很高的。

　　從文獻和考古發掘兩方面材料參照來看,中山國思想文化受華夏族影響很深。《太平寰宇記》卷六二説:"中山專行仁義,貴儒學。"平山第一號墓出土銅器三篇銘文大講忠、孝、仁、義、禮、信之類。《戰國策·中山》説中山國"舉士,則民務名不存本;朝賢,則耕者惰而戰士懦"。中山王方壺銘文説:"古之聖王務在得賢,其次得民。故辭禮敬則賢人至,寵愛深則賢人親,籍斂中則庶民附。"銘文中對燕王噲讓位子之一事强調"燕君子噲不分大義,不告諸侯,而臣主易位","不祥莫大焉",其態度也同孟子一致。中山國思想意識具有明顯的儒家色彩。

　　中山國從物質生產到精神生活,遊牧民族的特色已經消失,深深地華夏化了。僅僅在某些次要方面,如山字形銅禮器、屋頂覆山字形脊瓦以及帳架和帳內用器等,還殘留着本民族的標記。這恰好證明,中山國文化是少數民族文化同華夏文化長期融合的結果,是中華民族古代文化不可分割的一個組成部分。

二、北方與西方的其他少數民族

戰國時期,在北方和西方同華夏族長期處於融合狀態的少數民族除中山國以外,還有代、林胡、樓煩、東胡、義渠等。

1. 代

代是北戎建立的國家。其地域約在今山西代縣、繁峙、大同及河北易縣、宣化一帶。北戎於春秋時活動於晉之北和晉之東。這是有據可查的。《後漢書·西羌傳》說:"晉人敗北戎於汾隰。"《左傳》隱公九年說:"北戎侵鄭。"桓公六年說:"北戎伐齊。"都說北戎與晉、鄭相距不遠,且在晉之北與晉之東。杜預說"山戎、北戎、無終三名也"(《史記·匈奴列傳》《正義》引),以爲北戎就是山戎,似不足信。

北戎於春秋曾一度很強大,後來同赤狄一起被晉擊滅。春秋後期其餘部移居晉北代地,於是又稱代戎。《後漢書·西羌傳》說"趙亦滅代戎,即北戎也",看來無誤。

據《史記·趙世家》記載,代滅於趙襄子(公元前 457 年—前 425 年在位)。趙襄子使用陰謀手段,在宴請代王的時候,暗使廚人、宰人用銅枓(勺)"擊殺代王及從官,遂興兵平代地","以代封伯魯子周爲代成君"。代戎滅後,一部分離去,一部分成爲趙人的一部分。

2. 林胡、樓煩

林胡、樓煩和東胡史稱"三胡"。其居處史有記載。《史記·匈奴列傳》:"晉北有林胡、樓煩之戎,燕北有東胡、山戎。"《趙世家》記武靈王說趙"東有燕、東胡之境","西有林胡、樓煩、秦、韓之邊"。可知林胡、樓煩在晉之北,東胡在燕之北無疑。

樓煩之居處,文獻記載較具體。《趙世家》說武靈王"西遇樓煩王於西河而致其兵"。西河指趙國西部近河一帶。《括地志》説："嵐州，樓煩胡地也。"兩條材料完全相符，可以肯定戰國樓煩就在今山西嵐縣及嵐縣迆北。

林胡、樓煩終戰國之世，不但未見對華夏諸國有甚威脅，事實上倒是它們經常處於趙國威懾之下，并且終於爲趙武靈王所破。他們後來成爲匈奴的附庸。趙將李牧"殺匈奴十餘萬騎"的同時，又"破東胡，降林胡"(《史記·廉頗藺相如列傳》)。

關於東胡，《匈奴列傳》説："燕北有東胡、山戎。各分散居谿谷，自有君長，往往而聚者百有餘戎，然莫能相一。"由此知道東胡不是山戎。

東胡在戰國時期曾兩次被擊敗，一次是上文提及的趙將李牧"破東胡"，另一次是燕將秦開"襲破走東胡，東胡卻二千餘里"(《史記·匈奴列傳》)。

3. 義渠

義渠是戰國西方之戎中最爲强大的國家。《括地志》説："秦北地郡，戰國及春秋時爲義渠戎國之地。"《後漢書·西羌傳》又説，秦惠文王"伐義渠，取徒涇二十五城"。北地郡當今甘肅慶陽西北，包括寧夏賀蘭山、青銅峽以東及甘肅環江、馬連河一帶。徒涇諸城在今陝西之黃河西岸地區。可見義渠疆域之廣。

但是，它在與秦國的關係中卻一直占下風。《匈奴列傳》説："義渠之戎築城郭以自守，而秦稍蠶食。"説義渠對秦取守勢，符合實際情況。《史記·六國年表》依次記録了它同秦的幾次交往：

秦厲共公六年(公元前471年)："義渠來賂。"

秦厲共公三十三年(公元前444年)："伐義渠，虜其王。"

秦躁公十三年(公元前430年)："義渠伐秦，侵至渭陽。"

秦惠文王七年(公元前 331 年):"義渠内亂,庶長操將兵定之。"

秦惠文王十一年(公元前 327 年):"義渠君爲臣。"

秦惠文王初更十一年(公元前 314 年):"侵義渠,得二十五城。"

又,《後漢書·西羌傳》説:

"後百餘年,義渠敗秦師於洛。後四年,義渠國亂","後八年,秦伐義渠,取郁郅。後二年,義渠敗秦師於李伯。"

又,《史記·匈奴列傳》説:

秦昭王時,"宣太后詐而殺義渠戎王於甘泉,遂起兵伐殘義渠"。

上述材料記録義渠同秦的十次交往,四次是義渠的主動行動,其中三次敗秦,但未造成嚴重後果。其餘六次是秦攻義渠,虜其王,平其亂,臣其君,取其城,逐步蠶食,最後殺其君,滅其國。

公元前 3 世紀前期,趙、燕、秦三國在解決了周邊的少數民族問題之後,都在自己的北方邊境修起了長城。戰國長城的修建是一個標誌。春秋以來持續五個世紀的激烈的民族鬥爭和深刻的民族融合,至此告一段落。從地域空間上説,長城以内少數民族同華夏族已大體上融爲一體;從歷史發展上説,中國奴隸制時代的民族鬥爭以民族間的深刻融合爲結果而宣告結束,民族鬥爭的新時期即將開始。

在來臨的民族鬥爭中扮演重要角色的是匈奴。匈奴可能是先前的戎或狄的後裔。長城以外一切曾經同華夏族進行過鬥爭的北方少數民族的餘部,都被囊括在匈奴的大旗之下。

當時匈奴尚未正式建立國家,它"逐水草遷徙,無城郭常處耕田之業”,“無文書”,“寬則隨畜,因射獵禽獸爲生業,急則人習戰攻以侵伐”。匈奴正式建立統一的國家政權,“南與中國爲敵國”(《史記·匈奴列傳》),是秦漢之際的事情。

匈奴據地很廣,“冠帶戰國七,而三國邊於匈奴”(《史記·匈奴列傳》)。三國之中首先與匈奴對抗的是趙國。史載趙悼襄王(公元前 244 年至前 236 年在位)時趙將李牧“常居代雁門,備匈奴”,“大破殺匈奴十餘萬騎”,使“其後十餘歲,匈奴不敢近趙邊城”(《史記·廉頗藺相如列傳》)。這是戰國華夏國家與匈奴的第一次也是唯一一次大的交鋒。

4. 羌戎

羌戎居於黃河上游的賜支河、湟河一帶的廣闊地區。當春秋戰國之際秦厲共公(公元前 476 年至 443 年在位)時,一個叫做無弋爰劍的人,成爲羌戎的酋豪。羌戎本來“以射獵爲事”,爰劍“教之田畜”,受到擁護,越來越多的羌人部落依附於他。秦獻公(公元前 384 年至前 362 年在位)時,羌戎有一支人“出賜支河曲西數千里”,與衆羌分開。後來的越嶲羌、廣漢羌、武都羌就是這支羌人的後代(見《後漢書·西羌傳》)。留在原地未動的羌人,至秦孝公(公元前 361 年至前 338 年在位)時服於秦。

5. 西域各族

戰國西域各族情況史載不詳。從漢“武帝時西域內屬有三十六國,漢爲置使者、校尉領護之”(《後漢書·西域傳》)的記載看,戰國時西域各族很可能已進入階級社會,其發展水平應高於一般戎狄。據古代印度人考利斯(生當公元前 4 世紀至前 3 世紀)《實利論》記載,中國絲綢曾遠銷印度。[①] 這意味着早在漢、唐形成“絲綢之路”前,戰國時期西域各族與中原國家的往來已經開始。

---

① 見《中西交通史料匯編》第二册附錄《支那名號考》。

三、南方與東方諸少數民族

戰國南方少數民族有其特殊之處。他們不像北方戎狄那樣逐水草遷徙，善騎善戰。加以地處偏遠，山阻水隔，使他們同中原華夏國家不可能有更多的交往。交往少，鬥爭少，因而融合的過程也慢。

1. 巴、蜀

巴、蜀是戰國時南方較發達且與北方國家聯繫較多的少數民族，多"沃野，地饒巵、薑、丹砂、石、銅、鐵"（《史記·貨殖列傳》），物產豐盛，而且"大船積粟"（《史記·張儀列傳》），多產糧食。當時它已形成國家。但在秦人眼裏，它還是"戎翟之倫"（《史記·張儀列傳》）。據《史記·六國年表》，從秦厲共公二年（公元前 475 年）至秦昭襄王六年（公元前 301 年）的一百七十多年中，蜀與秦有五次交往。其中重要的是後三次：

> 秦惠文王初更九年（公元前 316 年）："擊蜀，滅之。"
>
> 秦惠文王初更十四年（公元前 311 年）："蜀相殺蜀侯。"次年："誅蜀相壯。"
>
> 秦昭襄王六年（公元前 301 年）："蜀反，司馬錯往誅蜀守煇，定蜀。"

這三次軍事行動，第一次是藉口巴、蜀自相攻擊，邀請干預而出兵的，真實目的是"富其國"，"廣其地"（《史記·張儀列傳》）。結果滅蜀，立了個侯作傀儡。於是秦的影響深入蜀地。第二次，乘蜀相殺蜀侯的機會，誅蜀相而設蜀守。至此，蜀地至少在名義上成爲秦統治下的一個地區。第三次，蜀守煇造反，反映秦對蜀的統治尚不穩固；司馬錯出兵平定叛亂，秦對蜀的統治趨於牢固。所以後來秦始皇誅嫪毐時，才能將"諸嫪毐舍人皆没其家而遷之蜀"（《史記·呂不韋列傳》)。

在從司馬錯定蜀到秦統一中國的近百年間,蜀地有很大發展。據《華陽國志·蜀志》記載,張儀與蜀守張若建設成都,"周迴十二里,高七丈;郫城迴七里,高六丈;臨邛城迴六里,高五丈。造作下倉,上皆有屋,而置觀樓射圃。成都縣本治赤里街,若徙置少城、内城。營廣府舍,置鹽鐵市官並長丞,修整里闈,市張列肆,與咸陽同制。其築城取土,去城十里,因以養魚,今萬歲池是也"。後來蜀守李冰築都江堰,成都平原頓成"沃野千里","天下謂之天府"(《華陽國志·蜀志》)。"天府"的交通亦有開闢,史稱"棧道千里,無所不通"(《史記·貨殖列傳》)。

2. 西南夷

《史記·西南夷列傳》説:"西南夷君長以什數,夜郎最大;其西靡莫之屬以什數,滇最大;自滇以北君長以什數,邛都最大。此皆魋結,耕田,有邑聚。"有農業,有定居村落,頭髮綰起來,其發展水平可見是比較高的。

夜郎是西南夷中最大的國家。它位於今貴州省西部和北部,還包括雲南北部及四川南部一部分。公元前 3 世紀初,楚頃襄王(公元前 298 年至前 263 年在位)派莊豪經沅水伐夜郎,戰於且蘭(今貴州凱里西北),夜郎滅亡(《後漢書·南蠻西南夷列傳》)。

滇位於夜郎之西,在今雲南滇池一帶。滇池地"方三百里,旁平地,肥饒數千里"(《史記·西南夷列傳》)。楚威王(公元前 339 年至前 329 年在位)時,派莊蹻以武力征服滇國。但莊蹻没有回到楚國,留下來"以其衆王滇,變服,從其俗,以長之"(《史記·西南夷列傳》)。

邛都在滇國之北,今四川西昌東南。

除夜郎、滇、邛都三個大國以外,西南夷還有嶲、昆明,地方數千里。它們"皆編髮,隨畜遷徙,毋常處,毋君長"(《史記·西南夷列傳》),發展水平顯然落後於夜郎等三國。還有徙、筰都、冉駹、白馬等都有君長,有的遷徙不定,有的聚落而居。可見西南夷諸族處在不同的發展階段上。解放後在雲南、廣西古代西南夷活動的地方發現不少戰國秦漢文物。雲南楚雄萬家壩古墓群出土隨葬品中有青銅器八百九十八件,是分別以滇池和洱海爲中心的兩個地方的青銅文化,它們既與中原地區有相同之處,又有鮮明的地方色彩,可以反映戰國末期西南夷經濟文化水平。

3. 蠻越

戰國南方少數民族還有居今湘、黔的南蠻,居今粵、桂的南越,居今閩的閩越,居今浙江的甌越。歷史上對這些少數民族的稱謂,統稱之,叫做蠻、蠻夷、蠻越,蠻和越都包括在內。如《王制》:"南方曰蠻。"《史記》:"越雖蠻夷"(《史記·東越列傳》)。《後漢書》:"南并蠻越。"(《後漢書·南蠻西南夷列傳》)分言之,稱蠻或蠻夷,單指荊湘之蠻而不含越,如《詩經》:"蠢而蠻荊"(《小雅·采芑》)。《史記》記楚武王自稱:"我蠻夷也"(《史記·楚世家》)。稱百越或越,則單指諸越而不含蠻,如《史記》:"和集百越"(《史記·南越列傳》)。《後漢書》:"朝貢百越"(《後漢書·南蠻西南夷列傳》)。《史記》:"舉高帝時越功"(《史記·東越列傳》)。

蠻越歷來同楚國關係密切。春秋時期周天子告誡楚成王說:"鎮爾南方夷越之亂,無侵中國!"(《史記·楚世家》)然而當時楚國祗能應付荊湘的南蠻,尚無力觸及百越。至戰國,吳起爲楚悼王相,才"南并蠻越,遂有洞庭、蒼梧"(《後漢書·南蠻西南夷列傳》)。戰國後期,秦國勢力深入南方,秦昭王派白起伐楚,"略取蠻夷,始置黔中郡"(《後漢書·南蠻西南夷列傳》)。范曄概括這段歷史,謂"楚子稱霸,朝貢百越;秦并天下,威服蠻夷"(《後漢書·南蠻西南夷列傳》),是正確的。

關於南蠻的社會生活情況,《後漢書·南蠻西南夷列傳》說,"衣裳班蘭,語言侏離,好入山壑,不樂平曠","外痴內黠,安土重舊","田作賈販,無關梁符傳租稅之賦。有邑君長,皆賜印綬"。安土有邑，種田山間，與北方戎狄迥異。

　南越和閩越在戰國時期的情況，未見史載，但從漢初南越王趙佗自稱"南越武帝"，"以兵威邊，財物賂遺閩越、西甌、駱，役屬焉，東西萬餘里。乃乘黃屋左纛，稱制，與中國侔"（《史記·南越列傳》）來看，敢於同漢王朝抗衡，其國力之雄厚，絕非一時可就，必是戰國以來長期發展的結果。廣東慶德戰國墓出土銅器劍、矛、鏃、刀、斧、鑿、鐏、鎌、鈴、鼎等十五件，其形制有與華夏族相同之處，是戰國南越經濟文化已達相當水平的實物證據。

　居東方淮泗間之東夷，至戰國末期已與華夏族融合無間。秦統一六國，"淮泗夷皆散爲民戶"（《後漢書·東夷列傳》）。"散爲民戶"即意味着作爲一家一戶的百姓而存在，往日維繫他們的族屬紐帶顯然已退居次要地位。

第七節　戰國時期大放異彩的思想界和燦爛的文化藝術

　戰國時期天下大亂，從生產力到生產關係，從經濟基礎到上層建築，都在急劇地發生變化。不但上無天子，下無方伯，所有一切舊的"納民於軌物"的東西，都失去了約束力，使得各個領域的新生事物，如不施羈勒的駿馬，篸坡注澗，一齊奔跑出來。從社會來説，這個時期最混亂；從思想來説，這個時期最解放。正因爲這樣，這個時期不但思想家輩出，在文學藝術以及天文、曆算、輿地、醫藥等各個方面都有大量的、新的、可貴的成就出現，從而使這個時期的歷史呈現出一種百家爭鳴，百花齊放，五彩繽紛，光豔奪目，看去令人目不暇給的罕見局面，對後世產生了巨大的影響。

一、戰國時期的思想界

戰國時期的思想界派別衆多，號稱百家。例如《莊子·天下》說"百家往而不反"，《荀子·解蔽》說"百家異說"，都是證明。當時所說的家，並不是從政治思想的不同來劃分，大抵持有獨立見解的個人或若干人都可稱爲一家。例如，《莊子·天下》所評述的有墨翟、禽滑釐、宋鈃、尹文、彭蒙、田駢、慎到、關尹、老聃、莊周、惠施等六家十一人。《荀子·非十二子》所非難的有它囂、魏牟、陳仲、史鰌、墨翟、宋鈃、慎到、田駢、惠施、鄧析、子思、孟軻等六家十二人。其他，如《荀子·解蔽》言曲知之人，則舉出墨子、宋子、慎子、申子、惠子、莊子等六人。《尸子·廣澤》則舉墨子、孔子、皇子、田子、列子、料子等六人。《呂氏春秋·不二》則舉老耽、孔子、墨翟、關尹、列子、陳駢、陽生、孫臏、王廖、兒良等十人。至漢時，司馬談論其得失，概括爲陰陽、儒、墨、名、法、道德六家。劉歆著《七略》，於《諸子略》則分爲儒、道、陰陽、法、名、墨、縱橫、雜、農等九家。

自今日看來，戰國人所說的家，其劃分標準，不如漢人較爲科學。而漢人的劃分法，則以司馬談爲優勝。爲什麼這樣說呢？因爲在當時思想界展開激烈鬥争的，主要是儒、墨、道、法四家。這四家之所以進行鬥争，主要是由於政治方向的不同。具體說，儒家是堅決走奴隸制道路的。法家則相反，堅決走封建制的道路。道家也反對儒家，但它所追求的政治目標，並不比儒家進步，而是更落後了。它想倒退到"小國寡民"即原始社會去。墨家從反對儒家來說，它是進步的，反映它反對奴隸制。但是它没有找到新的社會制度。它反對奴隸制，反得不徹底。確切地說，它是一個改良主義者。至於名家，實際是講邏輯的，雖然也可以自名一家，但它没有獨立的政治主張。陰陽家夾雜着不少宗教迷信成分，從其所長在天文、曆法來說，應屬自然科學範圍。縱橫家則以貫徹執行一國或幾國的外交政策爲主要內容，農家所鑽研的祇是生產技術，雜家則不名一家，都非儒、墨、道、法四家可比。因此，在這裏準備重點地談儒、墨、道、法四家。其餘如陰陽家、名家、兵家、雜家也列入談談。至於縱橫家和農家，則從略。

1. **儒家**

儒家以六藝爲法，以孔丘爲師。其著名人物，在戰國有孟軻、荀況。二人的特點是孟軻長於詩書，荀況長於禮。總之，他們都是奴隸制的鼓吹者。當然，不能因此就說他們的言論毫無可取之處。但是從政治方向來看，他們不是進步的，而是保守的，甚至可以說是反動的。墨、道、法三家都反儒，這不是偶然的，大可注意。

（1）孟軻

孟軻，鄒人，受業於子思之門人。他是孔子之道的堅定的捍衛者。在孟軻生活的年代，不但"楊朱、墨翟之言盈天下"（《孟子·滕文公下》），而且，法家吳起、商鞅，縱橫家蘇秦、張儀，兵家孫臏等也一齊登上政治舞臺，大顯身手。整個社會正在急劇地發生變化。而孟軻卻逆歷史潮流而動，把這些新事物都作爲邪說、詖行、淫辭來反。孟軻的政治主張，實際上比孔丘還落後。孔丘所夢想的祇是周公，而孟軻則"言必稱堯舜"（《孟子·滕文公上》），在復古方面，比孔丘走得還遠。所以，他雖然自視甚高，說："當今之世，舍我其誰也？"而官運並不亨通。他在齊、魯任過卿，但爲時甚短，至梁終不見用。不得已，退而與萬章之徒，作《孟子》七篇。

今就現存的《孟子》七篇來考察，可以看到孟軻的思想是以性善論爲出發點的。進而表現在政治上，則爲行王道，施仁政。表現在經濟上，則主張"制民之產"即恢復井田制，並承認社會分工必不可廢。因此，當時的著名人物自楊朱、墨翟，至許行、陳仲子、宋牼以及公孫衍、張儀等，都在他反對之列。他的歷史觀當然是唯心的，但與鄒衍"五德終始"說無關。他對天命的看法比較模糊，不但不如荀況的明確，也趕不上孔丘。但他的認識仍屬唯物論的範疇，説他是唯心論,我看不見得對。他在很多言論中有辯證法思想,但沒有提高到理論上來認識。以下就這幾個問題分別加以論述。

第一,人性論

人性問題是當時思想家所普遍重視的一個問題。自今天看來,當時的思想家都想解決這個問題,但是誰也沒解決。其根本原因是,他們都抽象地看人性,即離開人的社會性,離開人的歷史發展去看人性。孟軻當然也不例外。

孟軻主張人性善的根據,在於人皆有不忍人之心。他解釋説:"所以謂人皆有不忍人之心者,今人乍見孺子將入於井,皆有怵惕惻隱之心,非所以内交於孺子之父母也,非所以要譽於鄉黨朋友也,非惡其聲而然也。由是觀之,無惻隱之心非人也,無羞惡之心非人也,無辭讓之心非人也,無是非之心非人也。惻隱之心,仁之端也;羞惡之心,義之端也;辭讓之心,禮之端也;是非之心,智之端也。人之有是四端也,猶其有四體也。"(《孟子·公孫丑上》)

在另一個地方,又説:"口之於味,有同嗜也。易牙,先得我口之所嗜者也。如使口之於味也,其性與人殊,若犬馬之與我不同類也,則天下何嗜皆從易牙之於味也?至於味,天下期於易牙,是天下之口相似也。惟耳亦然。至於聲,天下期於師曠,是天下之耳相似也。惟目亦然。至於子都,天下莫不知其姣也。不知子都之姣者,無目者也。故曰,口之於味也,有同嗜焉;耳之於聲也,有同聽焉;目之於色也,有同美焉。至於心,獨無所同然乎?心之所同然者何也?謂理也,義也。聖人先得我心之所同然耳。故理義之悦我心,猶芻豢之悦我口。"(《孟子·告子上》)

在另一個地方,又説:"人之所不學而能者,其良能也;所不慮而知者,其良知也。孩提之童,無不知愛其親者;及其長也,無不知敬其兄也。親親仁也;敬長義也,無他,達之天下也。"(《孟子·盡心上》)又説:"仁之實,事親是也;義之實,從兄是也;智之實,知斯二者,弗去是也;禮之實,節文斯二者是也。"(《孟子·離婁上》)

其實，孟軻爲證明"人皆有不忍人之心"所舉的例子，有很大的片面性。如果承認這種説法是正確的，那末，荀況説"今人之性，生而有好利焉。順是，故爭奪生而辭讓亡焉。生而有疾惡焉。順是，故殘賊生而忠信亡焉"(《荀子·性惡》)，又何嘗不正確呢？可見這種説法並没有説到問題的本質。

從"口之於味也，有同嗜焉"等例子來看，也有缺點。因爲這些例子所説明的都是人的自然性，而他要説明的則是社會性。自然性與社會性顯然不是一回事。

至於良知、良能的説法，主要是把血緣關係理想化，亦即把氏族社會理想化。其實，即以春秋時期這段歷史來看，子弑其父，弟殺其兄，已成家常便飯。孟軻所謂良知、良能、事親、從兄等等，怎能證明有普遍意義呢？毛澤東同志説："有没有人性這種東西？當然有的。但是祇有具體的人性，没有抽象的人性。在階級社會裏就是祇有帶着階級性的人性，而没有什麼超階級的人性。"[①]這種説法，無比正確。孟軻所謂的人性，正是抽象的人性，超階級的人性，因而他的論點是不能成立的。

第二，仁政

孟軻説："人皆有不忍人之心。先王有不忍人之心，斯有不忍人之政矣。以不忍人之心，行不忍人之政，治天下可運之掌上。"(《孟子·公孫丑上》)又説："老吾老，以及人之老，幼吾幼，以及人之幼，天下可運於掌。"(《孟子·梁惠王上》)又説："道在邇而求諸遠，事在易而求諸難，人人親其親，長其長，而天下平。"(《孟子·離婁上》)又説："君仁莫不仁，君義莫不義，君正莫不正，一正君而國定矣。"(《孟子·離婁上》)又説："堯舜之道，孝悌而已矣。"(《孟子·告子下》)又説："君行仁政，斯民親其上、死其長矣。"(《孟子·梁惠王下》)又説："行仁政而王，莫之能禦也。"(《孟子·公孫丑上》)

① 《在延安文藝座談會上的講話》。

總觀上述言論，可以明顯地看出，孟軻所謂仁政，是以性善論爲出發點，是把孝悌，即把親其親，長其長，作爲推行仁政的方法和根據。在他看來，這種仁政施行者的典型人物則是堯舜。這樣，孟軻所説的仁政，其實質，不過是氏族社會風尚的翻版罷了。

韓非説：“夫古今異俗，新故異備，如欲以寬緩之政，治急世之民，猶無轡策而御駻馬。”（《韓非子·五蠹》）又説：“今有不才之子，父母怒之弗爲改，鄉人譙之弗爲動，師長教之弗爲變。夫以父母之愛，鄉人之行，師長之智，三美加焉，而終不動其脛毛，不改。州部之吏操官兵，推公法，而求索姦人，然後恐懼，變其節，易其行矣。故父母之愛不足以教子，必待州部之嚴刑者，民固驕於愛，聽於威矣。”（《韓非子·五蠹》）又説：“母之愛子也倍父，父令之行於子者十母；吏之於民無愛，令之行於民也萬父。母積愛而令窮，吏用威嚴而民聽從，嚴愛之筴，亦可決矣。且父母之所以求於子也，動作則欲其安利也，行身則欲其遠罪也；君上之於民也，有難則用其死，安平則盡其力。親以厚愛關子於安利而不聽，君以無愛利求民之死力而令行。明主知之，故不養恩愛之心，而增威嚴之勢。”（《韓非子·六反》）韓非從歷史發展和當時的實際兩個方面來論證仁政主張之不可行，極爲犀利而堅確。司馬遷説孟軻“迂遠而闊於事情”，無疑是對的。

孟軻的政治觀點，在當時是落後的、倒退的。這一點似無疑問。但是，如果因此而過分地貶低孟軻，過分地抬高商鞅，我看也不見得公正。孟軻強調爲君上應與民同樂。他説：“樂民之樂者，民亦樂其樂；憂民之憂者，民亦憂其憂。”（《孟子·梁惠王下》）又説：“得乎丘民而爲天子”（《孟子·盡心下》）；“桀、紂之失天下也，失其民也。失其民者，失其心也。得天下有道，得其民，斯得天下矣。得其民有道，得其心，斯得民矣。”（《孟子·離婁上》）正因爲這樣，他認爲：“民爲貴，社稷次之，君爲輕。”（《孟子·盡心下》）他又説：“君之視臣如手足，則臣視君如腹心；君之視臣如犬馬，則臣視

君如國人;君之視臣如土芥,則臣視君如寇仇。"(《孟子・離婁下》)
又説:"國君進賢,如不得已,將使卑逾尊,疏逾戚,可不慎與! 左右
皆曰賢,未可也。諸大夫皆曰賢,未可也。國人皆曰賢,然後察之。
見賢焉,然後用之。左右皆曰不可,勿聽。諸大夫皆曰不可,勿聽。
國人皆曰不可,然後察之。見不可焉,然後去之。左右皆曰可殺,
勿聽。諸大夫皆曰可殺,勿聽。國人皆曰可殺,然後察之。見可殺
焉,然後殺之。故曰,國人殺之也。如此,然後可以爲民父母。"
(《孟子・梁惠王下》)這種思想是很可寶貴的。在一定程度上反映
他有人民性,有民主思想。連這種思想都予以否定,是非常錯誤
的。

　　第三,經濟思想

　　孟軻主張"制民之産",即實行井田制。他説:"若民則無恒産,
因無恒心。苟無恒心,放闢邪侈,無不爲已。及陷於罪,然後從而
刑之,是罔民也。焉有仁人在位,罔民而可爲也? 是故明君制民之
産,必使仰足以事父母,俯足以畜妻子,樂歲終身飽,凶年免於死
亡,然後驅而之善,故民之從之也輕。"又説:"五畝之宅,樹之以桑,
五十者可以衣帛矣。鷄豚狗彘之畜,無失其時,七十者可以食肉
矣。百畝之田,勿奪其時,八口之家可以無飢矣。謹庠序之教,申
之以孝悌之義,頒白者不負戴於道路矣。老者衣帛食肉,黎民不飢
不寒,然而不王者,未之有也。"(《孟子・梁惠王上》)

　　實行井田制的關鍵,在於正經界。孟軻説:"夫仁政,必自經界
始。經界不正,井地不均,谷禄不平。是故暴君汙吏,必慢其經界。
經界既正,分田制禄,可坐而定也。"(《孟子・滕文公上》)這又是實
行井田制的理由。由於生産力的發展,舊的井田制度已經徹底遭
到破壞,人們正在群起"盡地力"、"爲田開阡陌封疆",而孟軻反要
恢復井田制,顯然這是落後、反動的想法,是行不通的。

　　孟軻反對平均主義,強調社會分工,是有進步意義的。他反對
許行"賢者與民並耕而食,饔飧而治"的主張,用問答法同許行之徒

陳相辯論説:"'許子必種粟而後食乎?'曰:'然。''許子必織布而後衣乎?'曰:'否。許子衣褐。''許子冠乎?'曰:'冠。'曰:'奚冠?'曰:'冠素。'曰:'自織之與?'曰:'否。以粟易之。'曰:'許子奚爲不自織?'曰:'害於耕。'曰:'許子以釜甑爨,以鐵耕乎?'曰:'然。''自爲之與?'曰:'否。以粟易之。''以粟易械器者,不爲厲陶冶;陶冶亦以械器易粟者,豈爲厲農夫哉?且許子何不爲陶冶,舍皆取諸其宫中而用之,何爲紛紛然與百工交易,何許子之不憚煩?'曰:'百工之事,固不可耕且爲也。''然則治天下,獨可耕且爲與?有大人之事,有小人之事,且一人之身,而百工之所爲備,如必自爲而後用之,是率天下而路也。故曰,或勞心,或勞力;勞心者治人,勞力者治於人。治於人者食人,治人者食於人,天下之通義也。'"(《孟子·滕文公上》)在這段對話中,孟軻雖然爲統治階級的剥削、壓迫進行了辯護,但從强調社會分工的重要性的意義上來説,是有可取之處的。

第四,歷史觀

孟軻的歷史觀應當説是唯心的。這主要表現在以下兩個方面。

首先,他説:"盡信書,則不如無書。吾於《武成》,取二三策而已矣。仁人無敵於天下。以至仁伐至不仁,而何其血之流杵也。"(《孟子·盡心下》)孟軻説古書不可全信,這無疑是對的。問題並不在這裏。問題在根據什麽認爲不可信。孟軻所以不相信《武成》,是因爲《武成》説"血流杵"。"血流杵"同他"仁人無敵於天下"的論斷相矛盾。也就是説,他之所以不相信《武成》,是因爲《武成》所説的事實同他的主觀判斷不一致。因爲客觀與主觀不一致,就説客觀是錯誤的,這不是唯心論是什麼?孟軻稱引《詩》、《書》很多,基本上都是采取這種作法,這就證明他的歷史觀是唯心的。

其次,孟軻説:"天下之生久矣,一治一亂。"(《孟子·滕文公下》)又説:"由堯舜至於湯,五百有餘歲,若禹、皋陶則見而知之,若湯則聞而知之。由湯至於文王，五百有餘歲，若伊尹、萊朱則見而知之，若文王則聞而知之。由文王至於孔子，五百有餘歲，若太公望、散宜生則見而知之，若孔子則聞而知之。由孔子而來至於今，百有餘歲，去聖人之世，若此其未遠也，近聖人之居，若此其甚也，然而無有乎爾，則亦無有乎爾。"（《孟子·盡心下》）又說："五百年必有王者興，其間必有名世者。由周而來，七百有餘歲矣，以其數則過矣，以其時考之則可矣。"（《孟子·公孫丑下》）說"一治一亂"，是對的，把"五百有餘歲"看作是一種規律，認爲"五百年必有王者興"，就不對了。因爲這是宿命論，並沒有科學根據。不過，有人說它"近乎五行推運的說法"，則不敢同意，因爲這裏連一點五行的影子都不見，怎能扯到五行上去呢？

第五，天命觀

孟軻曾給天命這個名詞下過定義。說："莫之爲而爲者，天也；莫之致而至者，命也"（《孟子·萬章上》）。這個定義，似乎既可以作唯心論的解釋，說天命是有什麼鬼神暗中作主宰；也可以作唯物論的解釋，說這裏所說的天命實質上是指客觀規律在起作用。到底是什麼，一時難以斷定。

孟軻在另一個地方說："天下有道，小德役大德，小賢役大賢。天下無道，小役大，弱役强。斯二者天也。順天者存，逆天者亡"（《孟子·離婁上》）。從這段話來看，則所謂天，卻不是指有什麼鬼神在暗中主宰，而祇是指必然性，應給以唯物論的解釋。

其餘如說："行或使之，止或尼之，行止非人所能也。吾之不遇魯侯，天也！臧氏之子焉能使予不遇哉"（《孟子·梁惠王下》）？又說："禍福無不自己求之者。《詩》云：'永言配命，自求多福。'太甲曰：'天作孽，猶可違；自作孽，不可活'，此之謂也"（《孟子·公孫丑上》）。又說："天之高也，星辰之遠也，苟求其故，千歲之日至，可坐而致也"（《孟子·離婁下》）。又說："盡其心者，知其性也；知其性，則知天矣。存其心，養其性，所以事天也。殀壽不貳，修身以俟之，所以立命也"(《孟子·盡心上》)。這些言論,都應作唯物論解釋,而不應作唯心論解釋。因爲,如果認爲有鬼神暗中主宰,則"知天"、"立命"都無從説起。所以,總的看來,孟軻的天命觀,雖然不如荀況那樣明朗,還應屬唯物論的範疇,指爲唯心論是不恰當的。

孟軻既承認"志,氣之帥也;氣,體之充也。夫志至焉,氣次焉",又説"志壹則動氣,氣壹則動志也"(《孟子·公孫丑上》),也就是既承認志的決定性,又承認氣的反作用。這種思想無疑是辯證法思想,不是形而上學的思想。

又,孟軻説:"不揣其本而齊其末,方寸之木,可使高於岑樓。金重於羽者,豈謂一鈎金與一輿羽之謂哉?"(《孟子·告子下》)又説:"仁之勝不仁也,猶水之勝火。今之爲仁者,猶以一杯水救一車薪之火也,不熄,則謂之水不勝火。此又與於不仁之甚者也,亦終必亡而已矣"(《孟子·告子上》)。

孟軻舉這個例子,既承認金比羽重,水能勝火,即質的差別;也注意到一輿羽重於一鈎金,一杯水不能救一車薪之火,即量上的作用。所以,儘管孟軻不如老聃、荀況能把辯證法提高到原理原則上來認識,但不能説他沒有辯證法思想。

孟軻以"距楊、墨"爲己任。他説:"楊氏爲我,是無君也;墨氏兼愛,是無父也;無父無君,是禽獸也。"(《孟子·滕文公下》)有人把這裏的"禽獸"二字單純地理解爲駡人,或者認爲這"衹是因爲墨家代表勞動群衆要求一些政治上利益",都是不對的。應當指出,孟子的這句話不是隨便説的,它涉及到儒家的根本理論問題。

首先,儒家認爲禮、義是人之所以區别於禽獸的重要標誌。《禮記·曲禮上》説:"鸚鵡能言,不離飛鳥,猩猩能言,不離禽獸,今人而無禮,雖能言,不亦禽獸之心乎? 夫唯禽獸無禮,故父子聚麀,是故聖人作爲禮以教人,使人以有禮,知自别於禽獸。"同書《郊特牲》説:"無别無義,禽獸之道也。"《荀子·王制》説:"水火有氣而無生,草木有生而無知,禽獸有知而無義。人有氣有生有知亦且有義,故最爲天下貴也。"可爲證明。

其次,儒家認爲禮、義的全部内容和出發點,在於有君父。《周易・序卦》説:"有天地然後有萬物,有萬物然後有男女,有男女然後有夫婦,有夫婦然後有父子,有父子然後有君臣,有君臣然後有上下,有上下然後禮義有所錯。"《禮記・昏義》説:"男女有別而後夫婦有義,夫婦有義而後父子有親,父子有親而後君臣有正,故曰,昏禮者,禮之本也。"可爲證明。

正因爲儒家把君父看得如此重要,把有没有君父看作是人與禽獸的根本區別,所以,孟軻説"無父無君是禽獸也",就是理所當然了。

(2)荀況

荀況又稱荀卿,或孫卿,趙國人,後於孟軻,曾歷游齊、燕、秦、趙、楚諸國。仕齊位爲祭酒,仕楚爲蘭陵令。晚廢,家於蘭陵,著書數萬言,現存有《荀子》三十二篇。

荀況主張人性惡,與孟軻性善説尖鋭對立。他不僅反對孟軻,對當時諸子都有評論。他的學識非常淵博,對政治、經濟、哲學、邏輯學和軍事等等都作過專門的深入的研究,有很多精闢的見解。有人見他與孟軻在很多問題上看法不同,著名的法家人物韓非、李斯又是他的弟子,因而斷言他是法家。這種説法是不能成立的。儘管在荀況的言論中反映了若干時代特點,但是,總的説他是以孔丘爲師,以六藝爲法,向往三代政治,即奴隸社會的政治,所以,他肯定是儒家,而不是法家。以下首先談荀況的性惡論,然後就政治、經濟、軍事、哲學等方面具體地加以論述。

第一,性惡論

人性惡是荀況考慮問題的出發點。他認爲"今人之性,生而有好利焉。順是,故争奪生而辭讓亡焉。生而有疾惡焉。順是,故殘賊生而忠信亡焉。生而有耳目之欲,有好聲色焉。順是,故淫亂生而禮義文理亡焉。"(《荀子・性惡》)他的看法與孟軻的看法正相反。其所以相反,是因爲孟軻從氏族社會那種自然長成的結構看問題,看到親親、敬長是人的良知、良能,從而得出人性善的結論。而荀況則不然。他是從階級社會中保護和攫取私有財産的角度看問題,看到爭奪、殘賊、淫亂是人的本性,從而得出人性惡的結論。二人的看法雖截然不同,但有一點是共同的,即都是抽象地看人性,都是祇抓住社會一些現象看人性,因而都没有解決人性的本質問題。

第二,政治思想

荀況認爲:"古今一也。類不悖,雖久同理。"(《荀子·非相》)即用形而上學的觀點看待歷史。因此在政治上,他主張"道不過三代,法不貳後王"(《荀子·王制》)。有人把荀況的法后王看成同孟軻稱先王的觀點相對立,這是一種誤解,是祇從表面上看問題,而没有看到問題的實質。荀況在《不苟》篇説:"天地始者,今日是也;百王之道,後王是也。"在《非相》篇説:"聖王有百,吾孰法焉? 曰:(曰字上原有故字,兹依王念孫校删)文久而息,節族久而絶,守法數之有司極而褫(極下原有禮字,兹依俞樾校删)。故曰:欲觀聖王之迹,則於其粲然者矣,后王是也。"可見,荀況所説的後王,是在百王之中的後王,而不是在百王之外的後王。如果把他所説的百王叫做先王,那末他所説的後王也就變成了先王。也就是説,他在這裏所使用的先、後兩個概念,祇限在百王之内,並没有與百王對立的意義。荀況之所以要法後王,祇因爲後王之道"粲然",並没有什麽本質上的不同。正因爲這樣,所以,他既説"道不過三代",又説"法不貳後王"。顯然,荀況在這裏所説的后王,是在三代以内,而不在三代之外。

荀況在《王制》篇説:"王者之制,道不過三代,法不貳後王。道過三代謂之蕩;法貳後王謂之不雅。衣服有制,宫室有度,人徒有數,喪祭械用皆有等宜。聲,則凡非雅聲者舉廢;色,則凡非舊文者舉息;械用,則凡非舊器者舉毁。夫是之謂復古,是王者之制也。"

又在《王霸》篇説:"傳曰:農分田而耕,賈分貨而販,百工分事而勸,士大夫分職而聽,建國諸侯之君分土而守,三公總方而議,則天子共己而已矣!"荀況的這種政治設計,完全是奴隸社會的那一套,没有一點新的進步的東西。不知道爲什麽有人一定要説他是法家,説他主張改奴隸制爲封建制。荀況在政治上主張人治,反對法治。他説:"有亂君,無亂國;有治人,無治法。羿之法非亡也,而羿不世中;禹之法猶存,而夏不世王。故法不能獨立,類不能自行,得其人則存,失其人則亡。法者治之端也,君子者法之原也。"(《荀子・君道》)又説:"故有良法而亂者,有之矣;有君子而亂者,自古及今,未嘗聞也。傳曰:'治生乎君子,亂生乎小人',此之謂也。"(《荀子・王制》)這同韓非"國無常強,無常弱,奉法者強則國強,奉法者弱則國弱","故明主使法擇人,不自舉也;使法量功,不自度也"(《韓非子・有度》)的觀點是不相容的。

第三,經濟思想

荀況在經濟上反對平均主義。他認爲"天地之生萬物也,固有餘足以食人矣;麻葛、繭絲、鳥獸之羽毛齒革也,固有餘足以衣人矣。……天下之公患,亂傷之也。"(《荀子・富國》)如何防亂? 他認爲在於有分。他説:"人之生不能無群,群而無分則争,争則亂,亂則窮矣。故無分者人之大害也,有分者天下之本利也,而人君者所以管分之樞要也。"(《荀子・富國》)有分的具體辦法就是制禮。制禮就是實行嚴格的等級制度。所以他又説:"人之所以爲人者,何已也? 曰:以其有辨也。……辨莫大於分,分莫大於禮,禮莫大於聖王。"(《荀子・非相》)在另一個地方還説:"夫兩貴之不能相事,兩賤之不能相使,是天數也。勢位齊而欲惡同,物不能澹則必争,争則必亂,亂則窮矣。先王惡其亂也,故制禮義以分之,使有貧富貴賤之等,足以相兼臨者,是養天下之本也。"(《荀子・王制》)這就是荀況的經濟學理論。

荀況根據他的這套理論來反對墨子。他説:"我以墨子之非樂也,則使天下亂;墨子之節用也,則使天下貧:非將墮之也,說不免焉。墨子大有天下,小有一國,將蹙然衣粗食惡,憂戚而非樂。若是則瘠,瘠則不足欲,不足欲則賞不行。墨子大有天下,小有一國,將少人徒,省官職,上功勞苦,與百姓均事業,齊功勞。若是則不威,不威則罰不行。賞不行,則賢者不可得而進也;罰不行,則不肖者不可得而退也。賢者不可得而進也,不肖者不可得而退也,則能不能不可得而官也。若是則萬物失宜,事變失應,上失天時,下失地利,中失人和,天下敖然,若燒若焦,墨子雖爲之衣褐帶索,嚼菽飲水,惡能足之乎!"(《荀子·富國》)

其實,荀況的經濟理論同他的政治理論一樣,其立場,堅決站在奴隸主階級一邊,沒有什麼進步的意義可言。

第四,軍事思想

荀況的軍事思想集中表現在《議兵》一篇。在這篇言論中有四點,值得特殊注意。

一是"凡用兵攻戰之本在乎壹民","兵要在乎善附民而已"。

二是爲將慎行"六術"、"五權"、"三至",而處之以"五無壙"。具體說,就是:

六術:制號政令,欲嚴以威;慶賞刑罰,欲必以信;處舍收藏,欲周以固;徙舉進退,欲安以重,欲疾以速;窺敵觀變,欲潛以深,欲伍以參;遇敵決戰,必道吾所明,無道吾所疑。

五權:無欲將而惡廢;無急勝而忘敗;無威內而輕外;無見其利而不顧其害;凡慮事欲孰,而用財欲泰。

三至:所以不受命於主有三:可殺而不可使處不完;可殺而不可使擊不勝;可殺而不可使欺百姓。

五無壙:敬謀無壙;敬事無壙;敬吏無壙;敬眾無壙;敬敵無壙。

三是王者之軍制,"將死鼓,御死轡,百吏死職,士大夫死行列。聞鼓聲而進,聞金聲而退,順命爲上,有功次之。令不進而進,猶令不退而退也,其罪惟均。不殺老弱,不獵禾稼,服者不禽,格者不舍，奔命者不獲。”

四是“兼并易能也，唯堅凝之難焉。……故凝士以禮，凝民以政；禮修而士服，政平而民安；士服民安，夫是之謂大凝。以守則固，以征則强，令行禁止，王者之事畢矣。”

上述四點，是荀況軍事思想的精華。

關於第一點，毛澤東同志説過“戰爭的偉力之最深厚的根源，存在於民衆之中。”①荀況是一個剝削階級學者，生在戰國時期，居然認識到“凡用兵攻戰之本在乎壹民”，“兵要在乎善附民”，即認爲“兵民是勝利之本”，這件事很不簡單，説明他是一個了不起的人物。

第二點所談的三個問題，都是軍事上至關重要的問題。

六術是爲將的綱領性的守則，簡明扼要，可抵一部幾千言的兵書。一術是談號令，二術是談賞罰，三術是談宿營，四術是談行軍，五術是談偵察，六術是談作戰，不似書生語，很似一個有豐富實戰經驗的人所作的總結。

五權的前四權指出在幾種場合都要避免片面性。最後一權，則叮嚀遇事總要深思熟慮，不要吝惜金錢。

三至，是説爲將的天職，在於求得軍事上的勝利，雖蒙受殺身之禍，也不能令戰爭失敗。

敬五壙，反映荀況深知“兵，凶器；戰，危事”，所以，無論在什麼時候，對待什麼人什麼事，都要求十分謹慎，決不許疏忽大意。

第三點是説紀律嚴明，對奪取戰爭的勝利是最重要的保證。

第四點，“兼并易能也，唯堅凝之難焉”這兩句話是在“齊能并宋，而不能凝也，故魏奪之。燕能并齊，而不能凝也，故田單奪之。韓之上地，方數百里，完全富足而趨趙，趙不能凝也，故秦奪之”等一系列經驗的基礎上所作出的總結。這個總結，非常寶貴。秦始

---

① 《毛澤東選集》合訂本，第478頁。

皇統一中國，十四載而亡，其原因就在於不善於處理這個問題。漢高祖罵陸賈説："乃公居馬上而得之，安事《詩》《書》!"陸賈説："居馬上得之，寧可以馬上治之乎？且湯武逆取而以順守之，文武並用，長久之術也。昔者吳王夫差、智伯極武而亡；秦任刑法不變，卒滅趙氏。鄉使秦已并天下，行仁義，法先聖，陛下安得而有之？"（《史記・酈生陸賈列傳》）陸賈的觀點同荀況的觀點完全一致，而荀況提出這個觀點比陸賈早半個世紀，尤爲可貴。

第五，哲學思想

荀況的歷史觀是唯心的形而上學的。例如，他反對"古今異情，其所以治亂者異道"的觀點，而認爲"古今一也。類不悖，雖久同理"（《荀子・非相》），就是證明。但他在自然觀和認識論方面，則具有極爲鮮明的和相當豐富的唯物論的思想和辯證法的思想。

荀況的唯物論思想，集中地反映在《天論》一篇上。

《天論》的全篇大意在明天人之分。荀況認爲天有常道，地有常數，人有常體。人世間的一切貧富、存亡、吉凶、禍福都決定於人自己，而與天無關。人應敬其在己者，而不慕其在天者。星墜木鳴是天地之變，陰陽之化，物之罕至者也，怪之可也，而畏之非也。真正可畏的，倒是人祅。

最後，歸結到禮義上。他説："故人之命在天，國之命在禮。"特別是他説："從天而頌之，孰與制天命而用之。"這個"制天命而用之"的思想，產生在戰國時期，實在是難能可貴的。因爲在這裏已開始孕育着人類不僅能認識世界，并且能改造世界這種正確思想的萌芽。

荀況的辯證法思想在《解蔽》篇，表現得最爲充分。

《解蔽》的全篇要義是想解決人們認識上的片面性問題。他開頭第一句就説："凡人之患，蔽於一曲，而闇於大理。""蔽"是掩蓋，"一曲"是局部，"闇"是不認識，"大理"是全面的正確的道理。譯成現代漢語，就是説，人在認識上有一個共同的毛病，就是常被片面性所掩蓋,而不能認識事物的本質,事物的全體,事物的内部聯繫。

以下,他舉出十種片面性。説:"欲爲蔽,惡爲蔽,始爲蔽,終爲蔽,遠爲蔽,近爲蔽,博爲蔽,淺爲蔽,古爲蔽,今爲蔽。"

以下,提出他自己認爲能消除片面性的辦法。

他把客觀真理叫做"道",把認識客觀真理的器官叫做"心",即大腦。大腦怎樣才能認識客觀真理呢？ 他提出一個"虛壹而静"的辦法。

以下,他解釋説:"心未嘗不藏也,然而有所謂虛;心未嘗不兩也,然而有所謂一;心未嘗不動也,然而有所謂静。人生而有知,知而有志。志也者,藏也。然而有所謂虛,不以所已藏害所將受謂之虛。心生而有知,知而有異。異也者,同時兼知之。同時兼知之,兩也。然而有所謂一,不以夫一害此一,謂之壹。心卧則夢,偷則自行,使之則謀,故心未嘗不動也,然而有所謂静,不以夢劇亂知謂之静。……虛壹而静,謂之大清明。萬物莫形而不見,莫見而不論,莫論而失位。坐於室而見四海,處於今而論久遠,疏觀萬物而知其情,參稽治亂而通其度,經緯天地而材官萬物,制割大理而宇宙裏矣。"

以上這段話説出了荀況認識論思想的全部内容。乍看,這種思想同道家老、莊的思想很相似,實際上有本質的不同。因爲荀況是在承認有藏、有兩、有動的前提下,主張虛壹而静的。而老、莊則不然。《老子》説:"致虛極,守静篤,萬物並作,吾以觀復。"又説:"昔之得一者,天得一以清,地得一以寧,神得一以靈,谷得一以盈,侯王得一以爲天下貞。"即老子主張絶對的虛壹而静。最明顯的證據,是老子把爲道與爲學對立起來,説:"爲學日益,爲道日損。"而荀況則把爲道與爲學看作是統一的東西。《莊子》説:"至人之用心若鏡,不將不迎,應而不藏,故能勝物而不傷。"(《莊子·應帝王》)莊子主張"不藏"的認識論思想,同老子是一樣的。很明顯,在這裏荀況是吸取了道家思想而加以改造的。他把唯心的認識論改造成唯物的認識論，無疑比道家前進了一大步。但是，他把虛壹而靜叫做"大清明"，又説"人心譬如槃水"，并且把這種認識論方法形容得神乎其神，説什麼"萬物莫形而不見，莫見而不論，莫論而失位"，簡直是老子"無爲而無不爲"説法的翻版，則是錯誤的。他不瞭解也不可能瞭解認識與實踐的關係以及由感性認識上升到理性認識，也不瞭解認識不是一次完成的。所以，荀況並没有真正解決認識論的問題。

第六，邏輯思想

《正名》篇是荀況談邏輯問題的專門著作。戰國百家争鳴，各家爲了要在辯論中獲勝，無不重視邏輯。名家專門以名即以邏輯名家，不必説了。其他各家也都有自己的邏輯思想。例如墨家的《墨經》，道家莊子的《齊物論》，法家的好刑名，都是談邏輯或與邏輯有關的問題的。

儒家"正名"這個概念是孔丘首先提出來的。《論語·子路》説："子路曰：'衛君待子而爲政，子將奚先？'子曰：'必也正名乎！，子路曰：'有是哉，子之迂也！奚其正？'子曰'野哉由也！君子於其所不知，蓋闕如也。名不正則言不順，言不順則事不成，事不成則禮樂不興，禮樂不興則刑罰不中，刑罰不中則民無所錯手足。故君子名之必可言也，言之必可行也。君子於其言，無所苟而已矣。'"把正名説得與政治有十分密切的關係。

外人都説孟軻好辯。孟軻説："予豈好辯哉，予不得已也。……我亦欲正人心，息邪説，距詖行，放淫辭。"（《孟子·滕文公下》）孟軻好辯，用好辯來息邪説，放淫辭，這裏邊也涉及邏輯思想。

但是，專門的、深入的、系統的談邏輯問題的則是荀況的《正名》篇。

現存《荀子》三十二篇有很多富於戰鬥性的文章。如《非十二子》、《正論》，就是直接針對各家的錯誤觀點而發起進攻的。《解蔽》、《正名》兩篇也是戰鬥性很强的作品。前者是想解決思想上的問題，後者是想解決邏輯上的問題。所以《解蔽》、《正名》兩篇可看成是姊妹篇。在百家爭鳴中，這兩篇作品，涉及到普遍性的、根本性的問題。

《正名》之作，並不是無的放矢，它是有針對性的。它是針對當時存在的"惑于用名以亂名"、"惑于用實以亂名"、"惑于用名以亂實"三種情況而發的。第一種情況，他舉"見侮不辱"、"聖人不愛己"、"殺盜非殺人"爲例；第二種情況，他舉"山淵平"、"情慾寡"、"芻豢不加甘，大鐘不加樂"爲例；第三種情況，他舉"非而謁楹"、"有牛馬非馬也"爲例。

荀況認爲，早在治世，有"明君臨之以勢，導之以道，申之以命，章之以論，禁之以刑"，"其民之化道也如神"，用不着辯說。"今聖王沒，天下亂，姦言起，君子無勢以臨之，無刑以禁之"，辯說就成爲必要的了。正名就是爲辯說服務的。

荀況認爲正名需要注意的，有三點：(1)"所爲有名"；(2)"所緣以同異"；(3)"制名之樞要"。

"所爲有名"就是所以要有名的意思。這裏包括兩個內容：一個是制定名稱的目的，另一個是制定名稱的基本原則。荀況認爲制定名稱的目的是，"明貴賤，辨同異"。例如爵名就是明貴賤的，刑名、文名、散名就是辨同異的。制定名稱的基本原則是"制名以指實"。就是說名是反映實的。實是第一性的，名是第二性的。無疑這是唯物論的觀點。

"所緣以同異"，就是根據什麼確定名稱的同異。荀況認爲"緣天官"，就是根據目、耳、口、鼻、形體等五個感覺器官，以及心這個思想器官來確定同異的。他說："形體、色、理，以目異；聲音清濁、調竽①奇聲，以耳異；甘、苦、咸、淡、辛、酸、奇味，以口異；香、臭、芬、郁、腥、臊、漏、庮（"漏、庮"原作"灑、酸"，茲據王念孫校改）、奇臭，以鼻異；疾、養、凔、熱、滑、鈹、輕、重，以形體異；説、故②、喜、怒、哀、樂、愛、惡、欲，以心異。心有征知。征知，則緣耳而知聲可也，緣目而知形可也。然而征知必將待天官之當簿其類然後可也。五官簿之而不知，心征之而無説，則人莫不然謂之不知，此所緣而以同異也。"也就是説荀況認爲人對外界事物的認識，必須通過人的感覺器官，並經過人的思維器官的作用，然後才能辨别事物，從而制定事物同異的名稱。

"制名之樞要"就是制定名稱的大綱。荀況説：

> 同則同之，異則異之。單足以喻則單，單不足以喻則兼，單與兼無所相避則共，雖共不爲害矣。知異實者之異名也，故使異實者莫不異名也，不可亂也，猶使異實者莫不同名也。

> 故萬物雖衆，有時而欲徧舉之，故謂之物。物也者，大共名也。推而共之，共則有共，至於無共然後止。有時而欲遍舉之，故謂之鳥獸。鳥獸也者，大别名也。推而别之，别則有别，至於無别然後止。

> 名無固宜，約之以命。約定俗成謂之宜，異於約則謂之不宜。名無固實，約之以命實，約定俗成謂之實名。名有固善，徑易而不拂，謂之善名。

> 物有同狀而異所者，有異狀而同所者，可别也。狀同而爲異所者，雖可合，謂之二實。狀變而實無别而爲異

---

① 按"調竽"謂樂聲和諧。《韓非子·解老》説："竽也者，五聲之長者也。故竽先則鐘瑟皆隨，竽唱則諸樂皆和。"是其證。盧文弨説："調竽二字，上下必有脱誤。"俞樾改"調竽"爲"調笑"，王先謙改"調竽"爲"調節"，都謬誤，不可從。

② 按"説、故"應依《墨子·小取》"以説出故"作解。"説"指言論，"故"指觀點。過去有人説"説"讀爲"脱"，有人説"説者，心誠説之"，有人説"説同悦，故同固"，都誤。

者，謂之化；有化而無別，謂之一實。此事之所以稽實定
數也。此制名之樞要也。

這就是説，荀況認爲，同實的就制定相同的名稱，異實的就制
定不同的名稱。用單字爲名，可以爲人瞭解的，就用單字名。用單
字的名，不能爲人所瞭解，就用兼，即兩字名。單與兼所指的事物
的某些性質相同，没有加以區別的必要，則用共名。

例如，萬物，飛潛動植，種類繁多，有時要舉它的全部，則名爲
物。這個物，就是大共名。大共名相當於邏輯學所説的類概念。
有時要舉次一級的概念，例如鳥獸。這個鳥獸，就是大別名。概念
的等級不同，共還有共，別還有別。

名稱的本身不能説合適不合適，決定性在"約定俗成"。取了
一個名稱，大家都用它，成爲習俗，就叫做合適，否則就叫做不合
適。用什麽名稱代表這個事物，也不是固定的。約定俗成，這個名
稱就固定了。善名，即好的名稱。直截易懂，不會誤解，就叫做善
名。

物有形狀相同而不在一個處所的，有形狀不同而在同一處所
的，都可以區別。形狀相同而處所不同，雖然可以合而爲一，應叫
做兩個事物（二實）。有的形狀變化了而事物還是原來的事物，祇
是變爲另外的一種形狀，這叫做"化"。有變化而不是另一種事物，
叫做一個事物（一實）。這樣做可以用來核對實際和確定數量。

以上就是制定名稱的大綱。

荀況談到辯説的時候説："實不喻然後命，命不喻然後期，期不
喻然後説，説不喻然後辯。"這就是説，客觀存在的某一種事物（實）
不爲人所瞭解，就給它創造一個名稱。已經有了名稱還不爲人所
瞭解，就舉例以明之。舉例還不爲人所瞭解，就加以説明。説明還
不爲人所瞭解，就進行辯論。

他又説："名聞而實喻，名之用也。累而成文，名之麗也。用麗
俱得，謂之知名。名也者，所以期累實也。辭也者，兼異實之名以

論一意也。辯説也者,不異實名以喻動静之道也。期命也者,辯説之用也。辯説也者,心之象道也。心也者,道之工宰也。道也者,治之經理也。"這段話是對有關的一些名詞概念所作的説明。"名聞而實喻,名之用也",是説聽了名就知道實是什麽,這是名的功用。"累而成文,名之麗也",這裏的名,實際上指的是一個單字或單詞。"累而成文"是説文章就是積累許多單字、單詞而形成的。"名之麗也"是説這個積累不是任意的、雜亂的積累,而是經過精心組織的。"麗"就是組合、搭配的意思。"用麗俱得,謂之知名",是説每一個單字或單詞用得得當,用一些單字或單詞組成文章也得當,就叫做"知名",即懂得語言文字了。"名也者,所以期累實也",是説爲了累實而創造出語言文字。"辭也者,兼異實之名以論一意也",這是對於辭的定義的説明。"兼異實之名以論一意"同"彌綸群言,研精一理"的説法是一致的。"辯説也者,不異實名以喻動静之道也",是説辯説是對同一問題(不異實名)的是非的争論。"期命也者,辯説之用也",是説一切命名、舉例都是爲辯説服務的。"辯説也者,心之象道也",是説辯説反映一個人的思維器官對客觀真理的認識。"心也者,道之工宰也",這裏的"工宰"應依《墨子·尚賢中》"今王公大人有一衣裳不能製也,必借良工;有一牛羊不能殺也,必借良宰"的工宰作解,舊説多誤。"心也者,道之工宰也",是説真理依賴於人的思維器官去認識它。"道也者,治之經理也",是説理論是政治的指導原則。

　　荀況邏輯思想的基本内容,略如上述。

　　總之,荀況是一個有廣博知識的學者。他在很多領域都進行過深入的探討。今人看他有唯物論的思想,就説他是"法家",過去人們看他主張人性惡,又對他貶抑太甚。其實,這兩種做法,都不是實事求是地對待歷史人物。

2. 墨家——墨翟

　　墨家的創始人爲墨翟。墨翟書稱"今天下好戰之國,齊、晉、楚、越”(《墨子・非攻下》)，又語及智伯之敗(《墨子・非攻中》)，則墨翟的生年應在戰國之初。墨翟名翟，墨是其氏，魯國人，嘗爲宋大夫。

《淮南子・要略》說：“墨子學儒者之業，受孔子之術，以爲其禮煩擾而不說，厚葬靡財而貧民，久服傷生而害事，故背周道而用夏政。”可見儒、墨兩家既有區別，也有聯繫。墨子原也是從儒者受學，祗因不同意儒家的觀點，故另闢途徑，自立學派。戰國時期，儒、墨同號顯學。《韓非子・顯學》說：“世之顯學，儒墨也。儒之所至，孔丘也；墨之所至，墨翟也。”《孟子・滕文公下》說：“楊朱、墨翟之言盈天下”，足見墨子學派影響之大。

其實，墨子學說並沒有深厚的理論基礎。他的一些主張，完全是針對現實社會的缺點問題而發。荀況說：“墨子蔽於用而不知文。”(《荀子・解蔽》)實切中墨子學說的要害。《墨子・魯問》說：“凡入國，必擇務而從事焉。國家昏亂則語之尚賢、尚同，國家貧則語之節用、節葬，國家憙音湛湎則語之非樂、非命，國家淫僻無禮則語之尊天、事鬼，國家務奪侵凌則語之兼愛、非攻。”就是證明。墨子實際上是認爲有用就是真理，並不考慮他所謂的“真理”是否是真正的真理。

正因爲這樣，墨子的學說，很受當時人們的信從，特別是受下層人們的信從，而經過一個時期以後，即煙消雲散，漸滅以盡。

墨子學說的基礎是兼愛。《孟子・滕文公下》說：“墨氏兼愛。”《尸子・廣澤》說：“墨子貴兼。”《呂氏春秋・不二》說：“墨翟貴廉。”(孫詒讓說：“廉疑兼之借字”)可爲證明。

就墨子的全部思想來分析，則尚賢、尚同、非攻屬於政治方面，節用、節葬、非樂屬於經濟方面，天志、明鬼、非命屬於哲學方面。非儒則是對敵對學派的鬥爭。

第一，兼愛

墨翟生當戰國初期，社會的現實是一天比一天動亂。想方設法使人民從動亂中擺脱出來,這是墨翟的願望,也是當時諸子百家的共同願望。不過,墨翟並不是從根本上看問題,不瞭解這是一種社會制度向另一種社會制度轉變過程中的必然現象,而是衹從表面上看問題。他認爲"亂起不相愛";"若使天下兼相愛,愛人若愛其身",就可以解決亂的問題。當然,墨翟自己是堅信他的主張是正確的,并且苦口婆心地到處去説教。然而終究於事無補,社會上的動亂不是減少了,而是更加嚴重了。墨翟不瞭解世上決没有無緣無故的愛,也没有無緣無故的恨,所謂超階級的愛,在階級社會裏是不可能實行的。

第二,政治思想

首先談尚賢。尚賢的基本思想可用《尚賢中》之數語來概括,即:"不黨父兄,不偏貴富,不嬖顔色。賢者舉而上之,富而貴之,以爲官長;不肖者抑而廢之,貧而賤之,以爲徒役。"其最終目的是要達到"官無常貴,民無終賤"。顯然這是對世官世禄制度的否定,是有進步意義的。有人把孔丘所説的"舉賢才",看作和墨翟的"尚賢"説等同,也有人認爲《老子》所説的"不尚賢"是專門爲反對墨翟的"尚賢"而發的,這都是對墨翟尚賢説的錯誤理解。應當指出,孔丘的"舉賢才"是在肯定宗法制度的前提下提出來的,而《老子》所説的"不尚賢",衹是意味着消滅好與壞之間的差別,都不能和墨翟的尚賢説相提並論。

其次,談尚同。墨翟主張尚同,其目的也是爲息爭、止亂。他説:"天下之所以亂者,生於無正長。"這句話的意思同説"百人無主,不散則亂"的意思一樣,都是强調政權首腦的重要作用。從他的全部言論來看,包含有兩個錯誤。一個是他説:"古者民始生未有刑政之時,蓋其語人異義,是以一人則一義,二人則二義,十人則十義。其人兹衆,其所謂義者亦兹衆,是以人是其義,以非人之義,故交相非也。"這種説法的實質,是認爲每一個人的意見都是"真理",不承認有客觀真理,不承認真理衹有一個,顯然是錯誤的。另一個是他認爲有正長,亦即有政權首腦是爲"一同天下之義"。所謂"同天下之義",就是"上之所是,必亦是之;上之所非,必亦非之"。這種理論,如果付諸實踐,其結果,祇能是實行君主專制,而決不會"一同天下之義"。爲什麽呢?因爲國家在本質上都是一個階級壓迫、統治另一階級的機器。它怎能達到"同天下之義"呢?所以這個觀點,也是錯誤的。

由此可見,墨翟主張尚同,儘管主觀動機是好的,但實行起來,決不會得到預期的結果。因爲他的論點祇是出於主觀空想,缺乏唯物的理論基礎。

最後談非攻。實際上墨翟的非攻是他的兼愛思想在另一個問題上的表現。兼愛既不能實行,非攻自然也不能實行。

第三,經濟思想

墨翟的經濟思想可以概括爲兩個字,就是節用。節葬、非樂都是從節用派生出來的。他的說法是"凡足以奉給民用則止。諸加費,不加於民利者,聖王弗爲"。《魯問》說:"國家貧則語之節用、節葬。"可見節用也是有針對性的,它是爲解決貧的問題而提出來的。這樣,當然是應該肯定的。但是,如果強調過分,也會產生片面性。荀況說:"墨子蔽於用而不知文。"(《荀子·解蔽》)又說:"上功用,大儉約,而僈差等。"(《荀子·非十二子》)就是從它的片面性來發議論的。不知文是批評他不懂得"文"的作用,例如樂就屬於文的範圍。"僈差等"則是批評他搞平均主義。

第四,哲學思想

墨翟的哲學思想主要表現在《天志》、《明鬼》、《非命》三篇的言論中。《天志》、《明鬼》兩篇都是根據有用即真理的指導思想提出來的。作爲一種哲學思想來說,不但是荒謬的,而且是膚淺的,沒有深論的必要。至於非命則不然。到底應當怎麽認識?應當肯定嗎?還是應當否定?大家的看法,並不一致。

墨翟所非的命,無疑是指儒家所說的命。那末,儒家所說的命,到底是什麼東西呢?是不是如近年來批孔的文章所經常重複的,就是上帝意志的異名或同義語呢?如果是這樣,那末,墨翟在鼓吹天志、明鬼的同時,爲什麼竟反起命來,這豈不是自相矛盾嗎?"儒以天爲不明,以鬼爲不神"(《墨子·公孟》),而相信有命,墨尊天事鬼而非命,那末,這個命到底是什麼東西呢?孟軻説:"莫之爲而爲者天也,莫之致而至者命也。"(《孟子·萬章上》)孔丘説:"五十而知天命。"(《論語·爲政》)道家《莊子》轉述孔丘的話説:"死生、存亡、窮達、貧富、賢與不肖、毀譽、飢渴、寒暑,是事之變,命之行也。"(《莊子·德充符》)據我看,孔、孟所説的天命衹能從唯物論的意義來解釋,而不能從唯心論的意義來解釋。當然,古人所使用的這個命的概念,含義是不明確的,不像我們今天所使用的"規律"一詞這樣明確,不易爲人誤解。但是,從其實質來説,則是一個東西。這決不是"自古以及今生民以來者,亦嘗見命之物,聞命之聲者乎?則未嘗有也"所能否定的。墨翟非命,恰足以證明命和天、鬼是不相容的。承認了命的作用,就不會承認天和鬼的作用。所以,墨翟的非命,實際上是反對唯物論。今人爲了批孔的需要,一定要説孔丘是唯心論,連孟軻説過的"莫之爲而爲者天也,莫之致而至者命也"也一定作爲唯心論的言論去批判,全然不顧墨翟尊天事鬼而非命的事實,這不是馬克思主義者應有的態度。

第五,非儒

儒、墨相非,由於兩家所持的觀點和方法不同。墨家反對儒家的厚葬久喪,應該説是對的。不過,在《非儒》篇裏,夾雜着不少歪曲事實和人身攻擊的成分,不足爲訓。有人説,這是墨子後學所爲,可能是事實。

墨子弟子甚多,其著者有禽滑厘和相里氏之墨,相夫氏之墨,鄧陵氏之墨。孟軻説:"墨子兼愛,摩頂放踵,利天下爲之。"(《孟子·盡心上》)莊周也説:"墨子真天下之好也,將求之不得也,雖枯槁不舍也。"(《莊子·天下》)在當時,墨翟確是一個苦行救世的人物。

不過，就其思想來說，則多半很膚淺，又是唯心的，貢獻不大。墨翟固然不是保守派，但也不是革命派，說他是改良主義者，我看比較合適。

3. 道家——莊周

戰國時期道家的著名人物有楊朱、列禦寇、莊周等。由於莊周遺留下來的作品比較完具，兹把莊周作爲道家的代表人物論述如下。

莊周宋人，嘗爲蒙（今河南商邱市東北）漆園吏。《漢書·藝文志》道家有《莊子》五十二篇，今存三十三篇。

莊周基本上是祖述老聃的思想，但也有自己的特點。大體上說，他的思想核心是相對主義，表現在政治上則爲無政府主義。

莊周思想的形成，同當時的社會背景分不開。莊周對當時社會動亂的現實，極端不滿，但又找不到解決的辦法，於是幻想從現實中逃脱出來。就他的許多言論來看，直似遊戲人間，俯視一切。其實，這乃是悲觀厭世思想的另一種表現。古人有"長歌以當哭"的說法，我讀莊周書，也每作如是觀。

第一，哲學思想

莊周的時空觀是正確的。他說："出無本，入無竅，有實而無乎處，有長而無乎本剽（下原有"有所出而無竅者，有實"九字，據陳壽昌《南華經正義》刪）。有實而無乎處者，宇也，有長而無乎本剽者，宙也。"（《莊子·庚桑楚》）這就是說空間是無限的，時間也是無限的。又說："夫物量無窮，時無止，分無常，終始無故。是故大知觀於遠近，故小而不寡，大而不多，知量無窮；證曏今故，故遥而不悶，掇而不跂，知時無止；察乎盈虚，故得而不喜，失而不憂，知分之無常也；明乎坦途，故生而不悦，死而不禍，知終始之不可故也。"（《莊子·秋水》）"掇"是短的意思，在這裏作短暫解。與上"遥"字的意思相反。"遥"應作久遠解。這段話是說不但空間無限，時間無限，而且物質也是無限的。由於物質是不斷運動、不斷變化，所以"分無常"、"終始無故"。這種觀點也是正確的。

　　但是莊周在道與物的關係問題上，他認爲道在物先，道可以離開物質而獨立存在，則是錯誤的。

　　他説："夫道有情有信，無爲無形，可傳而不可受，可得而不可見，自本自根，未有天地，自古以固存。神鬼神帝，生天生地，在太極之先而不爲高，在六極之下而不爲深，先天地生而不爲久，長於上古而不爲老。"(《莊子·大宗師》)莊周所説的道，實際上就是今天哲學上所説的規律。"道有情有信，無爲無形，可傳而不可受，可得而不可見"，則是説道這種東西，儘管不能用感覺器官去認識(無形，不可受，不可見)，并且是因任自然，無有作爲(無爲)，然而它是客觀存在的(有情有信，可傳，可得)不同於精神性的東西。"自本自根，未有天地，自古以固存"以下數語，則是説道與天地的關係，即規律與物質的關係。他認爲先有規律，後有物質，規律可以離開物質而獨立存在，物質是由規律產生出來的。這個觀點同老聃説的"有物混成，先天地生，寂兮寥兮，獨立而不改，周行而不殆，可以爲天下母，吾不知其名，字之曰道"，和"道之爲物，惟恍惟惚，惚兮恍兮，其中有象，恍兮惚兮，其中有物，窈兮冥兮，其中有精，其精甚真，其中有信，自古及今，其名不去"的觀點完全一致，無疑是唯心主義的。

　　莊周的認識論，也同老聃一樣，是唯心的。這個觀點，集中反映在下述一段話裏。他説："至人之用心若鏡，不將不迎，應而不藏，故能勝物而不傷。"(《莊子·應帝王》)怎麽能達到用心若鏡呢?《老子》説："爲學日益，爲道日損，損之又損，以至於無爲，無爲而無不爲。"可作這段話的注脚。這就是説，"爲道"與"爲學"的要求不同。爲學要求"日益"，即一天比一天長進，所謂"日知其所亡，月無忘其所能"；而爲道則與此相反，要求"日損"。即一天要去掉一點。去掉什麽東西呢? 一是知識，二是技術。莊周把知識叫做"知"，把技術叫做"故"。他在《刻意》篇説"去知與故"，在《大宗師》篇説"離形去知”，所説的都是這個東西。祇有“去知與故”，才能“循天之理”；祇有“離形去知”，才能“同於大通”。“循天之理”，“同於大通”，則達到“無爲”。莊周所謂“坐忘”（《莊子・大宗師》）、“心齋”（《莊子・人間世》）、“若鏡”，都是指已達到這種狀態而言。老、莊認爲達到這種狀態以後，就能“無不爲”、能“勝物而不傷”了。莊周之所以把有知識、技術看成是認識事物的障礙，其道理在於他認爲獲得某種知識、技術，這個知識、技術就會變成成見。人的思維器官一爲成見所束縛，所錮蔽，認識事物就一定有片面性。井蛙不可語於海，夏蟲不可語於冰，曲士不可語於道，都是這個道理。莊周把成見叫做“成心”。他説：“道隱於小成。”又説：“夫隨其成心而師之，誰獨且無師乎？奚必知代而心自取者有之，愚者與有焉。”（《莊子・齊物論》）也是説明這個問題。

　　“不將不迎，應而不藏”是什麼意思呢？“將”的意思是送。“不將不迎”就是莊周在《刻意》篇所説的“不思慮，不預謀”。意思是説，事情不論是過去的也好，將來的也好，都不去考慮它。“應而不藏”就是宋儒所説的“因物付物”，“物來而順應”，意思是説事情來了就處理，處理過後，心裏不留餘迹。莊周所説的“其寢不夢，其覺無憂，其神純粹，其魂不疲”，正是形容能做到這一點的人的心理狀態。《老子》説：“不出户，知天下；不窺牖，見天道。其出彌遠，其知彌少。”莊子則正是以這個認識論爲根據得出自己的結論。

　　馬克思主義認爲人的正確認識祇能來源於實踐，又要到實踐中去受檢驗。一個閉目塞聽，同客觀外界根本絶緣的人是無所謂認識的。所以，莊周的這套理論，完全是欺人之談。相信莊周的認識論，其結果祇能導致愚昧無知，毫無認識，不會是別的什麼東西。

　　莊周的真理觀是地地道道的相對主義。

　　莊周對於生死、大小、貴賤、是非等等差別，祇承認它們的相對性，而否認它們的客觀性。他認爲這些概念的産生，完全是有條件的、隨意的。因此，在這個問題上，他是個主觀唯心主義者。

　　他説："民濕寢則腰疾偏死，鰍然乎哉？木處則惴慄恂懼，猿猴然乎哉？三者孰知正處？民食芻豢，麋鹿食薦，蝍且甘帶，鴟鴉嗜鼠，四者孰知正味？猿，猵狙以爲雌；麋，與鹿交；鰍，與魚游；毛嬙、麗姬，人之所美也，魚見之深入，鳥見之高飛，麋鹿見之決驟，四者孰知天下之正色哉？自我觀之，仁義之端，是非之途，樊然殽亂，吾惡能知其辯？"（《莊子・齊物論》）以上，莊周用處、味、色三者爲例，舉出許多事實，來證明真理都是相對的，而否認客觀真理的存在。因此，他竟作出如此異乎常情的判斷，説："天下莫大於秋毫之末，而泰山爲小，莫壽於殤子，而彭祖爲夭。"（《莊子・齊物論》）這是毫不奇怪的。

　　莊周爲了證明他的這個觀點，還舉過另外一個例子。他説："既使我與若辯矣，若勝我，我不若勝，若果是也，我果非也邪？我勝若，若不吾勝，我果是也，而果非也邪？其或是也，其或非也邪？其俱是也，其俱非也邪？我與若不能相知也，則人固受其黮闇。吾誰使正之？使同乎若者正之？既與若同矣，惡能正之？使同乎我者正之？既同乎我矣，惡能正之？使異乎我與若者正之？既異乎我與若矣，惡能正之？使同乎我與若者正之？既同乎我與若矣，惡能正之？然則我與若與人俱不能相知也。"（《莊子・齊物論》）這就是説，假設彼此雙方進行辯論，由於不能找到真正的第三者來作評判，所以，所謂是非就祇能是主觀的東西，並沒有客觀上的標準。他的這一觀點，顯然已從相對主義導致不可知論和詭辯論了。

　　莊周的上述觀點在《秋水》篇裏，曾作過鄭重的詳細的闡述。他説："以道觀之，物無貴賤。以物觀之，自貴而相賤。以俗觀之，貴賤不在己。以差觀之，因其所大而大之，則萬物莫不大；因其所小而小之，則萬物莫不小。知天地之爲稊米也，知毫末之爲丘山也，則差數睹矣。以功觀之，因其所有而有之，則萬物莫不有；因其所無而無之，則萬物莫不無。知東西之相反，而不可以相無，則功分定矣。以趣觀之，因其所然而然之，則萬物莫不然；因其所非而非之,則萬物莫不非。知堯、桀之自然而相非,則趣操睹矣。昔者堯、舜讓而帝,之、噲讓而絕,湯、武爭而王,白公爭而滅。由此觀之,爭讓之禮,堯、桀之行,貴賤有時,未可以爲常也。梁麗可以沖城,而不可以窒穴,言殊器也;騏驥驊騮一日而馳千里,捕鼠不如狸狌,言殊技也;鴟鵂夜撮蚤,察毫末,晝出瞋目而不見丘山,言殊性也。故曰:蓋師是而無非,師治而無亂乎?是未明天地之理,萬物之情者也。是猶師天而無地,師陰而無陽,其不可行也明矣。然且語而不舍,非愚則誣也。"上述這一大段文字,對他的相對主義觀點,發揮得可謂透闢之至,酣暢之至。具體分析,文內的"以道觀之,物無貴賤",以及"未可以爲常","其不可行"等等,都是從相對主義立場否認真理之客觀性來説的。"以物觀之"、"以俗觀之"、"以差觀之"、"以功觀之"、"以趣觀之"以及"言殊器也"、"言殊技也"、"言殊性也"等等,都是從相對主義的觀點認爲真理是有條件的隨意地來説的。語其終極和歸宿,依然是不可知論和詭辯論。

總之,莊周的真理觀是主觀唯心主義的。

第二,政治思想

莊周在政治上所向往的是"至德之世",即無政府主義。他之所以產生這種思想,是由於他目睹當時社會混亂不堪,到處都是陷阱,十分可怕。他認爲人們都想方設法醫治這個社會,拯救這個社會,豈知壞就壞在這個醫治、拯救上,祇有没有政治,没有文化,没有知識,回到太古洪荒時代,問題才能得到根本解決。

莊周在《繕性》篇説:"古之人在混芒之中,與一世而得澹漠焉。當是時也,陰陽和靜,鬼神不擾,四時得節,萬物不傷,群生不夭,人雖有知,無所用之,此之謂至一。當是時也,莫之爲而常自然。逮德下衰,及燧人、伏羲始爲天下,是故順而不一。德又下衰,及神農、黄帝始爲天下,是故安而不順。德又下衰,及唐、虞始爲天下,興治化之流,澆淳散樸,離道以善,險德以行,然後去性而從於心。心與心識知,而不足以定天下,然後附之以文,益之以博。文滅質,博溺心，然後民始惑亂，無以反其性情而復其初。"

這就是説，天下之所以亂，其病根在於治。越治越亂。祇有不治，任其自然，才能得治。

在《馬蹄》篇説："馬蹄可以踐霜雪，毛可以禦風寒，齕草飲水，翹足而陸，此馬之真性也，雖有義臺路寢，無所用之。及至伯樂曰：'我善治馬。'燒之，剔之，刻之，雒之，連之以羈䩭，編之以皁棧，馬之死者十二三矣；飢之，渴之，馳之，驟之，整之，齊之，前有橛飾之患，而後有鞭萊之威，而馬之死者已過半矣。陶者曰：'我善治埴，圓者中規，方者中矩。'匠人曰：'我善治木，曲者中鈎，直者應繩。'夫埴、木之性，豈欲中規矩鈎繩哉！然且世世稱之曰：伯樂善治馬，而陶、匠善治埴、木。此亦治天下者之過也。"這是借馬、埴、木三者爲喻，證明所謂"治天下"正所以害天下。

特别是在《外物》篇，有"儒以詩禮發冢"一段話，寓意尤爲深刻。原文説："大儒臚傳曰：'東方作矣，事之何若？'小儒曰：'未解裙襦，口中有珠。詩固有之曰：青青之麥，生於陵陂。生不布施，死何含珠爲？'接其鬢，擪其顪。儒以金椎控其頤，徐别其頰，無傷口中珠。"這是對儒家的攻擊，實際也包括言治的若干家。意思是説，儒家表面上誦詩守禮，道貌岸然，究其實，所幹的都是"發冢"一類的勾當，用心尋求的祇在墓主人的裙襦和口中珠罷了。

莊周所向往的"至德之世"，在《馬蹄》篇説："至德之世，其行填填，其視顛顛。當是時也，山無蹊隧，澤無舟梁；萬物群生，連屬其鄉；禽獸成群，草木遂長。"同篇又説："夫赫胥氏之時，民居不知所爲，行不知所之，含哺而熙，鼓腹而游。"在《胠篋》篇説："昔者容成氏、大庭氏、伯皇氏、中央氏、栗陸氏、驪畜氏、軒轅氏、赫胥氏、尊盧氏、祝融氏、伏羲氏、神農氏，當是時也，民結繩而用之，甘其食，美其服，樂其俗，安其居，鄰國相望，鷄狗之音相聞，民至老死而不相往來。若此之時，則至治已。"則莊周所向往的"至德之世"，實際是原始社會的最初時期。

莊周之所以產生這種思想是由於他深深感到"方今之時，僅免刑焉。福輕乎羽，莫之知載；禍重乎地，莫之知避"(《莊子·人間世》)和"今世殊死者相枕也，桁楊者相推也，刑戮者相望也。"(《莊子·在宥》)因此，他的人生哲學就選擇了"爲善無近名，爲惡無近刑"(《莊子·養生主》)，"處乎材與不材之間"(《莊子·山木》)。就是説他既怕名，又怕刑；既怕材，又怕不材。他覺得刑和不材固然可怕，但"直木先伐，甘井先竭"(《莊子·山木》)，"桂可食，故伐之；漆可用，故割之"(《莊子·人間世》)，即名和材，尤其可怕。正由於莊周經常在怕中生活，所以，他不但看到曲轅的櫟社樹，商之丘的大木，覺得可以羨慕，即便是"牛之白顙者與豚之亢鼻者與人有痔病者"(《莊子·人間世》)，乃至"頤隱於齊，肩高於頂，會撮指天，五管在上，兩髀爲脅"的支離疏(《莊子·人間世》)，也覺得同樣可以羨慕。其所以覺得可以羨慕，根本原因在於它們以不材得終其天年。正由於這樣，所以莊周用力的先後次序是"道之真以治身，其緒餘以爲國家，其土苴以治天下。"(《莊子·讓王》)

莊周的政治理論可用下述一語來概括，就是"泉涸，魚相處於陸，相呴以濕，相濡以沫，不如相忘於江湖"(《莊子·大宗師》)，或者説："魚相忘乎江湖，人相忘乎道術"(《莊子·大宗師》)。意思是説：當人講仁義道德的時候，正反映這時是缺乏仁義道德。好象泉涸，魚相處於陸，才覺得相呴以濕，相濡以沫之可感。假如縱游於江湖之中，一點點濕、沫又算個什麼呢？這些話就是莊周所以主張要回到"至德之世"的根本意義所在。

荀況批評莊周説："莊子蔽於天而不知人"。關於天和人的解釋，《秋水》篇説得好："牛馬四足，是謂天；落馬首，穿牛鼻，是謂人。"看來荀況所説的天，就是因任自然，所説的人就是改造自然和改造社會。從莊周的全部思想來看，他確實是受了因任自然這個片面性的錮蔽，而不瞭解人有改造自然，改造社會的偉大力量。

4. 法家——韓非

法家作爲一個政治派別來説，不是自古就有，也不是繼續到現在，而是我國在戰國這個特定的歷史時期的産物。它在當時，是新興地主階級在政治上的代表，在政治舞臺上，是變奴隸制爲封建制的開路先鋒。

法家的著名人物有商鞅、申不害、慎到、韓非等，而韓非晚出，兼綜商鞅、申不害、慎到三人之長，並有比較完整的著作傳於後世。因此，這裏把韓非作爲代表，評述如下。

韓非，韓國的諸公子，爲人口吃，不能談説，而善著書，與李斯俱學於荀況，李斯自以爲不如。時人有傳其書至秦。秦王政見到《孤憤》、《五蠹》，嘆息説："寡人得見此人與之游，死不恨矣！"李斯對秦王説："此韓非之所著書也。"秦因急攻韓。韓王安遣非使秦，秦王見到韓非，很高興。未信用，即被李斯、姚賈等讒死獄中。

韓非的著作，今有五十五篇，名《韓非子》。過去商鞅言法，申不害言術，慎到言勢，韓非繼承了三人之説，兼言法、術、勢。從其總的目標來説，則都是爲實行封建制的君主專制服務的。

要瞭解韓非的學説，首先應瞭解什麼是法、術、勢。現在説法。

韓非在《難三》説："法者，編著之圖籍，設之於官府，而布之於百姓者也。"在《定法》説："法者，憲令著於官府，刑罰必於民心，賞存乎慎法，而罰加乎姦令者也，此臣之所師也。"這就是説，韓非所説的法是專指成文法而言。這個法，必須由官府制定，向百姓公佈。公佈之後，必須堅決地貫徹執行。因此，韓非言法總是和賞罰聯繫在一起，例如他説："賞莫如厚而信，使民利之；罰莫如重而必，使民畏之；法莫如一而固，使民知之。"（《韓非子·五蠹》）

韓非把法比作鏡、衡、規矩、尺寸，即把法看成是一個客觀上的標準。

他説："故鏡執清而無事，美惡從而比焉；衡執正而無事，輕重從而載焉。夫搖鏡則不得爲明，搖衡則不得爲正，法之謂也。"（《韓非子·飾邪》)又説:"釋法術而心治,堯不能正一國。去規矩而妄意度,奚仲不能成一輪。廢尺寸而差短長,王爾不能半中。使中主守法術,拙匠執規矩尺寸,則萬不失矣。"(《韓非子·用人》)

正因爲這樣,韓非主張"法不阿貴,繩不撓曲","刑過不避大臣,賞善不遺匹夫"(《韓非子·有度》),"誠有功,則雖疏賤必賞;誠有過,則雖近愛必誅"(《韓非子·主道》)。不但要求臣下百姓守法,人君自己也要依法行事。他説:"明主使法擇人,不自舉也;使法量功,不自度也。"(《韓非子·有度》)所以,韓非簡直把法提到絶對化的高度。他説:"國無常强,無常弱。奉法者强則國强,奉法者弱則國弱。"(《韓非子·有度》)又説:"廢常上賢,則亂;舍法任智,則危。故曰:'上法而不上賢。'"(《韓非子·忠孝》)

韓非"上法不上賢"的觀點,不但同墨翟尚賢的主張相抵觸,同荀況"有亂君,無亂國;有治人,無治法"的説法也針鋒相對。其實,人治法治互有短長,不宜偏廢。對於這個問題,倒是孟軻説得好:"徒善不足以爲政,徒法不能以自行。"(《孟子·離婁上》)儘管孟軻的政治觀點不見得對,但從這句話的本意來看,則是對的,是符合辯證法的。

韓非之所以特別重視法的作用,其根據有二:第一,他認爲"人情者,有好惡,故賞罰可用。"(《韓非子·八經》)第二,他看到君民之間的利益是矛盾的,不用法則令不行,禁不止。

關於第一點,他申述説:"凡治天下,必因人情。人情者,有好惡,故賞罰可用。賞罰可用,則禁令可立,而治道具矣。"(《韓非子·八經》)又説:"人不樂生則人主不尊,不重死則令不行也。"(《韓非子·安危》)

關於第二點,他用父母與君上作比較,説:"母之愛子也倍父,父令之行於子者十母;吏之於民無愛,令之行於民也萬父。母積愛而令窮,吏用威嚴而民聽從,嚴愛之筴亦可決矣。且父母之所以求於子也,動作則欲其安利也,行身則欲其遠罪也;君上之於民也,有難則用其死,安平則盡其力。親以厚愛關子於安利而不聽,君以無愛利求民之死力而令行。明主知之,故不養恩愛之心而增威嚴之勢。"(《韓非子·六反》)這就説明韓非了解到君所求於民的是"死"、是"力",也就是説,君民之間的利益是矛盾的。君上不用法是達不到自己的目的的。

什麽是術? 韓非在《難三》説:"術者,藏之於胸中,以偶衆端,而潛御群臣者也。"在《定法》説:"術者,因任而授官,循名而責實,操殺生之柄,課群臣之能者也。此人主之所執也。"韓非的這些解釋無疑已經抓住問題的實質,但還不夠詳明。據我看,法家之所謂術,實際上是把道家老、莊的認識論應用於政治實際,即用它作爲人君駕御群臣的方法。法家之所以把術作爲人君駕御群臣的方法,其根據在於他認爲"君臣之利異"(《韓非子·内儲説下》)。韓非在《備内》説:"人臣之於其君,非有骨肉之親也,縛於勢而不得不事也。故爲人臣者,窺覘其君心也無須臾之休。"正因爲這樣,人君駕御群臣,必須講求方法,具體説,就是所謂術。這個術包括兩種作用,一是預防,二是使用。

韓非在《主道》、《揚權》兩篇曾專門談到術的問題。兹引《主道》篇一大段原文如下:

> 道者,萬物之始,是非之紀也。是以明君守始以知萬物之源,治紀以知善敗之端。故虛静以待令,令名自命也,令事自定也。虛則知實之情,静則爲動者正("爲"原作"知",兹依俞樾説校改)。有言者自爲名,有事者自爲形,形名參同,君乃無事焉,歸之其情。故曰:君無見其所欲。君見其所欲,臣將自雕琢。君無見其意。君見其意,臣將自表異。故曰:去好去惡,臣乃見素;去舊去智,臣乃自備。故有智而不以慮,使萬物知其處;有賢而不以行(原作"有行而不以賢",兹依王先慎校改),觀臣下之所因;有勇而不以怒,使群臣盡其武。是故去智而有明,去

賢而有功，去勇而有強。群臣守職，百官有常，因能而使之，是謂習常。故曰：寂乎其無位而處，漻乎莫得其所。明君無爲於上，群臣竦懼乎下。

我認爲，我們如果明白了上文已經闡釋的《老子》所説"爲學日益，爲道日損，損之又損，以至於無爲，無爲而無不爲"和《莊子・應帝王》所説"至人之用心若鏡，不將不迎，應而不藏，故能勝物而不傷"這兩段話，那就有助於理解韓非這裏所説的精義。簡要地説，《主道》篇裏所説的"始"、"紀"，都是指"虛静"而言。這個"虛静"，就是《老子》所説的"無爲"，也就是《莊子・應帝王》所説的"若鏡"。"令名自命也，令事自定也。虛則知實之情，静則爲動者正"數語，也就是《老子》所説的"無爲而無不爲"，《莊子・應帝王》所説的"勝物而不傷"。"有言者自爲名"，就是下文所説的"群臣陳其言"。"有事者自爲形"，就是下文所説的"君以其言授其事，事以責其功"。"形名參同，君乃無事焉，歸之其情"，就是下文所説的"功當其事，事當其言，則賞；功不當其事，事不當其言，則誅"。"君無見其所欲"和"君無見其意"，就是要求能做到虛静，亦即無爲、若鏡。這裏邊無疑包含有預防的意思。"君臣守職，百官有常，因能而使之，是謂習常"，則是從使用一方面來説的。

總的看來，韓非之所謂術，不是別的，不過是把道家的認識論應用於政治實際罷了。道家的認識論是唯心的，法家之所謂術實行起來，也不會有好的結果。《荀子・正論》反對"主道利周"的主張，實際就是反對韓非所説的術（《韓非子・八經》説："明主其務在周密"）。這種反對，我看是正確的。

法家之所謂勢，實質上就是指政權或國家機器來説的。關於勢的重要性，韓非在《功名》、《難勢》兩篇裏有精闢的説明。《功名》篇説："夫有材而無勢，雖賢不能制不肖。故立尺材於高山之上，下臨千仞之谿，材非長也，位高也。桀爲天子能制天下，非賢也，勢重也。堯爲匹夫，不能正三家，非不肖也，位卑也。千鈞得船則浮，錙銖失船則沉,非千鈞輕而錙銖重也,有勢之與無勢也。"《難勢》則以慎到言勢的一段話作爲辯論的中心内容,反復攻駁。最後得出結論説:"吾所以爲言勢者,中也。中者,上不及堯舜,而下亦不爲桀紂。抱法處勢則治,背法去勢則亂。"

韓非所説的法,是取之於商鞅;所説的術,是取之於申不害;所説的勢,是取之於慎到。韓非兼取三人之長,同時也指出申、商學説的缺點。他在《定法》篇有下述兩大段話,主要是説申、商兩家學説的缺點,兹鈔録如下。

問者曰:"徒術而無法,徒法而無術,其不可何哉?"對曰:"申不害,韓昭侯之佐也。韓者,晉之別國也。晉之故法未息,而韓之新法又生;先君之令未收,而後君之令又下。申不害不擅其法,不一其憲令,則姦多。故利在故法前令則道之,利在新法後令則道之,利在故新相反,前後相悖,則申不害雖十使昭侯用術,而奸臣猶有所謫其辭矣。故托萬乘之勁韓,七十年①而不至於霸王者,雖用術於上,法不勤飾於官之患也。公孫鞅之治秦也,設告相坐而責其實,連什伍而同其罪,賞厚而信,刑重而必,是以其民用力勞而不休,逐敵危而不卻,故其國富而兵強。然而無術以知姦,則以其富強也資人臣而已矣。及孝公、商君死,惠王即位,秦法未敗也,而張儀以秦殉韓、魏。惠王死,武王即位,甘茂以秦殉周。武王死,昭襄王即位,穰侯越韓、魏而東攻齊,五年而秦不益一尺之地,乃成其陶邑之封。應侯攻韓八年,成其汝南之封。自是以來,諸用秦者,皆應、穰之類也。故戰勝則大臣尊,益地則私封立,主無術以知姦也。商君雖十飾其法,人臣反用其資。故乘

① 顧廣圻曰:"'七十'有誤,或當作'十七'。"

强秦之資，數十年而不至於帝王者，法（法下疑脱非字）不勤飾於官，主無術於上之患也。”

問者曰：“主用申子之術，而官行商君之法，可乎？”對曰：“申子未盡於術，商君未盡於法也（原作“申子未盡於法”，兹依顧廣圻説校改）。申子言：“治不踰官，雖知弗言。”治不踰官，謂之守職也可。知而弗言，是謂過也。人主以一國目視，故視莫明焉；以一目耳聽，故聽莫聰焉。今知而弗言，則人主尚安假借矣？商君之法曰：“斬一首者爵一級，欲爲官者爲五十石之官；斬二首者爵二級，欲爲官者爲百石之官。”官爵之遷與斬首之功相稱也。今有法曰：斬首者令爲醫、匠，則屋不成而病不已。夫匠者，手巧也；而醫者，齊藥也；而以斬首之功爲之，則不當其能。今治官者，智能也；今斬首者，勇力之所加也。以勇力之所加，而治智能之官，是以斬首之功爲醫、匠也。故曰：二子之於法術，皆未盡善也。

總的説來，韓非的政治理論是以勢即政權爲後盾，用術來對待群臣，用法來對待人民，他所實行的是真正的君主專制。

韓非在《八經》篇説：“知臣主之異利者王，以爲同者劫，與共事者殺。故明主審公私之分，審利害之地，姦乃無所乘。亂之所生六也：主母、后姬、子姓、弟兄、大臣、顯賢。”在《備內》篇説：“人主之患在於信人，信人則制於人。人臣之於其君，非有骨肉之親也，縛於勢而不得不事也。故爲人臣者，窺覘其君心也無須臾之休，而人主怠傲處其上，此世所以有劫君弑主也。爲人主而大信其子，則奸臣得乘於子以成其私，故李兑傅趙王而餓主父。爲人主而大信其妻，則奸臣得乘於妻以成其私，故優施傅麗姬，殺申生而立奚齊。夫以妻之近與子之親而猶不可信，則其餘無可信者矣。”在《和氏》篇説：“主用術，則大臣不得擅斷，近習不敢賣重。官行法則浮萌趨於耕農，而遊士危於戰陣。則法術者，乃群臣士民之所禍也。”從上述三段引文可以清楚地看到，韓非的政治理論認爲，第一，臣主之間的利益是矛盾的。第二，人主對任何人，包括妻子在內，都不能相信，亦即對任何人都要防備。第三，人君與群臣士民的利益通通是矛盾的。正因爲這樣，才得出"法術者，乃群臣士民之所禍也"的結論。綜上三點，韓非豈不是把人君個人以外的所有一切的人，都看成是可怕的敵人嗎？韓非教人君這樣看，這樣做，其結果自然是把自己完全孤立起來了。

韓非不僅有上述論點，還在《六反》篇稱：貴生之士爲降北之民，文學之士爲離法之民，有能之士爲牟食之民，辯智之士爲僞詐之民，磏勇之士爲暴傲之民，任譽之士爲當死之民。在《五蠹》篇把"學者"、"言古者"、"帶劍者"、"串御者"、"商工之民"總稱爲"五蠹"。在《八說》篇說："博習辯智如孔、墨，孔、墨不耕耨，則國何得焉？修孝寡欲如曾、史，曾、史不戰攻，則國何利焉？"在《五蠹》篇說："故明主之國，無書簡之文，以法爲教；無先王之語，以吏爲師；無私劍之捍，以斬首爲勇。"也就是說，按照韓非的理論去做，人君衹要法術勢，其餘什麼都不要；人君衹相信自己，自己以外的人都不相信；人民應從事的，衹有耕戰，其餘什麼也不要做。韓非的這套政治理論，秦始皇確實把它付諸實踐了。實踐的結果怎樣呢？實踐的結果，據我看，有成功的經驗，也有失敗的經驗。成功的經驗是并吞六國，實現中國統一；失敗的經驗是衹歷二世十四載而亡。

具有秦國的種種有利條件，而實行嚴刑峻法，并力耕戰，結果吞滅六國，實現中國的統一，是不奇怪的，是合理的。統一後，繼續實行韓非的政治主張，即第一，最高的統治者——皇帝，與全體人民（包括親屬、大臣、左右）爲敵；第二，這個社會，不要賢良，不要信義，不要文化，不要工商業，衹要賞罰，衹要耕戰。這樣的統治怎能長期維持下去呢？這樣的社會怎能長期存在下去呢？然而秦二世卻正是這樣幹的。試翻開《史記》看一下，秦二世"不坐朝廷見大臣，居禁中"（《史記·李斯列傳》），這不就是實行韓非的所謂術嗎？

殺大臣蒙毅、李斯等，"公子十二人僇死咸陽市，十公主矺死於杜，財物入於縣官，相連坐者不可勝數"（《史記・李斯列傳》），這不就是實行韓非的所謂法嗎？其結果怎樣呢？趙高指鹿爲馬，二世不能辨其非；閻樂入宮，二世願與妻子爲黔首而不可得。一個以六合爲家，殽函爲宮的龐大的秦王朝，竟然不旋踵而亡。當然，具體執行政策的人不能不負責任，而作爲這個政治理論的提倡者韓非，能够不負責任嗎？

當然，韓非思想除了在政治上宣揚法術勢之外，還有一些積極的東西，例如他認爲歷史是發展的。在《五蠹》篇説："上古之世，人民少而禽獸衆，人民不勝禽獸蟲蛇，有聖人作，構木爲巢以避群害，而民悦之，使王天下，號之曰有巢氏。民食果蓏蚌蛤，腥臊惡臭而傷害腸胃，民多疾病，有聖人作，鑽燧取火以化腥臊，而民悦之，使王天下，號之曰燧人氏。中古之世，天下大水，而鯀、禹決瀆。近古之世，桀、紂暴亂，而湯、武征伐。今有構木鑽燧於夏后氏之世者，必爲鯀、禹笑矣。有決瀆於殷、周之世者，必爲湯、武笑矣。然則今有美堯、舜、湯、武、禹之道於當今之世者，必爲新聖笑矣。是以聖人不期修古，不法常可，論世之事，因爲之備。"這個觀點，無疑是正確的。又，他凡事都注重實踐。在《六反》篇説："人皆寐，則盲者不知，皆嘿，則喑者不知。覺而使之視，問而使之對，則喑盲者窮矣。"在《顯學》篇説："夫視鍛錫而察青黄，區冶不能以必劍；水擊鵠雁，陸斷駒馬，則臧獲不疑鈍利。髮齒吻形容，伯樂不能以必馬；授車就駕，而觀其末塗，則臧獲不疑駑良。觀容服，聽辭言，仲尼不能以必士；試之官職，課其功伐，則庸人不疑於愚智。故明主之吏，宰相必起於州部，猛將必發於卒伍。"這種説法也是對的。特別是當時在中國由奴隸社會向封建社會轉變時期，他反對宗法關係，反對分散主義，爲創建一個專制主義中央集權的封建國家製造輿論，這都是有積極意義的。

但是韓非主張太過，走了極端，以爲無教化，去仁愛，專任刑法,可以爲治,終於走到了反面。

5. 陰陽家——騶衍

陰陽家,《漢書·藝文志》説:"蓋出於羲和之官。"司馬談《論六家要指》説:"陰陽之術,大祥而衆忌諱,使人拘而多所畏,然其序四時之大順,不可失也。"可見陰陽家原爲禮家明堂月令之屬,本意在觀察天象,制定曆書,以爲施政的依據,但由於重視祭祀,裏邊也夾雜着宗教迷信的東西,其末流遂發展爲"大祥而衆忌諱"。"大祥"的"大",同《公羊傳》説"大一統","大居正",《荀子》説"大儉約"一例。"大",有貴重的意思。有人釋爲大、小的大,殊誤。"大祥"就是重吉祥,"忌諱"就是避凶煞。

戰國時期的陰陽家稱"談天衍,雕龍奭"。"衍"即騶衍,"奭"即騶奭(騶字亦作鄒)。兹以騶衍爲陰陽家代表人物論述如下。

騶衍,齊人,後孟軻。在齊居稷下(今山東臨淄),號談天衍,至燕,爲燕昭王師。著有《鄒子》四十九篇,《鄒子終始》五十六篇,已亡。其遺説詳見《史記·孟子荀卿列傳》。兹迻錄如下。

　　　騶衍睹有國者益淫侈,不能尚德,若《大雅》整之於身,施及黎庶矣。乃深觀陰陽消息而作怪迂之變,《終始》、《大聖》之篇十餘萬言。其語閎大不經,必先驗小物,推而大之,至於無垠。先序今以上至黄帝,學者所共術,大並世盛衰,因載其禨祥度制,推而遠之,至天地未生,窈冥不可考而原也。先列中國名山大川通谷,禽獸水土所殖,物類所珍,因而推之,及海外人之所不能睹。稱引天地剖判以來,五德轉移,治各有宜,而符應若兹。以爲儒者所謂中國者,於天下乃八十一分居其一分耳。中國名曰赤縣神州。赤縣神州内自有九州,禹之序九州是也,不得爲州數。中國外如赤縣神州者九,乃所謂九州也。於是有裨海環之,人民禽獸莫能相通者,如一區中者,乃爲一州。如此者九，乃有大瀛海環其外，天地之際焉。其術皆此類也。然要其歸，必止乎仁義節儉，君臣上下六親之施，始也濫耳。

就上述文字加以分析，大體上説，騶衍之説是以"深觀陰陽消息"爲出發點。正是由於這一點，所以他得名爲陰陽家。他把所觀察的陰陽消息作爲理論基礎，進而向兩個方面推廣。一是向縱的方面推廣，這就涉及到歷史學的範圍；二是向横的方面推廣，這就涉及到地理學的範圍。

他在歷史學範圍内，是把五行相勝説作爲一個公式，上推至遠古，下推至現今，在這個歷史中間，所有一切變化發展，都用這個固定的公式來套。劉歆《七略》説："鄒子有終始五德，從所不勝，土德後木德繼之，金德次之，火德次之，水德次之。"《史記·封禪書》説："騶衍以陰陽主運顯於諸侯。"就是關於這個問題的具體説明。

在地理學範圍内，騶衍先給州字下一個定義，説："人民禽獸莫能相通者，如一區中者，乃爲一州。"他同樣把禹序九州作爲一個公式，他説："中國名曰赤縣神州。……中國外如赤縣神州者九，乃所謂九州也。於是有裨海環之。"就是以禹九州作爲公式推論出來的大九州。

自今天看來，無論從理論和方法來説，騶衍之説，都是荒誕的，没有科學根據的。無怪司馬遷稱他的説法爲"怪迂"，爲"閎大不經"。但是，從思想解放這一點來看，騶衍第一敢於衝破傳統的狹窄圈子，想要開闢一個新天地；第二，他猜想到世界是極其廣闊的，并且是有規律的，從而努力去探索。這兩點精神，則是可取的，應當肯定。

6. 名家——惠施、公孫龍

惠施、公孫龍等人所以稱名家，由於他們以名辯見重於世。他們所争辯的，主要爲"堅白""同異"，是名詞概念上的問題，屬於邏輯學範圍。當時各家都注意名辯，但對於名家堅白同異的見解，則群起反對。例如《莊子·駢拇》説："駢於辯者，累瓦結繩、竄句遊心

於堅白同異之間,而敝跬譽無用之言。"《天地》説:"辯者有言曰:
'離堅白,若縣寓。'……老珊曰:'是胥易技係勞形怵心者也。'"《秋
水》説:"公孫龍問於魏牟曰:'龍少學先王之道,長而明仁義之行,
合同異,離堅白,然不然,可不可,困百家之知,窮衆口之辯,吾自以
爲至達已。今吾聞莊子之言,汒焉異之。不知論之不及與? 知之
弗若與? 今吾無所開吾喙,敢問其方?'"是道家反對名家堅白同異
見解的證據。《荀子·修身》説:"夫堅白同異、有厚無厚之察,非不
察也,然而君子不辯,止之也。"是儒家反對名家堅白同異見解的證
據。《韓非子·問辯》説:"堅白無厚之詞章,而憲令之法息。"是法
家反對名家堅白同異見解的證據。《莊子·天下》説:"相里勤之弟
子,五侯之徒,南方之墨者,苦獲、己齒、鄧陵子之屬,俱誦《墨經》,
而倍譎不同,相謂別墨,以堅白同異之辯相訾。"證明墨家也有反對
名家堅白同異的見解的。《史記·孟子荀卿列傳》説:"而趙亦有公
孫龍爲堅白同異之辯。"《平原君虞卿列傳》也説:"公孫龍善爲堅白
之辯。"是名家對於堅白同異確有嶄新的見解。

　　那末,名家所謂"堅白同異之辯",其中心內容是什麼? 儒、墨、
道、法諸家爲什麼都反對它呢?

　　據我看,名家所謂"堅白同異之辯"其中心內容,就辯堅白來
説,則是區別概念中的一般與個別、抽象與具體的問題;就辯同異
來説,則是指出事物的大小、今昔、有無等等對立的概念都是有條
件的、相對的,目的在於破除人們認識的絕對化。

　　先説辯堅白。《公孫龍子·堅白論》説:"物白焉,不定其所白;
物堅焉,不定其所堅。不定者兼,惡乎石也?"這裏的"不定其所白"
的"白","不定其所堅"的"堅",顯然是一般的白,一般的堅,而不是
個別的白,個別的堅,是抽象的白,抽象的堅,而不是具體的白,具
體的堅。正因爲這樣,所以説"不定者兼"。"兼"就説明它是共性,
而石之白,石之堅,則是白、堅的個性,不是白、堅的共性,所以説
"惡乎石也"。不過,他們有缺點,缺點在於祇看到一般與個別,抽

象與具體之間的區別,而没有看到一般與個别、抽象與具體之間的聯繫。例如《堅白論》説:"天下無白,不可以視石;天下無堅,不可以謂石。"就是認爲一般的白、一般的堅,先於個别的白、個别的堅而存在;抽象的白、抽象的堅,先於具體的白、具體的堅而存在。毫無疑問,這是錯誤的。又如《公孫龍子·通變論》説:"謂鷄足一,數足二,二而一,故三。謂牛羊足一,數足四,四而一,故五。"這是把一般與個别、抽象與具體,看成是等同的。毫無疑問,這也是錯誤的。正因爲名家有這些缺點、錯誤,所以遭到儒、墨、道、法諸家的反對。然而,連名家正確的東西也反對掉,就不對了。平心而論,名家對於邏輯學是有新的貢獻的。

現在來談辯同異。《莊子·天下》提到惠施"歷物"之意,説:"至大無外,謂之大一;至小無内,謂之小一。無厚不可積也,其大千里。天與地卑,山與澤平。日方中方睨,物方生方死。大同而與小同異,此之謂小同異;萬物畢同畢異,此之謂大同異。南方無窮而有窮。今日適越而昔來。連環可解也。我知天下之中央,燕之北、越之南是也。氾愛萬物,天地一體也。"上述惠施的十個命題,包括空間和時間兩個方面。歸結到一點,都是説明事物的大小、今昔、有無等等一些對立的概念,是有條件的、相對的。正因爲它與常識相反,所以儒、墨、道、法諸家都反對它。其實,這裏邊也包含有辯證法的因素。假如没有變成相對主義,是應當肯定的。

總之,名家所爭辯的問題中心,就是《莊子·秋水》所説的"離堅白,合同異"。儘管還包含某些缺點錯誤,但從其基本方面來看,已接觸到辯證法的重要問題,是難能可貴的。一概加以否定,是不對的。

惠施宋人,公孫龍趙人。今存的戰國名家書,祇有《公孫龍子》和《莊子·天下》及《墨經》中的一部分,可以信據。《鄧析子》、《尹文子》都是後人僞作,不可不辨。

7. 兵家——吴起、孫臏

由於戰國長時期進行戰爭,這個時期不但出現了很多軍事家,同時也出現了很多軍事理論家。如果説春秋時的《孫子》十三篇的出現，標誌着我國軍事科學理論已經建立，那末，在戰國時，經過長期的軍事實踐，我國軍事科學理論又有了相當大的發展。

賈誼作《過秦論》説："吳起、孫臏、帶佗、兒良、王廖、田忌、廉頗、趙奢之朋制其兵。"《呂氏春秋·不二》説："孫臏貴勢，王廖貴先，兒良貴後。"二文所述，其中有很多是軍事家兼軍事理論家。

首先説吳起。《漢書·藝文志》有《吳起》四十八篇，今傳世有《吳子》六篇。

其次説孫臏。《漢書·藝文志》有《齊孫子》八十九篇，其書早亡。今從銀雀山漢墓中得見三十篇，惜多殘缺。

《史記·廉頗藺相如列傳》稱趙奢子趙括讀父書，是趙奢也著有兵書。

《呂氏春秋·不二》説"王廖貴先，兒良貴後"，與"孫臏貴勢"並列，證明王廖、兒良二人也是軍事理論家。"王廖貴先"，當是主張"先發制人"，"兒良貴後"，當是與王廖相反，主張"後發制人"。毛澤東同志曾説過"後發制人"，可見"後發制人"也能成爲一種軍事理論。

《史記·白起王翦列傳》説"白起料敵合變，出奇無窮，聲振天下"，則白起不僅是軍事家，也是軍事理論家。

可惜，年代悠久，許多著作今皆不傳。可考見的，衹有《吳子》六篇和新出土《孫臏兵法》三十篇。另，《荀子·議兵》頗多精義，已詳前。《尉繚子》二十四篇，内《天官》篇稱"梁惠王問尉繚子"，則尉繚子是戰國時人。其書語多平庸，無甚新意。現在衹把吳起、孫臏二人的著作簡要地介紹如下。

（1）吳起

《吳子·圖國》説：

> 昔之圖國家者，必先教百姓而親萬民。有四不和：不和於國，不可以出軍；不和於軍，不可以出陣；不和於陣，不可以進戰；不和於戰，不可以決勝。是以有道之主，將

用其民,先和而造大事。

這也和《孫子・計篇》一樣,把政治問題看作是決定戰争勝敗的主要的根本性的問題。

《料敵》説:

> 用兵必須審敵虛實而趨其危。敵人遠來新至,行列未定,可擊。既食,未設備,可擊。奔走,可擊。勤勞,可擊。未得地利,可擊。失時不從,可擊。涉長道後行未息,可擊。涉水半渡,可擊。險道狹路,可擊。旌旗亂動,可擊。陣數移動,可擊。將離士卒,可擊。心怖,可擊。凡若此者,選鋭沖之,分兵繼之,急擊勿疑。

《論將》又説:

> 凡戰之要,必先占其將而察其才,因形用權,則不勞而功舉。

> 其將愚而信人,可詐而誘。貪而忽名,可貨而賂。輕變無謀,可勞而困。上富而驕,下貧而怨,可離而間。進退多疑,其眾無依,可震而走。士輕其將而有歸志,塞易開險,可邀而取。進道易,退道難,可來而前。進道險,退道易,可薄而擊。居軍下濕,水無所通,霖雨數至,可灌而沈。居軍荒澤,草楚幽穢,風飆數至,可焚而滅。停久不移,將士懈怠,其軍不備,可潛而襲。

《料敵》列舉十三種可以發動進攻的情況,總的在説明用兵必須審敵虛實而趨其危。《論將》篇列舉十一種因敵取勝的方法,總的説,是爲"凡戰之要,必先占其將而察其才,因形用權,則不勞而功舉"一句作注脚。《孫子・計篇》提倡"因利而制權",吳起上述言論實際上就是孫武"因利而制權"理論的具體運用,也可以説在孫武的軍事科學理論基礎上有了一定的發展。

《圖國》説：

> 凡制國治軍，必教之以禮，勵之以義，使有恥也。

這一點，是孫武所不講的。史稱吳起“嘗學於曾子”。又本篇篇首説“吳起儒服，以兵機見魏文侯”，則吳起這一觀點當是受了儒家學説的影響。

《論將》説：

> 故將之所慎者五：一曰理，二曰備，三曰果，四曰戒，五曰約。理者，治衆如治寡；備者，出門如見敵；果者，臨敵不懷生；戒者，雖克如始戰；約者，法令省而不煩。

這種説法，與孫武所説“將者，智信仁勇嚴也”不同。但也祇是看問題的着眼點不同，不是根本性的不同。

《治兵》説：

> 所謂治者，居則有禮，動則有威，進不可當，退不可追，前卻有節，左右應麾，雖絶成陣，雖散成行。與之安，與之危，其衆可合而不可離，可用而不可疲。投之所往，天下莫當。名曰父子之兵。

又説：

> 用兵之法，教戒爲先。一人學戰，教成十人。十人學戰，教成百人。百人學戰，教成千人。千人學戰，教成萬人。萬人學戰，教成三軍。以近待遠，以逸待勞，以飽待飢。圓而方之，坐而起之，行而止之，左而右之，前而後之，分而合之，結而解之。每變皆習，乃授其兵，是謂將事。

又説：

> 教戰之令，短者持矛戟，長者持弓弩，强者持旌旗，勇者持金鼓，弱者給廝養，智者爲謀主。鄉里相比，什伍相

保。一鼓整兵，二鼓習陣，三鼓趨食，四鼓嚴辨，五鼓就
行。聞鼓聲合，然後舉旗。

吳起特別注意治兵。上述三段所説治兵之要領，既詳細又具
體，可補《孫子》十三篇之不足。

（2）孫臏

《吕氏春秋·不二》説：

孫臏貴勢。

今觀《史記·孫子吳起列傳》述孫臏敗龐涓説：

孫子謂田忌曰：“彼三晉之兵素悍勇而輕齊，齊號爲
怯。善戰者因其勢而利導之。”

這個“因其勢而利導之”可爲孫臏貴勢的證明。

《孫臏兵法·見威王》説：

戰勝，則所以存亡國而繼絶世也。戰不勝，則所以削
地而危社稷也。是故兵者不可不察。

這一觀點同《孫子·計篇》所説的“兵者國之大事，死生之地，存亡
之道，不可不察也”的觀點是一致的。《史記·廉頗藺相如列傳》記
趙奢的話説：“兵，死地也，而括易言之。使趙不將括則已，若必將
之，破趙軍者，必括也。”足見衹有不知兵的，才易言兵。真知兵的，
没有不把戰爭看作最重大事情的。《司馬法·仁本》説：“國雖大，
好戰必亡；天下雖安，忘戰必危。”這是經過血的教訓而得出的至理
名言，有國者不能不注意這一點。

又《威王問》篇兩次提到“攻其無備，出其不意”，顯然這是《孫子·
計篇》的用語。證明《孫臏兵法》與《孫子》十三篇之間，有繼承關係。

《將義》説：

義者，兵之首也……仁者，兵之腹也……德者，兵之

手也……信者,兵之足也……決者,兵之尾也。

這種説法和孫武、吴起都不同,應爲孫臏的新意。

《奇正》説:

> 天地之理,至則反,盈則敗,□□是也。代興代廢,四
> 時是也。有勝有不勝,五行是也。有生有死,萬物是也。
> 有能有不能,萬生是也。有所有餘,有所不足,形勢是也。
>
> 故有形之徒,莫不可名。有名之徒,莫不可勝。故聖
> 人以萬物之勝勝萬物,故其勝不屈。
>
> 戰者,以形相勝者也。形莫不可以勝,而莫知其所以
> 勝之形。形勝之變,與天地相敝而不窮。形勝,以楚越之
> 竹書之而不足。形者,皆以其勝勝者也。以一形之勝勝
> 萬形,不可。所以制形壹也,所以勝不可壹也。
>
> 故善戰者,見敵之所長,則知其所短;見敵之所不足,
> 則知其所有餘。見勝如見日月。其錯勝也,如以水勝火。
>
> 形以應形,正也;無形而制形,奇也。奇正無窮,分也
> ……同不足以相勝也,故以異爲奇。是以静爲動奇,佚爲
> 勞奇,飽爲饑奇,治爲亂奇,衆爲寡奇。發而爲正,其未發
> 者奇也。奇發而不報,則勝矣。有餘奇者,過勝者也。故
> 一節痛,百節不用,同體也。前敗而後不用,同形也。

篇首二字缺文,當爲“日月”。《孫子·勢篇》説:“終而復始,日月是
也,死而復生,四時是也。”應是本篇篇首兩句所本。

本篇所使用的“形名”、“分數”、“奇正”等概念,亦見於《孫子·
勢篇》。但是本篇從理論方面作了深入的詳盡的闡發,則是《孫
子·勢篇》所没有的。可見,孫臏的軍事科學理論,在《孫子》十三
篇的基礎上,又向前發展了。

8. 雜家

《漢書·藝文志》説,雜家“兼儒墨、合名法”。今觀《吕氏春秋》

一書,不衹儒、墨、名、法,兼存陰陽、道、兵、農數家之説。這是由於此書爲秦相呂不韋賓客所作,成於衆人之手,無怪其雜。然雜也有好處,有很多古人遺説,借此以傳。對於我們研究古史,是有極其重要的參考價值的。

二、戰國時期燦爛的文化藝術

戰國時期,與百家爭鳴的局面相適應,史學、文學、藝術和科學技術空前地發展起來,構成了我國古代文化史上光輝燦爛的一頁。

1. 史學

這個時期,除出現了一大批具有重要史料價值的諸子私家著述如《孟子》、《荀子》、《墨子》、《莊子》、《韓非子》、《商君書》、《呂氏春秋》等以外,有晉代出土的魏國史記《竹書紀年》和《世本》以及漢人根據戰國史料輯録的《戰國策》等。

《戰國策》,分國記載春秋後至秦二百四十五年之事。内有西周一篇,東周一篇,秦五篇,齊六篇,楚、趙、魏各四篇,韓、燕各三篇,宋、衛合一篇,中山一篇,共三十三篇。内容主要是記載各國關係上的重大事件和縱横家遊説之辭。原書爲西漢劉向依據當時皇宮庫藏的名爲《國策》、《國事》、《短長》、《事語》、《長書》、《修書》六種書所輯録,東漢高誘作注。至北宋有所散失,後由曾鞏校補,仍爲三十三篇。此書如果同近年長沙馬王堆三號漢墓出土的帛書戰國縱横家書參照使用,不失爲一部有一定史料價值的好書。

西晉太康年間,汲郡人不準盗掘魏襄王墓,得竹書數十車,其中有《紀年》十三篇,是戰國時期魏國的史記。其體裁、内容與《春秋左氏傳》相似。這書至宋代也已亡佚。現在能看到的《古本竹書紀年輯校》,是清人朱右曾輯録,近人王國維校補的,衹是原書的一個梗概。

《世本》原書十五篇,大部分已於宋代亡佚。現在能看到的。有

《帝系篇》、《氏姓篇》、《居篇》、《作篇》，又有《世家》，有《傳》，有《譜》。
《帝系篇》、《氏姓篇》和《世家》記録帝王公侯卿大夫世系。《居篇》、
《作篇》記述王侯都邑及各類人物的製作活動，體裁類似後來史書中
的"志"。司馬遷作《史記》，受《世本》的影響很大，不但采用了《世
本》的某些内容，就是體裁、體例和寫作方法可能也有所借鑒。

2. 文學

戰國時期，由於思想的活躍，史學的發展，語言的演進以及書
寫工具的進步，文學方面有驚人的成就，從散文和詩歌兩個方面奠
定了我國兩千多年文學發展的基礎。就散文來説，戰國還没有專
門的文學作品，但出現了具有文學意義的大量的散文著作。《尚
書》諸篇及鐘鼎銘文那種簡古、呆板的文章形式和缺乏生氣的語言
風格已被突破。這時出現的歷史著作和諸子著作，吸收民間口語，
采用也、矣、乎、焉等語助詞，借用神話寓言故事表達思想觀點；記
事生動細膩，婉轉曲折，繪聲繪色，富於形象性；議論善用比喻、諷
刺，深入淺出，精確尖鋭，有説服力、感染力。其中有些既是記實史
書、哲理論文，又是優美的文學作品。從文學的角度看，《戰國策》、
《孟子》和《莊子》尤爲出色。《戰國策》議論危辭妙喻，縱橫反復；
《孟子》以事喻理，輕快流暢，運用比喻、故事，好似信手拈來，而無
不貼切精當；《莊子》的文字，洸洋恣縱，最爲精妙。

在詩歌方面，這時發生一次革命性變化，拘泥的四言詩格式被
打破，較爲靈活的民間歌謡興盛起來。在南方楚國民歌基礎上，産
生了後來被漢代人稱之爲"楚辭"的騷體詩。楚辭皆"書楚語，作楚
聲，紀楚地，名楚物"，[①]運用方言土語，句式錯落多變，音調鏗鏘有
力。它接近於七言詩，適合表現比較複雜的内容，是我國四言詩過
渡到七言詩的橋梁。楚辭的作者除屈原外，還有宋玉、景差、唐勒

①　黄伯思：《翼騷序》。

等，而以屈原爲杰出的代表。屈原的作品，利用民歌體的形式，吸取民間文學的豐富養料，深邃的思想表現於富有鮮明個性的藝術形象之中。尤其《離騷》、《九歌》，構思謹嚴而奇特，感情深摯而奔放，對後世文學影響極深。魯迅説："《離騷》逸響偉辭，卓絶一世……其影響於後來之文章，乃甚或在《三百篇》以上。"①

屈原（公元前340年—公元前278年）名平，出身於楚國宗室三大姓之一的貴族家庭。受過貴族家庭的文化教養，史稱其"博聞强志，明於治亂，嫻於辭令"（《史記・屈原賈生列傳》），二十幾歲擔任左徒，"入則與王圖議國事，以出號令；出則接遇賓客，應對諸侯"（《史記・屈原賈生列傳》），頗受楚懷王信任。屈原對內主張"明法審度"、實行改革，對外主張采取聯齊抗秦的正確的外交方針，遭到南后鄭袖等人的反對和誣陷，而被楚懷王疏遠。懷王受張儀欺騙，客死於秦。頃襄王時，楚益弱。公元前278年，秦將白起率軍攻楚，郢都陷落，楚君臣東保陳城。就在這一年，屢遭放逐的屈原面對國破家亡的悲慘景象，在無限憂憤中自沉汨羅江而死。

屈原是一位偉大的愛國詩人，他留下的詩篇是中華民族的寶貴文化遺産。屈原的作品，據《漢書・藝文志》記載，有二十五篇。王逸的《楚辭章句》和《漢書・藝文志》的説法一致，認爲《離騷》、《九歌》（十一篇）、《天問》、《九章》（九篇）、《遠游》、《卜居》、《漁父》等二十五篇，都是屈原的作品。屈原的憂國憂民的思想感情，强烈地表現在這些作品之中。

《九歌》十一篇，是經過屈原改作的民間祭歌。《九歌》中創造的雲中君、湘君、湘夫人、大司命、少司命、東君、河伯等藝術形象，都是男神和女神。他們乘龍駕霧，來去飄忽，但都和現實世界的人一樣，有愛有恨，有歡樂，有悲傷。《國殤》是《九歌》中具有特殊風格的一篇。它没有神話傳説和愛情描寫，它描寫的是激烈的戰鬥

---

　① 魯迅：《漢文學史綱要》。

場面和戰士們爲國犧牲的愛國主義精神。

《離騷》是一篇第一人稱的長篇抒情敍事詩,是屈原最偉大的作品。作品中,作者以豐富的想象,絢麗的色彩,把自己的政治理想和悲劇性格淋漓盡致地表現出來。詩人把理想比做美女,不惜代價地去追求。地上求不得,便御龍駕鳳,飛向天國。天國和人間一樣使他希望幻滅,理想落空。最後欲去楚遠游,卻又思念故鄉。詩人就是這樣把高尚的愛國主義情操和不可避免的悲劇結局交織在一起,深刻入微地展示在讀者面前。

屈原的愛國主義思想,在他後來被流放時所寫的《九章》諸篇中得到進一步的表現。《抽思》寫他放逐在外時,思念郢都,一夜之間,魂靈來去數次的心境。《哀郢》抒發他在被迫離開已淪陷的郢都的路上,一步一回頭,一步一落淚的悲傷心情。屈原在他的另一作品《招魂》中呼喊出"魂兮歸來"的聲音,表達出他對祖國强烈的愛已達肝膽欲裂的程度。

屈原的作品是我國戰國時期文化高度發達的重要標誌,它不但屬於中華民族,也是全人類的珍貴的文化遺産。

3. 藝術

戰國時期的藝術高度發達,達到了商周以來的最高峰。表現在青銅器製作上的雕塑藝術和裝飾藝術,精妙極致,絢麗多彩,出現了許多精品、絕品。單就器物的裝飾花紋來説,過去那種幾何形圖案和鳥獸形圖案的粗枝大葉的對稱形和極其單調的屈曲蟠繞的綫條,現在變成栩栩如生的生動形象了。在金銀絲鑲嵌的花紋中,還出現了描繪現實生活的圖象。1935 年河南汲縣山彪鎮戰國墓葬中出土的水陸攻戰紋銅鑒,一器刻畫了四十組圖象,二百九十二人,描繪出格鬥、射殺、划船、擊鼓、犒賞、送別等各種生活畫面。1951 年河南輝縣趙固鎮戰國墓葬中出土的宴樂射獵紋銅鑒,全圖以一大建築物爲中心,匀稱地安排了三十七人,三十八隻鳥獸,六十六件器物。人有打鐘、擊磬、跳舞、送食、射獵、划船、洗馬等諸多動作,極爲壯觀。

　　更能反映戰國青銅器藝術水平的,是此時器物的形制一反過去那種粗獷笨拙的傾向,形成了精巧適用、靈活多變的風格。特別是一些大型的器物,構思新穎,造型完美,把寫實的人物、動物雕塑同華麗多變的紋飾結合在一起,而以人物、動物的立體雕塑爲主要裝飾,達到藝術表現的高度和諧,形成複雜而統一的藝術整體。1978年先後在湖北隨縣曾侯乙墓和河北平山三汲公社戰國中山王墓出土的數以千計的銅器中的幾件大型器物,就是杰出的代表作。把兩地出土的器物加以對比,可以看出戰國時期表現在青銅器製作上的藝術,普遍達到了相當可觀的水平。無論南方北方,都具有把人物、動物的立體雕塑作爲器物主要裝飾的共同特徵,而且都出現了一些精美絶倫的杰作。

　　隨縣曾侯乙墓出土的一套編鐘,支撐中下兩層梁架的是六具銅人。銅人着長袍,束腰帶,佩劍,以頭和手承托橫梁。它們端莊恭肅的神態,與飾以蟠螭紋的橫梁相輝映,顯得整個鐘架更加雄偉多姿。平山戰國中山王墓出土的銀首人俑燈與曾侯乙墓編鐘的鐘虡銅人有異曲同工之妙。燈體由三螭連接三支燈盞,燈柱飾有錯銀蟠螭紋,附有夔龍戲猴。下燈兼爲底座。由下燈的外沿通過中燈的中心達到上燈的中心,形成一直綫,使全器構成一個規整的直角三角形。而身着長袍,兩臂張開,手握雙螭的人俑位於正中,形成燈體最突出的裝飾因素。人俑的塑造使用了不同質料對比的方法:服飾上的卷雲紋錯以黑漆紅漆,青銅軀體上安裝銀制人頭,又嵌上黑寶石眼珠,收到了極其生動的藝術效果。由於時代稍後和器物特點不同的緣故,使得後器比前器更爲精彩。

　　戰國青銅器中,有不少以生動逼真的動物立體雕塑做爲主要裝飾而引人注目。曾侯乙墓出土的青銅建鼓座和中山王墓出土的龍鳳糾結方案,就是這一類型器物中的佼佼者。建鼓座的座體之上,蟠繞着穿插糾結、對稱分佈的八對主龍。主龍的頭、身、尾都攀附着小龍，構成繁複生動的立體形象。四龍四鳳糾結方案是由四龍四鳳組成的案座支撐，四龍分處四角，龍頭前探，每龍雙身三尾，肩出雙翼。龍身糾結，形成敞杯形的外層，與由龍翼、龍尾糾結而成的覆杯形的內層相結合，又有四隻鳳鳥穿插其中，構成了方案的無比精美的裝飾結構。

　　如果説上述二器是戰國銅器中的精品，那麽中山王墓出土的十五連盞燈和虎噬鹿器便是精品中的精品。十五連盞燈不像銀首人俑燈那樣講究富麗的紋飾，而在裝飾內容的情趣上引人入勝。全器爲一燈樹，樹上有群猴、金鳥、神龍；樹下有二赤膊短裙的男人向樹間拋食；小猴單臂攀樹，向人乞食。樹上樹下一呼一應，構成一幅生趣盎然的畫面。虎噬鹿器通體爲一猛虎正在吞食一幼鹿，是一幅可供人圍觀的立體造型。虎與鹿的形體比例極爲準確。虎背上的脊柱、皮毛，肩胯處的關節，都通過不同形狀的金銀鑲嵌綫條表現出來，花紋已不再是單純爲了裝飾，而是形成了立體雕塑不可缺少的組成部分。

成都出土戰國銅器上的攻戰、宴饗圖象

　　這些戰國青銅器物上所表現出的器物與形象結合,雕塑與紋飾結合的特徵,其實是商、周以來的傳統方法;以人物、動物爲主體雕塑作爲器物的主要裝飾,也是歷來就存在的。戰國時期青銅器藝術的突出之處,是出現了諸如生動的戲劇性的情節,不同質料的對比,雕塑與紋飾的有機統一,人物表情和形體動態的生動刻劃,精巧的造型以及多種多樣的工藝美術方法等新因素,從而使傳統的方法,固有的特點,發展到爐火純青的程度。

　　戰國時期,第一次出現了脫離建築和工藝品而獨立存在的繪畫。解放後出土的兩幅戰國帛畫就是最好的實物例證。一幅是1949年長沙近郊陳家大山楚墓中出土的《鳳夔人物帛畫》,用墨綫畫出一人一鳳一夔。人是一細腰女子,廣袖長裳,紋冠繡衣,側身合掌,上體略前傾,臉部神情寅恭而沉靜。鳳,展翅長鳴,兩脚一前攫一後伸,兩隻長翎卷向頭部,表現出堅强有力的戰鬥姿態。夔,兩角一足,直首屈身,局促一側,呈現掙扎、頹喪的樣子。另一幅是1973年長沙東南郊子彈庫楚墓中出土的《人物御龍帛畫》。畫長37.5釐米,寬28釐米。畫的正中爲一身材修長而有胡鬚的男子,危冠深衣,腰佩長劍,手執繮繩,側身立龍上,神態瀟灑自若。龍昂首翹尾,軀身平伏。龍下有鯉,龍尾一鶴。鶴圓目長喙,昂首仰天。前一幅爲黑白兩色,後一幅人物略施彩色。兩幅帛畫都以人物爲主,都有明確的主題。前一幅主題是吉祥戰勝邪惡,後一幅主題是成仙。整個畫面圍繞主題形成統一的整體。人體部位比例和人物神態的表現,都把握得相當準確。綫條的運用已達相當高的水平,尤其後一幅,在敷彩和用綫上,已形成中國畫的某些因素。這兩件出土的珍品,在我國繪畫史上有劃時代的意義。

　　建築藝術比起西周和春秋來,也有顯著進步。戰國興起了築臺風,至今,燕下都易縣尚存留燕臺臺基五十多座,邯鄲趙王城尚存留趙臺臺基十六座。戰國各諸侯宮室已普遍用瓦覆頂。在晉城侯馬、齊城臨淄、魯城曲阜、趙城邯鄲、燕城易縣等戰國遺址中,都有板瓦、筒瓦、瓦當以及印紋瓦當出土。斗拱也是戰國建築藝術上的一項新事物。輝縣趙固鎮戰國墓出土的燕樂射獵銅鑒上，中心刻有建築物一座，十六根立柱的頂端，都有一明顯的肥大部分。這肥大部分其實就是斗拱。戰國時期，特別是楚國，用丹漆綵繪裝飾宮室屋宇已成爲較普遍的現象。戰國時期，出於戰爭的需要，各國競相築城。城中規劃一般是宮庭臺榭居中，左爲宗廟，右爲社稷，後面是商市。據統計，春秋時各國共有城大約七十多座。至戰國樂毅伐齊時，祇齊一國就有城七十二座。以齊爲例，則各國有城的總數當不下數百座。

音樂藝術也有相當的發展。我國古代很重視音樂，常常把音樂同政治聯繫到一起，有所謂"審樂以知政，而治道備矣"(《禮記·樂記》)的説法。早在商、西周時期，就已有鐘、磬、鼓、瑟、塤這些樂器了。不過那時的樂器，如銅鐘，一般一組祇有三、四個，皆三音。塤亦多爲三孔三音。到春秋戰國時期，所出土的編鐘編磬，一套少則八、九、十個，多則二十多個，而且皆大小相次，音律完備。從1978年湖北隨縣曾侯乙墓出土的戰國初期的編鐘、編磬、鼓、瑟、琴、笙、排簫、橫吹竹笛八種一百二十四件樂器及其大約四千多字的銘文來看，戰國時期的音樂，無論理論還是實踐，都達到了相當高的水平。曾侯乙墓的每一套編鐘上齊備可供旋宮轉調的十二個半音。這些編鐘已不是單純的節奏樂器，具備了演奏采用和聲、復調以及轉調手法的樂曲的條件。根據研究曾侯乙墓樂器銘文得知，我國早在春秋時期就創立了三分損益法和由它而產生的十二律名。戰國時期已有精確的絕對音高概念、七聲音階及其標音方法。近代樂理中的所有大、小、增、減各種音程概念和八度位置的概念，這時都用自己的、民族的方法表達出來。

4. 科學技術

戰國時期，由於生產的發展，戰爭的推動和人民群衆實踐經驗的不斷積累，科學技術空前地普遍地發展起來，取得了輝煌的成就,許多方面在當時世界上居於領先地位,爲我國秦漢以後科學技術的發展奠定了基礎。

農學知識已相當豐富,出現了專門的農學著作。據《漢書・藝文志》記載,當時有《神農》、《野老》兩種專門農書,現已失傳。上面第五節提到的《吕氏春秋》一書中的《上農》、《任地》、《辯土》、《審時》四篇,雖不是專門的農書,但也是自成體系的農學論文。它闡述的農業科學原理,比與它差不多同時的古羅馬農學家伽圖寫的農書要深刻得多。《管子》的《地員》篇實際上是土壤學的專著。它把九州土地按肥瘠和地下水位高低分成三等十八種,在土壤分類的基礎上提出因土種植的思想。在其他先秦著作中也有不少農學知識的反映。例如,《禹貢》裏面,給九州各地不同的土壤定下諸如“黄壤”、“白壤”、“壚”、“涂泥”、“斥”等不同名稱。《荀子・富國》裏提到“多糞肥田,是農夫衆庶之事也”。《韓非子》裏有“積力於田疇,必且糞灌”的話。此外,有些書還記載了與農業有關的氣象知識。《吕氏春秋》把雲分成“山雲、水雲、旱雲、雨雲”四種。《管子・侈靡》説“雲平而雨不甚,無委雲,雨則遬已”。《黄帝内經・素問》甚至提出了地氣上升成雲,天氣下降爲雨,雨水供應地氣的水分循環和雲雨形成的理論。不是專門的農書,竟能講出如此在行的話,説明當時這些農學知識一定是很普及的。

天文學成就尤爲突出。出現了專門觀測天體運行的占星家和天文學著作。著名的有齊國的甘德,著有《天文星占》八卷,魏國的石申,著有《天文》八卷。兩書大約寫成於公元前 4 世紀初至公元前 3 世紀初,比希臘著名的天文學家喜帕恰斯的活動年代早兩個世紀。可惜這兩部書均已於宋代亡佚,現在祇能從唐人輯録的《開元占經》中看出它們的大概内容。石申的《天文》八卷有很高的價值,被後人稱爲石氏星經,是世界著名的中國古星表。它用“距度”、“入極度”和“入宿表”的表達方式紀録了包括二十八宿距星在内的一百十五顆恒星的赤道座標位置。它所取得的數據,成爲後世許多天體測量工作的基礎。石氏星經中包含有二十八宿體系。1978 年湖北隨縣曾侯乙墓出土的一件漆箱蓋上，寫有二十八宿的具體名稱，畫有青龍白虎圖象，這說明創立於春秋時期的二十八宿體系，到公元前 5 世紀末已成爲相當普及的知識了。①

　　至戰國晚期，對天體的觀測達到相當精確的程度。1973 年長沙馬王堆三號漢墓出土的帛書中有《五星占》，約八千字，共九章。其占文保存了甘德和石申天文書的一部分。它第一次全面地使用了水（辰星）、金（太白）、火（熒惑）、木（歲星）、土（鎮星）五大行星的名稱，表明當時對五星的知識已很豐富。尤其末尾三部分列出從秦始皇元年（公元前 246 年）到漢文帝三年（公元前 177 年）凡七十年間木、土、金三星的位置和它們在一個會合周期內的動態。② 它紀錄的金星會合周期爲 584.4 日，比今測值 583.92 日祇大 0.48 日；金星的五個會合周期恰好等於 8 年，比今測值祇大 2 日又 10 小時；土星的會合周期爲 377 日，比今測值 378.09 日祇小 1.09 日，其恒星周期③爲 30 年，比今測值 29.46 年祇大 0.56 年；木星的會合周期爲 395.44 日，比今測值小 3.44 日。距今兩千多年前，對行星觀測已這樣精確，是世界上罕見的。這些數據顯然不可能用肉眼直接測得，必須有儀器。據考證，至遲在公元前 4 世紀初我國已有測角儀器——渾儀，而到秦始皇元年之前，肯定已有精度很高的渾儀了。

　　從春秋末年起，我國開始使用陰陽合曆的古四分曆。它規定

----

①　隨縣曾侯乙墓的年代已斷在公元前 5 世紀末。

②　太陽、地球和一顆行星的相對位置循環一次所需要的時間稱作"會合周期"。對於行星，會合周期就是行星相繼兩次"合"或"衝"所經歷的時間。從地球上看來，當行星和太陽黃經相等時，叫做"合"；太陽和外行星黃經相差 180°，那時行星在子夜中天，叫做"衝"。

③　行星在自己的軌道上繞太陽運行一周所需時間，叫恒星周期，也即行星的公轉周期。

歲實（相當於現代的回歸年）是 365.25 日。一個朔望月是 29.5308 日，和真值比較，大約三百多年差一日。這是當時世界上最精密的數值。由於回歸年、朔望月和日之間不是整倍數關係，十二個朔望月比一個回歸年少十一天左右，十九個回歸年正好有二百三十五個朔望月，所以當時的四分曆規定十九年置七個閏月。十九年七閏的方法是我國首先發明的，比西方大約早兩個世紀。春秋時期已有冬至、夏至、春分、秋分的概念，爲了避免因閏月而造成季節混亂，戰國又逐漸創立了廿四節氣，以便能夠準確地反映季節的變化。戰國末期成書的《呂氏春秋》記載了廿四節氣的大部分名稱。廿四節氣是我國的獨創。

關於紀年方法，春秋以前用帝或王的年號紀年，這種紀年方法極易引起混亂，因而周初的年代至今弄不清楚。到公元前四世紀初，我國出現了歲星紀年法。這種紀年方法，根據木星的恒星週期爲 12 年（實際是 11.86 年）的規律，把它運行的軌道由西向東平均劃爲十二個區域，稱做十二次。十二次各有一定的名稱。[1] 木星每年行經一個次，就以木星所居星次紀年。木星因此也叫歲星。戰國中期以後，人們又假想出一個天體叫太陰（或稱歲陰、太歲）。太陰由東向西順着十二辰[2]方向運行，以之紀年，叫太歲紀年。人們給太陰（太歲）所經之十二辰分別取了固定的名稱[3]，如太陰在寅之歲就叫攝提格，在卯之歲，就叫單閼。秦以後逐漸發展爲單純的干支紀年。

戰國時期我國產生了進步的宇宙論——渾天說的萌芽。渾天說的基本思想是認爲大地是球形的，一個球形的大地位於一個渾圓

---

[1]　十二次的名稱是：星紀、玄枵、娵訾、降婁、大梁、實沈、鶉首、鶉火、鶉尾、壽星、大火、析木。

[2]　十二辰，秦以後叫十二文。

[3]　十二歲名是：攝提格、單閼、執徐、大荒落、敦牂、協洽、涒灘、作鄂、閹茂、大淵獻、困敦、赤奮若。

的天球中央。創立渾天説的先驅者是名家惠施。惠施在他的辯論中表達了渾天説的基本思想。惠施没有留下著作,祇能從《莊子·天下篇》中找到他的一些言論。例如他説過"南方無窮而有窮","我知天下之中央,燕之北,越之南是也"。這些話祇有在承認大地是個球體的前提下,才有確定的含義。可見惠施已具有初步的地圓思想。到了東漢時期,張衡把這種思想發展成爲完備的渾天説。

不但天文學有發展,地理知識也空前豐富起來。記有黄河、長江兩大流域的山川湖泊土壤物産以及人事情況的我國兩部最古的地理學著作——《山海經》和《禹貢》,大約就是成書於戰國時期。根據古文獻記載和出土實物,可以肯定,戰國時期已有了地圖。《周禮·地官·大司徒》説:"大司徒之職,掌建邦之土地之圖與其人民之數,以佐王安擾邦國。以天下土地之圖,周知九州之地域廣輪之數,辨其山林、川澤、丘陵、墳衍、原隰之名物,而辨其邦國都鄙之數,制其畿疆而溝封之。"這是説國家應該有地圖和掌管地圖的職官。《史記》上有"召有司案圖"(《史記·廉頗藺相如列傳》),"臣竊以天下之地圖案之"(《史記·蘇秦列傳》),"挾天子,案圖籍","據九鼎,案圖籍"(《史記·張儀列傳》)及"獻燕督亢之地圖"(《史記·刺客列傳》)的記載,説明戰國時期各諸侯國確實有了各自的地圖。長沙馬王堆三號漢墓出土兩幅地圖,其中"西漢初長沙國深平防區圖",圖中有統一的圖例,其主區部分的精確程度甚至可以同現代的地圖相媲美。西漢初期能繪出如此精確的地圖來,則戰國時期地圖的繪製,必然已達到了相當高的水平。

戰國時期地圖的繪製水平如此之高,和戰争有關。《孫子兵法》、《孫臏兵法》都强調地形地勢。《孫子兵法》專有《九地》一篇。《孫臏兵法》要求將帥必須"上知天之道,下知地之理"。《管子》一書專有《地圖篇》。《地圖篇》説:"凡兵主者,必先審知地圖。轘轅之險,濫車之水,名山、通谷、經川、陵陸、丘阜之所在,苴草、林木、蒲葦之所茂,道里之遠近,城郭之大小,名邑、廢邑,困殖之地,必盡知之。地形之出入相錯者,盡藏之。然後可以行軍襲邑,舉措知先後,不失地利,此地圖之常也。"説明當時各國將帥爲了打仗取勝,手中都有地圖,而且上面都標有方位、距離、比例尺和地形地物。可惜這些地圖没有流傳下來。

　　戰國時醫學有許多突破性的進展。春秋和春秋以前的醫學發展情況,長期以來無文獻可考,所以戰國雖有一部醫學專著《黄帝内經》流傳下來,但因無從與前代比較,究竟醫學上有哪些發展,便不得而知。1973 年長沙馬王堆三號漢墓出土的《足臂十一脈灸經》、《陰陽十一脈灸經》、《陰陽脈死候》、《五十二病方》等數種專門醫學著作,填補了春秋醫學這一段空白,並使得我們可以從這些古老醫書同成書於戰國中晚期的《黄帝内經》的比較中,清楚地看出戰國醫學的長足發展。在上面第四章中我們曾提到,帛書醫學著作中看不到五行學説的痕迹,陰陽學説也極少反映,在醫學理論和醫學實踐方面,具有更爲原始的樸素的特色。同帛書醫學著作相比,《黄帝内經》無疑是一部比較完整,比較成熟的醫學著作。它包括《素問》和《針經》(唐以後改稱爲《靈樞經》)兩部分,共十八卷。它第一次把陰陽學説運用到醫學理論和診斷、治療上。陰陽學説是我國古代自發唯物論和樸素辯證法思想。根據這個學説,人體陰陽的相對平衡和協調,是維持正常生理活動的必備條件,如果失掉人體陰陽這種相對的平衡和協調,就會生病。所以醫生診病要根據主要症候結合全身症狀進行全面分析。這種基於陰陽學説的整體觀念,是中醫理論的主要思想基礎之一。

　　經絡學説這一中醫基本理論也是在戰國時期確立的。帛書醫學著作提到人體有十一條經脈,但脈與脈互不連接,亦不見"經脈"或"經絡"的名稱,説明戰國以前經絡學説尚處於幼稚階段。《黄帝内經》中已出現"經絡"一詞,經脈由十一條變成十二條,脈與脈依次相連接,構成"如環無端"、"周而復始"的全身經脈系統。自此,由十二條經脈所組成的經脈系統,開始被公認而定型。儘管後來經脈理論又不斷有所發展,但由《黃帝內經》確定的十二經脈學説,卻始終是中醫理論的一個重要部分。

戰國時期對人體解剖構造開始有一定的認識。帛書醫學著作中未見臟腑名稱。《黃帝內經》已出現人體解剖的萌芽。它説:"若夫八尺之士,皮肉在此,外可度量切循而得之,其死可解剖而視之,其臟之堅脆,府之大小,谷之多少,脈之長短,血之清濁……皆有大數。"它提到了內臟的名稱並往往同病名聯繫起來。它甚至有了初步的血液循環概念。它還采取分段累計的辦法,度量了自咽以下至直腸的整個消化道的長度,數據同近代的大體一致。帛書醫學著作不知道人體的穴位,以灸法治病時,祇能指出體表部位,而《黃帝內經》對經絡腧穴有了系統的記述。

在醫療方法方面,戰國時期開始使用針法。帛書醫學著作提到的外治法較多,有藥浴法,煙熏或汽熏法,有熨法,砭法,灸法,還有按摩法,角法,唯獨没有針法。《黃帝內經》首次講到針法治療。它提到的形制和用途不同的醫針就有九種。它還注意到針、灸、藥的綜合治療。有了辨証施治的新觀念。關於外科手術,帛書《五十二病方》祇提到用灸灼拔疣,用刀割痔,而《黃帝內經》則已有用腹腔穿刺術治療腹水病症的較大手術的詳細記録。

春秋戰國之際有個叫秦越人的民間醫生,號扁鵲。據《史記》記載,他能治療内、婦、兒、五官諸科疾病。在他的醫療方面的言論中,充滿着陰陽學説。他把切脈與望診結合起來診病,每診必驗;他用針、砭、熨、藥諸法綜合治療,手到病除。如果我們拋開《史記》在敍述上的傳奇色彩不計,單看扁鵲在醫療實踐上的基本做法和效果,那麼正好和《黃帝內經》相互印證。由此我們更加可以肯定地説,戰國醫學確實達到了很高的水平。

自然科學知識的其他方面,也有顯著發展。在數學方面,根據先秦諸子書中多次出現"籌"和"算"二字和戰國刀布幣上出現籌算數字,可以肯定,在元代出現珠算計算法之前,在我國應用了大約兩千年的籌算計算法，是在春秋戰國時期創立的。籌算的工具是算籌。算籌是十多公分長的圓形或方形竹棍。用算籌可以擺成∣∥∭∭∭丅丅∭∭一二三𝍫𝍬和⊥𝌤𝍀𝍁縱橫兩種數字，按照縱橫相間的原則表示任何自然數（零用空位表示），從而進行加、減、乘、除、開方以及代數運算。九以上的數就進一位。同一個數字，在個位表示幾個，在百位表示幾百，在萬位表示幾萬。這樣，就使十進位制記數法從此也確定下來。除計算以外，當時還有了關於方、圓、直綫、垂直綫等類似幾何學的概念，能够計算面積和體積。同數學的發展相聯繫，戰國度量衡也有相當的進步。商鞅變法實行"平斗桶、權衡、丈尺"之法，頒發標準量器——商鞅方升。商鞅方升銘文規定，十六又五分之一立方寸（當時一寸約爲 2.31～2.35 釐米）。方升的嚴密的科學性，反映我國當時的度量衡技術已達到較高水平。

在物理學方面，《墨經》中對於力和力矩、浮力、運動的分類、運動與時空關係、圓球運動及其隨意平衡、輪軸和斜面的受力等力學概念已有記述。在《墨經》、《荀子》、《列子》等書中出現了固體材料的形變以及應力等概念。《墨子・備穴》中甚至記述了如何運用共鳴現象爲戰爭服務的情況。它説，在城牆根下每隔幾尺挖一深坑，坑內置一大陶瓮，瓮口蒙上皮革，就成爲地下共鳴箱。人伏在瓮口上，可以聽到敵人挖地道攻城的響聲。墨子和他的學生做了世界上第一個小孔成倒象的實驗，指出小孔成倒象的原因，在於光是直綫行進的。他還根據光的直綫傳播這一特性，解釋了物和影的關係，作出了"景不徙"，即在某一個特定瞬間影不動的科學結論。

戰國青銅冶鑄技術已發展到十分成熟的地步。1978 年湖北隨縣曾侯乙墓出土的青銅器群最能反映戰國初期青銅冶鑄的生產能力和技術水平。曾侯乙墓青銅器的總重量達十噸之多，其中最大的是兩件銅缶，一重 320 公斤，一重 361.5 公斤，僅輕於著名的司母戊大方鼎。曾國是個小國，它居然早在戰國初期能生產出這麼多這麼大的青銅器，説明當時青銅冶鑄業的生產能力已經普遍提高。夏、商以來青銅器製造主要是單一的範鑄法。曾侯乙墓的青銅器製造在古老的渾鑄法、分鑄法的基礎上，使用了分範合鑄、焊接、失臘法等新技術，同時發展了金銀錯鑲嵌和各類機械連接等工藝方法，反映戰國青銅冶鑄術有了一個很大的變化。

在鐵器冶鑄方面，戰國時期除繼續使用陶範以外，還出現了鐵範。1953 年在河北興隆縣壽王墳村戰國冶煉遺址中，共發現生鐵鑄的鐵範十副八十七件，總重一百九十多公斤，説明戰國時期已經能够冶煉出大量的生鐵。能够冶煉出生鐵進行澆鑄，必然能够掌握熔化生鐵的溫度 1350℃。這標誌着當時鐵的冶鑄技術已達到相當高的水平。爲了達到這樣的溫度，他們使用了大量的木炭和皮囊式的大型鼓風設備。1974 年湖北大冶銅綠山古礦井出土耙、鑽、錘、斧、鋤等十多件鐵制工具，其中有鑄件也有鍛件，進一步證明我國戰國時期不但發明了生鐵冶鑄技術，而且生鐵冶鑄和毛鐵鍛造兩種工藝同時存在，並行發展。生鐵鑄件在戰國中晚期已普遍用於工農業生產。

在新器械的製造方面，根據古文獻記載和出土實物，我們知道戰國時期出現了計時的儀器——懸壺，指示方向的儀器——司南，農田灌溉用的桔槔，起重用的滑車，攻城用的雲梯，舟戰用的鈎拒，以及大型武器連弩之車等。另外，戰國已能製造藍、綠、翠綠、黑等單色玻璃和多色的琉璃珠。據《論衡》説，戰國時期有了一種叫做"陽燧"的器物，據認爲，可能就是能够聚光取火的凹面鏡。

戰國時期出現了竹簡、毛筆之類的新式書寫工具。據《左傳》襄公二十五年記載，春秋時期已開始用竹簡寫字，不過不普遍。到了戰國，竹簡木牘便取代甲骨和鐘鼎，而成爲主要的書寫工具了。解放後在長沙五里牌戰國墓葬、長沙仰天湖工地、長沙楊家灣以及湖北隨縣曾侯乙墓等地先後出土書寫有文字的戰國竹簡，少則幾十片，多則二百多片。加上早在西晉時代汲郡因盜出土的寫有各種先秦著作的數十車竹簡,完全可以證明,戰國時期人們已普遍用竹簡著述了。當然,同時還有縑帛做書寫工具,惟縑帛太昂貴,人們不能不主要地使用竹簡寫作。關於毛筆,舊有蒙恬造筆之説。實際上秦以前早已有毛筆。唐人徐堅等著的《初學記》早就指出:"秦以前已有筆矣,恬更爲損益耳。"解放後出土的幾支毛筆,證明《初學記》的説法完全正確。1954 年在長沙左家公山戰國墓,1957 年在信陽長臺關戰國墓,各出土一支毛筆,構造極簡陋,筆毛用綫纏在筆杆頭上,筆管是一節未經修飾的竹筒。1975 年在江陵鳳凰山漢墓出土一支漢文帝時的毛筆。筆杆光滑,筆管經過刮削且有采繪,筆毛插在下端鏤空的筆腔内。整個筆杆、筆管製作相當精巧。戰國有筆但簡陋,西漢有筆且精巧,其間自然要有一個發展過程。

戰國時期出現了竹簡、毛筆等文具,取代先前的甲骨、鐘鼎而成爲主要的書寫工具,在我國文化發展史上實在是一大進步。戰國百家爭鳴,思想活躍,宏篇巨制,迭出不窮,除社會發展的原因外,書寫工具的改進,無疑也是一個重要因素。

總之,戰國時期的文化,由於經濟發展和思想解放的原因,發展到了我國有史以後的高峰,它不僅成爲我國後來兩千多年封建文化發展的基礎,在古代世界文化寶庫中也是光輝燦爛的一部分。

第八節　諸侯割據稱雄局面的結束和秦的統一的封建的專制主義中央集權國家的建立

自韓、趙、魏三家滅智伯而分其地至秦始皇統一中國共二百三十二年爲戰國時期。戰國時期一個突出的特點,就是這個"戰"字。當時大者七國,互爭雄長,連年攻戰,無有休止,都想統一中國,稱帝稱王,因而形成了長期的諸侯割據稱雄的局面。如果説春秋時期的主要内容是五霸迭興,政權下移,即中國奴隸社會的衰落時期,那末,戰國時期的主要内容爲"上無天子,下無方伯,力功爭强,勝者爲右"，即中國由奴隸社會向封建社會轉變的時期。戰爭正是這個時期經濟關係、階級關係以及其他種種關係發生急劇變化的反映。由於各個國家都長期處於戰爭之中，有的力圖擴張，有的深怕滅亡，因此，總的説來，都招攬賢俊，立志改革。然而由於各國在政治、經濟、文化以及地理條件各方面的差別，尤其是由於政策有得失，人員有賢否，發展起來，不能不出現不平衡。洪邁在《容齋隨筆》卷十，有論戰國興亡的一段話，很值得參考，現轉錄如下："秦以關中之地，日夜東獵六國，百有餘年，悉禽滅之。雖云得地利，善爲兵，故百戰百勝，以予考之，實六國自有以致之也。韓、燕弱小，置不足論。彼四國者，魏以惠王而衰，齊以閔王而衰，楚以懷王而衰，趙以孝成王而衰，皆本於好兵貪地之故。魏承文侯、武侯之後，表裏山河，大於三晉，諸侯莫能與之爭。而惠王數伐韓、趙，志吞邯鄲，挫敗於齊，軍覆子死，卒之爲秦所困，國且以蹙，失河西七百里，去安邑而都大梁，數世不振，訖於殄國。閔王承威、宣之後，山東之建國莫强焉。而狃於伐宋之利，南侵楚，西侵三晉，欲并二周爲天子，遂爲燕所屠。雖賴田單之力，得復亡城，子孫沮氣，㑰㑰自保，終墮秦計，束手爲虜。懷王貪商於六百里，受詐張儀，失其名都，喪其甲士，不能取償，身遭囚辱以死。趙以上黨之地，代韓受兵，利令智昏，輕用民死，同日坑於長平者過四十萬，幾於社稷爲墟，幸不即亡，終以不免。此四國之君，苟爲保境睦鄰，畏天自守，秦雖强大，豈能加我哉？"洪邁是站在六國的立場上説話。其實，六國亡不足惜，秦滅六國不足責。這是歷史發展的必然結果，雖然它不能不通過某一個國家、某一個人來實現，但總的説來，是不以人們的意志爲轉移的。

秦所以能并吞六國，當然原因很多，但是起關鍵作用的，則是商鞅變法。商鞅變法的最大優點，就在於它符合歷史的要求。當時中國歷史是由奴隸社會向封建社會轉變的時期。在土地制度上要求廢除井田制，變爲土地個人私有；在政治制度上，要求廢除宗法分封制，變爲官吏可隨時任免的郡縣制。適應時代的需要，必須統一度量衡,全力以赴地搞耕戰。而這些改革,正是商鞅變法的主要內容,并且由他在變法過程中一一實現。所以,秦的統一中國,在商鞅變法時,已打下牢固的基礎。而山東六國,雖然也有不同程度的改革,然而無此規模,無此徹底。荀況在《議兵》篇、《强國》篇一再說秦"四世有勝,非幸也,數也"。這個四世,正是從秦孝公開始算起,亦即從商鞅變法開始算起。韓非說:"忠勸邪止而地廣主尊者,秦是也;群臣朋黨比周以隱正道,行私曲而地削主卑者,山東是也。"(《韓非子·飾邪》)又說:"木之折也必通蠹,墻之壞也必通隙。然木雖蠹,無疾風不折;墻雖隙,無大雨不壞。萬乘之主有能服術行法以爲亡徵之君風雨者,其兼天下不難矣。"(《韓非子·亡徵》)韓非所說,恰是當日的實際情況。山東六國已經有木蠹墻隙之勢,而秦又加之以風雨,則六國的滅亡,必然無疑了。

秦始皇陵東側第二號兵馬俑坑出土騎士俑與鞍馬

　　秦始皇統一中國,使黔首自實田,分天下以爲三十六郡,郡置守尉監,統一度量衡。諸侯割據稱雄的局面到此結束,中國由奴隸社會向封建社會的轉變到此完成。商鞅變法的宏願到此也全部實現。

　　當然,商鞅變法也是有缺點的。商鞅變法的缺點是怎樣暴露出來的呢? 這是後來的事,不屬於本篇討論範圍,因此,就不在此羅縷了。

　　　　　金景芳全集

戰國年表

公元	干支	周	秦	魏	韓	趙	楚	燕	田(齊)	魯	宋	衛	鄭	越	其他
一452	己丑	貞定王17年	厲共公25年	(桓子)	(康子)	襄子6年	惠王37年	孝公13年	宣公4年	悼公15年	景公	悼公黔4年	哀公11年	越王不壽7年	
一450	辛卯										昭公	敬公			
一449	壬辰							成公							
一448	癸巳													越王朱勾	
一445	丙申			文侯											
一442	己亥		躁公												
一441	庚子	哀王 思王													
一440	辛丑	考王													
一437	甲辰														晉幽公
一433	戊申							潛公							
一431	庚戌						簡王					昭公			
一428	癸丑		懷公							元公					
一425	丙辰	威烈王										悼公亹			
一424	丁巳		靈公		武子	桓子									
一423	戊午					獻侯							幽公		
一422	己未												繻公		
一419	壬戌														晉烈公
一414	丁卯		簡公									慎公			
一411	庚午													越王翳	
一408	癸酉				景侯	烈侯									
一407	甲戌						聲王			穆公					

公元	干支	周	秦	魏	韓	趙	楚	燕	田(齊)	魯	宋	衛	鄭	越	其他
−404	丁丑														齊康公
−403	戊寅										悼公				韓趙魏初為侯
−402	己卯							釐公							
−401	庚辰	安王					悼王								
−399	壬午		惠公		列侯										
−395	丙戌			武侯							休公		康公		
−392	己丑														晉孝公
−386	乙未		出子			敬侯			太公						
−384	丁酉		獻公						齊侯剡						
−380	辛丑						肅王								
−379	壬寅														田氏并齊
−377	甲辰														晉静公
−376	乙巳				哀侯					共公				越王諸咎	韓趙魏分晉
−375	丙午	烈王							桓公				韓滅鄭	越王錯枝	韓滅鄭
−374	丁未				懿侯	成侯								越王吳余之	
−372	己酉											聲公			
−369	壬子			惠王			宣王	桓公			剔成				
−368	癸丑	顯王													
−362	己未				昭侯									越王無顓	
−361	庚申		孝公					文公				成侯			
−356	乙丑								威王						

公元	干支	周	秦	魏	韓	趙	楚	燕	田(齊)	魯	宋	衛	鄭	越	其他
−355	丙寅													楚滅越	楚滅越
−352	己巳									康公					
−349	壬申					肅侯									
−343	戊寅									景公					
−339	壬午						威王								
−337	甲申		惠文王												
−334	丁亥			惠王後元											
−332	己丑				宣王			易王				平侯			
−328	癸巳						懷王				宋君偃				
−325	丙申					武靈王									
−324	丁酉		惠文王後元									嗣君			
−320	辛丑	慎靚王						燕王噲							
−319	壬寅								宣王						
−318	癸卯			襄王											
−314	丁未	赧王								平公					
−311	庚戌				襄王			昭王							
−310	辛亥		武王												
−306	乙卯		昭襄王												
−300	辛酉								湣王						
−298	癸亥					惠文王	頃襄王								
−295	丙寅			昭王	釐王					文侯					
−286	乙亥										齊滅宋				齊滅宋
−283	戊寅								襄王						

公元	干支	周	秦	魏	韓	趙	楚	燕	田(齊)	魯	宋	衛	鄭	越	其他
－282	己卯											懷君			
－278	癸未						惠王								
－276	乙酉			安釐王											
－272	己丑				桓惠王					頃公					
－271	庚寅							武成王							
－265	丙申					孝成王									
－264	丁酉								齊王建						
－262	己亥						考烈王								
－257	甲辰							孝王							
－256	乙巳	秦滅周													秦滅周
－254	丁未							燕王喜							
－252	己酉											元君			
－250	辛亥		孝文王												
－249	壬子		莊襄王				楚滅魯								楚滅魯
－246	乙卯		秦王政												
－244	丁巳					悼襄王									
－242	己未			景湣王											
－238	癸亥				韓王安										
－237	甲子						幽王								
－235	丙寅					趙王遷									
－230	辛未				秦滅韓										秦滅韓
－229	壬申											衛君角			
－228	癸酉						哀王								
－227	甲戌			魏王假		代王嘉	楚王負芻								

公元	干支	周	秦	魏	韓	趙	楚	燕	田(齊)	魯	宋	衛	鄭	越	其他
一225	丙子			秦滅魏											秦滅魏
一223	戊寅						秦滅楚								秦滅楚
一222	己卯					秦滅趙		秦滅燕							秦滅趙 秦滅燕
一221	庚辰								秦滅齊						秦滅齊